C·H·Beck
PAPERBACK

Von George Washington bis Donald Trump bietet dieser Band eine kleine Geschichte der USA im Spiegel ihrer Präsidenten. Die Autorinnen und Autoren schildern in biographischen Porträts Leben und Amtszeit der 45 Präsidenten, skizzieren die wichtigsten Entwicklungen, Ereignisse und Entscheidungen und betrachten abschließend Leistungen und Versäumnisse der jeweiligen Präsidentschaft. So ist zugleich ein Panorama der US-amerikanischen Geschichte von der Unabhängigkeit am Ende des 18. Jahrhunderts bis zur globalen Supermacht unserer Tage entstanden.

Christof Mauch ist Professor für Amerikanische Geschichte und Direktor des Rachel Carson Center for Environment and Society der Ludwig-Maximilians-Universität München.

DIE PRÄSIDENTEN DER USA

45 historische Porträts
von George Washington
bis Donald Trump

Herausgegeben von Christof Mauch

C.H.Beck

Mit 45 Abbildungen
43 Abbildungen: Süddeutscher Verlag, München
Abbildung S. 470: Universal Images Group/
Universal History Archive/Getty Images
Abbildung S. 496: © The White House, Washington D.C.

1. Auflage 1995
2. durchgesehene und aktualisierte Auflage 1997
3. durchgesehene und aktualisierte Auflage 2002
4. fortgeführte und aktualisierte Auflage 2005
5. fortgeführte und aktualisierte Auflage 2009
6. fortgeführte und aktualisierte Auflage 2013

Die ersten beiden Auflagen dieses Buches
wurden von Jürgen Heideking herausgegeben und
erschienen 1995 und 1997 in gebundener Form im
Verlag C.H.Beck, die 3., 4., 5. und 6. Auflage 2002, 2005,
2009 und 2013 als Broschur.
Dieses Werk erschien in der 1. bis 6. Auflage unter
dem Titel: «Die amerikanischen Präsidenten».

1., fortgeführte und aktualisierte Auflage in
C.H.Beck Paperback 2018

© Verlag C.H.Beck oHG, München 1995
Satz: C.H.Beck.Media.Solutions, Nördlingen
Druck und Bindung: Druckerei C.H.Beck, Nördlingen
Umschlaggestaltung: Geviert, Grafik & Typografie, Andrea Hollerieth
Umschlagabbildungen: George Washington, Abraham Lincoln,
John F. Kennedy, Barack Obama, Donald Trump (v. l. n. r.);
Washington, Lincoln, Kennedy: © Bridgeman Images, Berlin,
Obama: Foto: © Ron Sachs-Pool/Getty Images,
Trump: © Chip Somodevilla/Getty Images
Gedruckt auf säurefreiem, alterungsbeständigem Papier
(hergestellt aus chlorfrei gebleichtem Zellstoff)
ISBN 978 3 406 70048 4

www.chbeck.de

*Dem Andenken an
Jürgen Heideking gewidmet*

INHALT

Vorwort *von Christof Mauch* 13
Einleitung: Die Präsidenten der USA in der Geschichte
von Christof Mauch und Jürgen Heideking 15

I.
GRÜNDERVÄTER

George Washington (1789–1797): Schöpfer der amerikanischen
Präsidentschaft *von Jürgen Heideking* 57
John Adams (1797–1801): Der Präsident als Garant des
gesellschaftlichen Gleichgewichts *von Jürgen Heideking* 73
Thomas Jefferson (1801–1809): Der Aufklärer und Sklavenbesitzer
als Parteiführer, Regierungschef und Landesvater
von Willi Paul Adams 81
James Madison (1809–1817): Der Verfassungsvater als Parteipolitiker,
Parlamentarier, Regierungschef und Oberkommandierender
von Willi Paul Adams 95
James Monroe (1817–1825): Die Selbstfindung der Nation
von Hermann Wellenreuther 104
John Quincy Adams (1825–1829): Außenpolitiker und Präsident
über den Parteien *von Hermann Wellenreuther* 115

II.
DIE BEGINNENDE PARTEIENDEMOKRATIE

Andrew Jackson (1829–1837): Präsident des demokratischen
Umbruchs *von Horst Dippel* 126

Martin Van Buren (1837–1841): Praktiker des Parteienstaates
von Horst Dippel 139
William H. Harrison (1841): Präsident für einen Monat
von Horst Dippel 145
John Tyler (1841–1845): Präsident ohne Partei *von Horst Dippel* 148

III.
EXPANSION UND NATIONALE KRISE

James K. Polk (1845–1849): Der Präsident der Manifest Destiny
von Jörg Nagler 154
Zachary Taylor (1849–1850): Der unpolitische Präsident
von Jörg Nagler 163
Millard Fillmore (1850–1853): Die Verschärfung der
Sklavereidebatte *von Jörg Nagler* 168
Franklin Pierce (1853–1857): Der rückwärtsgewandte Präsident
von Christof Mauch 173
James Buchanan (1857–1861): Südstaatenfreundlicher Legalist
in der Krise der Union *von Heike Bungert* 180

IV.
BÜRGERKRIEG UND WIEDEREINGLIEDERUNG DES SÜDENS

Abraham Lincoln (1861–1865): Bewahrung der Republik und
Wiedergeburt der amerikanischen Nation *von Jörg Nagler* 187
Andrew Johnson (1865–1869): Der Streit um die Rekonstruktion
von Vera Nünning 206
Ulysses S. Grant (1869–1877): Präsident der Skandale
von Ulrike Skorsetz 217
Rutherford B. Hayes (1877–1881): Das Ende der Rekonstruktion
von Ulrike Skorsetz 226
James A. Garfield (1881): Der verhinderte Reformer
von Ulrike Skorsetz 233

V.
DAS «VERGOLDETE ZEITALTER»

Chester A. Arthur (1881–1885): Der Sumpf von Patronage und
Korruption *von Raimund Lammersdorf* 237
Grover Cleveland (1885–1889): Die wachsende Bedeutung von
Wirtschaft und Finanzen *von Raimund Lammersdorf* 244
Benjamin Harrison (1889–1893): Präsident im Schatten des
Kongresses *von Raimund Lammersdorf* 250
Grover Cleveland (1893–1897): Die zweite Amtszeit
von Raimund Lammersdorf 255

VI.
IMPERIALISMUS UND ERSTER WELTKRIEG

William McKinley (1897–1901): Der Eintritt in die Weltpolitik
von Raimund Lammersdorf 261
Theodore Roosevelt (1901–1909): Repräsentant des «modernen»
Amerika *von Ragnhild Fiebig-von Hase* 271
William H. Taft (1909–1913): Präsident und Oberster
Bundesrichter *von Ragnhild Fiebig-von Hase* 288
Woodrow Wilson (1913–1921): Kreuzzug für die Demokratie
von Klaus Schwabe 296

VII.
DAS REPUBLIKANISCHE ZWISCHENSPIEL

Warren G. Harding (1921–1923): Zurück zur Normalität
von Peter Schäfer 310
Calvin Coolidge (1923–1929): Der Puritaner im Weißen Haus
von Peter Schäfer 316
Herbert C. Hoover (1929–1933): Der Administrator in der Krise
von Peter Schäfer 322

VIII.
DIE LIBERALE ÄRA

Franklin Delano Roosevelt (1933–1945): Visionär und Machtpolitiker
von Detlef Junker 328
Harry S. Truman (1945–1953): Der unpopuläre Gestalter der
Nachkriegswelt *von Hermann-Josef Rupieper* 344
Dwight D. Eisenhower (1953–1961): Kriegsheld und Präsident
von Hermann-Josef Rupieper 357
John F. Kennedy (1961–1963): Der imperiale Präsident
von Jürgen Heideking 369
Lyndon B. Johnson (1963–1969): *Great Society* und Vietnam-
Trauma *von Marc Frey* 385

IX.
DIE KONSERVATIVE WENDE

Richard M. Nixon (1969–1974): Die Präsidentschaft in der Krise
von Manfred Berg 396
Gerald R. Ford (1974–1977): Das Bemühen um Konsens
von Manfred Berg 409
Jimmy Carter (1977–1981): Der Außenseiter als Präsident
von Gebhard Schweigler 413
Ronald W. Reagan (1981–1989): Präsident der konservativen
Revolution? *von Peter Lösche* 422
George Bush (1989–1993): Die Suche nach der neuen Weltordnung
von Peter Lösche 436
Bill Clinton (1993–2001): Wende nach innen und Krise der
Autorität *von Detlef Felken* 441
George W. Bush (2001–2009): Aufstieg und Fall einer
missionarischen Präsidentschaft *von Bernd Schäfer* 454
Barack Obama (2009–2017): Der erste afroamerikanische
Präsident: A Dream Come True? *von Britta Waldschmidt-Nelson* .. 470
Donald J. Trump (2017–): Die beispiellose Präsidentschaft
von Martin Thunert 496

ANHANG

Kommentierte Bibliographie 510
Präsidentschaftswahlen *zusammengestellt von Pavla Šimková* 573
Parteienstärke im Kongress *zusammengestellt von Pavla Šimková* 579
Die Amtszeiten der Präsidenten der USA *zusammengestellt
von Pavla Šimková* 583
Verzeichnis der Autorinnen und Autoren 585
Personenregister 587

VORWORT

Seit dem Zweiten Weltkrieg ist der amerikanische Präsident immer wieder als «der mächtigste Mann der Welt», im Kalten Krieg häufig auch als «Führer der freien Welt» bezeichnet worden. In der Tat hat die Politik des US-Regierungschefs nicht nur die Entwicklungen in den Vereinigten Staaten, sondern die globale Wirtschaft und das Geschehen in allen Teilen der Welt beeinflusst. Als Oberbefehlshaber der US-Streitkräfte kommt dem amerikanischen Präsidenten enorme Bedeutung zu, zumal das Verteidigungsbudget der USA gegenwärtig so hoch ist wie das der zehn in der Weltrangliste folgenden Nationen zusammen. Der Präsident vereint in seinem Amt die Funktion eines Regierungschefs und eines Staatschefs. Er bestimmt damit die Richtung der Politik und repräsentiert zugleich die Nation im In- und Ausland. Wer den Aufstieg der Vereinigten Staaten, ihre historische Strahlkraft als Leuchtturm der Demokratie und die großen Entwicklungslinien der internationalen Politik verstehen will, kommt nicht umhin, sich mit dem Amt des amerikanischen Präsidenten und mit den Personen, die es bekleidet haben, zu beschäftigen.

Immer wieder in der Geschichte ist die Frage nach der Biographie und der politischen Erfahrung amerikanischer Präsidenten ins Zentrum des öffentlichen Interesses gerückt. Mit dem Immobilienunternehmer Trump kam erstmals ein Mann ins Weiße Haus, der weder ein politisches Amt noch eine militärische Position innegehabt hatte. Die in diesem Band versammelten Porträts machen deutlich, welch prägende Rolle die Biographie – Herkunft, Bildung und Charaktereigenschaften – für die Karriere der US-Präsidenten, für ihre politische Haltung und für den Grad der Anerkennung in der öffentlichen Meinung hatten. Die übergreifende Frage, die die hier vorliegenden Aufsätze beantworten, bezieht sich auf die Amtshandlungen der jeweiligen Präsidenten vor dem Hintergrund der generellen politischen Entwicklungen im Innern der USA und in den internationalen Zusammenhängen. Wie lässt sich das Amtsverständnis der einzelnen Präsidenten charakterisieren? Welche politischen Interessen verfolgten sie? Wer waren ihre offiziellen und inoffiziellen Berater? Wie stellte sich das Verhältnis zum Kongress und zur Judikative dar? Wie groß waren die politischen Handlungsspielräume? Und schließlich:

Worin lagen Stärken, Schwächen einer Präsidentschaft und deren Bedeutung für die Nachwelt?

In deutscher Sprache liegen auch andere Werke zu den US-Präsidenten vor. Dieser Band zeichnet sich dadurch aus, dass sämtliche Autorinnen und Autoren Experten für die jeweilige geschichtliche Epoche sind und dass die Artikel auf der Höhe der Forschung, aber in einer allgemeinverständlichen Sprache verfasst sind. Dementsprechend verzichtet der Präsidentenband auf Fußnoten und stellt stattdessen im Anhang kommentierte Bibliographien zur Verfügung, außerdem Zahlen und Fakten zu den Präsidentschaftswahlen und zu den Mehrheitsverhältnissen im US-Kongress. Die Einleitung, die für die Neuauflage grundlegend überarbeitet, erweitert und aktualisiert wurde, geht systematischen und analytischen Fragestellungen nach, während sich die chronologisch geordneten Aufsätze den einzelnen Präsidenten widmen.

Die hier vorliegende Sammlung von Aufsätzen geht auf den von Jürgen Heideking herausgegebenen Band *Die amerikanischen Präsidenten: 41 historische Porträts von George Washington bis Bill Clinton* zurück, der 1995 erschien. Nachdem Jürgen Heideking im März 2000 bei einem tragischen Verkehrsunfall viel zu früh ums Leben kam, hatten mich seine Witwe Anne Heideking sowie Detlef Felken vom Verlag C.H.Beck darum gebeten, das Projekt fortzuführen. Die Aktualisierungen der Texte und des Anhangs, die seither nötig wurden, habe ich gerne betreut. Dass sich das Buch nach wie vor einer großen Nachfrage erfreut und jetzt in der 7. Auflage erscheinen kann, bestätigt im Nachhinein, wie intelligent Jürgen Heideking das Werk über die amerikanischen Präsidenten konzipiert und angelegt hatte.

Mein großer Dank gilt dem Verlag, insbesondere dessen Cheflektor Dr. Detlef Felken, der nicht nur den Beitrag zu Bill Clinton verfasste, sondern dem Projekt insgesamt großes Interesse entgegengebracht hat; außerdem Frau Bettina Corßen-Melzer, die als kompetente Ansprechpartnerin im Verlag zur Verfügung stand.

Danken möchte ich darüber hinaus meiner Augsburger Kollegin Prof. Dr. Britta Waldschmidt-Nelson und meinem Heidelberger Kollegen PD Dr. Martin Thunert, die es übernommen haben, den 44. und den 45. Präsidenten der USA, Barack Obama und Donald Trump, zu porträtieren. Weiterhin gilt mein Dank allen Autorinnen und Autoren des Bandes, die ihre Aufsätze und die dazugehörigen Bibliographien aktualisiert haben, sowie ganz besonders meiner Münchner Kollegin Pavla Šimková, M. A., die den gesamten Anhang durchgesehen und, wo nötig, ergänzt hat.

Christof Mauch

Christof Mauch und Jürgen Heideking

EINLEITUNG: DIE PRÄSIDENTEN DER USA IN DER GESCHICHTE

Schon vor der Gründung der USA hatten sich die Verfassungsväter mit der Frage beschäftigt, wie groß die Machtfülle des amerikanischen Staatsoberhaupts sein sollte. In den Debatten des 18. Jahrhunderts gingen den einen die vorgeschlagenen Kompetenzen nicht weit genug, die anderen fürchteten, dass die junge Demokratie durch die Stärkung des Präsidentenamts diktatorische Züge annehmen könnte. Heute sind die Fragen nach der Macht des Präsidenten und insbesondere nach seiner Stellung (als Chef der Exekutive) gegenüber der Legislative und der Judikative aktueller denn je. Die Erwartungen der Öffentlichkeit an den Präsidenten sind immens. Dies spiegelt sich nicht zuletzt in den gigantischen Spenden, die in die Wahlkampagnen der Präsidentschaftskandidaten fließen – 2008 bei Barack Obama wurde erstmals die Milliardengrenze überschritten. Dabei ist unklar, wie stark der Präsident Politik und Wirtschaft in einer globalisierten Welt überhaupt beeinflussen kann. Im Vergleich mit Präsidenten wie Wladimir Putin in Russland oder Xi Jinping in China nimmt sich der amerikanische Präsident wie ein schwacher Regierungschef aus; aber auch die britische Premierministerin hat mehr Möglichkeiten, das Parlament zu beeinflussen, als ihr amerikanischer Amtskollege. Ist die immer wieder behauptete Macht des amerikanischen Präsidenten eine bloße Illusion? Die Politik und die Geschichtsschreibung haben diese Frage immer wieder neu, und häufig kontrovers, beantwortet. Manche Zeitgenossen hielten den jeweiligen Präsidenten für zu schwach, andere fürchteten, dass er zu eigenständig handelte.

Das Misstrauen gegenüber der Exekutive ist in den USA historisch angelegt. Die amerikanische Revolution entsprang schließlich der Kritik am britischen König. George Washington wurde beargwöhnt, weil Zeitgenossen befürchteten, er agiere aristokratisch und pflege den dazugehörigen Geschmack. Und Martin van Buren sah sich, als er den Garten des Weißen Hauses umgestaltete, dem Vorwurf ausgesetzt, er imitiere den Stil europäischer Monarchen und wolle sich am Ende in seine Orangerie zurückziehen.

Seit über 200 Jahren haben die amerikanischen Präsidenten immer wieder beklagt, wie gering ihre Handlungsmacht sei. John Adams, der erste Vizepräsident und der zweite Präsident der USA, lamentierte, der Präsident habe «nicht genug Einfluss» und sei «nicht unabhängig genug». James Garfield rief zu Anfang seiner kurzen Amtszeit aus: «Mein Gott, wie kann nur irgendjemand dieses Amt anstreben?», Herbert Hoover nannte den Job des Präsidenten gar ein «Höllengemisch», und Bill Clinton bezeichnete das Präsidentenamt als «Kronjuwel des Strafvollzugs». Spätestens mit Franklin Delano Roosevelt, der, zunächst ohne die Zustimmung des Kongresses, den Kampf gegen Hitler-Deutschland unterstützte, weitete sich die Macht des Präsidenten sichtlich aus. Nach der unrühmlichen Amtszeit von Richard M. Nixon, der den Ausbau seines Beraterstabs vorantrieb und am Ende den Swimming Pool des Weißen Hauses in ein Pressezentrum verwandelte, kam in der Öffentlichkeit lautstarke Kritik an der Machtexpansion des Präsidenten auf. Im Jahr 1973 veröffentlichte der New Yorker Historiker und ehemalige Kennedy-Berater Arthur Schlesinger Jr. ein Buch mit dem Titel *Die imperiale Präsidentschaft*, eine Wortschöpfung, die bewusst Assoziationen zum klassischen Imperium Romanum unter Augustus und seinen Nachfolgern weckte. Schlesinger behauptete, dass der Missbrauch von Macht, der im Vietnamkrieg (einem Krieg, den der Kongress nie erklärte) und in der *Watergate*-Affäre gipfelte, keine historische Verirrung sei. Vielmehr hätten sich die Machtbefugnisse des Präsidenten seit den allerersten Anfängen im Jahr 1789 permanent ausgeweitet. Als Richard M. Nixon, dem ein Amtsenthebungsverfahren drohte, zurücktrat, wurden die Präsidenten nachdrücklich daran erinnert, dass sie nur auf Zeit gewählt sind und in einem konstitutionellen System der *checks and balances*, der Gewaltenteilung und Gewaltenverschränkung, operieren müssen. Damit schien die Macht der Exekutive zunächst wieder zurückgedrängt. Aber spätestens mit dem von George W. Bush erklärten «Krieg gegen den Terror» zeigte sich, dass die Ausweitung der präsidentiellen Macht ihren Zenit in außenpolitischen Belangen noch lange nicht erreicht hatte. Im Namen der nationalen Sicherheit ließ der Präsident die Überwachungsmöglichkeiten der Polizeiorgane und die Kompetenzen der Geheimdienste ausweiten und geheimdienstliche Lauschangriffe (auch gegen befreundete Nationen) durchführen. Sein Amtsnachfolger Barack Obama versprach zwar «Veränderung» und «Transparenz», aber dessen systematische Ausweitung des Drohnenkriegs und die Fortführung zahlreicher Überwachungsmaßnahmen zeigte, dass sich die Dynamik in der Ausweitung präsidentieller Macht, die mit dem amerikanischen Eintritt in den Zweiten Weltkrieg 1941 begonnen hatte, nicht ohne weiteres zurückschrauben oder nachhaltig verlangsamen ließ. Da Obamas Handlungsspielräume durch eine nie zuvor dagewesene Obstruktion der oppositionellen Republikaner im US-Kongress gelähmt war, sah sich der 44. Präsident darüber hinaus veranlasst, «innovative», juristisch umstrittene Wege zur Durchsetzung seiner Politik zu erproben.

Die amerikanische Politik lässt sich über weite Strecken nur vor dem Hintergrund eines komplizierten Aushandelns von Kompromissen zwischen den Parteien und den politischen Gewalten verstehen. Trotzdem kann kein Zweifel daran bestehen, dass amerikanische Präsidenten den Gang der Geschichte oft mit einer einzigen Unterschrift fundamental verändert haben. Ein Beispiel ist der «Louisiana Purchase» im Jahr 1803 durch Thomas Jefferson. Obwohl der Präsident anfangs Skrupel hatte, weil er an der verfassungsmäßigen Befugnis zum Erwerb des riesigen Territoriums zweifelte, übernahm er die Verantwortung für den Kauf und verdoppelte damit die Größe der USA. Der Bau des Panamakanals (Theodore Roosevelt), die Emanzipationserklärung (Abraham Lincoln), die großen Sozialprogramme des *New Deal* (Franklin D. Roosevelt) und der *Great Society* (Lyndon B. Johnson), der Abwurf der Atombombe (Harry S. Truman) und die Ankündigung der Mondmission (John F. Kennedy), in gewisser Weise auch die Gesundheitsreform, die unter dem Namen *Obamacare* in die Geschichte einging, sowie viele andere Projekte lassen sich nur durch die Initiative einzelner «unorthodoxer Präsidenten» erklären, d. h. jener Präsidenten, die – nach der Definition des Juristen Thomas K. Finletter – mehr tun, als nur auf Gesetzesinitiativen des Kongresses zu reagieren. Fest steht, dass nicht allein der Charakter, die Führungsstärke oder die Popularität die Macht eines Präsidenten bestimmen, sondern die spezifische geschichtliche Situation und die Ereignisse während der jeweiligen Amtsperiode. Manche Kritiker sprechen heute davon, dass sich die Präsidentschaft im 21. Jahrhundert in einer grundlegenden Krise befinde. Ob dies der Fall ist, lässt sich nicht absehen, da die Befugnisse des Präsidenten im Laufe der Geschichte einem permanenten Wandel unterliegen. Vor diesem Hintergrund werden im Folgenden Strukturen und Entwicklungen in historischer Perspektive skizziert und kritisch hinterfragt: Konkret geht es nacheinander um die Entstehung des Präsidentenamts, die Kompetenzen und Handlungsspielräume des Präsidenten, die Entwicklung der Präsidentschaft von George Washington bis Donald Trump und die Frage nach der «Größe» und Popularität der Präsidenten der USA.

Die Erfindung der Präsidentschaft und die Befugnisse des Präsidenten

Der Philadelphia-Konvent von 1787

Als sich die Delegierten der zwölf Gründungsstaaten im Jahr 1787 in Philadelphia zu einem Konvent trafen, um darüber zu befinden, wie die «nationale Exekutive» aussehen sollte, trat – den Aufzeichnungen von James Madison zufolge – zunächst ein längeres Schweigen ein. Die Debatte über die Exekutive war kompliziert, weil sehr unterschiedliche Positionen einander gegenüberstanden. Während der Revolution hatte das Ideal einer möglichst ungehinderten Herrschaft der Mehrheit der Bürger Konjunktur, aber in Philadelphia schlug das Pendel in eine andere Richtung und viele Delegierte sahen im politisch konservativen, aber ökonomisch fortschrittlichen England – eher als in der demokratischen Schweiz und den Niederlanden – ein akzeptables Vorbild. Man einigte sich bald auf die von Montesquieu etablierten Prinzipien der Gewaltenteilung zwischen *King, Lords* und *Commons*. Die Frage war nur, wer an die Stelle des Königs und der *Lords,* des in der «neuen Welt» nicht existierenden erblichen Adels, treten sollte. Anstelle der *Lords*, also des englischen Oberhauses, sollte der Senat, als Vertretung der Einzelstaaten, eingerichtet werden. Ein Ersatz für den König, der sich gegen diese starke Zweikammer-Legislative behaupten sollte, war nicht ganz so leicht zu finden, zumal die ausführende Gewalt im Bewusstsein der Zeitgenossen immer noch mit der erblichen Monarchie identifiziert wurde. Der Konvent erwog eine ganze Reihe von Modellen, die sich zwischen den Extremen eines auf Lebenszeit gewählten Präsidenten (ein Vorschlag Hamiltons, der aber angesichts der öffentlichen Meinung keine Realisierungschance hatte) und einem kollegialen Führungsgremium bewegten, das am ehesten den republikanischen Prinzipien entsprochen hätte.

Zwar warnte Edmund Randolph, ein Delegierter aus Virginia, vor einer aus einer einzigen Person bestehenden Exekutive – er sah darin den «Fötus der Monarchie» –, doch setzte sich die Option der *Single Executive* im Verlauf der Beratungen durch. Nach Meinung der Mehrheit war so am besten gewährleistet, dass die Exekutive über einen einheitlichen Willen und über genügend Energie und Effektivität verfügen würde, um das Wohl der Nation zu verfolgen. Unterschwellig spielte dabei sicher eine Rolle, dass viele Delegierte mit George Washington, dem Sieger des Unabhängigkeitskrieges und Vorsitzenden des Verfassungskonvents, bereits den Wunschkandidaten für das neue

Amt im Auge hatten. Wenig Differenzen gab es über die Voraussetzungen, die ein Kandidat zu erfüllen hatte: Man einigte sich darauf, dass er mindestens 35 Jahre alt sein musste (für die damaligen Verhältnisse ein relativ hohes Alter), und dass nur ein in den USA geborener Staatsbürger in Frage kam. Das klingt restriktiv, aber es wird in die richtige Perspektive gerückt, wenn man bedenkt, dass Forderungen nach Besitz- und Einkommensqualifikationen, wie sie in den Einzelstaaten zu dieser Zeit noch üblich waren, abgelehnt und solche nach religiösen Qualifikationen gar nicht erst erhoben wurden. Für seine Dienste stand dem Präsidenten eine finanzielle Kompensation zu, wobei die Delegierten aber wie selbstverständlich davon ausgingen, dass der vom Kongress festzusetzende Betrag auch das Gehalt eines Privatsekretärs und Kosten für eventuelle weitere persönliche Mitarbeiter abdeckte.

Zäh wurden die Verhandlungen, als es um die konkreten Befugnisse ging, die die Verfassung dem Staatsoberhaupt einräumen sollte, sowie um die Amtszeit und das Wahlverfahren. Die Meinungen von radikalen Republikanern, die kurze Amtsperioden als Schutz gegen ein «Abgleiten» in Monarchie und Tyrannei befürworteten, prallten auf diejenigen der Konservativen, die Stetigkeit und Führungskraft als höchste Ziele anstrebten. Die Debatte über die Amtszeit spitzte sich allmählich auf zwei konkurrierende Vorschläge zu: Sieben Jahre ohne Wiederwahl oder vier Jahre mit der Möglichkeit, sich danach wieder zur Wahl zu stellen. Den Ausschlag für das zweite Modell gab schließlich die Überlegung, dass der vierjährige Turnus einerseits eine relativ gute Sicherheit gegen Machtmissbrauch bot, und andererseits das Verbot einer Wiederwahl die Energie des Amtsinhabers eher lähmen und die Optionen der Bürger zu sehr einschränken würde. Das war ein für den Philadelphia-Konvent typischer Kompromiss, der dem republikanischen Verlangen nach kurzen Amtszeiten gerade noch nachgab, ohne den Bewunderern der englischen Monarchie die Hoffnung zu nehmen, dass ein geeigneter Kandidat praktisch auf Lebenszeit regieren konnte.

Als zuständiges Wahlgremium war lange Zeit der Kongress vorgesehen gewesen. Der Gedanke der direkten Volkswahl wurde als zu radikal, vor allem aber als nachteilig für die kleinen Staaten und die Sklavenstaaten (in denen ja nur verhältnismäßig wenige weiße Wähler lebten) verworfen. Die sehr spät – erst nach vier Monaten – getroffene Entscheidung für ein indirektes Wahlverfahren stellte also in erster Linie ein Zugeständnis an die kleinen Staaten und das föderative Prinzip dar. Im Wahlmännerkollegium, dessen Mitglieder zunächst vorwiegend von den Staatenparlamenten, nicht von den Bürgern selbst gewählt wurden, verfügte jeder Staat über die gleiche Anzahl an Stimmen wie im Kongress. Das Gewicht der kleinen Staaten wurde durch die Bestimmung erhöht, dass die Elektoren je zwei Stimmen hatten, von denen sie eine für einen Kandidaten abgeben mussten, der nicht aus ihrem eigenen Staat stammte. In dieselbe Richtung wirkte die Vorschrift, dass die Voten im jeweiligen Heimatstaat abzugeben waren und nicht in der nationalen Hauptstadt, wo sich korrupte Einflüsse stärker hätten bemerkbar machen können. Zum Präsidenten sollte gewählt werden, wer die absolute Mehrheit der Wahlmännerstimmen auf sich zog, das Amt des Vizepräsidenten sollte an denjenigen fallen, der die zweithöchste Stimmenzahl erreichte. Da sich schon früh ein Zweiparteiensystem herausbildete, wurde bereits 1804 eine Verfassungsänderung notwendig: Dem Präsidenten wollte man nicht zumuten, dass der Hauptkonkurrent von der gegnerischen Partei an seiner Seite als Vizepräsident amtierte. Von da an gab jeder Elektor seine Stimmen separat für den Präsidenten und für den Vizepräsidenten ab. Zu Letzterem sagt die Verfassung nur, dass er das Amt des Präsidenten übernimmt, falls dieser durch Tod, Amtsenthebung, Rücktritt oder sonstige Unfähigkeit, seine Pflichten zu erfüllen, ausfällt, und dass er den Vorsitz des Senats innehat, wo er im Falle von Stimmengleichheit den Ausschlag geben kann. Da Präsident und Vizepräsident indirekt – weder vom Volk noch vom Kongress – gewählt wurden, hatten die Verfechter einer starken Exekutive einen wichtigen Teilerfolg errungen.

Bei den noch ausstehenden Aufgaben des Konvents, den Präsidenten mit Kompetenzen auszustatten und sein Verhältnis zu den anderen Regierungsgewalten zu klären, blieben die Delegierten ausgesprochen vage. Sektion 1 von Artikel II stellte schlicht fest, dass die exekutive Gewalt von einem Präsidenten der Vereinigten Staaten von Amerika ausgeübt wird, und Sektion 2 fügte hinzu, der Präsident müsse Sorge tragen, dass die Gesetze getreulich (*faithfully*) ausgeführt werden. Damit waren die Kompetenzen des Präsidenten wesentlich unschärfer definiert als die der Legislative. Diese Offenheit und Flexibilität erwiesen sich später in vieler Hinsicht als vorteilhaft, weil sie eine pragmatische Anpassung an veränderte Umstände ermöglichten. Andererseits bildete dies eine Quelle von Konflikten, weil die Formulierung ein breites Spektrum von Interpretationen der präsidentiellen Machtkompetenzen zuließ.

Kompetenzen und Handlungsspielräume

In der Summe ihrer Bestimmungen machte die Verfassung den Präsidenten zum Regierungschef, zum Staatsoberhaupt und zum Oberbefehlshaber der Streitkräfte. Diese Machtfülle, die sogar den damaligen englischen Monarchen in den Schatten stellte, wurde allerdings dadurch eingegrenzt, dass der Präsident eine ganze Reihe von Befugnissen mit dem Kongress teilen muss und dass er selbst wie jeder andere Bürger unter der Verfassung und den Gesetzen der Vereinigten Staaten steht. Als Regierungschef trägt er die Verantwortung für die Erledigung sämtlicher exekutiver und administrativer Aufgaben, wobei er den Ministern, die an der Spitze der *Departments* stehen, eindeutig übergeordnet ist. Andererseits benötigt er zur Ernennung der Minister – wie auch der Richter und der anderen hohen Regierungsbeamten – die Zustimmung des Senats. Ursprünglich war wohl daran gedacht, dass der Senat als eine Art permanentes Beratergremium des Präsidenten fungieren sollte und die Minister lediglich ausführende Organe sein würden. Schon unter Washington beschränkten sich die Senatoren aber auf eine nachträgliche Billigung oder Ablehnung präsidentieller Entscheidungen, während sich das Kabinett zum kollektiven Beraterstab des Präsidenten entwickelte. Die Verfassung lässt hier viel Spielraum. Zu den wichtigen Funktionen des Regierungschefs gehört auch die Berichterstattung an den Kongress über die «Lage der Nation». In ihren Ursprüngen war diese der Thronrede britischer Monarchen nachgebildet. Alljährlich – außer im Jahr der jeweiligen Vereidigung – hält der Präsident im Rahmen einer gemeinsamen Sitzung von Senat und Repräsentantenhaus eine Ansprache, in der er eigene Gesetzesvorschläge präsentiert. Als Staatsoberhaupt ernennt der Präsident die Botschafter der Vereinigten Staaten und empfängt die diplomatischen Vertreter auswärtiger Mächte. Aus diesen nicht übermäßig bedeutsam anmutenden Bestimmungen leitete sich bald, in Verbindung mit der Befugnis, völkerrechtliche Verträge abzuschließen (*treaty power*), eine weitreichende Zuständigkeit für die Gestaltung der gesamten Außenpolitik ab. Hier ist der Präsident allerdings auf die Mitwirkung des Senats angewiesen, dessen Zweidrittelmehrheit er für die Ratifizierung von Verträgen benötigt. Die Fähigkeit, im Namen der amerikanischen Nation zu anderen Nationen zu sprechen, von der Washington erstmals mit seiner Neutralitätserklärung 1793 Gebrauch machte, hat aber ganz wesentlich zur Bedeutung und zum Prestige des Präsidentenamtes beigetragen. Eine weitere Bestimmung, die sich den Aufgaben eines Staatsoberhaupts zuordnen lässt, ist das Begnadigungsrecht (*pardon power*), das dem Präsidenten – wie in der monarchischen Tradition – uneingeschränkt zur Verfügung steht. Oft haben Präsidenten Häftlinge mit unverhältnismäßig hohen Gefängnisstrafen, Todesstrafekandidaten, Spione und Soldaten begnadigt. Aber auch machtpolitische und persönliche Motive spielten eine Rolle. US-Präsident Ford begnadigte Richard Nixon, gegen den Willen der Öffentlichkeit, und noch bevor gegen diesen überhaupt Anklage erhoben worden war.

Bill Clinton ließ eine alte Haftstrafe seines Bruders wegen Drogenmissbrauchs aus dem Strafregister löschen. George H. Bush ließ mehrere in die *Iran-Contra*-Affäre verwickelte Mitarbeiter seines Amtsvorgängers Reagan begnadigen, und George W. Bush bewahrte einen seiner ehemaligen Mitarbeiter (Scooter Libby), der einen Meineid geleistet hatte, vor einer Gefängnisstrafe. Das Recht auf Begnadigung erlaubt es dem Präsidenten im negativen Sinne, Übeltäter vor der Strafverfolgung zu schützen. Eine Sicherheit gegen Korruption gibt es nicht. In der Ära Nixon und in der Amtszeit von Donald Trump wurde die Frage, ob der Präsident sich selbst begnadigen könne, öffentlich diskutiert; denn in der Verfassung ist dies nicht geregelt, so dass gegebenenfalls der Oberste Gerichtshof mit dieser Frage zu betrauen wäre.

Die zivilen Befugnisse des Präsidenten ergänzte der Philadelphia-Konvent durch die militärischen Kompetenzen eines Oberbefehlshabers von Heer und Flotte sowie der Staatenmilizen. Präsidentiellen Alleingängen und militärischen Abenteuern glaubten die Delegierten vorbauen zu können, indem sie die Entscheidungen über Krieg und Frieden, die Aufstellung von Heer und Flotte und die Mobilisierung der Milizen dem Kongress überließen. Dem Buchstaben der Verfassung nach sollte das Parlament also den Krieg erklären und finanzieren, der Präsident ihn «lediglich» führen (dass mit George Washington ein General der erste Staats- und Regierungschef wurde, dürfte bei diesem Konzept eine Rolle gespielt haben). Offen blieb dabei allerdings die Frage der Zuständigkeit in militärischen Auseinandersetzungen, die sich unterhalb der Schwelle des erklärten Krieges abspielten. Die Präzedenzfälle begannen in den 1790er Jahren, als George Washington aus eigener Initiative Feldzüge gegen Stämme von *Native Americans* an der Siedlungsgrenze organisierte. Im Laufe der weiteren Geschichte erwiesen sich die nur grob definierten *war powers* des Präsidenten häufig als Kritikpunkt für die Machterweiterung der Exekutive. Hinzu kam, dass die Verfassungsväter in Anlehnung an den Philosophen John Locke, der dem Monarchen eine weite «Ermessens- und Restkompetenz» zugesprochen hatte, auch dem Präsidenten implizit die Ermächtigung gaben, im Falle eines nationalen Notstands außerhalb des geltenden Rechts zu handeln. Das galt ziemlich unbestritten für die Abwehr eines plötzlichen Angriffs von außen und für innere Unruhen, die den Bestand der Union gefährdeten. Thomas Jefferson berief sich etwa beim Erwerb von Louisiana auf «die Gesetze der Notwendigkeit und der Selbsterhaltung» sowie auf seine Pflicht, tätig zu werden, «wenn die Sicherheit der Nation oder einige ihrer höchsten Interessen» auf dem Spiel stehen. Erst im Nachhinein rechtfertigte er seine Amtshandlungen vor dem Kongress und der Bevölkerung. Die Existenz einer derart weitreichenden Prärogative des Präsidenten (*prerogative power*) lasen Juristen und Politiker vor allem aus der Eidesverpflichtung des Präsidenten heraus, sein Amt «getreulich auszuüben und die Verfassung der Vereinigten Staaten nach besten Kräften zu erhalten, zu schützen und zu verteidigen» (Sektion 2, Artikel I). Gelegentlich wird auch auf die Werte der Unabhängigkeitserklärung («Leben, Freiheit und das Streben nach Glück») verwiesen, die Vorrang vor dem Buchstaben der Verfassung und der Gesetze hätten. Auch wenn diese Argumente nie völlig widerspruchslos hingenommen wurden, so zeigt die Geschichte doch, dass es eine konstitutionelle «Grauzone» gibt, in die hinein die Autorität der Präsidentschaft expandieren kann.

Der Verfassungskonvent legte nicht nur die Zuständigkeiten der Exekutive fest, sondern er regelte auch das Verhältnis des Präsidenten zur Legislative und Judikative. Dabei kam ein komplexes System der Gewaltenverschränkung und wechselseitigen Kontrolle zum Tragen, das weder den Erwartungen der radikalen noch denjenigen der traditionalistischen Republikaner entsprach. Erstere hätten sich eine «wirkliche» Volksvertretung gewünscht, Letztere eine möglichst strikte Gewaltenteilung. Das Prinzip der Gewaltenverschränkung wird schon beim Blick auf die Judikative deutlich: Der Konvent etablierte das Oberste Gericht (Supreme Court) zwar erstmals als eigenständigen dritten Regierungszweig, ermächtigte aber den Präsidenten, die Bundesrichter mit Zustimmung des Senats auf Lebenszeit zu ernennen. Kommt es zu einem Amtsenthebungsverfahren (*Impeachment*) gegen den Präsidenten, dann führt der Oberste Richter den Vorsitz. An einem solchen *Impeachment* sind auch die beiden Kammern des Kongresses beteiligt: Das Repräsentantenhaus hat das alleinige Recht, die Anklage zu erheben, und der Senat kann den Präsidenten mit Zweidrittelmehrheit verurteilen. Das Verhältnis zwischen Präsident und Supreme Court erwies sich lange Zeit als unproblematisch. Seit den 1930er Jahren, als der Supreme Court das *New Deal*-Programm Präsident Franklin D. Roosevelts aus den Angeln zu heben versuchte, hat die Zahl der Konflikte allerdings zugenommen. Die Hauptkonfliktlinie verlief jedoch von Anfang an zwischen Exekutive und Legislative, was auf Grund der vielen konstitutionellen Verflechtungen und des Prinzips der *checks and balances* nicht verwundern kann. Vieles spricht dafür, dass die Verfassungsväter nicht die Präsidentschaft, sondern den Kongress als die zentrale Institution betrachteten und dass sie den Präsidenten vor allem stärkten, um die befürchtete «Tyrannei der Mehrheit» zu verhindern. Der Kongress allein besaß ja die *power of the purse*, das Steuer- und Haushaltsrecht, das Regieren auf nationaler Ebene überhaupt erst ermöglichte. Zur Zeit des Philadelphia-Konvents herrschte zudem noch die Überzeugung vor, die gesamte Gesetzgebung sei Sache des

Kongresses, und der Präsident müsse die verabschiedeten Gesetze nur ausführen – was seiner Tätigkeit natürlich enge Grenzen gesetzt hätte. Vor diesem Hintergrund ist das Vetorecht des Präsidenten zu sehen, das an die einst beträchtlichen, im 18. Jahrhundert aber kaum noch ausgeübten legislativen Befugnisse des englischen Königs erinnert. Radikale Vorschläge, die ein absolutes Veto des Präsidenten gegenüber dem Kongress (Alexander Hamilton) oder gegen Gesetze von Einzelstaaten (James Madison) forderten, konnten sich schlussendlich in Philadelphia nicht durchsetzen. Übrig blieb ein «qualifiziertes» Veto, mit dem der Präsident Gesetze, Verordnungen und Resolutionen des Kongresses aufhalten konnte, sofern ihn Repräsentantenhaus und Senat nicht mit Zweidrittelmehrheit überstimmten. Man scheute sich sogar, das Verb *veto* mit seinem monarchischen Beiklang überhaupt zu nutzen und bevorzugte stattdessen den Ausdruck «missbilligen» (*disapprove*). Die Bestimmung, dass der Präsident die Gründe seiner Missbilligung schriftlich darzulegen hat, kennzeichnet die an das Veto geknüpften positiven Erwartungen: Es ging weniger um die Blockade von Gesetzesvorhaben an sich, sondern, wie Madison erklärte, um die Verhinderung von «überhastet formulierten, ungerechten und verfassungswidrigen» Gesetzen. Auf diese Weise war der Präsident also aktiv und in konstruktiver Weise am Gesetzgebungsprozess beteiligt. In der Praxis machten die Präsidenten sehr unterschiedlich von ihrem Vetorecht Gebrauch: Washington verwendete es sparsam, John Adams und Thomas Jefferson benützten es gar nicht (Letzterer aus demokratischem «Respekt vor der Weisheit der Legislative»), Andrew Jackson dagegen stützte sich in seinem Kampf gegen die Bank der Vereinigten Staaten sehr häufig darauf. Seit dem ausgehenden 19. Jahrhundert ist das Veto geradezu zu einem Barometer für das Verhältnis zwischen Kongress und Präsident geworden, wobei die negative Komponente der *power to block* immer stärker in den Vordergrund getreten ist. Kein Präsident hat häufiger als Franklin Delano Roosevelt ein Veto eingelegt, nämlich insgesamt 635 Mal; das häufige Eingreifen Roosevelts hatte zum einen damit zu tun, dass er länger an der Spitze der USA stand als alle anderen Präsidenten, vor allem aber versuchte er angesichts der Großen Depression und des Zweiten Weltkriegs grundlegende Reformen durchzuboxen. Barack Obama, dessen Amtsperiode in eine Zeit heftiger Opposition von Seiten der Republikaner fiel, legte sein Veto, wie sein Vorgänger im Amt, zwölf Mal ein, unter anderem um härtere Bestimmungen im Umweltbereich durchzusetzen und um das einseitige Ausgabenlimit für Militärausgaben zu verhindern. Dass Grover Cleveland, der im ausgehenden 19. Jahrhundert zwei Mal zum Präsidenten gewählt wurde, 584 Mal ein Veto einlegte, während die Präsidenten seit John F. Kennedy niemals mehr als 50 Mal Einspruch gegen Kongressgesetze erhoben, spiegelt eine generelle Entwicklung. In neuerer Zeit hat der Präsident andere Wege gefunden, die Gesetzgebung zu beeinflussen: Heute liegt die Gesetzesinitiative weitgehend bei der Exekutive, und der Kongress reagiert auf die Vorschläge des Präsidenten – offensichtlich eine Umkehrung der vom Verfassungskonvent installierten Rollenverteilung.

Kontroversen – Federalists gegen Antifederalists

Als der Verfassungsentwurf im September 1787 in Philadelphia ratifiziert und einer noch recht skeptischen Bevölkerung nahegebracht werden sollte, zeichneten sich rasch Spannungen zwischen den Befürwortern des Entwurfs, den Federalists, und deren Gegnern, den Antifederalists ab, so dass sich die Debatte bis in den Spätsommer 1788 hinzog. Den Verfassungsgegnern waren vor allem die Beseitigung der einzelstaatlichen Souveränität und die Stärkung der Bundesregierung ein Dorn im Auge. Sie befürchteten, die USA könnten sich in Richtung eines zentralisierten Einheitsstaates, eines *American Empire*, bewegen, das von einer ehrgeizigen und machthungrigen nationalen Elite beherrscht werden würde. Die Präsidentschaft nahmen sie als Instrument dieser Elite wahr, deren letztes Ziel die Einführung der Monarchie nach englischem Vorbild sei. Im Einzelnen erhoben die Antifederalists Einspruch gegen die Möglichkeit der unbegrenzten Wiederwahl, gegen die enge Verknüpfung der Befugnisse von Präsident und Senat, gegen die Ernennung der Bundesrichter durch den Präsidenten und schließlich auch gegen die im Philadelphia-Plan vorgesehene neue Hauptstadt, wo ihren Prophezeiungen zufolge der Präsident vom Volk isoliert «Hof halten», das Parlament korrumpieren und Steuergelder verschwenden würde. Vielen Diskussionsbeiträgen war aber zu entnehmen, dass die Aussicht auf George Washington als ersten Präsidenten zumindest die gemäßigten Kritiker versöhnlich stimmte. Manch einer gab offen zu, er sei unbesorgt, solange Washington noch lebe, fürchte sich aber vor einer Zukunft ohne den populären General, der niemals seine Macht missbrauchen werde.

Die Federalists, allen voran Alexander Hamilton, James Madison und John Jay, verteidigten in den *Publius*-Briefen (die noch 1788 unter dem Titel *The Federalist* in Buchform veröffentlicht wurden) eloquent die Verfassung einschließlich der neuen Institution der Präsidentschaft. Sie gaben zu, dass der Präsident über ähnliche Machtbefugnisse wie der englische König verfüge, konzedierten, dass er, wenn auch indirekt, so doch auf demokratische Weise vom Volk gewählt werde und sich alle vier Jahre wieder zur Wahl stellen müsse. Da das Amt nicht erblich sei, bleibe einem von Natur aus ungeeigneten Mann der Aufstieg zur Staatsspitze verwehrt, und ein Präsident, der sich im Amt als unfähig erweise, könne auf reguläre Weise ausgewechselt oder notfalls durch ein *Impeachment*-Verfahren abgesetzt werden. Die vorgeschlagene Verfassung verwirkliche das Ideal eines ganz auf demokratisch-republikanischer Grundlage aufgebauten Regierungssystems. Die Verschränkung der Gewalten ziele keineswegs darauf ab, den Präsidenten und den Kongress am kraftvollen Regieren zu hindern. Nach Madisons Vorstellung musste geradezu Ehrgeiz gegen Ehrgeiz gesetzt werden («*ambition must be made to counteract ambition*»), um die nötige Dynamik zu erzeugen. Die durch den Wettbewerb der Regierungszweige erzeugte Macht stand aber seiner Meinung nach vollkommen im Dienste des Gemeinwohls und des nationalen Interesses; sie würde auch stets unter der Kontrolle des souveränen Volkes und in den Grenzen der Verfassung bleiben. Inwieweit diese optimistische Vision die einfachen Bürger beeinflusste oder gar überzeugte, lässt sich nur schwer sagen. Die Annahme der Verfassung durch die erforderliche Zahl von Staaten wurde letztlich wohl weniger durch die Propagierung ihrer Vorzüge erreicht als durch das Versprechen der Federalists, dem Text die Grundrechtserklärung (*Bill of Rights*) zum Schutz des Individuums und der Einzelstaaten vor bundesstaatlicher Willkür anzufügen. Im Sommer 1788 wurde der von einer überwältigenden Mehrheit geschätzte erste Präsident der Vereinigten Staaten, George Washington, im Rahmen von Feierlichkeiten bereits symbolisch mit der Präsidentenwürde ausgestattet. Auf diese Weise deutete sich noch vor dem offiziellen Inkrafttreten der Verfassung im Herbst und der Wahl Washingtons im Winter 1788/89 an, welche Bedeutung dem Mann an der Spitze der neuen Regierung zukommen würde. Ob das ganze «System» des republikanisch-föderativen Bundesstaates aber so effektiv funktionieren würde, wie es die Federalists versprochen hatten, stand in den Sternen. Aus der historischen Perspektive erkennt man indessen sehr klar, dass die «Erfindung» der Präsidentschaft im Rahmen eines bundesstaatlichen Modells ein «großer Wurf» war. Sie entsprang nicht dem Gehirn eines Einzelnen, sondern ergab sich aus dem Zusammenspiel von intellektueller Erkenntnisfähigkeit und politischem Realitätssinn.

Kontinuität und Wandel
in der historischen Entwicklung der Präsidentschaft

Die amerikanische Verfassung schlug erstaunlich rasch Wurzeln im öffentlichen Bewusstsein, auch wenn über ihren «wahren Geist» und die Tragweite einzelner Bestimmungen bald heftig gestritten wurde. Die äußere Erscheinungsform und die inhaltliche Gestaltung des Präsidentenamtes unterlagen innerhalb der letzten zwei Jahrhunderte einem permanenten Wandel, da die Verfassungsordnung den sich ändernden politischen, wirtschaftlichen und sozialen Bedingungen Rechnung tragen musste. Durch viele Präzedenzfälle und Urteile des Supreme Court wuchs allmählich um die geschriebene Verfassung – die nur sehr selten modifiziert wurde – eine ungeschriebene Verfassung herum; auf diese Weise entwickelte sich eine Art konstitutionelles Gewohnheitsrecht, das neue Maßstäbe setzte und Handlungsspielräume des Präsidenten zuweilen einengte, viel häufiger aber erweiterte. Jede Präsidentschaft stand unter eigenen Gesetzen, die sich aus spezifischen Umständen und Ereignissen, dem allgemeinen Meinungsklima (*public opinion*) sowie dem Amtsverständnis und der Persönlichkeit des jeweiligen Amtsinhabers ergaben. Von kurzen Unterbrechungen abgesehen, befanden sich die Präsidenten aber stets im Zentrum des Geschehens und im Blickpunkt der Öffentlichkeit, zunächst nur der amerikanischen, später dann der gesamten Welt.

Präsidenten über den Parteien

Die erste Phase, die bis ans Ende der 1820er Jahre reicht, ist von dem Historiker Ralph Ketcham als die Zeit der überparteilichen Präsidenten (*presidents above party*) charakterisiert worden. In dieser Zeit wirkte eine machtvolle ideologische Strömung nach, die in der Tradition des englischen politischen Denkens etwa Lord Bolingbrokes stand. In seiner Schrift *Idea of a Patriot King* von 1738 hatte Bolingbroke das Bild eines «patriotischen Königs» entworfen, der – jenseits aller politischen und wirtschaftlichen Interessen – nur dem Wohl des Volkes, vor allem aber den tugendhaften Landbesitzern diente. In Amerika war diese rückwärtsgewandte Utopie während der Revolution durch den radikalen Republikanismus nach Art Thomas Paines überlagert worden. Für die Südstaatenelite übte sie aber wieder starke Anziehungskraft aus: Plantagenbesitzer und Sklavenhalter stellten bis 1825 vier der fünf Präsidenten. Keiner von ihnen konnte sich – vor dem Hintergrund der Französischen Revolution und der Napoleonischen Kriege – dem Parteienstreit zwischen Federalists und Republicans ganz entziehen. Dennoch versuchten selbst republikanische «Parteiführer» wie Jefferson und Madison, das Präsidentenamt auf möglichst unpolitische Weise auszuüben und die «gestörte» gesellschaftliche Harmonie wiederherzustellen. Damit machten sie Parteien letztlich überflüssig.

Die Gemeinsamkeiten der «unparteiischen» Präsidenten von George Washington bis John Quincy Adams dürfen allerdings nicht überbetont werden. Tatsächlich bildeten sich in diesen ersten Jahrzehnten durch das persönliche Beispiel der Amtsinhaber zwei unterschiedliche Modelle der Präsidentschaft heraus, die auch später weiterwirkten. Das eine Modell – verkörpert von Washington und später von John Quincy Adams – war auf exekutive Machterweiterung angelegt; betont national, sozial konservativ bis elitär, vom ökonomischen Verständnis her dagegen progressiv und insgesamt aktivistisch orientiert. Im Hintergrund spielte sicherlich Alexander Hamiltons politische Philosophie eine wichtige Rolle, die ganz auf die Präsidentschaft als den vitalen Kern des amerikanischen Regierungssystems hin ausgerichtet war und Grundsätze einer rationalen, effizienten Verwaltung mit der Vision nationaler Größe verband. Dem stellten Jefferson und Madison ein Modell entgegen, das die Begrenzung und Ausbalancierung der exekutiven Machtfülle betonte, die Eigenverantwortlichkeit der Einzelstaaten förderte, den agrarisch-egalitären Charakter der amerikanischen Gesellschaft zu wahren suchte und dem Präsidenten selbst Schlichtheit im äußeren Erscheinungsbild und Zurückhaltung im politischen Tagesgeschäft auferlegte. Für Jefferson etwa war das Weiße Haus ein «Haus des Volkes». Mit einem Steinwall war es nur umgeben, damit die Tiere nicht entweichen konnten, und Besucher empfing er nicht in einer aufwändigen Robe, sondern in dezidiert einfacher Bekleidung. Dem moderaten Amtsverständnis entsprach nun auch die freiwillige zeitliche Begrenzung auf zwei Amtsperioden, die nicht auf Washington zurückgeht, sondern erst von Jefferson und Madison eingeführt wurde.

Die «Demokratisierung» der Präsidentschaft

In der Ära der *Jacksonian Democracy*, die über die Regierungszeit Andrew Jacksons (1829–37) hinaus bis in die Vorgeschichte des Bürgerkriegs reicht, wandelte sich der Charakter der Präsidentschaft grundlegend. Sie verband sich mit einer aggressiven, selbstbewussten Parteilichkeit, und der Präsident wurde zum anerkannten Führer der Mehrheitspartei. Anders als die ersten Präsidenten, die sich im Sinne des klassischen Tugendbegriffs hatten bitten lassen, das Amt zu übernehmen, betrieben die Kandidaten nun intensive Wahlkämpfe, um das Weiße Haus für sich und ihre Anhänger zu «erobern». Sie wurden auch nicht mehr von einem *Caucus* des Kongresses hinter verschlossenen Türen auserkoren, sondern auf nationalen Parteikonventen nominiert. Die Wahl der *Presidential Electors* wiederum ging nach und nach in allen Staaten von den Parlamenten auf das Volk über. Darin spiegelte sich der Trend zur Ausweitung des Wahlrechts und zur stärkeren demokratischen Beteiligung der Bürger wider, der seit Anfang des 19. Jahrhunderts die politische Kultur umformte. Das neue Bild der Präsidentschaft war Teil des generellen Bewusstseins- und Mentalitätswandels, der bis 1830 bewirkt hatte, dass ökonomischer und politischer Wettbewerb und das lärmende Streben nach «Popularität» nicht mehr negativ, sondern weitgehend positiv bewertet wurden. Indem die Präsidenten diese Philosophie nun offensiv vertraten, trugen sie selbst zur Kommerzialisierung und Individualisierung der Gesellschaft bei – ein Gedanke, der Washington, John Adams, Jefferson und Madison, die dem Idealismus der Aufklärung verpflichtet gewesen waren, Angst eingeflößt hätte. Das «Beutesystem» (*spoils system*) der Postenvergabe an Gefolgsleute und Wahlhelfer wurde fester Bestandteil des politischen Lebens, und der Stil der Präsidentschaft nahm nun demokratische, zuweilen derb-populistische Züge an. Jackson umgab sich erstmals mit einem Zirkel informeller Berater, dem sogenannten «Küchenkabinett» (*kitchen cabinet*), in dem Parteistrategen und Presseleute eine wichtige Rolle spielten und das die Bedeutung des eigentlichen Kabinetts verminderte.

Von einem «Durchbruch zur Moderne» zu sprechen, scheint aber doch übertrieben, denn bei den Präsidenten der *Jacksonian Democracy* hielten sich Tradition und Neuerungen in etwa die Waage. Jackson selbst knüpfte an das Erbe Jeffersons an, nicht nur was die Hochschätzung des Landlebens und die Abneigung gegen die städtische Kultur betraf, sondern auch durch seine im Wesentlichen «negative» Interpretation der Aufgaben, welche die Exekutive zu erfüllen hatte. Ausgestattet mit den Eigenschaften eines charismatischen Führers, sah er sich als direkten Repräsentanten des Volkes und als Wahrer der nationalen Einheit. Unter *executive leadership* verstand er in erster Linie den Kampf gegen «feindliche Interessen», wie die Bankiers in Philadelphia und New York, neuenglische Geschäftsleute oder die gegnerische Partei der Whigs. Deren Machenschaften galt es aufzudecken und zu vereiteln, damit die Bürger «frei» sein konnten, was jetzt so viel bedeutete wie: zu tun oder zu lassen, was sie für richtig hielten. Historikerinnen, Historiker und Wirtschaftsfachleute sind sich bis heute uneins darüber, ob diese «Nicht-Politik» die Entstehung einer nationalen Marktwirtschaft förderte oder eher verzögerte. Es verwundert jedenfalls nicht, dass der Franzose Alexis de Tocqueville, der die Vereinigten Staaten Anfang der 1830er Jahre bereiste, zu der Feststellung gelangte, der amerikanische Präsident übe «zweifellos nur einen schwachen und indirekten Einfluss» auf die Gesellschaft aus, und die Staatsgeschäfte würden mehr von der Legislative als von der Exekutive gelenkt.

Die Präsidentschaft in der Krise der Union

Nach dem Krieg gegen Mexiko (1846–48), der das Territorium der USA erneut gewaltig vergrößerte, nahm die nationale Integrationskraft, die für die ersten Präsidenten charakteristisch war, immer mehr ab. Insbesondere unter dem Druck des regionalen Gegensatzes und der Sklavereiproblematik standen sich Süd- und Nordstaaten einander gegenüber. Die Präsidenten der 1850er Jahre bemühten sich in dieser Situation nicht mehr um Ausgleich, sondern unterstützten mehr oder weniger deutlich die Forderung der Südstaaten, deren Anliegen es war, die Gebiete im Westen für die Sklaverei zu öffnen. Die Krise der Union war also auch eine Krise der Präsidentschaft, die ihren verfassungsmäßigen Auftrag zur Wahrung der nationalen Einheit und des Gesamtwohls in einem Klima steigender öffentlicher Erregung nicht mehr zu erfüllen vermochte.

Die Entstehung der Republikanischen Partei und die Wahl ihres Kandidaten Abraham Lincoln zum Präsidenten im November 1860 trieben den Nord-Süd-Konflikt auf den Höhepunkt, schufen aber auch die Voraussetzungen dafür, dass der Untergang der Union verhindert und die Sklaverei beseitigt werden konnten. Angesichts von Südstaaten-Sezession und Bürgerkrieg nutzte Lincoln nämlich wie kein Präsident vor ihm das Machtpotential seines Amtes aus, während die republikanische Mehrheit im Kongress das traditionelle Misstrauen gegen die exekutive Regierungsgewalt überwand und dem Präsidenten weitgehend freie Hand ließ. Mit geradezu religiöser Inbrunst nahm Lincoln die Rolle des Retters der Nation, ja der Demokratie schlechthin auf sich. Er beanspruchte Notstandsvollmachten, die er in seinem Amtseid und anderen allgemeinen Formulierungen der Verfassung fand oder aus seiner Stellung als Oberbefehlshaber herleitete. Vom Justizminister ließ er sich bestätigen, dass der Präsident der «Wächter der Verfassung» sei, ihr «Bewahrer, Beschützer und Verteidiger». Das erlaubte ihm sogar, Grundrechtsbestimmungen vorübergehend außer Kraft zu setzen und Widerstand gegen die Kriegsanstrengungen zu unterdrücken. Trotzdem war Lincoln zu keiner Zeit ein Diktator oder gar Despot. Kritik an den Maßnahmen der Regierung war in den Nordstaaten nicht nur möglich, sondern wurde auch freimütig geäußert. Lincoln gestand dem Kongress und den Gerichten das letzte Urteil über alle von ihm unternommenen Schritte zu. Ebenso entschieden hielt er – ungeachtet seiner *Emancipation Proclamation* von 1863 – daran fest, dass die endgültige Abschaffung der Sklaverei nur durch eine reguläre Verfassungsänderung, nicht durch eine Verordnung des Präsidenten vollzogen werden konnte.

Mit Lincoln zeichnete sich ein Trend ab, der sich im 20. und 21. Jahrhundert fortsetzen sollte. Wenn ein Präsident Krieg führte, förderte dies die Ausweitung der exekutiven Macht. Die Unbeirrbarkeit und Konsequenz, mit der Lincoln seine Ziele verfolgte, setzte neue Maßstäbe, zog aber auch problematische Folgen nach sich, wenn zukünftige Präsidenten unter Berufung auf Lincoln «exklusive präsidentielle Befugnisse» einforderten. In gewissem Sinne traf das schon auf Lincolns Vizepräsidenten und Nachfolger Andrew Johnson zu, der sich gegen die Mehrheit des Kongresses durchzusetzen versuchte. Nach diesem offenen Machtkampf zwischen Exekutive und Legislative, der in einem *Impeachment*-Verfahren gegen Johnson gipfelte, trat für eine ganze Weile wieder so etwas wie «Normalität» im politischen Leben der Vereinigten Staaten ein.

Kongress, Parteien und Präsidenten im Gilded Age

In der Phase forcierter Industrialisierung nach dem Bürgerkrieg, die Mark Twain das «vergoldete Zeitalter» (*Gilded Age*) nannte, weil der äußere Glanz viel soziales Elend überdeckte, wirkten mehrere Faktoren zusammen, um den Einfluss der Präsidenten zu vermindern. In ökonomischer Hinsicht setzte sich in den USA wie in keinem anderen Land der Welt das Dogma des *Laissez-faire* durch, dem zufolge sich die Regierung so weit wie möglich aus dem Wirtschaftsleben heraushalten und dem «freien Spiel der Kräfte» Raum geben sollte. Die Gerichte stützten diese Auffassung, indem sie sowohl die Bundesregierung als auch die Staatenregierungen vordringlich auf den Schutz des Privateigentums verpflichteten. Der Handlungsspielraum der Bundesregierung schrumpfte weiter dadurch, dass nach dem Ende der Rekonstruktion 1877 der gesamte Komplex der Rassenbeziehungen im Interesse der nationalen Versöhnung ausgeklammert und in die Zuständigkeit der Einzelstaaten verwiesen wurde. Damit begann die strikte Rassentrennung und politisch-soziale Diskriminierung der Afroamerikaner im Süden, die teilweise bis in die 1960er Jahre bestehen blieb. Militärisch waren für die Präsidenten – bei der Niederwerfung des letzten Widerstands der Ureinwohner im Westen, beim Streit mit den Mormonen in Utah und beim Einsatz von Truppen gegen streikende Arbeiter – kaum Lorbeeren zu ernten. In der Politik schließlich gaben die großen Parteien, Demokraten und Republikaner, noch stärker den Ton an als zu Zeiten von Andrew Jackson. Die eigentliche Macht wurde von den «Parteimaschinen» und deren «Bossen» (oft in enger Verbindung mit wirtschaftlichen und ethnischen Interessengruppen) in den Einzelstaaten und den großen Städten ausgeübt, die das Amt des Präsidenten als Teil der politischen Manövriermasse und Schlüssel zur Posten- und Pfründenvergabe ansahen. Diese «objektiven» Gründe trugen stärker zum Verfall des Ansehens der Präsidentschaft bei als persönliche Unzulänglichkeiten, die man einigen der Präsidenten, insbesondere dem Bürgerkriegsgeneral Ulysses S. Grant, zweifellos auch bescheinigen muss. Das Endresultat war eine wenig aktive Bundesregierung, in der sich das Entscheidungszentrum vom Präsidenten im Weißen Haus zum Kongress auf dem *Capitol Hill* hin verlagerte. Die Zeitgenossen sprachen deshalb von einem *Congressional Government,* und der Universitätsprofessor Woodrow Wilson machte sich 1885 bereits Gedanken, ob man diese Form der Regierung nicht in Richtung eines parlamentarischen Systems nach englischem Muster weiterentwickeln sollte. Als Wilson zweieinhalb Jahrzehnte später selbst das Präsidentenamt anstrebte, hatte er diese Auffassung allerdings längst wieder revidiert.

Die Präsidenten des Progressivismus

Die Wahlen von 1896, aus denen William McKinley und die Republikanische Partei als Sieger hervorgingen, leiteten eine Wende ein, die im Innern wie nach außen zu einer (Wieder-)Aufwertung der Präsidentschaft führte. Innenpolitisch setzte sich unter dem Einfluss des auf soziale Reformen zielenden *Progressive Movement* die Einsicht durch, dass die Exekutive eingreifen sollte, um die negativen Begleiterscheinungen der Industrialisierung und Verstädterung wirkungsvoll zu bekämpfen. Der wirtschaftliche Aufschwung und der rasche Zuwachs an wissenschaftlichen Erkenntnissen schienen genügend Ressourcen zur Verfügung zu stellen, um die Lebensbedingungen aller Amerikaner zu verbessern. Dazu waren allerdings rationale Planung und effektive Verwaltung auf nationaler Ebene notwendig, was nur vom Kongress und vom Präsidenten ins Werk gesetzt werden konnte. Erst angesichts dieser veränderten Aufgabenstellung begann die bundesstaatliche Bürokratie wirklich zu wachsen, auch wenn die Zahl und Personalausstattung der öffentlichen Behörden insgesamt – gemessen an europäischen Verhältnissen – immer noch bescheiden blieb. Die Präsidenten selbst legten sich mit Genehmigung des Kongresses einen größeren Mitarbeiterstab zu, der ihnen die Führung der Amtsgeschäfte erleichtern sollte. Hatte Ulysses Grant noch mit einem Privatsekretär, einem Stenografen und vier Schreibern auskommen müssen, so verfügte McKinley schon über einen Stab von dreizehn Personen, unter ihnen mehrere professionelle Verwaltungsleute. Inzwischen hatten auch neue Techniken und Kommunikationsmedien wie Schreibmaschine, Telegraf und Telefon Einzug ins Weiße Haus gehalten, die einerseits die Arbeitslast erhöhten, andererseits aber auch die Einwirkungsmöglichkeiten und Lenkungskapazitäten der Exekutive verbesserten.

Außenpolitisch markierte der Krieg gegen Spanien 1898 den Eintritt der USA in die Weltpolitik – ein folgenreicher Schritt über die Schwelle ihres kontinentalen Besitzstandes hinaus. In dem *splendid little war* (so Außenminister John Hay) um Kuba und die Philippinen bestand die moderne amerikanische Schlachtflotte, die seit 1890 aufgebaut worden war, ihre erste Bewährungsprobe. Sie stellte von nun an ein Machtinstrument ersten Ranges dar, das McKinleys Nachfolger Theodore Roosevelt besonders virtuos zu handhaben wusste. Die Außenpolitik betrachtete Roosevelt ohnehin als seine ureigene Domäne: Im Einklang mit der öffentlichen Meinung, aber ohne übermäßige Rücksicht auf den Kongress, weitete er die Bedeutung der Monroe-Doktrin aus und setzte den Bau des strategisch wichtigen Panamakanals durch; geschickt vermittelte er im Krieg zwischen Japan und Russland, wofür er sogar mit dem Friedensnobelpreis ausgezeichnet wurde. Einige Historiker und Politologen erkennen hier den Beginn der sogenannten «doppelten» oder «gespaltenen» Präsidentschaft: Damit ist eine Amtsführung gemeint, die ganz bewusst der Tatsache Rechnung trägt, dass die Verfassung dem Präsidenten in der Außenpolitik wesentlich mehr Initiative und Bewegungsfreiheit erlaubt als in der Innenpolitik.

Roosevelt war aber auch im Innern keineswegs passiv, sondern drängte den Kongress, zentrale Forderungen der progressiven Reformer zu verwirklichen: verbesserte Arbeitsbedingungen in der Industrie, Hygienestandards für Lebensmittel und vieles mehr. Indem er das Weiße Haus als eine Bühne oder Predigerkanzel benutzte, zeigte Roosevelt seinen Landsleuten und der Welt ganz neue Perspektiven der Präsidentschaft auf: Nicht von ungefähr hat man ihn als den ersten «modernen» amerikanischen Präsidenten bezeichnet, wobei der Begriff der Modernität natürlich problematisch ist. Auf symbolhafte Weise ließen die Roosevelts einen frischen Wind durch das Weiße Haus wehen, als er das Gebäude für die achtköpfige Familie von Grund auf ummodelte und dabei den Dekor des 19. Jahrhunderts aus den Gemächern verbannte. Im Anschluss an eine Europareise, die Theodore Roosevelt zwei Jahre nach seinem Ausscheiden aus dem Amt im Jahr 1910 unternahm, charakterisierte er die amerikanische Präsidentschaft mit Worten, die den Stolz auf die Fortschrittlichkeit und Dynamik der USA gut erkennen lassen: «Mir gefällt an der amerikanischen Regierungsform, dass ein privater Bürger vom Volk in eine Position gewählt werden kann, die so bedeutend ist wie die des mächtigsten Monarchen, dass er auf Zeit mehr Macht ausüben darf als Zar, Kaiser und Papst, und dass er dann nach Ablauf der Amtsperiode mit voller Selbstachtung als Privatmann in den Kreis seiner Mitbürger zurückkehrt, ohne etwas anderes zu beanspruchen als das, was ihm auf Grund seiner Verdienste zusteht.»

Als der Nachfolger William H. Taft seinen hohen Erwartungen nicht entsprach, strebte «Teddy» Roosevelt 1912 noch einmal ins Weiße Haus zurück. Sein Wahlkampf als Kandidat der von ihm selbst gegründeten Progressive Party ist symptomatisch für die größere Eigenständigkeit, die führende Politiker inzwischen von den Parteiorganisationen erlangt hatten. Roosevelt und Taft unterlagen jedoch dem Demokraten Woodrow Wilson, der die progressive Ära auf ihren Höhepunkt führte und zum Abschluss brachte. Wilsons innenpolitische Reformanstrengungen wurden schon bald von dem großen europäischen Krieg überschattet, der sich durch den Eintritt der USA im April 1917 zum Ersten Weltkrieg ausweitete. In Wilsons Reden, mit denen er seine Landsleute, wie allenfalls noch Lincoln vor ihm, zu fesseln wusste, verbanden sich demokratische Überzeugung und religiöses Pathos zur Idee von der globalen zivilisationsbewahrenden Mission der Vereinigten Staaten. Der Krieg wurde wieder zur «Stunde der Exekutive»: Das Weiße Haus und die zivile und militärische Bürokratie organisierten den amerikanischen Beitrag zur Kriegskoalition; Wilsons «inoffizieller Berater» Colonel Edward House führte diplomatische Verhandlungen in Europa; Wilson selbst nahm mit der Völkerbundidee die ideologische Herausforderung durch den russischen Bolschewismus an; 1919 reiste er als erster amtierender US-Präsident nach Europa, um sein Land auf der Pariser Friedenskonferenz zu vertreten. Für ihn persönlich war es ein Triumphzug, und zugleich hatte das Prestige des Präsidentenamtes einen neuen Gipfel erklommen. Allerdings lagen Triumph und Tragik dicht beieinander: Nachdem die Vollendung des innenpolitischen Reformprogramms schon den finanziellen Bedürfnissen des Krieges zum Opfer gefallen war, weigerte sich der Senat 1920, den Versailler Vertrag einschließlich der Völkerbundsatzung zu ratifizieren. Durch einen Schlaganfall teilweise gelähmt, verbrachte Wilson die letzten Monate seiner zweiten Amtsperiode hilflos und ohne politischen Einfluss im Weißen Haus. Seine zweite Frau, Edith

Bolling Wilson, führte in dieser Zeit die Amtsgeschäfte, entschied, wer zum Präsidenten vorgelassen wurde, und war damit, in der Meinung einiger Historiker, wenn auch informell, die erste Präsidentin der USA.

Durchbruch zur modernen Präsidentschaft

Die Regierungszeit der drei Republikaner Harding (1921–23), Coolidge (1923–29) und Hoover (1929–33) bedeutete erneut einen Pendelschlag «zurück zur Normalität» (*back to normalcy*), wie schon der Wahlslogan der Partei 1920 gelautet hatte. Die Präsidenten traten jedoch nicht mehr so weit in den Hintergrund, wie das im *Gilded Age* der Fall gewesen war: Dafür besaßen die USA mit ihren weit über 100 Millionen Einwohnern als größter Binnenmarkt, stärkste Wirtschaftsmacht und reichstes Gläubigerland der Erde nun doch zu viel Einfluss und Verantwortung; dafür waren auch die in der *Progressive Era* geweckten Erwartungen an die wirtschafts- und sozialpolitische Gestaltungskraft der Bundesregierung zu groß geworden. Die wachsenden Aufgaben der Exekutive spiegelten sich in der Differenzierung und Spezialisierung des präsidentiellen Stabes wider, der auf über 30 Positionen anstieg. Ab 1929 gab es im Weißen Haus auf oberster Ebene drei *Secretaries to the President*, unter ihnen erstmals einen Pressesekretär, was erkennen lässt, welche Bedeutung man den *Public Relations* schon in dieser Zeit beimaß, als Radio und Film zu Massenmedien zu werden begannen. Die neuere Forschung hat gezeigt, dass Herbert Hoover nicht der «schwache» Präsident war, als den man ihn lange Zeit karikiert hat, sondern dass er dem Amt durchaus innovative Impulse zu geben verstand. Durchdrungen von einer strikt liberalistischen Ideologie, baute er jedoch vor allem auf die Eigeninitiative des privaten Sektors und die Selbstheilungskräfte der Wirtschaft. In der Großen Depression, die wenige Monate nach seiner Inauguration einsetzte, konnte er auf diese Weise weder der weltpolitischen Verantwortung der USA noch den Ansprüchen der eigenen Bevölkerung gerecht werden.

Die Präsidentschaft Franklin Delano Roosevelts (1933–45) ist am besten als eine langgedehnte Notstands- und Ausnahmeregierung zu verstehen, zuerst innenpolitisch in der Form des *New Deal* zur Überwindung der Wirtschaftskrise, dann außenpolitisch im Kampf gegen die totalitäre Bedrohung in Europa und Asien. Dabei geriet zwar das amerikanische Regierungs- und Verfassungssystem zu keiner Zeit ernsthaft in Gefahr, aber es erlebte doch die einschneidensten und dauerhaftesten Veränderungen seit seiner Entstehung am Ende des 18. Jahrhunderts. Schon in seinen Wahlkampfreden und bei der

Inauguration machte Roosevelt deutlich, dass er die Verfassung als ein anpassungsfähiges Instrument betrachtete, das so gehandhabt werden musste, wie es die nationalen Bedürfnisse und das Gemeinwohl erforderten. Am besten kam das in seinem Versprechen zum Ausdruck, er werde auf die Wirtschaftskrise wie auf einen die Existenz der Nation bedrohenden Krieg reagieren. Die «nationale Regeneration» gelang, weil Roosevelt erkannt hatte, dass die Ursachen der Malaise ebenso psychologischer wie ökonomischer Natur waren. Daraus folgerte er, dass schwungvolle, optimistische und experimentierfreudige *presidential leadership* gefordert war («Das Einzige, was wir zu fürchten haben, ist die Furcht selbst», erklärte er beim Amtsantritt); dass die Bundesregierung aktiv ins Wirtschaftsgeschehen eingriff und soziale Mindestanforderungen durchsetzte; und dass der Präsident auf Reisen und über das Radio das Gespräch mit dem Volk, mit dem *«forgotten man»*, suchen musste. Anfangs leistete ihm der Supreme Court unter Verweis auf die Grenzen der exekutiven Befugnisse und die föderative Struktur des Staates noch hinhaltenden Widerstand. Der überwältigende Wahlsieg im November 1936 offenbarte aber, dass Roosevelt die Bevölkerung von der Notwendigkeit des *New Deal* und damit von der Berechtigung einer bis dahin kaum vorstellbaren Interventions- und Regulierungskompetenz des Staates im wirtschaftlichen und sozialen Bereich überzeugt hatte. Seine Kombination von Tatkraft, sozialem Bewusstsein und populärem Stil brachte die psychologische Wende zum Besseren, obwohl die wirtschaftliche Erholung langsamer voranging als in Europa. Genauso gelang es Roosevelt ab 1938, nun im Widerstreit mit einem isolationistisch gesinnten Kongress, die Mehrheit des Volkes auf Kriegskurs gegen die faschistischen Diktaturen und das japanische Militärregime zu bringen. Nach dem Angriff auf Pearl Harbor im Dezember 1941 war das ganze amerikanische Regierungssystem, bald sogar die gesamte weltumspannende Kriegskoalition, auf Roosevelt als die überragende Führerpersönlichkeit im Weißen Haus zugeschnitten.

Franklin Roosevelts Präsidentschaft ist in vieler Hinsicht ungewöhnlich. Die lange Amtszeit – als einziger Präsident wurde Roosevelt dreimal wiedergewählt – hatte sechs Jahre nach seinem Tod eine Verfassungsänderung zur Folge, das 22. Amendment, das die Präsidentschaft nun formell auf maximal zwei Amtsperioden begrenzte. (Seither ist nur noch eine die Präsidentschaft betreffende Ergänzung hinzugekommen, das 25. Amendment von 1967, das den geordneten Übergang der Regierungsgewalt von einem Präsidenten, der sein Amt nicht mehr ausüben kann, auf den Vizepräsidenten vorschreibt.)

Als besonders zukunftsträchtig erwies sich die enorme Expansion der bundesstaatlichen Bürokratie, die sich zunächst im Rahmen des *New Deal* und dann, noch stärker als 1917/18, unter dem Druck eines Weltkrieges vollzog.

Der Ausbau der bestehenden Ministerien und Behörden und die Schaffung von weit über 100 neuen *executive agencies,* die zumeist dem Präsidenten direkt unterstellt wurden, bedeutete nicht nur eine quantitative, sondern eine qualitative Veränderung des Regierungssystems. Innerhalb der mächtiger gewordenen Bundesregierung gewann die Exekutive an Gewicht, was einerseits auf die charismatische Persönlichkeit und die Führungsqualitäten Roosevelts zurückzuführen war, andererseits aber auch auf organisatorische Neuerungen. Höchste Bedeutung hatte in diesem Zusammenhang die Einrichtung des *Executive Office of the President* (EOP), das der Kongress 1939 (er begann mit den heute berühmten Sätzen: «Der Präsident benötigt Hilfe. Seine unmittelbare Stabsunterstützung ist völlig unzureichend.») einrichten ließ. Der engste Mitarbeiterkreis des Präsidenten, zusammengefasst im White House Office, wurde dabei u. a. durch sechs neue Verwaltungsassistenten vergrößert, die helfen sollten, den gesamten exekutiven Regierungsapparat zu koordinieren sowie Verbindung zum Kongress und zur Öffentlichkeit zu halten. Weitere wichtige Behörden im EOP waren das vom Finanzministerium übernommene *Bureau of the Budget,* das den Präsidenten bei der Aufstellung und Durchsetzung des Haushalts unterstützte (1945 verfügte es bei einem Personalstand von 600 Angestellten über einen eigenen Etat von 3 Millionen Dollar), und das *Office of Emergency Management,* das ab Mai 1943 als *Office of War Mobilization* die Rüstungsanstrengungen lenkte und kontrollierte. All dies erleichterte es dem Präsidenten ungemein, sich auf die wirklich wichtigen Entscheidungen zu konzentrieren; andererseits erzeugte die Expansion der Bürokratie aber auch neue Regelungsprobleme sowie interne Rivalitäten, die Roosevelt nicht selten nach dem Motto «divide et impera» noch verschärfte, indem er eine Behörde gegen die andere ausspielte. Bei Kriegsende war der exekutive Regierungszweig also kaum noch mit der Exekutive in der Anfangsphase der Vereinigten Staaten, ja nicht einmal mehr mit der Exekutive zu Zeiten Lincolns, Theodore Roosevelts oder Wilsons vergleichbar.

Die «imperiale Präsidentschaft»

Anders als nach dem Ersten Weltkrieg, zerschlug sich die Hoffnung auf eine «Rückkehr zur Normalität» nach dem Zweiten Weltkrieg sehr schnell. Der Beginn des Kalten Krieges und wenig später der Ausbruch des Korea-Krieges machten deutlich, dass sich die USA unter ihren Nachkriegspräsidenten Truman und Eisenhower aus der weltpolitischen Verantwortung nicht zurückziehen konnten. Dementsprechend blieben auch die Instrumente der präsidentiellen Führungsmacht und die gewaltige Militärmaschinerie einschließlich der nuklearen Vernichtungswaffen bestehen. Psychologisch und von den rechtlichen Grundlagen her fand der Zustand der «*national emergency*» im Kalten Krieg eine fast ungebrochene Fortsetzung. Der dem Präsidenten unterstellte Militär- und Sicherheitsapparat wurde 1947 reorganisiert und gestrafft, als der Kongress auf der Grundlage des *National Security Act* den Nationalen Sicherheitsrat (*National Security Council*, NSC), ein für alle Teilstreitkräfte zuständiges Verteidigungsministerium (*Department of Defense*) und die *Central Intelligence Agency* (CIA) schuf (der NSC gelangte 1949 ebenfalls durch Kongressbeschluss in das *Executive Office of the President*). Bereits 1946 war der *Council of Economic Advisers* als zentrales Beratungsgremium des Präsidenten in Wirtschaftsangelegenheiten in das EOP aufgenommen worden. Damit setzte sich die unter Franklin Roosevelt begonnene Tendenz zu einer Zweiteilung der ausführenden Gewalt fort: auf der einen Seite der engere Berater- und Mitarbeiterstab des Präsidenten (das *Executive Office*, koordiniert vom White House Office) und auf der anderen Seite die «reguläre» Bürokratie der Ministerien und übrigen Ämter und Behörden, deren politischer Einfluss eher zurückging. Das Kabinett, das durch Eisenhower noch einmal aufgewertet wurde, büßte danach immer mehr von seiner Funktion als kollektives Beratungs- und Entscheidungsgremium ein, und nur diejenigen Minister, die – wie der Secretary of State und der Secretary of Defense – regelmäßig an den Sitzungen des Nationalen Sicherheitsrats teilnahmen, konnten ihren Einfluss einigermaßen wahren. Am sichtbarsten wird diese Zweiteilung bis heute im Nebeneinander von Außenminister und Nationalem Sicherheitsberater (*National Security Advisor*), einem Posten, der aus Eisenhowers Entscheidung hervorging, dem Nationalen Sicherheitsrat einen *Special Assistant for National Security Affairs* als «Auge und Ohr» des Präsidenten beizugeben. Als wichtigste Behörden innerhalb des *Executive Office of the President* etablierten sich von Truman bis Nixon – neben dem de facto unabhängigen White House Office selbst – der Nationale Sicherheitsrat, das *Office of Management and Budget* (OMB; 1970 aus dem *Bureau of the Budget* hervorgegangen), der *Council of Economic Advisors*, das *Office of the U.S. Trade Representative*, der *Domestic Council* und das *Office of Science and Technology*. Im White House Office allein waren schon zur Zeit der Nixon-Administration (1969–74) über 500, nach einigen Schätzungen über 600 hauptamtliche Mitarbeiter unmittelbar für den Präsidenten tätig, darüber hinaus zahlreiche auf Zeit (von den diversen Ministerien) abgeordnete Beamte.

Das White House Office, das *Executive Office of the President* und die verzweigte Militär- und Geheimdienstbürokratie bildeten das institutionelle

Fundament für das, was Arthur M. Schlesinger Jr. 1973 die «imperiale Präsidentschaft» (*Imperial Presidency*) nannte. «Imperial» meinte dabei nicht nur die amerikanische Hegemonie in der Welt, sondern auch die Stellung der Präsidenten im Innern, wo sie von den Medien überwiegend unkritisch hofiert wurden. Truman war mit seiner Politik noch auf erheblichen Widerstand des Kongresses gestoßen, aber er hatte sich durchzusetzen gewusst, teils mit Hilfe des Vetos: Er legte 180 Vetos ein, von denen der Kongress nur zwölf überstimmen konnte, und er machte überdies 70 Gesetzvorhaben des Parlaments durch das sogenannte *pocket veto* zunichte. 1951 konnte er es wagen, den populären General Douglas MacArthur vom Oberbefehl in Korea zu entbinden (womit er zugleich ein Exempel für den Vorrang der zivilen Gewalt vor dem Militär statuierte), und 1952 stellte er anlässlich eines Streiks kurzerhand die gesamte amerikanische Stahlindustrie unter Regierungsaufsicht (was der Oberste Gerichtshof allerdings anschließend für verfassungswidrig befand). Trumans Nachfolgern legte der Kongress kaum noch Steine in den Weg. Das Resultat war John F. Kennedys ehrgeiziges Programm der *New Frontier* und Lyndon B. Johnsons nicht minder ambitiöser Versuch in den 1960er Jahren, gewissermaßen als Vollendung des *New Deal* eine *Great Society* mit Wohlstand und Gerechtigkeit für alle Amerikaner zu schaffen. Ausfluss der «imperialen Präsidentschaft» war allerdings auch der Weg in den Vietnamkrieg. Für dessen Führung hatte der Kongress dem Präsidenten 1964 de facto eine Blankovollmacht gegeben, und unter Richard Nixon sollte der Militäreinsatz noch einmal deutlich eskalieren. Übersteigertes Machtbewusstsein und Missachtung der von der Verfassung errichteten Schranken machten schließlich den *Watergate*-Skandal möglich, der für Nixon mit dem erzwungenen Rücktritt und für einige seiner engsten Berater mit Gefängnisstrafen endete.

Die Krise der Präsidentschaft

Anfang der 1970er Jahre begannen sich Gegenkräfte gegen die zunehmende Macht des Präsidenten zu formieren. Dies hatte nicht zuletzt damit zu tun, dass die Grenzen des amerikanischen Einflusses in der Welt – etwa in der Kuba-Krise gegenüber der «Supermacht Sowjetunion», aber auch hinsichtlich der Abhängigkeit von Rohstoffimporten aus dem Nahen Osten – sichtbar wurden. Im eigenen Land hatten die Anti-Kriegsproteste und eine kritischere Haltung der Medien den Präsidenten zum Einlenken gezwungen; und 1973 unterstrich der Kongress durch die Verabschiedung des *War Powers Act* (über

Nixons Veto hinweg) wieder sein Mitspracherecht in Fragen von Krieg und Frieden. Dass die Autorität des Präsidenten dann aber so rasch und vollständig zusammenbrach, lag an den *Watergate*-Enthüllungen, die eine Verschwörung im Weißen Haus zur Verhinderung der Wahrheitsfindung ans Licht brachten. Die «imperiale Präsidentschaft» hatte, so lautete der nahezu allgemeine Eindruck, unter dem Vorwand der Sorge um die «nationale Sicherheit» in einen Sumpf von Korruption und Amtsmissbrauch geführt.

Die Begriffe Vietnam und *Watergate* wurden zum Synonym für die Krise der amerikanischen Institutionen insgesamt, und Nixons Nachfolger Gerald Ford (1974–77) und Jimmy Carter (1977–81) bekamen den Legitimitäts- und Vertrauensverlust zu spüren, den die Krise dem Präsidentenamt zufügte. Zu den Vorkehrungen, mit denen der Kongress den Präsidenten im Gefolge des *Watergate*-Skandals besser «an die Leine nehmen» wollte, gehörten ein Haushaltsgesetz, das die parlamentarischen Prärogativen betonte, ein Wahlkampfgesetz, das die Geldspenden begrenzte und eine Ausgabenkontrolle vorsah, und der *Freedom of Information Act,* der den Zugang der Bürger zu geheimen Regierungsdokumenten erleichterte. Als die USA jedoch mit dem fluchtartigen Rückzug aus Indochina, zunehmender Isolierung in den Vereinten Nationen, kubanischen Interventionen in Afrika, der Revolution im Iran, einem neuen Boykott der OPEC, der Geiselnahme in Teheran und dem sowjetischen Einmarsch in Afghanistan innerhalb weniger Jahre eine ganze Serie außenpolitischer Demütigungen erfuhren, wurde nicht mehr länger über die «zu starke», sondern über eine zu sehr geschwächte, «gefährdete» (*imperiled*) Präsidentschaft Klage geführt.

Dem Republikaner Ronald Reagan schien es dann in den 1980er Jahren zu gelingen, nicht nur die ideologische und politische Führungsrolle der USA in der Welt zurückzuerobern, sondern auch dem Präsidentenamt den alten Glanz zu verleihen. Dabei halfen dem ehemaligen Schauspieler vor allem seine kommunikativen Fähigkeiten, mit denen er zur Überwindung des «Vietnam-Traumas» beitrug. Im Sinne des neokonservativen Credo plädierte Reagan allerdings dafür, die Aufgaben der Bundesregierung zu vermindern, insbesondere die ihr seit dem *New Deal* zugewachsenen wirtschaftlichen Regulierungskompetenzen zu beschneiden und die Eigenverantwortlichkeit der Einzelstaaten zu stärken. Eine riskante Finanzpolitik und das institutionelle «Patt» zwischen dem Weißen Haus und dem von der Demokratischen Partei dominierten Kongress bewirkten steigende Haushaltsdefizite und Staatsschulden, was wiederum eine Debatte über den «Niedergang» der USA als Weltmacht auslöste. Reagans zweite Amtsperiode war von dem *Iran-Contra*-Skandal überschattet, der in seiner verfassungsrechtlichen Dimension durchaus mit *Watergate* vergleichbar ist und zum *Impeachment* des Präsidenten hätte führen können, wenn nicht der erfolgreiche Ausgang des Kalten Krieges und das Ende der Regierungszeit des «großen Kommunikators» absehbar gewesen wären.

Das White House Office war von Beginn an eine politische Behörde, und im Laufe der Zeit ist seine Anfälligkeit für interne Rivalitäten und Gefälligkeitswirtschaft zunehmend größer geworden. Mitverantwortlich dafür sind die gutgemeinten Reformen im Nominierungs- und Wahlverfahren des Präsidenten seit Ende der 1960er Jahre. Diese erleichterten die Partizipation der Bürger auf lokaler und regionaler Ebene, führten aber dazu, dass der Kandidat bzw. Präsident unabhängiger von den Parteien und abhängiger von privaten Aktionskomitees und anderen Interessengruppen wurde, die sich für seine Wahl einsetzen. Denn üblicherweise rekrutiert der siegreiche Bewerber dann aus dem Team der Wahlkampfunterstützer den größten Teil seines Berater- und Mitarbeiterstabes für das Weiße Haus.

Die Krise der Präsidentschaft, die in der Endphase der Reagan-Administration wieder offen aufbrach, konnte auch von George H. Bush (1989–93) nicht überwunden werden. Seine außenpolitischen Erfolge im Krieg gegen den Irak, im israelisch-arabischen Friedensprozess, bei der Wiedervereinigung Deutschlands und im Verhältnis zur Sowjetunion wurden durch mangelnde Initiative und Immobilität (*gridlock*) in der Innenpolitik aufgewogen. Wirtschaftliche Schwierigkeiten und Zweifel an Bushs innenpolitischer Kompetenz ließen die Autorität des Präsidenten, die im Frühjahr 1991 fast unangreifbar schien, überraschend schnell verfallen. Da der Präsident matt und konzeptionslos wirkte, gestanden ihm die Wähler keine zweite Amtszeit zu, sondern entschieden sich für den jugendlichen Gouverneur von Arkansas, William Jefferson («Bill») Clinton (1993–2001). Clinton trat als innenpolitischer Reformer an, aber nachdem das Kernstück seines Programms, die Einführung einer allgemeinen Krankenversicherung, gescheitert war, demonstrierte er durch sein militärisches Engagement im Bosnienkonflikt Entschlossenheit und Stärke, wodurch er Statur gewann und seine Chancen zur Wiederwahl verbesserte. Ähnlich wie in der Zeit des Kalten Krieges vermied es der Kongress – unabhängig von den parteilichen Mehrheitsverhältnissen –, den Präsidenten zu bremsen, als er 20 000 US-Soldaten nach Bosnien entsandte. Clinton profitierte in seinen beiden Amtszeiten darüber hinaus von Faktoren, auf die er kaum Einfluss hatte, die ihm aber zugutegehalten wurden: Ein kräftiges Wachstum der Wirtschaft, eine geringe Inflationsrate und niedrige Zinsen trugen zu einem günstigen Konsumklima bei und führten zur Erwirtschaftung eines Überschusses. In der Folge gestand der Kongress dem Präsidenten 1996 das sogenannte *Line-Item-Veto* zu, eine Befugnis, die US-amerikanische Präsidenten seit dem 19. Jahrhundert für sich gefordert hatten und mit deren Hilfe der Präsident den ihm vorgelegten Haushalt nicht pauschal annehmen oder ablehnen musste, sondern einzelne Positionen, die ihm unnötig oder zu kostspielig zu sein schienen, zurückweisen konnte. Allerdings erklärte der Oberste Gerichtshof bereits 1998 das Veto, über das im 21. Jahrhundert lediglich die Staatschefs von Panama und Brasilien verfügen, für verfassungswidrig. Im gleichen Jahr strengte der Kongress – infolge eines Meineids in der «Sex-Affäre» von Bill Clinton mit der Praktikantin Monica Lewinsky – zum zweiten Mal in der US-amerikanischen Geschichte ein Amtsenthebungsverfahren an. Die meisten Verfassungsrechtler waren sich darüber einig, dass Clintons Verfehlung nicht als «schweres Verbrechen und Vergehen» im Sinne der Verfassung gelten konnte. Die Gründe für das Verfahren, das der erstaunten Weltöffentlichkeit über fünf Monate hinweg das Schauspiel einer Nation bot, die sich geradezu masochistisch nur noch mit sich selbst beschäftigte, waren vielfältig: ehrliche Sorge um die Würde des Präsidentenamtes und die Integrität des Verfassungs- und Rechtssystems; moralische Entrüstung über einen Amtsinhaber, der ein uneingeschränktes Schuldbekenntnis vermied und sich stattdessen in juristische Spitzfindigkeiten flüchtete; sowie Enttäuschung darüber, dass der Präsident seiner Vorbildfunktion für die Bevölkerung nicht gerecht wurde. Am Ende scheiterte das Verfahren kläglich. Clinton überlebte das Verfahren nicht nur wegen des Beistands durch ein hochrangiges Anwaltsteam, sondern vor allem wegen des blinden Eifers seiner radikalen Gegner und der unerhört günstigen wirtschaftlichen Lage im Land. Wenn 2017 und 2018 Rufe nach einer Amtsenthebung von Donald Trump laut wurden, so gilt es daran zu erinnern, dass die Hürden für eine Amtsenthebung hoch sind. Weder dem Verfahren gegen Clinton noch dem gegen Andrew Johnson war ein Erfolg beschieden. Und Richard Nixon trat von seinem Amt zurück, bevor ein Verfahren gegen ihn eröffnet werden konnte. Clinton war (bis Barack Obama) der einzige demokratische Präsident der Nachkriegszeit, der über zwei Amtszeiten hinweg regierte. Dies lag zum einen daran, dass er sich als *New Democrat* in Richtung der politischen Mitte bewegte und Forderungen der Republikaner übernahm, anstatt den neokonservativen Trend der Ära Reagan-Bush zu beenden; zum zweiten führte er Reagans Konzept des *governing through campaigning* (Regieren durch Agitieren) zur Vollendung.

Bei der Wahl von Clintons Amtsnachfolger George W. Bush (dem Sohn des 41. Präsidenten George H. W. Bush) traten gleich mehrere Schwächen der US-Demokratie zutage. Das Design der Wahlscheine überforderte insbesondere Neuwähler; und veraltete Zählmaschinen verursachten in mehreren Bundesstaaten eine hohe Fehlerquote. Da die von Bushs demokratischem Kontrahenten Al Gore veranlasste Auszählung von Stimmen in Florida nicht in der vorgeschriebenen Zeit abgeschlossen werden konnte, entschied am Ende der Oberste Gerichtshof, der seit 1970 fest in republikanischer Hand war (bis heute noch ist und auf absehbare Zeit bleiben wird), mit einer Mehrheit von 5:4 zugunsten des Republikaners Bush. Erst ein Jahr nach Auszählung aller Stimmen in Florida wurde bekannt, dass eine korrekte Auszählung Al Gore zum Wahlsieg verholfen hätte. Die (republikanischen) Befürworter des Prozesses hoben darauf ab, dass der Oberste Gerichtshof politisches Chaos vermieden habe. Kritiker sprachen dagegen von «irreparablen Schäden», die Gore und dessen Wählern entstanden waren, oder, noch deutlicher, vom «Diebstahl der Präsidentschaft». Nur eine hauchdünne Mehrheit von Amerikanerinnen und Amerikanern hielt Präsident George W. Bush im Sommer 2001 für eine effektive Führungspersönlichkeit. Hinter ihm konnte sich der vielleicht stärkste Vizepräsident der neueren amerikanischen Geschichte, Dick Cheney, zusammen mit anderen Kabinettsmitgliedern, zu einer Instanz aufbauen, die die Zügel der Politik fest in Händen hielt – nicht zuletzt in der propagandistischen Vorbereitung des Kriegs gegen den Irak ab 2002. Zuvor hatten allerdings die Terroranschläge vom 11. September 2001 das Image des Präsidenten gestärkt, da sie ihm Gelegenheit gaben, die politische Diskussion von der Innenpolitik nach außen umzulenken und die Bundesregierung in einem Ausmaß zu reorganisieren, wie es seit dem Zweiten Weltkrieg nicht mehr geschehen war. Die Kriegserklärung vom 18. September 2001 – eine Reaktion auf die «heimtückische Gewalt», die Terroristen gegen die USA verübt hatten – ist die breiteste in der US-Geschichte; ein Ende des 2001 begonnenen globalen Kriegs ist nicht abzusehen. Die Kompetenzen des Präsidenten haben sich seither deutlich erweitert. Bereits im Oktober 2001 hatte das Parlament ein Patriotengesetz (*Patriot Act*) verabschiedet, das im Namen der nationalen Sicherheit die Überwachungsmöglichkeiten der Polizeiorgane und die Kompetenzen der Geheimdienste stärkte. Mit der Gründung eines Heimatschutzministeriums (Homeland Security Office) schuf Bush eine monumentale Institution mit 160 000 Mitarbeiterinnen und Mitarbeitern (2017: 240 000), die 22 Bundesbehörden zusammenführte und über einen jährlichen Haushalt von 36 Milliarden Dollar (2017: über 52 Milliarden) verfügte. In seiner Eigenschaft als Oberbefehlshaber autorisierte Bush 2001, zum ersten Mal seit Truman, die Einrichtung von Militärgerichten für ausländische Kriegsgefangene. In einem Gefängnis auf dem Marinestützpunkt Guantanamo Bay in Kuba wurden Gefangene unbefristet festgehalten; und «aus Gründen der nationalen Sicherheit» wurden Menschen interniert, selbst wenn sie kein Verbrechen begangen hatten und lediglich über «wichtige Informationen für ein kriminelles Vorhaben verfügten». Mit einer weitgehenden Überwachung von Telefonaten und E-Mail-Kontakten, mit der der Präsident die *National Security Agency* nach den Terroranschlägen vom 11. September beauftragt hatte (erst Ende 2005 wurde dies bekannt), verstieß dieser nicht nur gegen den *Foreign Intelligence Act* von 1978, sondern strenggenommen auch gegen den vierten Verfassungszusatz, der die Bürger der USA vor «willkürlicher Durchsuchung» ohne richterliche Anweisung schützte. Der Kongress gab dennoch den Telekom-Unternehmen Immunität und schützte sie damit vor Schadenersatzklagen von Bürgerrechtsorganisationen. Die Ermächtigung des Kriegspräsidenten ging so weit, dass Kriegsgefangene wie feindliche Kombattanten im Krieg behandelt werden durften.

Bushs Amtsnachfolger Barack Obama (2009–17) machte sich im Wahlkampf für einen «glaubhaften Wandel» (*change you can believe in*) stark. Am ersten Tag im Weißen Haus ließ er alle laufenden Verfahren gegen Häftlinge im Kriegsgefangenenlager Guantanamo Bay aussetzen und prüfen; wenige Tage danach verbot er der CIA das Foltern von Terrorverdächtigen, außerdem löste er die geheimen CIA-Gefängnisse in der Welt auf; aber bald zeigte sich, dass auch Obama das Verteidigungsrecht der USA sehr breit fasste und in Wirklichkeit noch erweiterte. Bush hatte die Entscheidungshoheit des Präsidenten in Sachen Krieg so gedeutet, dass damit selbst präventive Attacken gedeckt waren. Obama interpretierte den Artikel der US-Verfassung zur Verteidigung des Landes darüber hinaus auch als Basis, um «regionale Stabilität» zu garantieren und «internationale Normen durchzusetzen». Hatte Bush noch zahlreiche Terrorverdächtige in Gefängnisse verbracht und mit oft harschen Methoden (wie Waterboarding) verhört, so spielten in der Ära Obama tödliche Drohneneinsätze, die oft unschuldige Zivilisten trafen, eine bis dahin unerhörte Rolle. Damit einher ging eine sukzessive Verwandlung der CIA; diese hatte als Spionageorganisation des Kalten Krieges begonnen und verwandelte sich nunmehr in eine teilweise paramilitärische Organisation. Insgesamt setzt sich im 21. Jahrhundert die Tendenz durch, dass der Kongress dem Präsidenten das militärische Eingreifen in der Welt nahezu kritiklos überlässt, während sich die Befugnisse des Präsidenten in der Außenpolitik kontinuierlich ausweiten. Im Innern steht der Präsident einem Kongress gegenüber, in dem sich die Parteien gegenseitig, wie selten zuvor in der US-Geschichte, blockieren. Einen historischen Höhepunkt erreichte dies im März 2016, als der republikanische Kongress die Nominierung von Merrick Garland verhinderte, der den verstorbenen Richter am Obersten Gerichtshof, Antonin Scalia, ersetzen sollte. Erst unter Obamas republikanischem Amtsnachfolger Trump wurde diese wichtige Position besetzt.

Als die republikanische Kongressmehrheit Präsident Obamas Handlungsspielraum aus politischem Kalkül einschränkte, indem sie dessen progressive Initiativen (im Bereich Gesundheitsreform, Umweltschutz, Einwanderungsreform, Arbeitsgesetzgebung, Finanzreform und LGBT-Gemeinschaft) systematisch blockierte, reagierte Obama, indem er von seinen Befugnissen als Präsident gegen Ende seiner Amtszeit exzessiven Gebrauch machte. Diese Strategie hat den Demokraten allerdings wenig gebracht, da Obamas Amtsnachfolger nahezu alle Direktiven unmittelbar nach Amtsantritt wieder rückgängig machte. Schwer wiegt, dass der Präsident mit seinem unilateralen Regieren einen Präzedenzfall geschaffen hat, der der Demokratie auf längere Sicht schaden könnte.

Mit der Wahl von Donald Trump zum Präsidenten im November 2016 traten weitere strukturelle Probleme und Schwächen des amerikanischen Wahlsystems ans Licht: Donald Trump gewann auf Grund des indirekten Verfahrens zwar die Mehrheit der Elektorenstimmen, lag aber mit 2,7 Millionen Stimmen hinter seiner Opponentin Hillary Clinton zurück. Die Präsidentschaftskandidaten der Demokraten haben in sechs der letzten sieben Präsidentschaftswahlen die Stimmenmehrheit (*popular vote*) erreicht, aber nur in vier der sieben Wahlen den Präsidenten gestellt. Einer der Gründe für den Erfolg liegt im sogenannten *gerrymandering*, den parteiischen Wahlkreisschiebungen, die den Republikanern im 21. Jahrhundert große Vorteile eingebracht haben. Der Begriff «gerrymander» existierte zwar schon im 18. Jahrhundert, aber im Zeitalter der Computertechnologie und der großen Parteispenden hat die Manipulation eine völlig neue Stufe erreicht und die Wahlkreisgrenzen auf lange Sicht zugunsten der Republikaner verschoben. Der neue Präsident, der, ohne jeden Anhaltspunkt, kurz nach der Wahl behauptete, Millionen von Stimmen für ihn seien nicht ausgezählt worden, ließ unmittelbar nach Amtsantritt eine von Vizepräsident Mike Pence geleitete Wahlkommission einrichten, die Probleme der Wahl von 2016 aufdecken sollte. Dass diese Kommission unparteiisch agiert, ist indessen mehr als unwahrscheinlich. Längst ist bekannt, dass lange Schlangen vor Wahlbüros, gravierende Netzsicherheitsausfälle und Probleme bei der Registrierung von Wählerinnen und Wählern existieren. Die Kommission von Pence wird dagegen, wie politische Beobachter voraussagen, für striktere Ausweisvorschriften plädieren und damit gesellschaftliche Außenseiter, die überwiegend für die Demokraten votieren würden, ausgrenzen.

Manipulationen gab es in der Wahl von 2016 auch im Rahmen eines nie zuvor dagewesenen Einsatzes von sozialen Netzwerken. Wenigstens 4,5 Millionen Twitter-Followers von Trump waren gar nicht echt. Bei vielen von ihnen handelte es sich um sogenannte Bots, d. h. Programme, die sich wie Nutzer verhalten, aber de facto computergesteuert, von Fake-Accounts aus geschaltet sind. Sie produzierten eigenständig Inhalte und sorgten für die Verbreitung von Trump-Parolen im Internet. Mit den Manipulationen von innen gingen auch Manipulationen von außen einher, über deren Ausmaß noch wenig bekannt ist. Im Laufe des Jahres 2017 stellte sich allerdings heraus, dass sich russische Akteure, unter anderem über Facebook, in den Wahlkampf zugunsten von Trump eingeschaltet hatten.

Mit Trump kam der erste Präsident ins Weiße Haus, der weder Politiker gewesen war noch eine Position als Offizier im Militär innegehabt hatte. Dass Trump kein Teil des politischen Establishments war, dürfte ihm die Gunst seiner unzufriedenen (überwiegend weißen, männlichen) Stammwähler eingebracht haben, denn eine zunehmend wütende Wählerschaft bevorzugte in den Wahlen von 2016 den Kandidaten, der sich bewusst vom politischen Washington distanzierte und als Außenseiter bzw. Novize stilisierte. Dies hatte nicht zuletzt damit zu tun, dass die Anerkennung der Washingtoner Politik in weiten Teilen des Landes immer weiter abgesunken ist. So lag die Zustimmungsquote (*job approval rating*) des Kongresses, einer Umfrage der Quinnipiac University zufolge, im August 2017 bei 10 Prozent. Allerdings sank, einer Umfrage von *ABC/Washington Post* zufolge, auch die Zustimmungsquote von Präsident Trump im Sommer 2017 – mit 36 Prozent Zustimmung und 58 Prozent Ablehnung – auf ein 70-jähriges Tief. Dies hatte zum einen damit zu tun, dass immer mehr Informationen zu den Russlandverbindungen von Trumps Wahlkampagne bekannt wurden. Zum anderen wuchs die Kritik an einem Präsidenten, der sich, anders als seine Vorgänger im Amt, weigerte, die Steuererklärungen der vergangenen Jahre öffentlich zu machen.

Weißes Haus und «Mrs. President»

Der 45. Präsident der USA hat sich einige Monate nach Amtsantritt despektierlich («It's a dump») über das Weiße Haus mit seinen mehr als 2000 Quadratmetern Wohnfläche geäußert. 41 Wochenenden im ersten Jahr seiner Präsidentschaft verbrachte Trump in einem seiner Luxushotels, vor allem im Mar-a-Lago Resort in Palm Beach, Florida. Seine Ehefrau, das aus Slowenien stammende Ex-Model Melania Trump, entschied sich während der ersten

Monate von Trumps Amtszeit gegen das Scheinwerferlicht von Washington und lebte mit dem 10-jährigen Sohn Barron in einem 100-Millionen-Dollar-Penthouse im Trump Tower in New York City. Mit Ausnahme von George Washington lebten alle US-Präsidenten überwiegend im Weißen Haus, obwohl manche sich, ähnlich wie Trump, häufig auf ihre Landsitze oder Farmen zurückzogen. Washington legte zwar den Standort für das Weiße Haus fest und er billigte das Design des Gebäudes im georgianischen Stil, aber das Weiße Haus wurde erst nach seinem Tod, im Jahr 1800, bezugsfertig.

Im 19. und frühen 20. Jahrhundert verbrachten die US-Präsidenten einen Großteil ihrer Zeit im Oval Office des Weißen Hauses, zusammen mit ihrem kleinen Mitarbeiterstab. Wenig bekannt ist, dass der US-Präsident auch im US-Kapitol über ein Büro verfügt, und dass in den 1930er Jahren der überwiegende Teil der Mitarbeiter dort ihren Arbeitsplatz hatten. Exekutive und Legislative saßen damit räumlich eng nebeneinander. Mit der Ausweitung der Bürokratie unter Franklin Delano Roosevelt und der Gründung des *Executive Office of the President* wuchs die Zahl der Mitarbeiter rasch an. Im legendären *West Wing* des Weißen Hauses, dem die gleichnamige, populäre US-Fernsehserie (Erstausstrahlung 1999–2006) gewidmet ist, war anfangs ein großer Teil des Exekutivstabs (*executive staff*) untergebracht. Zahlreiche Büros befinden sich aber auch im Untergeschoss des Weißen Hauses sowie im Eisenhower Executive Office Building unmittelbar neben dem Weißen Haus. Die Überbelegung der Büros bewegte Präsident Nixon dazu, das Schwimmbad des Weißen Hauses in eine Pressestelle umzuwandeln. Mit wenigen Ausnahmen nimmt der Präsident die Besetzung des *White House apparatus* selbst vor. Anders als bei den Kabinettsposten werden die Bestellungen weder vom Senat veranlasst, noch sind die Mitarbeiter dem Kongress gegenüber zur Verantwortung verpflichtet. Die Verfassungsväter hätten sich nicht in Ansätzen vorstellen können, dass das Büro des Präsidenten eines Tages über 28 Unterabteilungen und mehr als 4000 Mitarbeiterinnen und Mitarbeiter verfügen würde. Ein bürokratischer Apparat und ein großer Beraterstab sind im 21. Jahrhundert unentbehrlich geworden. Die vielen Ämter und Behörden aber wirklich in den Griff zu bekommen und die Loyalität ihrer Mitarbeiter zu gewinnen, hat sich seit den Reformen der 1930er Jahre als sehr schwer erwiesen. Besonders problematisch ist die Politisierung des Stabes im Weißen Haus, der – bei Donald Trump mehr als bei allen seinen Vorgängern – Wahlkampf- mit Regierungsaufgaben verquickt und bei jedem Präsidentenwechsel neu eingearbeitet werden muss.

Im Ostflügel des Weißen Hauses befindet sich das 1977 eingerichtete *Office of the First Lady*, das formal dem Präsidentenbüro untersteht und über

24 Mitarbeiterinnen verfügt. Ohne die Präsenz der First Lady, die mit «Mrs. President» angeredet wird, ist das Amt des amerikanischen Präsidenten kaum denkbar. Nur zwei der 44 Präsidenten von George Washington bis Donald Trump waren Junggesellen, zwei weitere wurden als Witwer ins Amt gewählt. Trotz etlicher Affären und Treulosigkeiten von US-Präsidenten kam es nicht ein einziges Mal zur Scheidung eines amtierenden Präsidenten. Vielmehr versuchten die Präsidentengattinnen, der Öffentlichkeit ein möglichst harmonisches Bild von der «First Family» zu übermitteln. Im Falle von Donald Trump hatte anfangs dessen Tochter Ivanka zusammen mit ihrem Ehemann – beide gelten als einflussreiche Berater Trumps im Weißen Haus – die klassischen Aufgaben der First Lady übernommen.

Im Laufe der mehr als 200-jährigen Geschichte der Vereinigten Staaten wandelte sich die Institution der First Lady von der «Gastgeberin der Nation», die die traditionelle Rolle der Hausfrau und Mutter ausübte und zu diesem Zweck eine beträchtliche Zahl von Sklaven, Hausmädchen und Butlern kommandierte, zu einem eigenständigen Amt mit einem wachsenden Stab professioneller Mitarbeiterinnen und Mitarbeiter. Die Ehefrau Theodore Roosevelts, Edith Roosevelt, kann mit einiger Berechtigung als erste «moderne» First Lady bezeichnet werden. Mit Unterstützung der ersten Sekretärin in der Geschichte der «First Ladyship» erledigte Edith Roosevelt nicht nur die anfallende Korrespondenz. Durch eine geschickte Pressepolitik kanalisierte und befriedete sie auch den Informationshunger der Reporter und der Öffentlichkeit. Mit Präsident Wilsons erster Frau, Ellen Wilson, mit Lou Hoover und mit Eleanor Roosevelt traten dann nacheinander drei First Ladys auf den Plan, die es verstanden, ihr Amt konsequent zur politischen Einflussnahme zu nutzen. Ellen Wilson setzte sich für die Verbesserung der Wohnverhältnisse in den Slums von Washington D.C. ein; Lou Hoover kämpfte für Chancengleichheit von Männern und Frauen; und Eleanor Roosevelt, die sich bereits vor dem Einzug ins Weiße Haus als Politikerin und Journalistin engagiert hatte, setzte sich in unzähligen Reden, Radioansprachen und Zeitungsartikeln für das Ende der Rassendiskriminierung und für mehr soziale Gerechtigkeit in den USA ein. Zu einer weiteren Ausweitung der Machtfülle der First Lady kam es im Präsidentschaftswahlkampf von 1964. Damals ging Lady Bird Johnson als erste First Lady ohne ihren Ehemann auf Stimmenfang durch die Südstaaten. Einen vorläufigen Höhepunkt erreichte die politische Rolle der First Lady mit Hillary Clinton. Schon im Wahlkampf hatte Bill Clinton versprochen, dass jede Stimme für ihn auch eine Stimme für Hillary sei. Hillary Clinton übernahm als erste First Lady die Federführung eines prominenten Wahlversprechens, der Reform des Krankenversicherungswesens, mit der sie allerdings gescheitert ist. Michelle Obama wurde als erste afroamerikanische First Lady zum Vorbild für Millionen von Frauen, zu einer populären First Lady und – mit dem Gemüsegarten auf dem Gelände des Weißen Hauses – zur Botschafterin für eine gesunde Ernährung. Da der US-Präsident nicht nur Regierungschef ist (wie etwa die deutsche Kanzlerin), sondern zugleich Staatsoberhaupt (wie der deutsche Bundespräsident), wird die First Lady in hohem Maße als oberste Repräsentantin der Nation in die Pflicht genommen, so zum Beispiel, wenn der Präsident durch Regierungsgeschäfte verhindert ist oder eine Vertretung durch die First Lady – etwa bei Beerdigungen ausländischer Staatsoberhäupter – besonders statthaft erscheint.

Die Größe eines Präsidenten, Medien und Öffentlichkeit

Keine andere Nation ist von der Frage nach der komparativen «Größe» ihrer Staatsoberhäupter so besessen wie die USA. Das Land, dessen Verfassung keine Adelstitel zulässt, hat sich mit den Pantheons der Präsidenten seine eigene Aristokratie geschaffen. Nirgendwo ist dies sinnfälliger als in den Bergformationen von Mount Rushmore in den Black Hills von South Dakota. Dort vereint Amerikas größtes Naturdenkmal seit 1941 die Köpfe von George Washington, Thomas Jefferson, Theodore Roosevelt und Abraham Lincoln. Etwa 20 Meter hoch ist jeder der Köpfe und damit mehr als sieben Mal so groß wie der Kopf der Freiheitsstatue. Auch auf der Mall in Washington sind die Monumente «großer Präsidenten» zu nationalen Pilgerstätten geworden. Im Zentrum der Mall ist dem ersten Präsidenten der USA, George Washington, nach dem die Bundeshauptstadt benannt wurde, der alles überragende Obelisk gewidmet. Ein weiteres frühes Monument wurde für Thomas Jefferson errichtet. Dessen Name steht für die Prinzipien der Unabhängigkeitserklärung, die Werte der repräsentativen Demokratie und die Fähigkeit eines jeden Volkes, sich selbst zu regieren. Abraham Lincoln schließlich personifiziert die Einheit der Nation und – mit seinem Tod – das Opfer, das im Bürgerkrieg, dem großen Epos der amerikanischen Geschichte, von beiden Seiten für die nationale «Wiedergeburt» und die Beseitigung der Sklaverei gebracht werden musste.

Rankings, die es ursprünglich nur im Sport, aber seit dem ausgehenden 19. Jahrhundert auch in anderen Bereichen (1895 erstmals für Buchhandels-Bestseller) gab, existieren für die US-Präsidenten seit 1948. Damals veröffentlichte Arthur Schlesinger Jr. im *Life Magazine* einen Aufsatz zur Bewertung der Präsidenten durch führende Historikerinnen und Historiker. Das Resultat zeigte, dass Lincoln, Washington, Franklin Roosevelt, Wilson, Jefferson und Jackson (in dieser Reihenfolge) der Gruppe der *Great Presidents* zuzurechnen sind. Zur Gruppe der nahezu großartigen (*near great*) gehörten Theodore Roosevelt, John Adams, Polk und Cleveland; als Versager (*failures*) galten unter anderem Grant und Harding. Was als informelle Umfrage begann, wurde bald zur Tradition. 1962 forderte die *New York Times* Schlesinger auf, eine zweite Umfrage durchzuführen, und seit den 1990er Jahren folgte eine Tabelle auf die andere. Heute werden nicht nur Fachwissenschaftler, sondern die gesamte US-Bevölkerung in viele der Umfragen einbezogen.

Bei keinem Präsidenten geht das Urteil zwischen Wissenschaftlern und der amerikanischen Öffentlichkeit so weit auseinander wie bei John F. Kennedy. Historiker und Politologen sehen Kennedy eher als durchschnittlichen Staatsmann. In einer Tabelle des Meinungsforschungsinstituts Gallup aus dem Jahr 2000, in der George Washington weit abgeschlagen ist, rangierte John F. Kennedy noch vor Abraham Lincoln auf Platz 1. Die Ermordung ließ den jugendlichen, dynamischen und eloquenten Präsidenten im Nachhinein in umso größerem Glanz, als Märtyrer und nationalen Helden, erstrahlen. Anders als seinem Amtsnachfolger Bill Clinton verziehen die prüden Amerikaner ihrem Liebling Kennedy sogar die sexuellen Eskapaden. Barack Obama gilt den gegnerischen Republikanern auch noch ein Jahr nach dem Ende seiner Präsidentschaft als ausgesprochen schlechter Präsident; das Gesundheitsgesetz, das seinen Namen trägt (*Obamacare*), ist für seine politischen Gegner ein Schimpfwort. Zehn führende Historikerinnen und Historiker, die zu Ende von Obamas Amtszeit ihr Urteil abgaben, sahen in ihm dagegen nahezu durchweg einen «großen Präsidenten».

Dass parteipolitische Präferenzen in den populären Meinungsumfragen gerade bei noch lebenden Präsidenten stark zum Tragen kommen, zeigt sich zum Beispiel darin, dass der Republikaner George W. Bush im Jahr 2005 von seinen Parteigenossen als sechstbester Präsident der amerikanischen Geschichte angesehen wurde, von den Demokraten dagegen als sechstschlechtester.

Zu seinen Lebzeiten wurde Abraham Lincoln selbst von Parteifreunden verspottet. Manchen galt er als «inkarnierter Witz», als «bedauernswerte» Figur, als «schrecklicher Esel» oder gar als «Ur-Gorilla». Auch Franklin Delano Roosevelt, der die Amerikaner aus der wirtschaftlichen Rezession holte und siegreich durch den Zweiten Weltkrieg führen sollte, trauten anfangs nur wenige Großes zu; vielen galt er eher als «netter Junge» denn als durchsetzungsfähiger Staatsmann. Aber 30 Jahre nach seinem Tod sahen ihn selbst konservative Wähler als einen «großen Präsidenten», und ein halbes Jahrhundert nach seinem Tod wurde für ihn, der ausdrücklich kein Monument für sich wünschte, auf der Mall in Washington eine spektakuläre Gedenkanlage mit Wasserspielen errichtet.

Gewonnene Kriege und siegreich überstandene Krisen machen allem Anschein nach «große Präsidenten». Ob Lincoln, Washington oder Franklin Roosevelt heute so angesehen wären, wenn sie im ausgehenden 19. Jahrhundert, in den 1920er, 1950er oder 1990er Jahren die Nation geführt hätten, darf bezweifelt werden. Neuere Forschungen, die auf den Rankings der «Präsidentenhistoriker» (*presidential historians*) im Fernsehsender C-Span basieren, legen die Vermutung nahe, dass «Skandale» und «Kriegsjahre» sich in der Bewertung einer Präsidentschaft seit dem Ende des Kalten Krieges nicht mehr so eindeutig negativ oder positiv auswirken wie früher. Militärisches Engagement hatte bis zur Ära Reagan in der Regel eine positive Bewertung zur Folge. Heute ist zwar die «Kultivierung von Frieden» nicht notwendigerweise ein Pluspunkt in der Einschätzung der Präsidenten, umgekehrt wirkt sich dieser Faktor nicht mehr automatisch negativ auf das Ranking der Präsidenten aus. Auch Skandale haben keine signifikante Auswirkung auf die Bewertung. Stattdessen spielt die wirtschaftliche Leistung der Präsidenten in neueren C-Span-Umfragen eine zunehmend ausschlaggebende Rolle.

Alle bisherigen Präsidenten – mit Ausnahme des 44. Präsidenten, Barack Obama – waren weiße Männer. Mit Hillary Clinton hat sich im Jahr 2016 erstmals eine Frau als Kandidatin für die Präsidentschaft beworben; Geraldine Ferraro 1984 und Sarah Palin 2008 waren Vizepräsidentschaftskandidatinnen, aber alle drei Bewerberinnen blieben in den jeweiligen Wahlen erfolglos. Vor ihrer Wahl waren die meisten Präsidenten Anwälte gewesen, aber nicht weniger als elf – von Washington bis Eisenhower – hatten es in einer militärischen Karriere bis zum General gebracht. Lediglich 17 der 43 Amtsinhaber vor Trump wurden nach ihrer ersten Amtszeit wiedergewählt (Franklin D. Roosevelt als Einziger dreimal) bzw. nach einer Pause noch einmal gewählt (Cleveland); vier weitere (Theodore Roosevelt, Calvin Coolidge, Harry S. Truman und Lyndon Johnson) gelangten als Vizepräsidenten ins höchste Amt und wurden bei der nächsten Wahl bestätigt; die Mehrzahl diente aber nur vier Jahre oder kürzer im Weißen Haus. Interessanterweise hatten Präsidenten seit dem Ende des Zweiten Weltkriegs höhere Chancen, wiedergewählt zu werden: Seit 1945 war nur drei Präsidenten keine zweite Amtszeit beschert. Vier Präsidenten (William H. Harrison, Zachary Taylor, Warren G. Harding und Franklin D. Roosevelt) starben im Amt eines natürlichen Todes, der erste von ihnen bereits kurz nach seiner Inauguration; vier wurden während ihrer Amtszeit ermordet: Abraham Lincoln, James A. Garfield, William McKinley und John F. Kennedy; einer, Richard M. Nixon, trat zurück. Theodore Roosevelt, der als Vizepräsident ins Amt kam, als er dem ermordeten McKinley nachfolgte, war mit 42 Jahren der jüngste Präsident. Die Ehre, der jüngste *gewählte* Präsident zu sein, kommt allerdings dem 43-jährigen John F. Kennedy zu, während Donald Trump mit 70 Jahren als ältester Präsident inauguriert wurde. Der 1924 geborene Jimmy Carter hat das höchste Alter erreicht. Damit hat er den zweiten Präsidenten der Vereinigten Staaten, John Adams, übertroffen, der in seinem 91. Lebensjahr starb. Besonders bemerkenswert ist, dass Adams' Tod sich zeitgleich mit dem des dritten Präsidenten, Thomas Jefferson, am 4. Juli 1826, ereignete – auf den Tag genau fünfzig Jahre nachdem beide Männer die Unabhängigkeitserklärung unterzeichnet hatten. Seit den Präsidentschaftswahlen von 1856, als sich das heutige Parteiensystem etablierte, gab es 21 republikanische, aber nur 11 demokratische Präsidenten. Kein Kandidat einer dritten Partei konnte sich je durchsetzen, doch Eugene V. Debs (Socialist Party, 1912), Theodore Roosevelt (Progressive Party, 1912), Robert M. La Follette (Progressive Party, 1924), George C. Wallace (American Independent Party, 1968) und Ross Perot (Unabhängiger, 1992) errangen Achtungserfolge.

Das Verhältnis zwischen Präsident und Kongress hat sich seit George Washington immer wieder, wenn auch nicht prinzipiell, verändert. Die Ära Obama lehrt, dass der Kongress sich im 21. Jahrhundert stärker als in früheren Zeiten dazu ermächtigt sieht, ein effektives Regieren des Präsidenten zu verhindern, wenn die Partei des Präsidenten in einem Haus oder in beiden Häusern des Kongresses in der Minderheit ist. Andererseits ist, etwa im Falle von Trump, ein Scheitern präsidentieller Initiativen auch dann nicht ausgeschlossen, wenn die Präsidentenpartei beide Häuser beherrscht. Nichtsdestotrotz haben fähige Präsidenten es immer wieder verstanden, durch Überzeugung oder Kompromisse Mehrheiten im Kongress für ihre Politik zu finden und politische Initiativen der Parlamentarier abzuwehren.

Bedenklich ist die Neigung der amerikanischen Präsidenten, speziell in der Außenpolitik, am Kongress vorbei zu handeln. In neuerer Zeit hat die Macht der Exekutive gegenüber der Legislative fast stetig zugenommen. Das ist erstaunlich, wenn man bedenkt, dass der Präsidialbürokratie inzwischen ein Kongress gegenübersteht, der sich einen Stab von ca. 25 000 Mitarbeitern leistet und über einen Jahresetat von mehr als 4,5 Milliarden Dollar (2017) verfügt. Dies lässt sich allenfalls dadurch erklären, dass sich Zusammenarbeit und Kompromissbildung durch die Aufsplitterung des Kongresses in viele kleine Gruppen zweifellos erschwert.

Ein grundsätzliches Dilemma, mit dem bereits die ersten Präsidenten zu kämpfen hatten, besteht darin, die Erwartungen der eigenen Anhänger zu erfüllen und gleichzeitig das Amt als Präsident aller Amerikanerinnen und Amerikaner auszuüben. Seit Jeffersons versöhnlichem Ausspruch: «Wir sind alle Republicans, wir sind alle Federalists» gehörten rituelle Beschwörungen der Gemeinsamkeit über alle Parteigrenzen hinweg fast durchweg zum rhetorischen Inventar der Inaugurationsreden. Von den 1830er Jahren an trat der Präsident immer offener als Parteimann oder sogar Parteiführer in Erscheinung, der das vom Parteikonvent abgesegnete Wahlprogramm, die *Platform*, zu verwirklichen versuchte. Im Falle von Donald Trump hat sich dieses Phänomen verkompliziert, da die Partei des Präsidenten in sich zersplittert ist und teilweise dezidiert die Distanz zu ihrem unpopulären Präsidenten sucht. Ob die Ouvertüre von Donald Trump im Sommer 2017 in der Frage des US-Schuldenlimits (hier ging Trump einen Deal mit den oppositionellen Demokraten ein) allerdings dazu führt, dass sich die politische Praxis wieder generell dem historischen Ideal der *presidency above party* annähert, erscheint mehr als fraglich. Um erfolgreich zu sein, mussten die Präsidenten in der Vergangenheit stets eine möglichst breite Koalition von gesellschaftlichen Interessengruppen schmieden, und gelegentlich ist daraus sogar eine neue Partei hervorgegangen. Fast immer gelang eine solche Koalitionsbildung nur auf der Basis eines vagen Programms, das sich einen einprägsamen Slogan wie *New Freedom, New Deal, New Frontier* oder *Great Society* zunutze machte.

Spätestens mit den legendären Radioansprachen Franklin Delano Roosevelts am Kamin seines Arbeitszimmers (*fireside chats*), mit denen der Präsident seine physischen Einschränkungen überdeckte, lieferten die jeweils modernsten Medien-Werkzeuge dem Präsidenten einen Vorteil gegenüber den Mitgliedern der anderen Regierungszweige – Kongress und Oberster Gerichtshof – sowie gegenüber dem politischen Gegner. Die Zeitgenossen erkannten die revolutionäre Bedeutung der neuen Medien nur selten, aber im Rückblick entsteht geradezu der Eindruck, dass jeweils derjenige Präsidentschaftskandidat erfolgreich war, der die modernen Medien am besten zu nutzen wusste. In den Debatten zwischen Kennedy und Nixon 1960 kam das Fernsehen dem jugendlichen Kennedy zur Hilfe; und der Schauspieler Ronald Reagan brachte die Übermittlung seiner politischen Mission über den Bildschirm zur Perfektion, was ihm den Beinamen «der große Kommunikator» eintrug. 2004 gelang dem Außenseiter im demokratischen Vorwahlkampf Howard Dean ein Achtungserfolg, indem er das Internet nutzte, um kleine Parteispenden einzuwerben. Und Obamas Wahlkampf wurde erstmals gezielt als Internetkampagne – mittels E-Mails, Online-Videos, Big Data und sozialen Medienwerkzeugen – geführt. Spenden gingen über Facebook ein, und Youtube-Videos – wie der Song «Yes We Can» und das Obama-Girl-Musikvideo der Schauspielerin Amber Lee Ettinger – begeisterten insbesondere die jüngere Generation für den Kandidaten Obama und für dessen Agenda. Kein anderes Medium hat unterdessen die Präsidentschaft stärker verändert als Twitter, das zur Signatur des Wahlkampfs und der Amtsführung des 45. Präsidenten wurde. Im Januar 2018 lag die Zahl der Followers von Trump bei 48 Millionen. Die hohe Zahl von Tweets und das impulsgeleitete schnelle Wechselspiel von Ablenkung und Sensationshascherei des Präsidenten erlaubten es der Presse indes kaum noch, fundiert zu reagieren, zu recherchieren und zu berichten. Hinzu kommt, dass der Präsident die Mainstream-Medien immer wieder pauschal als parteiisch und als Produzenten von *fake news* diskreditiert hat. Zwar haben sich auch in der Vergangenheit US-Präsidenten kritisch über die Medien geäußert. Aber mit der Präsidentschaft von Trump hat das Verhältnis zwischen Präsident und Presse, auch vom Ton her, eine neue Stufe erreicht: zum einen, weil der Präsident die Presse als «Volksfeind» (*enemy of the people*) bezeichnet hat; zum anderen, weil die emotionalen, häufig unreflektierten, zum Teil Gewalt verherrlichenden Twitterbotschaften (*suggestion violence tweets*) des Präsidenten live bei der Bevölkerung ankommen.

Geld hat in den amerikanischen Wahlkämpfen seit der Mitte des 19. Jahrhunderts stets eine wichtige Rolle gespielt; genügend Wähler lassen sich aber heute wie damals nur mobilisieren, wenn der Kandidat oder die Kandidatin eine ideologische «Botschaft» vermittelt, die in erkennbarer Form auf spezifisch Amerikanisches, auf die ursprünglichen Traditionen und Tugenden bzw. den *American Dream* Bezug nimmt. In diesem Bereich liegt auch der Schlüssel für die Ausweitung der Unterstützung vom Partei- und Wähleranhang auf die Masse der Bevölkerung: Im Laufe der Geschichte ist der Präsident zum bevorzugten Verkünder der amerikanischen *civil religion* geworden, einer säkularisierten bürgerlichen Religion, deren Symbole, Rituale und Glaubenssätze einen ganz wesentlichen Beitrag zum Zusammenhalt der Nation geleistet haben. Schon die Amtseinführung mit der Vereidigung auf die Verfassung, der Inaugurationsrede und der Inaugurationsparade ist ein wichtiger Akt der *civil religion*. Die Inaugurationszeremonien eröffnen jedem Präsidenten, der hierfür eine Ader hat, Möglichkeiten der vertieften Kommunikation mit der Bevölkerung. Mehrere Präsidenten haben diese quasi-religiöse Dimension des öffentlichen Lebens als Quelle der wechselseitigen Inspiration genutzt, ohne die Schwelle zur Blasphemie oder Lächerlichkeit zu überschreiten. Im positiven Sinne können Vorstellungen der amerikanischen Zivilreligion die Grundlage eines «Universalismus» bilden, der die amerikanischen Erfahrungen im

Lichte allgemeingültiger Wahrheiten zu verstehen sucht; sie können aber auch zur Vergötzung der Nation missbraucht werden. Während die meisten Präsidenten in ihren Antrittsreden auf Polarisierungen und subtile Polemiken verzichtet haben und sich in überparteilicher Rhetorik übten, markierte die Rede des 45. Präsidenten eine bemerkenswerte Abweichung. Trump beschwor nicht die Einheit und historische Größe der Nation, sondern die Trostlosigkeit der Gegenwart, aus der nur eine radikale Neuordnung und eine große patriotische Bewegung (unter seiner Führung) heraushelfen könnten. Mit glühenden Versprechen und der Formel «*America First*» verschrieb er sich einer populistischen Variante des Nationalismus, die in den USA zwar Tradition hat (etwa als Schlachtruf der Isolationisten von 1941), aber in ihrer antipluralistischen Ausrichtung ein Novum darstellte.

Mit ihren 330 Millionen Menschen bietet die amerikanische Gesellschaft heute ein zunehmend unübersichtliches Bild der interessenmäßigen, kulturellen und regionalen Fragmentierung. Das Präsidentenamt und die einzelnen Präsidenten sind im 21. Jahrhundert mit einer Fülle von Herausforderungen konfrontiert, die sich die Verfassungsväter in ihren verwegensten Phantasien nicht hätten vorstellen können. Die Konstruktion der amerikanischen Präsidentschaft und die ständige Neuinterpretation der Befugnisse des Präsidenten haben sich weitgehend bewährt. Und doch stellt sich heute mehr denn je die Frage, ob die Verfassung und deren Zusätze das Amt des Präsidenten noch adäquat definieren und seine Kompetenzen ausreichend begrenzen. Der Kult um den Präsidenten als obersten Kriegsherrn, dessen Monopol über Atomwaffen, der geheimdienstliche Apparat und die Bürokratien der Staatssicherheit, die dem Präsidenten unterstehen, haben den Regierungschef der USA de facto zu einer Instanz gemacht, die in der Welt ihresgleichen sucht. In dem Maße, in dem die Parteien im Kongress sich in unerhörter Weise blockieren, kommt dem Präsidenten eine zunehmend große Rolle zu. Ohne Zweifel ist der Präsident im Laufe der letzten Jahrzehnte immer «imperialer», der Kongress dagegen handlungsunfähiger und unpopulärer geworden. Es ist zu fragen, ob das Prinzip der Gewaltenteilung noch funktioniert, wenn der Kongress der Exekutive in der Kriegführung völlig freie Hand lässt und etwa Präventivkriege stillschweigend als notwendiges Übel akzeptiert. Der seit 1941 andauernde «Ausnahmezustand Krieg» hat das vermeintlich Abnormale längst zur Normalität gemacht. Stellt sich das Weiße Haus nicht eindeutig außerhalb der US-Verfassung, wenn es das Töten eines amerikanischen Bürgers (wie Anwar al-Awlaki 2011 im Jemen) ohne Gerichtsverhandlung veranlasst? Hat der Präsident mit seinem gigantischen *Executive Office* nicht eine fundamentale Verschiebung der Macht in Richtung der Exekutive verursacht? Und verletzt das Weiße Haus durch die Kontrolle politischer Botschaften nicht längst das Recht auf freie Meinungsäußerung – etwa in der harten Verfolgung von Whistleblowern – Beamten, die Informationen an Journalisten weitergeben? Mehr denn je dreht sich im 21. Jahrhundert alles um den Präsidenten, der es sich – im Falle des 45. Präsidenten – offenkundig sogar leisten kann, der kritischen Presse offen feindselig entgegenzutreten und den Medienbetrieb mit volksnahen, simplen Twitterbotschaften zu umgehen. Aufs Ganze gesehen ergibt sich damit der Eindruck, dass es in den USA seit den 1930er Jahren nicht an raffinierten Ideen gefehlt hat, die Macht des Präsidenten zu erweitern, wohl aber an solchen, die diese einschränken könnten. Die Dynamik der Machtakkumulation lässt sich, wie es scheint, nicht ohne weiteres kontrollieren, zurückdrehen oder auch nur verlangsamen.

Die Geschichte der USA hat über mehr als zwei Jahrhunderte hinweg gezeigt, dass Größe, Mittelmäßigkeit und Scheitern eines Präsidenten sich letztlich daran bemessen, inwieweit ein Präsident im komplexen Beziehungsgeflecht der Gewalten das Macht- und Einflusspotential seines Amtes ausschöpft, ohne die Grenzen zu überschreiten, die ihm Geist und Buchstabe der Verfassung setzen. Bereits George Washington hatte betont, «die Liebe zur Macht» sei «die größte Gefahr für die Freiheit». Diese Einsicht ist heute so aktuell wie im 18. Jahrhundert.

Jürgen Heideking

GEORGE WASHINGTON
1789–1797

Schöpfer der amerikanischen Präsidentschaft

George Washington steht am Beginn der amerikanischen Nationalgeschichte. An allen wesentlichen Entwicklungen, die den Wandel der dreizehn Kolonien zur Union souveräner Republiken und dann zum ersten modernen Bundesstaat vorantrieben, war er maßgeblich beteiligt. In Virginia und im Kontinentalkongress gehörte er zu denen, die der englischen Kolonialpolitik am entschiedensten entgegentraten; als Oberbefehlshaber der amerikanischen Truppen organisierte und lenkte er den militärischen Widerstand, der nach acht Jahren Krieg zur Unabhängigkeit führte; überzeugt von der Notwendigkeit einer starken Zentralregierung, wirkte er 1787/88 an der Ausarbeitung und Annahme einer neuen Verfassung mit; und im Präsidentenamt schuf er die Grundlagen für einen republikanischen Bundesstaat, in dem die Amerikaner ihre nationale Identität finden konnten.

George Washington wurde am 22. Februar 1732 in eine Familie geboren, die schon seit vier Generationen in Virginia siedelte. Sein Aufstieg in die koloniale Elite war aber keineswegs vorgezeichnet, denn er verbrachte seine Kindheit und Jugend in bescheidenen Verhältnissen, genoss einen eher oberflächlichen Schulunterricht und verlor seinen Vater Augustine, einen Tabakpflanzer und Landvermesser, schon im Alter von elf Jahren. Erzogen wurde er von seinem Stiefbruder Lawrence, nach dessen Tod er 1752 das Landgut Mount Vernon bei Alexandria am Potomac River erbte. Die seelischen Unsicherheiten, die aus dem Mangel an formaler Bildung und kultivierten Manieren resultierten, fanden ihren Ausdruck in einem zuweilen übersteigerten Drang nach gesellschaftlicher Anerkennung und wichen erst allmählich einer selbstbewussteren Haltung. In seinem Nachbarn Lord Fairfax, der zu den wohlhabendsten Grundbesitzern Virginias gehörte, fand Washington einen einflussreichen Mentor. Fairfax vermittelte ihm den Lebensstil der *Gentry* und unterstützte seine ersten Schritte zu einer Karriere als öffentlicher Landvermesser und Offizier.

Die Tätigkeit des Landvermessers weckte Washingtons Interesse an den Westgebieten. Zeit seines Lebens war er bemüht, Land im Westen zu erwerben und seinen Besitz zu vergrößern. Für die Offizierslaufbahn schien Washington wie geschaffen, weil er schon durch seine auffallende Körpergröße und physische Leistungsfähigkeit natürliche Autorität ausstrahlte. Im Rang eines Obersten der virginischen Miliz wurde er 1754/55 im Gebiet des heutigen Pittsburgh in die ersten Kämpfe des *French and Indian War* verwickelt. Obwohl es sich eher um Scharmützel mit wenig ruhmreichem Ausgang handelte, verschaffte ihm diese «Feuertaufe» die Reputation eines militärischen Führers. Dass er hinter regulären britischen Offizieren zurückstehen musste und seine Miliz im späteren Verlauf des Krieges nur als Grenzschutz Verwendung fand, weckte in ihm Ressentiments gegen das Mutterland, die er nie mehr überwinden konnte.

Unmittelbar nach seinem Ausscheiden aus dem Militärdienst heiratete Washington im Januar 1759 Martha Dandridge Custis, eine Witwe und Mutter von zwei Kindern, die stattlichen Besitz – auch in Form von ca. 150 Sklaven – in die Ehe einbrachte. Erst jetzt konnte sich Washington, der inzwischen dem Parlament von Virginia angehörte, wirklich zur Pflanzer-Aristokratie der Kolonie zählen. In der Folgezeit wurde sein Landsitz Mount Vernon zu einem der geselligen Zentren dieser Eliteschicht, die ein hohes Ethos des Dienstes am Gemeinwohl (*common good*) mit unbeschwerter Hingabe an Vergnügungen wie Jagd, Pferderennen, Tanz und Kartenspiel verband. Washington widmete sich aber auch intensiv der Landwirtschaft und experimentierte mit neuen Anbau- und Zuchtmethoden. Er teilte seine Ländereien in mehrere Plantagen auf, ersetzte Tabak nach und nach durch Weizen und strebte eine weitgehende Selbstversorgung an. Mit seiner Frau hatte er keine Kinder, übernahm dafür aber umso fürsorglicher die Vaterrolle bei der Erziehung von Marthas Sohn und Tochter aus erster Ehe.

Washingtons Weltbild und politische Philosophie wurden geprägt von der englischen Oppositions- oder *Country*-Literatur des frühen 18. Jahrhunderts, insbesondere von Viscount Bolingbroke, der dem geschäftigen und korrupten Treiben von Hof und Regierung das Ideal eines *Patriot King* entgegengestellt hatte. Nicht minder fesselte Washington die Figur des jüngeren Cato, den er durch ein Theaterstück von Joseph Addison als Inbegriff römischer Tugenden kennenlernte. Diesen Leitbildern versuchte er in seinem öffentlichen und privaten Leben gerecht zu werden, bis hin zu klassischem Redestil und würdevoller Gestik und Mimik. Selbstbeherrschung, strenge Kontrolle der Emotionen und systematisches, diszipliniertes Verhalten wurden zu seinen hervorstechenden Eigenschaften, hinter denen die ursprüngliche Spontaneität immer stärker zurücktrat. Vom Temperament her konservativ und pflichtbewusst, gemäßigt religiös ohne tieferes Interesse an theologischen Fragen, dabei stets aufnahmebereit für neue Ideen und Gedanken, verband er die Tugenden der anglikanischen Vergangenheit mit dem Fortschrittsbewusstsein der Aufklärung. Ganz im Sinne der *Country*-Ideologie verstand Washington die englische Empirepolitik nach 1763 als gezielten Angriff auf die «alten Rechte» der Siedler, der, wenn man ihm nicht entschlossen entgegentrat, die völlige Beseitigung der kolonialen Selbstregierung zur Folge haben würde. Die Führung in diesem Kampf musste die Elite übernehmen, die angeblich allein fähig war, sich zum Wohle des Ganzen über ihre privaten, materiellen Interessen zu erheben, und der das Volk mit gebührender Achtung und Respekt zu begegnen hatte. Von einem solchen prinzipienfesten Standpunkt aus lehnte Washington die britischen Steuergesetze und Souveränitätsansprüche kategorisch ab. Im virginischen Parlament und im ersten Kontinentalkongress von Philadelphia – wo er im September 1774 in voller Uniform erschien – plädierte er als einer der Ersten für bewaffneten Widerstand gegen England.

Nach den Gefechten von Lexington und Concord im April 1775 wurde Washington vom zweiten Kontinentalkongress einstimmig zum Oberbefehlshaber aller amerikanischen Streitkräfte gewählt. Das war nicht nur Ausdruck des Vertrauens in seine militärischen Führungsqualitäten, sondern dahinter stand auch die Absicht, durch die Berufung eines Virginiers den Süden für die Unterstützung der Neuengland-Kolonien zu mobilisieren, die unmittelbar bedroht waren. Am 3. Juli 1775 übernahm Washington in Cambridge, Massachusetts, das Kommando über die Truppen, die das von den Briten besetzte Boston eingeschlossen hatten. Im März 1776 gelang zwar die Befreiung der Stadt, aber nach der Unabhängigkeitserklärung vom 4. Juli 1776 mussten die dreizehn amerikanischen Staaten eine Reihe von Rückschlägen hinnehmen. In den Jahren bis 1778, als ein Bündnis mit Frankreich die Position der Aufständischen entscheidend stärkte, war es Washingtons Hauptverdienst, seine Soldaten überhaupt zusammengehalten und eine vernichtende Niederlage gegen die besser ausgebildeten und professionell geführten britischen Armeen vermieden zu haben. Durch eine Hinhaltetaktik mit gelegentlichen Überraschungsangriffen glich er anfängliche Fehler aus und gewann allmählich die Initiative zurück. Den Respekt und die Zuneigung seiner Untergebenen erwarb er sich mit einer Mischung aus harter Disziplin und unermüdlichem Einsatz für die Belange von Offizieren und Soldaten. Er wurde zum ruhenden Pol des Widerstands, weil er selbst unter schwierigsten Bedingungen, wie im Winterlager von Valley Forge 1777/78, Siegesgewissheit vermitteln konnte.

Über weite Strecken des Krieges war Washingtons größtes Problem die Ausrüstung und Versorgung der Armee. Oft fühlte er sich dabei vom Kongress der Konföderation, der 1777 auf der Grundlage der *Articles of Confederation* geschaffen worden war, und von den Regierungen der Einzelstaaten alleingelassen. Trotz dieser Enttäuschungen und trotz einiger Intrigen, die im Kongress gegen ihn gesponnen wurden, stellte Washington niemals den Vorrang der zivilen Führung in Frage. Alle politischen Angelegenheiten überließ er dem Kongress und traf wichtige militärische Entscheidungen erst nach eingehender Beratung mit seinen Vertrauten, zu denen Alexander Hamilton aus New York und der französische Marquis de Lafayette gehörten. Seine Überzeugung, dass nicht Guerillataktik, sondern nur der Sieg in einer konventionellen Schlacht die Briten zur Aufgabe zwingen würde, bestätigte sich schließlich bei Yorktown in Virginia. Durch eine gut koordinierte Aktion mit der französischen Armee und Flotte erzwang er am 19. Oktober 1781 die Kapitulation von General Cornwallis mit 7000 britischen Soldaten. Damit öffnete er den Weg zu Verhandlungen, die knapp zwei Jahre später zum formellen Friedensschluss und zur völkerrechtlichen Anerkennung der amerikanischen Unabhängigkeit führten.

Nach Yorktown gab es im Kreis der Offiziere, die fürchteten, vom entscheidungsschwachen Kongress um den Lohn für ihre Dienste gebracht zu werden, geheime Bestrebungen, den Oberbefehlshaber zum Diktator oder König zu erheben. Durch einen persönlichen Appell an das Offizierskorps stellte Washington aber im März 1783 die Disziplin wieder her und bekräftigte noch einmal demonstrativ das Prinzip der Unterordnung der militärischen unter die politische Führung. Bevor er sein Kommando am 23. Dezember 1783 in Annapolis feierlich an den Kongress zurückgab, richtete er ein Rundschreiben an die Regierungen der Einzelstaaten, das die Summe seiner Erfahrungen während des Krieges und ein politisches Vermächtnis enthielt. In diesem *Circular Letter* setzte er sich dafür ein, die Befugnisse und die Autorität der Zentralregierung zu stärken, da sonst die Union bald auseinanderfallen würde. Mit dieser «nationalen Vision» stieß er auf wenig Gegenliebe bei den tonangebenden radikalen Republikanern, die eine lockere Konföderation souveräner Staaten befürworteten. Sie nahmen auch Anstoß daran, dass sich Washington zum Präsidenten der *Society of the Cincinnati* wählen ließ, einer an europäische Adelsgesellschaften erinnernden Offiziersbruderschaft. Seiner Beliebtheit bei der Bevölkerung tat das aber keinen Abbruch.

Von Mount Vernon aus, wo Besucher jederzeit gastfreundlich aufgenommen wurden, verfolgte Washington mit wachsender Besorgnis das politische Geschehen, das seine Ängste vor einem Scheitern des «republikanischen Experiments» zu bestätigen schien. Als Farmer im westlichen Massachusetts im Herbst 1786 unter der Führung von Daniel Shays gegen ihre Bostoner Regierung revoltierten, sah er ein Abgleiten ins Chaos voraus und forderte seine zahlreichen Korrespondenten zu energischen Gegenmaßnahmen auf. Unter dem frischen Eindruck von *Shays' Rebellion* konnte er sich im Frühjahr 1787 nicht der Forderung entziehen, den Vorsitz eines Verfassungskonvents zu übernehmen, der die Mängel der *Articles of Confederation* beheben sollte. Er zögerte kurz, ob er seine Reputation für dieses Vorhaben mit ungewissem Ausgang aufs Spiel setzen sollte, kehrte dann aber aus dem Ruhestand zurück und leitete die Verhandlungen in Philadelphia, bei denen zwischen Mai und September 1787 eine völlig neue Verfassung ausgearbeitet wurde. Obwohl er sich im Konvent nur selten zu Wort meldete, ließ Washington keinen Zweifel daran, dass er auf Seiten der «Nationalisten» um Alexander Hamilton und James Madison stand, die eine Stärkung der Zentralgewalt auf Kosten der Staatensouveränität anstrebten. Wie Hamilton bewunderte er das Prinzip der «gemischten» Verfassung nach englischem Muster, das eine energische Verfolgung der nationalen Interessen gewährleistete. Deshalb hatte er Vorbehalte gegen die von der Konventsmehrheit bevorzugte relativ strenge Teilung der Gewalten zwischen Bund und Einzelstaaten und zwischen den drei Zweigen der Bundesregierung. Dennoch hielt er das Ergebnis der Beratungen für das unter den gegebenen Umständen bestmögliche. Nachdem der Entwurf unterzeichnet war, engagierte er sich während der monatelangen Ratifizierungsdebatte hinter den Kulissen entschieden für die Annahme der Verfassung. Die Federalists, wie sich die Befürworter der Ratifizierung nannten, warben geschickt mit Washingtons hohem Ansehen um die – keineswegs sichere – Zustimmung der Bevölkerung. Bei den Verfassungsfeiern von 1788 wurde Washington symbolisch schon überall als Steuermann des neuen «Staatsschiffes» dargestellt, was einer öffentlichen Akklamation zum Präsidenten gleichkam.

Washington betrieb keinen Wahlkampf, sondern wartete in Mount Vernon darauf, von seinen Landsleuten gerufen zu werden. Die Mitglieder des Wahlmännerkollegiums, die Anfang Januar 1789 in den Staaten gewählt wurden, votierten am 4. Februar einstimmig für Washington als Präsidenten. Den zweithöchsten Stimmenanteil erreichte der Neuengländer John Adams, der damit zum Vizepräsidenten gewählt war. Wiederum zögerte Washington, weil er sich der Schwere der Aufgabe bewusst war und weil er fürchtete, die Annahme könnte ihm als Beweis übertriebenen Ehrgeizes ausgelegt werden. Schließlich akzeptierte er die Wahl mit dem Hinweis, das klare Votum des Volkes lasse ihm «kaum eine Alternative». Washingtons Reise von Mount Vernon zum Sitz des Kongresses nach New York glich einem Triumphzug, der zum Ausdruck brachte, dass die Bevölkerung mehr Vertrauen in seine Person als in die noch unerprobte Verfassung setzte. Am 30. April 1789 wurde der erste Präsident der Vereinigten Staaten in Manhattan feierlich in sein Amt eingeführt. In seiner kurzen Inaugurationsrede griff Washington ein für das religiös-politische Selbstverständnis der Amerikaner wichtiges Thema auf, indem er es als offenkundig bezeichnete, dass die «unsichtbare Hand des Allmächtigen Wesens» das Schicksal der Vereinigten Staaten gelenkt habe; die Zukunft des republikanischen Regierungssystems hänge zutiefst und in letzter Konsequenz vom Ausgang des Experiments ab, «das dem amerikanischen Volk in die Hände gelegt worden ist».

Washingtons höchstes Ziel war es, das Überleben des republikanischen *self-government* in einer von Absolutismus und Despotie geprägten Welt dadurch sicherzustellen, dass er die Buchstaben der Verfassung mit Leben erfüllte und das neue Regierungssystem von Anfang an auf «wahre Prinzipien» gründete. Zu diesem Zweck wollte er die konstitutionellen Möglichkeiten, die das Präsidentenamt bot, voll ausschöpfen. Ihm war bewusst, dass er als erster Amtsinhaber dem noch sehr diffusen Bild der Präsidentschaft klare Konturen verleihen konnte, und dass seine Entscheidungen Maßstäbe setzen und Präzedenzfälle schaffen würden. Das begann mit der Ämtervergabe, bei der er sowohl das Interesse der einzelnen Regionen berücksichtigte als auch unterschiedliche politische und ideologische Richtungen einzubinden suchte.

Nach dem Vorbild seines *War Council* umgab er sich mit intellektuell brillanten Mitarbeitern, die mehr sein sollten als bloße Ausführungsorgane der Exekutive. Von seinen Ministern Alexander Hamilton (Finanzen), Thomas Jefferson (Äußeres), Henry Knox (Krieg) und Edmund Randolph (Justiz) erwartete er über ihren jeweiligen Kompetenzbereich hinaus Rat und Unterstützung, was zur Entstehung eines in der Verfassung nicht unbedingt vorgesehenen Kabinetts führte. Er setzte auch durch, dass die Minister und Beamten ihm allein verantwortlich waren, und dass er zu ihrer Entlassung – anders als zur Ernennung – nicht die Zustimmung des Senats benötigte. Seine Vorstellung von einer möglichst einheitlich und geschlossen operierenden Bundesregierung, die sich kollektiv als Sachwalterin des Gesamtwohls der Union verstand, wollte er durch eine enge Zusammenarbeit mit dem Kongress verwirklichen. In dieser Hinsicht kam ihm anfangs zugute, dass die Federalists – aus Washingtons Sicht die *friends of government* – bei den ersten Bundeswahlen 1788/89 klare Mehrheiten im Repräsentantenhaus und im Senat errungen hatten, und dass mit James Madison ein enger Vertrauter Sprecher des Hauses wurde. Von seinem Vetorecht machte er sehr sparsam Gebrauch, weil er davon ausging, dass er Gesetze nur ablehnen durfte, wenn er sie für verfassungswidrig hielt, nicht aber, wenn ihm ihr Inhalt missfiel. Washington trug seine jährlichen Botschaften persönlich im Kongress vor, eine Praxis, die im 19. Jahrhundert abgeschafft und erst von Präsident Woodrow Wilson wiederbelebt wurde. Die Grenzen dieser kooperativen, konsensuellen Regierungspraxis musste schon Washington selbst erkennen, beispielsweise als sich der Senat weigerte, direkte Beratungen über Vertragsangelegenheiten mit ihm zu führen. Washington beschränkte sich danach wohl oder übel auf den schriftlichen Meinungsaustausch, was ihn jedoch nicht hinderte, einzelne Senatoren privat ins Vertrauen zu ziehen. Auch die Beziehungen zum Supreme Court, an dessen Spitze Washington den New Yorker John Jay berief, waren nicht ganz spannungsfrei, weil der Präsident – wie seine Veto-Begründungen zeigen – die Rolle eines Interpreten und Hüters der Verfassung für sich selbst beanspruchte. Indem die Richter ihm demonstrativ ein gefordertes Rechtsgutachten verweigerten, gaben sie ihm zu verstehen, dass er es mit einer unabhängigen dritten Regierungsgewalt zu tun hatte. Trotz dieser Abgrenzungsprobleme, die sich in einem System der *checks and balances* nicht vermeiden ließen, war zumindest Washingtons erste Amtsperiode von einem hohen Maß an innerer Einheit gekennzeichnet, die zielstrebiges und kraftvolles Regieren ermöglichte.

Im Unterschied zu vielen republikanischen Theoretikern, die Misstrauen gegen Regierungsmacht und speziell gegen zentralisierte Regierungsmacht für einen Wert an sich hielten, sah Washington in einer starken, energisch handelnden Bundesregierung die beste Gewähr für die Freiheit und Sicherheit der Bürger. Das von Madison in den *Federalist Papers* so deutlich hervorgehobene föderative Element behagte ihm nicht sonderlich, weil er die Staatenregierungen im Krieg eher als Störfaktoren kennengelernt hatte. Er respektierte ihre konstitutionellen Rechte, konnte sich jedoch keine «Gewaltenteilung» mit ihnen vorstellen. Andererseits hatte Washington die Bedeutung des revolutionären Prinzips der Volkssouveränität erkannt und wusste, dass er die Macht der Bundesregierung nur auf die Zustimmung seiner Landsleute gründen konnte. Er verstand die Präsidentschaft als ein Symbol der nationalen Einheit und als Instrument, um den noch unvollkommen ausgebildeten «amerikanischen Charakter» der Bevölkerung zu formen. Die anstrengenden Reisen, die er in der Funktion des Staatsoberhaupts in den ersten Amtsjahren durch alle Teile der Union unternahm, dienten dem Ziel, die nationale Identität zu stärken und die Loyalität der Bürger für die Bundesregierung zu gewinnen. Geschickt nutzte er dabei seine persönliche Beliebtheit und sein Charisma, um die Institution der Präsidentschaft mit dauerhafter Autorität auszustatten. Das Streben nach republikanischer Würde bestimmte auch den öffentlichen Regierungsstil, den er in New York und ab Herbst 1790 in Philadelphia entwickelte. Wöchentliche Audienzen und *state dinners,* auf denen sich Washington in formalem, etwas steifem Ernst bewegte, sollten den Eindruck vermitteln, dass das Präsidentenamt ein politisches und gesellschaftliches Zentrum der Nation bildete. Selbst Martha Washington, die mit ihrer natürlichen Bescheidenheit wenig Freude an Repräsentation hatte, musste durch regelmäßige Vormittagsempfänge und Teestunden einen Beitrag leisten. Obwohl dieses Zeremoniell, gemessen an der Etikette und Prachtentfaltung europäischer Höfe, sehr bescheiden war, rief es doch Kritiker auf den Plan, die den «präsidentiellen Pomp» als Verstoß gegen republikanische Sitten geißelten. Noch mehr verübelten sie Washington, dass er den Federalists erlaubte, öffentliche Geburtstagsfeiern für ihn zu organisieren und den 22. Februar als zweiten nationalen Feiertag neben den 4. Juli zu setzen. Washington selbst war wenig an einem Kult um seine Person gelegen; er ließ die Anhänger aber gewähren, weil er ihre Verehrung als Treuebekenntnis zur neuen Ordnung insgesamt verstand.

Vor dem Hintergrund seiner Sorgen um zentralstaatliche Autorität und nationalen Zusammenhalt muss auch Washingtons Einsatz für die Verwirklichung der in der Verfassung vorgesehenen Hauptstadt gesehen werden. Mit der Entscheidung, den *District of Columbia* an die Grenze zwischen Maryland und Virginia zu verlegen und die *Federal City* am Potomac zu errichten, kam die Kongressmehrheit den Südstaaten entgegen, die sich von Beginn an über politische und wirtschaftliche Nachteile in der Union beklagten. Washington profitierte davon natürlich auch persönlich, denn er war einer der größten Landbesitzer in der Region. Immer wieder reiste er von Philadelphia nach Georgetown, um selbst Einfluss auf die Planung der Stadt zu nehmen, die seit September 1791 offiziell *City of Washington* hieß. In seinen Zukunftsvisionen sah er sie schon als Metropole eines *American Empire,* das weit nach Westen bis zum Mississippi reichte, in Gebiete, die er mit Hilfe der *Potomac Navigation Company,* an der er finanziell beteiligt war, zu erschließen hoffte.

In der Geschichtsschreibung ist Washington nicht selten als ein Präsident dargestellt worden, dessen praktisch-politische Wirkung hinter die symbolische zurücktrat, der die Pläne anderer, speziell Hamiltons, ausführte, der wohl zur Konsolidierung des Bundesstaates beitrug, sie aber nicht selbst herbeiführte, ja der letztlich nur als Galionsfigur diente. Diese Sichtweise, mit der die Historiker auf die übertriebene Verherrlichung Washingtons im 19. Jahrhundert reagierten, ist in jüngerer Zeit aber einer wesentlich positiveren Beurteilung gewichen. Danach verfügte Washington über ein klar durchdachtes und erstaunlich kohärentes Gesamtkonzept, das er in der Praxis zielstrebig umsetzte. Als Präsident war er ein «pragmatischer Visionär», der einen konservativen, gemeinschaftsorientierten Republikanismus mit moderner, auf die Freiheit des Individuums ausgerichteter Wirtschaftsgesinnung zu verbinden wusste. Vor allem fühlte er sich leidenschaftlich der Aufgabe verpflichtet, die Integration der amerikanischen Staaten unter dem neuen Verfassungssystem voranzutreiben. Dem Amt, das er selbst innehatte, wies er dabei die Funktion eines «Kraftzentrums» der Union zu.

Washingtons erste Amtszeit stand ganz im Zeichen der Auseinandersetzung um das nationale Wirtschafts- und Finanzprogramm, das Hamilton dem Kongress unterbreitete. Der Präsident mischte sich kaum in die Gesetzgebungsarbeit ein, ließ jedoch keinen Zweifel daran, dass er die Vorstellungen seines Secretary of the Treasury über die finanzielle Unabhängigkeit der Bundesregierung von den Staaten, eine sichere Fundierung der Staatsschulden und ein einheitliches Währungssystem teilte. Kernstück von Hamiltons Programm war die Errichtung einer Nationalbank, die die Staatsfinanzen verwalten und Investitionskapital für die wirtschaftliche Entwicklung bereitstellen sollte. Das gab Anlass zu der ersten bedeutenden Verfassungskontroverse, weil Außenminister Jefferson in einem Gutachten für Washington das Recht des Kongresses bestritt, eine Bank einzurichten. Dagegen argumentierte Hamilton, die Befugnisse des Kongresses dürften nicht auf die in der Verfassung explizit genannten Aufgaben beschränkt werden. Vielmehr könne sich der Kongress in der Bankfrage auf die *necessary and proper*-Klausel der Verfassung stützen, die ihm weitreichende implizite Befugnisse bei der Verfolgung des Gemeinwohls einräume. Als sich Washington dieser «weiten Auslegung» der Verfassung anschloss und das Bankgesetz im Februar 1791 unterzeichnete, war der Erfolg von Hamiltons Maßnahmenbündel praktisch gesichert. Die finanzielle Hinterlassenschaft des Unabhängigkeitskrieges wurde zwar zum einseitigen Vorteil der besitzenden, kapitalkräftigen Kreise geregelt, was der beginnenden Opposition der Republicans Auftrieb gab. Dafür hatte der Bundesstaat nun durch Zölle und Einfuhrsteuern sowie durch die einheitliche Dollarwährung eine solide Grundlage, auf der er sich trotz hoher Schuldenlast kontinuierlich entwickeln konnte. Washington unterstützte auch Hamiltons Wunsch nach Förderung der heimischen Manufakturen, um die Vereinigten Staaten wirtschaftlich unabhängiger von Europa zu machen. In diesem Punkt waren beide ihrer Zeit jedoch zu weit voraus, als dass sie sich gegen die agrarischen und einzelstaatlichen Interessen hätten durchsetzen können.

Eine weitere wichtige Leistung war die Grundrechteerklärung (*Bill of Rights*), die Madison durch den Kongress brachte, und die 1791 in Form der ersten zehn Amendments an die Verfassung angehängt wurde. Diese Einlösung des in der Ratifizierungsdebatte gegebenen Versprechens lag ganz auf Washingtons Linie, den Kritikern der Verfassung Wind aus den Segeln zu nehmen und einen umfassenden konstitutionellen Konsens zu erreichen. Seinen eigenen Respekt vor der Verfassung machte der Präsident immer wieder geradezu skrupulös deutlich, in der Annahme, damit zur Herausbildung eines staatstragenden Verfassungsbewusstseins beitragen zu können. Auf Mäßigung und Selbstbeherrschung des Volkes hoffte er auch in der Anfangsphase der Französischen Revolution. Seinem Freund Lafayette, der ihm in einer symbolischen Geste den Schlüssel der Bastille zum Geschenk machte, setzte er ausführlich die Bedeutung einer Verfassung für eine funktionierende Regierung und für die Abwehr von Demagogen und Mobherrschaft auseinander.

Große Sorgen bereitete Washington das ungeklärte Verhältnis zu den Indianern, die im Südwesten bei den Spaniern und im Nordosten bei den Briten Rückhalt gegen die vordringenden Siedler suchten. Der Präsident trat wiederholt für eine gerechte Behandlung der Ureinwohner ein, an deren Assimilationsfähigkeit er glaubte und mit deren Führern er persönlich verhandelte. Allerdings konnte er auch von «Ausrottung» (*extirpation*) sprechen, wenn er seine Empire-Vorstellungen durch einzelne Stämme gefährdet sah. Für die Niederlagen, die ungenügend ausgerüstete und schlecht geführte amerikanische Expeditionstruppen 1790 und 1791 im Ohiotal gegen Indianer hinnehmen mussten, fühlte er sich als Commander in Chief unmittelbar verantwortlich. Deshalb war er stolz und erleichtert, als General Anthony Wayne einige Jahre später die verbündeten nordöstlichen Indianerstämme am Eriesee besiegte, und die Vereinigten Staaten im Frieden von Greenville 1795 ihren Souveränitätsanspruch in der Ohioregion durchsetzen konnten.

In seinen Botschaften an den Kongress gab sich Washington betont optimistisch und zog regelmäßig ein positives Fazit. Privat war er weniger zuversichtlich; zu dieser gedämpften Stimmung trug bei, dass sich die politische Lage in Europa verschärfte, vor allem aber, dass gegen Ende der ersten Amtszeit Spannungen und Risse in der eigenen Regierung auftraten. Obwohl Washington bis zur Selbstverleugnung bemüht war, den Frieden in seinem Kabinett zu erhalten, konnte er den durch die Ereignisse in Frankreich angeheizten ideologischen Gegensatz zwischen Jefferson und Hamilton immer weniger überbrücken. Beim agrarisch-egalitär gesonnenen Außenminister verfestigte sich der Eindruck, Hamilton steuere auf eine Aristokratie oder Monarchie zu und wolle Washington als Aushängeschild missbrauchen. Jefferson ermunterte Madison, in Form von anonymen Zeitungsartikeln den Kampf gegen diese gefährlichen Tendenzen aufzunehmen. Hamilton seinerseits unterstellte den Gegnern die Absicht, in den Vereinigten Staaten «französische Zustände» schaffen zu wollen, eine Befürchtung, die der unterbeschäftigte Vizepräsident Adams durchaus teilte. Gleichzeitig traten die sektionalen Differenzen immer stärker zutage, weil Jeffersons Haltung von vielen Südstaatlern geteilt wurde, während Hamilton und Adams vor allem in New York und Neuengland Rückhalt fanden. Unter diesen Umständen verwundert es nicht, dass Washington gelegentlich Mühe hatte, seine sprichwörtliche Selbstbeherrschung zu wahren, und ernsthaft zweifelte, ob er sich noch einmal zur Wahl stellen sollte. Wieder bedurfte es viel guten Zuredens und dringender Appelle von Freunden, um ihn umzustimmen. Für Washington selbst, der seine Kräfte allmählich schwinden fühlte, bedeutete dies Nachgeben ein wirkliches Opfer, das sich nur durch den drohenden Zerfall der Union rechtfertigen ließ. Seine ungebrochene Popularität zeigte sich, als die Wahlmänner ihn um die Jahreswende 1792/93 einstimmig im Amt bestätigten.

Bei seiner zweiten Inauguration am 4. März 1793 – wenige Wochen nach der Hinrichtung Ludwigs XVI. – versprach Washington, dahin zu wirken, dass die konstitutionelle Regierungsweise Wurzeln «im jungfräulichen Boden Amerikas» schlagen werde. Die gesamte Amtszeit stand aber eindeutig im Zeichen des in Europa geführten Krieges, der konfliktverschärfend auf die innere Lage der USA zurückwirkte. In außenpolitischen und diplomatischen Angelegenheiten hatte Washington von Beginn an den Vorrang der Exekutive vor der Legislative verfochten und sich einen großen Handlungsspielraum vorbehalten. Besonnenheit und verlässliche Führung waren jetzt gefordert, denn der Kriegsausbruch brachte den Amerikanern ihre prekäre Situation erst richtig zu Bewusstsein: Ihr Handel mit der Karibik und Europa würde vom Wohlwollen der britischen und französischen Flotten abhängen; an den militärisch nur unzureichend gesicherten Grenzen zeichneten sich Konflikte mit den Spaniern im Mississippi-Delta und mit den Briten im Ohiotal ab. Vor diesem Hintergrund zögerte Washington nicht, am 22. April 1793 die Neutralität der Vereinigten Staaten zu proklamieren, obwohl die Sympathien der großen Mehrheit seiner Landsleute der französischen «Schwesterrepublik» galten. Gleichzeitig machte er klar, dass die USA die französische Revolutionsregierung anerkannten und das amerikanisch-französische Bündnis von 1778 als weiterhin gültig betrachteten. Zunächst stimmten alle Minister zu, doch in der Folgezeit fiel das Kabinett immer mehr auseinander: Während Hamilton auf die britische Karte setzte, neigte Jefferson den Franzosen zu, deren Gesandter Genêt vehement Unterstützung einforderte und über den Kopf des Präsidenten hinweg an die Solidarität der Amerikaner appellierte; nur Washington selbst hielt unbeirrt und konsequent am eingeschlagenen Neutralitätskurs fest. Jefferson trat schließlich von seinem Außenministerposten zurück und begann, gemeinsam mit Madison die Opposition gegen diejenigen Kräfte zu sammeln, die er als «monarchische», englandhörige Partei wahrnahm.

Da die zunehmende Zahl britischer Neutralitätsverletzungen die Gefahr eines Krieges mit England heraufbeschwor, schickte Washington im Mai 1794 John Jay als Sonderbotschafter nach London – ebenfalls ein Präzedenzfall, auf den sich viele seiner Nachfolger beriefen. Während Jay in der englischen Hauptstadt verhandelte, sah sich der Präsident mit einer schweren Krise im eigenen Land konfrontiert. Im Westen Pennsylvanias und einiger angrenzender Staaten verweigerten die Farmer die Zahlung der Verbrauchssteuer auf Whiskey, die der Kongress als Teil von Hamiltons Finanzprogramm eingeführt hatte. Washington fürchtete nicht nur um die mühsam gewonnene Autorität der Bundesregierung in Steuerfragen, sondern glaubte sogar schon separatistische Bestrebungen in den Westgebieten zu erkennen. Im Unterschied zu Hamilton, der auf eine umgehende Demonstration militärischer Macht drängte, schöpfte der Präsident zunächst noch alle Verhandlungsmöglichkeiten aus. Erst als der harte Kern des Widerstands politisch isoliert war, zog Washington im Oktober 1794 zusammen mit Hamilton an der Spitze einer 3000 Mann starken Streitmacht (sie schwoll unterwegs durch die Eingliederung von Staatenmilizen auf ca. 13 000 Mann an) von Philadelphia gen Westen. Angesichts eines solchen Militäraufgebots brach die sogenannte *Whiskey*

Rebellion zusammen, bevor es zu wirklichen Kämpfen kam. Die Anführer wurden zum Tode verurteilt, später aber allesamt von Washington begnadigt und freigelassen. Das geschah auch, um die innenpolitische Erregung zu besänftigen, die das Unternehmen selbst, mehr aber noch Washingtons nachträgliche Begründung vor dem Kongress ausgelöst hatte: In seiner Rede vom 19. November 1794 hatte der Präsident nämlich die inzwischen etwa 30 *Democratic Societies,* die nach dem Vorbild der Jakobinerklubs in den USA entstanden waren, mitverantwortlich für die Revolte und die Gefährdung der «untrennbaren Union» gemacht. Diese Attacke wurde von der Opposition, die sich nun Republican Party nannte, als unzulässige Einmischung in die Innenpolitik verstanden und heftig kritisiert. Damit war praktisch auch Washingtons Konzept einer politisch ausbalancierten Regierung gescheitert, denn der Präsident hing jetzt einseitig von der Unterstützung der Federalists ab und musste dieser Tatsache bei der Ämtervergabe Rechnung tragen. Dadurch nahm die Administration immer mehr den Charakter einer federalistischen, von Nordstaaten-Politikern dominierten Parteiregierung an. Der umstrittenste Mitarbeiter, Alexander Hamilton, reichte zwar im Januar 1795 seinen Abschied ein, doch das steigerte nur noch Washingtons Gefühl der Vereinsamung.

Einige Monate später entbrannte der Streit um den Vertrag mit England, den John Jay in London ausgehandelt hatte. Um den Frieden zu erhalten, war der Sonderbotschafter den Briten in mehreren Punkten weit entgegengekommen, etwa bei der Definition von Kontrabande und bei der Regelung einiger immer noch offener Fragen aus dem Vertrag von 1783. Als der *Jay Treaty* nach der knappen Ratifizierung durch den Senat im Juni 1795 veröffentlicht wurde, brach ein Sturm der Entrüstung los, der einen schwächeren Präsidenten als Washington mitsamt seiner Regierung hinweggefegt hätte. Die Republicans klagten die Regierung an, sich den Briten unterworfen und den französischen Bündnispartner verraten zu haben. Selbst Washington begann zu schwanken, rang sich aber bis Mitte August zur Unterzeichnung des Vertrags durch. Sein Misstrauen ging inzwischen so weit, dass er Außenminister Randolph ein geheimes Zusammenspiel mit den Franzosen zutraute. Tatsächlich war Randolph, der sofort zurücktrat, das Opfer einer Intrige geworden, die auch Washington nicht durchschaute. Der Parteienstreit nahm einen schrillen Ton an, und die Person des Präsidenten selbst wurde immer häufiger zur Zielscheibe von gehässigen Angriffen der republikanischen Zeitungsschreiber bis hin zu dem Vorwurf, Washington überziehe regelmäßig sein Jahresgehalt von 25000 Dollar und bereichere sich auf Staatskosten. In Wirklichkeit musste der Präsident aus dieser Summe nicht nur seinen Sekretär und alle Hausangestellten besolden, sondern auch die Kosten für Reisen und Empfänge bestreiten. Washington fand Trost in dem Gedanken, dass solche Verleumdungen der Preis für die «grenzenlosen Vorteile» seien, die eine freie Presse mit sich bringe.

Die Auseinandersetzung um den Jay-Vertrag flammte im Februar 1796 noch einmal auf, denn die republikanische Mehrheit im Repräsentantenhaus weigerte sich, die erforderlichen Gelder zur Implementierung einzelner Vertragsklauseln zu bewilligen. Die Forderung der Abgeordneten, der Präsident solle die gesamte, den Vertrag betreffende diplomatische Korrespondenz offenlegen, lehnte Washington unter Hinweis auf seine exekutiven Privilegien und die vorherige Unterrichtung des Senats ab. Hieraus haben spätere Präsidenten bis hin zu Richard Nixon weitreichende Geheimhaltungsrechte abgeleitet. Tatsächlich handelte es sich um eine Ausnahme, denn in der Regel war Washingtons Verhältnis zum Kongress von Offenheit gekennzeichnet. In diesem Fall nahm er jedoch die politische Kraftprobe an, denn es stand nicht weniger auf dem Spiel als das stets von ihm beanspruchte verfassungsmäßige Vorrecht des Präsidenten, die Richtlinien der Außenpolitik zu bestimmen. Der Konflikt wurde entschärft, als der republikanische Sprecher des Hauses, der deutschstämmige Frederick A. Muhlenberg, in der entscheidenden Abstimmung am 28. April 1796 bei Stimmengleichheit mit seinem Votum den Ausschlag für die Bewilligung der Gelder gab. Nachdem der Vertrag endgültig in Kraft war, kündigte das Pariser Direktorium die Allianz von 1778 auf. Diese negative Reaktion wurde aber vorerst dadurch aufgewogen, dass ein anderer Sonderbotschafter Washingtons, Thomas Pinckney, im Oktober 1795 einen vorteilhaften Vertrag mit der spanischen Regierung ausgehandelt hatte, der den Amerikanern die freie Schifffahrt auf dem Mississippi und steuerfreie Ausfuhr ihrer Waren über New Orleans zusicherte.

Die zweite Amtszeit war über weite Strecken vornehmlich «Krisenmanagement» gewesen. Washingtons kühl kalkulierter, vorsichtiger Neutralitätskurs hatte den Amerikanern den Frieden erhalten, die Position der Vereinigten Staaten auf dem amerikanischen Kontinent gestärkt und den wirtschaftlichen Aufschwung gefördert. Die Leidenschaft, mit der die Amerikaner die Französische Revolution verfolgt hatten, war abgeklungen, und im Kongress gaben die Federalists nach wie vor den Ton an. Washington hatte schon frühzeitig klargemacht, dass eine dritte Amtszeit nicht in Frage kam, obwohl die Verfassung keine zeitliche Begrenzung vorsah. Ab Frühjahr 1796 beschäftigte er sich mit seiner Abschiedsbotschaft an das amerikanische Volk. Ausgangspunkt war ein von Madison schon 1792 für das Ende der ersten Amtszeit entworfener Text, den Washington nun mit Hilfe Hamiltons überarbeitete und aktualisierte. Die endgültige *Farewell Address,* die am 19. September 1796 in den Zeitungen erschien, entsprach vollkommen Washingtons eigenen Überzeugungen und Wertvorstellungen. Sein Hauptanliegen war die Warnung vor Parteien und Parteiengeist, die, geschürt durch ausländische Mächte, das Überleben der Nation gefährdeten. Um sich gegen diese Gefahr zu wappnen, empfahl der Präsident die Achtung der Grundsätze von Religion und Moral als der beiden «großen Säulen des menschlichen Glückes». Bildungseinrichtungen sollten im Interesse einer wirklich aufgeklärten *public opinion* gefördert werden, und die eingegangenen finanziellen Verpflichtungen müssten honoriert werden, damit das Vertrauen in das neue Regierungssystem erhalten bleibe. Washingtons Sorge um nationale Einheit und gesellschaftliche Harmonie war sicher nicht unbegründet; bei der Verurteilung des Parteienwesens übersah der Präsident aber geflissentlich, dass er selbst zuletzt als «Parteimann» regiert hatte. Hier kam eine mentale Haltung zum Vorschein, die Washington mit den meisten Zeitgenossen teilte: Er nahm für sich in Anspruch, nur dem Gemeinwohl zu dienen, und reservierte das Etikett «Partei» für den politischen Gegner. In der Praxis hatte sich während seiner Administration schon das erste amerikanische Zwei-Parteien-System herausgebildet. Dennoch verhallte die Abschiedsbotschaft keineswegs ungehört: Washingtons Ratschlag, mit Europa so viel Handel wie möglich zu treiben, ohne sich in innereuropäische Händel hineinziehen zu lassen, und Bündnisse nur im Notfall, keineswegs jedoch auf Dauer zu schließen, blieb bis weit in das 20. Jahrhundert hinein außenpolitische Richtschnur aller amerikanischen Regierungen. (Die Warnung vor *Entangling Alliances,* auf die in diesem Zusammenhang oft verwiesen wird, stammt allerdings aus Thomas Jeffersons erster Inaugurationsrede von 1801.)

Auf die Wahl seines Nachfolgers nahm Washington wenig Einfluss, registrierte aber mit Genugtuung, dass sich Vizepräsident Adams gegen Jefferson – den ehemaligen Freund und Vertrauten, der zum Führer der Opposition geworden war – durchsetzen konnte. Nach acht Jahren Präsidentschaft zog Washington mit vollem Recht eine positive Bilanz. Zwar waren keineswegs alle Hoffnungen in Erfüllung gegangen. Beispielsweise hatte der Präsident immer wieder die Gründung einer nationalen Universität angemahnt, ohne dass der Kongress darauf reagierte. Auch verdankte er viel den Mitarbeitern, an erster Stelle Hamilton. Sein konsultativer Führungsstil darf jedoch nicht darüber hinwegtäuschen, dass er alle wichtigen Entscheidungen, speziell in außenpolitischen Fragen, selbst traf, und dass die Talente seiner Berater nur durch ihn voll zur Geltung kamen. Was ihm an Brillanz fehlte, machte er durch eine solide, methodische Regierungsweise, durch Pflichtbewusstsein, Berechenbarkeit und Verlässlichkeit mehr als wett. Von seinen Eigenschaften,

Fähigkeiten und geistigen Voraussetzungen her war er wohl am besten geeignet, die Brücke vom alten, kolonialen Amerika über die Revolution zum neuen, konstitutionell-demokratischen Bundesstaat zu schlagen. Er personifizierte die durch Recht und Gesetz begrenzte Regierungsmacht, er schuf die Voraussetzungen für die Integration und Expansion einer kontinentalen amerikanischen Republik, und er wurde schon zu Lebzeiten zum Symbol des «nationalen Charakters», an dessen Formung ihm so sehr gelegen war. Historische Größe bewies er nicht in herkömmlicher Weise durch Machtusurpation oder Machterweiterung, sondern durch den verantwortungsbewussten, maßvollen Gebrauch demokratisch legitimierter Macht und die Ermöglichung eines geordneten, friedlichen Machtwechsels.

Nach seinem Abschied von Philadelphia im März 1797 lebte und arbeitete Washington als erster Expräsident zusammen mit seiner Frau wieder in Mount Vernon. Von dort besuchte er häufig die Stadt – oder besser die große Baustelle –, die seinen Namen trug. Als die USA im Sommer des folgenden Jahres kurz vor einem Krieg mit Frankreich zu stehen schienen, erklärte er sich noch einmal bereit, das militärische Kommando zu übernehmen und ein Heer aufzubauen. Die Krise ebbte aber ab, bevor er den Posten antreten konnte. Seine letzte öffentliche Stellungnahme richtete sich gegen die von Jefferson und Madison eingebrachten Virginia- und Kentucky-Resolutionen, die den Einzelstaaten das Recht zusprachen, Gesetze des Bundes für nichtig zu erklären.

Am 14. Dezember 1799 starb Washington im Alter von 67 Jahren an einer akuten Kehlkopfentzündung, gegen die es beim damaligen Stand der Medizin kein Mittel gab. Auf einer der vielen Trauerfeiern, die überall in den Vereinigten Staaten stattfanden, pries sein Freund Henry Lee ihn als «den ersten im Krieg, den ersten im Frieden, und den ersten in den Herzen seiner Landsleute». Das Testament des Präsidenten sah die Befreiung aller Sklaven und Sklavinnen, die ihm gehörten, beim Tod seiner Ehefrau vor. Washington lehnte die Sklaverei als unvereinbar mit den Prinzipien der Unabhängigkeitserklärung ab, hielt ihre kurzfristige Aufhebung aber für praktisch undurchführbar. Mit dieser Testamentsverfügung, die Martha Washington noch selbst vollstreckte, bevor sie 1802 starb, hatte er wenigstens sein eigenes Gewissen erleichtern können. Die meisten ehemaligen Sklaven blieben allerdings auf der Plantage, weil die Gesetze der Südstaaten Afroamerikanern wenig Möglichkeiten ließen, von ihrer Freiheit sinnvoll Gebrauch zu machen.

Jürgen Heideking

**JOHN ADAMS
1797–1801**

Der Präsident als Garant des
gesellschaftlichen Gleichgewichts

Die Nachfolge Washingtons anzutreten, war schwer genug; für John Adams wurde es aber besonders schwer, nicht allein, weil er mit seiner kleinen, rundlichen Gestalt viel weniger «präsidiabel» erschien als der stattliche General, sondern eher, weil der puritanische Neuengländer von seiner ganzen Art her polarisierend wirkte, und mehr noch, weil er intellektuell geradezu den Gegenpol zu dem von der Revolution bestärkten Drang der Amerikaner nach mehr Gleichheit und Demokratie bildete. Dabei steht außer Frage, dass Adams zu den begabtesten und moralisch integersten Männern der Gründergeneration gehörte. Anders als der Praktiker Washington war er ein Theoretiker der Politik, der die großen Autoren von Aristoteles bis Montesquieu studiert hatte und staatsrechtliche Abhandlungen auf hohem Niveau verfassen konnte. Er glaubte, das Geheimnis der politischen Wissenschaft, das er mit dem Begriff «Gleichgewicht» (*balance*) umschrieb, entschlüsselt zu haben, und er wollte diese Einsicht zum Nutzen der Union anwenden. Demokratie war für ihn nur eine von mehreren Größen in der politischen Gleichung; sie musste gerade auch im republikanischen Staat durch das aristokratische und das monarchische Element in Form von Senat und Präsidentschaft ausbalanciert werden. Zweifellos dachten viele gebildete und begüterte Amerikaner ähnlich, wenn auch nicht so systematisch wie Adams. Sie hielten sich in der Öffentlichkeit aber meist zurück und überließen ihm die undankbare Aufgabe, einer zunehmend antielitären Bevölkerung die Notwendigkeit der, wie er es nannte, «natürlichen Aristokratie» zu predigen. Als Präsident agierte Adams gar nicht einmal erfolglos, aber das historische Urteil über ihn wird zwangsläufig durch diese Diskrepanz zwischen seinem Weltbild und dem generellen Meinungsklima seiner Zeit mitbestimmt.

Für John Adams hätte die Präsidentschaft die Krönung einer glanzvollen Laufbahn als Jurist, Politiker und Diplomat sein können. Stattdessen erschienen ihm die vier Jahre im höchsten Amt aus der Rückschau manchmal wie ein Alptraum, der ihn fürchten ließ, als Versager abgestempelt zu werden. Unter seiner Führung geriet das Land in eine außenpolitische Dauerkrise, im Innern nahm der Parteienstreit geradezu paranoide, hysterische Formen an, und am Ende verweigerten die Wähler ihm das Vertrauen. Trotz allem blieb Adams überzeugt, in den entscheidenden Punkten richtig gehandelt und ein notwendiges Opfer für das öffentliche Wohl gebracht zu haben.

Unbändiger Ehrgeiz und selbstlose Opferbereitschaft waren zwei Seiten ein und derselben außerordentlich komplexen, widersprüchlichen Persönlichkeit, wie sie uns aus den Briefen und besser noch aus den Tagebüchern entgegentritt, denen Adams mit puritanischer Rigorosität seine Gedanken, Wünsche, Ängste und Selbstzweifel anvertraute. Am 30. Oktober 1735 als Sohn eines Farmers und angesehenen Bürgers in Braintree, Massachusetts geboren, wuchs John Adams in einem ländlichen, aber sehr bildungsbeflissenen Milieu auf. Nach dem Studium in Harvard schlug er die juristische Laufbahn ein und brachte es zu einem der angesehensten Anwälte Bostons. 1764 heiratete er Abigail Smith, eine selbstbewusste Pfarrerstochter, die ihm intellektuell durchaus gewachsen war. Auf seine Karriere bedacht, beteiligte er sich zunächst eher zurückhaltend an der Protestbewegung gegen England. 1770 verteidigte er sogar mit Erfolg die britischen Soldaten, die beschuldigt wurden, in Boston ein

«Massaker» unter der Zivilbevölkerung angerichtet zu haben. Gewalttätige Demonstrationen waren ihm zumindest ebenso zuwider wie die aus seiner Sicht unhaltbaren Rechtsansprüche des englischen Parlaments. Unter dem Einfluss seines Cousins Samuel Adams schloss er sich dem radikalen Flügel der «Patrioten» an, blieb aber stets ein Bewunderer der «alten» englischen Verfassung, wie sie von der Whig-Opposition in England selbst hochgehalten wurde. Als Delegierter auf den Kontinentalkongressen arbeitete er energisch auf die Unabhängigkeit hin, und im Konföderationskongress gehörte er allen wichtigen Ausschüssen an. 1778 ging er erstmals zusammen mit seinem Sohn John Quincy auf diplomatische Mission nach Europa, wo er aber im Schatten von Benjamin Franklin stand. Nach der Rückkehr 1779 entwarf er eine neue Verfassung für den Staat Massachusetts, die in ihren Grundzügen – starke Exekutive, Zweikammersystem und unabhängige Justiz – sein Ideal der gemischten und begrenzten Regierungsform verwirklichte. Bekannt wurde sein Ausspruch, dass es darum gehe, «eine Regierung der Gesetze, nicht der Männer» zu schaffen.

Adams war einer der drei amerikanischen Delegierten, die 1782/83 in Paris den Frieden mit England aushandelten, und er wurde 1785 zum ersten Gesandten der Vereinigten Staaten in London ernannt. Hier verfasste er auch eine gelehrte Abhandlung über konstitutionelle Fragen, die einige der amerikanischen Staatenverfassungen als unausgewogen und «zu demokratisch» kritisierte. Ihr Einfluss auf die Verfassungsdebatte von 1787/88 war nicht sehr groß, aber sie trug ihrem Autor in der Heimat heftige Schelte von radikalen Republikanern ein. Interessanterweise stimmte Adams privat mit diesen Antifederalists darin überein, dass die neue Bundesverfassung die Gewaltentrennung vernachlässige, insbesondere diejenige zwischen Präsident und Senat. Seine Eigenwilligkeit und sein reizbares Temperament brachten Adams immer wieder in Schwierigkeiten, aber sie machten auch gerade den Reiz seines Charakters aus. Dem aufgeklärten Skeptizismus in religiösen Dingen entsprach im politischen Leben ein geradezu masochistisches Misstrauen, das beständige Gefühl, verletzt und ungerecht behandelt zu werden. Dabei hungerte er nach öffentlicher Anerkennung und Ruhm wie seine calvinistischen Vorfahren nach Erlösung. Schon die Zeitgenossen erlebten Adams als ein Bündel von Widersprüchen, einen Menschen, der gleichzeitig überheblich und selbstzweiflerisch, nachtragend und großzügig sein konnte, und der sich trotz vieler pessimistischer Anwandlungen einen tiefgründigen Sinn für Humor bewahrte.

1788 kehrte Adams nach Massachusetts zurück, wo sein Name umgehend für die Präsidentschaft ins Gespräch gebracht wurde. Er selbst rechnete sich gegen Washington wenig Chancen aus, und so bereitete es ihm keine übermäßige Enttäuschung, als er mit dem Amt des Vizepräsidenten vorliebnehmen musste. In dieser Funktion hatte er wenig politischen Einfluss, da Washington ihn selten zu Rate zog. Als Präsident des Senats konnte er aber bei Stimmengleichheit den Ausschlag geben. Das tat er in einer ganzen Reihe von Fällen, und zwar stets im Sinne einer Stärkung der Bundesregierung und der Exekutive. Außerdem assistierte er dem Präsidenten bei protokollarischen Anlässen, wo er vor allem durch seine Kleidung – Perücke, umgürtetes Schwert, Kniehosen und Seidenstrümpfe – Aufsehen erregte. Als er in der Senatsdebatte über Titel dafür plädierte, den Präsidenten mit «Seine Hoheit» (His Highness) anzureden, fühlten sich seine Kritiker in dem Verdacht bestärkt, Adams (nun spöttisch «*His Rotundity*» genannt) sei durch die langen Aufenthalte an europäischen Höfen korrumpiert und – wie Jefferson sich ausdrückte – «zum Aberglauben an Erbmonarchie und Aristokratie bekehrt» worden. Adams selbst verstand sich als Republikaner, machte aber keinen Hehl aus seiner Überzeugung, dass die Vereinigten Staaten auf längere Sicht eine «monarchische Republik» wie England werden würden. Geringen Respekt vor der öffentlichen Meinung bewies er auch mit den 1791 veröffentlichten *Discourses on Davila*, in denen er die Französische Revolution zu einer Zeit heftig kritisierte, als sie von der Mehrheit der Amerikaner noch enthusiastisch begrüßt wurde. Die letzten Sympathien der Republicans und Jeffersons Freundschaft hatte er sich damit verscherzt; in den Nord- und Mittelstaaten blieb er aber angesehen genug, um von den Wahlmännern 1792 wiederum mit der zweitbesten Stimmenzahl im Amt bestätigt zu werden.

In der Folgezeit betrachtete Adams die Vizepräsidentschaft («das unbedeutendste Amt, das jemals erfunden wurde») nur noch als Warteposition für die höchste Ehre. Als Washington schon Ende 1795 andeutete, dass er nicht wieder kandidieren würde, verständigten sich die federalistischen Kongressabgeordneten auf Adams als Nachfolger. Mit dem Wahlkampf von 1796, der bereits in sechzehn Staaten geführt wurde (inzwischen gehörten auch Kentucky, Tennessee und Vermont der Union an), trat die Entwicklung des amerikanischen Parteiensystems in ein neues Stadium. Federalists und Republicans agierten als zunehmend fester gefügte Koalitionen von – ökonomischen, regionalen, ethnischen – Interessengruppen, die sich in ihrer Ideologie und Programmatik deutlich unterschieden. Die Republicans stellten Jefferson und Aaron Burr als Kandidaten auf und mobilisierten erstmals im größeren Stil die «einfachen Amerikaner», die Handwerker, Farmer und Einwanderer. Ihre Presse attackierte Adams als englandhörigen Monarchisten, der die Errungenschaften der Revolution zunichtemachen wollte. Unter diesen Umständen war der Ausgang ungewiss, zumal auch führende Federalists Zweifel an der Eignung des als eitel und leicht reizbar bekannten Adams hegten. In der Tat setzte sich Adams nur knapp gegen Jefferson durch, dem zwei zusätzliche Wahlmännerstimmen zum Sieg gereicht hätten. Dass der Hauptrivale des Präsidenten nun Vizepräsident war, zeigt an, wie wenig die Verfassungsväter mit nationalen Parteien gerechnet hatten. Jefferson nahm das Amt denn auch gar nicht wahr, sondern zog sich auf seinen Landsitz Monticello zurück. 1804 trug dann das 12. Amendment, das den Wahlmännern die separate Stimmabgabe für Präsident und Vizepräsident vorschrieb, den gewandelten innenpolitischen Verhältnissen Rechnung.

Bei seiner Amtseinführung am 4. März 1797 versprach Adams Kontinuität und Versöhnung. In einer Geste des Respekts gegenüber dem Vorgänger behielt er Washingtons letztes, eher mittelmäßiges Kabinett komplett bei. Diesen Schritt bezeichnete er rückblickend als seinen größten Fehler, denn zu spät fand er heraus, dass die Loyalität der meisten Minister weniger ihm als Alexander Hamilton gehörte, der von seiner New Yorker Anwaltskanzlei aus die Fäden zu ziehen versuchte. Wie Washington sah sich Adams als allein dem Gemeinwohl verpflichteter Präsident über den Parteien und Fraktionen. Dazu aber hatte er eine ganz spezifische Konzeption der Präsidentschaft entwickelt, die er nun umzusetzen begann. Aus seiner Sicht musste der Präsident hauptverantwortlich für die Stabilität des gesamten Staatswesens sorgen, indem er sich – je nachdem, von wo die größere Gefahr drohte – entweder gegen die zu Irrationalität neigenden Volksmassen oder gegen die auf Macht und Reichtum versessene Elite stellte. Aus dieser Vorstellung vom Präsidenten als unabhängigem Mittler zwischen den maßgeblichen sozialen Kräften ergab sich für die Regierungspraxis eine erstaunliche Mischung von Machtentfaltung und Passivität. Adams hatte eigentlich kein Programm, für dessen Verwirklichung er arbeiten musste, und fand deshalb auch nichts dabei, dass er gut die Hälfte des Jahres fern der Hauptstadt Philadelphia in Massachusetts verbrachte. Andererseits konnte er durchaus schnell und energisch entscheiden, wenn er die «Balance» bedroht glaubte.

Adams interessierte sich nicht allzu sehr für ökonomische Dinge, zumal seiner Ansicht nach übertriebener Wohlstand doch nur die republikanischen Sitten untergrub. In der Inaugurationsrede bezeichnete er die Sicherung der amerikanischen Neutralität als seine Hauptaufgabe. Die Außenpolitik rückte auch sofort ins Zentrum, denn der Jay-Vertrag hatte zwar den Frieden mit England gesichert, aber dafür verschlechterten sich ab Herbst 1796 die Beziehungen zu Frankreich rapide. Die Franzosen gingen nach ihrer einseitigen Kündigung der Allianz von 1778 dazu über, den amerikanischen Handel in der Karibik und auf dem Atlantik massiv zu behindern. Daraus entwickelte sich ein unerklärter Seekrieg, der *Quasi-War*, der die Gemüter in Amerika immer mehr erregte. Im Mai 1797 entschloss sich der Präsident gegen die Opposition extremer Federalists, drei Sondergesandte nach Paris zu schicken, die im Stil der Jay-Mission eine Verhandlungslösung suchen sollten. Erst sechs Monate nach ihrer Abreise traf ein Bericht der Abordnung in Philadelphia ein: Danach hatte Außenminister Talleyrand die amerikanischen Diplomaten durch Mittelsmänner wissen lassen, dass Verhandlungen nur möglich seien, wenn man ihm eine stattliche Geldsumme aushändige, wenn die USA Frankreich einen Kredit gewährten und wenn sich der Präsident für frankreichfeindliche Äußerungen entschuldige. Der Vorfall ging als «XYZ-Affäre» in die Geschichte ein, weil Adams in dem vom Kongress angeforderten Bericht die Namen der Mittelsmänner durch Buchstaben ersetzen ließ.

Talleyrands Zumutungen lösten in Amerika ehrliche Empörung aus, aber sie wurden von den Federalists – und eine Zeitlang auch von Adams – noch weiter hochgespielt, um die Kriegsstimmung zu schüren, Rüstungsmaßnahmen zu treffen und den innenpolitischen Gegner zu schwächen. Im Kongress setzte die federalistische Mehrheit den Bau von Kriegsschiffen, die Errichtung eines Marineministeriums und die Aufstellung einer bis zu 50 000 Mann starken Armee einschließlich der dafür nötigen Steuererhöhungen durch. Darüber hinaus verabschiedete der Kongress im Sommer 1798 die *Alien and Sedition Acts,* vier Gesetze, die Einwanderern die Einbürgerung und die politische Betätigung erschweren (das richtete sich vor allem gegen Franzosen und englandfeindliche Iren) sowie öffentliche Kritik an der Regierung und dem Präsidenten unter Strafe stellten (damit wollte man die rabiate Parteipresse der Republicans mundtot machen). Adams hatte diese repressiven Gesetze zwar nicht angeregt, doch er unterzeichnete sie und führte sie aus – wenn auch nicht mit letzter Konsequenz und Härte. Äußere Bedrohung und innerer Streit waren nun ineinander verzahnt: Die Federalists warfen ihren Gegnern vor, mit Frankreich im Bunde zu sein, und die Republicans, die ihre Hochburgen im Süden hatten, kündigten für den Fall eines Krieges Widerstand bis hin zur Sezession an.

Je länger die Krise andauerte, desto mehr begann der Präsident allerdings daran zu zweifeln, dass er auf dem richtigen Kurs war. Dazu trug eine Kontroverse über das Armeekommando bei, die damit endete, dass er gegen seinen Willen Hamilton als ranghöchsten Offizier unter Washington akzeptieren musste. Nun traute er Hamilton zu, ihn in ein kriegerisches Abenteuer treiben zu wollen, um den eigenen Ehrgeiz befriedigen und Eroberungspläne in Louisiana und Florida verwirklichen zu können. Psychisch angegriffen durch

eine schwere Krankheit seiner Frau – Abigail fand wenig Gefallen an dem
«glanzvollen Elend der Präsidentschaft», wie sie es nannte, und blieb häufig in
Massachusetts –, fühlte er sich immer mehr von Feinden umringt. Deshalb
war er erleichtert, als ab Herbst 1798 über diplomatische und inoffizielle Kanäle französische Friedenssignale eingingen. Ohne sein Kabinett zu konsultieren, teilte er dem Kongress am 18. Februar 1799 mit, dass er beabsichtige, eine
neue Verhandlungsdelegation nach Paris zu schicken. Trotz heftigster Proteste
von radikalen Federalists – sie warfen ihm Wankelmütigkeit, Feigheit und
Verrat vor, und es war sogar von geistiger Verwirrung die Rede –, hielt er an
diesem Entschluss fest. Um den Widerstand federalistischer Senatoren gegen
die Friedensmission zu brechen, drohte er sogar seinen Rücktritt an, der
ihrem Erzfeind Jefferson zur Präsidentschaft verholfen hätte. Die Kriegshysterie flaute daraufhin rasch ab, auch wenn sich der Beginn der Verhandlungen
noch monatelang hinauszögerte. Im Oktober 1800 kam es zum Abschluss eines für die USA vorteilhaften Vertrags mit dem napoleonischen Frankreich,
den der Senat noch in Adams' Amtszeit ratifizierte.

Adams mochte es scheinen, als habe er, ganz im Sinne seiner Theorie, zunächst mit Hilfe der *Alien and Sedition Acts* eine «Pöbelherrschaft» verhindert
und dann durch seine einsame Entscheidung im Konflikt mit Frankreich
die hochmütige, von Hamilton manipulierte «Geldaristokratie» in die Schranken gewiesen. Diese «klassische» Sichtweise wurde aber den politischen und
gesellschaftlichen Realitäten der Vereinigten Staaten an der Schwelle zum
19. Jahrhundert kaum noch gerecht. Adams hatte seinem Land einen Krieg erspart, aber er saß nun zwischen allen Stühlen, und die Aussicht auf Wiederwahl war praktisch zerstört. Eine Versammlung federalistischer Kongressabgeordneter unterstützte zwar Ende 1799 seine Bewerbung, doch die Spaltung
der Partei vertiefte sich noch, als Adams die Gefolgsleute Hamiltons aus dem
Kabinett hinauswarf – ein letzter Schlag gegen den Mann, den er in einem seiner unbeherrschten Momente als «prinzipienlosen Intriganten» und «ausländischen Bastard» bezeichnete, und in dem Abigail einen «zweiten Bonaparte»
sah. Danach fühlte sich Adams frei genug, den Farmer John Fries zu begnadigen, der als Anführer einer kleinen Steuerrebellion zum Tode verurteilt worden war, und an dem Hamiltons Anhänger ein Exempel statuieren wollten.
Hamilton revanchierte sich, indem er Adams im Wahlkampf öffentlich die
Befähigung für das Präsidentenamt absprach. Dieser beispiellose Affront schadete ihm selbst aber mindestens so sehr wie Adams, der bei der Wahl den republikanischen Kandidaten Jefferson und Burr relativ knapp unterlag. Adams
respektierte den Wahlausgang und wies die Vorstellung, man müsse die Machtübernahme der Republicans gewaltsam verhindern, weit von sich.

Die letzten Monate als Präsident verbrachte Adams in Washington, wohin die Regierung gemäß dem Hauptstadtgesetz von 1790 im Frühjahr 1800 verlegt worden war. Dieser Umzug ließ sich leicht bewältigen, da die gesamten Unterlagen aller Ministerien in sieben großen Kisten Platz fanden. Abigail war die erste First Lady im Präsidentenpalais, das sie als viel zu groß, schlecht möbliert, unzureichend beleuchtet und unmöglich zu heizen kritisierte. Ihr Mann flehte den Segen des Himmels auf das Haus herab und betete, dass «nur ehrliche und weise Männer unter diesem Dach regieren mögen». Adams sorgte aber auch noch für zukünftigen Konfliktstoff, indem er zahlreiche Richterstellen, die der ausgehende Kongress per Gesetz geschaffen hatte, mit Federalists besetzte. Am wichtigsten war aber zweifellos die Entscheidung, seinen letzten Außenminister John Marshall zum Obersten Bundesrichter zu ernennen, weil sie sich langfristig im Sinne einer Stärkung der Bundesregierung und der Exekutive auswirkte. Wenige Stunden vor Jeffersons Amtseinführung am 4. März 1801 verließ Adams, der erste Präsident, der abgewählt worden war, unbemerkt die Hauptstadt in Richtung Neuengland.

Mit 65 Jahren fühlte sich der Expräsident zu alt und zu schwach, um in den Anwaltsberuf zurückzukehren oder ein neues Amt anzustreben. Er lebte aber noch 25 Jahre als *elder statesman* in Quincy bei Boston, hatte also viel Zeit und Muße, über seine Erfahrungen, die amerikanische Revolution und den Gang der Geschichte insgesamt nachzudenken. Literarisch-philosophische Qualität erreichten diese Reflexionen in einem intensiven Briefwechsel, den er 1811 mit seinem ehemaligen Antagonisten Jefferson begann und der ihn die Bitterkeit der Niederlage überwinden half. Nachdem er 1824 noch die Wahl seines Sohnes John Quincy Adams zum Präsidenten erlebt hatte, starb er am 4. Juli 1826, dem 50. Jahrestag der Unabhängigkeitserklärung, nur wenige Stunden vor Jefferson. Dieses erstaunliche Zusammentreffen trug sehr dazu bei, den Mythos von den «*Founding Fathers*» zu festigen und den Glauben an die lenkende Hand der «Vorsehung» zu stärken. Heute gilt John Adams zu Recht als ein bedeutender Staatsmann, doch diese Wertung gründet sich auf die gesamte Lebensleistung, nicht in erster Linie auf seine Präsidentschaft, die dem «amerikanischen Experiment» wenig neue Impulse vermitteln konnte.

Willi Paul Adams

THOMAS JEFFERSON
1801–1809

Der Aufklärer und Sklavenbesitzer als Parteiführer,
Regierungschef und Landesvater

In der Rangfolge der aktiven und populären Präsidenten, die amerikanische Historiker und Politikwissenschaftler halb spielerisch, halb ernsthaft diskutieren, steht für die Zeit vor 1900 Thomas Jefferson (1801–1809) auf dem dritten Platz hinter Landesvater Washington (1789–97) und dem «Sklavenbefreier» Abraham Lincoln (1861–65). Jeffersons prominentes Bild im nationalgeschichtlichen Epos ist allerdings stark geprägt durch seine früheren Leistungen als Hauptautor der Unabhängigkeitserklärung von 1776 und des Gesetzes zur Religionsfreiheit in Virginia von 1786. Sein Name wurde zudem zum geläufigen Adjektiv in der amerikanischen politischen Rhetorik: *Jeffersonian Democracy* oder *Jeffersonian Republicanism* und *Jeffersonianism* bezeichnen heute eine Kombination von Betonung der Einzelstaatsrechte und lokaler Selbstregierung, strikter Beachtung der Verfassungsvorschriften (die der Bundesregierung Grenzen setzen), Förderung der Landwirtschaft und des Landlebens statt des Handels und der Industrie in den Städten und vor allem eines großen Vertrauens in die politische Urteilskraft der Wählermehrheit (*the common people*).

Die von Jefferson zu verschiedenen Zeiten seiner vierzigjährigen Karriere als Politiker öffentlich vertretenen Positionen haben zwar berechtigten Anlass zu diesen Zuschreibungen gegeben; aber sein tatsächliches Verhalten, insbesondere als Präsident der Vereinigten Staaten, wird mit diesen Etiketts nur unzureichend beschrieben. Seine Interessen, Sprachkenntnisse, Schriften und vor allem sein in einer umfangreichen und vielseitigen Korrespondenz zum Ausdruck kommendes intellektuelles Engagement auf fast allen Wissensgebieten von der Architektur bis zur Geschichte des Frühchristentums weisen Jefferson als aktiven Aufklärer aus. Er lehnte Europas gesellschaftliche Ordnung mit ihrer Privilegierung von Herrscherfamilien und Aristokraten und den Staatskirchen als Willkürherrschaft zum Nachteil der Bevölkerungsmehrheit ab. Dennoch beruhte seine eigene materielle Existenz bis zu seinem Lebensende auf den Diensten der etwa zweihundert Sklaven auf seiner ererbten Tabakplantage im Hinterland Virginias. Eine vergleichbare Widersprüchlichkeit bestand zwischen seinen Warnungen als Oppositionsführer vor der Gefahr «monarchistischer» und «aristokratischer» Tendenzen eines mächtigen Präsidenten und dem eigenen vollen Einsatz der in der Verfassung kodifizierten Kompetenzen des Präsidenten, als er 1803 durch den Kauf Louisianas das Territorium der USA fast verdoppelte und 1807 mit dem Embargogesetz die wirtschaftliche Entscheidungsfreiheit der Einzelstaaten und der einzelnen Bürger in einer Weise beschnitt, wie dies drastischer kein machtbesessener Federalist hätte tun können. Jefferson hatte 1785 zwar geschrieben: «Die das Land bebauen, sind Gottes auserwähltes Volk, wenn es je eines gegeben hat.» Als Präsident behinderte er aber die Frühindustrialisierung nicht, seine Embargopolitik beförderte sie sogar. Das Bekenntnis zu Normen und Werten und seine politischen Entscheidungen im konkreten Fall klafften auch bei Jefferson auseinander.

Die Übernahme öffentlicher Ämter und damit von Verantwortung für die Gemeinschaft gehörte seit Generationen zu den selbstauferlegten Pflichten der Großgrundbesitzerfamilien Virginias. Es war daher nichts Außerordentliches, dass der sechsundzwanzigjährige Thomas Jefferson 1769 von den benachbarten Plantagenbesitzern und Farmern der späteren Albemarle County in das Kolonialparlament Virginias nach Williamsburg entsandt wurde. Geboren wurde Thomas Jefferson am 13. April 1743 auf Shadwell, der Plantage seines Vaters. Sein Vater hatte als Landmesser begonnen und durch kluge Landspekulation den sozialen Aufstieg in die Oberklasse der Großgrundbesitzer geschafft, allerdings mit kräftiger Hilfe seiner Frau Jane Randolph, die den Zugang zum engen Netz der dominierenden Plantagenfamilien Virginias mit in die Ehe gebracht hatte. Der zweijährige Besuch des College von William and Mary in Williamsburg, dem Hauptstädtchen der Kolonie, hatte dem wissbegierigen jungen Jefferson u. a. die politischen Ideen der griechischen und römischen Klassiker nahegebracht. Ein aus Schottland stammender Mathematikprofessor vermittelte ihm eine lebenslange Begeisterung für das unvoreingenommene Sammeln von Fakten und Daten, Offenheit für analytisch-rationale Fragestellungen und vielleicht auch ein überkirchliches ethisches Christentum. Von 1762 bis 1767 las er englisches Recht und Verfassungsgeschichte in der Kanzlei eines prominenten Rechtsanwalts und wurde anschließend als Rechtsanwalt zugelassen. Die Anwaltspraxis gab er wie Dutzende seiner Standesgenossen auf, als ihn der Kampf um die Unabhängigkeit zum Berufspolitiker (mit privaten Einkünften) werden ließ.

Die 1764 geerbte Plantage von 2750 *acres* überließ Jefferson während der vielen Monate seiner Abwesenheit Verwaltern bzw. seiner Frau Martha Wayles Skelton, einer Witwe, die er am 1. Januar 1772 geheiratet hatte. Von ihren sechs Kindern erreichten nur zwei das Erwachsenenalter. Ab 1769 ließ er den Landsitz «Monticello» nach eigenen Zeichnungen bauen; er blieb zeitlebens sein Refugium. Der anmutige Bau auf dem höchsten Hügel der Umgebung mit Voltaires Büste in der Eingangshalle und Sklavenquartieren im Souterrain symbolisierte die Spannung und Widersprüchlichkeit in Jeffersons Leben zwischen seiner Idealvorstellung vom freien, sich selbst voll verwirklichenden Einzelnen (dem von ihm so genannten *natural aristocrat*) und der Realität des durch materielle und gesellschaftliche Zwänge erheblich eingeschränkten Lebens der meisten. Jefferson versuchte diese ihm bewusste Spannung zu vermindern nicht durch die Selbstbescheidung der Besitzenden, sondern durch die Erleichterung des Erwerbs von Landbesitz für möglichst viele der Euro-Amerikaner. Nach dem Tod seiner Frau 1782 verdoppelte ihr Erbe Jeffersons Landbesitz. Dafür musste er jedoch hohe Schulden seines Schwiegervaters übernehmen, die dazu beitrugen, dass Jefferson bis an sein Lebensende mit finanziellen Schwierigkeiten zu kämpfen hatte und sich möglicherweise deshalb nicht in der Lage sah, seinen Sklaven im Testament die Freiheit zu geben (nur fünf ihm besonders nahestehende Sklaven ließ er frei).

Als Mitglied des Repräsentantenhauses von Virginia begründete Jefferson

1774 in einer aufsehenerregenden anonymen Flugschrift unter dem Titel *A Summary View of the Rights of British America* die originären Selbstregierungsrechte der englischen Kolonisten in Nordamerika innerhalb des Empire; ihre freiwillige Loyalität galt dem König, sie waren nicht der Souveränität des Parlaments von Westminster unterworfen. Als einer der artikuliertesten Wortführer des Widerstands und Abgeordneter Virginias im revolutionären Kontinentalkongress erhielt Jefferson die Aufgabe, einen Entwurf zur Begründung der Ausrufung der Unabhängigkeit zu verfassen. Der Kongress akzeptierte am 4. Juli 1776 Jeffersons Text mit wenigen inhaltlichen Änderungen, wie z. B. der Streichung seiner heuchlerischen Klage über die Duldung des Sklavenhandels durch den König. Kern des politischen Glaubensbekenntnisses Jeffersons blieb zeit seines Lebens die Präambel der Unabhängigkeitserklärung: Die Zustimmung der Regierten, also die Souveränität des Volkes, ist die alleinige Quelle legitimer Regierungsgewalt. Deren Aufgabe ist der Schutz der «unveräußerlichen», im Naturrecht begründeten Rechte jedes Menschen, insbesondere des Rechts auf «Leben, Freiheit und Streben nach Glück und Zufriedenheit (*pursuit of happiness*)». Kollektiver Widerstand ist erlaubt gegen Regierungen, die diese Rechte nachhaltig verletzen. Diese unter amerikanischen Verhältnissen zu republikanischer, königloser Regierung führenden Prinzipien brauchten Jefferson und seine widerstandsbereiten Kollegen im Kontinentalkongress nicht als radikale Gegenideologie gegen den Herrschaftsanspruch von Krone und Parlament zu entwickeln, sie brauchten nur die seit der Glorreichen Revolution von 1688 von den englischen Whigs selbst entwickelten, von John Locke formulierten und in der Oppositionsliteratur der Radical Whigs in England seither wachgehaltenen Vorstellungen vom Sozialvertrag und der Ausübung der Regierungsgewalt in «*trust*» zum Wohle aller einschränkungslos auch auf die Engländer in Amerika anzuwenden.

In diesem Geist der Aufklärung betrieb Jefferson als Mitglied der Legislative Virginias (1776–79) erfolgreich die gesetzliche Abschaffung der Erbschaftsregeln Primogenitur und *entail*, die gelegentlich die Aufteilung von Plantagen unter mehrere Erben behinderten. Zusammen mit seinem engsten politischen Vertrauten James Madison bereitete er das 1786 in Kraft getretene Gesetz zur Trennung von Staat und Kirchen vor. Mit der detaillierten naturalistisch-geographischen und politisch-sozialen Beschreibung Virginias lieferte Jefferson einen auch von den europäischen Aufklärern beachteten Beitrag zur enzyklopädischen Erfassung der Neuen Welt. Diese *Notes on the State of Virginia* (1785, 1787) enthielten auch eine scharfe Verurteilung der Sklaverei als eines widernatürlichen, gottlosen und despotischen Systems, das Herren wie Sklaven gleichermaßen moralisch schädige und schwäche.

Weniger erfolgreich war Jeffersons Amtsführung als Gouverneur Virginias in den Kriegsjahren 1779-81, die überschattet wurde von der Invasion des Staates durch britische Truppen und dem Vorwurf mangelhafter Gegenwehr und Aktivität des Gouverneurs. So weigerte sich Jefferson beispielsweise, der Kontinentalarmee beschlagnahmte Pferde und Sklaven als Arbeitskräfte für Befestigungsbauten zur Verteidigung der Hauptstadt Richmond zur Verfügung zu stellen. Allerdings war seine Abneigung gegen eine zupackende Exekutive grundsätzlicher Art. In seinem Verfassungsentwurf für Virginia hatte er 1776 vorgeschlagen, den «Administrator» genannten Leiter der Exekutive in wesentlichen Entscheidungen von der Zustimmung eines achtköpfigen Rates abhängig zu machen und eine reguläre Armee nur während akuter Kriegsgefahr zu unterhalten.

Nach Kriegsende vertrat Jefferson Virginia erneut im Konföderationskongress und überzeugte sich von den Mängeln dieser ohne eigenständige Exekutive und Einkünfte operierenden machtlosen Einkammerlegislative. Der Kongress schickte ihn 1784 als Sonderbotschafter nach Paris, wo er 1785 Benjamin Franklin als Gesandten ablöste. In dieser Rolle sammelte Jefferson Erfahrung für seine späteren Aufgaben als Außenminister und Präsident. In diesen Jahren verfestigte sich auch sein negatives, von dem Elend in den Großstädten und der sozialen Ungleichheit und Hierarchie geprägtes Europabild. Er reiste von England bis Norditalien. Bis zu seiner Heimkehr im Oktober 1789 beobachtete er die Anfänge der Französischen Revolution und beriet seinen Freund, den Marquis de Lafayette, bei der Ausarbeitung der Menschenrechtserklärung der Nationalversammlung.

Präsident Washington berief Jefferson 1790 als ersten Außenminister (Secretary of State) in sein Kabinett. Ein erster politischer Gegensatz zu Finanzminister Alexander Hamilton entwickelte sich bereits 1791 bei dem Versuch, die britische Regierung zu zwingen, endlich dem Friedensvertrag von 1783 entsprechend die letzten Forts an der *Frontier* im Nordwesten zu räumen. Jefferson plädierte für einen Importboykott englischer Waren, Hamilton wollte aber nicht auf die Einkünfte aus den Einfuhrzöllen verzichten und setzte sich bei Washington durch. Nachdem es Jefferson auch nicht gelungen war, den Präsidenten von der Gefährlichkeit und Verfassungswidrigkeit der Einrichtung einer zentralen Bank der Vereinigten Staaten zu überzeugen, schied er 1793 im Streit aus dem Kabinett aus. Seit 1792 organisierte er zusammen mit Madison, der im Repräsentantenhaus die Oppositionsfraktion gegen Hamiltons Wirtschaftspolitik anführte, die erste Oppositionspartei in der amerikanischen Parteiengeschichte. Um vor der Gefahr eines Rückfalls in die Monarchie zu warnen, nannten sich die Jeffersonianer bald Republicans oder Democrats.

Das Wahlergebnis von 1796 machte Jefferson zum Vizepräsidenten des Federalist John Adams, weil die Wahlprozedur der die Existenz von Parteien ignorierenden Verfassung von 1787 nur *einen* Wahlgang der von den Einzelstaatslegislativen bestimmten Elektoren vorsah. Der Kandidat mit der zweithöchsten Stimmenzahl wurde automatisch Vizepräsident. Jefferson amtierte als Vorsitzender des Senats und organisierte die Opposition. Gegen die 1798 von der Mehrheit der Federalists verabschiedeten Gesetze zur Einschüchterung der oppositionellen Presse (*Alien and Sedition Acts*) entwarf Jefferson insgeheim die von der Legislative Kentuckys im November 1798 verabschiedeten Resolutionen, die die Bundesverfassung zu einem Staatsvertrag mit jederzeitigem Austrittsrecht erklärten. Kentucky reklamierte für jede Einzelstaatslegislative das Recht, selbst zu beurteilen, ob ein Bundesgesetz verfassungswidrig und damit nicht bindend sei. Unmittelbare Konsequenzen hatte diese rhetorische Auflösung der Union nicht. Nur Virginias Legislative beschloss 1798 eine ähnlich weitgehende, von Madison geschriebene Grundsatzerklärung, wandte sie aber ebenfalls nicht auf ein Bundesgesetz an. Als sich der Süd-Nord-Konflikt in den 1830er Jahren verschärfte, konnten die Verfechter weitgehender Einzelstaatsrechte insbesondere in South Carolina jedoch auf die radikale Interpretation der Einzelstaatsautonomie aus der Zeit der Gründergeneration als Präzedenzfall verweisen.

Die Präsidentenwahl von 1800 wurde erstmalig von zwei politischen Parteien im modernen Wortsinn organisiert und publizistisch vorbereitet. Die *Jeffersonians* forderten die Aufhebung der verfassungswidrigen Knebelung der Meinungsfreiheit durch die Gesetze gegen Ausländer und Aufruhr (*Alien and Sedition Acts*) und die Senkung der direkten Steuern, mit denen die Federalists insbesondere die Kriegsmarine finanziert hatten. Im Interessenkonflikt zwischen der sozioökonomischen Oberklasse, die im Wahlkampf *aristocrats* genannt wurde, und der breiten Mittelklasse, *the middling sort,* bot sich der Großgrundbesitzer Jefferson als Sprecher der Mehrheit an. Die von den Federalists ausgebaute Machtkonzentration auf Bundesebene lehnte er ab. Gleichzeitig unterstellte er den Federalists Angst vor England und forderte durchgreifende Maßnahmen, um die englische Kriegsmarine am Matrosenpressen auf amerikanischen Handelsschiffen zu hindern. Die Parteizeitungen der Federalists warnten im Gegenzug vor Jefferson als gottlosem, frankophilem Dulder von Jakobinern und Terrorherrschaft, dessen Wahl auch in Amerika zur Anarchie führen würde.

In Repräsentantenhaus und Senat errangen die *Jeffersonians* die Mehrheit. Im Elektorenkolleg erhielten Jefferson und der New Yorker Aaron Burr, der als Vizepräsident vorgesehen war, je 73 Stimmen, auf John Adams als Kandidaten der Federalists entfielen 65 Stimmen. Für diesen Fall der Stimmengleichheit sah die Verfassung die Entscheidung durch das existierende, d. h. noch von den Federalists beherrschte Repräsentantenhaus vor, dessen Mitglieder in diesem Falle nicht individuell, sondern nach Staaten abstimmen mussten. Jefferson erhielt die erforderliche Mehrheit erst im 36. Wahlgang auf Grund der Intervention zu seinen Gunsten durch seinen Erzrivalen Alexander Hamilton, der weniger Schaden im Präsidentenamt von dem arrivierten Jefferson befürchtete als von dem als gefährlich ambitiös und unberechenbar eingeschätzten Burr. Burr wurde absprachegemäß Vizepräsident. Um eine Wiederholung der Komplikationen von 1801 zu vermeiden, schrieb die 12. Verfassungsänderung ab 1804 getrennte Wahlgänge im Elektorenkolleg für den Präsidenten und den Vizepräsidenten vor; seither kann die Mehrheitspartei ihren Kandidaten für beide Ämter durchsetzen.

Die Präsidentschafts- und Kongresswahlen von 1800 hat Jefferson gerne als «Revolution» bezeichnet, weil er den Federalist John Adams im Weißen Haus ablöste und seine Parteifreunde die Mehrheit in Repräsentantenhaus und Senat behaupteten. Richtig ist, dass Jefferson als erster Parteiführer fast im modernen Wortsinn auf friedlichem Weg einen Machtwechsel auf Bundesebene herbeiführte. Dabei wurden die Verfahrensregeln der neuen Bundesverfassung eingehalten, und es bedurfte eben keiner Revolution im Sinne des gewaltsamen Umsturzes mehr, um einen Personalwechsel und eine programmatische Richtungsänderung der Bundesregierung herbeizuführen.

Trotz anderslautender Wahlkampfrhetorik der Federalists erwies sich das Regierungssystem der neuartigen Bundesrepublik auch unter einem Präsidenten Jefferson als funktionstüchtig. Jeffersons Amtsantrittsrede am 4. März 1801 – der ersten in der im Aufbau befindlichen Bundeshauptstadt am Potomac – ist zum Archetypus der Versöhnungsgeste nach verletzendem Wahlkampf geworden. Die Meinungsverschiedenheiten im Wahlkampf, behauptete Jefferson, seien nicht grundsätzlicher Natur gewesen, denn weder die republikanische Regierungsform noch die Union seien im Ernst gefährdet: «Wir sind alle Republicans, wir sind alle Federalists.» Zur Beschwichtigung der Unterlegenen schränkte er sogar das ihm ansonsten maßgebliche Mehrheitsprinzip ein: «Der Wille der Mehrheit muss sich zwar in allen Fällen durchsetzen, aber damit dieser Wille rechtens (*rightful*) ist, muss er vernünftig (*reasonable*) sein. Auch die Minderheit hat ihre Rechte, und Gesetzgebung und Rechtsprechung müssen sie schützen.» Politische Intoleranz könne ebenso schädlich für Amerika sein wie religiöse Intoleranz. Im außenpolitischen Teil dankte Jefferson der Vorsehung für die Breite des Atlantik, die Amerika vor den Wirren Europas schütze, und für den Siedlungsraum, der noch Tausenden zukünftiger Generationen zur Verfügung stehe. Sein Ziel sei «Friede, Handel und ehrliche Freundschaft mit allen Nationen, aber keine uns in Verwicklungen hineinziehenden Bündnisse». Diese Ablehnung von *entangling alliances* mit europäischen Mächten wurde zum Schlachtruf amerikanischer Isolationisten bis heute. In der Wirtschaftspolitik kündigte Jefferson allgemeine Sparsamkeit und die Abzahlung der von den Federalists hinterlassenen öffentlichen Schulden an. Die Landwirtschaft werde gefördert «und ihre Magd, der Handel» – eine erstaunlich deutliche Unterordnung, die andeutete, dass Jefferson Schluss machen wollte mit der von den Federalists um Hamilton betriebenen Förderung der Interessen der Kapitalbesitzer und der Organisatoren des transatlantischen Handels und der Frühindustrialisierung in Neuengland, New York und Pennsylvania. Dafür versprach er, die an billigem Land im expandierenden Süden und Westen und an günstigen Krediten interessierten Farmer stärker zu unterstützen. Der vermeintlich autonome und selbstverantwortliche Bauer auf freier Scholle, der *yeoman farmer,* galt Jefferson als erstrebenswerteste, mit der republikanischen Regierungsform am besten vereinbare und in Amerika jedem Tüchtigen erreichbare Lebensform.

Als Zeichen seiner Volksverbundenheit ging Jefferson 1801 zu Fuß zur Amtseinführung – ein großer schlaksiger Mann mit sandfarbenem Haar, der auch bei festlichen Anlässen keine Perücke mehr trug. Er verzichtete auf den Vierspänner mit livrierter Eskorte und ritt lieber allein mit einer Wache durch die Stadt. Seine von der Verfassung vorgeschriebenen Jahresbotschaften an den Kongress las er nicht mehr in feierlicher Sitzung selbst vor, um die Analogie zur Thronrede des Königs vor dem Parlament von Westminster zu vermeiden (und weil er kein guter Redner war), sondern schickte sie per Boten – eine Praxis, die bis 1913 beibehalten wurde. Die häufigen Essen mit Politikern im Präsidentenhaus wurden gerühmt wegen Jeffersons Ungezwungenheit und anregender Unterhaltung über alle Gebiete des Wissens, nicht nur wegen der französischen Küche, die der Witwer sich leistete. Gerade weil er parteipolitische Themen in diesen Runden für tabu erklärte, nutzte Jefferson seine Gastfreundschaft umso erfolgreicher als vertrauensbildende Maßnahme.

Zur Leitung der sechs Ministerien holte sich Jefferson kompetente und in der Wahrnehmung öffentlicher Ämter erfahrene Aktivisten seiner Partei. Mit James Madison (Auswärtiges/Department of State) und dem schweizerischen Einwanderer Albert Gallatin aus Philadelphia (Finanzen) arbeitete er so eng zusammen, dass einige Historiker zumindest für die Anfangszeit von einem Triumvirat sprechen. Der Kriegsminister und der Justizminister stammten aus Massachusetts bzw. Maine, der Postminister aus Connecticut und der Marineminister aus Maryland. New York war mit dem Vizepräsidentenposten abgefunden. Der regionale Proporz war fortan nicht mehr aus der Verteilung der höchsten Bundesämter auch in der Exekutive wegzudenken.

Jefferson gab nicht dem Ruf nach, alle Federalists aus einträglichen Ämtern der Bundesbürokratie zu entlassen. Gleichwohl nutzte er die ihm zusammen mit der Senatsmehrheit zur Verfügung stehende Ämterpatronage gezielt über die Jahre zur Belohnung seiner Parteigänger. Am Ende seiner zweiten Amtszeit waren fast drei Viertel der Inhaber von Verwaltungsposten des Bundes Jeffersonianer. Die Bundesbürokratie befand sich allerdings in den ersten Anfängen. Madisons Department z. B. verfügte 1801 über ganze neun Bürokräfte; bis 1821 stieg ihre Zahl auf vierzehn.

Sein Bild in der öffentlichen Meinung überließ Jefferson nicht dem Zufall oder der kritischen Presse der Federalists. Er und seine Gefolgsleute unterstützten eine Vielzahl kleiner Parteizeitungen auch in Landstädtchen. In Washington veröffentlichte ein Vertrauter Jeffersons ab Oktober 1800 den *National Intelligencer and Washington Advertiser*. Er erhielt authentische Texte über bevorstehende Initiativen und Beurteilungen des Präsidenten von innen- wie außenpolitischen Sachverhalten zur anonymen Publikation und berichtete auch seriös über die Debatten in Repräsentantenhaus und Senat.

Jeffersons folgenträchtigste außenpolitische Entscheidung führte 1803 zur Verdoppelung des Staatsgebiets der USA und zeigte, dass er in der Krisensituation sehr wohl über die Entschlusskraft des höchsten Vertreters der nationalen Interessen verfügte. Als er von dem Geheimvertrag erfuhr, in dem 1800 Spaniens Krone dem Direktorium Frankreichs unter Napoleon das «Louisiana» genannte und nur grob definierte Land zwischen dem Mississippi und der Wasserscheide der Rocky Mountains, dem Golf von Mexiko und dem Quellgebiet des Missouri zurückübertragen hatte (Frankreich hatte es 1762 Spanien übertragen), formulierte er in einer Anweisung an seinen Gesandten in Paris das amerikanische Nationalinteresse kompromisslos: «Es gibt einen Ort auf dem Erdball, dessen Eigentümer unser natürlicher und immerwährender Feind ist. Es ist New Orleans, durch das die Ernte und Erzeugnisse von drei Achteln unseres Territoriums ihren Weg zum Markt suchen müssen. ... Frankreich als Kontrolleur dieser Pforte ist eine Herausforderung; Spanien hätte sie ohne Aufhebens noch jahrelang behalten können. ... Keine andere Entwicklung hat seit dem Revolutionskrieg im ganzen Körper der Nation unangenehmere Gefühle ausgelöst.» (18. April 1802 an Robert R. Livingston).

Jeffersons Einschätzung entsprach der Stimmung unter den Farmern westlich der Appalachen. Aber nicht Jeffersons Drohgebärde führte zum Erfolg, sondern das Gelbfieber, das einen großen Teil der französischen Streitkräfte vernichtete, die auf der Insel Hispaniola den Aufstand der Sklaven und Mulatten unter Toussaint L'Ouverture gegen die Kolonialherrschaft der Franzosen niederwerfen sollten. Napoleon gab realistischerweise die Hoffnung auf, seine Herrschaft auch noch auf ein Kolonialreich in Nordamerika ausdehnen zu können, und bot Jeffersons Unterhändlern, die mit dem Auftrag nach Paris gekommen waren, die Hafenstadt Nouvelle Orléans und West-Florida zu kaufen, am 11. April 1803 ganz Louisiana für 80 Millionen Francs (etwa 15 Millionen damaliger Dollar) an. Der amerikanische Gesandte und Sonderbotschafter James Monroe, der spätere Präsident, griff ohne die Möglichkeit der Rückfrage in Washington sofort zu. Jefferson hatte zwar Skrupel, begründete aber die im Verfassungstext nicht vorgesehene Erweiterung des Staatsgebiets durch die Exekutive mit der Außerordentlichkeit der Situation. Der Senat billigte den Vertragstext am 20. Oktober 1803 mit 24:7 Stimmen. Am 20. Dezember 1803 wurde das Sternenbanner über New Orleans gehisst. Der Alptraum effektiver französischer oder englischer Kolonialherrschaft über das Mississippital war ausgestanden.

Um das den Europäern unbekannte Land von potentiell strategischer Bedeutung zwischen dem Oberlauf des Missouri und der Pazifikküste erforschen zu lassen, hatte Jefferson insgeheim schon vor dem Kaufvertrag mit Napoleon eine naturwissenschaftliche Expedition unter Meriwether Lewis und William Clark quer durch die Rocky Mountains vorbereiten und vom Kongress finanzieren lassen. Die *Lewis and Clark Expedition* von etwa 50 Mann (1803–6) bestätigte zu Jeffersons großer Befriedigung die Möglichkeit einer Überlandroute für amerikanische Pelzhändler und Siedler bis zur Pazifikküste im heutigen Oregon.

Die Öffnung des Westens jenseits des Mississippi war für Jeffersons Vision von der Zukunft Amerikas auch deshalb wichtig, weil er auf eine friedliche räumliche Trennung der Rassen hoffte. Ein dauerhaftes enges Zusammenleben freier Afroamerikaner mit den Euro-Amerikanern in einer Gesellschaft konnte er sich nicht vorstellen. Für die vom Lande lebenden kleinen Gemeinschaften der Ureinwohner hatte er in seinen Schriften die Sympathie eines Ethnologen geäußert, aber als Präsident sah er für die etwa 70 000 Indianer östlich des Mississippi keine Zukunft. «Es ist in ihrem eigenen Interesse, Land an die Vereinigten Staaten abzutreten», erklärte er, «und in dem unseren, den Bürgern von Zeit zu Zeit neues Land zur Verfügung zu stellen.» Die Indianer sollten auch Bürger werden und eine intensivere Form der Landwirtschaft betreiben. Der Präsident setzte 1806 einen Superintendenten für den Indianerhandel ein und unterzeichnete, zusammen mit seinem Amtsnachfolger Madison, 53 Landabtretungsverträge mit den Stämmen. Das so erworbene Land verkaufte die Bundesregierung für unter zwei Dollar den *acre* weiter an *Frontier*-Farmer.

Eine außenpolitische Verwicklung seltener Art löste Jefferson mit Waffengewalt: Als der Pascha von Tripolis von amerikanischen Handelsschiffen vor der afrikanischen Küste 1801 wieder einmal Schutzgeld gegen Piratenangriffe erpressen wollte, setzte Jefferson als Oberbefehlshaber mit Erfolg die Kriegsmarine ein (Tripolitanischer Krieg, 1801–5). Es dauerte jedoch bis 1816, ehe auch die Tributzahlungen aus gleichem Anlass an die Herrscher von Marokko, Algier und Tunis eingestellt wurden.

An Jeffersons genereller Ablehnung von Militärausgaben änderte die erwiesene Nützlichkeit selbst der wenigen Kriegsschiffe aber nichts. Die Ausgaben für Armee und Marine wurden dem Republikanischen Parteiprogramm entsprechend drastisch gekürzt und die Bundesschulden dem Drängen des Finanzministers Albert Gallatin folgend mit den Einfuhrzöllen und dem Erlös aus Verkauf von Bundesland im Westen abgezahlt, zur großen Befriedigung des sparsamen Landesvaters.

Die größte Aufgabe der inneren Entwicklungspolitik bestand um 1800 im überregionalen Ausbau der Straßen und Wasserwege. Die wirtschaftliche Entwicklung und der staatliche Zusammenhalt hingen von diesen Investitionen ab. Die Zuteilung staatlicher Mittel an bestimmte Regionen war naturgemäß umstritten, weil sie einer Zuteilung von Chancen gleichkam und die Eingriffsmöglichkeiten der Bundesregierung vor Ort vergrößerten. Jefferson scheute jedoch vor der Aufgabe eines Infrastrukturprogramms unter Angabe verfassungsrechtlicher Bedenken zurück und überließ sie den Einzelstaaten, obwohl Finanzminister Gallatin noch einmal alle Argumente für die zwischen den Regionalinteressen schlichtende Rolle der Bundesregierung zusammengefasst und veröffentlicht hatte (*Report on Roads and Canals,* 1808).

Eine historisch bedeutsame verfassungsrechtliche Machtverlagerung zum Nachteil des Präsidentenamtes und des Kongresses ergab sich 1803, als der Oberste Bundesrichter, der bekannte Federalist John Marshall, in einer Urteilsbegründung erklärte, die Bundesverfassung überlasse dem Obersten Bundesgericht notwendigerweise die letzte Entscheidung über die Verfassungsmäßigkeit auch eines von Kongress und Präsident gebilligten Gesetzes (Fall *Marbury versus Madison*). Da das Urteil vom Präsidenten kein weiteres Handeln verlangte und den auf Aushändigung der Ernennungsurkunde für ein unbedeutendes Friedensrichteramt Klagenden abwies, konnte Jefferson es sich leisten, die Bedeutung der Entscheidung als Präzedenzfall zu ignorieren und weiterhin darauf zu beharren, dass auch der Präsident über die Verfassungsmäßigkeit von Gesetzen zu befinden habe. Er verabscheute nicht nur

Marshall persönlich, sondern die gesamte Richterschaft, die Präsident Adams und der von den Federalists dominierte Senat 1801 am Ende ihrer Amtszeit mit Parteigängern aufgefüllt hatten.

Einen aus der Sicht des Präsidentenamtes positiveren Präzedenzfall zur Erhaltung der Gewaltenteilung schuf Jefferson 1807 anlässlich des Verratsprozesses gegen seinen ehemaligen Vizepräsidenten. Nachdem Burr 1804 Alexander Hamilton im Duell ermordet hatte, floh er vor der Strafverfolgung an die *Frontier* und versuchte, von krankhaftem Ehrgeiz getrieben, von Kentucky bis Louisiana Stimmung zu machen und Söldner auszurüsten für die Sezession des Mississippi-Gebiets sowohl von den USA als auch vom spanischen Mexiko. Nach längerem Zögern forderte Jefferson im November 1806 öffentlich Burrs Bestrafung wegen Landesverrats. Als das Bundesgericht für Virginia in Richmond unter Vorsitz John Marshalls 1807 den Präsidenten unter Strafandrohung vorlud und die Vorlage bestimmter Dokumente verlangte, verweigerte Jefferson die Antwort, obwohl er Burr verurteilt sehen wollte. Der Preis für diese Verweigerung der Unterordnung des Präsidenten unter die Judikative war allerdings Burrs Freispruch auf Grund der umstritten engen Definition von Verrat (*treason*) durch Richter Marshall. Biographen Marshalls hingegen betonen dessen Wahrung der Unabhängigkeit der Judikative angesichts politischer Motive der dem Präsidenten unterstehenden Anklagebehörde (Fall *United States versus Burr*, 1807).

Auch in der zweiten Amtszeit (1805–9) unternahm Jefferson nichts explizit gegen den Ausbau der Manufakturen und gegen die von Hamilton eingeführte *Bank of the United States*, deren Lizenz bis 1811 befristet war. Wie eine Ironie des Schicksals bewirkte das Handelsembargo gegenüber England sogar eine Beschleunigung der Frühindustrialisierung insbesondere in Gestalt der Baumwoll- und Wollspinnereien und Webereien Neuenglands. Im wirtschaftspolitischen Teil seiner letzten Jahresbotschaft an den Kongress im November 1808 erkannte Jefferson schließlich die Nützlichkeit der zunehmend mechanisierten und Kapitalinvestitionen verlangenden Manufakturen an und akzeptierte sogar die Notwendigkeit von günstigen Steuerbedingungen und «schützenden Zöllen» für ihre weitere Förderung. Den Ausbau von Straßen, Kanälen und Flüssen und eines öffentlichen Schulwesens stellte er ohne großen Nachdruck und detaillierte Empfehlungen den Gesetzgebern anheim als Bestandteile «des großen Fundaments des Wohlstandes und des Zusammenhalts der Union». Aktiv wurde Jefferson jedoch 1806 bei der Vorbereitung des Gesetzes zur Beendigung der legalen Sklaveneinfuhr. Den Import neuer afrikanischer Sklaven auf das Gebiet der Vereinigten Staaten durfte der Bundesgesetzgeber auf Grund eines der Verfassungskompromisse von 1787 frühestens 1808 unterbinden. Jeffersons Initiative führte zum pünktlichen Inkrafttreten des Gesetzes zum 1. Januar 1808. Als Anreiz zur Einhaltung des Verbots überließ das Gesetz dem Einzelstaat, der ein das Verbot missachtendes Schiff mit versklavten Afrikanern aufbrachte, Schiff und Ladung.

Die 1803 wieder aufflammenden Napoleonischen Kriege behinderten die amerikanische Handelsflotte auf dem Atlantik und in europäischen Häfen derart, dass die Verteidigung der Handelsrechte Neutraler Jeffersons vordringliche außenpolitische Aufgabe während seiner zweiten Amtszeit wurde. Ab 1805 duldete die überlegene britische Kriegsmarine nicht mehr die lukrativen Fahrten amerikanischer Schiffe zwischen französischen Karibik-Inseln und Frankreich und begann, in großer Zahl amerikanische Handelsschiffe und ihre Ladung auf dem Atlantik zu beschlagnahmen und Matrosen in ihre Dienste zu pressen, die angeblich aus der englischen Marine entlaufen waren. Daraufhin drohte Jefferson England mit einem Einfuhrverbot ausgewählter englischer Waren von Wollstoffen bis Küchengeschirr. 1806 entsandte er einen Sonderbotschafter nach London, der jedoch mit einem derart nichtssagenden Vertragsentwurf zurückkehrte, dass Jefferson es nicht wagte, ihn dem Senat zur Ratifizierung vorzulegen. Die englische Blockade französischer und anderer Häfen auf dem Kontinent und die französische Blockade englischer Häfen versperrten den neutralen amerikanischen Handelsschiffen den Weg. Jefferson musste seine Ohnmacht und die aller von Autarkie und freiem Welthandel träumenden Amerikaner eingestehen.

Aus dieser Frustration heraus schlug Jefferson dem Kongress das totale Aus- und Einfuhrverbot zu Wasser und zu Lande vor, das gegen den Widerstand der Federalists vor allem in den Hafenstädten Neuenglands und in New York am 22. Dezember 1807 verabschiedet wurde. Der selbstauferlegte Handelsboykott erwies sich als Jeffersons größte Fehlentscheidung. Die kriegführenden Parteien in Europa zeigten sich unbeeindruckt, weil sich schnell Ersatz für amerikanische Waren und Transportleistungen fand. Der Schmuggel mit den kanadischen Provinzen Englands nahm 1808 einen derartigen Umfang an, dass der Präsident die Grenzregion um den Champlain-See im Hinterland New Yorks und Vermonts als im Zustand des Aufruhrs befindlich erklärte. Das Scheitern der Embargopolitik gestand Jefferson am Ende seiner Amtszeit mit dem Handelsgesetz vom 1. März 1809 ein; es ersetzte den totalen Handelsboykott durch die gezielte Sperrung britischer und französischer Häfen für amerikanische Handelsschiffe – und erwies sich als ebenso wirkungslos.

Jefferson hatte im Dezember 1807 vorsorglich bekanntgegeben, dass er für eine dritte Amtszeit nicht kandidieren werde. Diese Entscheidung aus Respekt vor Washingtons zwei Amtszeiten sollte traditionsbildend wirken bis

1940. Trotz seiner gescheiterten Außenpolitik hinterließ Jefferson das Präsidentenamt nicht als geschwächte Institution. Im Gegenteil, die Wahlkampfbefürchtungen der Federalists von 1800 erwiesen sich als unbegründet. Eine Oppositionspartei musste nicht in Subversion des Regierungssystems enden, sondern konnte nach friedlichem Machtwechsel zum soliden dauerhaften Träger des Systems werden. Der Anführer der Mehrheitspartei erwies sich als sinnvolle Wahl für das Amt des Staatsoberhauptes und als handlungsfähiger Partner der Mehrheiten in Repräsentantenhaus und Senat. Jefferson hat diesen Rollenwandel vom Oppositionsführer zum Regierungschef als erster Präsident vollzogen. Spätestens seit 1800 ergab sich die Besetzung des Präsidentenamtes indirekt aus freien Wahlen, deren Kandidaten von Parteiorganisationen aufgestellt wurden und an denen ein erheblicher Anteil der männlichen weißen Bevölkerung mitwirkte. Rhetorisch hat Jefferson seit seiner Amtsantrittsrede die überparteiliche Funktion des Präsidenten als Staatsoberhaupt beschworen. Als Regierungschef hat er sich jedoch notwendigerweise auf seine Parteibasis stützen müssen. Jeffersons Erfahrung bewies, dass nach 1800 ein amerikanischer Präsident sich nicht mehr in die Pose des autonomen, aufgeklärten, über den Parteien stehenden Monarchen auf Zeit zurückziehen konnte. Er musste vielmehr unermüdlich versuchen, so viel Zustimmung wie möglich für sein Regierungshandeln zu mobilisieren. Aus dem Ruhestand zurückblickend erklärte Jefferson 1810 einem jungen Verwandten: «In einem Regierungssystem wie dem unsrigen ist der Inhaber des höchsten Amtes verpflichtet, alle ehrbaren Mittel einzusetzen, um in seiner Person das Vertrauen des ganzen Volkes zu vereinen, damit er alle guten Zwecke erfüllen kann, wie sein Amt es von ihm verlangt. Insbesondere in Fällen, die die Tatkraft der gesamten Nation erfordern, können nur auf diese Weise die Kräfte des Gemeinwesens gebündelt und auf ein Ziel gerichtet werden, als ob alle *ein* Körper und *ein* Geist seien. Dies allein kann eine Nation so stark machen, dass eine stärkere Nation sie nicht erobern kann.» (Brief an John Garland Jefferson, 25. Januar 1810).

Seinen Lebensabend verbrachte Jefferson auf seinem Landsitz Monticello, ausgefüllt mit Korrespondenz, Ratschlägen und Rechtfertigungsschriften, einem Strom von Besuchern, der Gründung der University of Virginia im nahen Charlottesville und den lästigen Tagespflichten eines verschuldeten Plantagenbesitzers. Er starb im Alter von 83 Jahren am 4. Juli 1826, am gleichen Tag wie John Adams und am 50. Jahrestag der Unabhängigkeitserklärung, wie die Zeitgenossen mit patriotisch-ehrfürchtigem Schauder zur Kenntnis nahmen: Die Zeit der Gründerväter war endgültig zu Ende gegangen.

Willi Paul Adams

JAMES MADISON
1809–1817

Der Verfassungsvater als Parteipolitiker, Parlamentarier, Regierungschef und Oberkommandierender

Als Präsident James Madison am 1. Juni 1812 dem Kongress seinen Vorschlag begründete, Großbritannien den Krieg zu erklären, bewertete er die aufgezählten Verletzungen amerikanischer Interessen insgesamt als Missachtung der Souveränität der Vereinigten Staaten als einer unabhängigen Nation. Auch aus der Rückschau erklärte er 1827 die Entscheidung zur Kriegserklärung von 1812 noch einmal als die Option zwischen «Krieg oder Erniedrigung» (Brief an Henry Wheaton, 26.2.1827). Seine Zeitgenossen wussten, was dies hieß: Er sah sein Lebenswerk bedroht. Denn Madison identifizierte seinen Lebensweg seit 1774 zu Recht mit der Schaffung des amerikanischen Nationalstaats. Wenige hatten so aktiv und an so verantwortlicher Stelle wie er an dem Zusammenschluss von dreizehn widerstandsbereiten, aber auch eigenwilligen Kolonien zu einem neuartigen Bundesstaat mitgewirkt. Keiner konnte mit der gleichen Berechtigung wie er den Titel «Vater der Verfassung» beanspruchen. Der Zusammenhalt der 1787 zwischen auseinanderstrebenden Einzelstaaten und Regionen unter großen Anstrengungen vereinbarten Union blieb bis zum Ende das stärkste Motiv im politischen Leben Madisons. Der unentschiedene Ausgang des Kriegs gegen Großbritannien bedeutete für ihn die endgültige Bestätigung der Unabhängigkeit.

Madisons gesellschaftlicher Hintergrund und sozioökonomische Basis waren die gleichen wie die seines Amtsvorgängers Jefferson. Seine Eltern entstammten alteingesessenen Großgrundbesitzerfamilien Virginias. Als wohlhabende Pioniere waren sie westwärts in das Vorgebirge der Blue Ridge Mountains gezogen, dessen fruchtbarer Boden sich gut für den Tabakanbau mit Hilfe einiger Dutzend Sklaven eignete. Hier wurde James 1751 als ältester von elf Geschwistern geboren. Er hatte Anspruch auf Übernahme der Plantage, die sein Vater und jüngerer Bruder bewirtschafteten. Er machte aber lediglich seine Unterhaltskosten geltend, denn seine öffentlichen Ämter verursachten ihm mehr Unkosten als Einnahmen, bis er schließlich als Präsident 25 000 Dollar im Jahr verdiente. Die ungeteilte Madison-Familienplantage «Montpelier» war um 1800 die größte von Orange County mit etwa 10 000 *acres* und über 100 Sklaven. Auf Grund des Niedergangs der Tabakwirtschaft in dieser Region vermochte Madison ebenso wenig wie Jefferson, die auf der Plantage lastenden Schulden abzuzahlen und seine Sklaven freizulassen.

Nach einigen Jahren Privatunterricht auf der elterlichen Plantage und fünf Jahren Internat begab sich der Achtzehnjährige 1769 nach Norden zum Besuch des College of New Jersey, dem heutigen Princeton, dessen Präsident bereits Wert auf die Vermittlung der Ideen der schottischen Aufklärung legte. Nach vier erfolgreichen Jahren kehrte er 1773, im Jahr der «Tee-Party von Boston», ohne klare Berufsvorstellungen auf den Familiensitz zurück und ging im Stil des aufgeklärten Landedelmannes diversen Studien nach. Im Unterschied zu vielen Standesgenossen absolvierte er keine Ausbildung zum Rechtsanwalt, vielleicht auch wegen seiner von Zeitgenossen öfter erwähnten schwächlichen Konstitution.

In sein erstes öffentliches Amt wurde er im Alter von dreiundzwanzig Jahren gewählt, als 1774 auch Orange County ein illegales Komitee zur Koordination des Widerstandes gegen die strikter werdende Kolonialherrschaft Großbritanniens einsetzte. Im Juni 1776 vertrat Madison seinen Landkreis in dem revolutionären Kongress, der die epochemachende Grundrechteerklärung und die erste republikanische Verfassung Virginias in Kraft setzte, noch ehe der Kontinentalkongress die Unabhängigkeit ausgerufen hatte. Den Wahlkampf um einen Sitz im neuen Abgeordnetenhaus Virginias verlor Madison 1777 angeblich, weil er sich weigerte, das übliche Fass Branntwein für die Bürger zu spendieren, die die Mühsal des Weges zum Wahllokal nicht gescheut hatten. Stattdessen wählte die Legislative ihn für zwei Jahre in den Beirat des Gouverneurs von Virginia (1777–79) und entsandte ihn anschließend bis 1783 und erneut 1786–88 in den Konföderationskongress. Vergeblich schlug Madison dem Kongress vor, sich eine von den freiwilligen Zahlungen der Einzelstaaten unabhängige Einnahmequelle zu verschaffen. Enttäuscht von der Schwerfälligkeit und Inkompetenz des Konföderationskongresses angesichts der dringenden Erfordernisse des Krieges und seiner Finanzierung kehrte er 1783 nach Virginia zurück. Die Wähler seines Landkreises schickten ihn erneut 1783–86 in Virginias Abgeordnetenhaus, wo er 1786 ein Kernstück der amerikanischen Aufklärung, das Gesetz über die Religionsfreiheit und die Trennung von Staat und Kirchen, gegen den erbitterten Widerstand von Vertretern populärer Stimmungen durchsetzte.

Als Delegierter Virginias bei der Handelskonferenz von Annapolis bewirkte Madison 1786 gemeinsam mit anderen Befürwortern einer Verfassungsreform die Einberufung des Verfassungskonvents von Philadelphia und wurde selbst als Delegierter Virginias entsandt. In dem nicht veröffentlichten Manuskript «Laster des politischen Systems der Vereinigten Staaten» («*Vices of the Political System of the United States*») analysierte Madison 1787 noch vor Zusammentreten des Konvents die Gründe für das Versagen der Konföderationsartikel und wies gleichzeitig auf die Chancen hin, die das Repräsentationsprinzip gerade einem Großflächenstaat mit unterschiedlichen Interessengruppierungen bot – wahrscheinlich eine durch die Lektüre David Humes inspirierte Einsicht.

Der stille, beharrliche und zielbewusste Madison erlangte in Philadelphia das Vertrauen vieler Delegierter und konnte die Rolle des Vermittlers zwischen regionalen und verfassungspolitischen Positionen zugunsten einer neuen, stärkeren Bundesregierung spielen. Da Virginias Abgeordnetenhaus ihn erneut in den Konföderationskongress entsandt hatte, war er 1787/88 in New York anwesend und stand zur Verfügung, um den New Yorkern Alexander Hamilton und John Jay zu helfen, mit einer aufsehenerregenden Serie von 85 Zeitungsartikeln für die Ratifizierung der Verfassung in dem bislang von den Kritikern einer stärkeren Zentralregierung dominierten Staat zu werben. Eine Sammlung dieser mit dem Pseudonym «Publius» gezeichneten Essays erschien noch rechtzeitig vor der Wahl zum New Yorker Ratifizierungskonvent unter dem Titel *The Federalist* in Buchform. Madisons 10. *Federalist*-Artikel wird heute als eine der ersten Konzeptualisierungen des modernen Interessengruppenpluralismus gewertet. Madison bezeichnete das Repräsentationsprinzip als den Lebensnerv der republikanischen Regierungsform und behauptete, dass die Anwendung des föderativen Prinzips den Aufbau eines großräumigen, weit nach Westen ausgreifenden republikanischen Staatswesens ermöglichen werde. Die Artikelserie insgesamt gilt als der authentische Verfassungskommentar der Gründergeneration.

Im Sommer 1788 ließ Madison sich von Orange County in Virginias Ratifizierungskonvent wählen, wo seine beharrliche Überzeugungsarbeit ebenfalls dringend gebraucht wurde und zum knappen Erfolg der Verfassungsbefürworter beitrug. Im ersten Repräsentantenhaus der Vereinigten Staaten betrieb er anschließend die Erfüllung des den Verfassungsgegnern gegebenen Versprechens und bereitete die ersten zehn Verfassungsänderungen vor, die 1791 als *Bill of Rights* in Kraft traten. Madison gehörte dem Repräsentantenhaus bis 1797 an und begründete als Meinungsführer der Kritiker des wirtschaftspolitischen Programms Hamiltons zusammen mit Jefferson die Oppositionspartei der Republicans. Präsident Jefferson holte seinen engsten politischen Weggefährten von 1801 bis 1809 als Außenminister in sein Kabinett und arbeitete mit ihm eng zusammen. Ein harmonischeres Verhältnis zwischen Außenminister und Präsident soll es seither nicht wieder gegeben haben.

Der Wahl James Madisons 1808 in das Präsidentenamt war die erste innerparteilich offen umstrittene Nominierung in der Geschichte des Amtes vorausgegangen. Zwar hielt Madison keine einzige öffentliche «Wahlkampf»-Rede im späteren Wortsinn, aber seine politischen Freunde, allen voran Jefferson, hatten in monatelangen Absprachen die Stimmabgabe der Elektoren ausgehandelt. Eine der innerparteilichen Übereinkünfte betraf die Abfindung der New Yorker Parteifreunde mit dem Vizepräsidentenamt für den nicht mehr wirklich amtsfähigen neunundsechzigjährigen George Clinton, dem dann 1812 der kompetentere Elbridge Gerry aus Massachusetts im Amt nachfolgte. Wichtigstes Thema bei den Absprachen waren die sich 1808 abzeichnende außenpolitische Wirkungslosigkeit und der wirtschaftliche Schaden des Handelsboykotts von 1807 sowie mögliche Ersatzmaßnahmen. Viele Amerikaner litten unter dem Preisverfall für die nicht mehr legal exportierbaren Landwirtschaftsprodukte, insbesondere Weizen, Mais, Baumwolle, Felle und Fisch; die Schiffseigner New Yorks und Neuenglands verlangten die sofortige Wiederaufnahme der Handelsschifffahrt. Dennoch blieb Madisons Amtsantrittsrede am 4. März 1809 bei den bewährten republikanischen Programmpunkten, einschließlich sparsamen Regierens und, im Konfliktfall, strikter Verfassungsinterpretation zugunsten der Einzelstaatskompetenzen (solange sie den Bundesstaat nicht in Frage stellten). Neu war Madisons Vorschlag, den Indianerstämmen stärker als bisher Hilfe zur Selbsthilfe anzubieten und sie auf ein Leben «in der Zivilisation» vorzubereiten. Zu einem detaillierten Indianer-Integrationsprogramm sollte er diesen Gedanken jedoch nicht entwickeln. Madison teilte Jeffersons Überzeugung von der Höherwertigkeit der Landwirtschaft als Produktions- und Lebensform, erkannte jedoch im Verlauf seiner Präsidentschaft an, dass das Nebeneinander der verschiedenen Interessengruppen, auch von Handels- und Manufakturinteressen, die Stabilität der Vereinigten Staaten ausmachte, die sich aller Voraussicht nach weiter ausdehnen würden. Er hing nicht einem romantisierten Republikanismus autarker Kleinbauern an, sondern wollte den Weltmarkt für amerikanische Ernten offenhalten oder öffnen.

Im Haus des Präsidenten begann eine neue, rege Gastlichkeit, die seine stattliche, heitere Frau Dolley Payne, verwitwete Todd, zu organisieren genoss. Sie trieb Fertigstellung und Einrichtung des Präsidentenhauses und die Anlage des Gartens voran, veranstaltete Mittwochsgesellschaften, bestellte ihre Accessoires in Paris und bestand auf einem Vierspänner für Besuchsfahrten in ihrer neuen Rolle. Sie verstand es, europäischen Geschmack und republikanisches Selbstbewusstsein miteinander zu verbinden. Dolley Madison gilt als die erste First Lady in der Geschichte der amerikanischen Präsidentschaft, auch wenn diese Bezeichnung erst später üblich wurde. Trotz der Kinderlosigkeit der Ehe wohnten selten weniger als zwanzig Verwandte, u. a. ihre Kinder aus erster Ehe mit Familien, und Freunde im Präsidentenhaus. Nach dem Tod ihres Mannes sorgte sie 1840 für die Veröffentlichung seiner historisch unersetzbaren Aufzeichnungen der Debatten des Verfassungskonvents von 1787.

Der achtundfünfzigjährige Präsident wurde von zahlreichen Besuchern als klein und schwächlich beschrieben, mit Stirnglatze und mit einer für öffentliches Reden untauglichen Stimme. Diplomaten registrierten nach Unterredungen mit ihm wenig Charme, aber ungewöhnliche intellektuelle Schärfe. Seine Persönlichkeit ließ es bereits den Zeitgenossen glaubhaft erscheinen, dass er das Präsidentenamt nicht aus Machthunger angestrebt hatte, sondern sich aus Pflichtgefühl hatte gewinnen lassen, weil er als führendes Mitglied des Repräsentantenhauses im Kampf gegen Finanzminister Hamilton erfahren hatte, wie stark die vom Präsidenten ausgehenden Impulse auch für die Gesetzgebung sein konnten.

Bei der Kabinettsbildung nahm Madison zu viel Rücksicht auf seine parteiinternen Kritiker im Senat und auf den regionalen Proporz, so dass er nur mediokre Kabinettsmitglieder gewann, mit Ausnahme des im Finanzministerium verbleibenden Gallatin. Im Außenministerium versagte der ihm aufgezwungene, illoyale und eigenmächtige Diplomatie zugunsten Englands betreibende Robert Smith aus Maryland, so dass der Präsident sein eigener Außenminister blieb, bis er schließlich 1811 James Monroe, den Gouverneur von Virginia, für das Amt gewinnen konnte.

Madison erwies sich als expansionswilliger Präsident, als er im Oktober 1810 die Annexion des bislang spanischen West-Florida proklamierte, nachdem amerikanische Aufständische das spanische Fort Baton Rouge besetzt und kurzerhand die Republik von West-Florida ausgerufen hatten. Auch den amerikanischen Anspruch auf Ost-Florida setzte er im Januar 1811 ähnlich einseitig durch.

Großbritannien erwies sich hingegen als so schwer beeinflussbarer und irritierender Gegner, dass Madison schließlich – ab Oktober 1811 – zum Krieg als letztem Mittel der Politik entschlossen war. Das als Druckmittel in der Hand des Präsidenten gegen die britische und französische Schifffahrtsblockade gedachte *Non-Intercourse*-Gesetz von 1807 hatte sich als stumpfe Waffe erwiesen. Finanzminister Gallatin riet zu Kriegsvorbereitungen als nächstem Schritt. Der Kongress war gespalten. Madison verzichtete auf aktive Meinungsbildung in der Legislative und auf ein aktives Rüstungsprogramm.

Am 23. Mai 1812 erhielt Madison die Mitteilung des britischen Außenministers Castlereagh vom 10. April, dass die britische Regierung die Blockade der europäischen Häfen nicht einseitig aufheben werde. Da auch Napoleon seine Blockade der britischen Häfen fortsetzte, hätten die Vereinigten Staaten nun theoretisch beiden europäischen Großmächten den Krieg erklären müssen. Von der Seemacht England ging jedoch die umfassendere Bedrohung aus. Am 1. Juni legte Madison dem Kongress die Begründung für die Kriegserklärung vor: Großbritannien verhalte sich feindlich gegenüber den USA «als einer unabhängigen und neutralen Nation». Die Beschlagnahme von Handelsschiffen, die Entführung «tausender» amerikanischer Matrosen und die Aufhetzung von Indianerstämmen werden als Vergehen genannt. Die schließlich eindeutige Mehrheit für die Kriegserklärung im Repräsentantenhaus (79:49) und im Senat (19:13) kam nicht ohne heftige Debatten zustande. In den Kongresswahlen von 1811 war eine Reihe kriegsentschlossener Abgeordneter aus dem Süden und Westen nach Washington entsandt worden, die *War Hawks*. Der auswärtige Ausschuss des Senats begründete seine Befürwortung an das Plenum mit dem patriotischen Appell, die Amerikaner müssten jetzt die ererbte Freiheit erneut gegen England verteidigen. Der Kongress tagte hinter verschlossenen Türen, ohne Besucher, ohne Presse. Gegner der Kriegserklärung wie John Randolph aus Virginia warnten vor einem schlecht vorbereiteten Waffengang «ohne Geld, ohne Soldaten, ohne Marine, ... und ohne den Mut, eine Kriegssteuer zu erheben». Am 19. Juni proklamierte Madison den Kriegszustand mit Großbritannien.

Als kurz darauf überraschenderweise die Nachricht vom Beschluss der britischen Regierung zur Aufhebung der Blockade eintraf, bot Madison Waffenstillstandsverhandlungen an. Er verlangte die Einstellung des Matrosenpressens, die Freilassung entführter Amerikaner, Schadensersatz für gekaperte amerikanische Schiffe und die Aufhebung der Blockade europäischer Häfen für neutrale Handelsschiffe. Diese Bedingungen lehnte die britische Regierung am 29. August 1812 ab, und der Krieg nahm seinen Lauf.

Die Auflösung der *Bank of the United States* erwies sich nun als nachteilig. Die 1811 fällige Verlängerung der gesetzlichen Grundlage der Bank war entgegen Finanzminister Gallatins Vorschlag und dem allerdings nicht nachdrücklich vertretenen Wunsch des Präsidenten vom Kongress abgelehnt worden. Erst die Kriegserfahrung brachte Madison dazu, 1816 die Erneuerung der Bankkonzession im Kongress durchzusetzen. Kriegs- und Außenminister erwiesen sich als inkompetent. Den Kriegsminister John Armstrong wies Madison nach einer Reihe von Eigenmächtigkeiten an, die Zustimmung des Präsidenten einzuholen für «allgemeine Befehle» an die Armee und Absprachen mit Gouverneuren über den Einsatz der Miliz, für Kriegsgerichtsverfahren, für die Ernennung und Entlassung von Offizieren, für die Einrichtung von Militärbezirken und für Verträge mit Indianerstämmen. Damit hatte er als erster Präsident, der einen erklärten Krieg führte, einen wesentlichen Teil der über die Strategieentscheidungen hinausgehenden Kompetenzen des Oberbefehlshabers definiert. Auf Grund seines Naturells füllte er selbst sie nicht voll aus.

Am weitesten ging die Ablehnung des Krieges in Neuengland und den Mittelstaaten. Das zeigte sich in der Abstimmung des Elektorenkollegs am 2. Dezember 1812 über die Wiederwahl Madisons. Er erhielt zwar 128 Stimmen gegen 89 für den Kandidaten der Federalists, aber eben keine Stimmen aus Neuengland und den Mittelstaaten nördlich des Potomac (ausgenommen Vermont und Pennsylvania).

Militärische Auseinandersetzungen fanden an drei Fronten statt: der Nordgrenze zu Kanada, der Atlantikküste und am Golf von Mexiko, insbesondere der Mississippi-Mündung. Die Invasion Quebecs und Ontarios im Sommer 1812 sollte britische Truppen binden und ein Faustpfand für Verhandlungen bringen, nicht Kanada den USA einverleiben. «Madison wollte kein britisches Territorium», fasste der Historiker Robert Rutland Madisons Kriegsziele zusammen, «keine Reparationen, keine Kapitulation Englands. ... Er wollte von der britischen Führung das Eingeständnis, dass die Vereinigten Staaten kein abhängiges entferntes Familienmitglied seien, sondern eine souveräne Macht.»

Im April 1814 dankte Napoleon ab. Madison befürchtete nun zu Recht den Transport freigesetzter britischer Truppen nach Nordamerika. Am 6. Juni 1814 teilte ihm Gallatin als Friedensunterhändler aus Gent mit, er habe den Eindruck, die britische Regierung wolle die Amerikaner nun dafür bestrafen, dass sie England in den Rücken gefallen waren, und möglicherweise verlangen, dass Louisiana Spanien zurückgegeben werde. Der alarmierte Madison und sein Kabinett beschlossen am 27. Juni 1814, auf die explizite Verurteilung des Matrosenpressens im Friedensvertrag zu verzichten und den Vorkriegszustand als Verhandlungsgrundlage zu akzeptieren. Doch die Kriegshandlungen gingen an allen Fronten weiter, und im August 1814 überfielen britische Truppen die Bundeshauptstadt Washington, ohne auf Gegenwehr zu stoßen, und brannten den Amtssitz des überstürzt geflohenen Präsidenten, das Kapitol und alle Ministerien nieder.

Besser verteidigt wurden die Hafenstädte Baltimore und New Orleans. Vor New Orleans konnte der in Indianerkriegen erfahrene General Andrew Jackson über 5000 britische Angreifer am 8. Januar 1815 vernichtend schlagen. Dies war der größte amerikanische Sieg zu Lande. Der Ausbruch nationaler Begeisterung war für das Kriegsende jedoch unerheblich, weil die Unterhändler im flämischen Gent bereits am 24. Dezember 1814 den Friedensvertrag unterzeichnet hatten; er traf am 14. Februar 1815 in Washington ein, gut eine Woche nach der Erfolgsmeldung aus New Orleans. Der Präsident war mit der Bestätigung des Status quo zufrieden, denn wenigstens ein unausgesprochenes Kriegsziel hatte er erreicht: Der unentschiedene Waffengang mit der größten Seemacht etablierte die Vereinigten Staaten zumindest als handlungsfähige Nation und ernstzunehmende Ordnungsmacht auf dem amerikanischen Kontinent.

In Madisons beiden letzten Amtsjahren war die Zusammenarbeit zwischen Präsident und Kongress unproblematisch. Madison setzte sich nun auch für Schutzzölle zugunsten einheimischer Manufakturen ein. Aber er blieb bei seiner strikten Verfassungsinterpretation. Am letzten Tag im Amt lehnte er noch eine Gesetzesvorlage ab, die 1,5 Millionen Dollar für den Straßen- und Kanalbau zur Verfügung gestellt hätte. Jefferson hatte auf die Ausübung des Vetos ganz verzichten können, und Madisons politische Theorie hätte ein Akzeptieren des eindeutigen Mehrheitswillens von Repräsentantenhaus und Senat in dieser Frage erwarten lassen. Aber Madison fühlte sich verpflichtet, die Verfassungsvorschriften im Sinne der Akteure von 1787 zu wahren. Der Vater der

Verfassung nutzte daher die Gelegenheit zu einer letzten Lektion. In der Begründung des Vetos schrieb er, die in der Verfassung aufgezählten Rechte des Kongresses und die in gewissen Situationen gerechtfertigte Erweiterungsklausel (*necessary and proper*-Klausel) ließen diese Bundesausgaben nicht zu. Auch die Berufung auf die Förderung der «allgemeinen Wohlfahrt» in der Präambel der Verfassung legitimiere diese Ausgaben nicht; sie dürfe nicht missbraucht werden, um den Bundesgesetzgeber allmächtig zu machen. Einer ordentlichen Verfassungsänderung, sagte er zwischen den Zeilen, stünde natürlich nichts im Wege.

Madison gelang es auch noch, als gewünschten Nachfolger im Amt James Monroe durchzusetzen. Als er, von der Bürde des Amtes befreit, am 6. April 1817 auf einem Dampfer mit seiner Frau und dem Haushalt an Bord den Potomac hinunter seinem Alterssitz entgegenfuhr, war er einem Begleiter zufolge «fröhlich wie ein Schuljunge auf dem Weg in die Ferien». Auch im Ruhestand nahm er noch regen Anteil an Verfassungsfragen. Den Missouri-Kompromiss von 1820 lehnte er ab, weil er (richtig) befürchtete, dass das Sklavenhaltungsverbot nördlich des neuen Staates Missouri die sklavenfreien Staaten langfristig ein Übergewicht im Kongress erlangen lassen werde. Andererseits lehnte er den Anspruch South Carolinas ab, die Verfassungswidrigkeit eines Bundesgesetzes einseitig beurteilen zu können. Der Erhalt der Union blieb seine politische Richtschnur.

Zur Lösung der Sklavenfrage vertrat er auch im Privatleben keine klare Position. Er ließ sich jedoch zum Vorsitzenden der 1817 gegründeten *American Colonization Society* wählen, die bereits Freigelassene zurück nach Afrika brachte (wozu nur wenige Afroamerikaner bereit waren). Madison wünschte sich zwar eine sklavenfreie Republik, die abnehmenden Einkünfte seiner schließlich bankrotten Tabakplantage hinderten aber selbst ihn daran, in seinem Testament mehr zu bestimmen, als dass die Sklaven von seiner Plantage nur mit ihrer eigenen Zustimmung und der seiner Frau Dolley verkauft werden sollten.

In seinem politischen Testament, dem knappen «Rat an mein Land» von 1834, beschränkte Madison sich auf eine Aussage: «Mein tief von Herzen kommender Rat und meine tiefste Überzeugung ist es, dass die Union der Staaten gepflegt und erhalten wird.» Mit ihm starb 1836 der Letzte der Gründer der Nation.

Hermann Wellenreuther

JAMES MONROE
1817–1825

Die Selbstfindung der Nation

James Monroe wurde am 28. April 1758 als ältester Sohn von Spence und Elisabeth (geb. Jones) Monroe in Washington Parish, Westmoreland County, Virginia, geboren. Im Unterschied zu den anderen einflussreichen Politikern Virginias wuchs Monroe nicht auf einer großen, sondern auf einer eher kleinen Plantage von etwa 500 *acres* auf; er selbst bezeichnete seinen Vater als «*worthy and respectable citizen*». Nach der Privatschule von Pfarrer Archibald Campbell besuchte er seit seinem 16. Lebensjahr das College of William and Mary in Williamsburg, der Hauptstadt der Kolonie. Als Student nahm er regen Anteil an den politischen Auseinandersetzungen zwischen den Kolonien und dem Mutterland. Mit Ausbruch der Revolutionskriege trat er in ein virginisches Regiment der Kontinentalarmee ein und erhielt im Alter von 18 Jahren das Offizierspatent. Er zeichnete sich durch Tapferkeit aus und stieg bis 1778 zum Oberstleutnant auf. Zwischen 1780 und 1783 lernte er Jurisprudenz unter Thomas Jeffersons Anleitung, mit dem ihn bis an dessen Lebensende eine enge persönliche Freundschaft verband.

Monroes politische Karriere begann 1782 mit seiner Wahl in das Abgeordnetenhaus von Virginia. Im folgenden Jahr wurde er in den Konföderationskongress entsandt, der in New York tagte und dem er bis 1786 angehörte. Nach Reisen in das Gebiet von Kentucky und in das künftige Northwest Territory 1784 und 1785, wo er umfänglichen, während der Revolution als Lohn für Militärdienste erworbenen Landbesitz hatte, konnte Monroe auf die Ausgestaltung der *Northwest Ordinance* beträchtlichen Einfluss gewinnen, wobei er auch als Sprachrohr des in Paris weilenden Jefferson wirkte. Ohne Frage gehörte er zu den energischen Befürwortern einer schnellen, geregelten, die ökonomische Nutzung auch seines eigenen Landes fördernden Erschließung des amerikanischen Westens. Daraus erklärt sich auch seine Opposition gegen John Jays Verhandlungen mit dem spanischen Gesandten Don Diego de Gardoqui über einen Handelsvertrag mit Spanien, der die im Pariser Frieden von 1783 errungene freie Schifffahrt auf dem Mississippi zu gefährden drohte.

Neben der intensiven Arbeit im Konföderationskongress, die Monroe mit allen Problemen der jungen Union vertraut machte, hatte sein langjähriger Aufenthalt in New York auch Folgen für sein Privatleben. Am 16. Februar 1786 hatte Monroe nämlich Elizabeth Kortright geheiratet, die Tochter eines ehemals wohlhabenden, durch die Revolution allerdings verarmten westindischen Pflanzers. Ihre erste Tochter, die nach der Mutter benannt wurde, wurde noch im Dezember des gleichen Jahres geboren. Selbst nicht Mitglied der verfassunggebenden Versammlung von Philadelphia 1787, gehörte Monroe als Delegierter der *state convention* von Virginia zu den Verfassungsgegnern, wobei auch hier möglicherweise seine Furcht, die künftige Bundesregierung werde die Interessen des Westens den Küstenregionen opfern, eine wichtige Rolle spielte. Monroe unterlag in der ersten Wahl zum Repräsentantenhaus James Madison; doch schon 1790 wurde er von der Legislative Virginias als Senator nach Washington gesandt, wo er bis zu seiner Ernennung zum amerikanischen Gesandten in Frankreich vier Jahre später blieb.

Seine Tätigkeit in Paris war nicht zuletzt deshalb wenig ersprießlich, weil seine pro-französische Haltung zwar der des Vizepräsidenten Thomas Jefferson und der sich allmählich entwickelnden Republican Party entsprach, aber in deutlichem Kontrast zur neutralen und eher zurückhaltenden Haltung von Präsident George Washington und dessen Außenminister Edmund Randolph stand. Verwunderlich war die unterschiedliche Beurteilung nicht: Während Washington in dieser Frage ebenso wie sein Nachfolger John Adams zunehmend auf Distanz zum revolutionären Frankreich ging, suchte Monroe, zu dieser Zeit schon einer der prominenteren Führer der Republicans, das gute Einvernehmen zwischen den beiden Ländern zu erhalten. Randolphs Nachfolger Timothy Pickering rief Monroe am 29. Juli 1796 nach Washington zurück, wo er sein Verhalten in einer Schrift verteidigte. Die heftigen Angriffe seiner politischen Gegner schadeten Monroes politischem Ansehen weder in seiner Partei noch in Virginia. Dort wurde er 1799 zum Gouverneur gewählt, ein Amt, das er bis 1802 innehatte.

Mit der Wahl seines Freundes Jefferson zum dritten Präsidenten der Vereinigten Staaten kehrte Monroe 1801 nach Washington zurück; die Bundeshauptstadt sollte bis 1809 Zentrum seines politischen Wirkens bleiben. Politische Missionen führten ihn 1803 wieder nach Paris, wo er an der Verhandlung Robert R. Livingstons mit der französischen Regierung über den *Louisiana Purchase* beteiligt war; nach Madrid, wo er sich vergeblich um eine spanische Abtretung des östlichen Teils von West-Florida bemühte; und nach London, wo er zusammen mit William Pinkney 1806 ohne allzu viel Erfolg versuchte, die gravierenden Differenzen mit dem ehemaligen Mutterland beizulegen. Das Ergebnis war so mager, dass sich Präsident Jefferson in Übereinstimmung mit seinem Außenminister James Madison weigerte, wegen des fehlenden englischen Zugeständnisses, die Zwangsrekrutierung amerikanischer Matrosen einzustellen, den Vertrag dem Senat zur Billigung vorzulegen.

Monroe war darüber so erbost, dass er nach der Rückkehr im Dezember 1807 seine politische Stellung in Virginia demonstrieren wollte und die Anhänger in der Republican Party daher nicht davon abhielt, seine Kandidatur um die Präsidentschaft gegen den von Jefferson favorisierten James Madison zu betreiben. Diesem unterlag er 1808 wie 1788; im Wahlmännerkolleg konnte Monroe keine einzige Stimme gewinnen. Zwei Jahre später saß er aber erneut im Abgeordnetenhaus von Virginia, und im Januar 1811 wurde er wieder zum Gouverneur gewählt. Zugleich gelang es Jefferson, Madison und Monroe auszusöhnen; im März 1811 ernannte Präsident Madison Monroe als Nachfolger von Robert Smith zum neuen Außenminister.

Insbesondere die Beziehungen der USA zu England bestimmten James Monroes Tätigkeit als Außenminister unter Madison: Bei den Bemühungen um eine Beilegung der irritierenden Probleme – Beschränkungen der amerikanischen Schifffahrt, vor allem der englische Anspruch, auf hoher See amerikanische Schiffe auf ehemalige britische Matrosen zu durchsuchen und diese in britischen Marinedienst zu zwingen – teilte er Madisons, aber auch John Quincy Adams' Auffassung, dass Ansehen und Interesse der amerikanischen Nation eine derartige Diskriminierung nicht zuließen. Entsprechende Verhandlungen mit der britischen Regierung scheiterten; im Mai 1812 erklärten die USA England den Krieg. Nach der Entlassung von John Armstrong als Kriegsminister wurde dieses Amt 1814 gleichfalls James Monroe übertragen; als Kriegsminister nahm er für sich das Verdienst für die amerikanischen Siege bei Plattsburg und New Orleans in Anspruch. Nicht zuletzt diese Siege, aber auch der durchaus günstige Friede von Gent (ratifiziert am 17. Februar 1815) stärkten seine politische Position und verliehen seinen Ansprüchen auf das Präsidentenamt Nachdruck.

Trotz breiter Unterstützung durch führende Mitglieder der Republican Party Virginias und anderer Staaten konnte sich Monroe jedoch im März 1816 in der Auseinandersetzung um die Nominierung der Republican Party für die Präsidentschaftskandidatur im *congressional caucus* nur knapp mit 65 zu 54 Stimmen gegen William H. Crawford aus Georgia, Madisons Secretary of the Treasury, durchsetzen. In der Präsidentschaftswahl selbst hatte Monroe wenig zu befürchten. Die Federalist Party war hoffnungslos zerstritten und ihr Kandidat Rufus King entsprechend chancenlos: Im Wahlmännerkollegium stimmten am 4. Dezember 1816 für Monroe 183, für Rufus King nur 34 Wahlmänner.

In dem Kreis der Präsidenten aus Virginia, Washington, Jefferson und Madison, nimmt James Monroe eine merkwürdige Zwitterstellung ein. Mit George Washington verbindet Monroe die größere «Bodenhaftung»; wie der erste Präsident war er eher reserviert, gelegentlich steif und auf Formalität bedacht. An Bildung, Lebenskultur und geschliffener Eleganz war Jefferson sicherlich mit Abstand die eindrucksvollste Persönlichkeit in diesem erlauchten Kreis von Präsidenten; aber auch James Madisons klassische Bildung übertraf jene von Washington und Monroe um vieles. Noch in anderer Hinsicht stand Monroe Washington näher als seinem Freund Jefferson: Während Letzterer sich aktiv um den Aufbau einer politischen Gefolgschaft mühte, die sich in enger Verbundenheit mit den populistischen Idealen der Amerikanischen Revolution in einer weitmaschigen Programmatik einig wusste, hielt Monroe wie Washington an der älteren Überzeugung fest, dass der Politiker zum Dienst an der Gemeinschaft gerufen werde, sich aber dazu weder drängen noch gar sich selbst eine Anhängerschaft schaffen dürfe. Trotzdem sind auch Gemeinsamkeiten mit Jefferson und Madison ebenso wie Unterschiede zu Washington erkennbar. Sie liegen im Politischen: Wie für Jefferson und Madison waren für Monroe die Rechte der Einzelstaaten von hoher Bedeutung; 1787/88 hatte er deshalb zu den Gegnern der Bundesverfassung gehört, und noch als Präsident konnte er sich zu keiner liberalen Verfassungsinterpretation auf Kosten der Kompetenzen der Einzelstaaten durchringen. Wie Jefferson gehörte er zu jenen, die die Französische Revolution eher als Fortsetzung der Amerikanischen Revolution denn als Umsturz und Chaos begriffen; als Gesandter in Paris beherbergte er Thomas Paine in seinem Haus. Zugleich teilte er das Misstrauen seines Mentors gegenüber dem ehemaligen Mutterland, ein Misstrauen, welches sich auf Grund seiner persönlichen Erfahrungen in England noch verstärkt hatte.

Die achtjährige Präsidentschaft James Monroes wurde lange Zeit als eine «*era of good feeling*» charakterisiert. Diese Bezeichnung meint vor allem, dass die Präsidentschaft von Monroe durch fehlenden Parteienstreit gekennzeichnet gewesen sei. In der Tat hatten die Federalists ebenso wie die Republicans als organisierte nationale politische Gruppierungen – ob man beide in der Tat als Parteien im modernen Sinne bezeichnen kann, ist in der Forschung nach wie vor umstritten – weitgehend an Bedeutung verloren, oder genauer: sich in Gruppen von Politikern aufgelöst, die sich um einzelne herausragende Persönlichkeiten wie etwa William H. Crawford oder John C. Calhoun gruppierten. In einzelnen Staaten wie Virginia oder New York wurde das politische Leben durch heftig rivalisierende Faktionen bestimmt. Diese Fragmentierung führte unterhalb der Ebene offizieller Politik, die durch Höflichkeit und öffentlich bekundete Harmonie geprägt war, zu starken Zersplitterungen und bitteren Rivalitäten. Diese wurden während Monroes Amtszeit durch die aufbrechenden sektionalen Gegensätze in der Zoll- und Sklavenfrage weiter verschärft.

Monroe selbst verhielt sich angesichts dieser Entwicklung eher passiv: Durchdrungen von der Überzeugung, dass der Präsident über politischen Parteien, persönlichen Querelen und Faktionen stehen müsse, ließ er es an energischer politischer Führung fehlen; die Faktionalisierung und Rivalitäten, die in sein Kabinett hineinreichten, konnte er nicht verhindern. Am Ende seiner Präsidentschaft war das Land über Grundprobleme des politischen und gesellschaftlichen Zusammenlebens tief zerrissen.

Vier große Themen bestimmten die achtjährige Präsidentschaft von James Monroe: im Äußeren die Beziehungen zu den europäischen Mächten und deren koloniale Ansprüche insbesondere in Lateinamerika, im Inneren die Sklavenproblematik und die Kontroverse um Außenzölle, dann die Frage der Verfassungsgemäßheit des Ausbaus des öffentlichen Transportsystems und, allgemeiner, der Infrastruktur des Landes. Gleich zu Beginn seiner Amtszeit wurde Monroe mit den Folgen seiner diplomatischen Aktivitäten während der Präsidentschaft Jeffersons und Madisons konfrontiert: West-Florida, die im amerikanisch-französischen Vertrag von 1803 ungelöste Frage der Westgrenze zu den spanischen Besitzungen und die Haltung zu den spanischen Kolonien in Lateinamerika, die gegen ihr Mutterland rebellierten. Die Lösung dieser Probleme wurde durch die übereilten Aktionen von Andrew Jackson zusätzlich erschwert; dieser hatte sich – was er allerdings vorher in einem Brief an Monroe angedeutet hatte – 1818 nicht auf die Vertreibung und Befriedung der Seminole-Indianer beschränkt, sondern spanische Befestigungen in West-Florida besetzt und den Gouverneur dieser Kolonie gezwungen, sich nach Havanna abzusetzen. In der Folgezeit weigerte sich Monroe, in die heftige Kritik an Jacksons Eigenmächtigkeiten ebenso wie in die nachdrückliche Billigung von dessen Handlungen, die nach Ansicht von Außenminister John Quincy Adams die amerikanische Verhandlungsposition gegenüber Spanien stärkte, einzustimmen. Er hielt einerseits an einem vermittelnden Kurs fest, verteidigte Jacksons Besetzung der Befestigungen auf der Grundlage von Kenntnissen, die ihm im Verlaufe der Expedition zugeflossen seien, beharrte andererseits aber als versöhnliche Geste gegenüber Spanien auf der Räumung der Befestigungen, sobald Spanien dafür Garnisonen schicke.

Ansonsten ließ Monroe seinem Außenminister Adams bei den Verhandlungen mit Spanien freie Hand: Die *Transcontinental Treaty*, die Monroe am 24. Februar 1819 unterschrieb, die Spanien aber erst mit beträchtlicher Verzögerung ratifizierte, wird in der Forschung zu Recht als Adams-Onís-Vertrag bezeichnet. Der Vertrag regelte den Grenzverlauf gen Westen und sicherte den USA nicht nur ganz Florida, sondern auch erstmals in völkerrechtlich verbindlicher Form den Zugang zum Pazifik in einem breiten Gürtel südlich des Columbia River.

Bedeutend schwieriger gestaltete sich die Regelung der Beziehungen zu den ehemaligen spanischen Kolonien, die in den letzten Jahren vor Monroes Präsidentschaft ihre Unabhängigkeit erklärt, aber bis dahin vergeblich um Anerkennung durch die europäischen Mächte und die USA geworben hatten. In Europa hatten sich die in der Heiligen Allianz verbündeten Großmächte zu einer Vermittlung zwischen Spanien und seinen rebellierenden Kolonien mit dem Ziel einer Wiederherstellung des alten Zustandes verpflichtet – mit der Ausnahme von England, welches sich in dieser Frage beträchtliche Zurückhaltung auferlegte. Eine Anerkennung der Staaten Lateinamerikas erforderte deshalb auch immer zugleich die sorgfältige Abwägung der Auswirkungen, die ein solcher Schritt auf die Haltung der Mächte der Heiligen Allianz haben könnte. Monroe neigte hier ähnlich wie während seiner ersten Mission in

Frankreich zu einer Haltung, die Neutralität mit Wohlwollen gegenüber den jungen Republiken verknüpfte; sein Außenminister John Quincy Adams dagegen hielt eine frühe Anerkennung für gefährlich, weil sie die Beziehungen zur Heiligen Allianz belasten musste, und traute im Übrigen der Stabilität der lateinamerikanischen Staaten nicht. Henry Clay, der einflussreiche Sprecher des Repräsentantenhauses wiederum, neben Kriegsminister John C. Calhoun und Finanzminister William H. Crawford die politisch gewichtigste Figur in Washington, forderte vehement eine schnelle Anerkennung und eine nachdrückliche Unterstützung der jungen Staaten in ihrem Unabhängigkeitskampf gegen Spanien; diese Forderung implizierte auch, dass den Kaperfahrern dieser Staaten jede Unterstützung gewährt werden müsse, wiewohl deren Angriffe auf europäische Handelsschiffe die amerikanischen außenpolitischen Beziehungen erheblich beeinträchtigten. Clays Haltung lag die Vision einer großen, durch gemeinsame Interessen in einem «*American System*» geeinten kontinentalamerikanischen Staatenfamilie zugrunde, in der die als erste aus einer Revolution hervorgegangene nordamerikanische Republik eine Führungsrolle einnehmen würde.

In der Tat: Die Problematik warf auch die Frage nach dem eigenen revolutionären Selbstverständnis der USA auf, und dieser Gesichtspunkt blieb auf Monroes Ansicht nicht ohne Einfluss. Adams dagegen beurteilte die Frage ganz unter dem Aspekt, wie stabil die neuen Staaten seien und welche Folgen die Anerkennung auf die Haltung der europäischen Mächte hätte. Zur ersten Frage hatte die Entsendung einer Dreierkommission keine Klarheit gebracht. Letztlich wurde sie durch die Entwicklung selbst entschieden: Die Einsetzung einer liberalen Regierung in Spanien führte dazu, dass Spanien den Rückhalt der Heiligen Allianz verlor; damit aber wurde der Weg frei für die Anerkennung von Buenos Aires, Chile, Peru, Mexiko und Kolumbien, die der Präsident in einer besonderen Botschaft am 8. März 1822 dem Senat vorschlug. Auf dieser Grundlage erfolgte später Monroes prinzipielle, weitgehend von seinem Außenminister vorformulierte Erklärung vom 2. Dezember 1823, die sogenannte «Monroe-Doktrin»: Sie enthielt eine Warnung an die Adresse der europäischen Mächte und Russlands, dass die USA jegliche Rekolonisierung oder den Erwerb neuer Kolonien in Lateinamerika als Gefahr für ihre eigene Sicherheit betrachteten; im Gegenzug sagte Monroe zu, dass sich die USA aus den europäischen Angelegenheiten einschließlich der existierenden Kolonien in der Karibik und in Südamerika heraushalten würden. Vorerst bestand allerdings noch eine erhebliche Diskrepanz zwischen diesem rhetorischen Anspruch und dem tatsächlichen Einfluss der Amerikaner in Mittel- und Südamerika.

Die Diskussion über diese Probleme war zeitweise durch die heftigen Kontroversen über andere, langfristig für den Erhalt der Union wichtigere Fragen in den Hintergrund gedrängt worden: die Zukunft der Sklaverei in den Westgebieten und die mit dem Ausbau der Infrastruktur verknüpften Verfassungsfragen. Das Problem des Ausbaus des öffentlichen Transportsystems stellte sich in dieser Zeit schon allein deshalb mit immer größerer Dringlichkeit, weil sich durch die schnelle territoriale Expansion des Landes – in kurzer Folge wurden als neue Staaten Mississippi (1817), Illinois (1818), Missouri (1819), Alabama (1819) und Maine (1820) in die Union aufgenommen – zum einen die einzelnen Regionen auseinanderzuentwickeln drohten, zum anderen die Gewichte im Kongress zuungunsten des Südens zu verlagern schienen. Von einer solchen Entwicklung fürchteten die Südstaaten Schaden für ihre «*peculiar institution*», das mit Sklaven betriebene Plantagensystem, gegen das sich in diesen Jahren im Norden und im Nordwesten eine allmählich wachsende Opposition formierte.

Die Auseinandersetzung entzündete sich an dem Antrag auf Aufnahme von Missouri. Hier prallten zum ersten Mal Gegner und Befürworter der Sklaverei heftig aufeinander. Die Diskussion über die Frage, ob die Entscheidung für eine Aufnahme von Missouri ausdrücklich mit der Auflage verknüpft werden sollte, in der auszuarbeitenden Verfassung die Sklaverei zu verbieten, spaltete das Land in zwei sich erbittert befehdende Lager, eine Spaltung, die durch den *Missouri Compromise* im Februar 1820 nur notdürftig überbrückt werden konnte. Der Kongress verzichtete darauf, die Aufnahme von Missouri an eine entsprechende Klausel zu binden, dafür wurde Einvernehmen darüber erzielt, dass in neuen Staaten nördlich von 36° 30' nördlicher Breite keine Sklaverei eingeführt werden durfte und zum Ausgleich für den Beitritt eines «Sklavenstaates» sogleich Maine als sklavenfreier Staat aufgenommen wurde. Äußerlich wahrte Monroe in dieser Kontroverse Neutralität, wie es seiner Auffassung vom Präsidentenamt entsprach. Hinter den Kulissen aber setzte er sich in zahlreichen Gesprächen energisch für die Annahme des Kompromisses ein, sicherlich in der Hoffnung, damit die sich abzeichnende Spaltung des Landes verhindern zu können.

Die Kontroverse um Missouri beeinflusste die gleichzeitig wieder auflebende Diskussion um Notwendigkeit und Grundstruktur eines Schutzzolls, der nun eine definitiv «sektionale» Färbung erhielt. Während sich die mittelatlantischen und nördlichen Staaten zum Schutz der heimischen Manufakturen für eine deutliche Erhöhung der 1816 festgelegten, hauptsächlich gegen England gerichteten Schutzzölle aussprachen, wandten sich die Südstaaten ebenso vehement gegen eine solche Erhöhung, weil sie die Handelsbeziehungen zum wichtigsten Abnehmerland ihres Hauptprodukts Baumwolle schwer belaste und letztlich zum Ruin der Südstaaten, damit aber auch zur Zerstörung der «*peculiar institution*» führen werde. Monroe selbst enthielt sich in seiner zweiten Antrittsrede 1821 jeder präzisen Festlegung, was ihm zumindest von den Verteidigern hoher Schutzzölle negativ angekreidet wurde, plädierte aber im nächsten Jahr mit moderaten Worten für einen besseren Schutz der einheimischen Manufakturen, die vor allem im Norden angesiedelt waren. Im Frühjahr 1824 entbrannte dann der Streit noch einmal mit Schärfe; dabei spielte auch der sich abzeichnende Präsidentschaftswahlkampf eine Rolle. Entscheidend aber war wohl, dass sich die Südstaaten in dieser Frage majorisiert und in ihrer Grundexistenz bedroht fühlten. Mit Blick auf Monroes Haltung klagte ein Abgeordneter aus Virginia, die Südstaaten seien «*the victims of the policy of this Government ever since its commencement*».

Im Unterschied zur Zollfrage bewies Monroe bei der Lösung des anderen großen Problems der Zeit, dem Ausbau eines nationalen Transportsystems, eine glücklichere Hand. Diese Frage füllte die ersten beiden Jahre seiner Amtszeit aus. Die Diskussion konzentrierte sich vor allem auf die Verbindung zwischen den Staaten der Ostküste und den neubesiedelten Gebieten jenseits des Allegheny-Gebirges im Tal des Ohio. Seit seiner Tätigkeit im Konföderationskongress hatte Monroe die Entwicklung der westlichen Territorien mit besonderer Aufmerksamkeit verfolgt. Schon damals war klar, dass eine vernünftige Anbindung der neuen Gebiete an die Staaten der Ostküste eine der wesentlichen Voraussetzungen für das Zusammenwachsen beider Sektionen sein würde. Die Bundesregierung sah sich jedoch bei der Lösung dieser Fragen vor schwerwiegende Verfassungsprobleme gestellt. Zwei Ansichten standen sich gegenüber: Die eine war von Finanzminister Albert Gallatin 1808 formuliert worden: er hatte ein großzügiges Ausbauprogramm der Infrastruktur des Landes mit der «*general welfare*»-Klausel der Verfassung gerechtfertigt, aber ebenso wie Thomas Jefferson darauf hingewiesen, dass der Bund für die Eröffnung von mit seinen Mitteln gebauten Straßen auf die billigende Zustimmung des jeweiligen Einzelstaates, durch den die Straße gehe, angewiesen sei. Als jedoch der Kongress im letzten Jahr der Präsidentschaft von James Madison auf Drängen von John C. Calhoun ein Gesetz verabschiedete, das Gelder der Zweiten Bank der Vereinigten Staaten für die Verwirklichung dieses Programms verwenden wollte, begründete Madison sein Veto damit, dass die Verfassungsväter eine Verwendung von Bundesmitteln für solche Zwecke nicht beabsichtigt hätten. Der Präsident wiederholte zugleich die schon von Jefferson erhobene Forderung, dass für solche Fälle erst die verfassungsmäßige

Grundlage durch die Verabschiedung eines entsprechenden Verfassungszusatzes geschaffen werden müsse.

Damit geriet James Monroe in Gegensatz zu Henry Clay, dem wichtigsten Fürsprecher der westlichen Staaten. Erst in der Mitte seiner zweiten Amtszeit zeichnete sich eine Aufweichung der starren Frontstellungen ab. In der Vetobotschaft gegen ein Gesetz, das die Errichtung von Mautstationen auf der Cumberland-Straße vorsah, die den Osten mit den neuen Staaten jenseits der Berge verbinden sollte, legte Monroe ausführlich seine Ansicht dar. Sie gipfelte in der Erklärung, dass der Kongress zwar kein Recht habe, zwischenstaatliche Transportwege zu bauen oder eine Jurisdiktion über sie auszuüben, andererseits aber sehr wohl Gelder bewilligen könne, deren Verwendung nur durch die Pflicht begrenzt sei, «*to appropriate it to purposes of common defense and of general, not local, national, not State, benefit*». Damit war die Kompromissformel gefunden, mit der der Kongress einerseits allgemeine infrastrukturelle Maßnahmen finanzieren konnte, ohne andererseits allzu tief in die Rechte der Einzelstaaten einzugreifen.

Am Ende seiner Präsidentschaft waren Harmonie und Konsens, die in Monroes politischer Philosophie eine wichtige Rolle spielten, weil er die auseinanderstrebenden Elemente der Union deutlich erkannte, unübersehbar tiefgreifenden sektionalen Differenzen gewichen. Nach zwei Amtsperioden verließ Monroe 1824 eine politische Szene, die in einem bisher kaum vorgefundenen Maße um Macht und Einfluss zersplittert und durch die unverhüllte Rivalität wichtiger Persönlichkeiten gekennzeichnet war. Monroe war an dieser Entwicklung nicht schuldlos. Denn seine Washington verpflichtete Auffassung vom Amt des Präsidenten hinderte ihn daran, sich energischer in den tagespolitischen Kontroversen zu engagieren und damit zugleich die heillose Fragmentierung der politischen Gruppierungen zu verhindern. Diesen Defiziten stehen freilich positive Leistungen vor allem im außenpolitischen Bereich gegenüber. Dabei wusste sich Monroe mit seinem Außenminister darin einig, dass oberstes Ziel der amerikanischen Außenpolitik die Förderung amerikanischer Interessen, zugleich die Etablierung der Vereinigten Staaten als Faktor im internationalen Mächtesystem sein müsse. Die konkrete Umsetzung dieser Ziele überließ er Adams. Diesem aber dafür die Rahmenbedingungen geschaffen zu haben, bleibt Monroes Leistung.

Nicht zuletzt die schwierige politische Lage am Ende seiner Präsidentschaft veranlasste Monroe, sich in den folgenden Jahren beinahe ängstlich von der Politik fernzuhalten. Nach dem Tod seiner Frau am 23. September 1830, nur zwei Tage nach dem Ableben seines Schwiegersohns George Hay, zog er sich mit seiner Tochter Eliza Hay nach New York zu seiner jüngeren Tochter

Maria Hester und deren Mann Samuel I. Gouverneur zurück. Die letzten Jahre Monroes waren durch finanzielle Sorgen überschattet. Ansprüche an die Union, die in seine Zeit als Diplomat in Europa zurückreichten, wurden erst 1830 vom Kongress honoriert. Monroe starb am 4. Juli 1831, dem 55. Jahrestag der Unabhängigkeitserklärung der Vereinigten Staaten.

Hermann Wellenreuther

JOHN QUINCY ADAMS
1825–1829

Außenpolitiker und Präsident über den Parteien

John Quincy Adams gehört zu den Politikern des 19. Jahrhunderts, die vielleicht gerade wegen der Fülle an Zeugnissen, die sie über sich selbst hinterließen, am schwierigsten zu verstehen sind. Geboren wurde er am 11. Juli 1767 in Braintree, Massachusetts als ältester Sohn von John Adams, dem zweiten Präsidenten der Vereinigten Staaten, und dessen willensstarker Frau Abigail.

Drei große Einflüsse prägten sein Leben: erstens die Zugehörigkeit zu einer der großen alten, politisch außerordentlich einflussreichen Familien in Neu-England. Zweitens die Kultur der Region, die ihn nicht nur mit einem geschärften Pflichtbewusstsein und hohen moralischen und christlichen

Werten erfüllte, sondern ihm auch jene Selbstgerechtigkeit und Unfähigkeit verlieh, vertraute Beziehungen zu anderen Menschen aufzunehmen und zu pflegen, die ihn zu einem wenig geliebten, oft gefürchteten, wegen seiner Integrität und umfassenden Kenntnisse insbesondere in den Jahren vor und nach seiner Präsidentschaft aber durchweg geachteten Politiker machten. Drittens schließlich wurde der Politiker Adams auch dadurch geprägt, dass er den größten Teil seiner Jugend und die entscheidenden Lehrjahre als Politiker in Europa verbrachte. Mit siebzehn Jahren war er schon in Begleitung seines Vaters in Holland, Preußen, Russland, Dänemark und England gewesen, und ab 1794 vertrat er sein Land als Gesandter in Den Haag. Während dieser Reisen und Aufenthalte eignete er sich nicht nur an Schulen und Universitäten ein großes Wissen an, sondern wurde auch mit den europäischen Machtverhältnissen und Problemen der einzelnen Höfe vertraut. Diese Erfahrungen ließen ihn zum scharfsinnigsten und weitblickendsten amerikanischen Außenpolitiker seiner Epoche werden. Als Außenminister betonte Adams die nationale Selbständigkeit der USA im internationalen Konzert der Mächte, was ihn konzeptionell mit James Monroe verband; diese nationale Grundhaltung war sicherlich auch Reaktion auf die Herablassung, mit der europäische adelige Diplomaten den Repräsentanten der amerikanischen Republik begegneten. Die drei großen Einflüsse ergaben eine schwierige Mischung: Adams war nach außen kontrolliert, kühl, scharfzüngig bis verletzend, stets kenntnisreich, höchst belesen und fleißig. Egozentrisch bezog er Kritik immer auf sich persönlich. Geselligkeit und Häuslichkeit war er im Unterschied zu seiner Frau abgeneigt, Politik wie privatem Studium dagegen gleichermaßen zugewandt. Pflichterfüllung und Regelmäßigkeit sind Worte, die er in seinen Tagebüchern häufig benutzte. Mit seiner Frau Louisa Catherine Johnson, die einer wohlhabenden Tabakkaufmannsfamilie aus London und Maryland entstammte, verband ihn Zuneigung, aber kaum mehr. Sie hatten am 26. Juli 1797 in London geheiratet.

Nach einer durch viele Reisen geprägten Jugend ging Adams auf Wunsch seiner Eltern nach seinem Abschluss am Harvard College bei einem der führenden Juristen in Massachusetts in die Rechtsanwaltslehre und eröffnete danach in Boston eine anfänglich wenig erfolgreiche Kanzlei. Einer breiteren Öffentlichkeit wurde er zuerst durch seine publizistische Beteiligung an der Kontroverse zwischen Edmund Burke und Thomas Paine bekannt. Auf Burkes kritische *Reflections on the Revolution in France* (1790) hatte Paine mit der Schrift *The Rights of Man* (1791) geantwortet, die auf Thomas Jeffersons Anregung sogleich in Amerika nachgedruckt wurde. Gegen diese veröffentlichte Adams vom 8. Juni bis 27. Juli 1791 in der Zeitung «Columbia Centinel» seine

Letters of Publicola, die sehr schnell nicht nur an anderen Orten der USA, sondern auch in England, Schottland und Irland nachgedruckt wurden. Möglicherweise noch mehr Aufsehen erregten zwei Jahre später Adams' Artikel über das amerikanische Verhältnis zum revolutionären Frankreich und besonders zum Auftreten des französischen Botschafters Genêt in Amerika.

Adams' Essays entsprachen in ihrer Grundtendenz der Haltung George Washingtons und der Federalist Party und zeugten von den politischen Ambitionen des jungen Rechtsanwalts. Dieser nahm wenig später das Angebot von George Washington an, als Gesandter die Vereinigten Staaten in den Niederlanden zu vertreten. Am 30. Mai 1794 bestätigte der Senat die Ernennung durch den Präsidenten. Mit diesem Amt begann John Quincy Adams eine Karriere, die ihn zum vielleicht bedeutendsten und erfolgreichsten amerikanischen Außenpolitiker des 19. Jahrhunderts machte. Aus der ereignisreichen Laufbahn bis 1824, als er zum Präsidenten gewählt wurde, ragen drei Ereignisse heraus: der Friedensschluss von Gent, der 1814 den englisch-amerikanischen Krieg beendete, der Transkontinentale Vertrag mit Spanien von 1819 und die sogenannte «Monroe-Doktrin», die 1823 verkündet wurde.

Unter den amerikanischen Unterhändlern, zu denen neben ihm selbst Albert Gallatin, Henry Clay, James A. Bayard und Jonathan Russell gehörten, besaß John Quincy Adams die größte diplomatische Erfahrung; deshalb war ihm auch die Leitung der Kommission übertragen worden, die 1814 in Gent Frieden schließen sollte. Im Verlauf der mehrmonatigen Gespräche mit der englischen Dreierdelegation verschoben sich freilich die Gewichte zugunsten des politisch versierteren Gallatin. Der englische Außenminister Castlereagh hatte Friedensgespräche unter der Voraussetzung vorgeschlagen, dass dabei keine Prinzipien des öffentlichen Rechts oder der *«maritime rights of the British empire»* verletzt würden. In den Verhandlungen sprach die englische Delegation dann jedoch zwei Problembereiche an, die vom Prinzip der Reziprozität abwichen und Regelungen des Pariser Friedens von 1783 berührten. Die Briten forderten erstens die Einbeziehung der mit England verbündeten Indianer in den Vertrag und die definitive Grenzfestlegung zwischen den USA und dem Land der befreundeten Stämme sowie eine drastische Revision der Grenze zu Kanada; zweitens erklärten sie, dass sie die im Vertrag von 1783 den USA gewährten Fischereirechte innerhalb britischer Gewässer für erloschen erachteten.

Innerhalb der amerikanischen Delegation bildeten sich rasch zwei Gruppen: Während sich alle gegen eine Revision der Westgrenze zugunsten Kanadas wandten, sträubten sich besonders Clay und Russell gegen jeden Versuch, Briten Schifffahrtsrechte auf dem Mississippi einzuräumen. Adams wiederum favorisierte eine harte Haltung in der Fischereifrage, während Gallatin als *elder statesman* eher ausgleichend wirkte und gelegentlich allzu scharfe Reaktionen und Formulierungen von Adams zu mildern und glätten suchte. In den Verhandlungen hatten die alte Rechtspositionen wiederholenden Einlassungen beider Seiten letztlich wenig Auswirkungen auf den Vertrag selbst, sieht man davon ab, dass die mehr oder weniger kategorische Weigerung der Amerikaner, die Indianerproblematik oder die Grenzrevisionen in den Vertrag einzubeziehen, das englische Kabinett veranlasste, schrittweise von diesen Forderungen abzugehen. Im November 1814 waren die Gespräche zu Sachfragen abgeschlossen. Der Vertrag, der neben der Wiederherstellung des Zustandes vor Ausbruch des Krieges die Einsetzung von Grenzkommissionen vorsah, wurde am 24. Dezember 1814 in Gent unterzeichnet und am 18. Februar 1815 vom Präsidenten proklamiert. Adams erhielt noch vor der Ratifikation die Ernennung zum amerikanischen Gesandten am englischen Hofe. In den folgenden beiden Jahren bis zu seiner Rückkehr nach Amerika und der Berufung zum Außenminister mühte er sich nicht ohne Erfolg um eine weitere Normalisierung der gespannten Beziehungen zwischen dem ehemaligen Mutterland und den Vereinigten Staaten. Die persönliche Kenntnis der führenden Politiker des zu diesem Zeitpunkt mächtigsten und reichsten Landes in Europa sollte eine wesentliche Voraussetzung für den Erfolg der außenpolitischen Bemühungen von Adams in den kommenden acht Jahren bilden.

Denn die beiden die Außenpolitik der Präsidentschaft von James Monroe besonders markierenden Ereignisse, der Abschluss der *Transcontinental Treaty* zwischen Spanien und den USA und die Verkündung der «Monroe-Doktrin», hatten die präzise Einschätzung der englischen Haltung zur Voraussetzung. Beide waren das Werk von Adams; beide aber waren erst möglich geworden dank der engen Zusammenarbeit zwischen Präsident Monroe und Adams. Dass diese sich so vertrauensvoll gestaltete, war erstaunlich. Denn zumindest in den ersten Jahren des 19. Jahrhunderts waren beide nicht nur Rivalen gewesen, sondern hatten auch dezidiert unterschiedliche Ansichten über den außenpolitischen Kurs der Vereinigten Staaten vertreten. Monroe verfocht eine wohlwollende Neutralität der USA gegenüber dem revolutionären Frankreich, John Quincy Adams, einflussreicher Interpret von Burke in Amerika, brachte dagegen ebenso wie sein Vater mehr Verständnis für die englische Haltung auf. Was Monroe und Adams jedoch einte, war ihre zwar gemäßigte, aber deutlich nationale Konzeption der amerikanischen Außenpolitik.

Als Außenminister knüpfte Adams bei allen zentralen Problemen an die Fragen an, die sich aus der Umsetzung des Friedens von 1783, an dessen Verhandlungen er als Sekretär seines Vaters teilgenommen hatte, und des Friedens von 1814 ergaben. Dies galt einmal für die Frage des Fischereirechts, in der sich Adams nun gegen seinen und seines Vaters Willen von Monroe, der darüber keinen Konflikt mit England zu riskieren bereit war, zum Kompromiss genötigt sah. Ähnliches gilt für die Frage des Grenzverlaufs zwischen den USA und Kanada bis zum Pazifik. Was man 1783 offengelassen hatte, war 1814 auf Anweisung von Monroe, damals Außenminister, im Friedensvertrag ebenfalls nicht geregelt worden. Die fragliche Region, insbesondere der Besitz des Tales des Columbia River, war inzwischen Gegenstand heftiger Rivalitäten zwischen der britischen *North West Company* und John Jacob Astors *Pacific Fur Trading Company* geworden. Im Krieg von 1812 hatten britische Truppen den amerikanischen Stützpunkt besetzt; nun, 1817, ordnete Monroe unter Berufung auf den Frieden von Gent seine Wiederbesetzung an. In den Verhandlungen, die in London geführt wurden, beharrte die amerikanische Seite auf Anweisung von Adams auf der Verlängerung der amerikanisch-kanadischen Grenze entlang des 49. Breitengrades bis zum Pazifik; da die Briten dem nicht zustimmen mochten, enthielt der Vertrag von 1818 in Artikel 3 nur eine Bestimmung, die das umstrittene Gebiet auf zehn Jahre für Angehörige beider Nationen öffnete. Auch die anderen offenen Fragen zwischen England und den USA wurden im Geist neuer Kompromissbereitschaft gelöst oder vertagt. In der für den Süden wichtigen Frage der Entschädigung für deportierte Sklaven vereinbarte man Schiedsgerichtsbarkeit; bezüglich der Reziprozität im amerikanisch-britischen Handel und im Konflikt um die gewalttätige Abwerbung ehemals britischer Matrosen von amerikanischen Handelsschiffen auf hoher See (*impressment*) wurde dagegen trotz Annäherung der Standpunkte keine Lösung gefunden. Dennoch bedeutete der Abschluss des Vertrags von 1818 einen weiteren Schritt auf dem Weg zur Verbesserung der englisch-amerikanischen Beziehungen. Zugleich zeigte die Art, wie von der amerikanischen Seite der Vertrag ausgehandelt wurde, die Form der Zusammenarbeit zwischen dem Präsidenten und seinem Außenminister an: In Punkten, die Monroe wichtig waren, entschied er selbst; diesen Entscheidungen beugte sich Adams, ohne deshalb Ressentiments gegenüber Monroe zu entwickeln. In allen anderen Fragen ließ Monroe seinem Außenminister freie Hand. Der Vertrag war also im doppelten Sinne ein Kompromiss: einmal zwischen den beiden Staaten, dann zwischen Monroe und Adams.

Mit dem Vertrag war eine wichtige Voraussetzung für das Gelingen der schon laufenden, von Adams in Washington mit dem spanischen Botschafter geführten Verhandlungen geschaffen worden. Sie betrafen zwei Komplexe: das Problem West-Floridas, dessen Erwerb die USA anstrebten, und die seit dem *Louisiana Purchase* umstrittene Westgrenze zu den spanischen Kolonien.

Den Ausgangspunkt bildete die Resolution des amerikanischen Kongresses vom 15. Januar 1811, die den Transfer von spanischen oder ehemals spanischen Kolonien, die unmittelbar an die USA angrenzten, in den Besitz einer anderen europäischen Macht prinzipiell abgelehnt hatte, den USA zugleich aber das Recht zusprach, solche Gebiete bis zur endgültigen vertraglichen Regelung der Besitzfrage vorsorglich zu besetzen. Ein weiterer Anlauf war 1815 gescheitert: Spanien bestand auf dem Mississippi als Grenze, wodurch die USA einen Großteil der 1803 erworbenen Gebiete verloren hätten, und verweigerte die Abtretung von Ost- und West-Florida. Dies war der Stand, als Adams die Verhandlungen mit Spanien an sich zog. Binnen kurzem erhielt die Floridaproblematik zusätzliche Sprengkraft durch Andrew Jacksons Besetzung von Ost-Florida, die zeigte, wie dringend eine umfassende Regelung der Beziehungen zwischen Spanien und den USA war.

In den Verhandlungen um den Grenzverlauf im Westen war Monroe zu größerem Entgegenkommen bereit als Adams. Spätestens seit dem Frühjahr 1818 suchte der Außenminister nicht nur den spanischen Botschafter Luis de Onís de Gonzalez, sondern auch Monroe davon zu überzeugen, dass die Grenze von einem möglichst weit im Süden liegenden Punkt über die Rocky Mountains gen Westen bis zum Pazifik gezogen werden sollte. In den langen und schwierigen Verhandlungen konnte sich Adams mit seiner Ansicht auch deshalb durchsetzen, weil sich die Position der spanischen Regierung in Europa allmählich verschlechterte, und die Heilige Allianz sich nicht von Spanien für eine transatlantische Intervention gewinnen ließ. Letztlich einigten sich Adams und Onís auf eine Grenze entlang dem Arkansas River bis zu den Rocky Mountains, von wo sie dem 42. Breitengrad bis zum Pazifik folgte. Der Vertrag, der in seiner Bedeutung dem *Louisiana Purchase* nur wenig nachstand, übertrug den USA gegen Zahlung von 5 Millionen Dollar überdies beide Floridas. Die Verträge mit England und Spanien hatten den USA einen Korridor zwischen dem 42. und 49. Breitengrad hin zum Pazifik gesichert.

Eines der Kernprobleme der Verhandlungen mit Spanien war die Frage der diplomatischen Anerkennung der ehemaligen spanischen Kolonien in Lateinamerika durch die USA gewesen. Adams, Monroe und Clay wollten auf keinen Fall der Forderung Spaniens nachkommen, auf eine solche Anerkennung zu verzichten, wiewohl Adams sehr viel zurückhaltender als etwa Clay bei der Frage war, *wann* diese Anerkennung erfolgen sollte. Monroe wiederum sorgte sich um die Haltung der Mächte der Heiligen Allianz und fürchtete, die Anerkennung werde deren Intervention provozieren. Im Sommer 1823 geriet der gesamte Fragenkomplex durch zwei neue Entwicklungen in Fluss: Einmal bot der englische Außenminister eine gemeinsame englischamerikanische Erklärung zur Frage der ehemaligen spanischen Kolonien an, während Russland in Washington erklären ließ, dass es eine Anerkennung rebellierender Kolonien mit republikanischen Verfassungen prinzipiell ablehne, zugleich aber mitteilte, dass es seine Rechtsansprüche auf die Nordwestküste Amerikas zum Aufbau von Siedlungen zu nutzen gedenke. Über das englische Angebot war das Kabinett zuerst gespalten. Monroe und Calhoun waren für und Crawford und Adams gegen die Annahme. Letztlich setzte sich Adams mit seinem Vorschlag einer doppelten Strategie durch: einer freundlichen Ablehnung an die englische Adresse und einer öffentlichen Erklärung der Grundsätze amerikanischer Außenpolitik in einer Botschaft Monroes an den Kongress. Eine solche Erklärung konnte an die Resolution vom 15. Oktober 1811 ebenso wie an die Abschiedsbotschaft von George Washington anknüpfen. Die prinzipielle Klärung der amerikanischen Vorstellungen führte zur Verknüpfung der Lateinamerikaproblematik mit der amerikanischen Haltung zu den europäischen Staaten und deren Rolle in Amerika. Diese Verbindung war, wie der Tagebucheintrag Adams' vom 21. November 1823 zeigt, wesentlich eine Leistung des Außenministers. Danach wollte er deutlich machen, dass die Regierung der Vereinigten Staaten darauf verzichte, das eigene politische System anderen Mächten aufzuzwingen oder sich in europäische Angelegenheiten einzumischen; umgekehrt erwarte und hoffe sie, dass auch die Europäer davon absehen würden, ihre Prinzipien in der amerikanischen Hemisphäre zu verbreiten oder irgendeinen Teil dieser Kontinente gewaltsam ihrem Willen zu unterwerfen. Die Prinzipien, die Adams hier formulierte, flossen in die Botschaft des Präsidenten ein, die dieser am 2. Dezember 1823 dem Kongress vortrug und die später unter der Bezeichnung «Monroe-Doktrin» die amerikanische Außenpolitik bis in unsere Gegenwart, wenn auch mit Änderungen, entscheidend mitprägen sollte.

Schon die Beratungen über die Reaktion auf die englische und russische Initiative waren durch den Präsidentenwahlkampf des folgenden Jahres überschattet. Mit Ausnahme des administrativ vollkommen unerfahrenen, dafür aber vom Glanz des militärischen Siegers umstrahlten Andrew Jackson saßen alle anderen Präsidentschaftskandidaten – neben Adams Calhoun, Crawford und Clay – entweder im Kabinett oder im Kongress. Der Südstaatler William H. Crawford, unter Monroe Secretary of the Treasury, hatte sich der Förderung einer nationalen Wirtschaftsstruktur und, wie Clay und Adams, dem Ausbau des Transportsystems verschrieben; John C. Calhoun aus South Carolina entwickelte sich in dieser Zeit im Kontext der höchst kontroversen Zollproblematik zum energischen Anwalt der ökonomischen Interessen des Südens, während Henry Clay als Sprecher des Abgeordnetenhauses nicht nur energisch das Interesse der westlichen Sektion am Ausbau eines nationalen Transportsystems verfocht, sondern auch als Befürworter eines «*American System*» ein gesamtkontinentales, dem Erbe der Amerikanischen Revolution verpflichtetes Programm entfaltete. Adams selbst teilte Crawfords und Clays Ansichten über die Notwendigkeit und Verfassungsgemäßheit von bundesstaatlichen Infrastrukturmaßnahmen (*internal improvements*), stand, wenn auch mit mehr Skepsis, Clays «*American System*» nahe, verknüpfte dies aber mit einer Politik der deutlichen Abgrenzung gegenüber Europa und einer insbesondere gegen England gerichteten Politik der Betonung nationaler Außenhandelsinteressen. In der Zollfrage, die neben der *internal improvement*-Problematik zwischen den Sektionen am umstrittensten war, steuerte Adams im Wahlkampf einen eher neutralen Kurs, konnte aber hier wie bei einigen anderen Themen den Vorwurf, einseitig die Interessen der Manufakturen von New England zu favorisieren, nicht vermeiden. Überhaupt verrieten schon das öffentliche Gebaren, Ausdruck und Auftreten Adams' Herkunft aus dieser nördlichen Region.

Da Andrew Jackson am Wahltag, dem 1. Dezember 1824, zwar die meisten Stimmen, keiner der Kandidaten aber die erforderliche Mehrheit der Wahlmänner erreicht hatte, fiel die Entscheidung dem Repräsentantenhaus zu. Dieses wählte am 9. Februar 1825 nicht Jackson, sondern John Quincy Adams, der das zweitbeste Ergebnis im Wahlmännergremium hatte, zum neuen Präsidenten. Nachdem Adams dann Henry Clay zum neuen Außenminister in sein Kabinett berufen hatte, wurde von Jackson und seinen Anhängern der Vorwurf erhoben, Adams habe mit Clay im Vorfeld der Abstimmung im Repräsentantenhaus eine geheime Vereinbarung getroffen, nach der Clays Wahlmänner für Adams stimmen sollten, Adams dafür Clay ins Kabinett berufen würde. In der Forschung ist dieser Vorwurf noch immer Gegenstand unterschiedlicher Ansichten. Zweierlei gilt es zu bedenken: Zum einen war schon vor der Wahl das Zerwürfnis zwischen Clay und Jackson offensichtlich; zum anderen hatte Clay wie manch ein anderer Zweifel daran, ob sich Crawford, der als offizieller Parteikandidat der Republicans ins Rennen gegangen war, von seinem im Sommer 1823 erlittenen schweren Schlaganfall erholen und in der Lage sein würde, das Präsidentenamt auszuüben. Für Clay bildeten Jackson und Crawford deshalb keine Alternativen zu Adams. Zweifellos fanden zwischen Adams und Clay vor der Abstimmung Gespräche statt. Was beide besprachen, war den meisten Zeitgenossen unwichtig; ihnen reichte der Augenschein und das Wort des militärischen Helden vom «*corrupt bargain*», um Adams zu verurteilen. Die Präsidentschaft war durch diesen Korruptionsvorwurf von Beginn an schwer belastet.

Die Geradlinigkeit, persönliche Kälte, skrupulöse Zurückhaltung in parteipolitischen Fragen und die Unfähigkeit, sich mit den der Zeit akzeptablen und üblichen Methoden der Patronage eine eigene politische Gefolgschaft aufzubauen und seine politischen Sympathisanten zu stärken, kurz: sein Beharren auf dem Grundsatz der absoluten politischen Unabhängigkeit, das Adams schon seit Beginn des Jahrhunderts das tiefe Misstrauen sowohl der Federalists als auch der Republicans eingebracht hatte, bestimmten seinen präsidentialen Regierungsstil – und zerstörten damit auch zugleich jede Aussicht auf eine Wiederwahl. Trotzdem lassen sich einige, wenn auch recht krude, politische Überlegungen insbesondere in der Zusammensetzung seines Kabinetts erkennen: Er plante, Jackson das Kriegsministerium anzubieten, nahm davon aber Abstand, als ihm bedeutet wurde, Jackson würde die Offerte als Beleidigung auffassen; er bot Crawford wieder das Finanzministerium an, doch der lehnte ab, worauf Adams sich entschloss, das Amt dem amerikanischen Gesandten in London, Richard Rush, zu übertragen, der, seit 1817 in Europa, keinen Rückhalt mehr in Amerika hatte. Damit war der Versuch, die beiden gefährlichsten politischen Konkurrenten mit ihren Anhängern in die Präsidentschaft einzubinden, gescheitert. Dies wurde verschlimmert dadurch, dass Adams John McLean in seinem Amt als Postmaster General beließ und diesem Gefolgsmann von Calhoun, später von Jackson, damit außerordentlich breite Möglichkeiten der Patronage an die Hand gab. Die Anhänger Crawfords, Jacksons und Calhouns sollten sich im Kongress alsbald in der Opposition zur Politik von Adams zusammenfinden und verhindern, dass von den weitreichenden Plänen des Präsidenten etwas verwirklicht werden konnte. In den Wahlen zu Beginn des dritten Jahres der Präsidentschaft erreichten Adams' Gegner in beiden Häusern des Kongresses die Mehrheit.

Adams' Antrittsrede vom 4. März 1825 ist Ausdruck seiner hohen Auffassung vom Präsidentenamt, seiner Überzeugung, dass er dem Gemeinwohl aller Amerikaner verpflichtet war und sein höchstes Ziel die Förderung von Bildung und Wissenschaft zu sein habe. Im Wesentlichen ging es ihm um die Ausbildung eines tugendhaften und gebildeteren Republikaners und um die Schaffung von Voraussetzungen für den wirtschaftlichen Fortschritt durch die Förderung von *internal improvements*. Er beschwor die Einheit der Nation, betonte den Beitrag der beiden großen Parteien, die de facto nicht mehr bestanden, zum Wohl des Landes, und beklagte die sich abzeichnenden sektionalen Konflikte. Überdies forderte er, dass die USA eine aktive Rolle auf der ersten Konferenz aller unabhängigen Staaten des Kontinents in Panama übernehmen sollten. Seine Vorschläge stießen auch deshalb auf bitteren Widerstand im Kongress, weil ihnen eine weite Auslegung der Bundeskompetenzen in der Verfassung zugrunde lag.

Schon bei Amtsantritt war die Präsidentschaft von John Quincy Adams daher mit schweren Hypotheken belastet. Weitere kamen hinzu: Der Versuch, der amerikanischen Schifffahrt gleichberechtigten Zugang zu den britischen Karibik-Inseln zu verschaffen, scheiterte am Widerstand Londons und führte 1826 sogar zur Sperrung der westindischen Häfen für amerikanische Schiffe; amerikanische Inflexibilität war für den Abbruch weiterer Verhandlungen verantwortlich, und Adams blieb im März 1827 keine andere Wahl, als im Gegenzug die amerikanischen Häfen für britische Schiffe zu schließen. Erst 1830 konnte der Westindienhandel wieder normalisiert werden. In der innenpolitisch brisanteren Frage des Schutzzolls bemühte sich Adams zwar wie zuvor schon im Wahlkampf wegen der sektionalen Implikationen um größte Zurückhaltung, doch wegen der zeitlichen Begrenzung des Gesetzes von 1824 war eine öffentliche Diskussion unvermeidbar. Der nach ungewöhnlich bitteren Kontroversen 1828 dann verabschiedete *Tariff of Abominations* mit seinen prohibitiv hohen Zöllen auf englische Wollwaren wurde von Adams zwar in seiner letzten Botschaft an den Kongress ausdrücklich missbilligt; aber den Vorwurf, an dessen Verabschiedung nicht schuldlos zu sein, konnte er nicht abwehren. Insbesondere die Vertreter der Südstaaten interpretierten den Schutzzoll als einen eklatanten Bruch der Bundesverfassung und als einen verfassungswidrigen Eingriff des Bundes in die Rechte der Einzelstaaten, dem zu widerstehen in South Carolina, dem Staat John C. Calhouns, nun ernsthafte Anstrengungen unternommen wurden.

Adams gelang es während seiner gesamten Amtszeit nie, die Themen der politischen Debatte innerhalb und außerhalb des Kongresses zu bestimmen und der Diskussion damit Struktur und Richtung zu verleihen. Letztlich hätte dies eine aktivere und politischere Auffassung vom Präsidentenamt gefordert als sie Adams besaß. Es überrascht daher nicht, dass 1828 Adams' Aussichten auf eine Wiederwahl wenig günstig standen. Jackson und seine Anhänger hatten seit 1826 systematisch nicht nur die Opposition gegen Adams, sondern auch die Wahl Jacksons zum neuen Präsidenten organisiert. Zu spät begannen Adams' Anhänger mit ihren Bemühungen, in den Staaten Organisationen aufzubauen. Jackson gewann die Wahl mit 56 Prozent der Wahlstimmen und mit 178 zu 83 Wahlmännern.

Andere Präsidenten, die ihre Wiederwahl verloren hatten, zogen sich – und John Adams war das beste Beispiel – danach aus der aktiven Politik zurück. Sein Sohn bildete die erstaunliche Ausnahme. Nach einer kurzen Ruhepause kehrte Adams Anfang Dezember 1831 als Delegierter von Plymouth ins

Repräsentantenhaus zurück, wo er bis zu seinem Tod am 21. Februar 1848 tätig blieb. Er starb im Kongress während einer Debatte über den amerikanisch-mexikanischen Krieg, den Adams ebenso energisch abgelehnt hatte, wie er umgekehrt die Bemühungen um eine Eindämmung oder sogar Abschaffung der Sklaverei vehement unterstützte und auch alle taktischen Finessen der Vertreter der Südstaaten dagegen nachdrücklich und durchaus mit Erfolg bekämpfte.

Aus der Rückschau bleibt Adams ein bemerkenswerter Staatsmann, dessen politische Bedeutung weniger in seinem Wirken als Präsident denn in seinen außenpolitischen Erfolgen davor und seiner Tätigkeit im Repräsentantenhaus danach begründet liegt. Als Außenpolitiker verfügte Adams über hervorragende Qualitäten wie kühlen Verstand, nüchterne Interessensabwägung, profunde Kenntnis, intellektuelle Unabhängigkeit, die ihn aber als Präsidenten in den USA nicht unbedingt beliebt machten. Ganz im Gegenteil entfremdeten sie ihn sogar den zeitgenössischen Politikern und machten ihn, verbunden mit seiner Auffassung vom Präsidentenamt, eher zum Prediger denn zum wirklichen Führer der Nation. Prinzipientreue, Mut und aus Misstrauen gegen politische Gruppen und Parteien geborene Unparteilichkeit aber wiederum verschafften Adams als Politiker vor und nach seiner Präsidentschaft jenes hohe Ansehen, das er heute noch zu Recht genießt.

Horst Dippel

ANDREW JACKSON
1829–1837

Präsident des demokratischen Umbruchs

Andrew Jackson symbolisiert im politischen Bewusstsein der Amerikaner den ersten Präsidenten, der nicht der bis dahin tonangebenden Ostküstenelite entstammte, sondern – zumal in den Augen seiner politischen Gegner – den ebenso ungebildeten wie ungehobelten und draufgängerischen Menschenschlag des Westens jenseits der Appalachen verkörperte. Geboren wurde der spätere 7. Präsident der Vereinigten Staaten am 15. März 1767 nördlich von Columbia, S. C., in der Gegend von Waxhaw in der zwischen North und South Carolina umstrittenen Grenzregion. Sein Vater Andrew Jackson, ein Ire schottisch-protestantischer Abstammung, war zwei Jahre zuvor mit seiner Frau Elizabeth Hutchinson Jackson und seinen beiden Söhnen nach South

Carolina ausgewandert und hatte Land in der noch weitgehend unerschlossenen Grenzregion erworben. Kurz vor der Geburt seines jüngsten Sohnes starb der Vater. Da der kleine Andrew für ein geistliches Amt bestimmt war, hatte er, anders als seine Brüder, das Privileg, in der Folgezeit eine elementare Schulbildung genießen zu können, die jedoch nach wenigen Jahren dem Unabhängigkeitskrieg zum Opfer fiel, in dem sein ältester Bruder schon bald den Tod fand. Knapp vierzehnjährig mussten Andrew und sein Bruder Robert in der von britischen Truppen bedrohten Region selbst in den Kampf eintreten und gerieten in Gefangenschaft, wobei beide Brüder erhebliche Kopfverletzungen davontrugen, denen Robert wenige Monate später erlag. Als Andrew im Frühjahr 1781 wieder freigelassen wurde, vergingen nur wenige Wochen, bis auch seine Mutter verstarb, worauf er sich schließlich nach Salisbury, N. C., begab, um sich in einer angesehenen Kanzlei zum Rechtsanwalt ausbilden zu lassen. Obwohl er ein ausschweifendes Leben führte, erhielt er nach wenigen Jahren die Gerichtszulassung und beschloss als Einundzwanzigjähriger zielstrebig, sein Glück weiter im Westen in Nashville in dem noch kaum besiedelten Gebiet von Tennessee zu suchen.

Mit einem Sinn für Erfolg und Einfluss heiratete er 1791 in eine der ersten Familien Tennessees, nachdem, wie beide annahmen, Rachel Donelson von ihrem ersten Mann rechtmäßig geschieden worden war – ein Irrtum, wie sich schließlich herausstellen sollte, so dass die Eheschließung Anfang 1794 wiederholt werden musste. Der Karriere Jacksons als zunehmend angesehener und wohlhabender Rechtsanwalt, Pflanzer und Person des öffentlichen Lebens tat dies zunächst jedoch keinen Abbruch. 1796 wurde er in den Verfassungskonvent von Tennessee gewählt und nach der Aufnahme des Staates in die Union als erster Abgeordneter von Tennessee in den Kongress nach Washington entsandt, wohin er 1797 als einer der beiden Senatoren von Tennessee zurückkehrte. Er vermochte jedoch dem Mandat nichts abzugewinnen und trat zurück, um eine Ernennung zum Richter am Obersten Gericht von Tennessee anzunehmen, dem er von 1798 bis 1804 angehörte. Doch schon nach wenigen Jahren begann er, sich nach neuen Betätigungsfeldern umzusehen. 1802 ließ er sich zum Befehlshaber der Miliz von Tennessee im Rang eines Generalmajors wählen. So sehr er das Amt auch angestrebt hatte, schienen jedoch private Fehden, Duelle und Unstimmigkeiten mit Thomas Jefferson anzuraten, sich für einige Zeit aus dem öffentlichen Leben zurückzuziehen.

Jacksons Chance kam 1813, während des Krieges gegen England mit dem Aufstand der Creek-Indianer im benachbarten Mississippi-Territorium. Der Gouverneur von Tennessee beauftragte die Miliz unter Führung von Jackson mit der Niederwerfung des Aufstandes, was am 27. März 1814 mit der Schlacht am Horseshoe Bend gelang. Wenige Monate später besiegelte Jackson das Schicksal der Indianer mit einem drakonischen Friedensvertrag, auf Grund dessen die Creeks große Landstriche abtreten mussten, wodurch weite Gebiete in Georgia und dem heutigen Alabama für die weiße Besiedlung geöffnet wurden. Jackson war auf seinem Feldzug gegen die mit den Briten verbündeten Indianer tief in den Süden vorgestoßen und erreichte über Pensacola schließlich New Orleans, wo er am 8. Januar 1815, nunmehr als Generalmajor der Armee der Vereinigten Staaten, britische Landungstruppen vernichtend schlug. Auch wenn der aus amerikanischer Sicht so glanzlose Krieg von 1812 gegen Großbritannien völkerrechtlich bereits am 24. Dezember 1814 im fernen Gent in Belgien beendet worden war – was in den Vereinigten Staaten zu diesem Zeitpunkt noch niemand wusste –, hatte Jackson damit seinen Ruhm als «Retter des Vaterlandes» begründet.

Sein hartes und entschlossenes militärisches Durchgreifen, das ihm bei seinen Bewunderern den Namen *Old Hickory* eintrug, zeigte sich erneut, als er im Dezember 1817 von der Bundesregierung beauftragt wurde, gegen die Seminole-Indianer vorzugehen, die vom spanischen Florida aus für Unruhe an der amerikanischen Südgrenze sorgten. Jackson marschierte kurzerhand in Florida ein, eroberte die Hauptstadt Pensacola, brachte das Gebiet unter Kontrolle und ließ zwei Briten wegen angeblicher Zusammenarbeit mit den aufständischen Indianern hängen. Er hatte damit nicht nur für erhebliche diplomatische Verwicklungen gesorgt, sondern sich auch zahlreiche politische Feinde in Washington gemacht, die ihm vorwarfen, seine Befugnisse überschritten zu haben, und damit eine politische Untersuchung bewirkten. Jackson wurde zwar rehabilitiert, doch die Regierung hatte wenig zu seiner Verteidigung unternommen, und eines der gewichtigsten Mitglieder des Kongresses, Henry Clay, hatte ihn öffentlich als «gefährlich» eingestuft. Jackson sollte diese Rankünen nicht vergessen, zumal der Abschluss des sogenannten Transkontinentalvertrags mit Spanien 1819 sein Handeln indirekt zu rechtfertigen schien, war Spanien doch nunmehr bereit, Florida gegen eine Geldzahlung an die Vereinigten Staaten abzutreten und den amerikanischen Anspruch auf eine Ausdehnung bis zum Pazifik anzuerkennen.

Jacksons politische Karriere hatte durch diesen Streit schärfere Konturen gewonnen. 1821 wurde er zum Militärgouverneur von Florida bestellt, und von 1823 bis 1825 gehörte er erneut dem Senat in Washington an, was ihm Gelegenheit bot, seine Aspirationen auf das Präsidentenamt zu untermauern. Die Wahlen von 1824 schienen dafür der ideale Zeitpunkt zu sein. Virginia, das mit Ausnahme von John Adams bislang alle Präsidenten gestellt hatte, war nicht in der Lage, einen überzeugenden Nachfolger für James Monroe zu präsentieren, so dass in diesem Vakuum Jackson für viele die geeignetste Persönlichkeit war. Doch die politische Elite des Landes war nicht bereit, gegenüber dem volkstümlichen Nationalhelden aus dem Westen kampflos abzutreten: Nachdem John C. Calhoun seine Kandidatur angemeldet hatte, nominierte Tennessee Jackson, worauf Kentucky Henry Clay und Massachusetts John Quincy Adams ins Rennen schickten. Eine Minderheitsfraktion der Republikaner im Kongress stellte schließlich noch mit William H. Crawford aus Georgia einen weiteren Jackson-Gegner auf. In dieser zerstrittenen Situation zog Calhoun seine Bewerbung zurück, um als Vizepräsidentschaftskandidat von Jackson wie von Adams in die Wahl zu gehen.

Die politische Zersplitterung war Ausdruck des fundamentalen Wandels, in dem sich das Land befand, in dem die alten republikanischen Ideale der Revolutionszeit ihre Integrationskraft verloren und sich ein neues Mehrparteiensystem auf einer gewandelten, demokratischen Legitimationsgrundlage in ersten Ansätzen herauszubilden begann. Jackson, dem Exponenten des neuen Amerika, standen drei Vertreter der sich zu Ende neigenden Zeit gegenüber. Doch nicht die Verzettelung auf dieser Seite sollte wahlentscheidend werden, sondern erst ihre Verknüpfung mit dem politischen Gegensatz zwischen dem Süden und dem Westen. Zwar konnte Jackson die meisten Wählerstimmen auf sich vereinigen, doch keiner der Kandidaten erreichte im Wahlmännerkollegium die erforderliche absolute Mehrheit, so dass das Repräsentantenhaus zwischen den drei Bestplatzierten entscheiden musste. Angesichts der politischen Rivalitäten zwischen Jackson und Clay einerseits und der vielfältigen politischen Übereinstimmungen zwischen Adams und Clay andererseits konnte es kaum überraschen, dass der Viertplatzierte Clay sein politisches Gewicht nicht zuletzt angesichts der aussichtslosen Position von Crawford zugunsten von Adams in die Waagschale warf, zumal ihm dieser dafür den prestigereichen Posten des Außenministers in Aussicht stellte.

Jackson sah sich um den Sieg betrogen und warf Clay – aus Enttäuschung, aber auch aus seinem Demokratieverständnis heraus, das jedoch die politischen Realitäten nicht zur Kenntnis nahm – öffentlich eine korrupte Abmachung mit Adams vor. Doch Jackson gab sich nicht geschlagen, und angesichts der wachsenden Opposition gegen Adams' Politik eines gezielten Ausbaus der Infrastruktur gelang es dem New Yorker Senator Martin Van Buren in den folgenden Jahren, eine Koalition von Nord- und Südstaatenrepublikanern unter Einschluss des Vizepräsidenten Calhoun als «demokratische Republikaner» oder «Demokraten» mit Andrew Jackson an ihrer Spitze zu schmieden. In dieser politischen Konstellation forderte Jackson in den Präsidentschaftswahlen von 1828 Adams heraus. Diese Auseinandersetzung, die als einer der schmutzigsten Wahlkämpfe in die amerikanische Geschichte einging, führte zu einer ungeheuren Politisierung der Bevölkerung. Einige Zeitungsschreiber, die Adams und Henry Clay unterstützten, zogen die Reputation von Jacksons Ehefrau Rachel in Zweifel, mit der er seit 1790 zusammenlebte, obwohl sie erst 1793 offiziell von ihrem ersten Mann geschieden worden war. Jackson konnte nur mit Mühe davon abgehalten werden, wieder zu seiner Duellpistole zu greifen, mit der er schon vorher mehrfach – einmal mit tödlichem Ausgang – die Ehre seiner Frau verteidigt hatte.

Den 13. Jahrestag seines Sieges in der Schlacht von New Orleans nutzte Jackson zu einer Reise an den Ort des Geschehens aus, die als eine der ersten «campaign tours» in die Annalen des amerikanischen Wahlkampfes eingegangen ist. Die Wahlbeteiligung stieg enorm an, zumal inzwischen der Demokratisierungsprozess in fast allen Staaten die letzten Hürden zur Einführung des allgemeinen Wahlrechts für weiße, erwachsene Männer genommen hatte. Das Ergebnis war in vieler Hinsicht bemerkenswert. So gingen fast dreimal so viele Amerikaner wie 1824 zur Wahl, und Jackson konnte seinen Stimmenanteil von 41 Prozent auf 56 Prozent deutlicher noch als Adams steigern. Im Wahlmännerkollegium, dessen Mitglieder nunmehr ebenfalls zumeist durch die Volkswahl und nicht mehr, wie bisher, durch die Einzelstaatenparlamente bestimmt worden waren, fiel Jacksons Sieg noch eindeutiger aus: Er erlangte 178 Stimmen gegenüber 83 für Adams, der nur die Neuenglandstaaten, New Jersey, Delaware und Teile von New York und von Maryland hinter sich bringen konnte. Erstmals seit 1800 hatte damit ein amtierender Präsident seine Wiederwahl verloren. Allerdings hatte Jackson den Sieg teuer bezahlen müssen, war doch seine Frau kurz vor dem Umzug nach Washington, vor dem sie sich nach den im Wahlkampf erlittenen Demütigungen fürchtete, plötzlich gestorben. Die Schuld an ihrem Tod gab Jackson seinen politischen Gegnern; aber auch sich selbst machte er Vorwürfe, weil er Rachel durch seinen Ehrgeiz die öffentlichen Auseinandersetzungen zugemutet hatte.

Jackson wertete seinen Erfolg als einen Sieg der Demokratie und des Volkes, und Generationen von Historikern und Politikern haben insbesondere in der ersten Hälfte des 20. Jahrhunderts diese Zeit gerne als das Zeitalter des kleinen Mannes, *the Era of the Common Man,* bezeichnet. In jüngster Zeit hat sich dagegen eine stärkere Betonung des revolutionären Umbruchcharakters der Zeit durchgesetzt. Ausgehend von der «Transport-Revolution» des frühen 19. Jahrhunderts mit ihrem fieberhaften Straßen-, Kanal- und schließlich Eisenbahnbau, der die riesigen neuerworbenen Gebiete für Besiedlung und Handel erschloss und den Grundstein für die Industrialisierung legte, spricht man heute von einer allgemeinen «Markt-Revolution» (*market revolution*), die das ganze ökonomische, soziale und politische Gefüge der Zeit neu gestaltet habe. Weit weniger Ausdruck einer egalitären Gesellschaft, wie es aus der Perspektive europäischer Betrachter, insbesondere Tocquevilles, erscheinen mochte, kennzeichnen diese Jahrzehnte vielmehr die sich durchsetzenden kapitalistischen Marktkräfte, die die wachsenden Städte ebenso prägten wie die zunehmende Kapitalisierung und Weltmarktorientierung der Landwirtschaft und deren vermehrte Einbindung in die nationale Zoll- und Handelspolitik und in die von den Finanzmärkten vorgegebenen Rahmenbedingungen.

Doch neben den Gewinnern dieser Entwicklung unter den Geschäftsleuten, Unternehmern, Spekulanten und großen Landbesitzern gab es auch die Opfer des kapitalistischen Expansionsdrangs: Indianer, Schwarze, Arbeiter und Frauen. Zwar war das Wahlrecht insbesondere im Norden bis zum Sieg Jacksons weitgehend demokratisiert worden, doch die Frauen hatte es ebenso wenig einbezogen wie die neue demokratische Öffnung etwa die ökonomischen Rechte der Arbeiter und die insbesondere von Großbritannien übergreifenden Versuche der Gründung und Legalisierung von Gewerkschaften gefördert hätte. Im Gegenteil war Jackson der erste amerikanische Präsident, der Truppen gegen streikende Arbeiter einsetzte.

Entsprechend waren die neuen Männer, die mit der Amtseinführung Jacksons am 4. März 1829 in Washington Einzug hielten, weder arm noch sozial deklassiert, sondern vielfach eher Ausdruck der aufstrebenden *self-made men* dieser Umbruchzeit, die Jackson mehr als jeder andere verkörperte. Es war jener soziale Typus, der nun nach dem «Beuteprinzip» in die Politik Einzug hielt und der Jacksons Gegner stärker noch moralisch als politisch entrüstete. Gewiss hatte Jackson nicht den Gedanken erfunden, durch Rotation, wie er es nannte, seinen politischen Gefolgsleuten zu Amt und Einfluss zu verhelfen. Das hatten vor ihm bereits andere Präsidenten gemacht. Doch schien dies nunmehr zumal den Gegnern wie Betroffenen abrupt und dramatisch zu geschehen, obwohl Jackson gemäß seiner Überzeugung auf diese Weise insbesondere der politischen Korruption, wie er sie seit 1824 in Washington am Werk sah, entgegenwirken wollte, wobei er tatsächlich in seinen beiden Amtszeiten lediglich etwa 10 Prozent der der Bundesregierung unterstehenden Stellen neu besetzte. Die durch den Wahlkampf bewirkte Polarisierung des politischen Lebens fand angesichts dieses moralischen Anspruchs mit Jacksons Amtsantritt neue Nahrung und kennzeichnete sein Handeln in der Peggy Eaton-Affäre, in der er es zu einem Anliegen höchster Politik machte, dass die junge Frau seines langjährigen Vertrauten und frisch ernannten Kriegsministers John Eaton, über die in der Washingtoner Gesellschaft skandalträchtige Gerüchte kolportiert wurden, mit dem gebührenden Respekt behandelt werde. Dass sich Van Buren in dieser Situation auf die Seite der Eatons stellte, hat ihm ebenso Jacksons weitere Wertschätzung und Freundschaft erhalten wie den politischen Riss zwischen Jackson und seinem Vizepräsidenten Calhoun vertieft, dessen Frau bei ihrer demonstrativen sozialen Ächtung von Peggy Eaton blieb.

Ob man unter anderem deswegen in Jackson einen zumindest anfänglich verunsicherten Präsidenten sehen sollte, wie dies in einer jüngsten Bewertung seiner Präsidentschaft geschehen ist, erscheint fragwürdig. Gewiss legte er in Zukunft nachdrücklich Wert auf die Beratung im kleinen Kreis und durch persönlich Vertraute, was seine Gegner das *Kitchen Cabinet* nannten, statt durch Sitzungen des formalen Kabinetts. Aber an politischer Zielstrebigkeit und politischem Durchsetzungswillen ließ er es nie fehlen. So forderte er bereits in seiner ersten Botschaft an den Kongress die Parlamentarier zu einschneidenden demokratischen Reformen auf, um dem Willen und der Souveränität des Volkes politisch angemessenen Ausdruck zu verleihen. Doch die von ihm in diesem Zusammenhang postulierte Volkswahl der Senatoren wurde erst mehr als 80 Jahre später zum Verfassungsgrundsatz erhoben.

Sehr viel erfolgreicher war Jackson in einer der umstrittensten Maßnahmen seiner Präsidentschaft, dem sogenannten Bankkrieg. Gegen erheblichen Widerstand hatte Alexander Hamilton 1791 die erste Bank der Vereinigten Staaten ins Leben gerufen, an deren Stelle 1816 die zweite Bank der Vereinigten Staaten als Hüterin der Währung und alleinige Depositenbank für alle Regierungsgelder getreten war, die, obwohl auf der Basis einer privatrechtlichen Aktiengesellschaft organisiert, zugleich für die Steuereinnahmen des Bundes verantwortlich war. Obgleich diese mit ihrer Zentrale in Philadelphia ansässige und mit rund zwei Dutzend Filialen über das ganze Land verteilte Bank seit 1822 erfolgreich von dem aus einer der angesehensten Familien Philadelphias stammenden Nicholas Biddle geleitet wurde, waren die Zweifel an ihrer verfassungsrechtlichen Legitimation nie vollends verstummt. Seit Jackson in der Wirtschaftskrise von 1819 erlebt hatte, wie die Kredit- und Zinspolitik der Bank zahllose verschuldete Farmer im Westen in den Ruin getrieben hatte, war er ein Gegner jenes «Monsters», dessen Privilegien angeblich nur den Reichen nützten, die Freiheit und das Wohlergehen des Volkes jedoch gefährdeten.

In einem geschickten Schachzug brachte daher Henry Clay im Zusammenspiel mit Biddle die eigentlich erst 1836 anstehende Frage der Verlängerung der Konzession für die Bank Anfang 1832 in den Präsidentschaftswahlkampf ein. Entweder würde Jackson klein beigeben und damit seine politische Glaubwürdigkeit verlieren, oder er würde so töricht sein, die Konzessionsverlängerung abzulehnen und damit als ökonomischer Trottel dastehen. Wie auch immer Jackson entschied, Clay konnte sich als vernünftiger, verantwortungsbewusster und weitsichtiger Politiker für die Nachfolge des Präsidenten profilieren.

Jackson fiel es nicht schwer, Clays politisches Spiel zu durchschauen, und er war entschlossen, den Spieß umzudrehen. Nachdem beide Häuser des Kongresses der Verlängerung der Bankkonzession zugestimmt hatten, sandte Jackson am 10. Juli 1832 den Gesetzentwurf mit seinem Veto an den Kongress zurück. Der Tenor seiner Begründung rief gleich mehrfach Erinnerungen an das radikalere republikanische Gedankengut der Revolutionszeit wach. So sah Jackson eine große Gefahr für die Freiheit des Landes und seiner Bürger von einer Bank ausgehen, deren Aktien sich bereits jetzt zu rund einem Viertel in ausländischen Händen befanden. Er witterte hier nicht nur eine erneute britische Gefahr, sondern er äußerte auch die traditionelle republikanische Abneigung gegenüber dem internationalen Handel und Kapital, die ihrer Natur nach «unpatriotisch» und nicht an die eigenen republikanischen Überzeugungen zu binden waren. In seinen rein verfassungsrechtlichen Argumentationen verneinte Jackson nicht nur die Frage der Verfassungskonformität des Gesetzes, sondern griff auch auf Überzeugungen Jeffersons zurück, dass der Kongress, die Exekutive und das Oberste Gericht «jeder für sich selbst» von seiner eigenen Auffassung von der Verfassung geleitet sein müssten. Daher dürfe dem Supreme Court nicht erlaubt werden, den Kongress und die Exekutive zu kontrollieren, «wenn diese in ihrer gesetzgebenden Eigenschaft handeln».

Den größten Eindruck jedoch hinterließen die radikaldemokratischen Passagen seines Vetos. Zu oft hätten die Reichen und Mächtigen Regierungsmaßnahmen für ihre selbstsüchtigen Zwecke missbraucht. Zwar könnten von Menschen geschaffene Einrichtungen keine Gleichheit der Talente, der Bildung und des Wohlstands hervorbringen. «Aber wenn die Gesetze bewirken, dass zu diesen natürlichen und gerechten Vorteilen künstliche Unterscheidungen hinzugefügt werden, indem sie Titel, Vergünstigungen und exklusive Privilegien gewähren, indem sie die Reichen reicher und die Mächtigen noch mächtiger machen, dann haben die einfachen Mitglieder der Gesellschaft – die Farmer, Handwerker und Arbeiter –, die weder die Zeit noch die Mittel haben, für sich ähnliche Vorzüge zu erwirken, ein Recht, sich über die Ungerechtigkeit ihrer Regierung zu beklagen.»

Nie hat ein amerikanischer Präsident das republikanische, radikaldemokratische Potential der amerikanischen Revolution als moralische Verpflichtung der Regierung machtvoller als in dieser Umbruchphase formuliert, in der die alten republikanischen Tugenden zunehmend dem neuen und seither bestimmenden amerikanischen Mythos wichen. Doch der empörte Aufschrei seiner Gegner blieb folgenlos: Der Kongress brachte die erforderliche Zweidrittelmehrheit zur Überstimmung von Jacksons Veto nicht zustande, und die politischen Gewichte hatten sich in Richtung eines Präsidenten verschoben, der davon in der sich anschließenden Annullierungskrise (*Nullification Crisis*) sogleich entschlossen Gebrauch zu machen gedachte.

Am 24. November 1832 erklärte der Konvent des Staates South Carolina alle amerikanischen Zollgesetze für null und nichtig und verbot unter Androhung von Strafen allen Bürgern des Staates, ihnen nach dem 1. Februar 1833 Folge zu leisten. Sollte die Bundesregierung die Zölle mit Waffengewalt durchsetzen wollen, würde South Carolina aus der Union austreten. Genausowenig wie Jackson bereit gewesen war, der Finanzmacht zu weichen, war er willens, sich von den Sklavenhaltern und an ihrer politischen Spitze dem von seinem Amt als Vizepräsident zurückgetretenen Calhoun einschüchtern zu lassen. Obwohl Jackson bislang durchaus für die Rechte der Einzelstaaten gegen eine aktivistische Bundespolitik im Sinne von Clays System der vom Bund geförderten Verbesserung der Infrastruktur eingetreten war, ließ er an seiner Überzeugung, dass Freiheit und Union einander bedingten, keinen Zweifel. Daher war «die von einem Staat angenommene Macht, ein Gesetz der Vereinigten Staaten zu annullieren, unvereinbar mit der Existenz der Union, ein ausdrücklicher Widerspruch zum Buchstaben der Verfassung, nicht von ihrem Geist gerechtfertigt, unvereinbar mit jedem Prinzip, auf dem diese gegründet war, und zerstörerisch für jenes große Ziel, für das sie gebildet worden war». Nur das souveräne Volk könne über die Auflösung der Union entscheiden, nicht aber eine kleine Mehrheit von Wählern eines einzelnen Staates. Dies sei nichts anderes als Hochverrat. Als sich abzeichnete, dass kein weiterer Staat dem Schritt von South Carolina folgen würde, ließ sich der aufgebrachte Jackson beschwichtigen. Am 16. Januar 1833 ersuchte er den Kongress um ein Gesetz, das ihm erlaubt hätte, die Durchsetzung der Zollgesetze in South Carolina notfalls mit militärischer Gewalt zu erzwingen. Beide Häuser entsprachen zwar mit großer Mehrheit dieser Forderung, beschlossen aber gleichzeitig ein neues Zollgesetz mit niedrigeren Zollsätzen als Kompromissangebot an South Carolina. Am 2. März 1833 unterzeichnete Jackson beide Gesetze, und Regierung und Parlament von South Carolina akzeptierten stillschweigend den Kompromiss.

Der Probelauf zur Sezession war fürs Erste gescheitert, und Jackson konnte am 4. März 1833 seine zweite Amtszeit antreten, nachdem er sich in der Volkswahl mit einem ähnlichen Stimmenanteil gegen Clay wie 1828 gegen Adams durchgesetzt hatte. Im Wahlmännerkollegium war das Ergebnis noch eindeutiger ausgefallen: Jackson erhielt 219 Stimmen gegenüber 49 für Clay, und er hatte damit seine Position in den Mittelatlantik- und Neuenglandstaaten im Vergleich zu 1828 noch verbessert und, anders als vier Jahre zuvor, lediglich Clays Heimatstaat Kentucky an diesen und South Carolina an den dortigen Gouverneur verloren.

Dennoch hatte die Wahl etwas Neues mit sich gebracht. Zum ersten Mal hatten die Demokraten, wie sie sich jetzt nannten, einen nationalen Nominierungskonvent abgehalten, der einstimmig Jackson für eine zweite Amtszeit aufgestellt und mit der erforderlichen Zweidrittelmehrheit Martin Van Buren als Vizepräsidentschaftskandidaten benannt hatte. Auf Grund dieser demokratischen Sanktion war Van Buren als präsumtiver politischer Erbe Jacksons allen gegenteiligen Bemühungen Calhouns zum Trotz bestätigt worden.

Ausgestattet mit einem neuen Mandat setzte Jackson planmäßig seine Politik gegen die Bank der Vereinigten Staaten mit dem Abzug der Bundesgelder fort. Aber auch in einem anderen Punkt führte er seine bereits in der ersten Amtszeit eingeschlagene Politik weiter. Angesichts der zunehmenden Konflikte zwischen Weißen und Indianern in Georgia hatten sich die Cherokees 1827 zur eigenständigen Nation auf der Basis einer geschriebenen republikanischen Verfassung erklärt. Doch als auf ihrem Gebiet Gold gefunden wurde, nahmen die Auseinandersetzungen immer gewaltsamere Formen an, und Georgia erklärte, dass das Indianergebiet allein den Gesetzen des Staates unterliege. Hilfesuchend wandten sich die Cherokees an den Präsidenten und baten um Schutz durch Bundestruppen. Mit dem Hinweis, dass es sich um eine rein innerstaatliche Problematik handele, lehnte Jackson jede Hilfe ab, es sei denn, die Indianer würden Georgia verlassen und sich in ein Bundesterritorium westlich des Mississippi begeben, wo sie unter dem Schutz der Regierung in Frieden leben könnten. Entsprechend diesen Vorgaben verabschiedete der Kongress am 28. Mai 1830 den *Indian Removal Act,* der Gelder für die Umsiedlung der «fünf zivilisierten Stämme» (Creeks, Cherokees, Choctaws, Chickasaws und Seminolen) bereitstellte, falls sie einwilligten, ihre Siedlungsräume im Südosten der Vereinigten Staaten aufzugeben und sich in ein gleich großes Gebiet westlich des Mississippi im heutigen Staat Oklahoma zu begeben, um dort in Zukunft ungestört und ohne Einmischung von außen leben zu können. Der Bund würde für den Transport, die Verpflegung unterwegs und weitere damit verbundene Ausgaben aufkommen.

Einige Indianerstämme griffen das Angebot kampflos auf, andere verharrten ablehnend. Die Cherokees aber, die bereits am meisten amerikanische politisch-soziale Institutionen übernommen hatten, zogen vor Gericht bis hin zum Supreme Court. Im Fall *Cherokee Nation v. Georgia* 1830 unterlagen sie zwar, weil ihnen das Gericht den Status einer «inländischen abhängigen Nation» zusprach, der ihnen kein Recht gab, einen Staat vor dem Supreme Court zu verklagen. Doch zwei Jahre später im Fall *Worcester v. Georgia* erklärte das gleiche Gericht die Ausdehnung der Gesetze Georgias auf das Territorium der Cherokees für verfassungswidrig und nichtig und wies Georgia an, zwei wegen Übertretung dieser Gesetze inhaftierte Missionare freizulassen.

Die Forschung geht heute davon aus, dass eine Jahrzehnte später kolportierte angebliche Äußerung Jacksons mit einer arroganten Verachtung dieses höchstrichterlichen Spruches so tatsächlich nie gefallen sein dürfte. Dennoch befand sich Jackson in einer wenig beneidenswerten Lage. Der Vorwurf, er hätte durch Druck auf Georgia den Staat leicht zum Einlenken bewegen können, verkennt jedoch zwei Aspekte. Einerseits steuerte just in diesen Monaten die *Nullification Crisis* mit South Carolina auf ihren Höhepunkt zu, die für die Union von erheblich substantiellerer Bedeutung war und in der es Jackson mit allen Mitteln vermeiden musste, die Position South Carolinas zu stärken, indem er etwa den Nachbarstaat in dessen Arme trieb. Gewiss hatte Georgia 1828 und 1832 nahezu geschlossen für Jackson gestimmt, doch dass die Position der Jacksonians in diesem Staat alles andere als unerschütterlich war, demonstrierten die Wahlen von 1836 und 1840, als sich Georgia jeweils mit Mehrheit gegen den Präsidentschaftskandidaten der Demokraten und für den der Whigs entschied.

Ein zweiter in der Literatur meist übersehener Punkt betrifft die generelle Einstellung Jacksons gegenüber dem Supreme Court und seiner Funktion innerhalb des amerikanischen Verfassungssystems. In seinem Veto gegen das Gesetz zur Verlängerung der Konzession für die Bank der Vereinigten Staaten im Sommer 1832 hatte Jackson deutlich gemacht, dass er den Anspruch des Supreme Court, alleiniger Hüter der Verfassung und der Verfassungsgemäßheit von Gesetzen zu sein, nicht akzeptierte. Ähnlich wie vor ihm Jefferson beanspruchte er für die Exekutive wie für den Kongress die gleiche Verpflichtung, als Garant der Verfassung zu wirken. In dieser Funktion konnte er aber gegen Georgia nur in dem Maße vorgehen, wie seine Politik nicht zugleich Anlass zur Gefährdung oder gar Zerstörung der Union geben würde.

Jackson kam dabei zu Hilfe, dass er im Fall Georgias auf Zeit spielen konnte. Das Gericht hatte sich nach seinem Urteilsspruch bis Januar 1833 vertagt. Zuvor würde die Verfassungsfrage bei etwaiger fortdauernder Weigerung Georgias, dem Gerichtsurteil Folge zu leisten, nicht akut werden. Doch die Chronologie der Ereignisse macht Jacksons Vorgehen im Falle Georgia deutlich. Als offenkundig wurde, dass South Carolina keine Unterstützung durch weitere Südstaaten erhielt, beugte sich Georgia am 14. Januar 1833 dem Gerichtsurteil und ließ die Inhaftierten frei; zwei Tage später, am 16. Januar, ersuchte Jackson den Kongress um ein Gesetz, das die Bundesregierung autorisieren sollte, ihre Politik in South Carolina notfalls mit Waffengewalt durchzusetzen. Der Konflikt mit Georgia war gelöst, aber das Spannungsverhältnis mit dem Supreme Court blieb in der Schwebe. Dass es nicht weiter virulent wurde, lag schließlich auch daran, dass Jackson bis zum Ende seiner Amtszeit sechs neue Bundesrichter ernennen konnte, darunter schließlich auch den Chief Justice Roger B. Taney als Nachfolger von John Marshall.

Die Umsiedlung der Indianer aus dem amerikanischen Südosten wurde von Jackson ungeachtet dieser und anderer Verzögerungen mit Nachdruck bis zum Ende seiner Amtszeit weiterbetrieben. Im Falle der Cherokees wurde diese Politik allerdings immer mehr ein Opfer bürokratischer Nachlässigkeit, betrügerischer Weißer und der Unfähigkeit ihrer eigenen Führer. Was im Mai 1838 schließlich unabänderlich begann und als der «Zug der Tränen» (*Trail of Tears*) in die Geschichte eingegangen ist, stellt eines der düstersten Kapitel der amerikanischen Indianerpolitik dar.

Dem allgemeinen Ansehen Jacksons tat dies jedoch keinen Abbruch. Als er unmittelbar vor Vollendung seines 70. Lebensjahrs und damit älter als jeder andere Präsident vor ihm am 3. März 1837 aus dem Amt schied, konnte er dies in der Überzeugung tun, der populärste Amerikaner seiner Zeit zu sein. Auch wenn er nicht alle seine Gegner überzeugt hatte, konnte sich die Bilanz seiner achtjährigen Präsidentschaft sehen lassen. Die demokratische Öffnung des Landes hatte sich, zumindest im Norden, verfestigt, und ein landesweites neues Zweiparteiensystem hatte sich auf demokratischer Grundlage etabliert. Ein drohendes Auseinanderfallen der Union war erfolgreich abgewehrt worden, und Jacksons politische Nachfolge schien gesichert. Zwei neue Staaten (Arkansas und Michigan) waren in die Union aufgenommen, und die Unabhängigkeit Texas' von Mexiko schien die Möglichkeit der weiteren friedvollen Ausdehnung der Vereinigten Staaten nach Südwesten zu eröffnen. Die Verfassungsinstitutionen des Landes hatten sich in dem Übergang von den traditionellen Eliten der Ostküste zu einer neuen politisch-sozialen Grundlegung bewährt und verfestigt und damit ihre erste größere Herausforderung bestanden.

Alles dies war im wesentlichen Maße das Verdienst Jacksons gewesen. Er hatte nicht nur verhindert, dass die Verfassung zu einer Fata Morgana verschwamm, sondern auch der amerikanischen Politik eine neue Zielrichtung gewiesen, in deren Zentrum die innere, durchaus expansive Entwicklung und das Individuum standen. Zielstrebigkeit, verbunden mit einem deutlichen Maß an moralisierender Selbstgerechtigkeit, Erfolgsorientiertheit und materieller Begründung haben ihn und seine Politik wesentlich stärker gekennzeichnet als abwägende Reflexion, rationale Distanziertheit, intellektuelle Breite und ein Sinn für Bildung und geistige Vervollkommnung. In dieser Hinsicht mag man, zumal aus europäischer Perspektive, Jackson nicht nur als exemplarischen amerikanischen Präsidenten ansehen, vielmehr wird seine Bedeutung, ja Größe insbesondere darin offenbar, dass er, indem er jener amerikanischen Umbruchzeit in so unverwechselbarer Weise seinen Stempel aufdrückte, genau der richtige Mann zur richtigen Zeit am richtigen Ort war. Kein anderer amerikanischer Präsident in dem Jahrzehnt vor ihm wie nach ihm hat diese Aufgabe auch nur annähernd ähnlich überzeugend ausführen können. In dem Maße, wie in der amerikanischen Forschung die noch relativ junge Überzeugung von der fundamentalen Bedeutung dieser Epoche für die gesamte amerikanische Geschichte wächst, nimmt auch die Einsicht in die Bedeutung von Jacksons politischem Denken und Handeln zu.

Jackson selbst hat die Früchte seines Wirkens noch einige Jahre, zwar aus der Distanz seiner 500 Hektar-Plantage Hermitage bei Nashville, aber dennoch mit lebhaftem Interesse reifen sehen können. Auch wenn ihn persönlich die Wirtschaftskrise von 1837 hart getroffen hatte, setzte er sich doch nachdrücklich, wenngleich vergeblich, für die Wiederwahl seines Freundes, Vertrauten und Nachfolgers Van Buren ein, mit dem es erst im Vorfeld der Wahlen von 1844 zu Unstimmigkeiten über die Texasfrage gekommen war. Umso glücklicher war Jackson daher, als 1844 sein Zögling James K. Polk – noch dazu gegen seinen alten Widersacher Henry Clay – zum Präsidenten gewählt wurde. Für Jackson entsprach dieser Sieg zugleich dem Ziel, für das er in seinen letzten Lebensjahren aktiv eingetreten war, die Annexion von Texas, die nach einer gemeinsamen Resolution beider Häuser des Kongresses am 1. März 1845 vollzogen wurde. Drei Monate später, am 8. Juni 1845, verstarb Jackson im Alter von 78 Jahren und wurde entsprechend seinem Wunsch im Garten von Hermitage an der Seite seiner Frau Rachel beigesetzt.

Horst Dippel

MARTIN VAN BUREN
1837–1841

Praktiker des Parteienstaates

Der Nachfolger Jacksons war in vieler Hinsicht das genaue Gegenteil von *Old Hickory*, gedrungen von Gestalt, konziliant und freundlich, dabei vorsichtig taktierend, alles andere als ein temperamentvoller Draufgänger, eher jemand, der dazu verführte, ihn zu unterschätzen, ein *Little Magician*, wie einer seiner nicht unbedingt schmeichelhaften Beinamen lautete.

Seine Vorfahren stammten aus den Niederlanden und hatten sich 1631 im oberen Hudsontal unweit des heutigen Albany niedergelassen. Hier in Kinderhook, New York, wurde Martin Van Buren am 5. Dezember 1782 geboren. Sein Vater Abraham Van Buren hatte es als geachteter Land- und Gastwirt zu einem bescheidenen Wohlstand gebracht, und seine Mutter Maria Hoes stammte aus einer bekannten Familie ebenfalls holländischen Ursprungs. Martin war das dritte von fünf Kindern und der älteste Sohn Abraham und Maria Van Burens.

Nach dem Genuss jenes Maßes an Schulbildung, die das kleine Kinderhook Ende des 18. Jahrhunderts bieten konnte, wozu allerdings auch Grundkenntnisse in Latein gehörten, trat Martin Van Buren als Vierzehnjähriger in eine Kanzlei ein, um sich zum Rechtsanwalt ausbilden zu lassen. Als er 1803 seine Gerichtszulassung erhielt, hatte er nicht nur den Grundstein für eine langjährige, erfolgreiche Rechtsanwaltskarriere gelegt, sondern sich auch längst in der lokalen Politik als überzeugter Anhänger der Jeffersonian Republicans einen Namen gemacht.

Politik sollte schließlich sein dominierender Lebensinhalt werden, zumal nachdem seine Jugendliebe Hannah Hoes, eine entfernte Verwandte seiner Mutter, die er 1807 geheiratet hatte, 1819 an Tuberkulose gestorben war und Van Buren danach Witwer blieb. 1812 hatte er sich gegen den Mandatsträger der Federalists in der Wahl zum Senat von New York durchgesetzt und in den folgenden Jahren eine zunehmend bedeutende Rolle in der Politik seines Heimatstaates gespielt. So bildete er mit anderen Republicans zusammen die sogenannte *Albany Regency*, eine politische Gruppierung, die viele Jahre lang die Politik des Staates New York dominierte. Auf dem New Yorker Verfassungskonvent von 1821 trat er erfolgreich für eine Demokratisierung des politischen Systems seines Staates ein. Im gleichen Jahr setzte er sich in der New Yorker Legislative bei der Wahl für einen der beiden Senatorensitze des Staates in Washington gegen den bisherigen Mandatsträger durch.

In Washington profilierte sich Van Buren zunehmend als Gegner von Präsident Adams und fand dabei bald zwangsläufig Anschluss an Andrew Jackson. Für Jacksons Wahl schmiedete er 1828 eine Nord-Süd-Koalition, wobei er selbst trotz seiner gerade erst erfolgten Wiederwahl zum Senator das Mandat niederlegte, um für das Amt des Gouverneurs von New York zu kandidieren. Sinn dieses politischen Schachzugs war, im Schlepptau seiner Wahl gleichzeitig die Stimmen New Yorks für Jacksons Präsidentschaft zu sichern. Bereits zwei Monate später gab Van Buren im März 1829 sein neues Amt auf und übernahm das Außenministerium in Jacksons Regierung. Als einer der loyalsten und vertrautesten Mitarbeiter Jacksons trat er 1831 zurück, um dem Präsidenten die notwendige Umbildung seines Kabinetts zu ermöglichen. Jackson ernannte ihn daraufhin zum Botschafter in Großbritannien, doch der Senat verweigerte aus parteipolitischen Erwägungen die Zustimmung. Hatten einige Gegner gehofft, damit der Karriere des längst zum Berufspolitiker gewordenen Van Buren ein vorzeitiges Ende bereitet zu haben, so mussten sie bald erleben, dass Jackson an Van Buren festhielt und ihn der Nominierungskonvent der Demokraten 1832 mit der erforderlichen Zweidrittelmehrheit zum Vizepräsidentschaftskandidaten und damit zum Nachfolger von Calhoun wählte. Entsprechend dem Wunsch Jacksons, dass Van Buren sein politisches Erbe antrat, wählte ihn der Konvent der Demokraten im Mai 1835 einstimmig zum Präsidentschaftskandidaten und nominierte Richard M. Johnson aus Kentucky für das Amt des Vizepräsidenten.

Die parteipolitischen Gegner Jacksons und Van Burens hatten sich inzwischen als Whigs zusammengefunden, vermochten sich jedoch nicht auf einen gemeinsamen Kandidaten zu einigen, so dass 1836 neben William Henry Harrison aus Ohio Hugh Lawson White aus Tennessee und Daniel Webster aus Massachusetts ins Rennen gingen und zusätzlich noch Willie P. Mangum als unabhängiger Demokrat für South Carolina auftrat. Die Zersplitterung der Stimmen des Westens und Südens erleichterte Van Buren den Sieg. Zwar konnte er mit 765 000 Stimmen knapp zehn Prozent mehr Stimmen als Jackson vier Jahre zuvor verbuchen, doch tatsächlich war der Wahlausgang in den meisten Staaten eher knapp gewesen, und am Ende lag Van Burens Stimmenanteil bei 50,8 Prozent. Im Wahlmännerkollegium fiel das Ergebnis jedoch deutlich günstiger aus. Gegenüber 1832 hatten die Demokraten Rhode Island und Connecticut gewonnen und lediglich New Jersey, den Rest von Maryland, Indiana, Ohio, Tennessee und Georgia verloren, so dass Van Buren 170 der 294 Stimmen für sich verbuchen konnte, während Harrison als sein wichtigster Gegenkandidat mit 36,6 Prozent der Wählerstimmen es lediglich auf 73 Sitze brachte. Die Hoffnung vieler Whigs, eine Mehrheit im Wahlmännerkollegium wie 1824 zu verhindern, um die Wahl durch das Repräsentantenhaus vornehmen zu lassen, war nicht aufgegangen.

Ungeachtet aller zeitgenössischen wie späteren vereinzelten Behauptungen, mit Van Burens Amtsantritt habe die dritte Amtsperiode Jacksons begonnen, verkörperte Van Buren in mehrerer Hinsicht einen Neuanfang. So war er der erste Präsident, für den Unabhängigkeitskrieg und Revolution ererbte Geschichte und nicht eigenes, prägendes Erleben gewesen waren. Er konnte daher nicht nur eine andere, weniger emotionsgeladene Einstellung zu Großbritannien entwickeln, sondern auch eine neuartige Einschätzung von politischen Parteien als Grundlage einer demokratischen Ordnung propagieren. Mehr als jeder Präsident vor ihm war Van Buren daher von der Bedeutung und der Funktion der modernen politischen Partei im demokratischen Parteienstaat überzeugt, zu dessen Herausbildung er ebenfalls mehr als alle seine Amtsvorgänger beigetragen hatte. Den geordneten Wettbewerb der Parteien entwickelt und mit den verfassungsmäßigen Institutionen des Landes in Einklang gebracht zu haben, muss als eines der bleibenden Verdienste seiner Präsidentschaft angesehen werden.

Ansonsten stand seine Präsidentschaft jedoch unter keinem günstigen Stern. Die explodierende Handels- und Geldentwicklung während der Amtszeit Jacksons, die wirtschaftliche und finanzielle Spekulationen in großem Stil begünstigt und überall Banken aus dem Boden hatte schießen lassen, deren Geld- und Kreditpolitik meist mehr als fragwürdig war, stand auf tönernen Füßen, und Jacksons Politik hatte in diesem Bereich weder dämpfend noch vertrauensfördernd gewirkt. Die Wirtschaftskrise von 1837 (*panic of 1837*) kam daher nicht von ungefähr. Zwei Monate nach Van Burens Amtsantritt brachen die ersten New Yorker Banken zusammen, und es folgten zahllose weitere im ganzen Land. Der Staat selbst war betroffen – auch dies ein Erbe der Politik Jacksons –, denn viele der über zahlreiche Depositenbanken verstreuten Staatsgelder waren damit gefährdet, wenn nicht verloren, und Van Burens Amtszeit war unter anderem von dem hartnäckigen politischen Bemühen gekennzeichnet, ein unabhängiges Depositensystem im Rahmen der staatlichen Finanzverwaltung aufzubauen.

Aber auch Wirtschaft und Gesellschaft litten erheblich unter einer der schwersten Wirtschaftskrisen des 19. Jahrhunderts. In New York und anderen Städten kam es zu Lebensmittelaufständen, Massenarbeitslosigkeit machte sich breit, die Preise verfielen. Mehr als jedes andere einzelne Ereignis dürfte diese sich bis in den Beginn der vierziger Jahre hinschleppende Wirtschaftskrise dafür verantwortlich sein, dass Van Burens Bemühungen um eine Wiederwahl 1840 scheiterten.

Dabei hatte seine Regierung durchaus Erfolge, zumal im außenpolitischen Bereich, vorzuweisen. So war es im Winter 1837/38 auf dem Niagarafluss und im Winter 1838/39 an der Nordostgrenze von Maine zu ernsthaften Zwischenfällen mit Großbritannien gekommen, die beide leicht zum Anlass für einen neuen amerikanisch-britischen Krieg hätten dienen können. In beiden Fällen entsandte Van Buren amerikanische Truppen unter dem Befehl von General Winfield Scott in die kanadische Grenzregion, jedoch mit der Maßgabe, den offenen Konflikt zu vermeiden und eine einvernehmliche Lösung zu erreichen. Es gelang ihm, auf diese Weise nicht nur den Krieg abzuwenden, sondern auch den Weg für den Webster-Ashburton-Vertrag von 1842 zu ebnen, mit dem sechzig Jahre nach der erlangten Unabhängigkeit die Nordostgrenze der Vereinigten Staaten im umstrittenen Grenzgebiet zwischen Maine und New Brunswick endgültig völkerrechtlich verbindlich vereinbart wurde.

Die Früchte dieses Erfolgs konnte Van Buren nicht mehr ernten. So festgelegt die Demokraten für die Wahlen von 1840 auf Van Buren waren, so einmütig standen die Whigs diesmal hinter William Harrison. Van Buren erhielt zwar auf Grund der wiederum deutlich gestiegenen Wahlbeteiligung um die Hälfte mehr Stimmen als vier Jahre zuvor, aber dennoch sank sein Stimmenanteil auf 46,8 Prozent, während es Harrison auf 52,9 Prozent brachte. Im Wahlmännerkollegium ließ das Ergebnis nichts an Deutlichkeit vermissen: Lediglich sieben Staaten mit zusammen 60 Stimmen hatte Van Buren gewinnen können; Harrison erreichte fast viermal so viel Stimmen. Nicht zuletzt angesichts dieser eindeutigen Abfuhr sollten 24 Jahre vergehen, bis sich das nächste Mal und dann unter völlig anderen Bedingungen ein amtierender Präsident zur Wiederwahl stellte.

Doch Van Buren schied trotz dieser Niederlage keineswegs in Bitterkeit und Groll aus der Politik. Von seiner Farm in New York aus bereitete er nach wenigen Jahren seine Rückkehr in die aktive Politik vor. Zu diesem Zweck unternahm er 1842 eine ausgedehnte Rundreise durch die Vereinigten Staaten, nach deren Abschluss er allgemein als der sichere Präsidentschaftskandidat der Demokraten für die Wahlen von 1844 galt. Dass sich diese Hoffnungen schließlich zerschlugen, lag nicht zuletzt an Calhoun, vor allem aber an Van Buren selbst. Um Van Burens Sieg zu verhindern, lancierte Calhoun in die entscheidende Phase vor den Wahlen die von ihm mit Nachdruck betriebene Frage der Annexion von Texas. Er war sich bewusst, dass Van Buren in den letzten Jahren zunehmend Sympathien für die Sklavereigegner hatte erkennen lassen und dass er deshalb einer Ausweitung des Gebiets der Sklavenstaaten durch Texas ablehnend gegenüberstand. Entsprechend eindeutig erklärte sich Van Buren vor dem Nominierungskonvent. Als Folge dieser prinzipiellen Haltung vermochte es Van Buren in sieben Wahlgängen nicht, die von ihm selbst 1832 aufgestellte Hürde der Zweidrittelmehrheit zu nehmen, obwohl er der eindeutige Favorit der Delegierten aus dem Nordosten und Nordwesten war. In dieser Situation trat James K. Polk, der sich bislang geschickt im Hintergrund gehalten hatte, als Kompromisskandidat auf, dem es schließlich gelang, den Konvent einmütig hinter sich zu bringen.

Van Buren zog sich erneut auf sein Landgut zurück, doch die Auseinandersetzung über Polks Politik und die zunehmende Spaltung der Demokratischen Partei in New York zwischen radikalen Sklavereigegnern und konservativen Politikern, die im Sinne der Einheit der Partei eine Ausdehnung der Sklaverei hinzunehmen bereit waren, ließen den alten Parteipolitiker nicht abseits stehen. Selbst immer stärker zum Sklavereigegner geworden, war er schließlich sogar bereit, dafür die Parteieinheit zu opfern und sich angesichts der Aufsplitterung des bestehenden Zweiparteiensystems von einer neuen Antisklavereipartei, der Free Soil Party, zum Präsidentschaftskandidaten für die Wahlen von 1848 aufstellen zu lassen.

Auch wenn Van Buren bei diesen Wahlen weit abgeschlagen als Dritter durchs Ziel ging, war das Ergebnis in mehrfacher Hinsicht von weitreichender Bedeutung. Zum ersten Mal war die Sklavereifrage zu einem wesentlichen Wahlkampfthema geworden, und erstmals schlug sich der darüber zusammenbrauende Nord-Süd-Konflikt im Wahlergebnis nieder. Van Buren hatte bemerkenswerte 10 Prozent der Stimmen erreicht, jedoch, von 200 Wählern in den beiden späteren *border states* Delaware und Maryland abgesehen, keine einzige Stimme im Süden erhalten. Im Gegenzug hatte er es in New York und Massachusetts auf jeweils einen Stimmenanteil von 29 Prozent gebracht und damit den demokratischen Kandidaten und Sklavereianhänger Lewis Cass dort auf den dritten Platz verwiesen. Indirekt hatte Van Buren damit sein Ziel erreicht und den Sieg von Cass verhindert, so dass der Whig Zachary Taylor mit 47 Prozent der Stimmen und 163 Wahlmännern gegen die 127 von Cass gewählt wurde.

Es war Van Burens letzter größerer Auftritt in der nationalen Politik. Er war trotz allem nicht bereit, den Gedanken der Einheit der Union aufzugeben, und söhnte sich wieder mit seiner Demokratischen Partei aus. Hochbetagt unternahm er von 1853 bis 1855 eine ausgedehnte Europareise und begann mit der Niederschrift seiner Autobiographie, die, obwohl nie vollendet, die bislang ausführlichste eines ehemaligen amerikanischen Präsidenten ist und in der er noch einmal seinen Glauben an die politischen Parteien und den modernen Parteienstaat bekräftigte. Als die großen Parteien der Demokraten und der Whigs dann Ende der 1850er Jahre im Streit um die Sklaverei auseinanderbrachen, konnte der nahezu Achtzigjährige dies nur aus der Ferne registrieren, ohne selbst noch einmal eingreifen zu können. Mitten im Bürgerkrieg, am 24. Juli 1862, erlag Van Buren auf seinem Landgut Lindenwald in Kinderhook dem Asthmaleiden, das sich in den letzten Jahren zunehmend verschlimmert hatte.

Horst Dippel

WILLIAM H. HARRISON
1841

Präsident für einen Monat

Der am 9. Februar 1773 auf der elterlichen Plantage in Charles City County, Virginia, geborene William Henry Harrison entstammte einer seit 1632 in Virginia ansässigen Familie, die eine Reihe bedeutender Amtsträger hervorgebracht hatte, darunter zuletzt seinen Vater Benjamin Harrison, einen der Unterzeichner der Unabhängigkeitserklärung und Gouverneur von Virginia von 1781–84. Von seiner Mutter Elizabeth Bassett Harrison, die ebenfalls aus Virginia stammte, ist nur wenig bekannt. Der letzte Präsident der Vereinigten Staaten, der noch als britischer Staatsbürger geboren wurde, war das jüngste von sieben Kindern. 1795 heiratete er Anna Tuthill Symmes, Tochter des höchsten Richters von New Jersey, und sie hatten selbst wiederum neun Kinder, darunter John Scott Harrison, den einzigen Amerikaner, der zugleich Sohn und Vater eines Präsidenten, nämlich des 1888 zum 23. Präsidenten der Vereinigten Staaten gewählten Benjamin Harrison, war.

Seine ursprüngliche Absicht, Arzt zu werden, gab Harrison 1791 auf, um in die Armee einzutreten, in der er schließlich bis zum Generalmajor aufstieg, wobei er an zahlreichen Feldzügen gegen die Indianer im Nordwesten beteiligt war. Auf Grund seines Sieges am Tippecanoe Creek 1811 erhielt er den Beinamen *Old Tippecanoe*. Nachdem Harrison im Mai 1814 auf Grund von Differenzen mit dem Kriegsminister aus der Armee ausgetreten war, versuchte er eine politische Karriere, die nach einer jeweils zweijährigen Amtszeit im Repräsentantenhaus in Washington und im Senat des Staates Ohio zunächst wieder beendet war. 1825 zog er in den Senat, von wo ihn Henry Clay 1828 mit der Ernennung zum Gesandten in Kolumbien weglobte. Seine diplomatische Karriere war jedoch ebenfalls nur von kurzer Dauer, da ihn der neugewählte Präsident Jackson noch 1829 abberief, so dass er auf seine Farm nach North Bend, Ohio, zurückkehren musste.

Auf der Suche nach einem zusätzlichen Einkommen zum Unterhalt seiner vielköpfigen Familie nahm Harrison 1834 die Stelle eines Gerichtsschreibers an. Um diese Zeit beschloss aber der ehrgeizige Clay, *Old Tippecanoe* zum Nationalhelden aufzubauen und 1836 als Präsidentschaftskandidaten der Whigs gegen Van Buren ins Rennen zu schicken. Die Rechnung der Whigs, mit ihren insgesamt drei Kandidaten die erforderliche absolute Mehrheit im Wahlmännerkollegium zu verhindern, um dann die Wahl wie zwölf Jahre zuvor durch das Repräsentantenhaus vornehmen zu lassen, ging nicht auf. Van Buren wurde, wenn auch mit knapper Mehrheit, gewählt. Doch umso besser schienen nun, nicht zuletzt angesichts Van Burens wachsender Unpopularität auf Grund der Wirtschaftskrise, die Chancen für die Wahlen von 1840 zu stehen, bei denen Henry Clay die Nominierung der Whigs für sich beanspruchte. Auf dem Parteikonvent in Harrisburg vermochte er jedoch in mehreren Wahlgängen nicht, die massive Opposition eines Parteiflügels zu überwinden, so dass schließlich Harrison als Sieger hervorging, während die Clay-Anhänger mit John Tyler als Vizepräsidentschaftskandidat zumindest einen der Ihren nominieren konnten. Bei den Wahlen setzte sich diesmal Harrison auf der ganzen Linie gegen Van Buren durch, wobei er seine Stimmenzahl von 1836 angesichts der deutlich gestiegenen Wahlbeteiligung mehr als verdoppelte. Van Buren hatte selbst das heimatliche New York verloren und brachte es auf ganze 60 Wahlmännerstimmen gegenüber 234 für Harrison.

Harrison, der bis Ronald Reagan der älteste amerikanische Präsident bei

Amtsantritt sein sollte, pflegte einen jovialen und unprätentiösen Umgangston, der Hemmschwellen gar nicht erst aufkommen ließ, der aber auch dazu verleitete, ihn als unbedarft einzustufen und zu versuchen, ihn für eigene politische Ziele zu vereinnahmen und zu kontrollieren. Clay in seinem ungezügelten und frustrierten Ehrgeiz geriet daher mehrfach hart mit ihm aneinander, während Horden von Bittstellern Harrison in den Wochen vor und nach seinem Amtsantritt belagerten, um einen Posten in der neuen Regierung zu erhalten. Harrison suchte sich beidem, so gut es ging, zu erwehren und weder eine Marionette in den Händen anderer zu sein noch das Präsidentenamt seiner herausragenden verfassungsrechtlichen Stellung zu berauben. Auch wenn er dem Amt bewusst ein anderes Gepräge als seinerzeit unter Jackson geben wollte und auf Harmonie und Ausgleich zumal mit der Legislative bedacht war, war für ihn der Präsident mehr als lediglich ein *primus inter pares* im Kreis eines mit Mehrheit entscheidenden Kabinetts, wie dies unter den republikanischen Präsidenten zu Beginn des Jahrhunderts teilweise der Fall gewesen war.

Von diesen Absichten hat Harrison jedoch kaum etwas umsetzen können, denn bereits nach genau einem Monat, am 4. April 1841, endete seine Amtszeit, als erstmals in der amerikanischen Geschichte ein Präsident im Amt verstarb. Harrison hatte sich bei seiner Amtseinführung mit einer anderthalbstündigen, ungewöhnlich langen *Inaugural address* überanstrengt und sich in den folgenden Wochen wiederholt ungeschützt dem kalten und nassen Märzwetter ausgesetzt. Auf diese Weise zog er sich eine Lungenentzündung zu, der er schließlich erlag.

Horst Dippel

JOHN TYLER
1841–1845

Präsident ohne Partei

Als William H. Harrison am 4. April 1841 starb, trat mehr als ein halbes Jahrhundert nach der Inauguration George Washingtons erstmals der Fall ein, dass die Vollmachten und Pflichten des Präsidentenamtes ohne Wahl auf den Vizepräsidenten übergingen. Obwohl die Verfassung diese Nachfolgeregelung vorschrieb, herrschte noch keine Einigkeit darüber, was mit den betreffenden Formulierungen in Art. II, Sekt. 1 tatsächlich gemeint war. Tyler ließ jedoch von Anbeginn keinen Zweifel daran, dass er nicht daran dachte, lediglich die Rolle eines geschäftsführenden Präsidenten zu spielen. Vielmehr bestand er darauf, dass der Tod seines Vorgängers ihn zum vollgültigen Präsidenten mit allen verfassungsmäßigen Rechten und Pflichten gegenüber den anderen Verfassungsorganen machte und dass es keine Präsidenten erster und zweiter Ordnung gab, ganz gleich, ob man in das Amt durch Wahl oder durch Aufrücken auf Grund des Ausscheidens des gewählten Präsidenten gelangt war.

Der zehnte, aus der Pflanzeraristokratie Virginias stammende Präsident war seiner ganzen Persönlichkeit nach nicht der Mann, der bereit gewesen wäre, in diesem Punkt mit sich handeln zu lassen. Seine aus England stammenden Vorfahren waren seit nahezu 200 Jahren in Virginia in der Nähe von Williamsburg ansässig, wo sein Vater John Tyler, ein mit Jefferson befreundeter Plantagen- und Sklavenbesitzer, von 1809 bis 1811 als Gouverneur und anschließend als Richter am Bundesgericht für Virginia tätig war. Der Sohn John Tyler wurde hier am 29. März 1790 als sechstes von acht Kindern geboren. Über seine Mutter Mary Armistead Tyler, die 1797 im Alter von 36 Jahren verstarb, ist wenig bekannt. Nach einem Studium am College of William and Mary in Williamsburg erfolgte seine Ausbildung zum Rechtsanwalt, die er 1809 mit der Gerichtszulassung abschloss. 1813 heiratete Tyler die ebenfalls aus einer wohlhabenden Pflanzerfamilie Virginias stammende Letitia Christian und nach deren Tod 1842 knapp zwei Jahre später die dreißig Jahre jüngere Julia Gardiner aus einer prominenten New Yorker Familie. Aus beiden Ehen gingen vierzehn Kinder hervor.

John Tyler begann seine politische Karriere als Einundzwanzigjähriger in den Fußstapfen seines Vaters, als er 1811 als Jeffersonian Republican in das Virginia House of Delegates einzog, dem er bis 1816 und dann wieder von 1823 bis 1825 und von 1838 bis 1840 angehörte. In den übrigen Jahren gehörte er dem Repräsentantenhaus (1816–21) und dem Senat (1827–36) an bzw. amtierte als Gouverneur von Virginia (1825–27). Bei den Wahlen von 1836 trat Tyler in einigen Staaten als Vizepräsidentschaftskandidat neben Hugh L. White, in anderen neben William Henry Harrison auf. Die von Tyler verfochtene politische Linie war die des überzeugten Südstaatlers, der für die Rechte der Einzelstaaten und gegen jede Beschränkung der Sklaverei eintrat, zwar nicht die Annullierungspolitik von South Carolina unterstützte, doch am grundsätzlichen Recht auf Sezession festhielt und sich vehement gegen jeden Versuch aussprach, die Union mit Waffengewalt zusammenhalten zu wollen. So wurde er schließlich zum kompromisslosen Gegner Jacksons und schloss sich den oppositionellen Whigs und damit der Politik Clays an, dessen aktive Bundespolitik er zuvor stets grundsätzlich abgelehnt hatte.

Auf dem Nominierungskonvent der Whigs 1839 unterstützte Tyler die Kandidatur von Clay, doch als sich schließlich Harrison durchsetzte, wurde

Tyler als Vizepräsidentschaftskandidat nominiert, um die Wahlchancen der Whigs im Süden zu verbessern. Gemeinsam mit Harrison gewählt, trat er, ohne dass er nennenswerten Einfluss auf die Zusammensetzung der Regierung hatte nehmen können, sein Amt am 4. März 1841 an und kehrte bald darauf auf seinen Familiensitz nach Williamsburg zurück. Hier wurde er in den Morgenstunden des 5. April mit der Nachricht vom Tod des Präsidenten überrascht, worauf er nach Washington eilte und am 6. April 1841 als zehnter Präsident der Vereinigten Staaten vereidigt wurde.

Die Zeit, die Tyler zur Einarbeitung blieb, war denkbar knapp, denn angesichts der angespannten Haushaltslage war der Kongress noch von Harrison zu einer Sondersitzung für Ende Mai einberufen worden, und Clay machte kein Hehl daraus, dass er die Gelegenheit nutzen wollte, die Wiedererrichtung der Bank der Vereinigten Staaten politisch durchzusetzen, die fünf Jahre zuvor an Jacksons Veto gescheitert war. Whig-Prinzipien, deren Befolgung er kompromisslos einforderte, wogen für ihn schwerer als Verfassungsbedenken des für die Rechte der Einzelstaaten und eine enge Auslegung der Verfassung eintretenden Präsidenten.

Clay erreichte, dass das bestehende Gesetz zur Verwaltung der Staatsgelder aufgehoben wurde und der Kongress die Einrichtung einer Fiskalbank der Vereinigten Staaten mit Sitz in Washington und Filialen in den Einzelstaaten beschloss. Die Maßnahme scheiterte aber prompt an Tylers Veto. Da der Senat nicht in der Lage war, eine Zweidrittelmehrheit zur Überstimmung des Vetos zustande zu bringen, wurde in aller Eile und ungeachtet Tylers Vorschlag auf Vertagung ein veränderter Gesetzentwurf eingebracht, wodurch die Bankfrage zu einem persönlichen Machtkampf zwischen Tyler und Clay wurde. Auch wenn Tyler dabei nicht über das politische Geschick eines Clay verfügte, bleibt die Frage, ob er nicht langfristig für das politische Ansehen des Präsidentenamtes die bessere Entscheidung traf, als er zum zweiten Mal sein Veto einlegte, statt Clays Erpressungsversuchen nachzugeben. Mit dieser Haltung wollte er sich demonstrativ einer Verwischung des Verfassungsprinzips der Gewaltentrennung widersetzen. Politisch manövrierte sich «*His Accidency*», wie seine Gegner ihn abschätzig nannten, damit vollends ins Abseits. Als es Clay am folgenden Tag wiederum nicht gelang, die zur Überstimmung des Vetos erforderliche Mehrheit zustande zu bringen, übergaben einen Tag später, am 11. September 1841, alle Minister außer dem Secretary of State Webster Tyler ihre Rücktrittserklärung, und Tyler wurde als Verräter formell aus der Whig-Partei ausgeschlossen.

Zwar gelang es Tyler, in nur zwei Tagen ein neues Kabinett zusammenzustellen, für das er bekannte Whig-Politiker aus dem Norden und Süden gewann.

Diese neue Regierung konnte der Senat kaum scheitern lassen, wollte er den Machtkampf mit dem Präsidenten nicht auf die Spitze treiben. Doch ihr waren weder Dauer noch sonderlicher Erfolg beschieden. Zwar schloss Außenminister Webster 1842 nach erheblichen Vorarbeiten während der Präsidentschaft Van Burens und letztlich trotz dilettantischer Einmischungen seitens Tylers mit Großbritannien den Webster-Ashburton-Vertrag ab, mit dem nicht nur im Nordosten der jahrzehntealte Grenzstreit zwischen Maine und New Brunswick beigelegt werden konnte, sondern auch im Nordwesten der Grenzverlauf vom Lake Superior zum Lake of the Woods fixiert wurde, der die Vereinigten Staaten – allerdings noch unbekannterweise – in den Besitz der dortigen reichen Eisenerzvorkommen setzte. Aber als Webster im darauffolgenden Jahr zurücktrat, war eine erneute größere Kabinettsumbildung erforderlich, während eine dritte im März 1844 notwendig wurde, als eine Kanone eines soeben in Dienst gestellten Kriegsschiffes bei einem Probeschießen explodierte und dabei unter anderen den Außen- und den Marineminister tötete. Dass daraufhin John C. Calhoun als neuer Außenminister ins Kabinett kam, signalisierte, wie weit sich Tyler inzwischen den Südstaatendemokraten inhaltlich angenähert hatte und wie sehr er sich im verschärften Nord-Süd-Konflikt politisch exponierte.

Die schon bei der Kabinettsumbildung von 1843 deutlich gewordene Hinwendung zu den Demokraten dürfte nicht zuletzt dadurch beflügelt worden sein, dass die Whigs die Kongresswahlen von 1842 in geradezu dramatischer Weise verloren hatten, wodurch sich die nationale Parteienkonstellation mit Blick auf die 1844 anstehenden Präsidentenwahlen entscheidend veränderte. Clay war aus dem Senat ausgeschieden, um sich ganz auf seinen vierten und letzten Versuch zu konzentrieren, das Präsidentenamt zu gewinnen. Bevor bei den Demokraten alles auf Van Buren zuzulaufen schien, mochte jedoch Tyler eine vage Hoffnung nicht aufgeben, von ihnen als Kandidat aufgestellt zu werden.

Doch für den «Präsidenten ohne Partei» sollten diese Hoffnungen vergebens bleiben. Seine Amtsführung hatte zu sehr unter den durch seine Persönlichkeit geförderten politischen Grabenkämpfen gelitten. Dass Tyler 1842 nur knapp dem Schicksal entgangen war, der erste amerikanische Präsident zu werden, gegen den das Repräsentantenhaus ein offizielles Verfahren der Amtsanklage erhob, war letztlich nur darauf zurückzuführen, dass Clay der Zeitpunkt angesichts des bereits voll entbrannten Kampfs um seine Nachfolge in den Wahlen von 1844 nicht opportun erschien.

Politisch gemeinsames Handeln von Exekutive und Legislative war angesichts der verhärteten Frontstellungen kaum noch zu erwarten. Als sich Tyler in seinem letzten Amtsjahr für die Annexion von Texas stark machte und auch vor dem Einsatz der amerikanischen Marine nicht zurückschreckte, stieß der von Calhoun ausgehandelte Vertrag mit Texas auf die entschiedene Ablehnung im amerikanischen Senat, dessen Mehrheit darin eine Verschwörung der Sklavenhalter zur Ausweitung der Sklaverei in den Vereinigten Staaten erblickte. Tylers Versuch, mittels einer gemeinsamen Kongressresolution dennoch die Aufnahme von Texas zu erreichen, scheiterte nach wenigen Tagen am massiven Widerstand des Senats und der fehlenden Bereitschaft des Kongresses, in dieser Frage tätig zu werden. Mit Polks Wahlsieg im November 1844 schien für Tyler jedoch eine neue Situation entstanden zu sein, denn nach seiner Überzeugung handelte es sich um ein klares Votum des Volkes für die Annexion. Erneut forderte er den Kongress auf, mit einer gemeinsamen Resolution beider Häuser Texas in die Union aufzunehmen. Nach einer strikten Abstimmung gemäß Parteilinie mit den Demokraten für und den Whigs gegen die Aufnahme, wobei die jeweilige parteiinterne Minderheit der Südstaaten-Whigs mit den Demokraten und der Nordstaaten-Demokraten mit den Whigs stimmte, wurde Texas zum 1. März 1845 aufgenommen.

Doch Tylers Präsidentschaft sollte nicht mit diesem politischen Sieg enden. Am 3. März, wenige Stunden vor dem verfassungsmäßigen Ende seiner Präsidentschaft, begann der Kongress seine letzte Behandlung eines Vetos des Präsidenten gegen einen relativ unbedeutenden Gesetzentwurf und wies dabei in einer bis dahin ungekannten Einmütigkeit erstmals in der amerikanischen Geschichte das Veto eines Präsidenten mit der erforderlichen Zweidrittelmehrheit zurück. Von Tyler kaum mehr registriert, hatte die jahrelange Auseinandersetzung zwischen Legislative und Exekutive einen neuen, für seine Amtszeit letzten Höhepunkt erreicht.

Die Präsidentschaft Tylers war die bis dahin enttäuschendste der amerikanischen Geschichte gewesen, sieht man einmal von der lediglich einmonatigen Amtszeit Harrisons ab, eine Einschätzung, an der sich bis heute nichts geändert hat. Zeitgenössischen auswärtigen Beobachtern galt sie sogar als Indiz für den unmittelbar bevorstehenden Niedergang und Zerfall der Vereinigten Staaten. Doch trotz mangelnder persönlicher Qualifikation Tylers wird darüber zu leicht übersehen, dass seine Präsidentschaft von verfassungsrechtlich weitreichender Bedeutung war, indem sie einem feindlichen Kongress gegenüber das Amt des Präsidenten vor allem in der bislang ungeklärten Frage der eigenen Legitimation bei der Amtsnachfolge stärkte und damit das Abgleiten des Präsidentenamtes zum Spielball parteipolitischer Interessen verhinderte. Ein Tyler als willfährige Marionette von Clay wäre für die verfassungsrechtliche Entwicklung der Vereinigten Staaten wesentlich verhängnisvoller gewesen, als es ein Tyler als Gegner von Clay je sein konnte. Tyler mochte zwar persönlich den Machtkampf mit Clay verloren haben, doch die Institution des Präsidenten ging eher gestärkt aus diesem Konflikt hervor, ein Gesichtspunkt, der in den herkömmlichen Darstellungen in der Regel übersehen wird.

Würdig und wesentlich glanzvoller als seine politische Karriere war Tylers Scheiden aus dem Amt, und es geschah in der Gewissheit, dass ihm die Geschichte einst Recht geben werde. Er zog sich auf seine Plantage in Virginia in den Kreis seiner wachsenden Familie zurück, von wo er den Kontakt zur Demokratischen Partei pflegte, ohne jedoch aktiv in die Politik einzugreifen. Dafür widmete er sich seinem einstigen College in Williamsburg, dem er während seiner letzten Lebensjahre als Kanzler diente.

Erst der drohende Bürgerkrieg schreckte Tyler aus seinem beschaulichen Landleben auf, und er kehrte im Februar 1861 als Vorsitzender eines von Virginia angeregten Staatenkonvents noch einmal nach Washington zurück, um bei einem letzten Versuch mitzuwirken, den drohenden Krieg abzuwenden. Als das Scheitern dieser Bemühungen abzusehen war, empfahl er seinem Heimatstaat die Sezession und stellte sich selbst dem Südstaatenkongress zur Verfügung. Im November wurde er in das Repräsentantenhaus der Sezessionsstaaten gewählt, doch bevor er noch sein Mandat antreten konnte, starb Tyler am 18. Januar 1862 kurz vor Vollendung seines 72. Lebensjahres.

Jörg Nagler

JAMES K. POLK
1845–1849

Der Präsident der Manifest Destiny

Nach dem Abflauen der Wirtschaftskrise von 1837 standen die Zeichen in den 1840er Jahren wieder auf Expansion. Ökonomisch wuchsen die Vereinigten Staaten zu einem großen Binnenmarkt zusammen und weiteten gleichzeitig ihre Handelsbeziehungen zum Rest der Welt aus; territorial gelang ihnen im Krieg gegen Mexiko 1846–48 der endgültige Durchbruch zum Pazifik. Gerade diese rasche Expansion, verbunden mit einer ersten echten Masseneinwanderung vor allem aus Irland und Deutschland, verschärfte aber auch die regionalen Gegensätze und heizte den Streit um die Sklaverei an, der 1860/61 in die Zerreißprobe des Bürgerkrieges führte.

Der Begriff *Manifest Destiny* beschreibt den vorherrschenden Geist der 1840er Jahre, den niemand besser verkörperte als Präsident James K. Polk. Das Schlagwort wurde von dem New Yorker Publizisten John L. O'Sullivan geprägt, als er 1845 schrieb, es sei die «offenbare Bestimmung» des amerikanischen Volkes, sich über den ganzen Kontinent auszubreiten, «den uns die Vorsehung für die freie Entfaltung unserer Jahr für Jahr sich vermehrenden Millionen zugewiesen hat». Damit fasste er eine Vision in Worte, die aus einer Mischung von anglo-protestantischem Nationalismus und Fortschrittsoptimismus erwuchs. Als säkularisierte Form der protestantischen Heilserwartung durchdrang *Manifest Destiny* die gesamte Kultur der Epoche, verlieh den Erfahrungen von Demokratisierung, Westwanderung und Bevölkerungswachstum einen tieferen Sinn und prägte sich dauerhaft in das kollektive Geschichtsbewusstsein der Amerikaner ein. Für viele Zeitgenossen war Präsident Polk das Instrument, mit dessen Hilfe die Vorsehung diese «offenbare Bestimmung» verwirklichte.

James K. Polk wurde am 2. November 1795 in Mecklenburg County, North Carolina, als ältestes von zehn Kindern geboren. Mit elf Jahren zog er mit seiner Familie nach Tennessee. Auf Grund seiner schwachen Konstitution war eine formelle Ausbildung zunächst nicht möglich. Im Alter von zwanzig Jahren bestand Polk jedoch die Aufnahmeprüfung zur University of North Carolina, an der er 1818 sein Studium mit Auszeichnung abschloss. Zurück in Tennessee, arbeitete er zunächst in einer Anwaltskanzlei in Nashville, bevor er 1820 selbst als Rechtsanwalt zugelassen wurde und diesen Beruf dann selbständig ausübte. Da er ein überzeugter Anhänger Andrew Jacksons und der Demokratischen Partei war und mit seiner Redegewandtheit selbst Gegner beeindruckte, wurde er bald der «Napoleon of the stump» genannt. 1824 heiratete er Sarah Childress, die ihn – die Ehe blieb kinderlos – in seiner politischen Karriere zeitlebens sachkundig und einsatzfreudig unterstützte. Ein Jahr zuvor war er in das Abgeordnetenhaus von Tennessee gewählt worden, dem er bis 1825 angehörte. – Polk besaß zwar eine ansehnliche Zahl von Bekannten, aber keinen großen Freundeskreis. Einer seiner engeren Freunde und Förderer war Andrew Jackson, den Polk zutiefst verehrte und durch dessen Einfluss er auch Eingang in die nationale Politik fand. Ab 1825 vertrat er den Staat Tennessee im Repräsentantenhaus, wo er 1835 zum *Speaker* avancierte und die Führung der Demokratischen Fraktion übernahm.

Von 1839 bis 1841 sammelte Polk weitere politische Erfahrungen als Gouverneur von Tennessee, kehrte aber nach zwei verlorenen Gouverneurswahlen (1841 und 1843) wieder nach Washington zurück. Auf dem Parteikonvent der Demokraten 1844 in Baltimore nominierte man ihn zum Präsidentschaftskandidaten, nachdem sich die vorherigen Favoriten, Martin Van Buren, Lewis Cass und James Buchanan, gegenseitig blockiert hatten. Den größten gemeinsamen Nenner fanden die Delegierten noch in der Person von Polk, der damit zum ersten «*dark horse candidate*», d. h. einem relativ unbekannten Kompromisskandidaten für die Präsidentschaft gekürt wurde.

Nur im Süden der USA genoss Polk, der auch Sklaven hielt, einen hohen Bekanntheitsgrad. Die dortigen Demokraten erblickten in ihm zu Recht einen überzeugten Anhänger Andrew Jacksons und waren sicher, dass er für niedrige Zölle, gegen die Macht der Banken und für andere Prinzipien der *Jacksonian Democracy* eintreten würde. Polks enge Anlehnung an die Person und Politik Jacksons brachte ihm denn auch den Spitznamen *Young Hickory* ein.

Die Whigs machten sich öffentlich über die Wahl der Demokraten lustig und prägten den Slogan «*Who is James K. Polk?*». Polk erwies sich allerdings als geschickter Wahlkampfstratege und nutzte die verschiedenen regionalen Sonderinteressen zu seinem Vorteil. Da die Demokratische Partei in der Frage der Annexion von Texas gespalten war, versuchte er die Wähler im Norden davon zu überzeugen, dass der Anschluss dieses Territoriums ebenfalls in ihrem Interesse läge. Zusammen mit Senator Robert J. Walker aus Mississippi führte Polk für die Annexion Argumente an, die die tiefsitzenden Ängste im Norden vor einer gewaltsamen Auseinandersetzung in den Südstaaten heraufbeschworen, vor einem Krieg zwischen Sklaven und Sklavenhaltern, der dann auf den Norden übergreifen könnte. Nur eine Ausdehnung des amerikanischen Staatsgebiets konnte nach Polks Meinung mögliche Konflikte vermeiden. Allerdings verband er die Argumente für die Annexion von Texas nicht mit solchen für eine Ausweitung der Sklaverei. In Texas erblickte er eher einen militärischen Schild gegenüber dem Südwesten und, fast noch wichtiger für seine Interessen, den Weg zur Öffnung der Vereinigten Staaten zum Pazifik.

Wichtiger noch als Texas erschien Polk Kalifornien, das in mexikanischem Besitz war. In den kalifornischen Hafenstädten, insbesondere San Francisco, sah er den Schlüssel zum Handel mit Asien und den Handelsrouten zum Orient. Mit diesem Streben nach mehr Land und neuen Märkten antizipierte er in den wirtschaftlich depressiven vierziger Jahren bereits die Prosperitätsphase des kommenden Jahrzehnts.

Um demokratische Wähler im Norden für sich zu gewinnen, die für eine Anhebung der Zölle waren, signalisierte Polk Kompromissbereitschaft im Hinblick auf mögliche Schutzzölle.

Durch eine stetig steigende Zuwanderung waren schließlich auch Immigranten zu einem politischen Kalkül geworden. Während die Whigs sich ihnen durch ungeschickte personelle Besetzungen innerhalb ihrer Präsidentschaftskampagne entfremdeten, gelang es Polk und seiner Partei, diese Wählergruppe mehr für sich zu aktivieren.

Polk war sich der allgemeinen öffentlichen Stimmung zugunsten einer territorialen Expansion weitaus bewusster als die konservativen Whigs. So erwähnte das Wahlprogramm der Demokraten zum Beispiel ausdrücklich den territorialen Anspruch auf ganz Oregon, nicht lediglich das Gebiet südlich des 49. Breitengrades, was den Interessen der Expansionisten im Norden entsprach. Polks unzweideutige Unterstützung eines amerikanischen Sendungsgedankens entsprach der expansionistischen Stimmung im Lande, und so gewann er gegen seinen Whig-Gegner Henry Clay, der diesen Trend unterschätzt hatte, mit einer Wahlmännerstimmenmehrheit von 170 zu 105. Bei einer hohen Wahlbeteiligung von 78,9 Prozent fiel das allgemeine Stimmergebnis allerdings relativ knapp aus. Polk erhielt mit 1 338 464 (49,6 Prozent) der Wählerstimmen nur knapp mehr als sein Gegenkandidat, der 1 300 097 (48,1 Prozent) für sich verbuchen konnte. Er konnte 15 Staaten für sich gewinnen, Clay 11. Seinen eigenen Staat Tennessee verlor Polk durch 113 Wählerstimmen, die an die Whigs gegangen waren. In vielen Staaten lieferten sich die beiden Parteien ein Kopf-an-Kopf-Rennen, was die Stabilität des gewachsenen «Zweiten-Partei-Systems» (*Second Party System*) dokumentierte. Erstmals seit 1824 wurde ein Präsident mit weniger als 50 Prozent der Wählerstimmen gewählt. Dies schien zunächst kaum ein Mandat für die volle Umsetzung von Polks Plänen zu sein.

Polk zeigte bereits bei der Auswahl seiner Minister ein sicheres Gespür für politische und administrative Kompetenz. Neben James Buchanan als Außenminister gehörten dem Kabinett unter anderem William L. Marcy (War Department), Robert J. Walker (Treasury Department) und der Historiker George Bancroft (Marine) an. Sie unterstützten Polks parteidemokratische Prinzipien, prägten aber nicht entscheidend die Politik der Exekutive, die er hauptsächlich selbst formulierte und umsetzen konnte. Obwohl Polk während seines Wahlkampfes nördlichen Demokraten eine Anhebung der Zölle in Aussicht gestellt hatte, setzte er, einmal im Amt, eine Reduzierung der Zolltarife durch den *Walker Tariff Act* (1846) durch.

Auch Demokraten im Westen entfremdete er der Partei, als er durch sein Veto eine Gesetzesvorlage zu Fall brachte, die Bundesmittel für die Verbesserung der dortigen Infrastruktur vorgesehen hatte. Diesen Einspruch interpretierten westliche Demokraten daraufhin als deutliches Signal dafür, dass Polk primär die Interessen der Südstaaten vertrete und sich maßgeblich von den dortigen Parteirepräsentanten beeinflussen lasse.

Weitaus schwerer als die Auseinandersetzungen über Zolltarife und den inneren Ausbau des Landes wogen jedoch diejenigen über Fragen der Expansion nach Süden und Westen. Polk als ein typischer Repräsentant der *Jacksonian Democracy* erblickte in der territorialen Ausweitung der Vereinigten Staaten die Möglichkeit einer demographisch sinnvollen Verteilung der Bevölkerung und auch die Chance, den primär agrarischen und demokratischen Charakter der USA zu erhalten. Auch ein in seinen Augen gefährlicher Machtzuwachs der zentralistischen Bundesregierung konnte so leichter verhindert werden.

Dass Polk es mit der Umsetzung seiner expansionistischen Pläne ernst meinte, dokumentierte seine Ansprache zum Amtsantritt am 4. März 1845, in der er die Ansprüche auf Oregon noch einmal betonte und herausstellte, dass die Eingliederung von Texas ausschließlich eine Angelegenheit zweier autonomer Staaten sei, nämlich der USA und Texas, nicht aber Mexikos. Da die Mehrheit in Senat und Repräsentantenhaus aus Demokraten bestand, die ihre Wahl und die des Präsidenten als Mandat für eine Expansionspolitik interpretierten, konnte Polk in dieser Hinsicht mit der Kooperation des Kongresses rechnen. Bereits einige Tage vor seinem Amtsantritt hatte man dort eine gemeinsame Resolution zur Annexion von Texas verabschiedet. Ende März reagierte die mexikanische Regierung, indem sie die diplomatischen Beziehungen mit den USA abbrach.

Am 2. Dezember 1845 betonte Polk in seiner Jahresbotschaft an den Kongress erneut die Gültigkeit der Monroe-Doktrin und warnte davor, das europäische Prinzip des Mächtegleichgewichts auf Nordamerika zu übertragen. Diese als Polk-Doktrin bezeichnete Auffassung war mit einem Seitenblick auf die Situation im Nordwesten formuliert. Die Frage nach der Aufteilung des großen Oregon-Gebietes, das die heutigen Einzelstaaten Oregon, Washington, Idaho, Teile von Montana und Wyoming sowie etwa die Hälfte des kanadischen British Columbia miteinschloss, war in den vorangegangenen zwei Dekaden zurückgestellt worden; Amerikanern und Engländern blieb der Zugang zu diesem Gebiet vorerst gleichermaßen offen. Im Grunde herrschte in der amerikanischen Öffentlichkeit in den zwanziger und dreißiger Jahren ein nur relativ geringes Interesse an diesen Territorien. Im folgenden Jahrzehnt änderte sich dies schlagartig durch enthusiastische Berichte von Missionaren, die die Fruchtbarkeit des Landes schilderten und damit ein regelrechtes «Oregonfieber» auslösten.

Mit der Forderung nach ganz Oregon lenkte Polk diese Stimmung durchaus berechnend in politische Kanäle. Er wusste wohl, dass dies einer Kriegserklärung an Großbritannien gleichkam, was er eigentlich vermeiden wollte. Im

April 1846 erreichte er vom Kongress die Aufkündigung des Vertrages, der die gemeinsame britisch-amerikanische Verwaltung Oregons vorsah. Großbritannien hatte nun die Option, zu verhandeln oder den Vereinigten Staaten den Krieg zu erklären. Da die britische Regierung in innen- und außenpolitischen Schwierigkeiten steckte und ohnehin nicht übermäßig an den Gebieten interessiert war, entschied sie sich für Verhandlungen. Wenige Monate später akzeptierte sie im *Oregon Treaty* Präsident Polks Vorschlag, das Oregon-Gebiet südlich des 49. Breitengrades, den weitaus fruchtbareren und größeren Teil, als amerikanisch anzuerkennen.

Die territoriale Expansion in den Süden und Südwesten besaß für Polk eine wesentliche größere Bedeutung. Im Dezember 1845 war Texas als 28. Einzelstaat in die Union aufgenommen worden, was zum Abbruch der diplomatischen Beziehungen zwischen den USA und Mexiko führte. Das politische Klima verschlechterte sich weiter, als Texas den noch südlicher liegenden Rio Grande zur neuen amerikanisch-mexikanischen Grenze erklärt. Im Januar 1846 entsandte Polk eine Armee unter der Führung von General Zachary Taylor an den Rio Grande; auf diese Provokation reagierten die Mexikaner jedoch erst Monate später, als sie die amerikanischen Truppen schließlich angriffen. Der Kongress beschloss daraufhin im Mai mit großer Mehrheit die vom Präsidenten beantragte Kriegserklärung an Mexiko. Obgleich dieser Krieg in der Öffentlichkeit überwiegend Unterstützung fand, wurde er im amerikanischen Nordosten eher reserviert aufgenommen, speziell von den Whigs und Sklavereigegnern, die befürchteten, dass das eroberte Gebiet als Sklavenstaat zur Union kommen könnte. Sogar die älteren südlichen Staaten sahen im Zugewinn weiteren Territoriums die Gefahr der Verschärfung des Nord-Süd-Konflikts. Die Staaten des Mississippi-Tales waren noch die stärksten Verfechter dieser bewaffneten Auseinandersetzung. Der Krieg mit Mexiko hatte anfangs eine Welle nationaler Begeisterung ausgelöst; als jedoch ersichtlich wurde, dass die Mexikaner zähen Widerstand leisteten und der Krieg länger dauern würde als erwartet, begann Polks Popularität zu sinken.

Der Präsident ergriff nun die Chance, den USA zwei weitere Territorien einzuverleiben, die bislang zu Mexiko gehörten: Neumexiko und Kalifornien. Im Sommer 1846 entsandte er eine kleine Armee in den Südwesten, die ohne nennenswerten Widerstand Santa Fe besetzte und das ganze Gebiet Neumexikos zum amerikanischen Hoheitsbereich erklärte. Ein kleiner Teil der Truppen machte sich dann auf den Weg nach Kalifornien, wo unter der Führung des amerikanischen Entdeckers und Freischärlers John Charles Frémont bereits eine Revolte der amerikanischen Siedler entfacht worden war, die von der U.S.-Kriegsmarine unterstützt wurde. Im Herbst 1846 riefen die Siedler die Unabhängigkeit der *Republic of California* mit der Hauptstadt Sonoma aus.

Obwohl Neumexiko, Kalifornien und die von den USA beanspruchten Regionen von Texas nun faktisch in amerikanischer Hand waren, erklärte sich Mexiko nicht dazu bereit, diese Realitäten in einem Friedensvertrag anzuerkennen und die Gebiete offiziell abzutreten. So zog sich der Krieg noch bis Anfang 1848 hin, als Mexiko nach der Eroberung seiner Hauptstadt schließlich notgedrungen in einen Friedensschluss einwilligte. Im Vertrag von Guadalupe Hidalgo vom Februar 1848 verzichtete es auf Kalifornien und Neumexiko und erkannte den Rio Grande als Grenzfluss zum amerikanischen Texas an. Die Vereinigten Staaten ihrerseits verpflichteten sich zur Zahlung einer Entschädigungssumme von 15 Millionen Dollar und zur Übernahme von Forderungen amerikanischer Gläubiger gegenüber Mexiko in Höhe von weiteren dreieinviertel Millionen Dollar.

Die «offenkundige Bestimmung» (*Manifest Destiny*) der weißen Nordamerikaner zur Eroberung und Erschließung des Kontinents hatte unter der demokratischen Polk-Administration ihren Höhepunkt erreicht: Zwischen 1845 und 1848 waren das riesige Gebiet der heutigen Staaten Arizona, Kalifornien, Nevada, Texas und Utah sowie Teile von Neumexiko, Colorado und Wyoming der jungen Nation als Siedlungsland hinzugefügt worden. Damit hatte sich das Territorium der Vereinigten Staaten in Polks Amtszeit um zwei Drittel vergrößert.

Interessanterweise verband Polk, selbst Sklavenhalter, die territoriale Expansion nicht mit einer automatischen Ausbreitung der Sklaverei. Dabei fehlte ihm aber der politische Weitblick, um die aus dem Gebietsgewinn erwachsende Gefahr einer Spaltung der Union in sklavenfreie und sklavenhaltende Regionen zu erkennen. Die Diskussion über die Sklaverei in den neuen Territorien hielt er für eher nebensächlich. Den Missouri-Kompromiss von 1820 mit seiner Bestimmung, künftig nördlich des 36° 30'-Breitengrades – eben mit Ausnahme von Missouri – keine Sklaverei in den Territorien zu erlauben, betrachtete Polk als vernünftige und für alle Zukunft ausreichende Lösung.

Die Diskussion um die Aufnahme von Texas als Sklavenstaat in die Union hatte aber bereits die Brisanz des Nord-Süd-Konflikts erkennen lassen. Politiker der Südstaaten waren im Kongress für die Eingliederung von Texas eingetreten, da sie den «südlichen Einfluss» verstärken und das Gebiet für den Baumwollanbau vergrößern wollten. Nordstaaten-Abgeordnete hingegen hatten gegen die Integration eines weiteren Sklavenstaates und die damit verbundene Machtverschiebung im Kongress argumentiert.

Die grundsätzliche Frage nach dem Status neuer Territorien stellte sich erneut, als der demokratische Kongressabgeordnete David Wilmot aus Pennsylvania 1846 nach Ausbruch des Krieges gegen Mexiko vorschlug, in sämtlichen eroberten Gebieten die Sklaverei zu untersagen. Dieses sogenannte *Wilmot Proviso* passierte zwar das Repräsentantenhaus, in dem die Whigs seit den Wahlen 1846 eine Mehrheit besaßen – auch ein junger Whig-Abgeordneter namens Abraham Lincoln stimmte dafür –, scheiterte aber an der demokratischen Mehrheit im Senat. Sie stellte sich auf den Standpunkt, dass es nicht Angelegenheit des Kongresses sei, über Zulassung oder Verbot der Sklaverei in den Territorien und zukünftigen Staaten zu entscheiden. Polk schloss sich dieser Auffassung an und lehnte Wilmots Antrag ab.

Zu Beginn seiner Präsidentschaft war Polk mit 49 Jahren der bisher jüngste Präsident der Vereinigten Staaten gewesen. Während seiner Amtszeit bewies er ein gutes Gespür für die personelle Besetzung und Kontrolle der Ämter, und in seiner Beziehung zum Kongress war seine langjährige legislative Erfahrung von großem Nutzen. Wenn seine Partei, die Demokraten, geschlossen auftrat, gab er den Vorstellungen des Kongresses nach; stimmte er mit Entscheidungen des Kongresses nicht überein, zeigte er großes Geschick darin, seine Position zu verdeutlichen. Von seinem suspensiven Vetorecht machte der Präsident zweimal formell Gebrauch, und in beiden Fällen ergab sich keine Zweidrittelmehrheit im Kongress, um ihn zu überstimmen; die zuvor eingebrachten Gesetzesvorlagen konnten nicht angenommen werden.

In seinen vier Jahresbotschaften zur Lage der Nation an den Kongress und zehn Sonderbotschaften an das Repäsentantenhaus oder den Senat sprach Polk vitale Interessen der Nation an, die zum größten Teil vom Kongress mitgetragen wurden. Obgleich vielfältige und unterschiedliche Ziele und Auffassungen seine eigene Partei spalteten und die Whigs ihre Politik geschickt artikulierten, gelang es Polk, seine Hauptanliegen dem Kongress gegenüber durchzusetzen. Dazu gehörten die erfolgreiche Lösung eines Handelsstreits mit Großbritannien und ein Ausbau der amerikanischen Streitkräfte, an erster Stelle aber der Krieg mit Mexiko und die territoriale Expansion im Süden und Westen.

In seiner exekutiven Funktion lehnte er das Begehren des Kongresses auf Einblick in politische Hintergründe und Informationen des Weißen Hauses ab; er erkannte die neue revolutionäre französische Regierung an und proklamierte die Gültigkeit der Monroe-Doktrin. All diese Entscheidungen wurden von nachfolgenden Präsidenten anerkannt und übernommen. Das Tagebuch, das Polk während seiner Amtszeit führte, zeugt von seiner Gewissenhaftigkeit, seinem enormen Arbeitseinsatz und von seinem Glauben, dass Politik nicht regionalen Interessen, sondern übergeordneten nationalen Zielen dienen sollte. Diese Auffassung konnte er auch vielen Abgeordneten und Senatoren überzeugend vermitteln, und sie mag seine starke Position dem Kongress gegenüber erklären.

Polk wurde nie zu einer populären Persönlichkeit wie andere Präsidenten vor ihm; durch seine eigene exekutive Gestaltung gab er dem Präsidialamt jedoch eine spezifische Kontur.

Auf Grund seines angegriffenen Gesundheitszustandes lehnte Polk eine zweite Nominierung als Präsidentschaftskandidat der Demokraten ab. Aber hinter den politischen Kulissen der Partei war ohnehin bereits entschieden worden, dass er für eine zweite Amtszeit nicht geeignet sei, da der nördliche Parteiflügel wegen seiner starken Wahrnehmung südlicher Interessen mit ihm unzufrieden war. Nach Ablauf seiner Amtszeit zog sich Polk nach Nashville, Tennessee, zurück, wo er wenige Monate später, am 15. Juni 1849, im Alter von 53 Jahren verstarb. Sein Außenminister James Buchanan sagte über ihn, er sei der fleißigste Mensch gewesen, den er je kennengelernt hätte; in den vier Jahren seiner Präsidentschaft habe er «das Aussehen eines alten Mannes» angenommen.

Jörg Nagler

ZACHARY TAYLOR
1849–1850

Der unpolitische Präsident

Wie George Washington und Andrew Jackson vor ihm, profitierte Zachary Taylor von seiner erfolgreichen militärischen Karriere. Seine Siege im Krieg gegen Mexiko hatten ihm zu rascher Popularität verholfen, aus der die Whig-Partei politisches Kapital schlagen konnte. Mit Taylor gelangte allerdings zum ersten Mal ein Berufssoldat ins Weiße Haus.

Am 24. November 1784 im Orange County in Virginia geboren, wuchs der junge Zachary im weiter westlich gelegenen damaligen *Frontier*-Land nahe Louisville, Kentucky, auf, wohin seine Familie bald nach seiner Geburt gezogen war. Sein Vater war ein wohlhabender Farmer, der als Offizier im amerikanischen Unabhängigkeitskrieg gedient hatte.

Nach einer nur oberflächlichen Schulbildung trat Taylor 1808 in die Armee ein. 1810 heiratete er Margaret Mackall Smith aus Maryland, mit der er sechs Kinder hatte. Er war Teilnehmer am Krieg von 1812, am *Black Hawk*-Indianerkrieg von 1832, dem Zweiten Seminolen-Indianerkrieg in Florida und dem Krieg gegen Mexiko 1846–48. Sein tapferes Verhalten als Generalmajor trug ihm den Beinamen *Old Rough and Ready* ein, und der Sieg im Februar 1847 bei Buena Vista über eine zahlenmäßig weit überlegene feindliche Armee machte ihn über Nacht zum nationalen Helden.

Als die Whigs Taylor 1848 zum Präsidentschaftskandidaten nominierten, entschieden sie sich damit für eine in der Politik vollkommen unerfahrene Persönlichkeit. Die Demokratische Partei hatte aber mit noch größeren Problemen zu kämpfen. Nach immensen internen Zwistigkeiten wurde ein Kandidat präsentiert, dessen Programm die Partei einer Zerreißprobe aussetzte: der politisch eher blasse Senator Lewis Cass aus Michigan trat für das Prinzip der *popular sovereignty* ein, was in diesem Fall das Recht der Bevölkerung in den Staaten und Territorien meinte, über Zulassung und Verbot der Sklaverei selbst zu entscheiden. Eine solche Regelung sollte auch für das 1820 im Missouri-Kompromiss für alle Zeiten eigentlich als sklavenfrei erklärte Gebiet gelten, womit diese wichtige Nord-Süd-Vereinbarung hinfällig geworden wäre.

Der Demokratischen Partei erwuchs im Norden nun ein politischer Konkurrent aus den eigenen Reihen: die durch Abspaltung von ihrem nördlichen Flügel entstandene sogenannte *Free Soil Party* stellte Martin Van Buren als Präsidentschaftskandidaten und den Sohn von John Quincy Adams, Charles Francis Adams, als seinen Stellvertreter auf. Diese Partei wurde zum Sammelbecken für all jene, die eine weitere Ausdehnung der Sklaverei in die neuen Staaten ablehnten, die aus den von Mexiko abgetretenen Territorien hervorgehen würden.

Obwohl die Whig-Politiker aus dem Norden das *Wilmot Proviso* unterstützt hatten, das ein Verbot der Sklaverei in allen neu hinzugewonnenen Gebieten vorsah, und vehement die von Cass vorgeschlagene *popular sovereignty* ablehnten, vermied die Whig-Partei in ihrem Wahlprogramm eindeutige Stellungnahmen zum Sklavereiproblem. Mit der Nominierung von General Taylor zum Präsidentschaftskandidaten hatte sich die Mehrheit dafür entschieden, die nötigen Stimmen im Norden wie im Süden durch einen ganz auf die Persönlichkeit des Generals ausgerichteten Wahlkampf zu gewinnen.

Die Tatsache, dass Taylor aus dem Süden stammte, in Louisiana lebte, eine

Baumwollplantage in Mississippi besaß und Besitzer von etwa hundert Sklaven war, beeinflusste die Wahlkampfstrategie dabei nicht, da sein Kriegsruhm diese Umstände eher nebensächlich erscheinen ließ. Tatsächlich setzte sich Taylor bei der Wahl durch, die erstmals unionsweit am selben Tag abgehalten wurde. Im Süden konnte er 51 Prozent der Wählerstimmen auf sich vereinigen; im Norden schadete die *Free Soil*-Partei den Demokraten mehr als den Whigs. Im wichtigen Staat New York kam Van Buren auf 10 Prozent der Wählerstimmen, die primär der Demokratischen Partei verlorengingen, so dass Taylor diesen Staat für sich verbuchen konnte, was letztlich den Ausschlag gab. Die Wahlbeteiligung von 72,7 Prozent lässt erkennen, wie weit die Demokratisierung in den Vereinigten Staaten schon fortgeschritten war und welche Bedeutung die Bevölkerung den Wahlen zumaß, die auch immer mehr an Unterhaltungswert gewannen. Beide Kandidaten hatten sich in 15 Staaten durchgesetzt, doch wegen der ungleichen Verteilung der Elektoren in diesen Staaten erhielt Taylor 163 Stimmen im Wahlmännerkollegium, Cass nur 127. Vizepräsident wurde der liberale New Yorker Whig Millard Fillmore.

Wenige Präsidenten in der amerikanischen Geschichte haben in derartiger Unkenntnis dessen, was politisch von ihnen erwartet wurde, ihr Amt angetreten. Man nahm an, dass Taylor als unpolitischer Präsident sämtliche legislativen Initiativen dem Kongress überlassen und lediglich für die Ausführung der Gesetze sorgen würde. Zunächst wurde er in seiner Amtsführung hauptsächlich von seinem politisch routinierten Vizepräsidenten Fillmore beeinflusst. Allerdings wurde Fillmore in dieser Rolle bald von William H. Seward abgelöst, dem Senator aus Massachusetts, der Taylor den Rat gab, die Whig-Partei durch eine kluge Politik der Ämtervergabe zu stärken. Seine politische Unsicherheit kompensierte Taylor bald zunehmend durch Ad-hoc-Entscheidungen, die allerdings oft nicht der Komplexität der politischen Materie gerecht wurden. So gehörte seinem Kabinett als einflussreicher Secretary of State der in der Außenpolitik gänzlich unerfahrene John M. Clayton an, der durch ungeschicktes diplomatisches Auftreten fast einen Abbruch der Beziehungen zu Frankreich verursacht hätte. Als außenpolitischen Erfolg konnte Taylor aber den sogenannten «Clayton-Bulwer»-Vertrag vom April 1850 mit England verbuchen, in dem sich beide Staaten verpflichteten, in Zukunft kein mittelamerikanisches Land zu annektieren oder zu kolonisieren.

Im Jahr der Präsidentschaftswahlen wurde im kalifornischen Sacramento-Tal Gold gefunden. Die folgenden Jahre gingen als legendärer «Goldrausch» in die Geschichte ein, in dessen Verlauf Zehntausende nach Kalifornien strömten. Erneut stellte sich nun die nationale Kardinalfrage nach einer Ausbreitung der *peculiar institution,* wie die Sklaverei im Süden emphatisch genannt wurde, als Kalifornien im Oktober 1849 den Antrag stellte, als sklavenfreier Staat in die Union aufgenommen zu werden. Bereits kurz nach seiner Amtseinführung im März hatte Taylor den Siedlern diesen Schritt empfohlen; nun drängte er den Kongress zur Zustimmung, da das Verbot der Sklaverei von der verfassunggebenden Versammlung Kaliforniens beschlossen worden sei. Neu Mexiko würde, wie Taylor verlautbaren ließ, Kalifornien sicher bald in die Union folgen.

Die Kalifornier ihrerseits hatten bereits zu diesem Zeitpunkt Abgeordnete und Senatoren für den Kongress in Washington gewählt. Allerdings hatten sie ebenso wie Taylor in ihrer Eile übersehen, dass sie dafür der Genehmigung des Kongresses bedurften. Viele Kongressmitglieder reagierten verärgert, da sie die seit Andrew Jackson stetig wachsende exekutive Macht des Präsidenten mit Argwohn beobachteten und sich nun demonstrativ übergangen fühlten. Südliche Abgeordnete zeigten sich schockiert und interpretierten den Vorschlag Taylors als offensichtlichen Versuch, den Süden und mit ihm das System der Sklaverei zu schwächen. Etliche von ihnen waren nur dann bereit, Kalifornien als sklavenfreien Staat zu akzeptieren, wenn die Bundesregierung gleichzeitig die Zukunft des Sklavereisystems insgesamt garantieren würde.

Die Reaktion der südlichen Kongressmitglieder muss auch in einem weiteren wichtigen Kontext gesehen werden: 1789 hatten noch 40 Prozent der weißen Bevölkerung im Süden der USA gelebt, 1850 hingegen waren es nur noch 31 Prozent. Diese demographischen Verschiebungen hatten ihren Einfluss auf die Anzahl der südlichen Kongressabgeordneten. Hielt der Süden 1789 noch 46 Prozent der Sitze im Repräsentantenhaus, so waren es 1850 nur noch 38 Prozent. Lediglich im Senat existierte noch eine Balance zwischen Nord und Süd, die durch die Aufnahme Kaliforniens als 31. Staat nun auch verlorenzugehen drohte. Aus dieser Machtverschiebung im Kongress lässt sich die wachsende Besorgnis der südlichen Abgeordneten erklären, die jetzt dazu neigten, ihre Interessen immer vehementer und aggressiver zu verteidigen.

Über acht Monate wurde im Kongress erbittert über den kalifornischen Antrag und seine politischen Implikationen gestritten. Die extremste Position bezog dabei Senator John C. Calhoun aus South Carolina, der im März 1850 warnte, eine Sezession der Südstaaten könne nur verhindert werden, wenn der Kongress garantiere, dass die Sklaverei in allen Territorien erlaubt sei, und dass für immer eine Balance zwischen sklavenfreien und Sklavenstaaten existieren werde.

Wie im Fall von Missouri 1820 zeigte Senator Henry Clay noch einmal einen Ausweg aus der drohenden Sackgasse auf. Er schlug vor, Kalifornien sklavenfrei zu halten und es den Territorien Neu Mexiko und Utah freizustellen, ihren jeweiligen Status selbst zu bestimmen. Texas sollte Gebiete an Neumexiko abtreten, dafür allerdings mit zehn Millionen Dollar aus Bundesmitteln entschädigt werden; im District of Columbia – also der Bundeshauptstadt – sollte der Sklavenhandel, nicht aber die Sklaverei selbst verboten werden; und schließlich müsse man effektivere Maßnahmen zur Ergreifung und Rückführung geflohener Sklaven durchsetzen, um die Besitzrechte der Südstaaten zu schützen. Im Kongress setzten sich Whigs wie Daniel Webster und Demokraten wie Lewis Cass und Stephen A. Douglas für eine parteiübergreifende Unterstützung dieses Kompromisses ein. Der nördliche Flügel der Whigs und mit ihm Taylor lehnte die Zugeständnisse an die Sklavereiinteressen jedoch als zu weitgehend ab. Als südliche Kongressabgeordnete daraufhin erneut gegen ein sklavenfreies Kalifornien protestierten und sogar von Sezession sprachen, konnte Taylor seine militärische Vergangenheit nicht länger verleugnen und drohte im Falle der Missachtung eines Gesetzes, das Kalifornien sklavenfrei halten sollte, mit martialischen Strafen. Hier zeigte sich, dass er lediglich im geographischen Sinn ein Mann des Südens war; seine lange militärische Karriere hatte ihn gelehrt, die Einheit der Nation über regionale Sonderinteressen zu stellen. Während im Kongress weiter um eine Lösung gerungen wurde, verstarb Taylor ganz plötzlich am 9. Juli 1850 im Weißen Haus. Anlässlich der Feiern zum Unabhängigkeitstag in Washington hatte er sich mehrere Stunden ungeschützt in der sengenden Sommerhitze aufgehalten. Nach seiner Rückkehr von den Feierlichkeiten hatte er völlig erschöpft größere Mengen frischer Früchte und Eismilch zu sich genommen, die bald darauf heftige Krämpfe und eine Darmentzündung auslösten, die schließlich seinen Tod verursachte. Dieser Schicksalsschlag kam den Befürwortern einer Einigung zwischen Norden und Süden nicht ganz ungelegen, denn nun konnten sie im Kongress zügig den «Kompromiss von 1850» verabschieden, wie Clay ihn schon Monate zuvor skizziert hatte. Die nicht verstummenden Gerüchte, Taylor sei vergiftet worden, führten 1991 zu einer Exhumierung, bei der gerichtsmedizinisch jedoch eindeutig festgestellt werden konnte, dass der Präsident keinem Attentat zum Opfer gefallen war.

Jörg Nagler

MILLARD FILLMORE
1850–1853

Die Verschärfung der Sklavereidebatte

Der fünfzigjährige Vizepräsident Millard Fillmore aus New York wurde einen Tag nach Zachary Taylors überraschendem Tod am 10. Juli 1850 als Präsident vereidigt. Obwohl er im Gegensatz zu Taylor über langjährige politische Erfahrung verfügte, wäre er auf reguläre Weise sicher nicht in das höchste Amt gelangt. Anders als Taylor arbeitete er im Weißen Haus loyal mit den Führern der Whig-Partei zusammen und erzielte sogar einige innen- und außenpolitische Erfolge. Dennoch bekam er keine Chance, sich nach Ablauf der Amtsperiode dem Volk zur Wahl zu stellen. Das tat er erst einige Jahre später als Kandidat einer fremdenfeindlichen Partei, womit er seine Anfälligkeit für populistischdemagogisches Gedankengut unter Beweis stellte. Fillmores Karriere versinnbildlichte die soziale Mobilität und die nahezu unbegrenzten Aufstiegschancen, die man den Vereinigten Staaten schon um diese Zeit bewundernd oder verächtlich – je nach politischem Standpunkt – bescheinigte.

Am 7. Januar 1800 war der spätere Präsident in einer Blockhütte in Cayuga County im Staate New York als Sohn eines armen Farmers geboren worden. Nach einer abgebrochenen Schneiderlehre wurde sein Leseeifer, den er zeit seines Lebens bewahrte, durch die Öffnung einer nahegelegenen Bibliothek geweckt. Autodidaktische Studien ermöglichten es ihm, mit 19 Jahren seine Ausbildung durch den Besuch einer Schule zu verbessern. Dort lernte er auch seine Frau Abigail Powers kennen, die seine Lehrerin war. Bei einem Richter in Montville, New York, und dann in einem Anwaltsbüro in Buffalo ließ er sich juristisch ausbilden und wurde 1823 als Rechtsanwalt zugelassen. Ein Jahr später wurde er politisch aktiv und unterstützte John Quincy Adams als Präsidentschaftskandidaten. Von 1829 bis 1831 vertrat er die «Antifreimaurerpartei» – die Anti-Masonic Party, eine kurzlebige populistische Protestpartei – als Abgeordneter von Erie County im Parlament von New York. Während dieser Zeit zog er mit seiner mittlerweile vierköpfigen Familie nach Buffalo.

Fillmore machte sich um den Aufbau der Whig-Partei im westlichen New York verdient und wurde 1832 in den Kongress gewählt. Im Repräsentantenhaus unterstützte er Henry Clays Ideen einer wirtschaftlichen Konsolidierung der Nation durch bundesstaatliche Förderung der Infrastruktur und Schutzzölle für die heimischen Industrien. Als Vorsitzender des mächtigen *Way and Means Committee* formulierte er ein Zollgesetz, das zweimal von Präsident John Tyler zurückgewiesen wurde, bevor es 1842 in Kraft trat. 1844 kandidierte Fillmore auf dem Konvent der Whig-Partei erfolglos für die Nominierung zum Vizepräsidentschaftskandidaten, und im selben Jahr verlor er auch, wenngleich knapp, die Wahl zum Gouverneur von New York gegen seinen demokratischen Gegner. Nach seiner Niederlage praktizierte er eine Zeitlang wieder als Rechtsanwalt. Von 1848 bis 1849 war Fillmore Vorsitzender des Rechnungshofes des Staates New York, wo er sich vor allem für den Ausbau des Eriekanals einsetzte.

Auf ihrem Konvent in Philadelphia 1848 nominierten die Whigs Fillmore im zweiten Wahlgang mit der Unterstützung Henry Clays zum Vizepräsidentschaftskandidaten neben General Zachary Taylor. Er erfüllte die ihm zugedachte Aufgabe, den Staat New York für Taylor zu gewinnen. Taylor und Fillmore kannten sich nicht persönlich und trafen sich nach der erfolgreichen Präsidentenwahl zum ersten Mal. Obgleich Fillmore über gute Beziehungen zu Kongressmitgliedern verfügte, wurde er von der Taylor-Administration fast gänzlich ignoriert. Man suchte nicht einmal seinen Rat bei der Ämtervergabe für seinen Heimatstaat New York.

Anders als sein Amtsvorgänger trat Fillmore als Präsident umgehend für das von Clay vorgeschlagene Kompromisspaket ein, mit dem eine Koalition von Whigs und Demokraten im Kongress den Streit um die Ausdehnung der Sklaverei in die 1848 hinzugewonnenen Gebiete schlichten wollte. Unermüdlich versuchte er, die Whigs aus den Nordstaaten umzustimmen, die sich jeglicher Expansion des Sklavereisystems widersetzten. In seiner Botschaft an den Kongress vom August 1850 trat er öffentlich noch einmal energisch für einen Ausgleich zwischen Norden und Süden ein, und Mitte September konnte er dann die Gesetze unterzeichnen, die in ihrer Gesamtheit den «Kompromiss von 1850» bildeten. Im Gegensatz zu Taylor unterstützte Fillmore das Prinzip der *popular sovereignty*, das den Wählern in den neuen Staaten, nicht dem Kongress in Washington, das Recht einräumte, über Einführung oder Verbot der Sklaverei zu entscheiden.

Nicht alle Amerikaner atmeten erleichtert auf, denn der Konfliktherd war keineswegs beseitigt worden, und im Norden wurde über zu viele Zugeständnisse an die Befürworter der Sklaverei geklagt. Speziell ein Punkt des Kompromisspakets – das Gesetz zur Ergreifung flüchtiger Sklaven, der *Fugitive Slave Act* – entfachte einen Sturm der Entrüstung, weil es verlangte, dass die in den Norden entflohenen Sklaven ihren Besitzern im Süden zurückgegeben werden mussten. Noch dazu waren die ohnehin schon geringen Rechte, die schwarzen Angeklagten vor Gericht zustanden, weiter eingeschränkt worden. Die in der sogenannten *Underground Railroad* zusammenarbeitenden Sklavereigegner hatten es seit 1830 mehreren zehntausend Sklaven ermöglicht, von einer sicheren Unterkunft zur nächsten in den Norden des Landes und dann nach Kanada in die Freiheit zu fliehen. Mehr als alle abolitionistische Agitation zur Abschaffung der Sklaverei erregte dann zudem Harriet Beecher Stowes 1851 zunächst als Zeitungsserie veröffentlichter Roman *Uncle Tom's Cabin* die Gemüter, der vom *Fugitive Slave Act* angeregt worden war und in dem die Sklaverei scharf kritisiert wurde.

Fillmore wechselte alle von Taylor übernommenen Kabinettsmitglieder aus, da er annahm, sie hätten den Präsidenten gegen den Kompromiss in der Sklavereifrage beeinflusst. So ernannte er zum Beispiel umgehend Daniel Webster, der die Einigung maßgeblich unterstützt hatte, zu seinem Außenminister. Webster brachte große außenpolitische Erfahrung mit ins Amt, da er bereits unter den Präsidenten Harrison und Tyler Außenminister gewesen war. Er und Fillmore sahen in der Konzentration auf außenpolitische Themen eine Möglichkeit, von der extrem gespannten innenpolitischen Lage abzulenken.

Europa war 1848/49 von nationalen und demokratischen Revolutionen erschüttert worden, die in einigen Ländern vorübergehend zu republikanischen Regierungssystemen führten. Hierin erblickten viele Amerikaner Parallelen zur eigenen Geschichte und machten sich Gedanken, wie sie den revolutionären Bewegungen helfen könnten. Eine Gruppierung in der Demokratischen Partei, die sich *Young America* nannte, forderte sogar eine amerikanische Intervention zugunsten der europäischen Revolutionäre. Wenngleich Fillmore derlei Absichten keineswegs teilte, unterstützte seine Administration doch zumindest rhetorisch das demokratische Aufbegehren in der Alten Welt.

Mit innenpolitischen Konstellationen hing das außenpolitische Problem zusammen, das Kuba für Fillmore schuf. Im Bewusstsein, dass innerhalb der Union keine Ausweitung des Sklavereisystems mehr möglich war, verfielen einige Südstaatler auf den Gedanken, man sollte den Spaniern diese fruchtbare Sklaveninsel in der Karibik entreißen. Fillmore, mit ihm Webster und nach dessen Tod sein Amtsnachfolger Edward Everett blockierten solche Pläne jedoch ganz entschieden, da sie einen Krieg mit den europäischen Mächten und heftigen Widerstand der Sklavereigegner im Norden der USA befürchteten.

Um die amerikanischen Handelswege in den Fernen Osten zu öffnen, entsandte Fillmore 1852 vier Kriegsschiffe unter dem Kommando von Matthew C. Perry nach Japan mit der Instruktion, zumindest einen japanischen Hafen für den Handelsverkehr zu gewinnen. Nicht zuletzt durch die militärische Machtdemonstration seiner Flotte war Perry erfolgreich, und 1854 kam es zum Vertrag von Kanagawa, in dem japanische Häfen dem amerikanischen Handel geöffnet wurden.

Als die Whigs 1852 ihren Nominierungskonvent für die nächste Präsidentschaftswahl abhielten, wurde Fillmore als Kandidat nicht einmal erwogen. Er hatte den *Fugitive Slave Act* gutgeheißen und damit große Teile des nördlichen Parteiflügels, der nach wie vor starken Einfluss ausübte, vor den Kopf gestoßen. Zum Präsidentschaftskandidaten der Whigs wurde General Winfield Scott gekürt, ein populärer Befehlshaber aus dem amerikanisch-mexikanischen Krieg, der die Wahl aber gegen den Demokraten Franklin Pierce verlieren sollte. Die Bevorzugung von Scott gegenüber Fillmore kennzeichnet den Verlust an Prestige und Einfluss, den das Präsidentenamt inzwischen erlitten hatte. Führende Parteipolitiker betrachteten den Präsidentschaftskandidaten oft nur noch als eine Galionsfigur, mit deren Hilfe sie Wählerstimmen und Macht im Kongress gewinnen konnten. Im tieferen Sinn war die Schwäche der Präsidentschaft aber nur ein Symptom für den fortschreitenden Zerfall des Parteiensystems und die Krise der Union, die ab Mitte der 1850er Jahre auf ihren Höhepunkt zusteuerte.

Zu Fillmores politischer Enttäuschung gesellten sich tragische persönliche Verluste. Seine Frau zog sich bei Pierces Amtseinführung im März 1853 eine Lungenentzündung zu und starb kurz darauf in Washington. Wieder daheim in Buffalo, starb ein Jahr später auch seine einzige Tochter. Durch Reisen versuchte Fillmore, sich Ablenkung und Trost zu verschaffen. 1855 bereiste er verschiedene Länder und erhielt sogar eine Audienz beim Papst. Noch in Europa erfuhr er, dass er von der American Party oder Know-Nothing-Partei, einer nativistischen und immigrantenfeindlichen Neugruppierung, in Abwesenheit zum Präsidentschaftskandidaten gewählt worden war. Fillmore akzeptierte die Nominierung und kehrte 1856 in die USA zurück. Bei den Wahlen, an denen erstmalig auch die neugegründete Republikanische Partei mit John Charles Frémont als Kandidat teilnahm, konnte er beachtliche 21 Prozent der Wählerstimmen für sich verbuchen, gewann aber nur den Staat Maryland. Nach diesem letzten Auftritt auf der nationalen Bühne engagierte sich Fillmore in der Regionalpolitik von Buffalo. Obwohl er im Bürgerkrieg die Nordstaaten unterstützte, wurde doch immer wieder Kritik an seinem moderaten Ton dem Süden gegenüber laut, und nach der Ermordung Lincolns griff ein Mob sein Haus an.

Am 8. März 1874 verstarb der 13. Präsident der Vereinigten Staaten infolge eines Schlaganfalls in Buffalo.

Mit Fillmore saß zum letzten Mal ein Whig-Präsident im Weißen Haus. Höhepunkte seiner kurzen Präsidentschaft waren die Verabschiedung des «Kompromisses von 1850», mit dem die «Stunde der Wahrheit» zwischen Norden und Süden noch einmal hinausgezögert wurde, sowie die außenpolitische Initiative, die er zusammen mit Daniel Webster ergriff. Der Präsidentschaft selbst konnte er dagegen keine neuen Impulse geben. Aber darin unterschied er sich weder von seinem Vorgänger Taylor noch von seinem Nachfolger Pierce.

Christof Mauch

FRANKLIN PIERCE
1853–1857

Der rückwärtsgewandte Präsident

Obwohl seine Präsidentschaft in die Zeit jener großen gesellschaftlichen Spannungen und Umbrüche fiel, die fast unausweichlich zum Bürgerkrieg führen sollten, ist Franklin Pierce heute selbst in den USA kaum bekannt. Am 23. November 1804 in Hillsboro, New Hampshire, als Sohn des Gouverneurs und Revolutionsgenerals Benjamin Pierce geboren, besuchte Franklin das renommierte Bowdoin College und ging nach einer Ausbildung zum Juristen sofort in die Politik. Als 25-jähriger war er bereits Abgeordneter im Parlament von New Hampshire; vier Jahre später vertrat er seinen Staat im Repräsentantenhaus; weitere vier Jahre später wurde er Senator. Dass er sich trotz des rasanten politischen Aufstiegs, zumindest vorläufig, wieder aus Washington ins ruhigere Dasein einer Anwaltspraxis nach New Hampshire zurückzog, hatte vor allem private Gründe. Seine Frau, die streng calvinistisch erzogene Pfarrerstochter Jane Means Pierce Appleton, verachtete den zur damaligen Zeit ohnehin eher verpönten Berufsstand des Politikers ebenso wie das verrufene Leben in der Bundeshauptstadt.

Als 1846 der Krieg gegen Mexiko ausbrach, meldete sich Pierce freiwillig und stieg binnen kurzem vom Gefreiten zum Brigadegeneral auf. Beim Vormarsch von Veracruz nach Mexico City zeichnete er sich mehrfach durch Tapferkeit aus, aber an der Einnahme der Hauptstadt, die den Sieg der USA bedeutete, hatte Pierce keinen Anteil: Ein Sturz vom Pferd brachte ihn um den Höhepunkt seiner militärischen Karriere. Dies war nicht der letzte Rückschlag im Leben von Franklin Pierce. Private Sorgen begleiteten ihn unentwegt. Jane Pierce litt an Depressionen und Tuberkulose, Franklin selbst war Alkoholiker in einer Zeit, in der der exzessive Konsum hochprozentiger Getränke in Washingtons politischen Kreisen gang und gäbe war. Der erste Sohn des Ehepaars Pierce starb als Säugling, der zweite erlag, vierjährig, dem Typhus, und der jüngste wurde vor den Augen seiner Eltern Opfer eines Eisenbahnunglücks – unmittelbar vor Franklin Pierces Inauguration zum Präsidenten der Vereinigten Staaten am 4. März 1853.

Mit den Konventionen sämtlicher Amtsvorgänger brechend, hielt Pierce seine Antrittsrede, tief betroffen, ohne Manuskript: «Ich empfinde Genugtuung darüber, dass kein Herz außer meinem eigenen das persönliche Bedauern und die bittere Trauer fühlen kann, die ich über meiner Einsetzung in ein Amt empfinde, das für andere so geeignet wäre, wohingegen ich selbst es weniger begehrte.» Die Wahl zum Präsidenten hatte Franklin Pierce 1852 mit überwältigender Mehrheit gewonnen: 254 Wahlmännerstimmen waren auf ihn entfallen, nur 42 auf den Gegenkandidaten von der Whig-Partei, Winfield Scott. Das Ergebnis spiegelte den Niedergang der Whigs; aber nur auf den ersten Blick konnte es darüber hinwegtäuschen, dass auch die Demokraten vom Zerfall bedroht waren und in der Bevölkerung lediglich über eine ausgesprochen dünne Mehrheit verfügten.

Pierces Präsidentschaft fiel in eine Zeit, die hohe Anforderungen an die Führung im Weißen Haus stellte: Die Auseinandersetzungen zwischen Nord und Süd in der Sklavenfrage spitzten sich mehr und mehr zu und bedurften eines weitsichtigen politischen Kurses; Probleme der Besiedlung jüngst eroberter Gebiete (Neu Mexiko und Kalifornien) verlangten nach einer Lösung, ebenso wie drängende Fragen der Landverteilung, der Indianerpolitik und des Eisenbahnbaus. Zudem beeinträchtigte die Präsenz der Briten in Zentralamerika amerikanische Handels- und Wirtschaftsinteressen und rief Nationalisten unterschiedlicher Couleur auf den Plan; Fischer in Neuengland forderten Zugang zu kanadischen Gewässern, die Bewegung *Junges Amerika* (*Young America*) rief gar zu einer radikalen Expansionspolitik in der Karibik und im Pazifik auf.

Ganz im Gegensatz zu den öffentlichen Herausforderungen, die das Amt des Präsidenten an Pierce stellte, war das Leben im Weißen Haus in der Mitte des 19. Jahrhunderts überschaubar. Eine Leibwache, ein Privatsekretär (später wurde diesem ein Assistent zugeordnet), ein Gärtner und einige Haushaltshilfen bildeten das gesamte Personal. Während seiner Amtszeit ließ Franklin Pierce eine Zentralheizung mit Kohlefeuerung einbauen – fast alle Amtsvorgänger hatten über die eisige Kälte in den großen Räumen des Hauses geklagt. Um seine persönliche Sicherheit war der Präsident offenkundig kaum besorgt. Der einzige überlieferte Anschlag auf Franklin Pierce wurde von einem Betrunkenen verübt, der ihn mit einem hartgekochten Ei attackierte.

Die meisten der Männer, die Pierce 1853 in sein Kabinett berief, brachten nur wenig politische Erfahrung mit. Und doch hielt es der Präsident nicht für geraten, das Kabinett – beispiellos übrigens in der amerikanischen Geschichte – auch nur ein einziges Mal umzubilden. Das Amt des Kriegsministers bekleidete einer seiner engsten Vertrauten, Jefferson Davis. Nach außen hin vermied Pierce zwar allzu engen Kontakt zu Davis, dessen unverhohlene Sympathien für die Interessen der Südstaaten weithin auf Missbilligung stießen; oft kamen die Männer erst nach Einbruch der Dunkelheit in Davis' Haus zusammen. Kein anderer Berater hatte jedoch ähnlich großen Einfluss auf Pierce wie der spätere Südstaatenpräsident. Als Kriegsminister war Davis unter anderem für die Durchführung der bundesstaatlichen Indianerpolitik verantwortlich. Obwohl der Absolvent der Militärakademie in West Point den indianischen Kriegern große Bewunderung zollte (er hatte 1832 selbst am *Black Hawk War* teilgenommen), beharrte er auf der Unterwerfung der «Rothäute»; darin sah er die Voraussetzung für den Bau der pazifischen Eisenbahn. Von ihrem rigorosen Kurs war die Pierce-Administration auch durch einen Klagebrief des Duwamish-Häuptlings Seattle nicht abzubringen: «Wir sind zwei verschiedene Rassen mit verschiedenen Ursprüngen und verschiedenen Zielen. Es gibt weniges, was wir gemeinsam haben. Es tut wenig zur Sache, wo wir den Rest unserer Tage verbringen.» Und doch, so forderte Seattle, müsse es den Indianern erlaubt sein, die heiligen Grabstätten ihrer Vorfahren aufzusuchen. Diese Bitte blieb unerhört. Forcierter denn je betrieb die Pierce-Administration die Verbringung von Indianern in Reservate – und unerbittlich war die Bestrafung der Widerständigen.

Kein anderes Ereignis während Pierces Präsidentschaft erschütterte die innere Verfassung der Vereinigten Staaten mehr als das Kansas-Nebraska-Gesetz von 1854, das den Bewohnern beider Territorien – gemäß dem Prinzip der *popular sovereignty* – die Entscheidung über Fortführung oder Verbot der Sklaverei anheimstellte. Der Missouri-Kompromiss von 1820, der die rivalisierenden Anschauungen entlang einer geographischen Linie auseinandergehalten hatte, war damit faktisch aufgehoben. Zwei gegensätzliche Verfassungen wurden in Kansas formuliert, zwei konkurrierende Regierungen gebildet. Die mit dieser Entwicklung vorgezeichneten Spannungen sollten bald unter dem Schlagwort vom *Blutenden Kansas* zur schrecklichen Realität werden. Dem Präsidenten, der sich in allen politischen Manövern auf die Seite der Sklavenhalterfraktion stellte (im Laufe der Krise enthob er den Antisklaverei-Gouverneur von Kansas seines Amtes), fehlte vollkommen das Gespür für die Notwendigkeit einer kompromissbereiten Haltung. Dies zeigte sich nicht zuletzt bei einem Vorfall in Boston, wo im Jahr 1854 ein aus dem Süden entflohener Sklave, Anthony Burns, unter der falschen Anschuldigung, ein Juweliergeschäft ausgeraubt zu haben, verhaftet worden war. Gemäß einem 1850 verabschiedeten Bundesgesetz, dem *Fugitive Slave Law*, sollte Burns an seinen früheren Besitzer ausgeliefert werden. Eine Masse empörter Abolitionisten stürmte daraufhin das Gefängnis und versuchte, den Sklaven zu befreien. In der Not rief die Bostoner Vollzugsbehörde den Präsidenten telegraphisch um Hilfe an. Pierces Antwort war unzweideutig: das Gesetz müsse vollstreckt werden, was immer der notwendige Militär- und Polizeieinsatz kosten werde. Anthony Burns verlor seine Freiheit; der Präsident errang einen Pyrrhussieg; die Stimmung in den Nordstaaten jedoch wandte sich immer stärker gegen die Interessen der Sklavenhalter.

Die sich verschärfenden Gegensätze zwischen den Nord- und Südstaaten hatten indes nicht nur innen-, sondern auch außenpolitische Folgen. So forderte die Sklavenhalterfraktion im Kongress eine territoriale Ausdehnung in Richtung Süden, besonders um die Abschaffung der Sklaverei in Mexiko rückgängig zu machen. Pierce selbst hatte nie verhehlt, dass er eine Vergrößerung des amerikanischen Territoriums wünsche. Bereits in der Antrittsrede hatte er erklärt, seine Regierung werde sich nicht um jene ängstlichen Prophezeiungen scheren, die in der amerikanischen Expansion ein Übel sähen. Entsprechend fiel die Rekrutierung seiner Diplomaten aus. Die meisten (unter ihnen John Mason und James Buchanan) stammten aus den Reihen des radikalen demokratischen Parteiflügels *Young America,* dessen Mitglieder eine mitunter rassistische Expansionspolitik propagierten. Dass diese personelle Konstellation zum Debakel führen musste, war abzusehen: Als Spanien im Jahr 1854 ohne rechtliche Grundlage ein amerikanisches Schiff, die *Black War-*

rior, beschlagnahmte, schlugen in den USA die Wellen der Empörung hoch. Pierce nahm die Angelegenheit zum Anlass, die Loslösung Kubas von Spanien zu fordern. Der amerikanische Gesandte in Madrid, Pierre Soulé, der nicht gerade zu den zurückhaltendsten Zeitgenossen zählte (eben erst hatte der *Young America*-Anhänger seinen französischen Amtskollegen in einem Duell erschossen), ging noch einen Schritt weiter: Ohne Deckung von Seiten Washingtons stellte er der Regierung in Madrid ein kurzfristiges Ultimatum, in dem er unter anderem die Absetzung führender kubanischer Beamter forderte. Die Spanier durchschauten Soulés eigenmächtige Finte und reagierten nicht auf das Ultimatum. Stattdessen zahlten sie einen Ausgleich für die Beschlagnahmung der *Black Warrior*. Damit konnte der Konflikt noch einmal friedlich beigelegt werden.

In der festen Überzeugung, dass Kuba für die USA so wichtig sei wie die bisherigen Bundesstaaten, verfolgte die Diplomatenriege der Pierce-Administration das Annexionsprojekt indes auch weiterhin mit allem Nachdruck. Im August 1854 verfassten Soulé, Buchanan und Mason ein Kommuniqué – das *Ostend Manifesto* –, das die gewaltsame Abtrennung Kubas von Spanien forderte, falls die Spanier die Insel nicht freiwillig verkauften. Nach Bekanntwerden der zu Anfang noch geheimen Vereinbarung gab es allerdings nicht nur im Norden der Vereinigten Staaten, sondern auch in Europa heftige Proteste. Pierce und seine radikalen Berater mussten zurückstecken. Das selbstherrliche Vorgehen der *Young America*-Diplomaten hatte sämtliche Chancen für eine mögliche Annexion Kubas auf Jahre hinaus zunichtegemacht.

Ähnlich schweren Belastungen waren auch die Beziehungen zu Großbritannien ausgesetzt. Den Anlass bildeten zunächst Vorgänge in Greytown, einer kleinen britischen Kolonie am San Juan River, deren Existenz den Amerikanern, die auf der anderen Flussseite eine Handelsniederlassung unterhielten, seit jeher ein Dorn im Auge war. Nachdem ein amerikanischer Kapitän einen schwarzen Lotsen ermordet hatte und der Anwalt des Amerikaners (ein ehemaliger Diplomat im Dienst der Vereinigten Staaten) von einem Briten mit einer Flasche leicht verletzt worden war, kam es rasch zur Eskalation der Gewalt. Die Regierung Pierce ließ ein Kriegsschiff, die USS *Cyane* nach Greytown auslaufen. Dessen Kommandant, Captain Hollins, drängte auf eine sofortige britische Entschuldigung und eine Entschädigung in Höhe von 24 000 Dollar. Als die Briten nicht einlenkten, drohte Hollins mit der Bombardierung von Greytown. Die Bewohner flohen. Kurze Zeit später machte Hollins die Stadt dem Erdboden gleich – der Schaden belief sich auf drei Millionen Dollar. Lord Clarendon, der britische Außenminister, nannte die Aktion ein Verbrechen, das in der neueren Geschichte seinesgleichen suche; der

New York Tribune charakterisierte Hollins' Vorgehen als «unnötige, ungerechtfertigte, unmenschliche Anwendung kriegerischer Gewalt». Präsident Pierce hingegen verteidigte unbeirrt das Vorgehen Hollins' in seiner Jahresansprache vor dem Kongress. Die Beziehungen zwischen den USA und Großbritannien sollten noch weiter strapaziert werden, als zwei zweifelhafte Persönlichkeiten, Henry L. Kinney und William Walker, ihren Traum von Macht und Reichtum in Zentralamerika zu realisieren versuchten. Kinney hatte ein großes Stück Land in Nicaragua erworben, das vorgeblich vom «König» der Moskitoindianer stammte – einem Mann, dessen Titel mehr als fragwürdig war. Der gerissene Spekulant verkaufte Landanteile an mehrere amerikanische Magnaten sowie an Mitglieder der Regierung Pierce; Gerüchten zufolge war selbst der Präsident involviert. Derlei Aktionen steigerten die Zweifel der Briten an der Seriosität der amerikanischen Politik: In London befürchtete man, dass die USA Abenteurer vom Schlage Kinneys als Vorreiter für eine Expansion nach Süden benutzten. Noch heikler als die Verwicklungen mit Kinney, der letztlich aus Nicaragua ausgewiesen wurde, gestaltete sich das Verhältnis der Pierce-Administration zu William Walker, einem durchtriebenen Expansionisten, der 1855 eine Marionettenregierung in Nicaragua einrichtete, unzufriedene Volksmassen hinter sich scharte und die Wiedereinführung der Sklaverei proklamierte. Trotz eindringlicher Warnungen seines Außenministers erkannte Präsident Pierce den illegal an die Macht gelangten Walker und dessen Regierung offiziell an, und so mancher Sklavenhalter oder Südstaatendemokrat sah in Nicaragua bereits einen zukünftigen Bundesstaat der USA; doch Walkers Unternehmen scheiterte. Eine Koalition mittelamerikanischer Staaten zwang den politischen Desperado in die Knie, und Pierce blieb nichts anderes übrig, als schleunigst eine Mission zur Rettung Walkers zu veranlassen. Walker verstrickte sich aber in neue Abenteuer und wurde 1860 in Honduras erschossen.

Misst man Franklin Pierces Außenpolitik an seinem Anspruch, das Territorium der USA – im Sinne von Polks Ideologie des *Manifest Destiny* – zu erweitern, so war seiner Politik kein allzu großer Erfolg vergönnt. Der Wunsch etwa, den Mexikanern ein weiteres Stück Land abzuringen, stieß auf erhebliche Widerstände im eigenen Land. Auch der sogenannte *Gadsden Purchase* (benannt nach dem Verkaufsunterhändler, James Gadsden), bei dem die USA im Jahr 1853 einen schmalen Landstreifen von Mexiko kauften, fand in der Öffentlichkeit keinen Zuspruch. Das 30 000 Quadratmeilen umfassende Territorium im heutigen Arizona und Neu Mexiko war so karg, dass ein Kongressabgeordneter aus Ohio lakonisch befand, «selbst ein Wolf kann sich dort nicht ernähren». Für Pierce tat dies nichts zur Sache. Er hoffte, die geplante transkontinentale Eisenbahntrasse durch die neuerworbenen Gebiete führen zu können, um damit den Süden wirtschaftlich zu stärken. Doch auch an diesem Ziel sollte Pierce scheitern; der Bau der Südtrasse kam erst im Bürgerkrieg zustande.

Den vielleicht größten Erfolg seiner Expansionspolitik bewirkte ein im August 1856 verabschiedetes Gesetz, wonach jeder Bürger der Vereinigten Staaten, der eine nicht beanspruchte Insel mit Guano-Ablagerungen entdeckte, diese für die Vereinigten Staaten beanspruchen konnte. Auf einer zweifelhaften Rechtsgrundlage wurden den USA nicht weniger als 70 Inseln (unter ihnen Midway und die Christmas Islands) angegliedert. Somit spielte der Dünger Guano, der Mist von Seevögeln, eine nicht unerhebliche Rolle bei der Ausbreitung des *American Empire*.

Als Pierce im Jahr 1857 seinen politischen Abschied nahm, trauerten ihm die wenigsten Zeitgenossen nach. Statt auf die Probleme seiner Zeit zu reagieren, hatte er sich einer rückwärtsgewandten, an den Prinzipien seiner Vorgänger orientierten Politik verschrieben, durch die sich die Spannungen zwischen Nord und Süd noch verschärften. *Bleeding Kansas* wurde zum Symbol für die eklatanten Schwächen seiner Regierung.

Kurz vor Ablauf der Pierceschen Amtsperiode schrieb der republikanische Politiker Charles Francis Adams an den Senator von Massachusetts Charles Sumner, man könne froh sein, einen solchen Präsidenten gehabt zu haben; die schweren Fehler seiner Administration würden den Nachfolgern eine Lehre sein. John Adams' Enkelsohn sollte sich täuschen: Denn mehr noch als Präsident Pierce sollte sich sein Nachfolger, James Buchanan, von den Interessen der Südstaaten leiten lassen. Pierce blieb es nicht erspart, den Weg der USA in die schwerste Krise ihrer Geschichte mitzuerleben. Er beharrte auf seiner im Norden unpopulären Ansicht, dass keine Gewalt gegen die Sezessionsstaaten angewendet werden dürfe, und er lehnte Lincolns Sklavenbefreiung als «verfassungswidrig» ab. Von vielen Amerikanern als Verräter gebrandmarkt, zunehmend isoliert und verbittert, starb Pierce vier Jahre nach Ende des amerikanischen Bürgerkriegs, am 8. Oktober 1869, in Concord, New Hampshire. Es dauerte mehr als ein halbes Jahrhundert, bevor ein Denkmal aufgestellt wurde, das an ihn erinnert.

Heike Bungert

JAMES BUCHANAN
1857–1861

Südstaatenfreundlicher Legalist
in der Krise der Union

«Ich bedauere keine einzige politische Entscheidung, die ich in meinem Leben getroffen habe, und die Geschichte wird mich rechtfertigen.» Diese Hoffnung des fünfzehnten Präsidenten der Vereinigten Staaten, James Buchanan, sollte sich nicht erfüllen. Buchanan ging als schwacher Präsident in die Geschichte ein, der den Zwist über die Sklavereifrage nicht zu beenden vermochte und die Sezession der Union nicht verhindern konnte. Zeitgenossen und Historiker haben Buchanan zu Recht Parteinahme für die Südstaaten vorgeworfen, obwohl der Präsident aus Pennsylvania stammte, allerdings aus dem Grenzgebiet zum Sklavenstaat Maryland. Dort wurde er am 23. April 1791 in den Bergen bei Mercersburg als ältester Sohn von elf Kindern eines presbyterianischen Iren geboren. Der Vater brachte es vom Besitzer einer kleinen Handelsniederlassung an der Zivilisationsgrenze zum wohlhabenden Geschäftsmann. Buchanan besuchte das Dickinson College in Carlisle, Pennsylvania. Nach kurzem freiwilligen Militärdienst im Krieg von 1812 arbeitete er als erfolgreicher Rechtsanwalt in Lancaster, Pennsylvania.

Bis zur Wahl zum Präsidenten im November 1856 hatte Buchanan mehr politische Erfahrung gesammelt als viele seiner Vorgänger und Nachfolger und führte den Spitznamen «*the old public functionary*»/«der alte öffentliche Funktionär»: 1814–1816 war er Abgeordneter im Parlament von Pennsylvania gewesen, 1821–1831 Kongressabgeordneter, zuerst für die *Federalist Party*, seit 1824 dann als Mitglied der *Democratic Party*; 1834–1845 vertrat er Pennsylvania im Senat. Ernennungen zum Justizminister (*Attorney General*) und zum Richter am Obersten Gerichtshof hatte er ausgeschlagen. Außenpolitische Erfahrung sammelte Buchanan während seiner Tätigkeit als Gesandter in Russland 1832–1833, als Außenminister unter Präsident James K. Polk 1845–1849 und als Gesandter in Großbritannien 1853–1856. Als entschiedener Verfechter der Monroe-Doktrin und einer expansionistischen Außenpolitik suchte er Großbritannien aus Mittelamerika und Oregon zu vertreiben und wirkte bei der Annexion von Texas und Kalifornien mit. Er gehörte zu den Autoren des berüchtigten Ostende-Manifests (*Ostend Manifesto*), in dem 1854 die Forderung nach Kauf oder Eroberung Kubas aufgestellt wurde.

Nach zwei knapp gescheiterten Anläufen 1848 und 1852 wurde der ehrgeizige Buchanan 1856 in Cincinnati als demokratischer Präsidentschaftskandidat nominiert. Seine Propagierung einer weiteren territorialen Expansion fand in den Südstaaten Anklang, und er hatte sich, anders als seine Konkurrenten Pierce und Douglas, aus dem blutigen Kansas-Nebraska-Konflikt heraushalten können, weil er außer Landes gewesen war. Das Leitmotiv seines Wahlkampfes war der Appell zum Erhalt der Union durch die Beendigung der abolitionistischen Agitation gegen die Sklaverei. Mit dem Sieg in fast allen sklavenhaltenden sowie einigen mittelatlantischen Staaten setzte sich Buchanan gegen den Republikaner John C. Frémont und den Kandidaten der populistischen *American Party*, den ehemaligen *Whig* Millard Fillmore, durch.

Mit Buchanan wurde erstmalig ein Mann Präsident, der nicht aus Neuengland, New York oder dem Süden stammte. Obwohl unverheiratet (er ist bis heute der einzige Junggeselle im Weißen Haus), bewies Buchanan Familiensinn und versorgte eine große Schar verwaister und verarmter Verwandter; zur First Lady machte er seine Nichte Harriet Lane. Ein Freund bemerkte halb spöttisch, halb ernst, Buchanan sei, «seit er im Mannesalter stehe, mit der amerikanischen Verfassung verheiratet». Bei der Ernennung seiner Kabinettsmitglieder, die für ihn eine Art Familienersatz bildeten, fiel die Wahl «*Old Bucks*» auf gemäßigte Südstaatler und Nordstaatler mit Sympathien für den Süden.

In seiner Antrittsrede stimmte Buchanan versöhnliche Töne an. Er forderte die Bevölkerung auf, die Entscheidung über den Status der Sklaverei in den westlichen Territorien dem Obersten Gerichtshof zu überlassen. Im Norden reagierte man aber empört, als bekannt wurde, dass der Präsident auf irreguläre Weise vorab über das Urteil im sogenannten Dred-Scott-Fall informiert worden war. Der Oberste Gerichtshof, insgeheim vom Präsidenten zu einer umfassenden Entscheidung ermuntert, kam zu dem Schluss, dass Schwarze keine Bürger der Vereinigten Staaten seien und keine verfassungsmäßigen Rechte besäßen; außerdem verkündeten die Richter zum Entsetzen der meisten Nordstaatler, aber im Sinne der Südstaaten und ihrer Betonung der Rechte der Einzelstaaten, dass der Kongress nicht befugt sei, die Sklaverei in den Territorien zu verbieten, womit der Missouri-Kompromiss von 1820 faktisch aufgehoben war. Auch Buchanan war der Ansicht, dass Sklaverei Sache der Einzelstaaten sei. Er persönlich war gegen die Sklaverei, sah die Schuld für die Probleme aber insbesondere bei den Abolitionisten und ihrer «Agitation»; er hoffte auf das allmähliche Aussterben der Sklaverei, vor allem in Gebieten mit gemäßigtem Klima.

Seine erste Bewährungsprobe musste der Präsident in der Frage der Aufnahme des Kansas-Territoriums in die Union bestehen. Bei seinem Amtsantritt im März 1857 existierten in Kansas zwei einander bekämpfende Regierungen: Die eine mit Sitz in Lecompton repräsentierte die Minderheit der Sklavenhalter und Sklavereibefürworter, die andere war von Sklavereigegnern in Topeka gebildet worden. Buchanan bestand zuerst darauf, die von einer Verfassungsgebenden Versammlung in Kansas entworfene Lecompton-Verfassung von der Bevölkerung von Kansas ratifizieren zu lassen, war dann aber einverstanden damit, dass nur über die Genehmigung von Sklaverei oder das Verbot von weiteren Sklavenimporten abgestimmt werden sollte. Dass die Sklavereigegner sich von der Abstimmung fernhielten und Kansas somit zum Sklavenstaat werden würde, tat für ihn dem seiner Meinung nach demokratischen Verfahren keinen Abbruch. Anschließend versuchte Buchanan, die demokratische Mehrheit im Kongress durch Fraktionsdisziplin dazu zu zwingen, Kansas auf der Basis der Lecompton-Verfassung in die Union aufzunehmen. Die Opposition der Nordstaaten-Demokraten um Senator Douglas wollte er durch eine Kompromissformel überwinden, die durch die Verbindung mit einer Landschenkung einer Bestechung der Bürger von Kansas gleichkam. Diese Lösung wurde aber von der Bevölkerung des Kansas-Territoriums in einem Referendum verworfen, womit die Aufnahme als Staat vorerst gescheitert war. Inwieweit Buchanan von seinen Freunden aus dem Süden beeinflusst wurde, ist umstritten. Letztlich bewirkte Buchanans Verhalten in der Kansas-Frage aber, dass das emotionsgeladene Thema der Sklaverei erneut in den Vordergrund rückte, die Republikaner neue Anhänger gewannen und die Demokratische Partei sich in einen nördlichen Flügel um Douglas und einen südlichen Flügel um Buchanan zu spalten begann.

Kaum war die Erregung über die Ereignisse in und um Kansas abgeflaut, stürzte das Land in eine Wirtschaftskrise. Anfangs hatte Buchanan mit seinem Kampf für eine stärkere Regulierung des Bankenwesens die Stimmung im Volke getroffen. Doch schon bald erzeugte er durch seine Weigerung, die Wirtschaft durch staatliche Aufträge anzukurbeln – eine typische Position der Demokratischen Partei – Unzufriedenheit in der unter der Rezession leidenden Bevölkerung. Buchanan war der Auffassung, dass die Amerikaner mit ihrem individuellen Erfindungsreichtum die von Spekulanten verursachte Depression schnell überwinden würden.

Die Wirtschaftskrise hatte auch Auswirkungen auf das Verhältnis von Norden und Süden. Der Süden, der weniger hart betroffen war, führte dies auf die Überlegenheit des Sklavereisystems über die «Lohnsklaverei» des industrialisierten Nordens zurück; viele Nordstaatler suchten die Schuld dagegen in den niedrigen Zolltarifen, die der Süden im Kongress durchgesetzt hatte, und wandten sich den Republikanern zu, die für hohe Schutzzölle eintraten. Auch der Westen zeigte sich von den Demokraten und Buchanan enttäuscht, weil diese aus Furcht vor weiteren sklavenfreien Staaten Gesetzesvorlagen zur rascheren Besiedlung der westlichen Gebiete und für den Eisenbahnbau zum Pazifik torpedierten.

Außenpolitisch erreichte Buchanan im Gegenzug für ein Versprechen, den afrikanischen Sklavenhandel härter zu bekämpfen, den Rückzug Großbritanniens aus Honduras und Nicaragua. Darüber hinaus gelang ihm die Aufnahme wirtschaftlicher Beziehungen zu China und Japan und der Beginn von Verhandlungen mit Russland über den Kauf Alaskas. Sein Traumziel seit den 1850er Jahren, den Erwerb Kubas von Spanien, verfehlte er jedoch: Aus Sorge, die Aufnahme des Sklavenstaates Kuba in die Union werde das prekäre Gleichgewicht zwischen den Nord- und Südstaaten vollends zerstören, weigerte sich die seit 1858 bestehende republikanische Kongressmehrheit, im Einvernehmen mit den Nordstaaten-Demokraten, die erforderlichen Finanzmittel zu bewilligen. Ebenso wenig ratifizierte der Kongress von Buchanan ausgehandelte

Verträge mit Mexiko, Nicaragua, Paraguay und Costa Rica, die den USA permanenten Einfluss in diesen Ländern hatten sichern sollen. An einem Kauf Alaskas zeigte er sich nicht interessiert und stellte sich auch gegen die Aktivitäten von Filibustern in Lateinamerika. Wenn Buchanan auch viele seiner außenpolitischen Pläne nicht verwirklichen konnte, so sehen ihn viele Historiker als guten Außenpolitiker. Hinsichtlich seiner Zielsetzungen muss er als der entschiedenste Expansionist vor Theodore Roosevelt gelten. Teilweise dürfte er seine außenpolitischen Initiativen auch als Ablenkung von der innenpolitischen Konzentration auf den Kampf um die Sklaverei benutzt haben.

Innenpolitisch führte eine Auseinandersetzung mit den Mormonen, die im Utah-Territorium unter ihrem Gouverneur Brigham Young an der Polygamie festhielten, eigene Gesetze schrieben und gegen Vertreter der US-Regierung vorgingen, beinahe zum offenen Krieg. Die militärische Eskalation konnte im Frühjahr 1858 durch einen Kompromiss entschärft werden: Die Mormonen wahrten ihre Souveränität in religiösen Angelegenheiten, erkannten dafür aber die Zuständigkeit der Bundesregierung für den säkularen Bereich an.

Weder Buchanans Außenpolitik noch der Streit mit den Mormonen konnten das Land von dem schwelenden Sklavereikonflikt ablenken. Die Besetzung des staatlichen Waffenarsenals in Harper's Ferry, Virginia, durch den fanatischen Abolitionisten John Brown im Oktober 1859, die einen Sklavenaufstand entfachen sollte, aber mit der Hinrichtung Browns und seiner Söhne endete, verschärfte den Gegensatz zwischen Norden und Süden. Die Stimmung im Lande heizte sich weiter auf, als prominente Südstaatler die Freigabe des afrikanischen Sklavenhandels verlangten. Gleichzeitig versetzte der Kongress dem Prestige des Präsidenten einen Schlag, indem er ein Komitee mit der Untersuchung vermuteter Korruptionspraktiken der Buchanan-Administration beauftragte. Auch wenn dem Präsidenten kein schuldhaftes Verhalten nachgewiesen werden konnte, hatte sein Ansehen doch Schaden erlitten, zumal er zumindest mangelnde Kontrolle bei Patronage und Korruption einiger seiner Kabinettsmitglieder an den Tag gelegt hatte. Der Präsident hatte jedoch bereits beim Amtsantritt erklärt, dass er nicht zur Wiederwahl kandidieren werde.

Der Nominierungskonvent der Demokraten im April 1860 in Charleston endete mit einem Eklat, als radikale Südstaatler und Anhänger Buchanans den Saal verließen. Sie weigerten sich, den Nordstaaten-Demokraten Douglas und dessen Programm der *popular sovereignty* zu unterstützen, das der Bevölkerung in den Territorien die Entscheidung über die Sklaverei freistellte. Zwei

Monate später nominierten die Demokraten aus dem Süden Vizepräsident John C. Breckinridge, während Douglas zum Kandidaten der Demokraten aus den Nordstaaten gewählt wurde. Diese Spaltung verringerte die Aussichten, die Wahl eines sklavereifeindlichen Republikaners zu verhindern. Für einen solchen Fall hatten mehrere Südstaaten bereits eine Sezession von der Union angedroht. Aber selbst die vereinigten Stimmen der drei Gegenbewerber Douglas, Breckinridge und John Bell (von der neu gegründeten Folgepartei der *Whigs*, der *Constitutional Union Party*), hätten den Sieg Lincolns im Wahlmännerkolleg nicht verhindern können.

Buchanan versuchte, in der ihm verbleibenden Amtszeit die Sezession der Südstaaten zu verhindern oder zumindest bis zur Inauguration Lincolns am 4. März 1861 hinauszuzögern. Wieder schlug sich der Präsident auf die Seite des Südens: Anstatt an das Zusammengehörigkeitsgefühl aller Amerikaner zu appellieren und um gegenseitiges Verständnis zu werben, verlangte er in seiner stark beachteten letzten Rede zur Lage der Union vom Norden, jegliche Agitation gegen die Sklaverei einzustellen und Garantien für den Erhalt dieser Institution auch in den Territorien zu geben. Andererseits machte Buchanan unmissverständlich deutlich, dass er Sezession als illegal betrachtete; im Widerspruch zu seinem energischen Vorgehen gegen die Mormonen betonte der Präsident aber, dass er keine verfassungskonforme Möglichkeit sehe, die Staaten mit Waffengewalt in die Union zurückzuzwingen. So musste er tatenlos zuschauen, wie sich South Carolina am 20. Dezember von der Union lossagte.

Über der Frage einer Versorgung der Bundesfestungen im Süden, insbesondere Fort Sumters vor Charleston, zerbrach Buchanans Kabinett. Der Präsident zog sich wiederum auf eine legalistische Position zurück: Er weigerte sich, die Bundesrechte an den Stützpunkten aufzugeben, wollte aber von Proviant- und Munitionslieferungen absehen, solange die Situation der Forts nicht akut gefährdet war. Er entsandte jedoch auf militärischen Rat ein Schiff mit Proviant und Soldaten als Nachschub. Während South Carolina von der Entsendung des Schiffes erfuhr, war der Kommandant des Forts nicht informiert, so dass er der «*Star of the West*» nicht half, als diese von Charleston beschossen wurde, abdrehte und zurückfuhr. Zwar war eine kriegerische Auseinandersetzung vermieden worden, aber das schwankende Verhalten des Präsidenten, der das Schiff losschickte, aber nicht gegen den Angriff South Carolinas auf die Autorität der Bundesregierung vorging, kostete ihn Sympathien im Süden und im Norden.

Zwar unterstützte der Präsident verschiedene Kompromissversuche zur Überwindung der Sezessionskrise durch den Kongress, aber letztlich versagte Buchanan aber in seinem Bestreben, den offenen Bruch abzuwenden: Er konnte die Sezession nicht rückgängig machen, wenn er den Ausbruch von Kampfhandlungen auch hinauszuschieben vermochte.

Nach Ausbruch des Bürgerkriegs zog sich Buchanan in die Abgeschiedenheit seines Landsitzes *Wheatland* bei Lancaster zurück. Während des Krieges erschienen in der Presse periodisch Angriffe, die seine Entschlusslosigkeit für das Unheil, das über die Union gekommen war, verantwortlich machten oder ihn sogar des Verrats bezichtigten. Enttäuscht, aber doch in der Hoffnung auf eine spätere historische Rehabilitierung starb Buchanan am 1. Juni 1868.

Jörg Nagler

ABRAHAM LINCOLN
1861–1865

Bewahrung der Republik und Wiedergeburt
der amerikanischen Nation

Der Bürgerkrieg war ein tiefer Epocheneinschnitt in der Geschichte der Vereinigten Staaten, und Abraham Lincoln, der während dieser Jahre die Amtsgeschäfte im Weißen Haus führte, ist bis heute die zentrale historische Figur im Bewusstsein des amerikanischen Volkes geblieben. In der Krise der Union war Lincolns ganzes Denken und Handeln darauf ausgerichtet, das Erbe der *Founding Fathers* – die in Unabhängigkeitserklärung und Verfassung niedergelegten Werte und Prinzipien der Republik – zu retten und erneut voll zur Geltung zu bringen. In seiner zum Mythos gewordenen Person bündeln sich die wesentlichen Merkmale der amerikanischen Demokratie, die durch seine Präsidentschaft nachhaltig gefestigt wurde. Der Bürgerkrieg verpflichtete die Amerikaner von neuem auf die Einheit der Nation und die freiheitliche Gesellschaft, gereinigt von der Sklaverei, dem Kainsmal dieses großen Demokratieexperiments. Mit dem Erhalt der Vereinigten Staaten glaubte Lincoln, wie er es einmal formulierte, «die letzte beste Hoffnung auf Erden» zumindest für seine eigene Epoche gewahrt zu haben.

Die Sklaverei stand zweifellos im Zentrum des Ringens zwischen Norden und Süden, aber sie war nicht die einzige Ursache des Bürgerkriegs. Vielmehr verbanden sich ökonomische, politisch-ideologische und kulturelle Faktoren zu einem Problemknäuel, das durch Ausgleichsbemühungen und Kompromisse letztlich nicht mehr entwirrt werden konnte. Seit den 1820er Jahren standen die USA im Bann einer «Marktrevolution», die alle Lebensbereiche umformte, die sich aber im Norden und Süden sehr unterschiedlich auswirkte. Den Nordosten und Nordwesten verband bald eine zunehmend komplexe und diversifizierte Wirtschaft, in der die Bedeutung des agrarischen Sektors allmählich zugunsten von Industrialisierung und Handel abnahm. Der wachsende Bedarf an Arbeitskräften wurde vor allem durch die Einwanderung aus Europa gedeckt, und die Zahl der Menschen, die in Städten lebten, näherte sich 1850 insgesamt schon der 5-Millionen-Grenze.

Expansion und Kommerzialisierung bestimmten auch das Bild des Südens, insbesondere des aufstrebenden Südwestens. Der Baumwollanbau, der hier als Monokultur (*king cotton*) vorherrschte, sorgte aber dafür, dass der Charakter der ganzen Region agrarisch blieb. Die Pflanzer dachten und handelten durchaus als Unternehmer nach den Grundsätzen von Angebot, Nachfrage und Profit. Sklaven waren für sie zugleich Arbeitskräfte und Kapital, eine «Ressource», die im Zuge des Baumwollbooms knapp und teuer wurde. Da sich die Baumwollerzeugung nur durch Vergrößerung der Anbaufläche weiter steigern ließ, werteten die Plantagenbesitzer alle Versuche, die Sklaverei territorial einzugrenzen, als tödliche Gefahr für ihr Wirtschafts- und Gesellschaftssystem. Sie übten sogar Druck auf Washington aus, die 1808 verbotene Einfuhr von Sklaven wieder zu erlauben. Kulturell blieb der Süden stärker der Vergangenheit verhaftet, und es entstand eine eigentümliche Mischung aus paternalistischen und demokratischen Elementen. Die weißen Südstaatler, Arm und Reich, schlossen sich immer enger zusammen, um ihre überlieferten Werte und Ideale, den *Southern way of life,* gegen die Bedrohung zu verteidigen, als die sie die individualistische und egalitäre Gesellschaft des Nordens wahrnahmen. Zu diesen positiven Werten rechnete man im Süden nun auch die Sklaverei, die der ausbeuterischen «Lohnsklaverei» des Nordens als eine humane Einrichtung entgegengestellt wurde. Im Norden hingegen begann sich der religiös-reformerische Eifer, mit dem viele Menschen auf den raschen sozialen Wandel reagierten, immer stärker gegen das Übel der südstaatlichen Sklaverei zu richten. Ende der 1850er Jahre standen sich innerhalb der Union zwei unterschiedliche Gesellschaften, Kulturen und Zukunftsvisionen gegenüber, die von der Verfassung und dem Parteiensystem, die lange als Klammer gedient hatten, nicht mehr zusammengehalten werden konnten. In dieser schicksalhaften Situation, die den Einzelnen im Grunde hoffnungslos überforderte, übernahm Abraham Lincoln die Verantwortung für eine amerikanische Nation, die noch nicht oder nicht mehr existierte.

Über die Kindheit und Jugendjahre Lincolns ist relativ wenig bekannt. Er wurde am 12. Februar 1809 auf einer kleinen Farm in Hardin County, Kentucky, als zweites Kind und erster Sohn von Thomas und Nancy Hanks Lincoln geboren. 1816 zog die Familie in den Südwesten Indianas, das erst kurz zuvor als Staat in die Union aufgenommen worden war. Die Kultivierung des Bodens und das karge Leben an der *Frontier,* dem nach Westen wandernden Siedlungsbereich zwischen Wildnis und Zivilisation, verlangten von den Pionieren großen physischen Einsatz und hohe seelische Belastbarkeit. Mangelnde ärztliche Versorgung forderte auch in Lincolns Familie ihre Opfer: Sein jüngerer Bruder starb noch sehr früh, und er selbst verlor mit neun Jahren seine Mutter; einige Jahre darauf erlag seine ältere Schwester dem Kindbettfieber. Der Vater heiratete bald wieder, und die Stiefmutter ermutigte die Kinder – drei hatte sie selbst mit in die Ehe gebracht – zum Lesen. Insgesamt besuchte der junge Abraham nur für ein einziges Jahr die Schule. Im Wesentlichen war er Autodidakt; die Bibel, wie bei so vielen Pionierfamilien das einzige Buch im Haus, und die wenigen anderen Werke, die er sich beschaffen konnte – darunter *Robinson Crusoe, Pilgrim's Progress* und Aesops Fabeln – studierte er umso gründlicher. Seine späteren Reden zeugen von intimer Kenntnis der Heiligen Schrift, was damals nicht allzu ungewöhnlich war; verblüffend wirken indessen seine immer wieder treffend auf das Tagesgeschehen angewandten Bibelzitate.

Die Sklaverei nahm einen bedeutsamen Platz in Lincolns Bewusstsein ein. Onkel und Großonkel besaßen Sklaven; der Vater, ein überzeugter Baptist, lehnte die Sklaverei dagegen entschieden ab, wenn auch nicht ausschließlich aus ethisch-moralischen Gründen; er hatte als einfacher Arbeiter am eigenen Leib erfahren, was es bedeutete, mit Sklavenarbeit konkurrieren zu müssen. Wiederholt zog die Familie um, baute ihre Blockhütte und machte Land urbar; 1830 brach sie erneut auf, weiter westwärts nach Illinois, das zwölf Jahre zuvor als sklavenfreier Staat Teil der Union geworden war. Der mittlerweile erwachsene Abraham arbeitete noch eine Weile für den Vater – aus dieser Zeit stammt der auf Grund seines geschickten Umgangs mit der Axt erworbene Beiname *Rail-Splitter;* dann verließ er die Familie, nahm Gelegenheitsjobs an und lernte auf einer Bootsfahrt den Mississippi hinunter nach New Orleans die Größe und Weite der damaligen USA kennen, aber auch die Defizite einer Infrastruktur, die die einzelnen Regionen noch ungenügend miteinander verband. Die Eindrücke dieser Reise, nicht zuletzt der Besuch eines Sklavenmarktes mit Gruppen angeketteter – und dabei noch singender – Sklaven prägten sich ihm stark ein. Nach seiner Rückkehr ließ er sich in einem kleinen Dorf namens Salem in Illinois nieder, wo er sich als Postmeister, Kaufmann und Landvermesser betätigte.

Als der Gouverneur von Illinois 1832 anlässlich des Black Hawk-Indianerkrieges Freiwillige aufrief, meldete sich Lincoln, dessen Großeltern väterlicherseits von Indianern getötet worden waren, zum Militärdienst und wurde von seinen Kameraden zum Captain gewählt. Seine Dienstzeit war kurz und verlief für seine Einheit ohne besondere Vorkommnisse. Die Funktion als Captain hatte sein Selbstvertrauen aber so gestärkt, dass er noch im gleichen Jahr einen Sitz im Repräsentantenhaus von Illinois anstrebte. Im Wahlkampf trat er für Ausbau und Verbesserung der Infrastruktur und die Förderung des Bildungswesens ein. Nach dem Scheitern dieses ersten Anlaufs wurde Lincoln zwei Jahre später gewählt und behauptete sein Mandat als Angehöriger der Whigs bis 1842. In diesem Zeitraum agierte er erfolgreich als Führer seiner Partei und Vorsitzender des Finanzausschusses.

Nachdem *Honest Abe* – beruflich zunächst eher glücklos und oft von Schulden geplagt, die er jedoch immer auf Heller und Pfennig zurückzahlte – frühere Pläne eines Lebens als Schmied begraben hatte, gelang ihm nach der Bekanntschaft mit einem Friedensrichter durch zielstrebiges, beharrliches Selbststudium der Rechtswissenschaften 1836 die Zulassung zur Anwaltskammer von Illinois. Im Jahr darauf siedelte er nach Springfield über, der neuen Hauptstadt seines Heimatstaates Illinois, wo er Partner eines überregional bekannten Rechtsanwalts wurde. Bedenkt man seine Herkunft, so hatte Lincoln bereits einen beeindruckenden Weg zurückgelegt: Fast sprichwörtlich *«from rags to riches»* war der arme Pionierssohn, der noch vor seinem dreißigsten Lebensjahr als niedergelassener Jurist und gewählter Politiker in der Öffentlichkeit stand, schon damals eine Verkörperung des *self-made man* und damit des *American Dream*. Auch seine Heirat 1842 mit Mary Todd, der Tochter eines südlichen Plantagenbesitzers, passte in dieses Bild des sozialen Aufstiegs; der Ehe entstammten vier Söhne, von denen allerdings nur einer, Robert Todd, das Erwachsenenalter erreichen sollte.

Als Lincoln die politische Arena betrat, war Andrew Jackson Präsident. Lincoln teilte Jacksons Sympathien für den einfachen Mann, nicht aber die Vorstellung der *states' rights*-Philosophie, dass sich die Bundesregierung aller ökonomischen Initiativen und Regulierungen zum Wohle der Gesamtheit enthalten müsse. Seine politischen Vorbilder waren Daniel Webster und Henry Clay, die eine wirtschaftliche Konsolidierung der Union durch Maßnahmen des Kongresses und der Bundesregierung propagierten. Unter dem Schlagwort des *American System* verlangten sie die Vereinheitlichung des Banken- und Währungswesens, die Verbesserung der Infrastruktur und die Förderung der amerikanischen Industrie durch Schutzzölle. Wie die meisten Whig-Politiker hielt sich Lincoln in der Sklavereifrage zurück; er lehnte die *peculiar institution* zwar emotional und moralisch ab, wollte jedoch nicht zu den Abolitionisten gezählt werden, deren aufheizende Rhetorik er scharf kritisierte.

Der Lynchmord an dem abolitionistischen Zeitungsherausgeber Elijah Lovejoy 1837, vom Repräsentantenhaus von Illinois nur halbherzig verurteilt, wurde zu einem Wendepunkt in Lincolns politischer Entwicklung. Dieser Vorfall veranlasste ihn zu seiner ersten Grundsatzrede, die er vor dem *Young Men's Lyceum* in Springfield hielt. In seiner Rhetorik Motive und Elemente der Romantik aufgreifend, hob er die Grundwerte der amerikanischen Demokratie und das Erbe der Gründungsväter der Nation hervor. Die Verfassung und die Gesetze müssten als eine Art «politischer Religion» verehrt werden; zügellose Herrschaft des Pöbels – wie im Falle von Lynchjustiz – dürfe niemals den nationalen Konsens in Frage stellen. Abolitionismus erschien Lincoln dabei jedoch nicht als der richtige Weg, das Problem der Sklaverei zu lösen.

Auch nachdem sein Mandat im Repräsentantenhaus von Illinois 1842 abgelaufen war, widmete sich Lincoln neben seiner Anwaltspraxis weiterhin politischen Aufgaben innerhalb der Whig-Partei. Wegen seines herausragenden Engagements für den Kandidaten Henry Clay im Präsidentschaftswahlkampf von 1844 stellten ihn die Whigs 1846 als Kandidaten für den Kongress auf. Er setzte sich mit überwältigender Mehrheit durch, aber seine Zeit als Kongressabgeordneter in Washington von 1847 bis 1849 verlief eher unspektakulär. Durch die Ablehnung des populären Krieges mit Mexiko schuf sich Lincoln mehr Feinde als Freunde. Er unterstützte das sogenannte *Wilmot Proviso,* mit dem die Sklaverei in allen neuerworbenen Gebieten verboten werden sollte, das aber im Senat scheiterte. 1848 engagierte er sich für die Präsidentschaft General Zachary Taylors und war nach dessen Sieg unverhohlen enttäuscht, nicht den erhofften Regierungsposten zu erhalten. So hielt er sich nach diesen beiden eher entmutigenden Jahren in Washington längere Zeit politisch zurück und widmete sich seiner florierenden Anwaltskanzlei in Springfield.

Das Kansas-Nebraska-Gesetz von 1854 verstärkte die politische Polarisierung und trug zur Auflösung des bisherigen Parteiensystems und zur Entstehung neuer politischer Konstellationen bei. Die Whigs, deren nördlicher Flügel auf einer unzweideutigen Ablehnung der Sklaverei bestand, verloren die Unterstützung im Süden, und die Partei zerfiel. Das politische Vakuum füllte die neugegründete Republikanische Partei, die den Widerstand gegen das Kansas-Nebraska-Gesetz organisierte. Durch die Konflikte politisch wieder wachgerüttelt und zu neuerlichem Engagement motiviert, stieß Lincoln 1856 zu den Republikanern und übernahm eine Führungsrolle in Illinois. Die Zusammensetzung der Partei konnte kaum heterogener sein: Anti-Sklaverei-Demokraten, ehemalige Whigs, Abolitionisten, Temperenzler und Nativisten bildeten ein Konglomerat, dessen primärer Konsens in dem Ziel bestand, die weitere Ausbreitung der Sklaverei zu verhindern. Mit Ausnahme der Abolitionisten traten diese Gruppierungen allerdings nicht für die Abschaffung der Sklaverei in Gebieten ein, in denen sie bereits existierte. Es ging ihnen in erster Linie um die neuen Territorien, den noch «freien Boden». Ein Slogan brachte das Programm der Republikaner auf eine griffige Formel: «*Free Soil, Free Labor, Free Speech, Free Men*».

Lincoln verfolgte die Ereignisse im *Bleeding Kansas,* wo sich Befürworter und Gegner der Sklaverei einen Guerillakrieg lieferten, mit wachsender Besorgnis. Es empörte ihn zutiefst, dass der Supreme Court in dem Dred-Scott-Urteil von 1857 die Sklaverei ausdrücklich rechtfertigte und damit den Missouri-Kompromiss von 1820 praktisch aufhob. Als sich der prominente demokratische Senator von Illinois, Stephen A. Douglas, der Hauptverantwortliche für das Kansas-Nebraska-Gesetz, 1858 zur Wiederwahl stellen musste, forderte Lincoln ihn als republikanischer Gegenkandidat heraus. Die öffentlichen Debatten der beiden Politiker zogen Zehntausende von Menschen an: Die Massen kamen zum Teil sogar in Sonderzügen, um die in sieben Städten Illinois' veranstalteten Rededuelle zwischen *Little Giant* Douglas (1,62 m) und *Tall Sucker* Lincoln (1,92 m) zu erleben. Lincoln verlor zwar diese Wahl, errang aber durch die Wortgefechte, die hauptsächlich um die Sklaverei kreisten, nationale Aufmerksamkeit und entscheidende politische Vorteile für seine weitere Karriere. Eine Rede Lincolns, deren Motto «*A House Divided Against Itself Cannot Stand*» dem Neuen Testament (Matthäus 12,25) entnommen war, prägte sich besonders fest in das öffentliche Bewusstsein ein. Ihre Hauptthese lautete, dass die Vereinigten Staaten nicht permanent ein Nebeneinander von Sklaverei und freier Gesellschaft ertragen könnten, und dass sich die Amerikaner deshalb zwangsläufig für das eine oder das andere System entscheiden müssten. Als Douglas seinen Rivalen daraufhin des Abolitionismus bezichtigte, konterte Lincoln mit einer Verschwörungstheorie, die besagte, dass einflussreiche Demokraten – inklusive Präsident Buchanan – die Sklaverei zunächst auf die neuen Territorien und dann auf die gesamte Union ausdehnen wollten. Lincoln wusste, dass es dafür keine sicheren Beweise gab; er machte den Vorwurf aber bewusst zu einem Teil seiner Wahlkampfstrategie, die schon damals, wie er selbst zugab, längerfristige Perspektiven hatte. Douglas konnte den Senatorensitz zwar dank seiner Erfahrung und seines Eintretens für das Prinzip der *popular sovereignty*, das die Entscheidung über Zulassung oder Verbot der Sklaverei in das Ermessen der Staaten und Territorien stellte, gegen Lincoln verteidigen. In einigen Punkten war er seinem Herausforderer aber so weit entgegengekommen, dass sich seine Popularität im Süden drastisch verringerte. Die Debatten hatten jedoch vor allem verdeutlicht, was die beiden Männer trennte: Anders als Douglas hielt Lincoln die Sklaverei für ein Übel, das er aus moralischer Überzeugung ablehnte.

Im Oktober 1859 erreichte die öffentliche Erregung durch die Aktion eines fanatischen, religiös motivierten Sklavereigegners einen neuen Höhepunkt. John Brown, der zuvor schon in Kansas politische Terroranschläge verübt hatte, überfiel mit seinen Söhnen und einigen Anhängern ein Waffenarsenal der Bundesarmee in Harper's Ferry, Virginia. Brown, der insgeheim Unterstützung von wohlhabenden New Yorker Abolitionisten erhielt, wollte damit das Signal für einen Sklavenaufstand im Süden geben. Der Anschlag schlug fehl, und Brown wurde mit mehreren seiner Leute bald darauf gehängt. Lincoln gehörte zu denen, die Browns Aktion auf Grund ihrer Gewaltsamkeit verurteilten. Gleichzeitig warnte er aber die Südstaatler, dass eine Sezession nicht minder unrechtmäßig und strafwürdig sein würde als die Tat der hingerichteten Untergrundkämpfer.

Auf dem republikanischen Parteikonvent in Chicago wurde Lincoln im Mai 1860 im dritten Wahlgang zum Präsidentschaftskandidaten nominiert. Als Kompromisskandidat mit vergleichsweise wenigen Feinden hatte er sich geschickt gegen seine bekannteren Konkurrenten William H. Seward und Salmon P. Chase durchsetzen können. Sein Mitstreiter und *running mate* für die Vizepräsidentschaft wurde der nachdrückliche Sklavereigegner Hannibal Hamlin aus Maine. Das Wahlprogramm der Republikaner lehnte die Sklaverei in den neuen Territorien ab, forderte aber nicht ihre Beseitigung in den Südstaaten; es verurteilte den «Interessenausverkauf» der Buchanan-Administration an den Süden, kritisierte aufs schärfste die Dred-Scott-Entscheidung des Obersten Bundesgerichts, stellte einen *Homestead Act* zur raschen Besiedlung der Westgebiete in Aussicht und trat für freizügigere Einbürgerungsbestimmungen und eine Verbesserung der Infrastruktur ein. Lincoln engagierte sich nicht öffentlich im Präsidentschaftswahlkampf, führte von Springfield aus aber eine wohlinszenierte Regie.

Die Demokratische Partei hatte sich mittlerweile über die Sklavenfrage gespalten; ihr nördlicher Flügel votierte für Douglas, der südliche für John C. Breckinridge, und so ging sie tatsächlich mit zwei Kandidaten in die Wahlen – ein Umstand, der Lincoln zugutekommen musste. Beide Parteien führten ihren Wahlkampf nicht so sehr um konkrete Inhalte als vielmehr um generelle Werte, die von den Kandidaten verkörpert wurden. *Honest Abe* Lincoln wurde dabei mit Qualitäten identifiziert, die noch heute seinen Mythos ausmachen: mit dem Fleiß und Arbeitsethos, der redlichen Bescheidenheit des Pioniers, der sich aus ärmlichen Verhältnissen hocharbeitet und schließlich – immer eingedenk seiner eigenen Herkunft und volksverbunden – sogar für das höchste Amt kandidiert. Er repräsentierte nicht nur soziale Mobilität, sondern auch Aufrichtigkeit und die Fähigkeit, sich selbst treu zu bleiben. Kontrastiert wurden diese Eigenschaften mit den Skandalen und der Korruption der Buchanan-Administration. Der Wahlkampf mobilisierte die amerikanische Bevölkerung in einem bis dahin ungekannten Maße: Am 6. November 1860 stieg die Wahlbeteiligung erstmals über 80 Prozent. Es konnte nicht verwundern, dass Lincoln, der von den südlichen Demokraten als Abolitionist und «*Black Republican*» attackiert wurde, seine Wahl ausschließlich den Stimmen des Nordens zu verdanken hatte: Obwohl er nur knapp 40 Prozent der landesweit abgegebenen Stimmen erhielt, kamen diese mit wenigen Ausnahmen aus den bevölkerungsstarken Nordstaaten, so dass er mit seinen 180 Wahlmännern selbst bei Geschlossenheit der Demokraten einen unerreichbaren Vorsprung gehabt hätte.

Noch konsequenter als seine Vorgänger wendete Lincoln das Patronagesystem bei der Ämterverteilung an. Bereits im Frühjahr 1861 waren 80 Prozent der zuvor von Demokraten verwalteten politischen Ämter mit Republikanern besetzt. Bei der Verteilung der Kabinettsposten bewies Lincoln viel politisches Geschick: Die wichtigsten Ämter, wie das des Außenministers, Justizministers und Finanzministers, vergab er an seine bisherigen republikanischen Konkurrenten William Seward, Edward Bates und Salmon Chase.

Die Wahl Lincolns hatte die Südstaatler aufs höchste alarmiert, und die Zeit bis zu seiner Amtseinführung Anfang März sollte sich für ihn und die ganze Nation als bedrückend erweisen. Bereits zuvor hatten einige Sklavenstaaten für den Fall eines republikanischen Sieges mit der Sezession gedroht, und genau dies trat noch vor Weihnachten ein: South Carolina war der erste

Einzelstaat, der seine Union mit den übrigen Staaten aufkündigte. Bis zum 1. Februar 1861 folgten in einer ersten Welle der Sezession Mississippi, Florida, Alabama, Georgia, Louisiana und Texas. Die Entscheidungen kamen jeweils durch Staatenkonvente zustande, die von der Bevölkerung gewählt worden waren. Der noch amtierende Präsident Buchanan ließ es zu, dass die abgefallenen Südstaaten auf ihrem Gebiet befindliche Bundeseinrichtungen wie Forts und Waffenarsenale übernahmen. Nur noch zwei Festungen, eine davon das auf einer Insel vor dem Hafen von Charleston gelegene Fort Sumter, blieben in Bundesbesitz. Anfang Februar 1861 riefen die Sezessionisten die «Konföderierten Staaten von Amerika» aus und machten den früheren Senator und Kriegsminister Jefferson Davis zu ihrem Präsidenten.

Im Bemühen um die Wiederherstellung der nationalen Einheit und in dem Bewusstsein, dass sich die Staaten des «Oberen Südens» bislang noch loyal verhalten hatten, vermied Lincoln in seiner Inaugurationsrede am 4. März scharfe Töne. Er setzte das Ansinnen einer Sezession zwar mit Anarchie gleich, betonte aber erneut, dass er die Sklaverei nicht dort in Frage zu stellen gedenke, wo sie bereits existiere. Deutlich gab der Präsident zu verstehen, dass er keinesfalls eine kriegerische Auseinandersetzung suche; das Schicksal der Nation liege nun in den Händen der Südstaatler: Sie hätten keinen Eid geleistet, die Union gewaltsam zu zerstören, während er selbst geschworen habe, sie zu erhalten, zu beschützen und zu verteidigen.

Die Konföderierten schenkten Lincolns Appell jedoch keine Beachtung mehr, und auch letzte, eher halbherzige Vermittlungsbemühungen im Kongress blieben erfolglos. Als der Präsident sich weigerte, Fort Sumter an den Süden abzutreten, reagierten die Truppen South Carolinas am 12. April mit der Beschießung des Forts. Der Bürgerkrieg hatte begonnen. Umgehend schlossen sich vier weitere Staaten der Sezession an: Tennessee, Arkansas, North Carolina und Virginia, dessen Hauptstadt Richmond auch Hauptstadt der Konföderation wurde. Die Grenzstaaten (*border states*) Kentucky, Missouri, Delaware und Maryland – allesamt Sklavenstaaten – schwankten zunächst, blieben aber nach einigem Zögern und inneren Auseinandersetzungen in der Union. Somit standen nun 23 Unionsstaaten mit ca. 22 Millionen Einwohnern 11 konföderierten Staaten gegenüber, in denen 5,5 Millionen Weiße und rund 3,5 Millionen Sklaven lebten.

Als Präsident war Lincoln Oberbefehlshaber aller Streitkräfte, eine Funktion, die jetzt den größten Teil seiner Zeit und Energie in Anspruch nahm. Außer seinem kurzen Dienst als Captain während des *Black Hawk*-Krieges besaß er keinerlei militärische Erfahrungen. Dennoch entwickelte er während des Krieges ein zunehmend schnelles und sicheres Gespür für strategische Lagen und die notwendigen Operationen. Als erste Maßnahme rief er die Unionsstaaten zur Mobilisierung von 75 000 Freiwilligen auf, mit denen er die «Rebellion» unterdrücken wollte. Die Bevölkerung im Norden kam diesem Appell mit großem Enthusiasmus nach. Am 19. April befahl Lincoln dann eine Seeblockade, um den Handel der Konföderation lahmzulegen und die Einfuhr von militärischen Gütern aus Europa zu unterbinden.

Auf dem Schlachtfeld versetzten die besser ausgebildeten und geführten Truppen der Südstaaten der Union allerdings empfindliche Schläge. Nach dem Desaster am Bull Run in Virginia, wo die nördlichen Truppen von den Konföderierten im Juli in die Flucht geschlagen wurden, forderte Lincoln die Erhöhung der Truppenstärke auf 500 000 Mann. Die Hoffnung, die Rebellen schnell zur Kapitulation zwingen zu können, wich nun der realistischen Einschätzung, dass ein langer, harter Krieg bevorstand. Lincoln beorderte General McClellan nach Washington, um die demoralisierten Truppen zu reorganisieren, und machte «den jungen Napoleon» im November zu seinem Befehlshaber – eine Wahl, die sich als problematisch erweisen sollte. Durch die zögerliche Vorgehensweise des Generals geriet Lincoln unter politischen Druck aus den eigenen Reihen. Die Bevölkerung wollte endlich Siege sehen, und hinzu kam, dass McClellan der Demokratischen Partei angehörte, was die Skepsis vor allem der radikaleren Republikaner noch verstärkte.

Natürlich waren die militärischen Operationen für den Fortgang des Krieges von entscheidender Bedeutung; aus Lincolns Sicht war es jedoch ebenso wichtig, ein kohärentes politisches Konzept zu finden, das diesem Kampf den eigentlichen Sinn verleihen konnte. Die Konföderationsregierung hatte es in dieser Hinsicht relativ einfach: Die Südstaaten kämpften für ihre Unabhängigkeit, den Erhalt ihres auf Sklaverei gegründeten Gesellschaftssystems und die Verteidigung ihres eigenen Territoriums. Der Norden dagegen stritt eher für ein Prinzip: für die Einheit der Nation – und erst später und in zweiter Linie für die Abschaffung der Sklaverei.

Nur wenn es dem Präsidenten gelang, eine politische Idee zu vermitteln, für die es sich lohnte, große Opfer zu bringen, bestand Aussicht auf Erfolg. Lincoln musste dabei den Konsens der republikanischen Fraktionen erhalten, deren politisches Spektrum von konservativ bis radikal reichte. So propagierten die Radical Republicans gleich nach Ausbruch des Krieges die Abschaffung der Sklaverei und forderten den Präsidenten auf, die Befreiung der Schwarzen zum zentralen Kriegsziel zu machen. Dagegen trat der Mehrheitsflügel der Partei wie Lincoln selbst für eine graduelle Emanzipation ein, verbunden mit finanziellen Kompensationen für die Sklavenbesitzer, und stellte den Kampf um die Einheit der Nation in den Vordergrund. In der Erkenntnis, dass es nur vereint gelingen würde, gegen die Demokratische Partei zu bestehen, schaffte es Lincoln auf bemerkenswerte Weise, die unterschiedlichen Gruppierungen durch Kompromisse zusammenzuhalten. Es war nicht zuletzt sein Verdienst, dass der normale politische Prozess während seiner Präsidentschaft weiterging und die für Kriegszeiten historisch ungewöhnliche Situation eintrat, dass die Wähler, und nicht nur das Militär, über das Schicksal der Nation entscheiden konnten. Lincoln glaubte fest daran, dass eine Demokratie auch in Kriegszeiten an geordneten politischen Abläufen und Regeln festhalten müsse. Tatsächlich blieb das Zwei-Parteien-System im Norden während des Bürgerkriegs intakt und stärkte dem Präsidenten sogar den Rücken, da Dissens und Protest in parteipolitische Bahnen gelenkt werden konnten, was im Süden nicht der Fall war.

Nach dem Fall von Fort Sumter bildeten Teile der Demokratischen Partei im Norden eine «loyale Opposition» zu den Republikanern und sagten der Administration ihre volle Unterstützung zu. Stephen A. Douglas, noch kurz zuvor schärfster Kontrahent des Präsidenten, gehörte nun zu seinen Verbündeten und setzte sich umgehend für die Rekrutierung von Freiwilligen ein. Als er keine zwei Monate später im Juni unerwartet verstarb, war die Demokratische Partei zunächst führerlos. Doch mit dem ersten Zusammentreten des neuen Kongresses im Juli 1861 führte die Fraktion Douglas' Politik zunächst fort und unterstützte die von Lincoln initiierte kriegsbedingte Gesetzgebung.

Geschickt vergab Lincoln wichtige militärische Posten an führende Demokraten wie Benjamin F. Butler aus Massachusetts und John A. Logan aus Illinois. Sein Anfang 1862 vereidigter zweiter Kriegsminister, Edwin M. Stanton, hatte in der demokratischen Buchanan-Administration das Justizministerium geleitet; seine einstmals harsche Kritik an Lincoln wich bald einer tiefen Bewunderung. Unter steter Berufung auf die Prinzipien von Loyalität und Patriotismus in Zeiten des Krieges gelang es Lincoln, Teile der Demokratischen Partei auf seine Seite zu ziehen. Diese sogenannten «Kriegs-Demokraten» (War Democrats) gingen eine offizielle Koalition mit der «Unionspartei» (Union Party) ein, wie sich die organisierten Republikaner nach 1862 aus taktischen Gründen nannten. Die konservativen «Friedens-Demokraten» (Peace Democrats) dagegen waren nach wie vor bereit, mit dem Süden über eine friedliche Lösung des Konfliktes zu verhandeln, und stellten innerhalb ihrer Partei bald die Mehrheit.

Die einzig akzeptable friedliche Lösung für den Präsidenten wäre es gewesen, wenn die abgefallenen Südstaaten ihre Unabhängigkeitserklärung widerrufen hätten und in die Union zurückgekehrt wären – dies hätte, wie Lincoln unmissverständlich äußerte, einen Verhandlungsspielraum in der Sklavereifrage eröffnet. Ihm ging es immer noch primär um den Erhalt der Nation, wenn er auch eine genuine Abneigung gegenüber dem südlichen Gesellschaftssystem empfand. Am 22. August 1862 antwortete er dem radikalrepublikanischen Herausgeber der *New York Tribune*, Horace Greeley, auf dessen Frage, warum er zögere, die Sklaven zu befreien: «Mein höchstes Ziel in diesem Ringen ist die Erhaltung der Union, nicht die Bewahrung oder Zerschlagung der Sklaverei. Wenn ich die Union retten könnte, ohne *einen einzigen* Sklaven zu befreien, dann würde ich es tun, und wenn ich sie dadurch retten könnte, dass ich *alle* Sklaven befreite, dann würde ich es tun; und wenn ich sie dadurch retten könnte, dass ich einige Sklaven befreite und andere nicht, dann würde ich auch das tun. Was ich in der Sklavenfrage und für die farbige Rasse unternehme, tue ich, weil ich glaube, es hilft die Union zu erhalten … Damit habe ich hier meine Absicht erklärt, wie ich es als offizielle Pflicht betrachte; und ich habe nicht vor, meinen oft geäußerten persönlichen Wunsch zu modifizieren, dass alle Menschen überall frei sein sollten.»

Wenige Wochen nach diesem Brief, am 22. September 1862, als sich die Südstaatentruppen nach der Schlacht von Antietam aus Maryland zurückziehen mussten, sah Lincoln allerdings den geeigneten Moment gekommen, einen schon seit längerem gereiften Entschluss zu verkünden: Er erließ eine vorläufige Emanzipationserklärung, mit der alle Sklaven, die sich nach dem 1. Januar 1863 in den «Rebellenstaaten» befanden, für frei erklärt wurden. Die geographische Einschränkung sollte die Loyalität der Bevölkerung in den *border states* und den bereits besetzten Gebieten sichern; sie bedeutete auch ein Zugeständnis an gemäßigte Wähler im Norden, für die die Abschaffung der Sklaverei kein Kriegsmotiv darstellte, die aber einsahen, dass dieser Schritt Lincolns den Sieg der Union erleichtern konnte.

Teile der radikalen Republikaner kritisierten die Proklamation mit der Begründung, sie befreie Sklaven dort, wo sie momentan nicht befreit werden könnten, nämlich auf feindlichem Gebiet, und genau dort nicht, wo dies möglich sei, nämlich in den besetzten Gebieten und in den Grenzstaaten, die sich der Union angeschlossen hatten. Dieses sicherlich zutreffende Argument konnte jedoch nicht über die symbolische Sprengkraft der Erklärung hinwegtäuschen, die direkt oder indirekt fast drei Millionen Sklaven die Freiheit brachte.

In der Tat revolutionierte die Emanzipationserklärung den Krieg, der nun zu einem Kampf für die Abschaffung der Sklaverei und die völlige Umstrukturierung des südlichen Gesellschaftssystems wurde. Ein besonders radikaler, durch die Proklamation ermöglichter Schritt war die Rekrutierung von Schwarzen für die Nordstaatenarmee. Bis Kriegsende traten fast 180 000 Afroamerikaner in die Unionstruppen ein. Zumeist wurden sie nur für Befestigungsarbeiten oder Tätigkeiten hinter der Front eingesetzt; einige Einheiten, wie das 54. Massachusetts-Regiment, taten sich aber durch besondere Tapferkeit im Kampf hervor.

Außenpolitisch nahm Lincolns Proklamation den Regierungen Englands und Frankreichs jede Möglichkeit, auf Seiten der Konföderation in den Krieg einzutreten. Da es jetzt um einen Kampf für oder gegen die Sklaverei ging, bezog die Öffentlichkeit in beiden Ländern, die die Sklaverei in ihren Kolonialgebieten längst abgeschafft hatten, eindeutig Stellung für die Nordstaaten. – Lincoln war sich darüber im Klaren, dass die Emanzipationserklärung verfassungsrechtlich auf unsicherem Grund stand. Nur ein korrekt verabschiedeter Verfassungszusatz konnte das Schicksal der Sklaverei auch nach Beendigung des Krieges tatsächlich besiegeln. Ohne diesen Schritt würden die Sklavenhalter rechtlich ihr «Eigentum» – d. h. die befreiten Sklaven – zurückverlangen können, da die Proklamation lediglich als Kriegsmaßnahme Wirkung hatte. Deshalb tat Lincoln alles in seiner Macht Stehende, die Ratifizierung des vom Kongress verabschiedeten 13. Verfassungszusatzes über die endgültige Abschaffung der Sklaverei durch die Einzelstaaten voranzutreiben.

In der Bevölkerung der Nordstaaten wuchs nach anfänglich breiter Unterstützung des Krieges eine spürbare Skepsis, so dass die Friedens-Demokraten langsam an Unterstützung gewannen. Als die Zwischenwahlen Ende 1862 näherrückten, war es für Lincoln ein Gebot der Stunde, die Loyalität der Bevölkerung zu stärken und Siegeszuversicht zu verbreiten. Im September, kurz nach der vorläufigen Emanzipationsproklamation, ging er deshalb erstmals gegen zunehmenden Dissens an der «Heimatfront» vor. Er hob den Anspruch Verhafteter auf richterliche Anhörung auf – eine Maßnahme, die es juristisch ermöglichte, «Unruhestifter», vor allem Deserteure und Kollaborateure, umgehend und dauerhaft festzusetzen; dies entsprach aber der Entziehung eines demokratischen Grundrechts, quasi einem «Notstandsgesetz», und erwies sich als äußerst prekäres und umstrittenes Mittel, das von den Friedens-Demokraten als diktatorisch angeprangert wurde. Tatsächlich hatten die Verfassungsväter vorausgesehen, dass ein solcher Schritt im Falle einer Rebellion oder Invasion nötig werden könnte, um die öffentliche Sicherheit zu gewährleisten; der Verfassungstext enthielt jedoch keine expliziten Angaben darüber, ob der Präsident oder der Kongress hierüber zu entscheiden hätten. Lincoln legte die Bestimmungen ganz im Sinne der *presidential leadership* aus und setzte sich damit über den Einspruch des Obersten Bundesgerichts hinweg, dessen Vorsitzender Taney allerdings durch seine Mitwirkung am Dred-Scott-

Urteil von 1857 diskreditiert war. Bis 1864 konnte Lincoln schon vier neue Richter ernennen; als Taney im Oktober 1864 starb, ersetzte Lincoln ihn durch den ehemaligen Finanzminister Salmon P. Chase, der schon früh Bürgerrechte für Schwarze gefordert hatte. Danach bestätigte der Supreme Court das Recht der Regierung, Zivilisten zu verhaften, wenn militärische Überlegungen dies erforderten. Der Bürgerkrieg wurde also – wie auch die anderen großen Kriege in der Geschichte der USA – zur «Stunde der Exekutive», und Lincoln gab späteren Präsidenten ein Beispiel, wie man die politischen und militärischen Befugnisse des Amtes voll ausschöpfen kann, ohne die Grenzen der Verfassung wirklich zu überschreiten.

Mit seinem Vorgehen gegen die Kriegsgegner im Norden und mit der vorläufigen Emanzipationserklärung lieferte Lincoln den Demokraten für die anstehenden Kongresswahlen genug Wahlkampfmunition. Zwar war mittlerweile der populäre *Homestead Act* verabschiedet worden, der den Erwerb von Farmland im Westen erleichterte, doch die jüngsten Niederlagen der Unionstruppen, gekoppelt mit einer Rezession und rasch ansteigender Inflation, führten zu den befürchteten Verlusten der Republikanischen Partei. Die Demokraten hatten mit ihrem Wahlkampfslogan «Für die Verfassung, wie sie ist, und die Union, wie sie war» gegen die ihres Erachtens willkürliche Verfassungsinterpretation durch Lincoln protestiert und die Wiederzulassung der abgefallenen Südstaaten ohne Infragestellung der Sklaverei gefordert. Doch obwohl der republikanische Vorsprung im Repräsentantenhaus von 35 auf 18 Sitze reduziert wurde, behielten die Republikaner in beiden Kammern des Kongresses ihre Mehrheit.

Im Januar 1863 verstärkten die Demokraten ihre Angriffe auf Lincoln und seine Kriegführung und forderten umgehende Friedensverhandlungen mit den Konföderierten. Auf Grund einer solchen öffentlichen Äußerung wurde der führende Kopf dieser Bewegung, der Kongressabgeordnete Vallandigham aus Ohio, verhaftet und von einem Militärgericht zu einer Gefängnisstrafe verurteilt. Lincoln gestattete ihm allerdings, die Union zu verlassen und in den Süden zu gehen. Die Abschaffung der *Habeas Corpus*-Garantien durch den Präsidenten hatte in diesem Fall sogar einen Politiker getroffen. Solche Maßnahmen sollten noch oft angewendet werden, was allerdings nicht zum Ersticken jeglicher Opposition gegen die Lincoln-Administration im Norden führte. Für neuen innenpolitischen Zündstoff sorgte die erstmals in der Geschichte der Vereinigten Staaten am 3. März 1863 eingeführte Wehrpflicht. Besonders umstritten waren die Bestimmungen, die es wohlhabenden Amerikanern erlaubten, «Ersatzmänner» zu stellen und sich vom Kriegsdienst loszukaufen. In den Städten stieg die Spannung stark an, und im Juli 1863 brachen schwere Unruhen und Straßenkämpfe aus, die nur unter Einsatz von Militär unterdrückt werden konnten. Bei diesen Protesten gegen den «*rich man's war and poor man's fight*» starben über 100 Menschen, darunter auch viele Schwarze, die Lynchmorden zum Opfer fielen.

Erst ab dem Sommer 1863 gelang es dem Norden, seine enorme materielle und bevölkerungsmäßige Überlegenheit effektiv zu nutzen. Die Wende kam im Juli 1863 mit der Schlacht von Gettysburg in Pennsylvania, wo zwei Heere mit insgesamt 160 000 Soldaten aufeinanderprallten, von denen nach drei Tagen über ein Viertel gefallen war. Die Unionstruppen konnten sich mit Mühe behaupten, und die Konföderierten unter General Robert E. Lee mussten sich nach Virginia zurückziehen. Fast gleichzeitig fiel die Vorentscheidung an der Front im Westen, als Unionstruppen unter General Ulysses S. Grant die befestigte Stadt Vicksburg am Mississippi eroberten. Nun befand sich das gesamte Mississippi-Tal in der Hand des Nordens, und die Konföderation war in Nord-Süd-Richtung geteilt. Am 19. November 1863 hielt Lincoln in Gettysburg anlässlich der Einweihung des großen Soldatenfriedhofes seine berühmteste Rede, die *Gettysburg Address,* die in die Weltliteratur eingegangen ist. Der Präsident nutzte den bedrückenden Anlass, um langgehegte Gedanken über den Sinn dieses Krieges in Worte zu fassen. An den Gräbern der Gefallenen definierte er die Bedeutung des Bürgerkrieges in nur zehn Sätzen; mit meisterhaften Formulierungen ging er auf die Gründungsphase der Nation und die demokratischen Grundwerte ein, für die die Vereinigten Staaten standen: die Gleichberechtigung aller Menschen, ihr Recht auf Freiheit und eine Volksregierung. Er betonte die Gemeinsamkeit des Opfers, das Nord- und Südstaatler gebracht hatten, und endete mit dem feierlichen Versprechen, «dass diese Toten nicht umsonst gestorben sind, dass diese Nation unter Gott eine Wiedergeburt der Freiheit erlebt, und dass die Regierung des Volkes, durch das Volk und für das Volk nicht wieder aus der Welt verschwindet».

Im März 1864 ernannte Lincoln Grant, in dem er endlich einen überzeugenden militärischen Führer gefunden hatte, zum Oberbefehlshaber der gesamten Streitkräfte. Zusammen mit William T. Sherman und Philip Sheridan setzte Grant nun Lincolns Plan einer großangelegten und gut koordinierten Offensive in die Tat um. Lincoln selbst, der üblicherweise bis spät in die Nacht über militärischen Büchern saß, die er sich aus der Kongressbibliothek besorgte, hatte ein für die Vereinigten Staaten vollkommen neues Konzept des Oberkommandos erarbeitet, demzufolge sein Generalstabschef (Halleck), der Kriegsminister (Stanton hatte Cameron abgelöst) und der *General in Chief* (Grant) von ihm selbst die koordinierenden Anweisungen erhielten. Vielfach ist Lincoln später militärische Genialität, verbunden mit einer undogmatischen Herangehensweise an komplexe, neuartige Probleme der modernen Kriegführung, attestiert worden.

Die Präsidentschaftswahl des Jahres 1864 ist als eine der wichtigsten in die amerikanische Geschichte eingegangen. Das Volk hatte darüber zu befinden, ob der Krieg weitergeführt werden sollte oder nicht – eine von den Demokraten gebildete Administration würde dem Süden ein Friedensangebot machen. Rivalitäten innerhalb des republikanischen Lagers und das Auftreten einflussreicher Aspiranten auf die Präsidentschaft, allen voran des Finanzministers Salmon P. Chase, ließen es als ungewiss erscheinen, ob Lincoln ohne weiteres wiedergewählt werden würde. Außerdem war eine einmalige Amtsperiode fast zur politischen Tradition geworden; seit Andrew Jackson hatte kein Präsident einen zweiten Sprung ins Weiße Haus geschafft. Im Juni wurde Lincoln zwar zum Kandidaten der Union Party gewählt, aber er zweifelte immer noch an seiner Wiederwahl. Die Stimmung im Norden neigte einer Kompromisslösung zu und ließ damit einen Sieg der Demokraten möglich erscheinen, deren Kandidat kein Geringerer als der Ende 1862 von Lincoln entlassene General McClellan war.

Letztlich entschied eine gewonnene Schlacht über die Wahl: Die Einnahme von Atlanta in Georgia durch Unionstruppen unter General Sherman am 2. September 1864 veränderte schlagartig die öffentliche Stimmung, beruhigte die parteiinternen Auseinandersetzungen bei den Republikanern und drängte die Demokratische Partei mit den von ihr propagierten Friedensangeboten ins politische Abseits. Lincolns Sieg konnte als eindeutiges Mandat für die Fortführung des Krieges und die völlige Emanzipation der Sklaven ausgelegt werden. Der Präsident brachte auch umgehend den 13. Verfassungszusatz in den Kongress ein, wo er mit der notwendigen Zweidrittelmehrheit verabschiedet wurde.

Zum Zeitpunkt der erneuten Amtseinführung des Präsidenten war der Bürgerkrieg so gut wie gewonnen. In seiner zweiten Inaugurationsrede am 4. März 1865 griff Lincoln die Themen der *Gettysburg Address* wieder auf und streckte den Südstaatlern bereits eine versöhnende Hand entgegen: «Mit Groll gegen niemanden und mit Nächstenliebe für alle, fest im Recht stehend, so wie uns Gott das Recht erkennen lässt, lasst uns weiter danach streben, unser begonnenes Werk zu Ende zu bringen; die Wunden der Nation zu verbinden ... alles zu tun, was einen gerechten und dauerhaften Frieden bei uns selbst und mit allen Nationen erreichen und bewahren kann.» Damit hatte er seine Haltung zur Reintegration der Südstaaten bereits umrissen: Nachsicht und Versöhnung, nicht Bestrafung und Abrechnung sollten die Nachkriegsphase bestimmen.

Unterdessen hatten Grants Vormarsch auf Richmond und mehr noch Shermans berüchtigter «Marsch zum Meer», auf dem er eine breite Spur der Verwüstung zurückließ, die Konföderation demoralisiert und ihre Niederlage eingeleitet. Lincoln hatte Shermans Plänen anfänglich skeptisch gegenübergestanden, da er wie Grant das strategische Prinzip der «verbrannten Erde» nicht verstand, das dem Krieg in der Endphase einen «totalen» Charakter verlieh. Am 9. April 1865 kapitulierte General Lee mit seiner Armee in Appomattox, Virginia, und wenige Wochen später gaben auch die restlichen Streitkräfte des Südens den Kampf auf.

In seiner letzten Rede sprach sich Lincoln eindringlich für die friedliche Wiedereingliederung der Südstaaten aus. Ihre *Reconstruction* beinhaltete über die Abschaffung der Sklaverei hinaus den Beginn der Auseinandersetzung der amerikanischen Gesellschaft mit der Stellung der befreiten Schwarzen. Lincoln war sich des fundamentalen Auftrags bewusst, die ehemaligen Sklaven rechtlich und politisch gleichzustellen, wusste aber noch nicht, wie dies angesichts der rassistischen Einstellungen im Süden – und auch im Norden – praktisch zu bewerkstelligen sein würde. Das Wahlrecht für schwarze Männer ließ sich im Süden offenbar nur mit Zwang durchsetzen, was Lincolns Ideen von Ausgleich und Versöhnung zuwiderlief. An diesem Dilemma sollte sein Nachfolger Andrew Johnson dann auch scheitern; allerdings wäre vermutlich selbst Lincoln dieser außerordentlichen historischen Herausforderung nicht gewachsen gewesen.

Nur wenige Tage nach Kriegsende, am 14. April 1865, wurde Lincoln während eines Theaterbesuchs in seiner Loge von einem Attentäter angeschossen und erlag noch in der Nacht seinen Verletzungen. Dies war der erste Mordanschlag auf einen amerikanischen Präsidenten. Bei dem Täter handelte es sich um einen fanatischen und möglicherweise geistesgestörten Südstaatler, den Schauspieler John Wilkes Booth, der mit anderen Verschwörern die führenden Politiker der Union hatte ermorden wollen.

Der Zeitpunkt des Anschlags – fast auf den Tag genau vier Jahre nach den ersten Schüssen auf Fort Sumter – an einem Karfreitag hat viel zu Lincolns Märtyrer-Mythos beigetragen. Die Apotheose seiner Person zeichnete sich in Ansätzen bereits zu seinen Lebzeiten ab und wurde gleichermaßen von weißen Landsleuten und von Afroamerikanern getragen, die ihn als «neuen Messias» verehrten. Der Trauerzug, der durch mehrere Staaten der Union bis zum Heimatort Springfield führte und dessen Weg Millionen von Menschen säumten, wurde zu einer Manifestation der amerikanischen *civil religion*. Diese säkulare, bürgerliche Religiosität hatte Lincoln in seinen Reden oft beschworen. Sie trug schon seit den Zeiten Washingtons zur sozialen Integration einer heterogenen Bevölkerung bei, und sie sollte in den Jahrzehnten nach Lincoln auch mithelfen, die Wunden des Bürgerkriegs zu heilen. Durch Lincolns Beispiel ist die Idee des Opfers, das der Einzelne und das amerikanische Volk als Ganzes für die Sicherung der demokratischen Werte und Prinzipien bringen müssen, zu einem wesentlichen Bestandteil dieser *civil religion* geworden. Nicht zufällig hat Lincoln seit Gettysburg den Begriff «Union» immer häufiger durch «Nation» ersetzt. Er wollte den inneren Zusammenhalt dieses Gemeinwesens festigen, die Menschen durch die «mystischen Klänge der Erinnerung», wie es in der ersten Antrittsrede hieß, auf ein gemeinsames Zentrum hinlenken. Der hochgewachsene, oft unbeholfen wirkende Mann, häufig melancholisch bis depressiv, doch immer mit erkennbarem, wenn auch verhaltenem Humor, vereinigte in seiner Person maßgebliche amerikanische Ideale und Tugenden: Lincoln konnte zu Recht als Retter der Nation gelten, ferner als Sklavenbefreier, dabei stets als ein echter Mann des Volkes und als glänzendes Beispiel eines *self-made man;* außerdem bot er das Bild eines «überregionalen» Amerikaners: ein Mann des Westens, geboren im Süden und ihm verwandtschaftlich verbunden, war er doch ein typischer *Yankee.*

Bei alledem sollte nicht vergessen werden, dass Lincoln während seiner Präsidentschaft auch vehementer Kritik ausgesetzt war. Die Friedens-Demokraten bezeichneten ihn als Tyrannen, die Abolitionisten warfen ihm vor, er benutze die Emanzipation der Sklaven nur als taktisches Mittel, um die Kampfkraft des Südens zu schwächen. Selbst unter seinen republikanischen Parteifreunden gab es viele, die sich nach einem «starken Mann» wie Andrew Jackson zurücksehnten. Es steht aber außer Zweifel, dass Lincoln an der Aufgabe als Bürgerkriegspräsident ständig wuchs; nach seiner Wiederwahl verstummten die meisten Kritiker, weil sie einsahen, dass keine andere Persönlichkeit in der Lage gewesen wäre, den historisch gegebenen Auftrag zu erfüllen.

Lincolns Präsidentschaft fiel mit dem verlustreichsten Krieg in der Geschichte der Vereinigten Staaten zusammen, der über 600 000 Tote forderte (360 000 auf Seiten der Union, 260 000 im Süden). Durch die Mobilisierung aller verfügbaren Reserven an Soldaten, Material und technischen Möglichkeiten weist der amerikanische Bürgerkrieg damit in bestimmten strukturellen Merkmalen auf die modernen totalen Kriege des 20. Jahrhunderts voraus. In konstitutioneller Hinsicht bewirkte er einen Zentralisierungsschub, wie die Einrichtung eines neuen Bankensystems durch den *National Bank Act,* die Förderung des Bildungswesens durch den *Morril Act* und das Engagement der Bundesregierung für den Eisenbahnbau (*Pacific Railway Act*) beweisen. Ökonomisch festigte der Ausgang des Krieges die Überlegenheit des industriellen

Nordens, der jetzt in ein Stadium des beschleunigten Wachstums eintrat, über den agrarischen Süden, der dieses Tempo nicht mithalten konnte.

Schon in seiner ersten Botschaft an den Kongress im Juli 1861 hatte Lincoln den Krieg als einen *People's Contest* bezeichnet, der um Prinzipien und Worte, nicht um materieller Vorteile willen geführt wurde. Der Sieg des Nordens unter seiner Führung hatte die Einheit der Nation sichergestellt und in letzter Konsequenz vier Millionen Männer, Frauen und Kinder aus der Sklaverei befreit. Darüber hinaus war durch die Zurückweisung der Sezession der Südstaaten, die den Wählerwillen von 1860 missachtet hatten, das universelle Prinzip der Demokratie verteidigt worden. Staatsrechtlich hatte sich der Grundsatz der Permanenz und Unauflöslichkeit der Union gegen die Philosophie der *states' rights* durchgesetzt, deren Verfechter die USA als eine Konföderation souveräner Staaten verstanden, die jederzeit aufgekündigt werden konnte. In diesem Sinne war der Bürgerkrieg auch Teil der nationalen Einigungsbewegungen, die den Atlantik überspannten und in Europa um diese Zeit zur Entstehung der Nationalstaaten Italien und Deutschland führten. Das politische Experiment der Vereinigten Staaten, das von Beginn an mit dem Gedanken einer besonderen Mission verbunden war, konnte nun gestärkt, wenn auch keineswegs frei von Konflikten fortgeführt werden. Die spätere internationale Führungsrolle der USA macht im Rückblick die welthistorische Dimension des Bürgerkriegs deutlich, der schon von den Zeitgenossen vielfach als «zweite amerikanische Revolution» empfunden wurde. Die Ideale und Ziele dieser «Wiedergeburt» der amerikanischen Nation haben dem Mann, der sie wie kein anderer prägte und verkörperte, eine starke Präsenz verliehen und die Erinnerung an seine Präsidentschaft bis heute im Bewusstsein des amerikanischen Volkes lebendig erhalten.

Vera Nünning

ANDREW JOHNSON
1865–1869

Der Streit um die Rekonstruktion

Als Andrew Johnson nach der Ermordung Lincolns am 15. April 1865 vom Obersten Bundesrichter Salmon P. Chase als Präsident vereidigt wurde, schien die Zukunft der Nation ungewiss. Der Bürgerkrieg war zwar wenige Tage zuvor beendet worden, aber die *Reconstruction,* die Wiedereingliederung des besiegten Südens in die Union, warf enorme Probleme auf. Weder war klar, ob die elf Südstaaten der Union überhaupt noch angehörten, noch bestand Einigkeit darüber, ob der Präsident oder der Kongress in erster Linie für die *Reconstruction* zuständig seien. Wie diese Politik auszusehen hatte, vor allem welche Bedingungen man den Südstaaten stellen sollte und welchen

Status die befreiten Sklaven in Zukunft haben würden, war ebenfalls völlig offen.

Andrew Johnson war den auf ihn zukommenden Aufgaben aus verschiedenen Gründen nicht gewachsen. Bereits seine Vereidigung als Vizepräsident am 4. März 1865 hatte Züge seiner Persönlichkeit aufscheinen lassen, die daran zweifeln ließen, dass er für das höchste politische Amt geeignet war: Der Demokrat aus Tennessee, der eine gute Ergänzung zu dem Republikaner Lincoln darzustellen schien, war bei seinem ersten Amtsakt als Vizepräsident betrunken. Jegliche Etikette missachtend, stellte er dem Senat die von Lincoln eingesetzten Kabinettsmitglieder nicht mit ihrem Titel vor, sondern wies in seiner schroffen kurzen Rede mehrfach darauf hin, dass alle Anwesenden nur deshalb bedeutende Politiker seien, weil das Volk sie dazu gemacht habe, und dass er selbst aus dem Volk stamme. Mit seiner Hervorhebung der Bedeutung des Volkes, seiner Ablehnung von Politikern, die durch Geburt eine privilegierte Position in der Gesellschaft einnahmen, und der dauernden Betonung seiner einfachen Herkunft werden schon in dieser Episode typische Merkmale Johnsons deutlich, die sich leitmotivisch durch seine Präsidentschaft ziehen. Auch die Entrüstung, die er im Senat hervorrief, weist auf sein späteres Verhältnis zum Kongress voraus, das bereits nach wenigen Monaten von einer scharfen Konfrontation bestimmt war und schließlich im Versuch der Amtsenthebung endete.

Dass der Demokrat Johnson vor der Wahl von 1864 überhaupt zum Vizepräsidenten nominiert worden war, hatte verschiedene Gründe gehabt: Zum einen wollten sich die Republikaner die Wählerstimmen der unionstreuen Demokraten im Norden sichern und ihre Bereitschaft signalisieren, die zurückeroberten Staaten wohlwollend zu behandeln, zum anderen hatte sich Johnson durch sein mutiges Eintreten für die Union, seine Unterstützung der Emanzipation der Sklaven und seine kompromisslose Haltung als Militärgouverneur des wichtigen *border state* Tennessee auch die Achtung der radikalen Republikaner erworben. Als er Präsident wurde, nahmen die meisten Amerikaner zunächst an, sein Verhalten gegenüber dem Süden werde eher zu hart als zu nachgiebig sein. Johnsons Hass auf die Pflanzer-Aristokratie des Südens war allgemein bekannt, und die formelhafte Wiederholung seiner Überzeugung «Verrat muss verhaßt gemacht werden und Verräter müssen bestraft werden» schien auf eine radikale Politik gegenüber den Südstaaten hinzuweisen.

Oft und gerne erwähnte Johnson in Wahlkämpfen seine einfache Herkunft, die seine Einstellungen prägte und viel zu seinem außergewöhnlichen Verhalten als Präsident beitrug. Johnson war am 29. Dezember 1808 in Raleigh, einer kleinen Stadt in North Carolina, als Sohn mittelloser Eltern geboren worden. Da sein Vater Jacob weder lesen noch schreiben konnte und die Familie trotz der Mithilfe der Mutter mit Gelegenheitsarbeiten mehr schlecht als recht ernährte, erfuhr Andrew die soziale Verachtung, mit der die Angehörigen der weißen Unterschicht im Süden bedacht wurden. Als Weißer konnte er jedoch in dem Bewusstsein handeln, nicht auf der tiefsten Stufe der gesellschaftlichen Hierarchie zu stehen: Unter ihm gab es immer noch die Schwarzen, auch wenn diese manchmal besser gekleidet waren als er selbst. Johnson, der nie eine Schule besuchte, wurde noch im Kindesalter Lehrling bei einem Schneider, dem er jedoch 1824 davonlief. Zwei Jahre später ließ er sich als Schneider in Greeneville im Osten Tennessees nieder. In dieser Region lebten nur sehr wenige Sklaven, aber es existierte eine ähnliche gesellschaftliche Rangordnung wie in seiner Geburtsstadt. Obwohl der kaufmännisch tüchtige Johnson sehr schnell ein Vermögen anhäufte, hatte er gegen die Ressentiments der alteingesessenen Elite zu kämpfen. Seine Bemühungen um Bildung setzte er mit Hilfe seiner Frau Eliza McCardle, der Tochter eines Schuhmachers aus Greeneville, fort. Auf Grund ihrer langjährigen Krankheit begleitete ihn Eliza, mit der Johnson fünf Kinder hatte, nur sehr selten in andere Städte; sie zog zwar während seiner Präsidentschaft mit ihm ins Weiße Haus, überließ die Pflichten der Gastgeberin jedoch meist ihrer Tochter Mary.

Seine eigene politische Karriere betrachtete Johnson als beispielhaft für die unbegrenzten Aufstiegsmöglichkeiten in der amerikanischen Demokratie. Bereits 1829 wurde Johnson Ratsmitglied der Stadt Greeneville und arbeitete sich fortan von der lokalen über die einzelstaatliche bis zur Bundesebene hinauf: Er wurde Bürgermeister von Greeneville (1834), Abgeordneter und Senator im Kongress von Tennessee (1835–53), Mitglied des Repräsentantenhauses in Washington (1843–53) und Gouverneur von Tennessee (1853–57). 1857 zum Senator der Vereinigten Staaten gewählt, blieb er als einziger Repräsentant der Südstaaten während des Bürgerkriegs im Senat in Washington, bis er von Lincoln zum Militärgouverneur von Tennessee ernannt wurde (1862–65). Diese scheinbar geradlinige Karriere, die 1865 über die Vizepräsidentschaft ins höchste Amt der USA führte, war jedoch das Ergebnis zahlreicher Kompromisse und geschickter taktischer Winkelzüge.

Nach einer anfänglichen Allianz mit den Whigs machte sich Johnson die demokratischen Prinzipien Andrew Jacksons zu eigen. Wenn die Ablehnung der Konservativen in der eigenen Partei seine Wahlerfolge zu gefährden schien, richtete er sich in stürmischen Reden an einfache Handwerker und Bauern, deren Stimmen ihm meist den Sieg sicherten. Insbesondere profilierte er sich als entschiedener Befürworter der *Homestead Bill*, die 160 *acres* öffentliches Land im Westen für jeden arbeitswilligen Familienvater bereitstellte. Mit diesem Gesetzesvorschlag, der den Sklavenhaltern keinerlei Vorteile brachte, stieß Johnson im Süden auf Unverständnis und Misstrauen. Umso stärker war seine Verteidigung der Interessen der Südstaaten in Bezug auf die Sklaverei, die er noch während des Bürgerkriegs vehement befürwortete. Dennoch trat er für die Erhaltung der Union ein, denn die Abspaltung der Südstaaten verletzte seiner Meinung nach die Verfassung, die er fast religiös verehrte; außerdem war schon sein großes Vorbild, Andrew Jackson, Anfang der 1830er Jahre entschieden gegen die damals drohende Sezession South Carolinas vorgegangen. Schließlich spielten sicher auch persönliche Gründe eine Rolle: Auf Grund seiner offenen Feindschaft mit der politischen Elite des Südens, insbesondere mit Jefferson Davis, war seine weitere politische Karriere nur innerhalb der Union möglich.

Dass Johnson bis 1863 entschieden für die Sklaverei eingetreten war, sollte sich als schwere Hypothek für sein späteres Verhältnis zum Kongress erweisen. Während die Abgeordneten und Senatoren aus den Nordstaaten Sklaverei weitgehend als ein moralisches und politisches Übel ansahen, war die Ablehnung der Sklaverei für Johnson eine politische Notwendigkeit. Als die Emanzipation der Sklaven im Laufe des Bürgerkriegs immer wahrscheinlicher wurde, setzte sich Johnson nicht zur Wehr, um seine politische Karriere nicht zu gefährden. Während es ihm 1862/63 noch gelang, die Sklaven in Tennessee, das auf Seiten der Union stand, von Lincolns Emanzipationserklärung auszunehmen, sprach er sich danach immer häufiger gegen die Sklaverei aus, weil sie den rebellischen Südstaaten als Vorwand gedient habe, den Krieg zu beginnen. Unter den gegebenen Umständen könnten die Einheit und die Verfassung der Vereinigten Staaten nur dadurch gerettet werden, dass die Sklaverei abgeschafft wurde. Außerdem stelle die Sklaverei ein wirtschaftliches Monopol dar, das auch die armen Weißen des Südens unterdrückte und den Pflanzern einen privilegierten Status sicherte. Diese Elite sollte einer «neuen Aristokratie der Arbeit» weichen, die allein auf Fähigkeiten und Verdienst gegründet war. Johnsons Abwendung von der Sklaverei bedeutete aber nicht, dass er diese Institution als ein moralisches Übel ansah. Ebenso wenig änderte er seine rassistische Einstellung gegenüber den Schwarzen, von deren Minderwertigkeit er zutiefst überzeugt war.

Von seinem Amtsantritt als Präsident im April 1865 bis zum Zusammentreten des Kongresses im Dezember 1865 bot sich Johnson die Chance, seine Vorstellungen von einer Wiedereingliederung des Südens in die Union zu verwirklichen. Lediglich die Zulassung der von den Südstaaten gewählten Abgeordneten und Senatoren oblag eindeutig dem Kongress. In privaten Gesprächen überzeugte er viele Kongressmitglieder davon, dass er Lincolns Kurs fortsetzen und führende Konföderierte hart bestrafen werde.

Johnsons erste Amnestieerklärung für die früheren Rebellen vom 29. Mai 1865 war insofern recht hart, als zunächst vierzehn Kategorien von Südstaatlern prinzipiell von der Begnadigung ausgeschlossen blieben; neben Offizieren und Amtsinhabern der Regierung der Konföderierten mussten auch alle Sezessionisten, die mehr als 20 000 Dollar besaßen, Johnson persönlich um eine Amnestie ersuchen. Diese Einschränkungen gingen allein auf Johnsons Abneigung gegen die Elite des Südens und seine Auffassung zurück, dass nur die reichen Südstaatler für den Krieg verantwortlich seien. Offensichtlich genoss er es, dass er nun von wohlhabenden Pflanzern belagert wurde, die auf seine Gnade angewiesen waren und von denen er in wenigen Monaten über 13 000 begnadigte.

Die weiteren Proklamationen, in denen Johnson im Mai und Juni 1865 provisorische Gouverneure in einzelnen Südstaaten einsetzte und die Bedingungen festlegte, unter denen die neuen Staatsverfassungen ausgearbeitet werden sollten, riefen bei vielen radikalen Republikanern Empörung hervor. Nicht nur wählte Johnson als Gouverneure Politiker aus, die der alten Südstaaten-Elite entstammten und den führenden Konföderierten sehr nahestanden, er erlegte den Staaten auch keinerlei Einschränkungen für die zu erarbeitenden republikanischen Verfassungen auf. Selbst die Ratifizierung des 13. Verfassungszusatzes, mit dem die Sklaverei abgeschafft wurde, machte er nur in privaten Gesprächen zur Bedingung der Wiedereingliederung in die Union. Darüber hinaus grenzte Johnson das Wahlrecht auf diejenigen ein, die bereits vor dem Krieg wahlberechtigt gewesen waren, womit Schwarze ausgeschlossen blieben. Das Ergebnis dieser milden Haltung war absehbar: In die Verfassungskonvente der Südstaaten wurden in großer Mehrzahl ehemalige Rebellen gewählt, die teilweise erst von Johnson begnadigt wurden, nachdem sie ihr Mandat erhalten hatten. Selbst die wenigen Auflagen, die Johnson diesen uneinsichtigen Konventen später machte, wurden erst nach langem Zögern und oft nur unvollständig erfüllt. Die Möglichkeit, einigen Schwarzen das Wahlrecht zu geben, die als Soldaten für die Union gekämpft hatten, wurde von Johnson anfangs zweimal halbherzig vorgeschlagen, aber in den Konventen nicht ernsthaft diskutiert.

Zusätzlich beeinträchtigt wurde Johnsons Verhältnis zum Kongress durch seine Obstruktionspolitik gegenüber dem Freedmen's Bureau, das unter Aufsicht des Kriegsministeriums die Rechte der freigelassenen Sklaven schützen und ihnen durch konfisziertes oder brachliegendes Land eine Existenzgrundlage außerhalb der Plantagen verschaffen sollte. Johnson verhinderte nicht nur die weitere Verpachtung von konfisziertem Land an Schwarze, sondern bestimmte auch, dass Land, das schon während des Krieges von General Sherman freigelassenen Sklaven zur Verfügung gestellt worden war, an die früheren Besitzer zurückgegeben werden musste. Da die konservativen Regierungen der Südstaaten zudem *Black Codes* nach dem Muster der ehemaligen *slave codes* erließen, in denen es Schwarzen unter anderem verboten wurde, ihren Arbeitsplatz ohne Zustimmung des Besitzers zu verlassen oder sich bei ungerechter Behandlung eine andere Arbeitsstelle zu suchen, unterschieden sich die Lebensumstände der Schwarzen in vielerlei Hinsicht kaum von denen zur Zeit der Sklaverei.

Von der weißen Bevölkerung im Süden wurde diese Politik Johnsons natürlich mit Erleichterung und Freude aufgenommen. Dennoch besaß der Präsident zunächst noch erstaunlich viel Unterstützung im Kongress, der erst im Dezember 1865 zusammentrat. Senat und Repräsentantenhaus ließen keine Vertreter der Südstaaten zu; beide Kammern setzten sich überwiegend aus moderaten und eher konservativ eingestellten Republikanern zusammen, während Demokraten und radikale Republikaner nur wenige Abgeordnete stellten. In seiner vagen und unverbindlichen Jahresbotschaft an den Kongress begründete Johnson seine bisherige Politik damit, dass die Südstaaten nie legal aus der Union ausgetreten seien und daher so schnell wie möglich wieder integriert werden müssten. Zudem sei es das unbezweifelbare, von herausragenden Staatsmännern wie Jefferson und Jackson gleichermaßen betonte Recht der Einzelstaaten, über die Form ihrer republikanischen Regierungen selbst zu bestimmen. Insbesondere die Frage des Wahlrechts sei von der Verfassung eindeutig den Einzelstaaten überlassen worden, so dass es eine illegale Machtanmaßung des Präsidenten gewesen wäre, wenn er Schwarzen das Wahlrecht zugesprochen hätte. Versöhnlich klang Johnsons Ankündigung, für die Sicherheit «der freigelassenen Sklaven in Bezug auf ihre Freiheit und ihr Eigentum, ihr Recht auf Arbeit und ihr Recht auf die Ergebnisse ihrer Arbeit» sorgen zu wollen.

Der Erfolg von Johnsons Botschaft zeigte sich in der Unterstützung seiner Politik durch das gemeinsame Komitee, in dem Abgeordnete und Senatoren über die *Reconstruction* berieten. Da es in der großen Mehrheit aus moderaten Republikanern und Demokraten bestand, konnten sich die zwei radikalen Republikaner, die das Wahlrecht für Schwarze forderten, nicht durchsetzen. Unter Führung des moderaten Senators Lyman Trumbull, der in persönlichen Gesprächen mit Johnson den Eindruck gewann, der Präsident billige die vorgeschlagenen Maßnahmen, erarbeitete das Komitee zwei Gesetzesvorlagen zum Schutz der Rechte der Schwarzen, die *Civil Rights Bill* und die *Freedmen's Bureau Bill*.

Johnsons Ansicht nach bestand jedoch kein Unterschied darin, den Schwarzen, wie in der *Civil Rights Bill* vorgesehen, Bürgerrechte und natürliche Rechte zuzugestehen oder ihnen das Wahlrecht zu geben. Für ihn zielten die Gesetzesvorlagen nicht in erster Linie darauf ab, die befreiten Sklaven zu schützen, sondern er war von Anfang an der Überzeugung, der gesamte Kongress bestehe aus Radikalen, die den Schwarzen das Wahlrecht geben und die Früchte seiner Politik zunichtemachen wollten. Er verkannte die Kompromissbereitschaft des Kongresses, der alle radikalen Maßnahmen vermied, um mit dem Präsidenten zusammenarbeiten zu können. Als Johnson gegen beide Gesetzesvorlagen sein Veto einlegte, kam es zur ersten großen Kraftprobe zwischen ihm und dem Kongress. Selbst moderate Republikaner betrachteten es als Verrat, dass Johnson das Recht der Bundesregierung bestritt, Maßnahmen für den Schutz der Schwarzen zu treffen. Bedingt durch Johnsons kompromisslose Haltung arbeiteten radikale und moderate Republikaner in der Folgezeit zusammen, um sich der Politik des Präsidenten zu widersetzen, der die Schwarzen im Süden offensichtlich ihrem Schicksal und dem Gutdünken ihrer früheren Besitzer überlassen wollte.

Johnson war davon überzeugt, dass ein moralisch verantwortungsloser Kongress den Süden unterwerfen und alle vernünftigen Maßnahmen der Exekutive vereiteln wollte. Daher sprach er sich gegen den 14. Verfassungszusatz aus, der den Schwarzen Rechtsgleichheit zusicherte und sie zu Bürgern der Vereinigten Staaten erklärte. Um die Staaten zu ermuntern, Schwarzen die politischen Rechte zu geben, wurde durch diesen Zusatz außerdem festgelegt, dass ein Staat, der einem Teil seiner erwachsenen Bürger das Wahlrecht vorenthielt, entsprechend weniger Abgeordnete nach Washington entsenden durfte. Johnson betrachtete dieses *Amendment* als einen Ausdruck der Obstruktionspolitik des Kongresses. Ihm erschien es überflüssig und übereilt, den Schwarzen Bürgerrechte zu verleihen. Er konnte die Annahme des 14. Verfassungszusatzes im Kongress zwar nicht verhindern, aber er versuchte mit allen Mitteln, die Einzelstaaten von der Ratifizierung abzuhalten.

In der Wahlkampagne vom Herbst 1866 zeigte sich, dass die Kluft zwischen Präsident und Kongress unüberbrückbar geworden war. Selbst die Ausschreitungen in Memphis und New Orleans, bei denen viele Schwarze und Republikaner aus dem Norden ermordet wurden, konnten Johnson nicht davon überzeugen, dass die Bundesregierung sich für den Schutz der ehemaligen Sklaven einsetzen müsse. Vielmehr gab er dem radikalen Kongress die Schuld, der den Schwarzen unerfüllbare Hoffnungen gemacht und sie angestachelt habe. In seinen Reden versuchte Johnson in altbewährter Manier, sich durch persönliche Angriffe auf seine Gegner mit dem Volk zu verbünden. Was in Tennessee gewirkt hatte, trug ihm nun jedoch massive Kritik ein. Insbesondere seine Behauptung, der Kongress versuche durch verfassungswidrige Maßnahmen, «die Regierung zu zerstören», überzeugte die Republikaner davon, dass sie von nun an ihre Politik gegen den Widerstand des Präsidenten durchsetzen müssten. Die Voraussetzungen dafür schuf der Wahlsieg, der ihnen in beiden Häusern des Kongresses eine große Mehrheit verschaffte.

Der Streit um das Wahlrecht für Schwarze im District of Columbia im Januar 1867 war ein typisches Beispiel für die Verhärtung der Fronten: Der Kongress verabschiedete eine Gesetzesvorlage, Johnson legte sein Veto ein und begründete es damit, dass jedes Eingreifen in die Rechte der Staaten schon deshalb verfassungswidrig sei, weil immer noch zehn Südstaaten nicht zur Union zugelassen waren; daraufhin überstimmte der Kongress das Veto noch am gleichen Tag mit der notwendigen Zweidrittelmehrheit. Um den Präsidenten daran zu hindern, sein Recht auf Ämterbesetzung in einer Weise auszuüben, die die Politik des Kongresses zunichtemachte, wurde der umstrittene *Tenure of Office Act* verabschiedet, der die Entlassung aus vielen bedeutenden Regierungsämtern von der Zustimmung des Senats abhängig machte.

Ab Februar 1867 war das Verhältnis zwischen dem Präsidenten und dem Kongress völlig zerrüttet, und die Mehrheit der Abgeordneten verfolgte nun tatsächlich einen radikalen Kurs. Der Kongress verabschiedete mehrere *Reconstruction*-Gesetze, nach denen der Süden in fünf militärische Bezirke eingeteilt wurde, die je einem General aus dem Norden unterstanden, der notfalls das Kriegsrecht ausüben konnte. Die Wiederaufnahme der Südstaaten wurde davon abhängig gemacht, dass sie neue verfassunggebende Versammlungen einberiefen, die die *Black Codes* aufhoben, den 14. Verfassungszusatz ratifizierten und Schwarzen das Wahlrecht gaben.

Johnsons bisherige Politik wurde durch diese *Congressional Reconstruction* völlig rückgängig gemacht. Die Auffassung des Präsidenten, der Kongress verletze durch seine Einmischung in die Gesetzgebung der Südstaaten die Verfassung, wurde jedoch vom Supreme Court nicht bestätigt. Daraufhin versuchte Johnson mit Hilfe seiner exekutiven Vollmachten zu verhindern, dass die Gesetze in die Praxis umgesetzt werden konnten. Er gab den Befehlshabern der Militärbezirke Dienstanweisungen, die sie zu einer überaus engen Auslegung der Gesetze aufforderten, und setzte nach und nach Generäle ein, die ganz auf seiner Seite standen. Im Sommer 1867 glaubte Johnson sein Ziel, die Südstaaten vor den vermeintlich despotischen Auswüchsen des radikalen Kongresses zu bewahren, weitgehend erreicht zu haben.

Da die *Reconstruction* an einem starrsinnigen Präsidenten zu scheitern drohte, sahen immer mehr Kongressmitglieder die Amtsenthebung als den einzigen Ausweg aus der Misere. Seit Januar 1867 tagten daher Komitees, die nach Beweismaterial für eine Anklage wegen Amtsmissbrauchs suchten. Als Johnson dann eine überaus provokative Jahresbotschaft an den Kongress richtete, zwei weitere Generäle der Militärbezirke ihres Amtes enthob und gegen den Willen des Senats auch noch seinen Kriegsminister Edwin Stanton entließ, entschied das Repräsentantenhaus für ein *Impeachment*.

Obwohl Einigkeit darüber bestand, dass man den Präsidenten daran hindern müsse, die Maßnahmen des Kongresses zunichtezumachen, hatte Johnson im Frühjahr 1868 eine verhältnismäßig starke Position. Zum einen waren die Wahlen 1867 ungünstig für die radikalen Republikaner ausgefallen; zum anderen war Johnsons designierter Nachfolger Benjamin Wade, der Präsident des Senats, ein Radikaler, der auf Grund seines umstrittenen Einsatzes für eine inflationäre Politik viele Feinde hatte. Außerdem war es rein rechtlich fraglich, ob Stanton, der noch von Lincoln eingesetzt worden war, überhaupt unter die Bestimmungen des *Tenure of Office Act* fiel, dessen Verletzung den größten Teil der Anklage ausmachte. Vor allem aber zeigte sich Johnson während der Verhandlungen über seine Anklage im Senat zum ersten Mal kompromissbereit: In privaten Gesprächen sagte er zu, dass er die Politik des Kongresses nicht weiter behindern werde. Als es im Mai zur Abstimmung über das *Impeachment* im Senat kam, votierten daher sieben moderate Republikaner für Johnson, so dass die Zweidrittelmehrheit, die für eine Amtsenthebung des Präsidenten notwendig ist, um eine einzige Stimme verfehlt wurde.

Das Zögern des Kongresses, Johnson zu verurteilen, ist auch darauf zurückzuführen, dass diesem *Impeachment*-Verfahren große verfassungsgeschichtliche Bedeutung zukam. Da noch kein Präsident zuvor wegen eines Amtsvergehens angeklagt worden war, hatten die Senatoren 1868 über einen möglichen Präzedenzfall zu entscheiden. Der Freispruch Johnsons bedeutete, dass bei einem *Impeachment* überaus strenge rechtliche Maßstäbe angewendet werden mussten und dass es als Waffe im politischen Kampf praktisch ausschied. Danach wurde nie wieder der Versuch gemacht, einen Präsidenten wegen politischer Differenzen mit dem Kongress des Amtes zu entheben.

Johnson löste zwar seine Versprechen ein und versuchte nicht mehr, die Durchführung der *Reconstruction Acts* zu behindern. Fest davon überzeugt, immer verfassungskonform gehandelt zu haben, machte er jedoch weiterhin von seinem Vetorecht Gebrauch, um zumindest seine prinzipiellen Bedenken gegen bundesstaatliche Eingriffe in die Angelegenheiten der Einzelstaaten zu äußern. So sprach er sich auch gegen den vom Kongress zum Ende seiner

Amtszeit eingebrachten 15. Verfassungszusatz aus, der eine Aberkennung des Wahlrechts auf Grund von Rassenzugehörigkeit untersagte.

Außenpolitisch konnte Johnson durch das Geschick seines Außenministers William Seward hingegen einige Erfolge verzeichnen. So gelang es ihm, durch diplomatischen Druck den Abzug der französischen Truppen aus Mexiko zu beschleunigen und damit einen Beitrag zur Wiederherstellung der mexikanischen Unabhängigkeit zu leisten. Während der von Seward vorbereitete Kauf verschiedener Inseln in der Karibik vom Senat nicht genehmigt wurde, erwarben die Vereinigten Staaten 1868 das strategisch wichtige und rohstoffreiche Alaska für 7,2 Millionen Dollar von Russland.

Dennoch war Johnson vor allem auf seine *Reconstruction*-Politik stolz. Er hielt sich zugute, durch kompromisslosen Kampf gegen einen rachsüchtigen Kongress die *states' rights* geschützt und die Herrschaft der Weißen gesichert zu haben. Dass er auf diese Weise die Eingliederung der ehemaligen Sklaven in die amerikanische Gesellschaft behinderte, störte ihn offenbar wenig. Trotz seiner Beliebtheit im Süden gelang es ihm jedoch nicht, zur Wiederwahl nominiert zu werden. Seine politischen Aktivitäten gab der ehrgeizige Johnson, der die öffentliche Anerkennung und Rehabilitierung seiner Politik als überfällig empfand, dennoch nicht auf. Er stürzte sich gleich nach seiner Rückkehr nach Greeneville wieder in Wahlkämpfe und wurde nach einigen Niederlagen 1874 als Senator für Tennessee nominiert. 1875 konnte er somit wieder in die Kammer einziehen, die wenige Jahre vorher vergeblich versucht hatte, ihn des Amtes zu entheben. Bevor er an den Folgen eines Schlaganfalls am 31. Juli 1875 starb, kritisierte er in seiner letzten Rede die *Reconstruction*-Politik seines Nachfolgers Grant, der um den Schutz der Rechte der Schwarzen bemüht war, und forderte ihn dazu auf, endlich die Truppen abzuziehen und dem Süden seine Freiheit zurückzugeben.

Die historiographische Bewertung der Präsidentschaft Johnsons hängt vor allem davon ab, welche Einstellung Historiker zu den Rechten der schwarzen Bevölkerung haben. Zunächst standen Johnsons Fehlleistungen als Präsident im Mittelpunkt: Besonders zu Anfang des 20. Jahrhunderts wurde darauf hingewiesen, dass allein Johnsons mangelndes politisches Geschick dazu geführt hätte, dass der radikale Kongress dem wirtschaftlich darniederliegenden Süden zeitweise eine erniedrigende und ineffiziente Herrschaft von ehemaligen Sklaven und profitsüchtigen und korrupten weißen *carpetbaggers* aufzwingen konnte. Ende der 1920er Jahre wurde Johnson hingegen vielfach heroisch verklärt. Dabei rückten wirtschaftliche Fragen in den Vordergrund, und die Bemühungen der Radikalen um die Eingliederung der früheren Sklaven wurden als wirtschaftlich und politisch völlig fehlgeleitet angesehen. Johnson wurde dagegen als ein vorausschauender Politiker gepriesen, der sich auf faire Weise um die Integration der Südstaaten bemüht und einem verbohrten Kongress gegenüber die Prinzipien der Verfassung hochgehalten habe. Im Zuge der Bürgerrechtsbewegung nach dem Zweiten Weltkrieg kritisierten Historiker Johnsons Politik gegenüber den Schwarzen wieder sehr scharf und verurteilten ihn auf Grund seines Rassismus und seiner antiemanzipatorischen Haltung. Gegenwärtig bemüht sich die Geschichtsschreibung um eine ausgewogenere Einschätzung Johnsons, indem sie seine Schwächen auf seine soziale Herkunft und die im Süden vorherrschenden Werte und Normen zurückführt, deren Wirksamkeit er sich ebenso wenig entziehen konnte wie die meisten seiner Landsleute.

Obwohl der Kongress Johnsons *Reconstruction*-Politik zunichtemachte, legte Johnsons Präsidentschaft den Grundstein für das langfristige Scheitern der Maßnahmen des Kongresses. Das Ende der *Reconstruction* 1877 und die bis ins 21. Jahrhundert andauernde Diskriminierung der Schwarzen scheinen Johnson zu bestätigen, der das Ausmaß des Rassismus im Süden zweifellos realistischer einschätzte als die aus dem Norden stammenden Kongressabgeordneten. Andererseits trug Johnson maßgeblich dazu bei, eine spätere Eingliederung der Schwarzen zu verhindern: Nachdem die weiße Bevölkerung des Südens zwei Jahre lang mit seiner Unterstützung ihre traditionellen Vorstellungen von der Vorherrschaft der weißen Rasse hatte durchsetzen können, war jeder Schutz der Rechte der Schwarzen nur gegen den größten Widerstand und durch konsequenten Einsatz der Armee möglich. Die Chance, den nach dem Bürgerkrieg demoralisierten Süden durch politischen und militärischen Druck an eine gleichberechtigte Behandlung von Schwarzen zu gewöhnen, war durch Johnson vergeben worden. Paradoxerweise ist das wichtigste positive Ergebnis von Johnsons Präsidentschaft aus heutiger Sicht im 14. und 15. Verfassungszusatz zu sehen, die auf Grund seiner Kompromisslosigkeit vom Kongress erarbeitet und gegen seinen Willen durch die Staaten ratifiziert wurden.

Ulrike Skorsetz

ULYSSES S. GRANT
1869–1877

Präsident der Skandale

Ulysses S. Grant wurde am 27. April 1822 in Point Pleasant, Ohio, als Hiram Ulysses Grant geboren. Sein Vater, der Lederfabrikant und Geschäftsmann Jesse R. Grant, legte großen Wert auf eine gute Ausbildung für seine Kinder. Schon früh musste Grant bei der Farmarbeit helfen. Er entwickelte eine besondere Liebe zu Pferden, mit denen er auf Grund seines ruhigen Wesens gut umgehen konnte. Nachdem Ulysses mehrere Privatschulen besucht hatte, entschied sein Vater, dass er eine militärische Laufbahn einschlagen sollte. Dank der Fürsprache durch den Kongressabgeordneten Thomas L. Hamer wurde Grant an der Eliteschule der amerikanischen Armee, der Militärakademie in West Point, New York, angenommen. Grant fügte sich dem Wunsch des Vaters, ohne selbst eine besondere Begeisterung für das Militär zu empfinden.

Bei der Einschreibung wurde fälschlicherweise der Mädchenname seiner Mutter, Simpson, als zweiter Name eingetragen. Grant ließ es später nicht korrigieren und behielt den Namen Ulysses S. Grant bei. Während der vierjährigen Ausbildung tat sich Grant nicht sonderlich hervor. 1843 erhielt er das Offizierspatent und begann seinen Dienst im 4. US-Infanterie-Regiment. Den Krieg gegen Mexiko (1846–1848) hielt er für ungerecht, musste jedoch an ihm teilnehmen. Er wurde mehrmals befördert und brachte es bis Kriegsende zum Captain. Aus dieser Zeit stammen erste Bemerkungen von Kameraden über seinen übermäßigen Alkoholkonsum.

1848 heiratete er Julia Dent aus St. Louis, Missouri, die Schwester eines Kommilitonen von der Militärakademie. Sein Regiment wurde an verschiedene Standorte verlegt, zuletzt im September 1853 nach Kalifornien. Während dieser Zeit lebte Grant von seiner Frau und seinen inzwischen geborenen Kindern getrennt, da er aus finanziellen Gründen die Familie nicht nachkommen lassen konnte. Ohne eine ausfüllende Aufgabe und ohne den Halt der Familie ertränkte Grant die Langeweile und Unzufriedenheit in Alkohol. Eine ihm nachgesagte depressive Veranlagung mag ebenfalls zu seiner Trinkgewohnheit beigetragen haben. Nach mehrfachen Verwarnungen von Vorgesetzten reichte er im Sommer 1854 sein Entlassungsgesuch ein und kehrte zu seiner Familie nach St. Louis zurück, wo seine Frau eine kleine Farm besaß. Bis zum Bürgerkrieg versuchte er sich zunächst wenig erfolgreich in verschiedenen Geschäften. 1860 zog er mit seiner Familie nach Galena, Illinois, und trat dort in das Geschäft seines Vaters ein, das inzwischen von seinen zwei Brüdern geleitet wurde.

Obwohl die Familie seiner Frau selbst Sklaven besaß, hielt er es für seine Pflicht, bei Ausbruch des Sezessionskrieges auf der Seite der Unionstruppen für die Einheit des Landes und die Abschaffung der Sklaverei zu kämpfen. Als Oberst trat er in das 21. Freiwilligenregiment aus Illinois ein. Von Beginn an wies er auf den Unterschied zwischen einem Bürgerkrieg und einem Krieg gegen einen äußeren Feind hin. Im Bürgerkrieg sollte jede Operation von vornherein unter dem Gesichtspunkt ihrer möglichen Auswirkungen auf die später wiederherzustellende Einheit des Landes und des Volkes geplant und ausgeführt werden. Bald wurde er auf Grund seiner Erfolge zum Brigadegeneral befördert. Nachdem unter seinem Befehl die Unionstruppen die Konföderierten aus Kentucky verdrängt hatten, wurde Grant als Held gefeiert und von Lincoln zum Generalmajor befördert. Dass er weiterhin stark getrunken hat, steht fest, ob er aber Alkoholiker war, ist umstritten. Jedenfalls forderte ein Vorgesetzter trotz seiner militärischen Erfolge Grants Entlassung wegen angeblicher Trunksucht. Außerdem konsumierte er eine Unmenge Zigarren, was zu seinem persönlichen Markenzeichen wurde.

Lincoln wollte und konnte angesichts der angespannten militärischen Lage, in der sich die Union 1862 befand, auf einen erfolgreichen Offizier wie Grant nicht verzichten. Nach der Schlacht von Vicksburg im Juli 1863, die die Wende zugunsten der Unionstruppen einleitete, ernannte der Präsident ihn zum Oberbefehlshaber des Militärdepartments Mississippi. Grant zeichnete sich durch Logik, Berechnung und Beharrlichkeit bei der Durchführung militärischer Operationen aus, und seine Truppen zeigten eine überdurchschnittlich hohe Kampfmoral. In Anerkennung seiner militärischen Erfolge wurde Grant im Februar 1864 vom Kongress zum Generalleutnant befördert und einen Monat später von Lincoln zum Oberbefehlshaber der Unionsstreitkräfte ernannt. Nach Ende des Bürgerkrieges behielt Grant das Oberkommando über die Armee der Vereinigten Staaten. Der Kongress verlieh ihm 1866 den Titel eines Generals.

Der Krieg hatte Grant seinen Platz im Leben zugewiesen und ihm Ruhm und Anerkennung gebracht. Seine Popularität lenkte die Aufmerksamkeit der republikanischen Politiker auf ihn. Grants Bruch mit Präsident Johnson Anfang 1868, dem er vorwarf, die Einheit des Landes durch seine Südstaatenpolitik zu gefährden und durch den er sich persönlich für politische Zwecke missbraucht und ausgenutzt sah, machte ihn in den Augen der Republikaner zu einem überaus erfolgversprechenden Präsidentschaftskandidaten.

Während des Parteitages der Republikaner 1868 erschien er als ein geeigneter und auf jeden Fall aussichtsreicher Präsidentschaftskandidat. Auch wenn sich Grants politisches Interesse während des Krieges mehr und mehr entwickelt hatte und er in seiner Funktion als Kriegsminister unter Johnson durchaus Erfahrungen hatte sammeln können, warfen ihm Kritiker vor, weder über politischen Sachverstand noch über die notwendige Sensibilität für das höchste Amt im Staat zu verfügen.

Obwohl Grant nicht der Republikanischen Partei angehörte, nahm er die Nominierung zum Präsidentschaftskandidaten an. Er sah in der Präsidentschaft die Möglichkeit, den militärischen Sieg durch die Herstellung der politischen Einheit des Landes zu sichern und allen Bürgern der Vereinigten Staaten die gleichen Bürgerrechte zu garantieren.

In seiner Erklärung zur Annahme der Kandidatur erklärte Grant: «Wenn ich zum Präsidenten der Vereinigten Staaten erwählt werden sollte, wird es mein Bestreben sein, alle Gesetze in gutem Glauben und mit weiser Sparsamkeit auszuführen, um Frieden, Ruhe, und Sicherheit überall aufrechtzuerhalten ... Lasset uns Frieden haben!»

Mit einem Programm, das auf Rekonstruktion des Südens, Wahlrecht für befreite Sklaven und wirtschaftlichen Aufschwung für die Südstaaten durch eine gezielte Eisenbahn-, Zoll- und Finanzpolitik setzte, gewann Grant die Wahl im November 1868 mit 214 zu 80 Wahlmännerstimmen gegen den Demokraten Horatio Seymour. Mit der politischen Szene wenig vertraut, verließ sich Grant bei der Auswahl seiner Minister und Berater im Wesentlichen auf Personen, die er aus seiner Heimat oder seiner Militärzeit kannte. Von den insgesamt 26 Männern, die Grant während seiner Präsidentschaft zu Ministern ernannte, war Außenminister Hamilton Fish nicht nur einer der fähigsten, sondern auch derjenige mit dem größten Einfluss auf den Präsidenten.

Durch die Wahl Grants und die Besetzung der Regierungsämter verstärkte sich die Position der Radikalen Republikaner. Der Präsident vertrat bezüglich der Behandlung der Südstaaten weitgehend ihre Ansichten, die auf Herstellung und Sicherung der Bürgerrechte für die schwarze Bevölkerung abzielten. Die Fortsetzung der Rekonstruktion stellte innenpolitisch seine Hauptaufgabe dar. Er befürwortete den 15. Verfassungszusatz, der am 30. März 1870 in Kraft trat und der der männlichen schwarzen Bevölkerung das Wahlrecht garantierte.

Im Süden gewannen die konservativen Kräfte mehr und mehr die Oberhand. Sie schlossen die schwarze Bevölkerung weitestgehend von der politischen Betätigung aus und schränkten die neuen Rechte der ehemaligen Sklaven ein. Trotz angedrohter harter Strafen war die Grant-Administration nicht in der Lage, dem immer stärker in Erscheinung tretenden Ku-Klux-Klan entgegenzuwirken. Die konservative Entwicklung in den Südstaaten wurde von Grant zunehmend toleriert, die Rekonstruktion nicht mehr ernsthaft vorangetrieben. Auch während seiner zweiten Amtszeit wurden keine Maßnahmen ergriffen, um die sozialen und politischen Probleme zwischen den Rassen im Süden zu lösen oder die Differenzen zwischen Süd- und Nordstaatlern beizulegen. Vielmehr gab sich Grant damit zufrieden, dass eine gewisse Ruhe und Ordnung einzuziehen schien. Mit Georgia wurde im Juli 1870 der Letzte der ehemals der Konföderation angehörenden Staaten wieder in die Union aufgenommen, und 1872 erhielten mit dem *Amnesty Act*, von dem nur 500 Politiker ausgenommen waren, die Einwohner der Südstaaten formal ihre Bürgerrechte zurück.

Eine Folge des Bürgerkrieges waren die ungelösten Finanzprobleme, insbesondere die Frage nach Beibehaltung der *Greenbacks* oder deren Ablösung durch die Rückkehr zum Hartgeld als alleinigem Zahlungsmittel. Grant, der wenig wirtschafts- und finanzpolitische Kenntnisse besaß, sah sich konfrontiert mit den Forderungen der Farmer nach Beibehaltung des Papiergeldes zur leichteren Zurückzahlung von Krediten und den Wünschen der auf Hartgeld drängenden Industriellen des Ostens. Er veranlasste zunächst das Oberste Gericht, Papiergeld weiterhin als gesetzliches Zahlungsmittel zuzulassen. 1875 beschloss der Kongress die Wiederaufnahme von Münzzahlungen zum Abbau der Staatsschuld, so dass Papiergeld und Münzen nebeneinander existierten, was einen Kompromiss, aber keine Lösung des Problems darstellte, da der Umtauschkurs nicht festgeschrieben wurde. Auch bezüglich der Zollfragen enttäuschte Grant seine Wähler. Besonders die Farmer des Westens forderten die Senkung der während des Bürgerkriegs drastisch erhöhten Zölle. Vor den Wahlen war eine zehnprozentige Senkung angekündigt worden, die nach dem Wahlsieg vergessen schien.

Grant stand einem korrupten und überwiegend auf eigene Vorteile bedachten Beamtenapparat gegenüber. Zu Beginn seiner Amtszeit verfolgte er noch die Absicht, diesen zu reformieren und Kompetenz an die Stelle von Patronage zu setzen. Eine mit der Ausarbeitung von Reformvorschlägen beauftragte Kommission wurde nach vier Jahren ergebnisloser Arbeit aufgelöst, und die Berufung Zachary Chandlers, eines bekannten Verteidigers des Patronagesystems, zum Innenminister während der zweiten Amtszeit war ein Affront gegen die Reformer. Grant verzichtete in dieser Frage auf einen Kampf mit dem Kongress; nachdem er einige Freunde und Verwandte mit Stellen versorgt hatte, überließ er seinen Kabinettsmitgliedern und einflussreichen Senatoren die Aufgabe der Stellenbesetzung.

Ab 1870 mehrten sich die kritischen Stimmen gegen den Präsidenten. Schon bei den Kongresswahlen in diesem Jahr mussten die Republikaner große Verluste hinnehmen. Die Republikanische Partei polarisierte sich zunehmend an den Problemen Rekonstruktion, Beamtenreform und Zollfragen. Eine der oppositionellen Gruppierungen schloss sich in der Partei der Liberal-Republikaner unter wesentlichem Einfluss des Reformers Carl Schurz zusammen, einem der Führer der deutschen Revolution von 1848, der im Bürgerkrieg zum General aufgestiegen war. Sie stellten 1872 mit Horace Greeley einen eigenen Präsidentschaftskandidaten auf, der auch von den Demokraten im Wahlkampf unterstützt wurde.

Interne Meinungsverschiedenheiten und ein wenig überzeugendes Programm der Liberal-Republikaner begünstigten den zweiten Wahlsieg Grants. 1874 errangen die Demokraten jedoch zum ersten Mal seit dem Bürgerkrieg wieder die Mehrheit im Repräsentantenhaus. Das hatten sie wesentlich den ständigen Skandalen, die die zweite Amtszeit Grants prägten, zu verdanken.

Obwohl persönlich in keinen Skandal direkt verwickelt und der Korruption nicht beschuldigt, nahm die Kritik an seiner Person und seiner Regierung zu. Das Ausmaß dessen, was in der zweiten Hälfte von Grants Präsidentschaft an Korruptions- und Bestechungsfällen an die Öffentlichkeit drang, übertraf alles bis dahin Bekannte. Selbst Vizepräsident Henry Wilson musste sich im Zusammenhang mit einem Skandal beim Bau der Union-Pacific-Eisenbahn verantworten, bei dem große Mengen öffentlicher Gelder in private Taschen geflossen waren. Die heftigste Kritik rief jedoch die Vorlage des sogenannten Salary-Grab-Gesetzes im Frühjahr 1873 hervor, das die Verdoppelung des Jahresgehaltes des Präsidenten auf 50 000 Dollar und eine deutliche Anhebung der Bezüge der Kongressmitglieder und der Richter am Obersten Gerichtshof rückwirkend für die letzten zwei Jahre vorsah. Der Proteststurm erzwang jedoch die Rücknahme dieser Gesetzesvorlage, ausgenommen die Bestimmungen für den Präsidenten und die Obersten Richter.

Nachhaltigsten Einfluss auf die Lage in den Vereinigten Staaten hatte die «Panik von 1873». Ein halbes Jahr nach Beginn der zweiten Amtszeit Grants brach der Aktienmarkt zusammen. Banken mussten schließen, und die zaghaften Bemühungen des Finanzministeriums, durch Aktienkäufe einzugreifen, konnten ein Abrutschen der Wirtschaft in die Krise nicht verhindern. Misswirtschaft, Unterschlagungen und Großspekulationen beschleunigten die Talfahrt. Als Ausweg aus der Krise sahen die einen die verstärkte Ausgabe von Papiergeld durch die Regierung an, um die Geldzirkulation und dadurch den Konsum zu beleben und auf diesem Weg die Wirtschaft zu stimulieren. Dem stand die Auffassung gegenüber, dass allein die Rückkehr zu Gold als alleiniger Währungsgrundlage Stabilität sicherstellen und der Wirtschaft neuen Schwung verleihen würde. Grant konnte sich für keine der beiden Auffassungen entscheiden, die auch die Parteien und Interessengruppen spalteten. Nicht zuletzt aus Angst vor einer zunehmenden Militanz der Farmer und Arbeiter entschloss sich der Kongress im April 1874, den Notenumlauf um 64 Millionen Dollar zu erhöhen. Grant legte dagegen sein Veto ein. Die USA steckten in einer Wirtschaftskrise, die die nächsten fünf Jahre andauern sollte.

Einigen Erfolg hatte die Grant-Administration auf dem Gebiet der Außenpolitik zu verzeichnen, wenn auch manche Unternehmungen stark umstritten waren. Zu Beginn von Grants Amtszeit bestand ein gespanntes Verhältnis zwischen den Vereinigten Staaten und Großbritannien, das aus der Tatsache herrührte, dass Großbritannien während des Bürgerkrieges den Süden wirtschaftlich unterstützt hatte. Ein internationales Schiedsgericht verurteilte Großbritannien zur Zahlung von 15 Millionen Dollar. Außenminister Hamilton Fish erreichte in klug geführten Verhandlungen, dass Großbritannien letztlich das Urteil akzeptierte. Durch den Versuch irischer Fenier, von den USA aus Teile Kanadas zu besetzen und als Pfand im Kampf für die irische Unabhängigkeit zu benutzen, kam es zu diplomatischen Spannungen zwischen Washington und London. Als amerikanische Behörden auf Betreiben des Außenministers die Führer der Fenier bereits auf amerikanischem Boden verhaften ließen und dem Unternehmen dadurch ein schnelles Ende bereiteten, verbesserten sich die amerikanisch-britischen Beziehungen aber wieder.

Umstrittener war die Politik gegenüber Kuba und der Dominikanischen Republik. Während des kubanischen Aufstandes gegen die spanische Herrschaft wurde in den Vereinigten Staaten der Ruf nach einer militärischen Intervention auf der Karibikinsel laut. Forderungen nach einer Befreiung der Sklaven dienten häufig nur zum Vorwand, um eine Eroberung der Insel zu rechtfertigen. Das traf sogar auf den engen Freund Grants, Kriegsminister John A. Rawlins zu. Außenminister Fish und der Vorsitzende des Außenpolitischen Ausschusses des Senats, Senator Charles Sumner, verhinderten aber vorschnelle Maßnahmen gegen Spanien und konnten Grant nach dem Tod von Rawlins im September 1869 von der Richtigkeit ihrer Nichteinmischungspolitik überzeugen. Angeführt von Grants Privatsekretär Colonel Orville E. Babcock, verleiteten Freunde und Spekulanten den Präsidenten dazu, die Annexion der Dominikanischen Republik anzustreben. Der Außenminister unterstützte diese Bemühungen halbherzig, Sumner jedoch wandte sich im Senat gegen den Vertragsentwurf, der daraufhin verworfen wurde. Das bedeutete eine schwere Niederlage für Grant. Charles Sumner wurde als Vorsitzender des Auswärtigen Ausschusses abgesetzt, und in der Republikanischen Partei kam es zu einer weiteren Polarisierung zwischen den Fraktionen.

Trotz aller Kritik spielte Grant mit dem Gedanken, eine dritte Amtszeit anzustreben. Er ließ sich dabei auch von finanziellen Überlegungen leiten, denn am Ende seiner zweiten Amtszeit besaß er nur wenige tausend Dollar und hatte auch kein sicheres Einkommen für die Zeit nach der Präsidentschaft in Aussicht. Außerdem genossen er und seine Familie das Leben im Weißen Haus. Das Repräsentantenhaus sprach sich mit 234 zu 18 Stimmen jedoch eindeutig gegen den Versuch aus, die Tradition der zwei Amtszeiten aufzugeben. Die Abgeordneten sahen darin (zu Unrecht) eine Verletzung der politischen Ideen der Gründerväter.

So zog Grant nach dem Ende der zweiten Amtszeit schweren Herzens aus dem Weißen Haus aus und begab sich mit seiner Frau auf eine Weltreise. Wo immer die Grants ankamen, wurden sie mit großen Ehren empfangen. Auch nach seiner Rückkehr 1879 in die USA war seine Popularität ungebrochen.

Selbst die Skandale während seiner Amtszeit hatten seine Person nicht berührt oder schienen vergessen. Er war und blieb der Held aus dem Bürgerkrieg. Er kam sogar erneut für eine Präsidentschaftskandidatur ins Gespräch, doch die Republikaner gaben dem späteren Präsidenten James A. Garfield den Vorzug.

Grant zog sich nun endgültig aus der Politik zurück und erwarb dank der großzügigen Unterstützung von Freunden ein Haus in New York. Der Versuch, mit einer eigenen Maklerfirma, die er mit Hilfe eines 150 000 Dollar-Kredits des Industriellen William Vanderbilt gründete, seinen Lebensunterhalt zu bestreiten, endete zwei Jahre später im Bankrott. Mittellos und an Kehlkopfkrebs erkrankt, nahm Grant das Angebot Mark Twains an, seine Memoiren zu publizieren. Eine Woche nach Beendigung der Arbeit an seinen persönlichen Erinnerungen, am 23. Juli 1885, verstarb Grant in Mount McGregor, New York. Die Memoiren des General Grant wurden zu einem Bestseller und brachten der Familie mit 450 000 Dollar Tantiemen finanzielle Sicherheit.

Ungeachtet seiner militärischen Leistungen für die Einheit des Landes wird Grant durchweg zu den schwächsten Präsidenten in der Geschichte der USA gezählt. Er gilt als passiver Politiker, der vom Kongress eher Weisungen entgegennahm, als eigene Ideen zu verwirklichen. Nach dem Autoritätsverlust der Präsidentschaft während der Amtszeit Johnsons wäre es zur Lösung der anstehenden komplizierten Aufgaben notwendig gewesen, die Stellung der Exekutive zu stärken und die Führung der diversen Gruppierungen im Kongress zu übernehmen. Diese Aufgabe konnte Grant nicht erfüllen. Die Korruptionsfälle besonders während der zweiten Amtszeit lassen seine Regierung in einem dunklen Licht erscheinen. Die oft als verfehlt bezeichnete Südstaatenpolitik wird inzwischen zunehmend differenzierter betrachtet. Immerhin hielt Grant an dem Versuch, die Bürgerrechte der schwarzen Bevölkerung zu schützen, noch fest, als die meisten Republikaner bereits aufgegeben hatten. Welche politischen Maßnahmen er zur Durchsetzung der Bürgerrechte hätte veranlassen sollen, ist umstritten. Der Einsatz militärischer Mittel erscheint mehr als problematisch. Grant erkannte und akzeptierte zunehmend, dass der weiße Südstaatenrassismus, das Desinteresse im Norden und der konstitutionelle Konservatismus, verstärkt durch Wirtschaftskrise und politische Spaltung innerhalb der Republikanischen Partei gleiche Rechte für Schwarze im Süden unmöglich machten. Grant wird vorgeworfen, die Industriellen der Ostküste mit seiner Wirtschafts- und Finanzpolitik bevorzugt zu haben. Diese repräsentierten jedoch die jungen, aufsteigenden Industrien, die langfristig gesehen die Wirtschaft des Landes wesentlich bestimmen sollten. Dass er am

Ende seiner Amtszeit die Rückkehr zur auf Hartgeld basierenden Währung verkünden konnte, versprach eine positive Wirkung auf die wirtschaftliche Entwicklung.

Grant prägte die Geschichte der Vereinigten Staaten für mehr als eineinhalb Jahrzehnte wesentlich mit. Während seine Leistungen als Offizier in den Reihen der Unionsarmee und für den Erhalt der Einheit des Landes durchweg anerkannt sind, gewinnt man den Eindruck, dass Grant die Präsidentschaft als eine Art politischen Vorruhestand genoss. Verbunden mit politischer Naivität setzte ihn diese Haltung der Gefahr der Manipulation aus. Eine solche negative Beurteilung ist jedoch nicht zuletzt ein Resultat der Glorifizierung des Kriegshelden Grant und der daraus abgeleiteten hohen Erwartungen, die der Präsident Grant nicht erfüllen konnte.

Ulrike Skorsetz

RUTHERFORD B. HAYES
1877–1881

Das Ende der Rekonstruktion

Rutherford Birchard Hayes wurde am 4. Oktober 1822, drei Monate nach dem Tod seines Vaters, in Delaware, Ohio, geboren. Dank der finanziellen Unterstützung durch seinen Onkel erhielt er eine gründliche Schulbildung und legte 1842 das Examen am Kenyon College in Gambier, Ohio, ab. Nach einem Praktikum in einer Anwaltsfirma in Columbus, Ohio, absolvierte er 1845 sein Studium an der Harvard Law School. Vier Jahre sammelte er Erfahrungen in der Anwaltskanzlei seines Onkels, bevor er sich 1850 als selbständiger Anwalt in Cincinnati niederließ. 1852 heiratete er Lucy Waren Webb, eine gebildete und vielseitig interessierte Frau, die sich für soziale Reformen engagierte und die Sklaverei ablehnte. Sie beeinflusste Hayes, der stets ein Gegner der Sklaverei gewesen war, sich bis dahin aber kaum politisch betätigt hatte. Er wandte sich der jungen Republikanischen Partei zu, die 1856 den Demokraten die Macht streitig zu machen suchte und vier Jahre später mit Abraham Lincoln erstmals die Macht im Weißen Haus übernahm.

Während des Bürgerkrieges kämpfte Hayes als Major im 23. Ohio Freiwilligen Infanterie-Regiment und stieg bis zum Brigadegeneral auf. Im Krieg wuchs sein politisches Interesse. Dank der Unterstützung des einflussreichen Verlegers William Henry Smith gelang es Hayes 1864, in das Repräsentantenhaus der Union gewählt zu werden. Als Radikaler Republikaner setzte er sich für die Rekonstruktionspolitik in den Südstaaten ein. Obwohl ein Befürworter strikter politischer Kontrolle des Südens, lehnte Hayes ein zu hartes Vorgehen gegen die ehemals Konföderierten ab. Er stimmte dem 14. und 15. Verfassungszusatz zu, in denen die Bürgerrechte der Afroamerikaner festgeschrieben wurden, und unterstützte die Forderung nach einem *Impeachment*-Verfahren gegen Präsident Johnson. Hayes förderte den Aufbau der Ohio State University und bemühte sich, die Kongressbibliothek in Washington in eine öffentliche Institution umzuwandeln.

Von 1868 bis 1872 und von 1876 bis 1877 amtierte Hayes als Gouverneur von Ohio. In der dazwischenliegenden Zeit widmete er sich seiner Familie und privaten Geschäften. Hayes hatte vier Söhne und eine Tochter; drei weitere Kinder verstarben früh.

Als Gouverneur erwarb sich Hayes Anerkennung durch sein Eintreten für Reformen im staatlichen Verwaltungssystem. Um Wahlbetrug vorbeugen zu können, sprach er sich für die Registrierung aller Wahlberechtigten aus, suchte schärfere Sicherheitsvorkehrungen beim Bergbau durchzusetzen und empfahl die staatliche Regulierung des Eisenbahnwesens. Außerdem warb er für bessere Bedingungen in Gefängnissen und Nervenkliniken. Er galt als scharfsinniger Politiker, als couragierter und liberaler Administrator. Er unterstützte den Wahlkampf von Ulysses S. Grant, von dessen Präsidentschaft er später sehr enttäuscht war.

Als die Republikaner ihn Anfang 1875 baten, bei den nächsten Gouverneurswahlen wieder zu kandidieren und ihm zugleich die Nominierung als Präsidentschaftskandidat für 1876 in Aussicht stellten, stimmte er nur zögernd zu.

Obwohl er selbst seine Chancen für eine Nominierung eher gering einschätzte, erhielt er auf dem Nationalkonvent bereits im 7. Wahlgang die notwendige Stimmenmehrheit.

In seiner Erklärung zur Annahme der Präsidentschaftskandidatur nannte

Hayes als Hauptthemen seines Wahlkampfes die Notwendigkeit einer Verwaltungsreform mit dem Ziel der Abschaffung des sogenannten «Beute-Systems» (*spoils system*), die Etablierung respektabler und fähiger Regierungen in den Südstaaten, die Verbesserung des öffentlichen Schulsystems und die Lösung der nach wie vor bestehenden Auseinandersetzung um Papiergeld oder Hartgeldwährung. Gleichzeitig verkündete er für den Fall seiner Wahl zum Präsidenten der USA, nach vier Jahren Amtszeit keine Wiederwahl anzustreben. Davon versprach sich Hayes größere Freiheiten bei der Durchsetzung der Verwaltungsreform und eine weitgehende Unabhängigkeit vom Wohlwollen einflussreicher Parteimitglieder. Auf diese Weise konnte er zahlreiche liberale Republikaner, die sich seit 1872 abgespalten hatten, zur Rückkehr in die Partei gewinnen.

Der von den Demokraten nominierte Präsidentschaftskandidat Samuel Tilden konzentrierte seinen Wahlkampf auf die Themen Sparsamkeit, Hartgeld und Reformen. Als am Abend des 7. November 1876 die Stimmen ausgezählt wurden, schien es, als hätte Tilden mit einem Vorsprung von über 250 000 Stimmen und 184 zu 165 Wahlmännern den Ausgang für sich entschieden. Die Republikaner bestritten jedoch umgehend die Rechtmäßigkeit der Wahlergebnisse in South Carolina, Louisiana, Florida und Oregon und verlangten die Einsetzung einer Schiedskommission. Je fünf Mitglieder des Senates, des Repräsentantenhauses und des Obersten Gerichts wurden aufgefordert, die bislang in der amerikanischen Geschichte beispiellose Kommission zu bilden. Ihr gehörten 8 Republikaner und 7 Demokraten an, die ihren parteipolitischen Einstellungen entsprechend votierten. So erhielt Hayes mit einer Stimme Mehrheit die umstrittenen Wählerstimmen zugesprochen und wurde am 2. März mit der Mehrheit von einer Wahlmännerstimme zum Präsidenten der Vereinigten Staaten erklärt.

Die Inaugurationsfeiern standen noch ganz im Schatten dieser Wahlstreitigkeiten. Während seiner Amtszeit legten sich die Proteste gegen Hayes jedoch weitgehend, und sowohl der Präsident als auch seine Frau, die sich besonders in der Temperenzbewegung engagierte und auch aus dem Weißen Haus jeden Alkohol verbannte, wurden von der Mehrheit der Bevölkerung geachtet und respektiert.

Um den Demokraten entgegenzukommen, befürwortete Hayes den Rückzug der letzten noch in Louisiana und South Carolina stationierten Unionstruppen. Am 24. April 1877 verließ der letzte Unionssoldat ehemalig konföderiertes Gebiet.

Bedingt durch den lange ungeklärten Wahlausgang, hatte Hayes bei Amtsantritt seine Kabinettsliste noch nicht komplett. Obwohl er angekündigt hatte, bei der Besetzung von Ämtern keine parteipolitischen Rücksichten zu nehmen, bedachte er Freunde und Wahlkampfhelfer, ließ sich jedoch wenig von den Mächtigen innerhalb der Republikanischen Partei beeinflussen. Während seiner gesamten Amtszeit kämpfte er gegen wiederholte Versuche des Kongresses, ihm Nominierungen aufzuzwingen. Vorschläge für Stellenbesetzungen diskutierte er mit Senatoren und Abgeordneten, aber die Entscheidung behielt er sich selbst vor.

Den größten Einfluss auf den Präsidenten hatten Finanzminister John Sherman, Außenminister William H. Evarts und Innenminister Carl Schurz. Mit David McKendree Key aus Tennessee als Postminister erhielt erstmals ein früherer Konföderierter einen Kabinettsposten.

In seiner Inaugurationsrede vertrat Hayes in der Finanzpolitik die Ansicht, dass Papiergeld dann akzeptabel sei, wenn sein Wert auf einer Münzbasis beruhe und es jederzeit frei konvertierbar sein könne. Mit Blick auf die angestrebte Verwaltungsreform erklärte der Präsident, wieder zu den Prinzipien und Praktiken der Gründerväter zurückzukehren und betonte, der Kongress habe kein Recht, Stellenbesetzungen vorzuschreiben. Hayes versprach die Unterstützung der Regierung bei der Verbesserung des allgemeinen Schulsystems, dem Süden stellte er die Durchsetzung der Bürgerrechte für jene, die ihre Freiheit erhalten hatten, in Aussicht.

Da der Beginn der Amtszeit des neuen Präsidenten in eine wirtschaftliche Rezession fiel, sah Hayes die Lösung der Finanzprobleme als vordringliche Aufgabe an. Während er Gold als einzigen Wertstandard anerkannte, verabschiedeten Repräsentantenhaus und Senat einen Gesetzentwurf, nach dem in begrenztem Maße auch Silber als Münzwert zugelassen wurde. Dieses Gesetz (*Bland Allison-Act*), das einen Kompromiss zwischen «harter» Währung und Papiergeld darstellte, wurde Anfang 1878 gegen das Veto des Präsidenten angenommen. Es sollte das einzige Mal bleiben, dass ein Veto von Hayes (insgesamt legte er 13 Vetos gegen Vorlagen des Kongresses ein) vom Kongress überstimmt wurde. Besonders energisch erhob Hayes Einspruch gegen alle Versuche, die Errungenschaften des 14. und 15. Verfassungszusatzes für die schwarze Bevölkerung zu beschneiden.

Entsprechend seiner Ankündigung bemühte sich Hayes von Anfang an um eine Verwaltungsreform, und Innenminister Schurz schien der geeignete Mann dafür zu sein. Als Exempel für seine Absicht, «Beute-System» und Vetternwirtschaft zu beenden, wählte Hayes die Zollbehörde des New Yorker Hafens, wo die überwiegende Mehrheit der über tausend Beschäftigten ihren Arbeitsplatz dem Patronat von Senator Roscoe Conkling, dem Kopf der mächtigen New Yorker Parteimaschinerie, verdankten. Gegen den Widerstand des

Senators gelang es Hayes, reformfreudige und integre Männer an die Spitze dieser wichtigen Behörde zu setzen. Höhere Effizienz und moderneres, fachkundiges Management waren das Ergebnis – ein Beweis für die Notwendigkeit und den Nutzen der angestrebten Reformen und ein persönlicher Sieg für Hayes.

Seine Hoffnung, dass frühere Whigs und ein Teil der Demokraten in den Südstaaten sich nach Abzug der Unionstruppen den Republikanern anschließen oder sich ihnen gegenüber zumindest loyal verhalten würden, erfüllte sich allerdings nicht. Auch die Besetzung zahlreicher Bundesämter im Süden mit Demokraten konnte die politischen Spannungen nicht lösen. Im September 1877 reiste Hayes selbst mit einer großen Regierungsdelegation durch mehrere Südstaaten, um für seine Politik zu werben. Die Rückkehr konservativer Demokraten in fast alle einflussreichen Positionen konnte er jedoch nicht verhindern. Die Repressalien gegen die schwarze Bevölkerung im Süden nahmen zu. Nach den Kongresswahlen von 1878 gehörten nur noch vier der insgesamt 63 Südstaatler im Repräsentantenhaus der Republikanischen Partei an, und die Demokraten errangen erstmals seit dem Bürgerkrieg wieder die Mehrheit im Senat. Hayes' Südstaatenpolitik und seine liberale, auf Versöhnung angelegte Haltung geriet zunehmend unter Kritik der eigenen Partei. Man legte ihm die Schwächung der Partei im Süden zur Last und machte ihn verantwortlich für den Verlust der Bürgerrechte, die den Afroamerikanern nach dem Krieg gewährt worden waren. Trotz einer allmählichen wirtschaftlichen Erholung des Südens war die Migration eines beträchtlichen Teils der afroamerikanischen Bevölkerung in den Norden die Folge des zunehmenden sozialen und politischen Drucks. Ein wirklicher Ausgleich zwischen den ehemaligen Unions- und Konföderationsstaaten kam nicht zustande.

Kurze Zeit nach seinem Amtsantritt wurde Hayes mit einem ausgedehnten Streik der Eisenbahnarbeiter konfrontiert. Bedingt durch die Rezession verzeichneten die Eisenbahngesellschaften steigende Verluste. Lohnkürzungen lösten den Streik aus, der von Baltimore, Maryland, schnell auf 14 Staaten übergriff. Neun Gouverneure wandten sich mit der Bitte um Hilfe an den Präsidenten. Nachdem es zu gewaltsamen Zusammenstößen gekommen war, entschloss sich Hayes, Bundestruppen nach West Virginia, Maryland, Pennsylvania und Illinois zu entsenden. Zum ersten Mal wurde die Unionsarmee gegen streikende Arbeiter eingesetzt. Da Hayes sich weigerte, Streikbrecher zu unterstützen, konnte größeres Blutvergießen verhindert werden, und nach wenigen Wochen war die Ruhe wiederhergestellt.

Außenpolitisch wurde Hayes vor keine Herausforderungen gestellt. Grenzstreitigkeiten im Süden, die im Zusammenhang mit revolutionären Unruhen in Mexiko standen, konnten friedlich beigelegt werden. Das Vorhaben Frankreichs, einen Kanal quer durch Mittelamerika zu bauen, sorgte in den Vereinigten Staaten vorübergehend für viel Aufregung, die sich jedoch rasch wieder legte, als der Plan aufgegeben wurde.

In den Großstädten der Westküste verschärften sich die Konflikte zwischen der weißen Bevölkerungsmehrheit und den in großer Zahl einwandernden Chinesen, denen im Vertrag von Burlingame (1868) die unbeschränkte Zuwanderung eingeräumt worden war. Die für Niedriglöhne arbeitenden Chinesen erschienen als bedrohliche Konkurrenten, und ein von rassischen Vorurteilen durchdrungener Kongress verabschiedete ein Gesetz zur Einwanderungsbeschränkung. Dagegen legte Hayes sein Veto ein. Um dem anhaltenden Druck aus dem Kongress entgegenzukommen, trat er in Verhandlungen mit der chinesischen Regierung ein. Diese führten zum Abschluss eines günstigen Handelsvertrages und zu einer «freiwilligen» Selbstbeschränkung Chinas, das die Verantwortung für die Kontrolle der Wanderungsbewegung übernehmen musste.

Wie angekündigt, suchte Hayes keine zweite Amtszeit. Er unterstützte die Kandidatur Garfields, von dem er sagte: «Er ist der ideale Kandidat, da er der ideale *self-made man* ist.» Nach dem Ende seiner Präsidentschaft zog Hayes mit seiner Frau zurück nach Spiegel Grove in Fremont, Ohio, wo sie ihren Lebensabend verbrachten. Er engagierte sich bis zu seinem Tod am 17. Januar 1893 in Wohlfahrtsgesellschaften.

In der Geschichte der USA steht Hayes für die Beendigung der Rekonstruktion, ohne einen wahren politischen und sozialen Ausgleich zwischen den Nord- und den Südstaaten hergestellt zu haben. Sein Zeitgenosse und Freund Harry Williams schrieb über ihn, er sei «...eine kuriose Mischung aus Idealismus und praktischem Wesen». Nach den Turbulenzen des Bürgerkrieges, der politischen Krise unter Johnson und den Skandalen während der Amtszeit Grants zog unter Hayes im Lande eine gewisse Ruhe ein. Gefördert durch die Finanzpolitik von Hayes, kündigte sich nach fünf Jahren Rezession eine wirtschaftliche Erholung an. Gegen ein von Beginn seiner Amtszeit an demokratisch kontrolliertes Repräsentantenhaus und einen in der zweiten Hälfte auch demokratisch regierten Senat stärkte Hayes bewusst die Stellung des Präsidenten im Regierungssystem. Er sah es als persönlichen Erfolg an, feststellen zu können: «Kein Mitglied eines der beiden Häuser versucht nunmehr Ämterbesetzungen zu diktieren. Ich habe mit der Auswahl eines Kabinettes entgegen ihren Wünschen begonnen.» Damit legte er den Grundstein für weiterreichende Reformen in Regierung und Verwaltung.

Mark Twain war der Meinung, dass Hayes' ruhige und unauffällige, aber wahre Größe mit der Zeit und dem notwendigen Abstand Anerkennung in der Geschichte finden würde. Heute nimmt Hayes in der Bewertungsskala der Präsidenten einen mittleren Platz ein. Seine politische Leistung lag in der Fähigkeit, alte Werte mit neuen Ideen zu verbinden und die Öffentlichkeit dafür zu sensibilisieren.

Ulrike Skorsetz

JAMES A. GARFIELD
1881

Der verhinderte Reformer

James Garfield, geboren am 19. November 1831 in der Nähe von Cleveland, Ohio, war der Präsident mit der zweitkürzesten Amtszeit in der Geschichte der USA. Trotzdem verdient er nicht nur wegen des auf ihn verübten Attentats Beachtung. Garfield verkörpert in hohem Maße das amerikanische Ideal des *self-made man*. Der Waisenjunge durchlebte eine entbehrungsreiche Kindheit, genoss eine christlich geprägte kurze Schulausbildung und arbeitete schon früh auf einer Farm und als Bootsjunge. Als begabter und interessierter Jugendlicher gelang ihm der Eintritt ins Western Eclectic Institute (später Hiram College). Anschließend studierte er am Williams College in Neuengland. Bereits mit 26 Jahren wurde er Präsident des Eclectic Institute, an dem er 1856 eine Professur für alte Sprachen und Literatur angenommen hatte. Garfield war zeit seines Lebens ein sehr gläubiger Mensch. Er trat öffentlich gegen die darwinsche Evolutionstheorie auf und hielt Reden über den Zusammenhang von Geographie und Religion.

Schon früh zog es ihn in die Politik. Im Frühjahr 1859 wurde Garfield in den Senat von Ohio gewählt. Als hervorragender Redner und ausgesprochener Gegner der Sklaverei übernahm er schnell die Führung der Republikaner. Im Bürgerkrieg wurde er mit der Aufstellung des 42. Ohio-Freiwilligenregimentes betraut, dessen Kommando er übernahm. 1862 wurde er in das Repräsentantenhaus in Washington gewählt, wo er sich für die militärische Besetzung des Südens, für das Wahlrecht für die schwarze Bevölkerung und für eine restriktive Finanzpolitik aussprach. Entschieden wandte er sich gegen Patronats- und Vetternwirtschaft.

Ab 1877 vertrat Garfield als Senator den Bundesstaat Ohio. Drei Jahre später nahm er am Nationalkonvent der Republikaner teil. Er unterstützte die Nominierung John Shermans zum Präsidentschaftskandidaten, während die *Stalwarts* an einer dritten Amtszeit für Grant festhielten und die *Half-Breeds* James Blaine als Kandidaten vorschlugen. Die Spaltung zwischen den Fraktionen war so tief, dass kein Kandidat die erforderliche Mehrheit erhielt. Unvermittelt fand sich Garfield selbst auf der Nominierungsliste, und 36 Wahlgänge später war er Präsidentschaftskandidat. Als erbitterter Gegner des Südens erklärte Garfield auf dem Parteitag, es stehe «für immer und ewig» fest, dass im Bürgerkrieg der Norden im Recht und der Süden im Unrecht gewesen sei. Zugleich sprach er sich für den Ausbau der Verwaltungsreform aus. Politische Unterstützung erfuhr Garfield von Präsident Hayes, der ihn auch nach seiner Amtsübernahme weiter beriet. Garfield sah eine seiner wichtigsten Aufgaben darin, die Republikaner zu einer geschlossenen Partei im Wahlkampf gegen die Demokraten zusammenzuführen. Um diesen Prozess zu unterstützen, war mit Chester A. Arthur ein Mann als Vizepräsidentschaftskandidat nominiert worden, der den Vorstellungen der *Stalwarts* entsprach. Außerdem unternahm Garfield während des Wahlkampfes eine *Good Will*-Reise nach New York, um sich die Unterstützung der mächtigen New Yorker Parteimaschinerie zu sichern.

Garfield gewann die Präsidentschaftswahl im November 1880 mit 214 zu 155 Wahlmännerstimmen gegen den Demokraten Winfield Scott, wobei sein Vorsprung bei der Volkswahl allerdings nur 7368 Stimmen betrug. Während die Sitzverteilung im Senat ausgeglichen war, erreichten die Republikaner im Repräsentantenhaus die absolute Mehrheit.

Die Auswahl seiner Minister versuchte Garfield unabhängig von den verschiedenen Interessengruppen innerhalb der Partei vorzunehmen. Mit der Nominierung James G. Blaines zum Außenminister und seiner Weigerung, einen ähnlich bedeutenden Posten mit einem Mann aus dem Lager des einflussreichen New Yorker Senators Roscoe Conklings zu besetzen, brachte Garfield die machtgewohnte New Yorker Fraktion gegen sich auf. Der Kampf um die Unabhängigkeit des Präsidenten bei der Besetzung von Regierungsämtern erhielt durch die Ernennung von William H. Robertson zum Obersten Zollbeamten des New Yorker Hafens neue Nahrung. Aus Protest gaben Conkling und Thomas Platt, ebenfalls Senator für den Staat New York, ihre Sitze im Kongress auf. Der Sieg Garfields über das Patronagesystem stärkte die unabhängige Stellung des Präsidenten. Allerdings erschwerten und überschatteten die innerparteilichen Machtkämpfe seine Bemühungen um Veränderungen im Verwaltungs- und Finanzsystem sowie in allen wesentlichen politischen Fragen. Der neue Postminister Thomas James versuchte den Missbrauch des Postdienstes aufzudecken, Finanzminister William Windom leitete Maßnahmen zum Abbau der Staatsschuld durch Ausgabe von Regierungsschuldscheinen ein, und Flottenminister William Hunt strebte die Reorganisation der Marine an. Garfield selbst bemühte sich um die Verbesserung der Bildungsmöglichkeiten für die schwarze Bevölkerung. Mit Hilfe des Bundes suchte er die wirtschaftliche und politische Benachteiligung zu lindern und über diesen Weg zu einem Ausgleich zwischen Nord und Süd beizutragen.

Keine dieser Initiativen konnte von Präsident Garfield zu Ende geführt werden. Am 2. Juli 1881 wurde Garfield, der sich zusammen mit dem Außenminister und zweien seiner Söhne auf dem Washington-Pennsylvania-Bahnhof befand, von Charles J. Guiteau angeschossen. Guiteau begründete seine Tat mit den Worten: «Ich bin ein Stalwart und jetzt ist Arthur Präsident.» Der Präsident erlag am 19. September 1881 den Folgen der Schussverletzung.

Seine Frau, Lucretia Randolph, die er von Kindheit an kannte und die er 1858 geheiratet hatte, pflegte ihn bis zu seinem Tode. Er hinterließ fünf Kinder, zwei weitere waren als Kleinkinder verstorben. Zwei seiner Söhne sollten später höhere Regierungsämter unter den Präsidenten Theodore Roosevelt und Woodrow Wilson bekleiden. Es ist schwer zu sagen, wie sich Garfields Präsidentschaft entwickelt hätte, wäre er nicht schon wenige Monate nach seiner Inauguration ermordet worden. Lincolns Privatsekretär John Hay war der Meinung, dass Garfield das Amt besser vorbereitet und mit größerer intellektueller Begabung angetreten habe als jeder andere Präsident seit mehr als einem halben Jahrhundert vor ihm.

Grundsätzlich ähnliche politische Ziele verfolgend wie Hayes, stärkte Garfield die Stellung des Präsidenten, war aber gleichzeitig um ein konstruktives Verhältnis zwischen Legislative und Exekutive bemüht.

Raimund Lammersdorf

CHESTER A. ARTHUR
1881–1885

Der Sumpf von Patronage und Korruption

Das Präsidentenamt bildet nicht zwangsläufig den Mittelpunkt und die Kraftquelle des amerikanischen Regierungssystems. Dies wird besonders deutlich bei den Präsidenten des *Gilded Age,* dem nur äußerlich glänzenden, «vergoldeten Zeitalter» der Vereinigten Staaten, das sich etwa von 1870 bis zur Jahrhundertwende erstreckt. In dieser Phase rapider gesellschaftlicher Entwicklungen war die Bundesregierung weitgehend einem von regional orientierten Parteien beherrschten politischen System unterworfen. Die Präsidenten wurden eher von den herrschenden Umständen und den politischen Konstellationen bewegt, als dass sie selbst etwas bewegen konnten. Die wichtigsten politischen Entscheidungen wurden auf lokaler Ebene getroffen, der Präsident und der Kongress waren vergleichsweise wenig aktiv.

Nachdem die direkten Folgen des Bürgerkrieges weitgehend überwunden waren, erlebte das Land massive wirtschaftliche, soziale und demographische Veränderungen. Die Erschließung des Westens wurde mit großer Energie fortgesetzt und vollendet. Durch die Bewirtschaftung der Prärie konnte die Weizenproduktion um ein Vielfaches gesteigert werden. Riesige kostenlose Weideflächen, besonders in Texas, ermöglichten die Großproduktion von Rindfleisch, das nicht nur für den amerikanischen Markt geliefert, sondern in großem Umfang auch nach Europa exportiert wurde. In den Gebirgen des Westens wurden nahezu unerschöpfliche Vorkommen an Mineralien erschlossen und ausgebeutet. Ermöglicht und gefördert wurde diese Erschließung des Westens durch die Eisenbahn. 1885, nur 16 Jahre nach Fertigstellung der ersten transkontinentalen Strecke, erreichten ingesamt 140 000 Meilen Eisenbahngeleise fast jeden Winkel des Landes. Der Westen war damit in kürzester Zeit zum gigantischen Arsenal für die expandierende Industriegesellschaft des Nordostens geworden. Dort hatte die Neuentwicklung der Stahlproduktion den notwendigen Innovationsschub für die zweite Industrialisierungswelle gegeben. Zahlreiche Erfindungen und technologische Fortentwicklungen ermöglichten eine effektive und kostengünstige Massenproduktion. Die Folge war ein wirtschaftlicher Boom, der die Vereinigten Staaten bis zur Jahrhundertwende zur stärksten Wirtschaftsmacht der Welt machte.

Das *Gilded Age* war das Zeitalter der großen Industriemagnaten wie John D. Rockefeller, Andrew Carnegie und John Pierpont Morgan. Ihnen gelang es, durch vertikale Integration und Optimierung des Produktionsvorgangs sowie durch geschicktes, oft rücksichtsloses Ausschalten jeglicher Konkurrenz ganze Industriezweige zu beherrschen. Trusts wie *Standard Oil* oder *United Steel* hatten Marktanteile von bis zu 80 Prozent und übten einen erheblichen Einfluss auf die gesamtwirtschaftliche Entwicklung aus. Eine weitere wesentliche Voraussetzung für den Wandel Amerikas zur Industriegesellschaft war die Masseneinwanderung aus Europa. Während der siebziger Jahre wanderten ca. 2,2 Millionen Menschen in die Vereinigten Staaten ein, im darauffolgenden Jahrzehnt sogar mehr als 5 Millionen. Diese Neuankömmlinge machten schließlich ein Drittel der Gesamtbevölkerung von 55 Millionen aus. Die meisten von ihnen siedelten sich in den Städten des Ostens und des mittleren Westens an, die sich auch auf Grund von Landflucht explosionsartig vergrößerten. 1885 lebte ein Drittel der Bevölkerung in Städten, die wesentlich von Einwanderern geprägt wurden. Allein in New York waren 80 Prozent der Bewohner nicht in Amerika geboren.

Diese Umwälzungen stellten die amerikanische Gesellschaft vor ungeahnte Probleme. Preisstürze beim Weizen als Folge der Einbindung des Agrarsektors in weltwirtschaftliche Strukturen und von Überproduktion führten auf dem Land zur Verarmung kleinerer Farmer. In der Industrie mussten Arbeiter in Tausenden oft sehr gewalttätigen Streiks um ihre Rechte kämpfen. Die Monopolisierung der Industrie trieb viele kleine und mittlere Unternehmen in die Pleite. Der größte Teil der Neueinwanderer lebte unter unbeschreiblich elenden sozialen und sanitären Bedingungen in neuentstandenen Ghettos. Ihre Eingliederung in die amerikanische Gesellschaft wurde behindert durch mangelnde Schulausbildung und fremdenfeindliche Vorurteile und Diskriminierung. Zusätzlich geriet das Land von 1893 bis 1897 in die bis dahin tiefste Wirtschaftskrise seiner Geschichte, die nur noch von der Großen Depression in den dreißiger Jahren des 20. Jahrhunderts übertroffen wurde.

Das traditionelle amerikanische politische System, in dem stets mehr Wert auf den Erhalt des freien Spiels der Kräfte als auf die Entwicklung starker zentraler Regulationsmechanismen gelegt wurde, schien den neuen Problemen nicht gewachsen zu sein. Es entstand ein politisches Vakuum, das bald auf lokaler Ebene von einer neuen Politikergruppe gefüllt wurde, die das politische System entscheidend veränderte. Es waren nicht mehr die örtlichen Honoratioren, die zu Entscheidungsträgern gewählt wurden, sondern kleine Stadtteilfürsten aus den Ghettos der Einwanderer, die oft selbst Immigranten erster oder zweiter Generation waren. Sie machten sich zu den Anwälten der kleinen Leute, der sozial gefährdeten, politisch ignorierten und diskriminierten Neuankömmlinge, deren Loyalität sie sich durch paternalistische Fürsorgemaßnahmen wie die Vermittlung von Arbeit oder Wohnungen sicherten. In den meisten Großstädten entwickelten sich daraus die sogenannten «politischen Maschinen», Netzwerke von Patronage und Ämtervergabe, die in ihren Auswüchsen nicht selten zu Korruption und Veruntreuung von Gemeindegeldern führten.

Diese neue politische (Un-)Kultur prägte bald die Parteien in den Einzelstaaten und auf Bundesebene. Ein politisches Amt war nicht länger Dienst an der Gemeinschaft, sondern wurde vor allem angestrebt, um an die Fleischtöpfe der Macht zu kommen. Der Kampf um Mehrheiten verkam zum Kampf um Geld, der politische Inhalte nebensächlich werden ließ. Der Weg in die Einzelstaats- wie Bundespolitik führte nur über die lokalen politischen Maschinen und die aktive Teilnahme an der allgemeinen Korruption. Dies galt für viele Kabinettsmitglieder, Staatsbeamte, Abgeordnete, Senatoren und selbst für den Präsidenten.

Statt starker Persönlichkeiten brachte das Parteiensystem des *Gilded Age* zumeist schwache Politiker in das höchste Wahlamt, die nicht die Führer ihrer Partei waren, sondern von ihr abhingen. Da die Parteien in regionale Fraktionen mit unterschiedlichen politischen Programmen aufgespalten waren, einigten sie sich für die Präsidentschaftswahlen jeweils auf schwache Kompromisskandidaten. Die Präsidenten blieben deshalb in den Machtstrukturen ihrer Parteien und deren politischen Maschinerien gefangen. Wegen dieser Abhängigkeiten, der traditionellen Vorstellungen von der beschränkten Macht des Präsidentenamtes, aber auch wegen des Mangels an außenpolitischen oder militärischen Ausnahmesituationen, in denen präsidentielles Eingreifen erforderlich gewesen wäre, waren die Präsidenten des *Gilded Age* zumeist nicht viel mehr als die obersten Verwaltungsbeamten der Republik. Bemerkenswert sind daher vor allem ihre vereinzelten Versuche, dennoch gestaltend in das politische Geschehen einzugreifen und dem Amt größeres Gewicht im amerikanischen Regierungssystem zu geben.

Als Paradebeispiel für einen Parteipolitiker des *Gilded Age* kann Chester A. Arthur gelten. Er wurde am 5. Oktober 1830 in Fairfield, Vermont, als Sohn eines Baptistenpredigers geboren und wuchs in verschiedenen Gemeinden Vermonts und New Yorks auf. Arthur schloss das Union College mit Auszeichnung ab, wurde Lehrer, brachte es bis zum Schuldirektor, wurde dann aber Rechtsanwalt. 1859 heiratete er Ellen Lewis Herndon, die Tochter eines Marineoffiziers. In New York City, wo er eine gutgehende Praxis führte, schloss er sich unmittelbar nach ihrer Gründung der Republikanischen Partei an. Dies war der Beginn einer erfolgreichen politischen Karriere. Arthur wurde zum Protegé des mächtigen New Yorker Parteivorsitzenden Thurlow Weed und des Gouverneurs Edwin D. Morgan und machte sich unentbehrlich als Organisator innerhalb der New Yorker Politik. 1861, zu Beginn des Bürgerkrieges, bewies er großes Talent bei der Ausrüstung von Kampftruppen, so dass er bald zum Generalquartiermeister des Staates New York ernannt wurde. Er war bis dahin außergewöhnlich ehrlich und effektiv, verlor aber nach der Wahlniederlage Morgans 1862 sein Amt. Schnell arbeitete er sich in den Rängen der Republikanischen Partei weiter nach oben und wurde führender Mitarbeiter des mächtigen Parteiführers Roscoe Conkling.

Seine Loyalität gegenüber Vorgesetzten wurde 1871 reichlich belohnt, als Präsident Grant ihn zum Leiter der New Yorker Zollbehörde ernannte, eines der begehrtesten Patronageämter in den Vereinigten Staaten, da es die Kontrolle über jährlich bis zu 840 Millionen Dollar Zollgebühren und 1000 Jobs mit sich brachte. Durch Unterschlagung von Zolleinnahmen, Bestechungsgelder und den Verkauf von Ämtern konnte sich Arthur einen luxuriösen Lebensstil leisten und zugleich seinen politischen Einfluss weiter ausbauen.

Arthur hatte nicht lange Freude an seinem Amt. Die allgegenwärtige Korruption und Unfähigkeit im öffentlichen Dienst provozierte eine starke Reformbewegung, die für eine bessere Kontrolle der Ämter eintrat und die Einführung von Eignungsprüfungen für Dienstanwärter forderte. Als abschreckendes Beispiel für den Verfall des öffentlichen Dienstes wurden gerade die Leitung des New Yorker Zollhauses und die dahinterstehenden Parteibosse an den Pranger gestellt. Dem republikanischen Präsidenten Hayes gelang es 1878, Arthur und seine Mitarbeiter aus dem Amt zu verdrängen. Die folgenden Präsidentschaftswahlen zeigten allerdings, dass der Zollhausskandal Arthur politisch nicht geschadet hatte. Als Vizepräsident des siegreichen republikanischen Kandidaten Garfield schaffte er 1880 den Sprung in die Bundesregierung.

Nur wenige Monate nach seinem Amtsantritt wurde Garfield Opfer eines Mordanschlags durch einen enttäuschten Parteigänger, der auf einen Posten in der neuen Administration gehofft hatte. Doch der Attentäter erreichte mit seiner Tat, für die er rasch zum Tode verurteilt und hingerichtet wurde, lediglich eine Intensivierung der Reformbewegung. Während Garfield noch drei Monate lang schwer an seiner Schusswunde litt, bis er schließlich am 19. September 1881 verstarb, wurde der Ruf nach einer Neuordnung des Civil Service immer lauter, insbesondere in der Erwartung eines neuen Präsidenten, der all das versinnbildlichte, was die Reformer bekämpften. Der Tod Garfields erschütterte Arthur tief, denn er hatte sich nie um das höchste Amt bemüht und hegte Zweifel an seiner persönlichen Befähigung. Er war während der vorausgegangenen Monate äußerst harter Kritik in der Presse ausgesetzt gewesen und wusste, dass viele Menschen um die Gesundheit Garfields gebetet hatten, nur um Arthur nicht im Weißen Haus zu sehen.

Vielleicht waren es die Umstände von Garfields Tod, die nun bei Arthur einen erstaunlichen Wandel bewirkten. In einer Kehrtwende befreite er sich von seiner Vergangenheit und gab die Patronagepolitik auf. Bei Neuberufungen in sein Kabinett achtete er mehr auf Eignung als auf Parteieinflüsse. Er widerstand den Forderungen seiner Parteifreunde nach Ämtern und enttäuschte seine alte New Yorker Klientel, als er sich weigerte, deren Wahlkampagnen zu unterstützen. Er sprach sein Veto aus gegen Bundesgesetze, die lediglich neue Posten und damit neue Korruption schaffen sollten. Nachdem weitere Korruptionsfälle in der Bundesadministration aufgedeckt worden waren, unterstützte er 1883 die Gründung einer Civil Service Commission, die mit der Erneuerung des öffentlichen Dienstes betraut wurde. Ämter sollten nicht mehr verkauft oder an treue Parteiarbeiter vergeben werden, sondern an die geeignetsten Kandidaten gehen. Auch sollten öffentliche Angestellte nicht mehr zu Parteispenden verpflichtet werden können. Gegen den massiven Widerstand der Parteibosse konnte mit diesen Maßnahmen im Laufe der folgenden Jahre ein großer Teil des öffentlichen Dienstes der Pfründewirtschaft entzogen werden. Bundesstaatliche Behörden wurden allmählich etwas kompetenter und effektiver geführt.

Arthurs Einsatz für die Reform beruhte im Wesentlichen auf der Unterstützung in der Öffentlichkeit und den Nachwirkungen des Attentats. Viel mehr konnte und wollte er beim Kongress nicht erreichen. Er verstand sein Amt ohnehin ganz traditionell als ausführendes Organ der Legislative mit beschränkter Kontroll- und Initiativfunktion. Den Umständen entsprechend bemühte er sich redlich, ein guter Administrator zu sein, und unterbreitete dem Kongress eine Reihe vorsichtiger Vorschläge, die allerdings sämtlich ignoriert wurden. Insgesamt zeigte er, wie die meisten Politiker in Washington, keine große Lust an der Arbeit. An fünf Tagen der Woche saß er für vielleicht zwei Stunden am Schreibtisch, empfing nachmittags Besucher oder hielt eine der seltenen Kabinettssitzungen ab. Sein Stab musste ihn oft dazu drängen, die dringendsten Angelegenheiten zu erledigen.

Der Präsident konzentrierte sich auf die gesellschaftliche Funktion seines Amts. Zur großen Freude der Washingtoner Gesellschaft hatte sich Arthur wenigstens in seinem luxuriösen Lebensstil nicht geändert und blieb ein äußerst großzügiger Gastgeber. Nachdem «*Lemonade-Lucy*» Hayes den alkoholischen Exzessen der Grant-Administration ein Ende gemacht hatte, erlösten Arthurs Toleranz und Freigiebigkeit die dürstenden Bundespolitiker. Er ließ den Wohn- und Arbeitsplatz des Präsidenten entrümpeln, rundum erneuern und auf luxuriöse Weise ausstatten, um dort rauschende Feste zu feiern. Der beleibte, aber stets äußerst korrekt gekleidete Arthur lud ein zu zahlreichen kleineren Diners und zu großen Banketten, auf denen 14 Gänge und acht verschiedene Weine keine Seltenheit waren. Er machte das Weiße Haus wieder zur ersten Adresse in Washington. Dem populären Witwer wurden einige Affären nachgesagt, doch er konnte es sich im Gegensatz zu späteren Präsidenten noch leisten, allzu neugierige Gäste barsch abzuweisen: «Ich bin zwar Präsident der Vereinigten Staaten, Madam, aber mein Privatleben geht Sie einen Dreck an.»

Die demonstrative Lebensfreude war allerdings zu einem großen Teil Fassade. Arthur litt sehr unter dem Verlust seiner Frau, die 1880 gestorben war und deren Rolle als Gastgeberin im Weißen Haus seine jüngste Schwester übernommen hatte. Einen Sohn hatte er vor Jahren verloren, der andere führte ein ausschweifendes Studentenleben in Princeton ohne große Aussicht auf akademische Erfolge. Nur seine zehnjährige Tochter lebte zurückgezogen mit ihm im Weißen Haus. Arthur war privat ein äußerst empfindlicher und launischer Charakter, fühlte sich oft einsam und depressiv. Seine Stimmungsumschwünge standen in direktem Zusammenhang mit seiner schweren Krankheit, die zu den größten Geheimnissen seiner Amtszeit zählt. Erst achtzig Jahre nach seinem Tod erfuhr die Öffentlichkeit davon, dass er an der Brightschen Krankheit litt, einem damals unheilbaren Nierenleiden. Obwohl er während der meisten Zeit seiner Präsidentschaft schwer krank und bettlägerig war, weigerte er sich aus Pflichtgefühl, dies an die Öffentlichkeit dringen zu lassen.

Arthurs schwache politische Situation, sein bescheidenes Amtsverständnis, seine fehlende politische Entschlusskraft und Einsatzbereitschaft sowie seine angegriffene Gesundheit machen es schwer, ihm tragende Verantwortung für irgendeine politische Entscheidung zu geben. Seine Verdienste beschränken sich auf die beharrliche Unterstützung der Reformen im öffentlichen Dienst und seine gesellschaftliche Repräsentation. Bei diesem Mangel an politischem Engagement konnte man auch keine besonders wichtigen außenpolitischen Aktionen erwarten. Allerdings begann Secretary of the Navy William E. Chandler mit der Modernisierung der amerikanischen Kriegsflotte, die bis dahin zum größten Teil noch aus Segelschiffen bestand, und legte so den Grundstock für die spätere Seemacht.

Am Ende seiner Amtszeit verzichtete Arthur zwar nicht offiziell auf eine Nominierung für die Präsidentschaftswahl 1885, wollte aber auch nicht wirklich kandidieren. Die Republikaner stellten schließlich seinen alten Secretary of State James G. Blaine auf, der die Wahl allerdings gegen den Demokraten Grover Cleveland verlor. Einer der letzten öffentlichen Auftritte Arthurs vor seinem Auszug aus dem Weißen Haus war die Teilnahme an der Einweihung des Washington Monument im Zentrum der Hauptstadt am 21. Februar 1885. Nach seiner Heimkehr nach New York City wurde er nicht mehr politisch aktiv. Am 18. November 1886, zwei Tage nachdem er seine persönlichen Papiere verbrannt hatte, erlag er seiner schweren Krankheit.

Raimund Lammersdorf

GROVER CLEVELAND
1885–1889

Die wachsende Bedeutung von
Wirtschaft und Finanzen

Ähnlich beleibt wie sein Vorgänger Arthur, aber von ganz anderer politischer Statur, war Stephen Grover Cleveland, der eine kometenhafte Karriere in der Demokratischen Partei gemacht hatte. Er war am 18. März 1837 in Caldwell, New Jersey, als fünftes Kind eines presbyterianischen Pfarrers geboren worden und wuchs im Staat New York auf. 1855 begann er in Buffalo als Hilfskraft und Auszubildender in einer Anwaltskanzlei. Durch hartnäckige Fleißarbeit eignete er sich das umfangreiche rechtliche Wissen an, um schon mit 22 Jahren als Anwalt zugelassen zu werden. Den Mangel an intellektueller Brillanz und

Spontaneität glich er durch gründliches Aktenstudium aus. Fehlende rhetorische Begabung vor Gericht ersetzte er durch sorgfältige Vorbereitung seiner Argumentation und ein exzellentes Gedächtnis. Er wurde ein grundsolider und angesehener Anwalt, der es zu einem beträchtlichen Einkommen brachte. Lange Zeit blieb *Big Steve* ein selbstzufriedener Provinzler und eingefleischter Junggeselle, der seine beschränkte Freizeit mit Freunden bei Whiskey und Poker, auf der Jagd und beim Fischen verbrachte. Er kam selten aus der Kleinstadt heraus, las weder Romane noch Lyrik und hielt nicht viel von Musik oder anderen kulturellen Errungenschaften.

Offensichtlich hatte Cleveland nur wenig von der presbyterianischen Frömmigkeit seiner Familie behalten, doch blieben sein Leben und seine politische Arbeit von unumstößlichen Prinzipien geprägt. In erster Linie war er ein treuer Verfechter des Individualismus und Gegner einer zu starken Regierung. Er bewunderte erfolgreiche Industrielle oder Bankiers und verschwendete nur wenig Gedanken an das Schicksal der Armen. Seine beschränkten intellektuellen Gaben, sein mangelndes Abstraktionsvermögen und sein beruflicher Erfolg verhinderten mögliche Selbstzweifel. Einmal gewonnene Erkenntnisse blieben unumstößlich, jede Kritik oder Opposition erschien inakzeptabel oder dumm. Seine innere Schlichtheit und eiserne Arbeitsdisziplin befähigten ihn zwar zu großen politischen Erfolgen, aber er verlor auch immer wieder den Blick für die gesellschaftlichen Realitäten und dadurch auch die Zustimmung der Wähler.

Clevelands politische Karriere begann 1881 mit dem Bürgermeisterposten in Buffalo, den er mit einer Antikorruptionskampagne gewann. Sein Slogan «*A public office is a public trust*» sollte als Leitmotiv seine weitere politische Karriere begleiten. Sein Ruf als ehrlicher Reformer, der Korruption und Misswirtschaft aufdeckte und dem Steuerzahler damit viel Geld ersparte, machte ihn schon ein Jahr später zum Kandidaten der Demokratischen Partei für die bevorstehende Gouverneurswahl in New York. Den Wahlsieg errang er mit dem gleichen Programm wie in Buffalo: Ehrlichkeit, Sparsamkeit und die Anwendung bewährter Geschäftsprinzipien auf die Regierungsarbeit. Auch hier überzeugte er, unter anderem weil er sich nicht scheute, gegen die korrupte Herrschaft von Tammany Hall, der demokratischen Parteizentrale in New York, vorzugehen. Bald hatte er sich nationale Anerkennung erkämpft, so dass er sich für die Präsidentschaftswahl 1884 als Kandidat empfahl. Er repräsentierte die starke Wählerschaft New Yorks, stand sich gut mit anderen regionalen Parteiorganisationen und passte in das allgemeine Reformklima. In kürzester Zeit hatte er es von einem politischen *Nobody* zum Kandidaten für das höchste Regierungsamt gebracht.

Der Wahlkampf 1884 wurde jedoch zu einer schweren Prüfung. Er dürfte einer der schmutzigsten in der amerikanischen Geschichte gewesen sein. Während die Demokraten sich bemühten, den republikanischen Kandidaten James G. Blaine als das Paradebeispiel des korrupten Parteibonzen vorzuführen, stellten die Republikaner Clevelands private Moral in Frage. Er hatte sich zehn Jahre zuvor zur Vaterschaft eines Kindes bekannt, das er, nachdem die Mutter psychisch erkrankte, bei Adoptiveltern unterbrachte. Da die Vaterschaft nicht ganz eindeutig war, sah er seine Aufgabe damit als erfüllt an. Die Wahlkampfstrategen der Republikaner warfen Cleveland nun sexuelle Ausschweifungen vor und beschuldigten ihn, er habe Mutter und Kind als Opfer seiner verdorbenen Genusssucht abgeschoben und ihrem Schicksal überlassen. In der Abwehr dieser Vorwürfe zeigte Cleveland sein ganzes politisches Geschick. Er ging offensiv auf die Angriffe ein, gab die Vaterschaft zu, ließ die Umstände beschreiben und nahm so der Angelegenheit bald ihren sensationellen Charakter. In der Öffentlichkeit regten sich viele Stimmen, die seine sexuellen Eskapaden als lässliche, allzu menschliche Sünden entschuldigten und sein selbstloses verantwortliches Handeln gegenüber Frau und Kind herausstellten. Das Bild des ehrlichen, hart arbeitenden Treuhänders öffentlicher Belange wurde ergänzt durch das des einfachen, fehlbaren Mitmenschen, der allerdings für die Konsequenzen seiner Sünden einstand. Cleveland gewann die Wahl mit der hauchdünnen Mehrheit von 0,2 Prozent der Wählerstimmen und einer bequemen Mehrheit im Wahlmännerkolleg. Erstmals seit dem Bürgerkrieg war wieder ein Demokrat zum Präsidenten gewählt worden. Die Versöhnung von republikanischem Norden und demokratischem Süden schien einen entscheidenden Schritt vorangekommen zu sein.

Hauptthemen während seiner ersten Amtszeit waren Währungspolitik, Zollreformen und die Fortsetzung der Reformen in Regierung und öffentlichem Dienst, die er anhand seiner altbewährten Prinzipien anging. Im Gegensatz zu Arthur arbeitete er täglich von früh bis spät, fand oft nur vier oder fünf Stunden Schlaf. Er verrannte sich aber auch wie zuvor als Anwalt in Details, stürzte sich viel zu tief in das Aktenmaterial auch der kleinsten Gesetzesvorlage und konnte nur schlecht Aufgaben delegieren. Das soziale Leben im Weißen Haus hatte entsprechend zu leiden. Cleveland verabscheute Empfänge, da sie ihm wertvolle Zeit stahlen, und legte wenig Wert auf die Präsentation seiner unattraktiven Erscheinung. *Uncle Jumbo*, wie ihn seine Neffen nannten, wog immerhin über 280 Pfund.

Völlig überraschend heiratete er nach zwei Jahren Präsidentschaft im Alter von 49 Jahren sein 21-jähriges Mündel, Frances Folsom. Trotz aller gehässigen Gerüchte über das ungleiche Paar war es eine glückliche Ehe. Die junge *First*

Lady erfüllte ihre repräsentativen Aufgaben mit viel Takt und Charme. Allerdings war Cleveland nicht bereit, den Pomp seines Vorgängers beizubehalten. Im Weißen Haus achtete er penibel auf Sparsamkeit, bezahlte das Heu für seine Pferde aus eigener Tasche, ließ die Präsidentenyacht einmotten, überprüfte sogar persönlich die monatlichen Ausgaben, getreu seiner verantwortungsbewussten Vorstellung von seinem Amt. Er bemühte sich nach Kräften, die Pfründewirtschaft einzudämmen und den Einfluss lokaler politischer Größen auf die Dienststellen zurückzudrängen. Doch musste er auf radikale Reformversuche verzichten. Um sich auch weiterhin die Unterstützung seiner Partei zu sichern, wurden viele freiwerdende Positionen im öffentlichen Dienst nach wie vor mit demokratischen, aber nicht unbedingt besonders qualifizierten Kandidaten besetzt.

Trotz seiner Abneigung gegen eine starke Regierung empfand er die Rolle des Präsidenten als zu schwach und bemühte sich, das Ungleichgewicht zwischen Exekutive und Kongress zu verringern. In einem wichtigen Grundsatzkonflikt mit dem Senat setzte er durch, dass der *Tenure of Office Act*, mit dem der Kongress ein Kontrollrecht über die Entlassung von Beamten durch den Präsidenten bekommen hatte, im März 1887 abgeschafft wurde. Cleveland entwickelte nun immer stärker Eigeninitiative, um politische Ziele durchzusetzen. Insgesamt legte er während seiner ersten Amtszeit 304 Mal das Veto ein, öfter als alle seine Vorgänger zusammen. Zunehmend wartete er nicht mehr nur darauf, dass Gesetzesvorgaben des Kongresses auf seinem Schreibtisch landeten, sondern forderte die Legislative zu neuen Gesetzen auf. Diese aktive Haltung war allerdings noch weit entfernt von der Praxis moderner Präsidenten, regelmäßig die Initiative in der Gesetzgebung zu ergreifen.

Die beiden großen finanzpolitischen Themen seiner Amtszeit waren der Silberstandard und die Zollfrage. Die stark expandierende Wirtschaft litt unter akutem Geldmangel. Daher hatte man neben dem Golddollar auch den Silberdollar eingeführt, der allerdings einen um 20 Prozent geringeren Wert besaß. Die Folgen waren privates Hamstern der Golddollars und eine stete Verringerung der Goldreserven des Bundes. Als Maßnahme gegen diese Unterhöhlung der Währung forderte Cleveland die Abschaffung des Silberdollars, scheiterte damit jedoch am Kongress. Starke Kräfte insbesondere aus dem agrarischen Süden und mittleren Westen der USA wünschten eine inflationäre Geldpolitik durch die völlige Freigabe des Silberdollars, um den chronischen Geldmangel und die Überschuldung in der Farmwirtschaft zu beseitigen. Sie warfen Cleveland vor, dass er einerseits jeder Entwertung des Dollars widerstand, andererseits aber keine alternative Finanzpolitik anbot, die der anhaltenden Krise im Agrarsektor entgegenwirkte.

In der Frage der Schutzzölle versuchte Cleveland, den Kongress zur Minderung der Tarife zu bewegen. Die Zölle waren die wesentliche Einnahmequelle für die Bundesregierung. Zugleich sicherten sie großen Teilen der amerikanischen Industrie Schutz vor der billigeren ausländischen Konkurrenz. Cleveland war aus dreierlei Gründen gegen die hohen Zölle. Einerseits hatte die Regierung zu viel Geld eingenommen, der Bundeshaushalt – heute unvorstellbar – schob einen deutlichen Überschuss vor sich her, wodurch dem Wirtschaftskreislauf wichtiges Investitionskapital vorenthalten wurde. Zum zweiten sah Cleveland in den Zöllen eine «hinterhältige, ungerechte und unnötige Besteuerung» der amerikanischen Verbraucher zugunsten der Industrie. Nicht zuletzt empörte sich Cleveland über die Profite, die die Industrie aus den hohen Zöllen zog. Denn heimische Produkte wurden nur wenig unter dem Preis von Importprodukten verkauft, so dass die Unternehmer in etwa die Summe des Zolltarifes in ihre eigene Tasche wirtschafteten. Diese völlig überhöhten Gewinne sowie die mangels Konkurrenz zunehmende Monopolstellung einiger Konzerne waren also das direkte Ergebnis von Regierungsmaßnahmen. Hier lag ein klarer Verstoß gegen Clevelands Gerechtigkeitsprinzipien vor. Umso vehementer forderte er in verschiedenen Ansprachen an den Kongress die Senkung von Schutzzöllen auf Fertigprodukte und die teilweise Abschaffung der Schutzzölle auf Rohstoffe.

Cleveland machte die Zollfrage auch zum Hauptthema seines Wahlkampfes 1888. Die Demokratische Partei wollte mit der Forderung nach Zollreform die Wähler mit niedrigerem Einkommen gewinnen, aber auch die auf billige Rohstoffe angewiesenen Industrien. Dagegen hielten die Republikaner ohne Kompromisse am Protektionismus fest und schürten die Angst vor der Überschwemmung des Marktes mit billigen Importprodukten, einer daraus resultierenden Arbeitslosigkeit und dem wirtschaftlichen Niedergang. Ihr Kandidat Benjamin Harrison, ganz im Gegensatz zu Cleveland ein fesselnder Redner, versprach höhere Zölle zum Schutz von Industrie und Arbeitsplätzen, eine gesunde Währung und eine bessere Versorgung für die große Wählergruppe der Bürgerkriegsveteranen. Er wurde selbst kräftig von Industrie und Banken unterstützt, während er Cleveland vorwarf, lediglich die Geldinteressen der Banken in London und Wall Street im Auge zu haben.

Der emotionalen und nationalistischen Kampagne der Republikaner konnte Cleveland nichts entgegensetzen. Er glaubte, es sei unter der Würde seines Amtes, offensiv in den Wahlkampf einzugreifen, und meinte auf die Unterstützung der lokalen Parteimaschinen verzichten zu können. Zu seiner großen Überraschung unterlag er knapp und zog sich zunächst enttäuscht ins

Privatleben zurück. Kurioserweise erzielte er bei den Wählerstimmen einen Vorsprung von 0,7 Prozent, doch Harrison lag im Wahlmännerkolleg mit 233 zu 168 Stimmen vorn, da er die bevölkerungsreichsten Staaten gewonnen hatte.

Raimund Lammersdorf

BENJAMIN HARRISON
1889–1893

Präsident im Schatten des Kongresses

Benjamin Harrison, ein Enkel des neunten Präsidenten der Vereinigten Staaten, William Henry Harrison, kann wohl als der unbedeutendste Präsident des *Gilded Age* bezeichnet werden. Er wurde am 20. August 1833 geboren, wuchs im ländlichen Ohio auf und wurde wie Cleveland im presbyterianischen Glauben erzogen. Doch im Gegensatz zu seinem Vorgänger beachtete er auch als Präsident streng die Regeln seiner Religion. Vor die Wahl zwischen Priestertum und Jura gestellt, entschloss er sich, Anwalt zu werden, und zog nach Indianapolis im Staat Indiana. Er blieb der Kirche als Diakon und Prediger in der Sonntagsschule treu und engagierte sich neben seiner juristischen

Arbeit auch in der Republikanischen Partei, bis der Bürgerkrieg sein Leben entscheidend veränderte. Im Juli 1862 trat er als Offizier in die Armee ein, und auf Grund seiner Führungsqualitäten brachte er es in kurzer Zeit zum Brigadegeneral. Seine Kriegserfolge machten ihn zu einem interessanten republikanischen Kandidaten für das Gouverneursamt von Indiana. Harrison lehnte dieses Amt mehrfach ab, ließ sich aber 1881 in den Senat des Staates wählen.

Harrison fehlte es an großen Ambitionen, er verlor die Wiederwahl von 1887, doch gab es um ihn herum einige einflussreiche Politiker und Finanzleute, die ihn zum Präsidentschaftskandidaten aufbauten. Harrisons unspektakuläre Vergangenheit, der völlige Mangel an politischen Skandalen und seine moralische Integrität machten ihn zu einem hervorragenden Kompromisskandidaten für die Wahl von 1888.

Die Republikanische Partei hatte einen guten Kandidaten, aber einen schlechten Präsidenten ausgewählt. Harrison besaß nur geringe politische Erfahrungen, war aber umso mehr von seiner Kompetenz überzeugt. Denn als tief gläubiger Mensch konnte er seine Wahl nur als Gottes Werk sehen. Seine Amtsführung war ohne Höhepunkte, seine Politik schwach und ohne Richtung. Harrison war weder in der Lage noch willens, als Parteiführer zu arbeiten. Statt sich mit politischen Problemen zu beschäftigen, verstand er sich in dieser Zeit als oberster Personalchef des Landes. In den ersten 18 Monaten seiner Amtszeit war er fast ausschließlich mit der Besetzung von insgesamt 1700 Bundesämtern bis hinab zum Postamtsvorsteher befaßt. Das bis dahin wichtigste Kriterium bei der Auswahl, die politische Nützlichkeit der Ernennung, vernachlässigte er vollkommen, legte vielmehr Wert auf Kompetenz und Unbestechlichkeit und brüskierte damit die gesamte Partei. Seine vielleicht folgenschwerste Personalentscheidung war die Berufung des dreißigjährigen New Yorkers Theodore Roosevelt in die Bundeskommission für den Öffentlichen Dienst. Auf dieses Amt gründete Roosevelt seine bundespolitische Karriere.

Die Partei reagierte erst mit Schock, dann mit Ablehnung. Für die folgenden vier Jahre kann man kaum mehr von einer Politik des Präsidenten sprechen. Weder hatte er ein nennenswertes politisches Programm noch den Willen, sich auf Auseinandersetzungen mit dem Kongress einzulassen. Der Präsident war ein Einzelgänger, es mangelte ihm an Anziehungskraft, er wirkte kühl und reserviert, so dass er keine persönlichen Loyalitäten schaffen konnte. Seine Vorschläge trug er in den jährlichen Berichten über die Lage der Nation vor, die vom Kongress mit schöner Regelmäßigkeit ignoriert wurden. Nachdem er seine stärkste Waffe, die Patronagemacht, weggeworfen und sich gegen den Gebrauch des Vetorechts geäußert hatte, war von ihm kein Widerstand gegen Maßnahmen der Legislative mehr zu erwarten.

Mit seiner Frau Caroline Scott, deren Großvater, den eigenen Kindern und den Enkelkindern lebte der Präsident kaum beachtet im Weißen Haus, dessen Lebensrhythmus nun von der Frömmigkeit der Familie bestimmt wurde. Selbst bei der Auswahl der Kabinettsmitglieder war für Harrison offenbar die Mitgliedschaft in der Presbyterianischen Kirche das wichtigste Kriterium. Bis auf James G. Blaine, der es nach langem Drängen und politischem Lavieren wieder zum Außenminister gebracht hatte und sich als eine Art Premierminister installieren wollte, um bei der nächsten Wahl endlich das oberste Amt erkämpfen zu können, war niemand aus der politischen Prominenz zum Zuge gekommen. Dem 51. Kongress (1888–90), der von den Republikanern beherrscht wurde, war fast völlig freie Hand gegeben. Er setzte die wesentlichen Punkte des republikanischen Wahlprogramms um, ohne dass der Präsident Einwände vorbrachte. In Harrisons Verfassungsverständnis hatte die Legislative die größte Machtstellung in der Regierung. Der Präsident fühlte sich dem republikanischen Programm verpflichtet, und das wurde vom Kongress umgesetzt. Das Ergebnis war ein Bundeshaushalt, der erstmals über einer Milliarde Dollar lag und der Legislative den Spitznamen «Milliardenkongress» eintrug. Unter der Führung von William McKinley verabschiedete das Repräsentantenhaus ein Zollgesetz, mit dem die Tarife auf ungeahnte Höhen schossen. Immerhin wurde auf wesentliche Initiative Blaines das Reziprozitätsprinzip eingeführt, das den Präsidenten ermächtigte, mit anderen Ländern Abmachungen über den gegenseitigen Erlass von Zöllen abzuschließen und deren Einhaltung zu überwachen. Damit sollten amerikanische Marktchancen vor allem in Lateinamerika gesichert werden.

Der «Silberblock» innerhalb der Republikanischen Partei forderte die Freigabe des Silbers, während republikanische Vertreter aus dem Osten am Gold als einzigem Währungsstandard festhalten wollten. Harrison machte dem Kongress gegenüber seine Position nicht deutlich, so dass keine der beiden Seiten wusste, wo der Präsident stand. Ganz ohne Harrisons Beteiligung wurde im Juli 1890 der *Sherman Silver Purchase Act* Gesetz. Hätte der Präsident sein Veto eingelegt, wäre das Gesetz zu Fall gekommen. Doch nachdem er dem Gesetz mit leichten Bedenken zugestimmt hatte, war das Schatzamt verpflichtet, jeden Monat 4,5 Millionen Unzen Silber, d. h. fast die gesamte amerikanische Produktion, aufzukaufen. Im Ergebnis wurde die Goldreserve der Bundesregierung weiter stark dezimiert. Unglücklicherweise sank zugleich der Silberpreis, das Wertverhältnis zum Gold verschlechterte sich rapide, und damit auch der Wert des Dollars. Aber der erhoffte wirtschaftliche

Effekt stellte sich nicht ein. Das Gesetz hatte dem Bund lediglich ein riesiges Verlustgeschäft beschert, das die nächste Administration auszugleichen hatte. Ein Pensionsgesetz für die Veteranen des Bürgerkriegs, mit dem die Rentenzahlungen des Bundes auf einen Schlag um zwei Drittel erhöht wurden, trug weiter zur Minderung des Überschusses in der Bundeskasse bei. In der Geschichte der Vereinigten Staaten war dies das bisher teuerste Gesetz. Aus dem Überschuß der Cleveland-Zeit wurde bald ein Defizit. Außergewöhnliche Einigkeit herrschte im Kongress über die Beschränkung der Trusts. Die fortschreitende Monopolisierung in der Wirtschaft bereitete den meisten Amerikanern, unabhängig von ihrer regionalen Herkunft oder politischen Orientierung, große Sorgen. Das *Sherman Antitrust*-Gesetz von 1890, das auch heute noch Gültigkeit besitzt, wurde fast einstimmig verabschiedet. Nur ließ es Harrison an der Umsetzung der darin enthaltenen Bestimmungen fehlen. Die Initiative blieb zumeist bei lokalen Staatsanwälten, der Präsident strengte von sich aus keine Verfahren an. In den Kongresswahlen von 1891 verloren die Republikaner die Mehrheit im Repräsentantenhaus. Da der Senat immer noch von der Republikanischen Partei beherrscht wurde, neutralisierten sich beide Häuser. Unter diesen Umständen wurden keine wichtigen Gesetzesvorhaben mehr in Angriff genommen.

Die Außenpolitik Harrisons geriet operettenhaft. Blaine verfolgte das Ziel einer panamerikanischen Union, die den Vereinigten Staaten den lateinamerikanischen Markt öffnen und Chancen für die Konkurrenz mit Großbritannien liefern sollte. Er lud ein zu einem Kongress der amerikanischen Staaten in Washington, der aber außer vielen gesellschaftlichen Ereignissen und der Gründung eines Büros nicht viel brachte. Auch in anderen Feldern der Außenpolitik schuf die Harrison-Administration nichts von Bedeutung. Es gab Probleme mit einigen europäischen Staaten, darunter Deutschland, die eine Überschwemmung ihrer eigenen Märkte mit billigem amerikanischem Schweinefleisch durch angebliche hygienische Bedenken verhinderten. Konflikte mit Kanada und Großbritannien um die Seehundjagd schwelten weiter. Wichtigstes Ereignis der Außenbeziehungen war eine tiefe Krise mit Chile, nachdem sich die amerikanische Regierung in die inneren Angelegenheiten des Landes eingemischt hatte und zwei amerikanische Matrosen im Oktober 1891 in Chile umgebracht wurden. Auf den Protest der Washingtoner Regierung und die Forderung nach Schadensersatz reagierte der chilenische Außenminister mit einer beleidigenden Note. Die Krise steigerte sich bis zur Androhung eines Krieges im Januar 1892, der von der chilenischen Regierung nur durch Nachgeben abgewendet wurde. Die ganze Affäre bewies der Welt die Grobschlächtigkeit der Außenpolitik unter Blaine und Harrison, zeigte aber immerhin, dass Amerika für sich die Führungsrolle in der westlichen Hemisphäre beanspruchte. Die nationalistischen Reaktionen in der amerikanischen Bevölkerung waren die Vorboten des nationalen Rausches, der Amerika sechs Jahre später während des Kriegs gegen Spanien ergriff.

Durch die fehlende Patronagepolitik und den Unwillen, die Partei zu leiten, trug Harrison wesentlich zum Auseinanderdriften der Fraktionen innerhalb der Partei bei. Der Führer der Republikaner im Abgeordnetenhaus, Thomas B. Reed, und andere Spitzenpolitiker der Partei setzten alles daran, seine Nominierung 1892 zu verhindern. Doch fehlte ihnen ein Gegenkandidat, denn Blaine hatte aus gesundheitlichen Gründen verzichten müssen. Mit Unterstützung der Südstaatendelegierten gewann Harrison die Nominierung ohne große Mühe, verlor aber jede Lust auf das Amt, als seine Frau nur zwei Wochen vor der Wahl 1892 an Tuberkulose starb. Harrison unterlag Cleveland, dem der Wiederaufstieg vorzüglich gelungen war, deutlich mit einem Abstand von mehr als 380 000 Stimmen bzw. 277 zu 145 Wahlmännern. Er blieb noch weiter politisch tätig als Redner und als Mitglied der Schiedskommission im Grenzkonflikt zwischen Großbritannien und Venezuela. Am 13. März 1901 erlag er, nahezu in Vergessenheit geraten, einer Lungenentzündung.

Raimund Lammersdorf

GROVER CLEVELAND
1893–1897

Die zweite Amtszeit

Cleveland hatte sich nach der Enttäuschung von 1888 ursprünglich ganz auf seine finanziellen Interessen konzentrieren wollen. Unterstützt von verschiedenen Finanziers, betätigte er sich sehr erfolgreich an der Wall Street. Doch Harrison bestärkte Cleveland täglich in seiner Überzeugung, dass er selbst weitaus geeigneter für das Präsidentenamt sei. Er entschloss sich schließlich zu einer neuen Kandidatur, um die Nation vor republikanischer Misswirtschaft und Korruption sowie vor der Silberwährung zu retten. Offensichtlich hatte er aus den Fehlern der letzten Wahl gelernt, denn diesmal erarbeitete er sich durch Reden, Briefe und Zeitungskampagnen sorgfältig die Unterstützung der verschiedenen Fraktionen in der Partei. Durch eine konzertierte Aktion seiner Wahlkampfmanager wurde er schon im ersten Wahlgang des Konvents in Chicago 1892 zum Kandidaten gekürt. Cleveland empfand die Nominierung als persönliche Wiedergutmachung. Um den Triumph zu vollenden, war er endlich auch bereit, den Wahlkampf zu führen. Er beschränkte sich auf nur wenige Reden, schrieb dafür aber umso zahlreicher offene Briefe. Geschickt vermied er das Thema Silber, zu dem es in der Partei unterschiedliche Auffassungen gab, und stellte den Zolltarif in den Vordergrund. Er griff den McKinley-Tarif als Klassengesetzgebung an, konnte sich aber zugleich von den radikalen Gegnern jedes Schutzzolls als moderater Reformer abgrenzen. Gegenüber den Südstaatlern ließ er seine Abneigung gegen Gesetze durchblicken, die der schwarzen Bevölkerung das Wahlrecht verschafft hätten. In New York erreichte er eine vorsichtige Versöhnung mit der örtlichen Parteiorganisation (*machine*).

Cleveland errang einen glorreichen Sieg, doch seine zweite Amtszeit wurde weniger erfolgreich als erwartet. Sie war überschattet von der bis dahin größten Wirtschaftskrise der amerikanischen Geschichte. Im Zeitraum von 1893 bis 1897 schlossen 600 Banken und gingen über 15 000 Unternehmen bankrott. Die Arbeitslosigkeit stieg auf bis zu 20 Prozent. Besonders hart wurden der Süden und der Westen getroffen. Durch einen rapiden Preisverfall für Agrarprodukte gerieten die Farmer immer tiefer in Schulden, und viele verloren ihren Besitz.

Die Ursachen der Depression waren nicht allein in der amerikanischen Wirtschaft zu suchen. Der internationale Finanzmarkt war durch eine Reihe von Pleiten erschüttert worden, deren Auswirkungen vom dezentral organisierten amerikanischen Bankensystem nicht abgefedert werden konnten. Das Überangebot an landwirtschaftlichen Produkten ließ die Verkaufspreise für die ohnehin knapp an der Rentabilitätsgrenze arbeitenden amerikanischen Farmer ins Bodenlose stürzen. Die Industrie hatte in einigen Bereichen Überkapazitäten entwickelt. Doch als Hauptfaktor für die Wirtschaftskrise wurde in den Vereinigten Staaten die Geldpolitik der Bundesregierung betrachtet. Während der Präsident der stetigen Minderung der Goldreserve die Schuld für den Niedergang gab und die Aufhebung des Sherman-Silber-Gesetzes forderte, verlangten die Sprecher der Farmbevölkerung eine noch stärkere Konzentration auf Silber als Währungsgrundlage. Sie klagten die Wall-Street-Bankiers und ihren angeblichen Verbündeten Grover Cleveland an, aus Habgier eine restriktive Geldpolitik mit künstlich verteuerten Krediten und niedrigen Preisen zu verfolgen. Inzwischen waren die Goldreserven auf 65 Millionen Dollar gesunken, weit unter der 100-Millionen-Dollar-Grenze, die von den

Finanzexperten als Mindestsumme angesehen wurde. Den hohen Pensionszahlungen standen sinkende Zolleinnahmen gegenüber, weil die neuen extrem hohen Tarife die Importe drückten. Cleveland blieb daher fest bei seiner Forderung nach einer Stabilisierung der Goldreserven und der Aufhebung des Sherman-Gesetzes.

Bevor der Kongress am 7. August 1893 zu einer Sondersitzungsperiode zusammentrat, unterzog sich Cleveland einer Krebsoperation, die auf einer Yacht in der Nähe von New York unter strenger Geheimhaltung durchgeführt wurde. Cleveland musste ein großer Teil des Gaumens entfernt und durch eine Gummiprothese ersetzt werden. Er ließ sich Schmerzen und Schwere der Krankheit jedoch nicht anmerken, da er befürchtete, dass ein kranker Präsident eine Vertrauenskrise an der Wall Street auslösen könnte. Erst 1917 erfuhr die Öffentlichkeit von der Krankheit. Kaum zwanzig Tage nach der Operation kehrte Cleveland zurück nach Washington und nahm den Kampf gegen die Silberwährung wieder auf. Der Präsident übte erstmals gezielt Druck auf die Abgeordneten und Senatoren aus, indem er die Vergabe von Patronageposten in den jeweiligen Wahlbezirken bzw. Staaten verzögerte. Auf diese Weise schaffte Cleveland, was keiner erwartet hatte: eine völlige Aufhebung des Gesetzes. Allerdings machte er sich durch seine Hartnäckigkeit und seine Drohungen im Kongress zahlreiche Feinde, die ihm später in der Auseinandersetzung um den Zolltarif Schwierigkeiten bereiteten. Allen Hoffnungen zum Trotz kam es jedoch nicht zu dem gewünschten Ausgleich der Goldreserve. Cleveland ließ drei öffentliche Anleihen zeichnen, doch erst eine mit der Privatbank J. P. Morgans ausgehandelte Anleihe, die dem Magnaten einen hohen Profit sicherte und für die Cleveland als Lakai der Wall Street gebrandmarkt wurde, brachte die Goldreserve 1896 über die magische Grenze von 100 Millionen Dollar. Dafür war die Bundesregierung aber mit insgesamt 262 Millionen Dollar verschuldet.

Trotz aller Bemühungen hielt die Depression weiter an. Um der Wirtschaft wieder auf die Beine zu helfen, wollte Cleveland das zweite große Ziel seiner Administration, die Reform der Zolltarife, durchsetzen. Es gab zwar Theoretiker, die argumentierten, eine Senkung der Tarife sei notwendig, um neue Märkte für den Export zu erschließen und so die Überproduktion im eigenen Land abzubauen. Doch für Cleveland standen nach wie vor innenpolitische Erwägungen, insbesondere die Höhe der Verbraucherpreise, im Vordergrund. Er forderte die Abschaffung der Zölle auf Rohprodukte und eine vorsichtige Reduzierung der Schutzzölle auf Fertigprodukte. Doch Cleveland scheiterte an den regionalen wirtschaftlichen Interessen, die den Senat beherrschten. Seine Patronagewaffe war im Silberkampf stumpf geworden. Ohnehin klang sein Einsatz für die Konsumentenrechte der Bürger unglaubwürdig angesichts seiner engen Verbindung zur New Yorker Finanzwelt. Am Ende stand eine Zollreform, die eine nur unbedeutende Senkung der Tarife brachte. Cleveland hatte einerseits den Einfluss der Wirtschaftslobby auf den Senat unterschätzt, andererseits hatte er zu viel Energie auf die Silberfrage verschwendet.

Bei der Niederschlagung des Pullman-Streiks 1894 zeigte sich, wie wenig Verständnis er tatsächlich für die Situation der Arbeiter hatte und dass er die Macht der Bundesregierung im Zweifelsfall für die Kapitaleigner einsetzen würde. Das Verständnis des Präsidenten für die Interessen der arbeitenden Bevölkerung fand dort seine Grenzen, wo die Besitzrechte der Unternehmer berührt wurden. Dann musste er eingreifen, denn er empfand es als eine der wichtigsten Aufgaben der Bundesregierung, Besitz zu schützen und so die Voraussetzung für weiteres Wachstum und eine Mehrung des allgemeinen Wohlstands zu schaffen. Nachdem der Dachverband der Eisenbahngesellschaften die Bundesregierung aufgefordert hatte, den Streik zu brechen, erwirkte Generalbundesanwalt Richard Olney, vor seinem Amtsantritt lange Zeit als Anwalt bei der Eisenbahn tätig, ein bundesrichterliches Verbot der Behinderungen des zwischenstaatlichen Schienenverkehrs. Olney legte es in Zusammenarbeit mit den Eisenbahngesellschaften bewusst darauf an, die Streikenden zur Gewalt zu provozieren. Gegen den scharfen Protest des Gouverneurs von Illinois setzte Cleveland in Chicago Bundestruppen gegen streikende Arbeiter und arbeitslose Sympathisanten ein. Bei den folgenden Unruhen wurden sieben Menschen getötet, 70 Gewerkschaftsführer verhaftet und vor Gericht gestellt.

Die Außenpolitik spielte für Cleveland nur eine untergeordnete Rolle. In der Nation gab es erste Rufe nach einer imperialistischen Politik, doch Cleveland glaubte nicht, dass die Regierung für die ökonomische Expansion der Vereinigten Staaten und die Erschließung neuer Märkte sorgen sollte. Er war gegen Annexionen oder Kolonien und wünschte nur, dass andere Nationen die Souveränität der Vereinigten Staaten respektierten. Einige Ereignisse während seiner Präsidentschaft deuteten aber schon die außenpolitischen Interessenzonen und Konfliktherde zukünftiger Administrationen an.

Noch während Clevelands erster Administration war es verschiedentlich zu Auseinandersetzungen mit den kanadischen Nachbarn über Fischfangrechte und Jagdrechte auf Robben gekommen. Ein größerer internationaler Konflikt entwickelte sich um die Souveränität Samoas im Südpazifik. Das Deutsche Reich strebte die Vorherrschaft in dieser Region an, was Großbritannien und die Vereinigten Staaten verhindern wollten. Nach der allseitigen Stationierung von Kriegsschiffen vor Samoa kam Krisenstimmung auf. Doch kurz nach Clevelands Abwahl einigte man sich auf ein gemeinsames Protektorat, das bis 1899 Bestand hatte. Ein weiterer Krisenpunkt war Hawaii, wo der amerikanische Konsul 1893 eigenmächtig eine Revolte der weißen, meist amerikanischen Plantagenbesitzer gegen die regierende Königin unterstützt hatte. Cleveland distanzierte sich vom Umsturz und lehnte die geforderte Annexion ab. Er überließ jedoch dem Kongress die Entscheidung, der auf eine Eingliederung der Inseln verzichtete, aber die Souveränität der Putschregierung anerkannte. Damit war die Möglichkeit zur Übernahme der Inselgruppe offengehalten.

An Lateinamerika zeigte die Cleveland-Administration zuerst nur wenig Interesse, und wenn, dann fast ausschließlich in Bezug auf Handelsfragen. Doch in der zweiten Administration kam es zum außenpolitisch bedeutendsten Ereignis dieser Jahre, der Venezuela-Krise von 1895/96, in der Cleveland zum ersten und einzigen Mal eine klare politische Zielsetzung energisch verfolgte. Venezuela und Großbritannien stritten sich um die Grenzziehung zu Britisch-Guayana am Orinoco-Fluss. Die Situation wurde besonders kritisch, als dort Goldvorkommen entdeckt wurden und beide Regierungen die diplomatischen Beziehungen abbrachen. Cleveland befürchtete einen Krieg zwischen den beiden Ländern, der womöglich zu einer Ausbreitung des britischen kolonialen Besitzes in Lateinamerika und einer Schwächung der Monroe-Doktrin geführt hätte. Am 20. Juli 1895 forderte der Präsident deshalb Großbritannien zur Annahme einer schiedsgerichtlichen Lösung unter amerikanischer Beteiligung auf. Er begründete seine Forderung damit, dass «die Vereinigten Staaten auf dem Kontinent heute praktisch souverän sind, und dass ihr Wille Gesetz ist». Eine Unterhöhlung dieser Position durch eine europäische Macht könne nicht hingenommen werden. Premierminister Lord Salisbury war sichtlich verärgert über die Anmaßung der Amerikaner und antwortete erst über vier Monate später. Er belehrte Cleveland, dass die Monroe-Doktrin keineswegs Teil des internationalen Rechts sei. Der in seiner Amtsehre gekränkte Präsident reagierte mit der Einberufung des Kongresses und erzeugte damit eine scharfe nationalistische Reaktion in der amerikanischen Öffentlichkeit, die schon nach Krieg gegen Großbritannien verlangte. In London wollte man sich, neben den aktuellen Auseinandersetzungen mit den europäischen Mächten und den anderen Schwierigkeiten des Empire, nicht noch eine überflüssige Auseinandersetzung mit den USA um ein Dschungelgebiet leisten. Im November 1896 wurde deshalb das entsprechende Schiedsgerichtsabkommen mit den Vereinigten Staaten unterzeichnet.

Cleveland wurde vor allem unterstellt, er habe mit dieser Politik die Expansion amerikanischer wirtschaftlicher Interessen in Lateinamerika voranbringen wollen. Doch lässt sich der Nachweis nicht erbringen, dass seine Außenpolitik über die prinzipielle Verteidigung der Monroe-Doktrin hinaus irgendein bestimmtes Ziel verfolgte. Clevelands Politik war Ausdruck eines ideologischen Nationalismus und nicht Bestandteil eines größeren imperialistischen Konzepts. Er hatte mit seiner Politik die Monroe-Doktrin lediglich ins Bewusstsein der Bevölkerung zurückgerufen und so die argumentative Grundlage für spätere expansionistische Vorhaben in Lateinamerika geschaffen.

Trotz seiner populären Attacke gegen die Briten schrumpfte Clevelands Basis innerhalb der Partei immer mehr zusammen. Er hatte den Kontakt zur Partei wieder verloren, denn er erwartete einerseits blinde Loyalität gegenüber dem Präsidenten, fand es andererseits aber unter seiner Amtswürde, Unterstützung durch politische Kompromisse und Rücksichtnahme zu suchen. Die zunehmende Feindschaft im Kongress machte ihn nur noch renitenter und isolierter. Während er sich selbst für den letzten Bannerträger der wahren Demokraten hielt, fand er kaum noch Unterstützung in der Partei.

Die Unzufriedenheit der Parteiführer fand ihren Ausdruck in der Nominierung von William Jennings Bryan, der das genaue Gegenteil Clevelands darstellte. Er war ein energiegeladener, begnadeter Redner, schlank und gesund, unbestechlich und der Held des kleinen Mannes aus dem Westen. Die Frage von Gold- oder Silberstandard stilisierte er zum Kampf zwischen den kalten, egoistischen Interessen der Reichen, die die Regierung beherrschten, und der Masse der ehrlich arbeitenden Amerikaner, die an ein goldenes Kreuz geschlagen würden. Doch seine Nominierung sollte die endgültige Niederlage und das Ende der alten Demokratischen Partei bedeuten. Der Republikaner William McKinley gewann die Wahl und konnte sich auch auf eine republikanische Mehrheit im Kongress stützen. Die Demokratische Partei, aufgespalten in regionale Fraktionen und geführt von einem brillanten, aber kontroversen Kandidaten, hatte sich in das politische Abseits manövriert und jegliche Chance auf eine Mehrheit verloren. Abgesehen vom glücklichen Wahlsieg Woodrow Wilsons sollten die Demokraten erst 36 Jahre später wieder das politische Geschehen bestimmen.

Nach der Inauguration Präsident McKinleys zog sich Cleveland ins Privatleben zurück. Er lebte mit seiner Familie in Princeton, wo er als Trustee der Universität engen Kontakt zu Woodrow Wilson, dem späteren Präsidenten, pflegte. Auch als Vorsitzender einer bundesweiten Organisation von Versicherungsgesellschaften und vor allem als Publizist nahm Cleveland weiter am öffentlichen Leben teil. Als er am 24. Juni 1908 in Princeton starb, genoss er wieder hohes Ansehen in der Bevölkerung.

Raimund Lammersdorf

WILLIAM MCKINLEY
1897–1901

Der Eintritt in die Weltpolitik

Mit William McKinley ging die Ära der schwachen *Gilded Age*-Präsidenten zu Ende. Während der Präsident in der Innenpolitik nach wie vor keine tragende Rolle spielte, markierte seine Außenpolitik einen Wendepunkt in der amerikanischen Geschichte. Die Entscheidung für den Krieg gegen Spanien und die Übernahme eines Teils der spanischen Kolonien verwandelte das Land in eine neue Großmacht. McKinley hat diese Entwicklung nicht selbständig herbeigeführt, aber die Bedeutung des Amtes wuchs mit den Aufgaben, die sich aus dem neuen Imperialismus der Vereinigten Staaten ergaben. Doch obwohl sich der Schwerpunkt der Regierungsmacht in Richtung Exekutive verlagerte, blieb McKinley den traditionellen Vorstellungen von der Rolle des Amtes weitgehend verhaftet. Er hat den Epochenwechsel in der Geschichte der Präsidentschaft nicht selbst initiiert, er stand ihm nur vor.

Am 29. Januar 1843 in Niles, Ohio, geboren, wuchs McKinley in einfachen, aber wirtschaftlich gesicherten Verhältnissen auf. Mit 18 Jahren zog er in den Bürgerkrieg, kämpfte unter dem späteren Präsidenten Hayes und wurde als Major ehrenhaft aus dem Dienst entlassen. Nach dem Krieg war er als Anwalt tätig und siedelte sich in Canton, Ohio, an, wo er 1871 Ida Saxton, die Tochter eines Bankiers, heiratete. Er hatte Erfolg in seinem Beruf und begann seine politische Karriere mit der Wahl zum örtlichen Staatsanwalt.

McKinley besaß ein sehr gutes Gespür für die politische Stimmung in der Wählerschaft. Er versuchte sich stets dem Wählerwillen anzupassen und den politischen Wünschen möglichst vieler entgegenzukommen. Dies war besonders wichtig in einem Staat wie Ohio mit seinen zahlreichen unterschiedlichen regionalen und gesellschaftlichen Interessen. Privat ein eher zurückhaltender Mensch, zeigte McKinley als Redner großes Talent. Er konnte komplexe wirtschaftliche Zusammenhänge einfach erklären, erschien nicht als ein abgehobener Politiker, sondern als echter Volksvertreter und strahlte dabei Würde, Freundlichkeit und Verständnis aus. Sein persönliches Schicksal – die Depression stürzte ihn in den 1890er Jahren in den Ruin, er verlor zwei seiner Töchter, seine Frau war schwer krank – machte ihn zu einem Menschen mit ähnlichen Sorgen wie viele seiner Wähler.

Allerdings schien McKinley kein erkennbares politisches Programm zu verfolgen. Es sind nur sehr wenige Äußerungen von ihm überliefert, die auf eine klare politische Linie Hinweise geben könnten. Er vermied es, sich festzulegen, schrieb kaum Briefe und ließ sich selten auf Versprechungen ein. Seine politischen Entscheidungen waren oft opportunistisch und manchmal wider besseres Wissen gefällt. Es mangelte ihm an echter Loyalität, was ihm von politischen Kollegen oft sehr verübelt wurde – sein Parteifreund Theodore Roosevelt bemerkte über ihn, dass er nicht mehr Rückgrat als ein Eclair habe. Doch machte ihn gerade sein Opportunismus zu einem erfolgreichen Kandidaten für eine Reihe von Ämtern.

1876 wurde McKinley erstmals zum Kongressabgeordneten gewählt und blieb es, mit einer kurzen Unterbrechung, bis 1890. Im Kongress tat er sich vor allem als Vertreter einer Hochzollpolitik hervor und wurde zu einem der wirtschaftspolitischen Sprecher der Republikanischen Partei. Der nach ihm benannte McKinley-Zolltarif sorgte 1890 für den erwünschten Schutz der heimischen Industrie und senkte durch seine handelshemmenden hohen Zölle die aus finanzpolitischer Sicht gefährlich hohen Einnahmen des Bundes. In den folgenden Jahren wurde McKinley zum Anhänger des Reziprozitätsprinzips im Außenhandel, der auf gegenseitigem Nutzen beruhenden Senkung von Zöllen zwischen Amerika und anderen Exportnationen, eines der wenigen festen Elemente in seinem politischen Credo. In der Finanzpolitik hatte er zur Frage des Silbers keine dauerhafte Position. Während er zunächst für ein Silbergesetz gestimmt hatte, legte er später zunehmenden Wert auf die Stabilität der Währung. Doch ging er der Währungskontroverse aus dem Weg, indem er sich ganz auf die Frage des Zolltarifs konzentrierte.

Als Gouverneur des Staates Ohio von 1891 bis 1895 schuf McKinley die Voraussetzungen für seine Präsidentschaftskandidatur. Bis dahin hatte er große Sympathien für die Gewerkschaften gezeigt. Als Anwalt, Abgeordneter und Gouverneur hatte er streikende Arbeiter verteidigt und sich durch seine Zollpolitik zum Schützer amerikanischer Arbeitsplätze gemacht. Nun verbesserte er seine Kontakte zu den Wirtschaftsbossen, insbesondere zu dem Unternehmer Marcus A. Hanna. Der Industrielle aus Cleveland wollte McKinley zum Präsidenten machen und dabei selbst politischen Einfluss gewinnen. In einer Art politischer Symbiose verband Hanna seine organisatorischen Fähigkeiten sowie sein großes Geschick beim Eintreiben von Spendengeldern mit McKinleys politischem Talent. Die Schulden aus McKinleys Bankrott wurden von einigen Industriellen übernommen, die sich danach sicher sein konnten, dass er nicht gegen ihre Interessen arbeiten würde. Bei der republikanischen Kandidatenkür für die Präsidentschaftswahl 1896 bot sich McKinley als idealer Kandidat an, der sowohl in der Industrie als auch in der Arbeiterschaft Stimmen sammeln konnte, in den verschiedenen Regionen anerkannt war und einen Weg aus der wirtschaftlichen Misere versprach. Nachdem die Silberfraktion innerhalb der Partei ausgebootet worden war, wurde er im ersten Wahlgang nominiert.

Es fiel Hanna als Wahlkampfmanager nicht schwer, großzügige Spenden bei den interessierten Kräften in der Wirtschaft einzuwerben. Denn McKinley hob sich sehr vorteilhaft von seinem Gegner William Jennings Bryan ab, dem Kandidaten sowohl der Demokratischen Partei wie der Populisten, der auf Grund seiner feurigen Rhetorik, seines kompromisslosen Einsatzes für eine inflationäre Silbergeldpolitik und seines Kampfes für die Interessen der Farmer im Süden und Westen von der Ostküstenelite als gefährlicher Revolutionär gefürchtet wurde. Allein der Bankier J. P. Morgan und der Industrielle John D. Rockefeller spendeten zusammen eine halbe Million Dollar. Insgesamt sammelte Hanna die damals ungeheure Summe von sieben Millionen Dollar, die vor allem für die Herstellung und Verbreitung von ca. 200 Millionen Werbeschriften verwendet wurden. Äußerlich setzte McKinley sich von der radikalen Rhetorik seines Gegners durch betont staatsmännisches Verhalten ab. Die Auftritte des Kandidaten, der nicht das Land bereiste, sondern Reden von der Veranda seines Hauses zu ausgewählten Gästen hielt, wurden sorgfältig vorbereitet und in der Presse groß herausgebracht. McKinley war der erste Kandidat, der sich filmen ließ. Am Ende stand ein klarer Sieg: über 7 Millionen Stimmen für McKinley gegen 6,4 Millionen für Bryan. Im Wahlmännergremium fiel der Vorsprung mit 271 zu 176 Stimmen noch deutlicher aus.

Typisch für den politischen Stil McKinleys war die neue Offenheit im Weißen Haus. Nach der Verschlossenheit Clevelands, der sich hinter den Mauern der Residenz zurückgezogen hatte, lud McKinley die Öffentlichkeit wieder ein und bemühte sich während seiner ganzen Amtszeit um engen Kontakt zu Bevölkerung und Presse. Dahinter steckte einerseits das echte Bedürfnis nach Nähe zum Wähler, andererseits aber auch die Hoffnung auf einen Machtzuwachs gegenüber dem Kongress. McKinleys Gesprächsbereitschaft gegenüber den Journalisten, die sich in regelmäßigen Pressekonferenzen und der Einrichtung eines eigenen Presseraums im Weißen Haus äußerte, diente vor allem dazu, das eigene Image besser beeinflussen zu können. Allerdings blieb McKinley auch bei seiner wenig konfrontativen politischen Taktik und nutzte seine Popularität kaum im Kampf gegen den Kongress. Der Präsident bemühte sich von Anfang an um einen neuen Zolltarif, konnte jedoch nicht verhindern, dass der Senat die höchsten Tarife in der amerikanischen Geschichte festsetzte. McKinley zeigte hier nur wenig Führungskraft und nahm wenig Einfluss auf die Debatte. Obwohl er befürchten musste, dass die langsame wirtschaftliche Erholung, die 1897 einsetzte, durch den Tarif behindert würde, unterschrieb er die Gesetzesvorlage, weil sie ihm zugleich die Aushandlung von Reziprozitätsverträgen gestattete.

Auch dem Problem der Trusts, deren monopolistische Kontrolle großer Teile der Wirtschaft hart kritisiert wurde, widmete er sich kaum. Eng verbunden mit den Bossen der Wirtschaft und angewiesen auf ihre Wahlkampfunterstützung, hatte McKinley die antimonopolistische Rhetorik seiner frühen Jahre längst abgelegt. Er äußerte sich nur sehr vage über die wirtschaftlichen Nachteile, die Trusts verursachten. Während seiner Präsidentschaft zeigte das Justizministerium wenig Interesse an der Verfolgung von Verstößen gegen das Antitrust-Gesetz. In der Silberfrage hatte das Wahlprogramm der Republikaner versprochen, die Silberwährung nach dem Abschluss internationaler monetärer Abmachungen einzuführen. McKinley hielt sich wider besseres Wissen an das Versprechen, zeigte sich aber kaum enttäuscht, als die Abmachungen nicht zustande kamen. Große Goldfunde in Alaska und Südafrika sorgten für

Entspannung auf den Weltfinanzmärkten und unterstützten den wirtschaftlichen Aufschwung in den USA. Damit war das lange Zeit heißumstrittene Thema Silber- oder Goldwährung aus der Welt geschafft.

Angesichts des Vordringens der europäischen Kolonialmächte in Asien und Afrika rückte gegen Ende der 90er Jahre die Forderung nach einer neuen, über die kontinentalen Grenzen der USA hinausgreifenden Außenpolitik in das Zentrum der öffentlichen Diskussion. Beeinflusst durch die Schriften des Marinetheoretikers Alfred Thayer Mahan, finanzierte der Kongress den Aufbau einer modernen Kriegsflotte, die Sicherheit gewährleisten und den Überseehandel schützen sollte. Der amerikanische Imperialismus wurde von einem starken zivilisatorischen und religiösen Missionsbewusstsein getragen. Eines seiner Hauptziele war die Erschließung neuer Märkte, durch die Überschüsse in Landwirtschaft und Industrieproduktion abgebaut und soziale Unruhen im Lande verhindert werden sollten. Auch McKinley war offen für diese Argumente und unterstützte prinzipiell die Ziele der Imperialisten.

Konnte die Annexion Hawaiis im Juli 1898 gerade noch im Rahmen der expansionistischen Tradition der *Manifest Destiny* gesehen werden, so verließ der Krieg gegen Spanien und die Philippinen eindeutig die Bahnen der bisherigen Außenpolitik. Die Herrschaft der spanischen Krone über Kuba und die langjährige brutale Unterdrückung der kubanischen Bevölkerung empörten große Teile der amerikanischen Öffentlichkeit. In Verbindung mit wirtschaftlichen Interessen und dem wachsenden Anspruch der Amerikaner auf die politisch-militärische Vormacht in der Karibik wurde Kuba zunehmend zu einem Objekt des nationalen Interesses der Vereinigten Staaten. Die Wählerschaft, angestachelt durch sensationelle Berichte in der Boulevardpresse, forderte immer vehementer eine Unterstützung der kubanischen Freiheitskämpfer. Der Präsident sympathisierte mit dieser Haltung, bezog jedoch klar Position gegen eine militärische Konfrontation mit Spanien. Er zeigte sich beeindruckt von den Warnungen der amerikanischen Antiimperialisten und von den Friedensbemühungen der europäischen Mächte. Seine Vermittlungsversuche zwischen Spaniern und Kubanern fanden jedoch mit der Explosion der USS *Maine* ein jähes Ende.

Zum Schutz von amerikanischen Bürgern und deren Eigentum war das amerikanische Kriegsschiff im Hafen von Havanna vor Anker gegangen. Am 15. Februar 1898 sank das Schiff nach einer Explosion, bei der 266 amerikanische Soldaten den Tod fanden. Als ein Untersuchungsbericht der amerikanischen Marine äußere Einwirkungen, wahrscheinlich einen Torpedo oder eine Mine, für den Untergang verantwortlich machte, richtete sich die Empörung der amerikanischen Öffentlichkeit gegen die Spanier. (1976 kamen

Nachforschungen zu dem Ergebnis, dass die Katastrophe auf ein Feuer im Kohlenbunker der *Maine* zurückging.) McKinley hatte durch die Untersuchung Zeit gewinnen und die Gemüter beruhigen wollen. Doch mit der vermeintlich offensichtlichen Schuld Spaniens blieb dem Präsidenten nur noch die Forderung nach einem völligen Rückzug der Spanier aus Kuba und damit der Krieg. Letzte Kompromissvorschläge der Spanier kamen zu spät. Nach langen Beratungen entschied sich McKinley für eine amerikanische Intervention. Am 19. April 1898 erklärte der Kongress auf Antrag des Präsidenten Spanien den Krieg.

Die Frage, warum der Präsident sich nach seinen vielen Bemühungen um Frieden schließlich doch für den Krieg entschied, hat Zeitgenossen wie Historiker stark beschäftigt. Enttäuschte Antiimperialisten und kritische Historiker unterstellten ihm, er habe von Anfang an auf den Krieg hingearbeitet und nur eine günstige Gelegenheit abgewartet, um eine imperialistische Politik durchzusetzen. Insbesondere seine Behauptung, er sei auf Grund einer göttlichen Eingebung zur Kriegsentscheidung gekommen, stieß auf große Skepsis. Seine zögerliche Haltung steht aber durchaus im Einklang mit seinem bis dahin gezeigten politischen Charakter. Erst als er erkannte, dass sich eine deutliche Mehrheit der Amerikaner für eine militärische Intervention aussprach, gab er seinen Widerstand gegen einen Krieg auf. Im Nachhinein war es dann für ihn einfach, sich davon zu überzeugen, dass die Kriegserklärung der gottgefällige Weg gewesen sei.

Der Krieg war allerdings leichter zu erklären als zu gewinnen. Die Streitkräfte waren unzureichend vorbereitet und mussten in kürzester Zeit von nur 28 000 auf 250 000 Mann erweitert werden. Es fehlte an allem: an Sommeruniformen, Zelten, Verpflegung, selbst an Waffen und Munition. Fast niemand in der Freiwilligenarmee hatte je eine militärische Ausbildung genossen, und auch der Planungsstab des Heeres war der Aufgabe in keiner Weise gewachsen. Zahlreiche Verbände lagerten ohne jede logistische Unterstützung im tropisch heißen Florida und konnten nur unter größten Schwierigkeiten auf den kubanischen Kriegsschauplatz transportiert werden. Auch dort gab es ein heilloses Durcheinander. Der Krieg wurde jedoch zur See entschieden, wo sich die amerikanische Marine in bester Form zeigte. Im Gegensatz zum Heer war sie in den letzten Jahren sehr gut ausgerüstet worden und hatte sich zu einer kampfstarken und hochmotivierten Truppe entwickelt. Der erste große Schlag gegen die Spanier fiel im Pazifik vor den Philippinen. Admiral George Dewey überraschte am 1. Mai 1898 die ahnungslose spanische Pazifikflotte in der Bucht von Manila und versenkte sie ohne eigene Verluste. In Kuba begann die chaotische Invasion durch amerikanische Truppen, während die Marine den Hafen von Santiago de Cuba blockierte. Die Schlacht von San Juan Hill, bei der sich Theodore Roosevelt politisch äußerst wertvolle Meriten erkämpfte, brachte noch keine Entscheidung. Als aber die spanische Atlantikflotte besiegt war, fanden die Feindseligkeiten mit der spanischen Kapitulation am 10. August 1898 ein rasches Ende. Der «herrliche kleine Krieg» (so Außenminister Hay) hatte auf amerikanischer Seite 379 Gefallene gefordert – hinzu kamen aber mehr als 5000 Tote, die verschiedenen Tropenkrankheiten zum Opfer fielen.

Im Friedensvertrag von Paris wurde vor allem das Schicksal der spanischen Kolonien bestimmt. Zwar hatten die Vereinigten Staaten im sogenannten *Teller Amendment* zur Kriegserklärung von vornherein auf eine Annexion Kubas verzichtet. Dafür fielen den Amerikanern nun Puerto Rico, Guam und die Philippinen zu. In der Ratifizierungsdebatte des Senats argumentierten imperialistisch gestimmte Politiker, dass die Einwohner der eroberten Gebiete unfähig zur Selbstregierung seien und zunächst durch die Amerikaner auf Demokratie und Selbständigkeit vorbereitet werden müssten. Puerto Rico war der ideale Flottenstützpunkt für den Schutz des geplanten Panamakanals. Die Philippinen wiederum galten als Sprungbrett für den gigantischen chinesischen Markt, auf dem sich amerikanische Unternehmer große Chancen ausrechneten. Auf keinen Fall wollte man hinnehmen, dass diese strategisch wichtige Inselgruppe an eine andere Kolonialmacht fiel. Vor allem die Deutschen hatten schon während des Krieges großes Interesse an einer Übernahme der Philippinen gezeigt. Die Gegner einer Annexion argumentierten in erster Linie aus einer grundsätzlichen ideologischen Abneigung gegen koloniale Politik. Sie widerspreche der eigenen revolutionären Tradition und den freiheitlichen Grundsätzen der amerikanischen Demokratie, sie würde die Filipinos ihres Selbstbestimmungsrechts berauben und schließlich in Amerika selbst die Demokratie bedrohen.

McKinley hatte in den Friedensverhandlungen aus politischen, strategischen und wirtschaftlichen Gründen auf einer Übernahme der Kolonien bestanden. In der öffentlichen Debatte und im Kongress argumentierte er vor allem aus der Verantwortung für «unsere kleinen braunen Brüder» heraus. Der Sieg verpflichte das amerikanische Volk dazu, «die Filipinos zu erziehen, sie aufzurichten, zu zivilisieren und zu christianisieren, und ihnen mit Gottes Gnade nur das Beste angedeihen zu lassen, denn auch für sie, unsere Brüder, ist Christus gestorben». Offensichtlich war ihm nicht bewusst, dass die meisten Filipinos Katholiken waren und sich schon längst für Selbstregierung und Unabhängigkeit bereit fühlten. Die philippinische Unabhängigkeitsbewegung unter Emilio Aguinaldo hatte seit 1896 gegen die Spanier gekämpft und die Amerikaner im Krieg unterstützt. Nach der Entscheidung McKinleys für die Übernahme der Inselgruppe setzten die Filipinos ihren Befreiungskampf gegen die Amerikaner fort, die mit brutaler militärischer Gewalt, vor allem gegen die Zivilbevölkerung, antworteten. Bis zur Niederschlagung des Aufstands 1902 wurden über 125 000 amerikanische Soldaten eingesetzt, von denen 4000 fielen. Die Freiheitskämpfer hatten 20 000 Tote zu beklagen.

Auch wenn McKinley von der zivilisatorischen Mission Amerikas überzeugt gewesen sein mag, war es doch vor allem die Bedeutung der Philippinen für die amerikanischen Wirtschaftsinteressen in Asien, die die Administration in ihrem Willen bestärkte, die amerikanische Kolonialherrschaft durchzusetzen. Nun hatten die Vereinigten Staaten wenigstens einen Fuß in der Tür zum chinesischen Markt, um den sie mit den europäischen Mächten und Japan konkurrierten. McKinleys Außenminister John Hay brachte die interessierten Mächte 1899 dazu, sich auf die Prinzipien der *Open Door Policy* zu verpflichten: den gleichberechtigten, freien Zugang zum chinesischen Markt und die Erhaltung der territorialen Integrität des chinesischen Kaiserreiches. Ein Jahr später, im Zusammenhang mit der Niederschlagung des Boxeraufstandes, der insbesondere von den Russen als hervorragende Gelegenheit zur Kolonisierung des chinesischen Reiches angesehen wurde, wiederholte Hay den Appell an die Mächte und verhinderte so den Wettlauf um die Aufteilung des Landes. Neben den Resultaten des spanisch-amerikanischen Krieges war diese Politik der offenen Tür das bleibende außenpolitische Vermächtnis der McKinley-Administration. Sie findet sich als ein zentraler wirtschaftlicher Grundsatz in der gesamten amerikanischen Außenpolitik des 20. Jahrhunderts wieder.

Nach den spektakulären militärischen Siegen, dem Zugewinn an Land, Weltprestige und nationalem Selbstvertrauen, noch dazu in der Erleichterung über die allgemeine wirtschaftliche Erholung, war die erneute Nominierung des Präsidenten für die Wahl 1900 keine Frage mehr. Kontrovers wurde lediglich diskutiert, wer an McKinleys Seite als Vizepräsidentschaftskandidat ins Rennen geschickt werden sollte. Aus den politischen Kämpfen ging der Gouverneur von New York, Theodore Roosevelt, als Sieger hervor. Viele gestandene Republikaner waren schockiert über die Nominierung «dieses verdammten Cowboys». Doch ergänzten sich die beiden Kandidaten zu einem äußerst erfolgreichen Gespann. Gerade im populistischen und demokratischen Westen konnte Roosevelt zahlreiche Stimmen erringen. Dagegen geriet die Kampagne des ewigen Kandidaten Bryan zur Katastrophe. Seine antiimperialistischen Tiraden wirkten unpatriotisch, und der Bimetallismus war angesichts des wirtschaftlichen Aufschwungs zum politischen Ladenhüter geworden. So konnte McKinley im Vergleich zu 1896 weitere 100 000 Wählerstimmen dazugewinnen und den Vorsprung im Wahlmännergremium um 21 Stimmen vergrößern.

Der Präsident befand sich auf dem Höhepunkt seiner Popularität und nutzte die ersten Monate seiner Amtszeit zu weiten Reisen durch das Land. In der Innenpolitik deutete sich eine verstärkte Auseinandersetzung mit den Trusts an. Doch für McKinley blieb die Förderung des Außenhandels wichtiger. Die militärische Unterdrückungspolitik auf den Philippinen setzte er ebenso fort wie seine Bemühungen um den chinesischen Markt, und in der Karibik verstärkte er die Anstrengungen zum Bau eines transisthmischen Kanals. Zuerst suchte die Administration nach einer vertraglichen Übereinkunft mit Großbritannien, das noch Ansprüche auf eine Beteiligung am Bau aufrechterhielt. Der Hay-Pauncefote-Vertrag von 1900 wurde zwar vom Senat abgelehnt, doch die zunehmende Annäherung zwischen den beiden Ländern machte eine Einigung wahrscheinlich. Die Vereinigten Staaten entwickelten sich allmählich zu einem attraktiven machtpolitischen Partner.

Nur ein halbes Jahr nach McKinleys zweiter Amtseinführung fand das nationale Hochgefühl ein jähes Ende. Am 6. September 1901 wurde der Präsident beim Besuch der Panamerikanischen Ausstellung in Buffalo, New York, von dem Anarchisten Leon Czolgosz mit einem Revolver niedergeschossen. Zuerst bestand noch Hoffnung, dass McKinley die beiden Schussverletzungen in Brust und Unterleib überleben würde. Doch am 14. September erlag er dem Wundbrand.

McKinleys Ruhm verblasste bald nach seinem Tod. Er wurde überstrahlt von der spektakulären Amtsführung seines Nachfolgers. Hätte der spanisch-amerikanische Krieg nicht stattgefunden, wäre McKinleys Präsidentschaft wohl noch schneller in Vergessenheit geraten und kaum großer Beachtung wert. Er hinterließ in der Innenpolitik keine besonderen Spuren, seine Amtsführung war wenig innovativ, und von seinen damals sehr positiv aufgenommenen Reden erzielte keine einzige nachhaltige Wirkung. Lediglich der Krieg und die aus ihm folgende Außenpolitik machten McKinley zu einer historischen Größe – dies jedoch nur auf Grund der besonderen verfassungsrechtlichen Bedeutung des Präsidenten als Oberbefehlshaber und Hauptverantwortlicher für die Außenpolitik. Er hatte selbst keine außenpolitischen Pläne verfolgt und brachte wenig eigene Vorstellungen ein. Er ließ sich, wie in seinem gesamten politischen Leben, von den Umständen treiben und erlangte vor allem dadurch historische Bedeutung. Die Hauptverantwortung für Planung und Durchführung der imperialistischen Politik lag eher bei den Secretaries of State und War, John Hay und Elihu Root, zwei ausgesprochen zielgerichteten, intelligenten und geschickten Administratoren. Sie sollten in McKinleys Nachfolger Theodore Roosevelt einen kongenialen Vorgesetzten finden.

Ragnhild Fiebig-von Hase

THEODORE ROOSEVELT 1901–1909

Repräsentant des «modernen» Amerika

Theodore Roosevelt personifizierte für viele seiner Zeitgenossen «Amerika» als das Land, dessen politisches System, sozioökonomische Entwicklung und kulturelle Werte als Inbegriff der Moderne angesehen wurden. Niemand anders als der österreichische Kaiser Franz Joseph brachte dies 1910 treffend zum Ausdruck, als er sich gegenüber dem nach Wien gekommenen Expräsidenten als «letzten Vertreter des alten Systems» bezeichnete, während ihm sein Besucher «die neue Bewegung» zu verkörpern schien, «die Bewegung der Gegenwart und der Zukunft».

Roosevelts Name ist auch heute noch eng mit dem Aufstieg der USA zur modernen Weltmacht verbunden, obwohl die entscheidenden Grundlagen für diesen Durchbruch bereits vor seiner Präsidentschaft geschaffen worden waren. Das Besondere an Roosevelt war, dass er die neuen Möglichkeiten der Weltmachtrolle klar erkannte und voll zu nutzen versuchte. Unermüdlich beschwor er seine Landsleute, das Gewicht der Vereinigten Staaten in die weltpolitische Waagschale zu werfen, um die eigenen globalen Interessen wahrzunehmen. Konsequent schöpfte er die konstitutionellen Möglichkeiten des Präsidentenamtes aus, um mit Hilfe von Reformen das amerikanische politische System an die Bedingungen des 20. Jahrhunderts anzupassen. Auch sein Führungsstil war insofern modern, als er sich gezielt der neuen Massenpresse zur Steigerung seiner persönlichen Popularität und politischen Durchsetzungskraft bediente. «Der erfolgreichste Politiker ist der», bemerkte Roosevelt einmal fast zynisch, «der möglichst oft und möglichst laut sagt, was jedermann denkt.» Wortgewaltig und ohne Scheu vor aggressiven Formulierungen vertrat er seine Überzeugungen, wobei seine Impulsivität sowie die Bereitschaft zur moralisierenden Verurteilung aller Gegner eher eine polarisierende als integrierende Wirkung ausübten. Feindbilder wurden kreiert und kultiviert, um die Massen der Wähler von der Richtigkeit seiner Ziele und Methoden zu überzeugen.

Die Wertvorstellungen der «Modernität», die sich unter den besonderen amerikanischen Gegebenheiten bis zur Jahrhundertwende herausgebildet hatten, prägten schon die Kindheitserfahrungen des zukünftigen Präsidenten und sollten später sein politisches Lebenswerk bestimmen. Roosevelt machte sich zum Sprecher derjenigen Kräfte, die die gesellschaftlichen Folgen des durch die Industrialisierung entfesselten ökonomischen Wandels mit den bewährten Institutionen der amerikanischen Demokratie in Einklang bringen wollten. Zu diesem Zweck musste der Staat eine aktive, reformerische Rolle übernehmen und mehr Kompetenzen zur Bekämpfung der negativen Begleiterscheinungen des Wirtschaftswachstums erhalten. Nötig waren mehr soziale Gerechtigkeit, um revolutionäre Erschütterungen zu vermeiden, und eine effektivere Außenpolitik, um in der globalen Staatenkonkurrenz bestehen zu können. Dies war das Credo des *Progressive Movement,* einer vielschichtigen und eher diffusen Fortschrittsbewegung, an deren Spitze sich Roosevelt stellte.

Die Familie, in die Theodore Roosevelt am 27. Oktober 1858 in New York hineingeboren wurde, zählte zur amerikanischen Oberschicht. Roosevelts Vater Theodore Roosevelt Sr. war ein angesehener und wohlhabender Glasgroßhändler, und die Roosevelts gehörten zu den sogenannten *Knickerbockers,* den alten Patrizierfamilien der Stadt. Seine Mutter, Martha Bulloch Roosevelt, entstammte einer angesehenen Pflanzerfamilie im Staat Georgia, in der aristokratischer Lebensstil Tradition hatte. Der junge Roosevelt genoss ebenso wie seine drei Geschwister eine außergewöhnlich sorgfältige und liebevolle Erziehung. Der Vater sorgte dafür, dass der vom Asthma geplagte und sehr kurzsichtige Theodore seine körperliche Schwäche durch sportliches Training kompensieren und seine schöpferischen Fähigkeiten entfalten konnte. Der eiserne Wille, mit dem Roosevelt die eigenen physischen Unzulänglichkeiten überwand, prägte seine Einstellung zum Leben nachhaltig. Auch als Präsident behielt er sein Boxtraining bei und blieb ein leidenschaftlicher Reiter, Wanderer, Jäger und Tennisspieler. Seine Ideale von männlicher Charakterstärke, Mut, Ausdauer, Fairness, Rechtschaffenheit und Verantwortungsgefühl entsprachen dem Moralkodex der amerikanischen Mittelschicht, und Roosevelts energisches Eintreten für solche Werte trug nicht wenig zu seiner Popularität bei.

Familienangehörige und Privatlehrer unterrichteten den Jungen, wobei seinen naturwissenschaftlichen Neigungen, aber auch seinem leidenschaftlichen Interesse für Literatur und Philosophie viel Spielraum gelassen wurde. Große Studienreisen der Familie führten ihn nach Europa, Ägypten und Palästina und vermittelten ihm Eindrücke von der abendländischen Kultur und andersartigen Lebensweisen. Roosevelt lebte 1873 auch mehrere Monate in Deutschland, wo er seine Sprachkenntnisse in einer Dresdner Gastfamilie vertiefte.

Von 1876 bis 1880 besuchte Roosevelt die Universität Harvard. Wichtige menschliche Begegnungen fielen in diese Zeit, vor allem mit Henry Cabot Lodge, dem späteren republikanischen Senator von Massachusetts, der sein engster Freund und politischer Ratgeber wurde. Damals lernte er seine erste Frau, Alice Hathaway Lee, die Tochter eines führenden Bostoner Bankiers, kennen, die er nach Abschluss des Studiums heiratete. Sie starb im Februar 1884 im Kindbett. 1886 heiratete Roosevelt in zweiter Ehe seine New Yorker Jugendfreundin, Edith Kermit Carow. Zu Alice, der Tochter aus erster Ehe, kamen fünf weitere Kinder, mit denen Roosevelt zeit seines Lebens eine innige Beziehung aufrechterhielt.

Bereits in Harvard hatte sich Roosevelt entschlossen, die Laufbahn eines Politikers zu wählen. Nach New York zurückgekehrt, studierte er jedoch zunächst Jurisprudenz an der Columbia-Universität und verfolgte seine historischen Interessen weiter. 1881 erschien sein erstes Buch, *The Naval War of 1812*, in dem er für die Schaffung einer leistungsfähigen amerikanischen Kriegsmarine plädierte und das den Auftakt zu einer vielseitigen historisch-literarischen Tätigkeit bildete.

Im Oktober 1881 kandidierte er erfolgreich für die Republikanische Partei bei den Parlamentswahlen des Staates New York. Dieser Schritt in die Niederungen der Politik war damals für einen Vertreter seiner Gesellschaftsschicht ungewöhnlich, zumal Korruption, Stimmenkauf und Wahlfälschungen das politische Bild New Yorks beherrschten. Roosevelts Entschluss, seine Karriere trotzdem an der politischen Basis zu beginnen, entsprang dem Gespür, dass ihm die herkömmliche Honoratiorenpolitik keine Chance bot und er seine reformpolitischen Ziele nur durch den unmittelbaren Appell an die Wähler durchsetzen konnte.

Im Abgeordnetenhaus von Albany begann Roosevelt einen Kreuzzug gegen die Korruption in Justiz und Polizei und für die Reform des öffentlichen Dienstes. Das Leistungsprinzip sollte durchgesetzt werden, um eine effiziente und unabhängige Verwaltung zu schaffen. Für die Sprengkraft der sozialen Missstände wurde der junge Abgeordnete sensibilisiert, als er mit dem Elend der New Yorker Zigarettenarbeiter konfrontiert wurde. Die Reform der öffentlichen Verwaltung und die Beseitigung der gröbsten sozialen Ungerechtigkeiten gehörten für Roosevelt seitdem zu den wichtigsten Zielen seiner politischen Tätigkeit, ohne dass er dabei jemals das amerikanische Gesellschaftssystem in Frage gestellt hätte.

Nach dem Tod seiner ersten Frau zog sich Roosevelt 1885 in die *Badlands* im Mittleren Westen zurück, um seinen Frieden in dem einfachen Leben eines Rinderzüchters wiederzufinden. Auch mit dieser Flucht aus der Metropole New York zeigte er sich als Repräsentant seiner Generation, in der der Überdruss an der modernen Zivilisation des Industriezeitalters und eine romantische Sehnsucht nach dem «einfachen» und herausfordernden Leben der Pionierzeit weit verbreitet waren. In seinem Werk *The Winning of the West,* das ihn im agrarischen Westen populär machte, verherrlichte er eine untergegangene «heile» Welt und beklagte das Verschwinden der *Frontier* als Verlust einer spezifisch amerikanischen Grenzerfahrung. Eine Dürre machte Roosevelts Rancher-Dasein schnell ein Ende, und das damit verbundene finanzielle Fiasko führte ihn auf den Boden der Realität zurück. Doch die Welt der Cowboys und Trapper faszinierte ihn sein Leben lang.

1886 kehrte Roosevelt nach New York zurück und stürzte sich wieder in die lokale und bald auch in die nationale Politik. Nach dem Wahlsieg McKinleys wurde er 1897 zum Assistant Secretary of the Navy ernannt. Das Amt gab ihm die Chance, sich mit den Voraussetzungen amerikanischer Sicherheitspolitik intensiv vertraut zu machen und für den Aufbau der Kriegsflotte zu engagieren. Diese Vorbereitungen bewährten sich beim Ausbruch des spanisch-amerikanischen Krieges im Frühjahr 1898, als das rechtzeitig mobilisierte amerikanische Geschwader unter Admiral George Dewey vor Manila die spanische Flotte besiegen konnte. Damit wurde nicht nur eine mögliche Gefahr von der eigenen Pazifikküste abgewendet, sondern es wurden auch die Philippinen in amerikanischen Besitz gebracht.

Roosevelt hatte Dewey für das Kommando in Ostasien vorgeschlagen und ihm den Einsatzbefehl telegrafisch übermittelt. Diese beiden Tatsachen wurden häufig dazu benutzt, den jungen Marinestaatssekretär für den Ausbruch des Krieges verantwortlich zu machen. Neuere Forschungen haben hier das Bild korrigiert: Weder war McKinley der passive, von seinen Beratern manipulierte Präsident, als der er lange Zeit galt, noch hatte Roosevelt eigenmächtig gehandelt. Richtig ist allerdings, dass sich Roosevelt mit ganzer Kraft für den Krieg mit Spanien aus der Überzeugung heraus eingesetzt hat, dass die Gelegenheit günstig sei, um die eigene Vormachtstellung in der westlichen Hemisphäre durch die Eliminierung der spanischen Kolonialherrschaft zu festigen. Zugleich ließen sich die amerikanischen Interessen in Ostasien durch die Gewinnung eines Stützpunktes auf den Philippinen besser schützen und ausweiten.

Instinktiv begriff Roosevelt jedoch auch, dass der Krieg ihm selbst eine einmalige Chance bot. Voller Tatendrang meldete er sich sofort zum Kriegsdienst und führte das von ihm rekrutierte Bataillon der *Rough Riders* nach Kuba ins Gefecht. Die ungewöhnliche Zusammensetzung dieses Freiwilligenkorps aus Cowboys und Angehörigen der eigenen Gesellschaftsschicht sorgte für großes Aufsehen, zumal der ehrgeizige Kommandant die publizistische Wirkung des Unternehmens geschickt auszuschlachten wusste. Bei Kriegsende war Roosevelt zum Kriegshelden und einem der bekanntesten Männer der USA avanciert.

Ende 1898 wurde Roosevelt zum Gouverneur von New York gewählt, doch er bekleidete dieses Amt nur kurze Zeit, weil ihn seine nationale Beliebtheit zum idealen Vizepräsidentschaftskandidaten der Republikaner bei den Wahlen von 1900 machte. Mit Anhang im Osten und Westen des Landes ergänzte er den konservativen und eher zurückgezogen lebenden McKinley. Zwar warnte der mächtige Senator Mark Hanna vor dem «verdammten Cowboy» und «wilden Mann», aber auch der konservative Flügel der Partei konnte sich den Vorteilen von Roosevelts Kandidatur nicht verschließen. Nach dem Wahlsieg leistete Roosevelt am 4. März 1901 als neuer Vizepräsident der Vereinigten Staaten von Amerika seinen Amtseid. In einer kurzen Ansprache an den Senat, dessen Vorsitzender er nun gleichzeitig geworden war, brachte er seine Überzeugung von der Größe und künftigen weltpolitischen Verantwortung der USA zum Ausdruck. «Wir gehören zu einer jungen Nation», so bestimmte er den gegenwärtigen Standort Amerikas und seine eigenen Zukunftsvisionen, «die bereits über gigantische Kraft verfügt, deren politische

Kraft jedoch nur eine Vorschau auf die Macht bedeutet, die noch kommen wird. Wir sind Führungsmacht auf einem Kontinent, in einer Hemisphäre. Nach Osten und Westen sehen wir über zwei große Ozeane das Leben der größeren Welt, an dem wir, ob wir wollen oder nicht, einen immer größeren Anteil werden nehmen müssen.»

Am 14. September 1901 erlag McKinley den Folgen des Attentats von Buffalo, und Roosevelt wurde noch am gleichen Tag im Alter von zweiundvierzig Jahren zum 26. Präsidenten der Vereinigten Staaten vereidigt. Seit John Quincy Adams hatte kein amerikanischer Präsident im Weißen Haus residiert, der das Handwerk des Politikers so gründlich gelernt hatte und zugleich über einen großen Fundus an Wissen über alle weltpolitischen Fragen wie auch über enge Beziehungen zu führenden Politikern Europas verfügte. Der neue Präsident war fest entschlossen, die Machtfülle des Amtes zur Durchsetzung seiner politischen Vorstellungen auszuschöpfen. Darüber kam aber die Lebensfreude nicht zu kurz. Roosevelt genoss in vollen Zügen die Macht, die Popularität und alle Möglichkeiten, die ihm das Amt eröffnete. Mit seiner großen Familie brachte er Leben ins Weiße Haus. Er ließ das Gebäude vollständig renovieren, wobei einerseits die klare Schlichtheit der ursprünglichen Architektur wiederhergestellt, andererseits ein neuer Flügel angefügt wurde, um die räumlichen Voraussetzungen für eine Ausweitung der präsidialen Aktivitäten zu schaffen. Danach stand das Weiße Haus Besuchern aus allen Bevölkerungsschichten und aller Welt offen. Washington begann, in seine Rolle als Hauptstadt einer Weltmacht hineinzuwachsen.

Roosevelts wichtigstes innenpolitisches Machtreservoir war auch nach seinem Amtsantritt die große Popularität, die er mit seiner «personalisierten Präsidentschaft», der bewussten Herausstellung seiner Person und Familie als Leitbild des öffentlichen und privaten Lebens, noch weiter steigerte. Diesem Umstand verdankt auch der Teddybär seinen Namen. Bei einem Jagdausflug schonte Roosevelt 1902 einen jungen Bären. Das wurde schnell bekannt und rührte nicht nur Kinderherzen. Spielzeugfabrikanten nutzten die Chance, um den «*Teddy bear*» zu kreieren, der schnell ein geschäftlicher Erfolg und weltweit bekannt wurde.

Die ungesicherte Stellung in der eigenen Partei blieb zunächst eine Schwachstelle. Mark Hanna, Roosevelts gefährlichster Gegner, wurde von der New Yorker Finanzoligarchie gestützt, die Zielscheibe von Roosevelts Attacken gegen die «besitzende Klasse» gewesen war. Wollte Roosevelt seine Gesetzesvorhaben durch den Kongress bringen und von seiner Partei 1904 als Präsidentschaftskandidat aufgestellt werden, mussten sich die Machtverhältnisse innerhalb der Partei ändern und sein Verhältnis zu den New Yorker

Großbankiers und Industriekapitänen entspannen. Dass ihm dies gelang, stellt seine Meisterschaft als routinierter Politiker unter Beweis. Durch eine geschickte Personalpolitik gewann er Einfluss auf die republikanischen Parteimaschinen in den Einzelstaaten. Sorgfältig pflegte er seine Verbindungen zu den Kirchen und den Führern der amerikanischen Juden, der Italiener, Deutschen und Schwarzen. Andererseits vermittelte er geschickt den Eindruck der Kontinuität, indem er McKinleys Kabinett beibehielt und bei seinen Reformvorhaben zunächst Kompromissbereitschaft zeigte. Seit dem Tod Hannas im Februar 1904 war Roosevelts Führungsposition in der Partei schließlich unangefochten. Im Juni 1904 nominierten ihn die Delegierten auf dem Parteitag der Republikaner in Chicago fast einstimmig zum Kandidaten für die bevorstehenden Präsidentschaftswahlen. Gemeinsam mit seinem *running mate*, Senator Charles Warren Fairbanks aus dem Staat Indiana, gewann Roosevelt am 8. November 1904 die Wahl gegen den Kandidaten der Demokraten, Alton Brooks Parker, mit überwältigender Mehrheit. Noch in der Wahlnacht kündigte Roosevelt seinen Verzicht auf eine erneute Kandidatur für 1908 an.

Bereits im Dezember 1901 hatte er vor dem Kongress erklärt, dass die Schwerpunkte seiner Innenpolitik auf der Verwirklichung von Reformen und der Sicherung der sozialen Stabilität liegen würden und dass außenpolitisch die Durchsetzung der Monroe-Doktrin und der Flottenbau in den Mittelpunkt rücken sollten.

Bei der Reformpolitik seiner Präsidentschaftszeit, die er 1903 mit dem Begriff des *Square Deal* charakterisierte, stand vor allem die Kontrolle der gigantischen Trusts durch den Staat im Mittelpunkt. Roosevelt wusste, dass die USA nicht mehr auf Großunternehmen verzichten konnten, wenn sie mit der internationalen Konkurrenz mithalten wollten. Sein Kampf gegen die «mächtigen industriellen Herrscher des Landes» galt lediglich den «schwarzen Schafen» unter ihnen, die seiner Ansicht nach aus purem Egoismus und Gewinnsucht die Spielregeln des freien Wettbewerbs missbrauchten. Nur durch staatliche Kontrolle könne, davon war er überzeugt, die Gesellschaft diesen Missstand wieder in den Griff bekommen. «Gute» Unternehmen stellten dagegen ihr Verantwortungsbewusstsein unter Beweis, indem sie neben dem Profitinteresse das Gesamtwohl der Gesellschaft im Auge behielten.

Die Machtprobe begann 1902, als Roosevelts Generalstaatsanwalt Philander C. Knox mit Hilfe des *Sherman Antitrust*-Gesetzes von 1890 ein Verfahren gegen das einflussreiche Eisenbahnkonglomerat der *Northern Securities Company* einleitete und der Supreme Court 1904 die Auflösung des Trusts anordnete. Weitere Trustverfahren kamen hinzu. Roosevelts Pragmatismus zeigte sich jedoch darin, dass er den Zusammenstoß mit den Finanzmagnaten von Wall Street vermied, als diese Kooperationsbereitschaft zeigten und sich zur Anerkennung staatlicher Kontrollbefugnisse bereitfanden.

Weitere Reformmaßnahmen umfassten die Einrichtung des Ministeriums für Handel und Arbeit von 1903, das die Kontrolle der national operierenden Wirtschaftsunternehmen übernahm. Auf gesetzlichem Wege wurden die Frachttarife der privaten Eisenbahnen reguliert sowie die übelsten Missstände bei der Lebensmittelverarbeitung und in der Pharmakologie abgestellt. Die tatsächliche Reichweite dieser Maßnahmen blieb zwar begrenzt, aber Reformen waren populär, zumal sich Roosevelt gleichzeitig von den Befürwortern radikaler Veränderungen absetzte, die er verächtlich als *muckraker* (Schmutzwerfer) bezeichnete. In der wirtschaftspolitisch besonders heiklen Zolltariffrage hielt Roosevelt sich zurück, obwohl er persönlich von der Notwendigkeit einer Reform überzeugt war. Dies war ein Zugeständnis an den konservativen Flügel seiner Partei, der 1897 mit dem *Dingley Tariff* die extreme Schutzzollpolitik eingeleitet hatte.

Roosevelts aufgeschlossene Haltung gegenüber den Anliegen der organisierten Arbeiterschaft wurde 1902 durch einen Streik in den Anthrazitkohlegruben von Pennsylvania auf die Probe gestellt. Die Sympathien des Präsidenten lagen eindeutig bei den streikenden Arbeitern, deren Forderungen nach Lohnerhöhung ihm gerechtfertigt erschienen. Er selbst griff in die Auseinandersetzung aber erst ein, nachdem sich die Grubenbesitzer uneinsichtig gezeigt hatten und der Monate anhaltende Ausstand die Kohlenversorgung der Nation für den kommenden Winter ernsthaft gefährdete. Mit der Drohung, die Armee in die Kohlengebiete einmarschieren zu lassen und die Gruben zu verstaatlichen, erreichte der Präsident nach langen Verhandlungen, dass die Grubenbesitzer einer schiedsgerichtlichen Lösung in der Lohnfrage zustimmten. Die Anerkennung der staatlichen Berechtigung, in Arbeitskonflikte einzugreifen, wertete Roosevelt als einen seiner größten innenpolitischen Triumphe. Auch wenn das Urteil des Schiedsgerichts den Arbeitern nur bescheidene Vorteile brachte, war doch ein Präzedenzfall dafür geschaffen worden, dass Arbeitskonflikte nicht ausschließlich eine Privatangelegenheit darstellten.

Bei den Anstößen zur Reform der Arbeitsverhältnisse kam Roosevelts gemäßigt-konservative politische Philosophie besonders deutlich zum Ausdruck, die auf dem Glauben an eine Interessenharmonie zwischen Kapital und Arbeit beruhte. Der Staat sollte nur die Korrektur von Missständen übernehmen, als Schützer des Gleichgewichts über den Parteien stehen und die «natürliche» Harmonie wiederherstellen. Anhänger der Klassenkampftheorie verurteilte er als «zwielichtige Demagogen und dumme Visionäre», und den

«Triumph des Pöbels» hielt er für «genauso schlimm wie den Triumph der Plutokratie». Andererseits begrüßte er aber die Bildung von Gewerkschaften als notwendiges Gegengewicht gegen die Konzentrationsbewegung auf Seiten des Kapitals.

Roosevelt prangerte immer wieder die Rückständigkeit der amerikanischen Arbeitsgesetzgebung im Vergleich zu allen anderen modernen Industriestaaten an. Vor allem setzte er sich für den Achtstundentag und Arbeitsschutzgesetze für Kinder und Frauen ein. Für arbeitsrechtliche Fragen besaßen jedoch die Einzelstaaten die gesetzgeberische Kompetenz, und bundesstaatlichen Initiativen waren deshalb enge Grenzen gesetzt. So wurde selbst ein Gesetz über die Haftungspflicht der Arbeitgeber vom Obersten Gerichtshof in Washington als verfassungswidrig verworfen. Den Interessen der amerikanischen Arbeitnehmer entsprach auch Roosevelts Bestreben, die Immigrationsgesetze zu verschärfen, um Einwanderer aus Asien und aus Süd- und Osteuropa, die als billige Arbeitskräfte die Löhne drückten, aus den Vereinigten Staaten herauszuhalten.

Wichtige Initiativen erfolgten im Umwelt- und Naturschutz. Schon 1902 wurde mit dem *Reclamation Act* ein großangelegter Bewässerungsplan für die trockenen Regionen des Westens begonnen. Der Schutz der Wälder vor rücksichtsloser Abholzung kam hinzu, wobei das Recht der Allgemeinheit Vorrang haben sollte vor den Interessen der Privatbesitzer. Darüber hinaus wurden neue Nationalparks geschaffen und die bereits bestehenden (Yellowstone, Yosemite, Grand Canyon) erweitert. Da sich diese Maßnahmen vor allem gegen große Spekulanten richteten, fanden sie in den westlichen Staaten viel Beifall.

Auch über die Behandlung der amerikanischen Ureinwohner dachte Roosevelt «modern» im Verständnis seiner Zeit. Ziel des *General Allotment Act,* das den Landbesitz der Indianer unter die Stammesangehörigen aufteilte, war es, «die Stammesmasse aufzubrechen». Für die Betroffenen bedeutete das nichts anderes als erzwungene Akkulturation und Identitätsverlust. Diese nach heutigen Vorstellungen inhumane Politik erschien damals als «fortschrittlich», denn die Heranführung der kulturell und sozial angeblich auf einer tieferen Stufe der Entwicklung anzusiedelnden Indianer an die «moderne» Zivilisation galt als Teil der Missionsaufgabe progressiver Politik.

Roosevelt war kein Rassist im strengen Sinne der zeitgenössischen Rassentheorie, die Menschen mit anderer Hautfarbe grundsätzlich für biologisch minderwertig erklärte. Er war der erste Präsident, der einen Vertreter der Schwarzen ins Weiße Haus einlud, obwohl ihm der Besuch des prominenten Booker T. Washington viel Kritik eintrug. Nicht die Hautfarbe, sondern die zivilisatorischen Leistungen eines Volkes waren für ihn ausschlaggebend. Von den Japanern, deren soziokulturelle Leistungen er schätzte, sprach er sehr anerkennend. Doch verhinderten seine einseitig an der eigenen Kultur ausgerichteten Denkmuster letztlich jedes einfühlende Verständnis für die Probleme anderer ethnischer Gruppen und Völker.

Roosevelts tiefer Glaube an die Überlegenheit der angelsächsischen und germanischen Zivilisation prägte auch seine außenpolitischen Überzeugungen und insbesondere seine Politik gegenüber den lateinamerikanischen Nachbarstaaten. Ökonomische Motive spielten bei seiner «imperialistischen» Politik eine eher untergeordnete Rolle, zumal sich die Konjunktur seit seinem Amtsantritt bis zum Krach in Wall Street im Herbst 1907 zufriedenstellend entwickelte und die amerikanischen Exporte nichts zu wünschen übrigließen. Roosevelt ging es auch nicht um territoriale Eroberungen, wobei das für den Bau des Panamakanals vorgesehene Gebiet allerdings eine wichtige Ausnahme darstellte. Sein «Imperialismus» war sicherheitspolitisch motiviert und konzentrierte sich auch im Hinblick auf den Panamakanal auf die Sicherung der amerikanischen militärischen Überlegenheit im karibischen Raum. Roosevelt teilte jedoch die Auffassung vieler Imperialismustheoretiker, dass die westlichen Nationen gegenüber den zivilisatorisch angeblich noch wenig entwickelten Völkern der Peripherie eine Missionsaufgabe wahrzunehmen hätten. Er war unfähig, die sozioökonomischen Schwierigkeiten zu verstehen, mit denen diese Länder zu kämpfen hatten, und lastete ihre wirtschaftliche und politische Instabilität den korrupten Führungseliten an. Als «schurkischen kleinen Affen» beschimpfte er den venezolanischen Präsidenten Cipriano Castro, als dieser ein amerikanisches Unternehmen zur Einhaltung der in Venezuela geltenden Gesetze zwingen wollte. Mit ähnlichen Schimpfworten bedachte er Kolumbiens Parlamentarier, die mit ihrer Weigerung, den USA die Rechte zum Bau des Panamakanals zu verkaufen, zunächst den Baubeginn blockierten. Roosevelt setzte sich über ihren Widerstand hinweg, indem er die Unabhängigkeitsbestrebungen Panamas förderte und damit die Kanalroute in amerikanischen Besitz brachte. Nichts hat die politischen Beziehungen zwischen den lateinamerikanischen Staaten und den USA vor dem Ersten Weltkrieg so vergiftet wie diese Demonstration Roosevelt'scher Machtpolitik. In diesen Zusammenhang gehört auch Roosevelts *Corollary* zur Monroe-Doktrin vom Dezember 1904, die besagte, dass die USA zukünftig im karibischen Raum Polizeifunktionen übernehmen würden, um das Verhalten der dortigen Machthaber zu kontrollieren. Es folgte 1905 der Oktroi einer Zollkontrolle in der Dominikanischen Republik, von dem sich Roosevelt auch nicht durch die Opposition des amerikanischen Senats abbringen ließ. Kuba musste schon 1903 mit dem *Platt Amendment* eine gravierende Einschränkung seiner Souveränität hinnehmen und den USA Guantanamo als Marinestützpunkt abtreten. 1906 landeten erneut amerikanische Marinetruppen auf Kuba. Erst Elihu Root, der nach dem Tod von John Hay 1905 das Amt des Außenministers übernahm, gelang es, die Wogen der Empörung in Lateinamerika vorübergehend zu glätten.

Roosevelts Lateinamerikapolitik brachte ihm den Ruf eines machtbesessenen und kriegslüsternen Imperialisten ein. Mit seinem markanten Satz, «sprich sanft und trage einen dicken Knüppel und du wirst weit kommen», trug er selbst dazu bei, dass sich sein Bild im allgemeinen Geschichtsbewusstsein zur Karikatur verzerrte. Mit dem *big stick* war die amerikanische Schlachtflotte gemeint, die Roosevelt jedoch nicht zur Disziplinierung der schwachen Staaten des karibischen Raumes einsetzen wollte, sondern die ihm als Instrument seiner Abschreckungspolitik gegenüber den deutschen Expansionsbestrebungen in Lateinamerika, aber auch gegen japanische Ambitionen in Asien diente. Gegenüber Großbritannien erschienen maritime Drohgebärden dagegen als überflüssig, da die englische Regierung seit der Venezuela-Krise von 1895/96 wegen ihrer wachsenden Belastungen in Europa und Afrika und mit Rücksicht auf das militärisch ungeschützte Kanada einen proamerikanischen Kurs steuerte.

Die gesamte amerikanische Sicherheitspolitik war bereits seit 1900 auf das deutsche Feindbild abgestellt, nachdem die kaiserliche Regierung zur «Weltpolitik» übergegangen und mit den Tirpitz'schen Flottengesetzen den systematischen Schlachtflottenbau begonnen hatte. Angesichts der gewaltigen Dimensionen der deutschen Rüstungspläne musste mit einer Verschiebung des Machtgleichgewichts im Atlantik gerechnet werden, durch das langfristig die Monroe-Doktrin gefährdet werden konnte, zumal die Reichsleitung lautstark betonte, zukünftig den deutschen «Platz an der Sonne» auch in Westindien behaupten zu wollen. Einer kriegerischen Auseinandersetzung mit der deutschen Marine fühlten sich die amerikanischen Admirale damals nur begrenzt gewachsen. Oberstes Ziel der amerikanischen Sicherheitspolitik wurde es deshalb, den Erwerb eines maritimen Stützpunktes im karibischen Raum durch das Kaiserreich zu verhindern, weil das die strategische Ausgangsposition in einem deutsch-amerikanischen Krieg erheblich zugunsten Deutschlands verändert hätte. Gleichzeitig wurden die Fortschritte des deutschen Flottenbaus zum ausschlaggebenden Kriterium für die amerikanischen maritimen Rüstungsanstrengungen. Roosevelt befürwortete diese sicherheitspolitischen Grundsätze uneingeschränkt.

Die amerikanischen Befürchtungen waren nicht ganz aus der Luft gegriffen, denn die deutsche Marineleitung war tatsächlich an einem Stützpunkt in der Karibik interessiert, und die Existenz analoger deutscher Operationspläne für einen Krieg mit den Vereinigten Staaten verweist darauf, dass auch seitens der Reichsleitung in dieser Zeit mit einem erhöhten deutsch-amerikanischen Kriegsrisiko gerechnet wurde.

Hintergrund der amerikanischen Befürchtungen war letztlich, dass sich der in der Monroe-Doktrin formulierte politische Vorherrschaftsanspruch der USA über die gesamte westliche Hemisphäre noch nicht mit den realen ökonomischen Machtverhältnissen in Lateinamerika deckte. Europäische und insbesondere britische und deutsche Wirtschaftsinteressen, nicht dagegen amerikanische bestimmten das Bild. Zugleich war seit 1890 die europäische Bereitschaft, zum Schutz der eigenen Interessen so wie in Asien und Afrika auch in Süd- und Mittelamerika militärisch zu intervenieren, erheblich gestiegen. Roosevelts Sorge galt der Tatsache, dass europäischen Interventionen völkerrechtlich nichts entgegenstand und die Durchsetzung der Monroe-Doktrin ausschließlich eine Machtfrage war. Die Flotte bekam deshalb als politisches Abschreckungsinstrument für ihn ein sehr großes Gewicht.

Zu einer ernsten Machtprobe mit dem Kaiserreich kam es anlässlich der deutsch-englischen Blockade der venezolanischen Küste im Winter 1902/03. Mit Hilfe der rechtzeitig zu Manöverzwecken vor Puerto Rico versammelten Flotte brachte Roosevelt die Abschreckungswirkung der eigenen Seemacht zur Geltung und zwang die kaiserliche Regierung zum Kompromiss in den anstehenden Reklamationsfragen. Roosevelt selbst war davon ausgegangen, dass es die deutsche Regierung auf den Erwerb der venezolanischen Insel Margarita als Stützpunkt abgesehen hatte. Erst nach der Krise wurde klar, dass sie stattdessen auf die Etablierung einer Finanzkontrolle nach ägyptischem Vorbild spekuliert hatte. Irritierend wirkte auf Roosevelt die britische Beteiligung an der Blockade, da sie nicht einkalkuliert war und seine Abschreckungspläne gegenüber dem Kaiserreich durchkreuzte. Doch die deutsch-englische Allianz erwies sich als brüchig. Roosevelt konnte deshalb diplomatisch freundlich, aber entschieden seine im karibischen Raum stationierte Flotte als *big stick* ins Spiel bringen und die kaiserliche Regierung zum Rückzug zwingen. Diplomatisch endete die Krise für Roosevelt mit einem großen Erfolg, zumal während ihres Verlaufs deutlich geworden war, dass ein deutsch-englisches Zusammengehen in Lateinamerika auch bei der Bevölkerung beider Länder keine tragfähige Basis mehr besaß. Nun begann auf deutscher Seite der Kaiser persönlich, Roosevelt zu umwerben, und es entstand ein deutsch-englisches Wettrennen um die amerikanische Freundschaft, das umso intensiver wurde, je kritischer sich das deutsch-englische Verhältnis gestaltete.

Die Venezuela-Krise hatte 1904 ein Nachspiel, als der Internationale Haager Gerichtshof den Interventionsmächten einen Präferenzanspruch bei der Erledigung ihrer Reklamationsforderungen zubilligte. Das Urteil stellte Roosevelt vor die unerfreuliche Alternative, entweder in Lateinamerika die gewaltsame Eintreibung von Reklamationen und Schulden durch europäische Mächte zu tolerieren oder selbst mehr Verantwortung für die dortigen Staaten zu übernehmen und sich zum Büttel der europäischen Gläubiger zu machen. Roosevelt entschied sich für die zweite Möglichkeit als das geringere Übel. In diesem Zusammenhang ist seine *Corollary* zur Monroe-Doktrin zu bewerten. Vor dem amerikanischen Senat begründete er seine Intervention in der Dominikanischen Republik mit der nach dem Haager Urteil erhöhten Gefahr einer Intervention europäischer Mächte. Aus dem Schutz vor europäischer Fremdherrschaft, den die Monroe-Doktrin proklamierte, leitete Roosevelt die Rechtfertigung seiner Interventionen ab. Dabei räumte er ein, dass die Monroe-Doktrin in erster Linie den eigenen amerikanischen Sicherheitsinteressen diente, gestand sich aber nicht ein, dass die amerikanische Fremdherrschaft den karibischen Republiken genauso verhasst war wie die europäische. An seiner Entschlossenheit, die Monroe-Doktrin entsprechend den eigenen Vorstellungen zu verteidigen, hätte allerdings auch diese Einsicht nichts geändert.

Den Höhepunkt seines außenpolitischen Einflusses erreichte Roosevelt in der durch den russisch-japanischen Krieg und den deutsch-französischen Konflikt in Marokko ausgelösten internationalen Krise der Jahre 1904–1906. Nach den russischen Niederlagen in Ostasien gelang ihm die Vermittlung eines Waffenstillstandes, der anschließend auf der Konferenz von Portsmouth in New Hampshire unter Roosevelts Vorsitz zum Frieden führte. Auch im Marokkostreit erzielte er 1905 den entscheidenden Durchbruch, nachdem die kaiserliche Drohpolitik gegenüber Frankreich in eine gefährliche Sackgasse geführt hatte. Die französische Regierung ging schließlich auf Roosevelts Drängen ein, die deutsche Forderung nach einer internationalen Konferenz über Marokko zu akzeptieren. Auf der Konferenz von Algeciras sorgte Roosevelt Anfang 1906 dafür, dass die kaiserliche Regierung ihr Ziel, Frankreich in Marokko unter Druck zu setzen und damit die anglo-französische Entente zu schwächen, nicht erreichte. Die Entente, die Roosevelt als Garanten des europäischen Gleichgewichts einschätzte, ging dank der amerikanischen Unterstützung gestärkt aus der Krise hervor.

Der eskalierende deutsch-englische Konflikt brachte für die USA eine gewisse Entspannung der Sicherheitslage im Atlantik mit sich. Gleichzeitig erwies sich die Verteidigung amerikanischer Interessen im Pazifik als zunehmend schwieriger, denn durch die antijapanische Einwanderungspolitik Kaliforniens und die japanischen Expansionsbestrebungen in China wurde das amerikanisch-japanische Verhältnis ab 1906 nachhaltig getrübt. Als besonders kritisch erwies sich, dass die amerikanische Seemacht nicht ausreichte, um die Philippinen gegen einen japanischen Angriff erfolgreich zu verteidigen, solange die Schlachtflotte als Abschreckungsinstrument gegen Deutschland im Atlantik bleiben musste. Roosevelt sah nun ein, dass der von ihm 1898 heftig geforderte Erwerb der Inselgruppe ein Fehler gewesen war, weil die Philippinen zur «Achillesferse» der amerikanischen Sicherheit im Pazifik werden konnten. Das so entstandene Zweifrontendilemma ließ sich nur mit Hilfe des Panamakanals lösen, der eine schnelle Einsatzbereitschaft der amerikanischen Schlachtflotte auf beiden Ozeanen ermöglichen würde. Bis zur Fertigstellung des Kanals waren die USA nach Roosevelts Überzeugung gezwungen, gegenüber Japan mit aller Vorsicht zu agieren. Mit dem *gentlemen's agreement* von 1907 und dem Root-Takahira-Abkommen von 1908 gelang eine temporäre Beilegung der Streitigkeiten. 1908 entschied sich Roosevelt aber auch zu einer militärischen Machtdemonstration gegenüber Japan, indem er die amerikanische Schlachtflotte unter dem Vorwand einer «Weltumsegelung» in den Pazifik auslaufen ließ. Der «Freundschafts»-Besuch der amerikanischen Flotte im Hafen von Tokyo wirkte in Japan ernüchternd, entschärfte jedoch keineswegs das Konfliktpotential, das sich zwischen den beiden Mächten angesammelt hatte.

Unermüdlich forderte Roosevelt den Ausbau der amerikanischen Flottenmacht mit dem Resultat, dass die USA am Ende seiner Amtszeit die zweitstärkste Seemacht der Erde geworden waren. Roosevelt war jedoch trotz seiner kämpferischen Attitüden kein Militarist. Die Akzentuierung militärischer Macht war nicht Selbstzweck, sondern ergab sich aus seiner Sicht der globalen Lage: In einer waffenstarrenden Welt konnten die USA nicht abseits stehen, ohne ihre nationalen Interessen zu gefährden. Das eigene Land stand seiner Ansicht nach vor der Alternative, entweder selbst maritim aufzurüsten oder langfristig ähnlich wie China das Opfer der Begehrlichkeiten anderer Mächte zu werden. Chinas Leiden waren für ihn beispielhaft für das Schicksal einer zwar hochgebildeten und reichen, aber verweichlichten, nicht mehr innovativen Zivilisation, das er der eigenen Nation ersparen wollte.

Roosevelt hielt zwar alle extremen Pazifisten für weltferne Romantiker, aber er war kein grundsätzlicher Gegner der Friedensbewegung, die in den Jahren unmittelbar vor 1914 eine Blütezeit erlebte. Sicherheit war für ihn eine relative Größe. Abrüstung konnte nur dann friedensstabilisierend wirken, wenn sich alle Großmächte beteiligten. So befürwortete Roosevelt im Vorfeld der zweiten Haager Friedenskonferenz von 1907 maritime Rüstungsabkommen als Mittel der internationalen Entspannung, solange durch sie nicht das internationale Gleichgewicht auf Kosten der USA verändert werde. Im Grunde glaubte er aber nicht an die Realisierbarkeit solcher Vorhaben unter den gegebenen Voraussetzungen. Den von der Friedensbewegung propagierten Schiedsgerichtsgedanken ordnete er der Sicherung nationaler Interessen unter. Die eigene souveräne Entscheidungsfreiheit sollte im Ernstfall nicht beeinträchtigt werden. Diesem Prinzip entsprachen die 1904 mit Großbritannien, Deutschland und anderen europäischen Staaten abgeschlossenen Schiedsgerichtsverträge, deren Wirkung dementsprechend gering blieb.

Dass Roosevelt 1906 trotz seiner Skepsis gegenüber der Friedensbewegung den Friedensnobelpreis erhielt, wirft ein bezeichnendes Schlaglicht auf den friedlosen Zustand der Welt zu Beginn des 20. Jahrhunderts. Mit der Verleihung wurden vor allem seine Verdienste bei der Beendigung des russisch-japanischen Krieges gewürdigt. Bei der Preisverleihung in Christiania (jetzt Oslo) am 5. Mai 1910 rief Roosevelt nochmals zur maritimen Abrüstung, zur Stärkung des Haager Gerichtshofes sowie zur Gründung einer *League of Peace* auf, die jeden Friedensbruch notfalls mit Gewalt ahnden sollte. Hier nahm er Woodrow Wilsons Idee der *League of Nations* vorweg, allerdings ohne sich mehr als verbal dafür einzusetzen.

Während seiner Reise durch Europas Hauptstädte auf dem Weg nach Christiania erreichte Roosevelt – nun schon als Expräsident – den Gipfelpunkt seines internationalen Ansehens. Überall wurde er von der Bevölkerung enthusiastisch begrüßt und von den Monarchen mit ungewöhnlichen Ehren bedacht. Nur in Deutschland erschien ihm der Empfang kühl, wenngleich Kaiser Wilhelm II. ihn mit Freundschaftsbezeugungen geradezu überhäufte. Bei den Trauerfeierlichkeiten für den britischen König Edward VII. in London im Mai 1910 bewegte er sich als Sondergesandter seines Landes unter den versammelten gekrönten Häuptern Europas mit einer Sicherheit, die nicht nur dem eigenen Selbstbewusstsein, sondern auch dem Respekt entsprang, den ihm die anwesenden Monarchen als Persönlichkeit und als Repräsentant der amerikanischen Weltmacht entgegenbrachten.

Zurück in den Vereinigten Staaten, begann Roosevelts Konflikt mit seinem Nachfolger William H. Taft, der besonders bittere Züge annahm, da es sich um einen engen Freund handelte. Roosevelts Erwartung, Taft werde die eigene Politik fortführen, erfüllte sich nicht. Stattdessen brachten Tafts Initiativen in der Zolltariffrage und der Umweltpolitik die Republikanische Partei der Spaltung nahe. Entsetzt sah Roosevelt auch, wie sein Nachfolger in der Außenpolitik das vorsichtige Agieren gegenüber Japan aufgab und sich nicht scheute, die europäischen Mächte mit seiner Chinapolitik zu brüskieren. Tafts Schiedsvertragsvorschläge gegenüber den europäischen Mächten kritisierte

Roosevelt heftig in der einflussreichen Zeitschrift *Outlook,* an der er seit 1909 als Herausgeber mitarbeitete. Die Aussichten auf einen Sieg Tafts bei den Präsidentschaftswahlen des Jahres 1912 erschienen immer geringer. Roosevelts Versuch, als Vertreter des progressiven Flügels seiner Partei gegen Taft zu kandidieren, scheiterte jedoch, da Taft die Republikanische Parteimaschine kontrollierte, die ihm erneut die Nominierung zum Präsidentschaftskandidaten sicherte. Nun spalteten sich die Republikaner endgültig, und die Progressive Partei wurde gegründet, die sich mit dem Programm des *New Nationalism* weitreichenden Reformen verschrieb und Roosevelt zu ihrem Präsidentschaftskandidaten wählte. Die Hoffnung auf Zulauf aus dem progressiven Lager der Demokratischen Partei ging jedoch nicht auf, nachdem diese mit Woodrow Wilson ebenfalls einen progressiven Kandidaten aufgestellt hatte. In den Wahlen vom November 1912 siegte Wilson vor Roosevelt und Taft. Das war ein schwerer Schlag für die sieggewohnte Partei, der zumindest teilweise Roosevelt angelastet wurde.

Nach dem Ende seiner Amtszeit als Präsident hatte sich Roosevelt 1909 nach Afrika eingeschifft, um an einer Safari teilzunehmen, die ihn von Britisch-Ostafrika bis nach Ägypten führte. Nun begab er sich nach dem Debakel seines zweiten Anlaufs für das Präsidentenamt im Oktober 1913 nach Brasilien auf eine Vortragsreise und beteiligte sich an einer Expedition in das noch unerforschte Landesinnere. Im Urwald zog er sich Malaria und eine schwere Beinverletzung zu, die seitdem seine Gesundheit beeinträchtigten.

Dennoch gab Roosevelt sein politisches Engagement nicht auf und machte sich offensichtlich Hoffnungen, Woodrow Wilson die Präsidentschaft nochmals abringen zu können. Seit dem Herbst 1914 befürwortete er einen scharfen amerikanischen Protest gegen den deutschen Einmarsch in Belgien und eine massive Aufrüstung der amerikanischen Armee und Marine. Nach der Versenkung des britischen Dampfers *Lusitania* setzte er sich für den amerikanischen Kriegseintritt auf Seiten der Alliierten ein. Anfang 1917 wetterte er lautstark gegen Wilsons Kriegsziel des *peace without victory,* begrüßte dann dessen Kriegserklärung, verurteilte aber 1918 leidenschaftlich sein «Vierzehn-Punkte»-Programm und forderte stattdessen die Fortführung des Krieges bis zur bedingungslosen Kapitulation der Mittelmächte. Hatte er zu Beginn des Weltkrieges durchaus noch die Funktion Deutschlands als Bollwerk gegen Russland begrüßt, so wollte er nun die preußische Militärmacht ein für alle Mal vernichtet sehen. Seine Kampagne gegen Präsident Wilson uferte immer mehr in unkontrollierte Beschimpfungen aus. Trotzdem hielt der progressive Flügel der inzwischen wiedervereinten Republikanischen Partei an ihm als Führer fest, und selbst Taft versöhnte sich mit ihm. 1918 galt er als chancenreichster Kandidat für die Präsidentschaftskandidatur der Republikaner für 1920. Doch seine Gesundheit bereitete derartigen Plänen ein jähes Ende. Als Spätfolge seiner Verletzungen im brasilianischen Urwald musste er sich einer Operation unterziehen, die er nur knapp überstand. Der Tod seines jüngsten Sohnes Quentin an der französischen Front schwächte zusätzlich seinen Lebenswillen. Am 6. Januar 1919 starb Roosevelt mit 60 Jahren auf seinem Landsitz Sagamore Hill bei New York. Bis kurz vor seinem Tod hatte er bezeichnenderweise an einem Vortrag über «Amerikanismus» gearbeitet, das heißt dem Thema, das ihn sein Leben lang am meisten beschäftigt hatte.

Roosevelt war sicherlich kein geistiger Erneuerer der Vereinigten Staaten. Dank seiner persönlichen Integrität, Vitalität, Energie, politischen Realitätsnähe, Weltkenntnis und Weitsicht besaß er jedoch ein Charisma, das seine Schwächen überdeckte und ihn zu einem der populärsten Präsidenten der USA machte. Im historischen Bewusstsein repräsentiert er Amerikas Aufstieg zur Weltmacht. Dem Präsidentenamt verlieh er einen bis dahin ungewohnten Glanz. Ob er zu den ganz großen Präsidenten gezählt werden kann, mag umstritten sein, nicht aber, dass er wie kaum ein anderer Bewohner des Weißen Hauses die Zunft der Historiker fasziniert und zur Stellungnahme herausgefordert hat.

Ragnhild Fiebig-von Hase

WILLIAM H. TAFT
1909–1913

Präsident und Oberster Bundesrichter

Als William Howard Taft am 4. März 1909 seinen Eid auf die Verfassung ablegte, hatte er bereits eine ungewöhnlich erfolgreiche Karriere im öffentlichen Dienst hinter sich. Am 15. September 1857 in Cincinnati, Ohio, geboren, besuchte er in seiner Heimatstadt die Schule, dann die Universität Yale, wo er 1878 graduierte, und beendete sein juristisches Studium an der Cincinnati Law School. 1880 in Ohio als Anwalt zugelassen, wechselte er 1881 in den Staatsdienst und wurde 1887 zum Richter am Superior Court des Staates Ohio berufen. 1890 ernannte ihn Präsident Harrison zum Solicitor General der Vereinigten Staaten. 1892 kehrte er nach Cincinnati zurück, wo er acht Jahre als Richter am United States Circuit Court wirkte. McKinley berief ihn 1900 zum Präsidenten der Second Philippine Commission, die eine Verfassung für die seit 1898 von amerikanischen Truppen besetzte Inselgruppe ausarbeiten sollte. Im Jahr darauf wurde er der erste Gouverneur der Philippinen, ein Amt, das wegen des zähen philippinischen Widerstandes gegen die amerikanische Besatzung besonderes diplomatisches Geschick erforderte. 1904–1908 gehörte er als Kriegsminister Präsident Roosevelts Kabinett an. Auf Roosevelts Vorschlag hin wählte ihn die Republikanische Partei im Juni 1908 zu ihrem Präsidentschaftskandidaten. Die Wahlen im November 1908 gewann er gemeinsam mit seinem Vizepräsidentschaftskandidaten, Senator James Sherman aus New York, vor dem Kandidaten der Demokraten, William Jennings Bryan.

Die langjährige Erfahrung im Staatsdienst war jedoch für die Präsidentschaft keine Erfolgsgarantie. Im heutigen Geschichtsbild verdichtet sich vielmehr der Eindruck des Scheiterns: Schon während seiner Amtszeit sprach man von ihm als «Stümper» und kritisierte seine Entschlusslosigkeit und Lethargie. 1912 verlor er die Präsidentschaftswahlen gegen den demokratischen Herausforderer Woodrow Wilson, nachdem sich die eigene Partei gespalten hatte und Expräsident Roosevelt als Kandidat des progressiven Flügels gegen ihn angetreten war. Die Periode nahezu unangefochtener Herrschaft der Republikaner in Washington hatte damit ein Ende gefunden. Die Gründe des Scheiterns sind in Tafts Charakter, in seinem Verhältnis zu Roosevelt, dem Zustand der Republikanischen Partei, aber vor allem in Tafts politischen Präferenzen und Entscheidungen zu suchen.

Mit sieben Geschwistern verlebte Taft in Cincinnati eine behütete Jugend im Haus seiner Eltern, dem angesehenen Richter Alphonso Taft und dessen zweiter Frau Louise Maria, geb. Torrey. Die Wertvorstellungen der Eltern, die der junge Taft übernahm, waren konservativ und zeichneten sich durch einen ausgeprägten Individualismus aus, der sich mit einem sensiblen sozialen Gewissen und einem intensiven Rechtsbewusstsein verband. Gutmütig, klug, umgänglich und optimistisch veranlagt, war der junge William überall beliebt. Schon früh kämpfte er mit Gewichtsproblemen und ließ Konfliktscheu und temporäre Antriebslosigkeit erkennen, die sich während der Präsidentschaft zu depressiven Phasen ausweiteten. Neben dem Ehrgeiz der Mutter und den guten Verbindungen des Vaters wirkte als Schwungrad für die Karriere nach der Heirat 1886 seine hochintelligente und charmante Frau Helen, geb. Herron, die ihren Ehrgeiz nicht auf die Erziehung der drei Kinder beschränkte, sondern schon früh das Präsidentenamt für ihren Mann erträumte.

Tafts eigene Ambitionen galten jedoch zunächst dem Amt des Chief Justice des Supreme Court. Diese Zielsetzung verrät eine realistische Einschätzung der eigenen Begabung und des eigenen Charakters, dem politisches Charisma weitgehend fehlte. Dass er sich der Republikanischen Partei trotz seiner Abneigung gegen Wahlkämpfe und Öffentlichkeitsarbeit als Kandidat zur Verfügung stellte, verweist auf den Einfluss seiner Frau und seines Bruders Charles, der ihn auch finanziell unterstützte.

Während seiner Präsidentschaft gelang es Taft nicht, aus dem Schatten des Vorgängers herauszutreten. Roosevelts Leistungen waren die Elle, mit der sich Taft selbst maß und mit der er von der Öffentlichkeit gemessen wurde. Trotz ihrer gegensätzlichen Charaktere waren Taft und Roosevelt politisch und auch privat Freunde. Die Dynamik des Politikers Roosevelt und die unprätentiöse Nüchternheit des engagierten Juristen Taft ergänzten sich. Roosevelt schätzte Tafts joviale Behäbigkeit, seinen unbestechlichen Charakter, seinen scharfen juristischen Verstand und seine bedingungslose Loyalität. Taft genoss Roosevelts Freundschaft und die Vertrauensstellung, die er seit 1904 als einer der engsten Berater des Präsidenten einnahm. Die beiden verbanden ihre republikanisch-demokratischen Wertvorstellungen und ihr Engagement für die Erneuerung von Staat und Gesellschaft, auch wenn Taft hierbei stets konservativere Positionen vertrat als Roosevelt. Roosevelt war deshalb überzeugt, dass Taft als Präsident seine Reformpolitik fortführen werde. Die wohlgemeinten Ratschläge seines Mentors empfand Taft jedoch schon bald als Gängelei, so dass die Bewunderung für Roosevelt immer stärker in einen Widerspruch zum eigenen Selbstbehauptungswillen geriet. Als Taft aber seine eigenen Wege zu gehen begann und damit zu scheitern drohte, wandelte sich auch Roosevelts Einstellung in Rivalität und schließlich in Feindschaft.

Tafts Ziel war zunächst die Konsolidierung von Roosevelts Reformen, wobei er jedoch mehr Rücksicht auf den konservativen Flügel seiner Partei, die sogenannten *Stand-Patters,* und deren mächtige Vertreter im Kongress, Senator Nelson Aldrich und den republikanischen Sprecher des Abgeordnetenhauses Joseph Cannon, nahm. Dadurch geriet er in Konflikt mit dem progressiven Flügel der Republikaner, den sogenannten *Insurgents* um Senator Robert M. LaFollette, die sich auf das Reformerbe Roosevelts beriefen. Den ersten Anlass zur Verstimmung bildete für Roosevelt die Zusammenstellung des neuen Kabinetts. Roosevelts Erwartung, dass Taft die politische Kontinuität auch personell demonstrieren werde, wurde enttäuscht. Statt der alten Garde berief Taft auf die wichtigsten Posten im Kabinett Persönlichkeiten seines eigenen Vertrauens, unter denen sich auch zwei Demokraten befanden; konservative Juristen mit engen Verbindungen zur Großindustrie dominierten. So übernahm der Wirtschaftsanwalt Philander C. Knox als Secretary of State die Führung der Außenpolitik. Heftige Kritik aus dem Kreis der Reformer erntete Taft vor allem durch die Berufung Richard A. Ballingers zum Innenminister, da er Roosevelts Naturschutzpolitik im Westen revidieren und einen Großteil der für den Staat reservierten Waldgebiete wieder der Nutzung durch private Besitzer zuführen wollte.

Von einer generellen Reformfeindlichkeit Tafts kann jedoch keine Rede sein, denn er führte viele bereits unter Roosevelt begonnene Reformvorhaben zu Ende und nahm neue in Angriff. So setzte er die schwierige Reform der Post und die Einrichtung einer Postsparkasse durch und trieb auch die Reform der Bundesverwaltung nach Leistungskriterien voran. Dem Ministerium für Handel und Arbeit wurde ein eigenes Amt zugeordnet, das die Kinderarbeit energisch einschränken sollte. 1910 gelang mit dem *Mann-Elkins Act* die Erweiterung der staatlichen Kontrolle über die Eisenbahngesellschaften. Mit insgesamt 90 vor den Gerichten verhandelten Antitrust-Verfahren ging Taft trotz seiner unternehmerfreundlichen Neigungen sehr viel energischer als Roosevelt gegen die unrechtmäßige Ausnutzung von Marktmacht durch die Großunternehmen vor. Diese rigorose Antitrust-Politik schwächte allerdings seine politische Basis in der Republikanischen Partei und unter den ihr nahestehenden Unternehmen.

Tafts wichtigstes innenpolitisches Vorhaben war die überfällige Reform des Zolltarifes. Die hohen Tarife des Dingley-Zollgesetzes von 1897 sollten ermäßigt werden. Dieser heiklen Aufgabe war Roosevelt bewusst aus dem Weg gegangen. Der Flügel der Republikaner, der für hohe Schutzzölle eintrat und sich Zollreformen widersetzte, formierte sich aus Vertretern der Industriezweige, deren zentrales Interesse die Abschirmung des amerikanischen Marktes vor den billigeren Produkten ihrer europäischen Konkurrenten war und die allenfalls Zollermäßigungen für den Rohstoffimport befürworteten. Der progressive Flügel vertrat dagegen die Interessen der Landwirtschaft und einiger verarbeitender Industrieunternehmen, die durch die Liberalisierung des Außenhandels Exportsteigerungen erreichen wollten. Tatsächlich machten die Auswirkungen der Finanzkrise vom Herbst 1907 und der nachfolgenden Rezession den Kurswechsel in der Wirtschafts- und Finanzpolitik notwendiger denn je. Doch die *Stand-Patters* blockierten im Kongress die Erhöhung der Erbschaftssteuer und die Einführung einer Einkommenssteuer, die als Ausgleich für die Einnahmenverluste durch Zollsenkungen vorgesehen waren. In dem *Payne-Aldrich Act* vom August 1909 setzten sie stattdessen ihre Zollwünsche ohne Rücksicht auf die *Insurgents* durch, nachdem Präsident Taft kaum Anstrengungen unternommen hatte, den ungehemmten Egoismus der Interessengruppen zu zügeln und die eigene Partei auf einen Kompromisskurs einzuschwören. Unter den progressiven Republikanern verstärkte sich der Eindruck, dass der Präsident im konservativen Lager stehe. Auf einem langen Werbezug für seine Politik durch die westlichen Staaten schlug Taft offene Ablehnung entgegen, die sich noch verstärkte, als im Verlauf des Jahres 1909 die Lebenshaltungskosten drastisch stiegen und das neue Zollgesetz dafür verantwortlich gemacht wurde. In einer Streikwelle kam 1910 die weitverbreitete Unzufriedenheit offen zum Ausbruch.

In der Außenpolitik ging Taft ebenfalls seine eigenen Wege. Trotz wiederholter eindringlicher Warnungen Roosevelts vor einer Belastung der Beziehungen zu Japan durch die kalifornische Rassengesetzgebung und vor den sicherheitspolitischen Gefahren in Ostasien waren weder Taft noch Knox bereit, die bisher zurückhaltende Politik gegenüber Japan fortzusetzen und die japanische Expansion in China zu tolerieren. Beide waren vielmehr davon überzeugt, dass nichts die «japanische Gefahr für den Fernen Osten» effizienter eindämmen könne als das Engagement amerikanischer Banken und Unternehmen in China. Im Rahmen der *dollar diplomacy* sollte amerikanisches Kapital dazu beitragen, China wirtschaftlich zu entwickeln, was zur politischen Stabilisierung führen und den amerikanischen Einfluss stärken würde. Zugleich sollte den Bestrebungen der Kolonialmächte, China in Interessensphären aufzuteilen, ein Riegel vorgeschoben werden. Der Mythos von den unerschöpflichen Absatzmöglichkeiten auf dem China-Markt war eine wichtige Antriebsfeder, während gleichzeitig die vielen in China tätigen amerikanischen Missionsgesellschaften die Vorstellung von dem «besonderen Verhältnis» des eigenen Landes zum «Land der Mitte» am Leben erhielten. Die Regierung selbst, nicht dagegen Wall Street, war das treibende Element der China-Politik, ließen sich die amerikanischen Finanziers doch erst durch besonderes Drängen und Garantien der Regierung zu riskanten China-Geschäften bewegen. Mit Hilfe energischen Drucks auf die chinesische Regierung gelang es Knox, gegen den Widerstand der europäischen Mächte die Beteiligung amerikanischer Banken an dem riesigen Projekt der Hankow-Szetschwan-Bahn durchzusetzen. Sein Plan zur Neutralisierung der Eisenbahnen in der Mandschurei zielte auf die Eliminierung des russischen und japanischen Einflusses hin. Der Versuch, dabei England und Deutschland gegen Russland und Japan auszuspielen, scheiterte jedoch, da sich beide Mächte angesichts der angespannten Lage in Europa nicht in China vor den Wagen der amerikanischen Politik spannen lassen wollten. Als sich Russland und Japan am 4. Juli 1910 wegen der amerikanischen Einmischungsversuche über ihre Interessen in der Mandschurei verständigten, erlitt die Knox'sche Politik einen schweren

Rückschlag. Den amerikanischen Banken gelang es 1911 zwar, das sogenannte Sechser-Konsortium für die Reform der chinesischen Währung anzuführen, doch fühlten sich inzwischen alle Großmächte durch die aggressive amerikanische China-Politik vor den Kopf gestoßen. Auch die moralische Prämisse von der «besonderen Beziehung» erwies sich als Verbrämung machtpolitischer Ziele, als sich die Regierung Taft gemeinsam mit den übrigen Großmächten gegen die chinesischen Emanzipationsbestrebungen stellte und 1911 nach dem Ausbruch der Revolution und dem Sturz des Kaiserhauses der neuen Regierung die Anerkennung verweigerte. Die Revolution beendete alle weiteren amerikanischen Expansionsprojekte. Im März 1913 zogen sich die amerikanischen Banken aus dem Sechser-Konsortium zurück, als die neue amerikanische Regierung unter Woodrow Wilson weitere Garantien für das amerikanische Kapital ablehnte und stattdessen im Mai die neue chinesische Regierung unter Yuan Shih-kai anerkannte.

Tafts Glaube an die Segnungen des liberal-kapitalistischen *Laissez-faire* kam auch in der «Dollardiplomatie» in Lateinamerika deutlich zum Ausdruck. Insbesondere in den unruhigen Staaten Mittelamerikas sollten «Kanonenkugeln durch Dollars» ersetzt werden. Doch in Nicaragua provozierte 1912 der Versuch, auf diese Weise die politische Stabilisierung zu erreichen, nur den Einsatz amerikanischer Marineeinheiten. Knox' Bestrebungen, Nicaragua eine amerikanische Zollkontrolle zu oktroyieren, wie sie Roosevelt bereits in der Dominikanischen Republik eingeführt hatte, scheiterten ebenfalls, weil der amerikanische Senat seine Zustimmung verweigerte. Ein gleiches Schicksal traf seine Bemühungen, mit Hilfe amerikanischer Banken die Finanzen von Honduras zu kontrollieren. Der amerikanische Einfluss in Mittelamerika wurde trotzdem massiv verstärkt, denn der neue nicaraguanische Präsident Adolfo Díaz war nichts anderes als eine durch die amerikanische Militärpräsenz gestützte Marionette. Auch in der Dominikanischen Republik intervenierte Knox 1911/13, nachdem sich die Erwartung, mit der 1907 durchgesetzten amerikanischen Zollhauskontrolle politische Stabilität zu erreichen, nicht erfüllt hatte und es zum gewaltsamen Sturz der Regierung und zu blutigen Unruhen gekommen war. Doch weder das Scheitern der dominikanischen Zollkontrolle noch die 1910 in Mexiko ausgebrochene Revolution konnten Tafts Vertrauen in die Segnungen amerikanischer Investitionen für die lateinamerikanischen Nachbarstaaten erschüttern. Dabei bildete gerade die mexikanische Revolution ein Paradebeispiel für die soziale Sprengkraft einer vor allem mit amerikanischem Kapital finanzierten einseitigen wirtschaftlichen Entwicklung. Beunruhigt registrierte Taft den anschwellenden Antiamerikanismus in Mexiko und mobilisierte die amerikanischen Streitkräfte. Das Ende seiner Amtszeit ersparte es ihm, sich mit der mexikanischen Revolution weiter auseinandersetzen zu müssen. Insgesamt resultierte die Taft'sche «Dollardiplomatie» in einem gravierenden Vertrauens- und Prestigeverlust der USA in Lateinamerika.

Die europäischen Großmächte reagierten auf Tafts Lateinamerika-Politik nicht weniger gereizt als auf seine China-Projekte. Nur die wachsende Polarisierung in Europa selbst und insbesondere der anglo-deutsche Antagonismus verhinderten schärfere Kontroversen. Doch selbst bei den Verhandlungen über neue Schiedsgerichtsverträge mit den europäischen Mächten blieb Taft 1912 der Erfolg versagt. Auch hier bewies er einen übertriebenen Hang zum Legalismus und mangelndes Gespür für politische Ambivalenzen. Mit dem Bemühen, ein schiedsrichterliches Verfahren für alle internationalen Konflikte obligatorisch zu machen, überforderte er die europäischen Vertragspartner und die eigenen politischen Freunde. Roosevelt und Senator Henry Cabot Lodge ergriffen heftig Partei gegen die Absicht, Fragen der nationalen «Ehre, Unabhängigkeit und Integrität» von Schiedsverfahren nicht mehr auszunehmen, und der Senat ließ die mit Frankreich und Großbritannien ausgehandelten Verträge scheitern.

Bereits der Sieg der Demokraten in den Zwischenwahlen von 1910 demonstrierte deutlich Tafts Machtverlust. Immer klarer sah der Präsident selbst, dass die Chancen für seine Wiederwahl schwanden. Doch nachdem sich Roosevelt zur Kandidatur gegen Taft um die Nominierung als republikanischer Präsidentschaftskandidat entschieden hatte, erwachte Tafts Widerstandsgeist. Tief gekränkt durch das als Verrat empfundene Verhalten des ehemaligen Freundes, kämpfte Taft in erster Linie um das eigene Ansehen und steigerte sich in die Vorstellung hinein, die amerikanische Verfassung gegen die «despotischen» Absichten des «Demagogen» Roosevelt verteidigen zu müssen. Obwohl die meisten Vorwahlen zugunsten Roosevelts ausgefallen waren, konnte Taft mit Hilfe der Parteiführung die Nominierung auf dem republikanischen Parteitag in Chicago am 18. Juni 1912 für sich entscheiden. Vier Tage später ernannte die neu gegründete Progressive Party Roosevelt zu ihrem Präsidentschaftskandidaten.

Taft appellierte noch an die konservativen Wertvorstellungen der Amerikaner, machte sich gleichzeitig aber keine Hoffnungen mehr auf den Wahlsieg. Er hatte das Vertrauen der Wähler längst verspielt, und die Niederlage am 5. November 1912 war deshalb absehbar. Woodrow Wilson gewann die Wahlen mit fast 6,3 Mio. Stimmen vor Roosevelt (4,1 Mio.). Taft wurde mit 3,5 Mio. Stimmen abgeschlagen Dritter. Im Senat und im Repräsentantenhaus errangen die Demokraten eine solide Mehrheit. Niemals zuvor hatte ein Präsident seine Wiederwahl so katastrophal verloren.

Abgesehen von den unerfreulichen Begleitumständen bedeutete das Ausscheiden aus dem ungeliebten Amt für Taft persönlich eine große Erleichterung. Als Professor für Recht kehrte er an die Universität Yale zurück. Hier entstanden die drei Bücher *Popular Government: Its Essence, Its Permanence, and Its Perils* (1913), *The Anti-Trust Act and the Supreme Court* (1914) sowie *Our Chief Magistrate and His Powers* (1916), in denen er seine Erfahrungen als Richter und Präsident wissenschaftlich verarbeitete und sich vehement für eine enge Auslegung der präsidialen Vollmachten einsetzte. Nach Kriegsausbruch befürwortete er Wilsons Neutralitätspolitik und setzte sich als Präsident der *League to Enforce Peace* für eine neue globale Friedensordnung ein. In der Ernennung zum Chief Justice des Supreme Court fand Taft 1921 endlich den ihm angemessenen Wirkungskreis. Bereits 1922 setzte er eine umfassende Reform des amerikanischen Gerichtswesens durch. Tafts Persönlichkeit und seine Rechtsphilosophie, wonach das Gesetz seinen universalen Geltungsanspruch nur behalten könne, wenn es vorsichtig und langsam dem sozialen und ökonomischen Wandel angepasst werde, dominierten das Gericht über seinen Tod am 8. März 1930 hinaus. Als Präsident blieb ihm der Ruhm versagt, doch ging er als einer der großen Chief Justices der Vereinigten Staaten in die Geschichte ein.

Klaus Schwabe

WOODROW WILSON
1913–1921

Kreuzzug für die Demokratie

In der Galerie der amerikanischen Präsidenten seit Lincoln hebt sich Woodrow Wilson als Ausnahme ab. Entstammten diese in der Regel dem Milieu der Berufspolitiker, Juristen oder wirtschaftlicher Führungsgruppen, so gehörte Wilson von Haus aus der akademisch-universitären Bildungsschicht seines Landes an. Außerdem war er, anders als die meisten Präsidenten jener Epoche, Südstaatler: Zu seinen Kindheitserinnerungen gehörte der Sezessionskrieg. Am 28. Dezember 1856 als Sohn des presbyterianischen Pfarrers und Dozenten Joseph R. Wilson und seiner Frau Janet in Staunton, Virginia, geboren, war er in keiner Weise für den Beruf des Politikers vorbestimmt. Gewiss hatte er von seinem Vater das Redner- und Organisationstalent geerbt. Doch war er in seinem Elternhaus in streng calvinistischem Glauben aufgewachsen, und es deutete zunächst alles darauf hin, dass er dem Vater in dessen Beruf nachfolgen würde. Es kam anders: Als Anfangssemester und beliebter Studentenvertreter an der Universität Princeton erwärmte er sich mehr und mehr für die politische Laufbahn. Sein großes Vorbild wurde der englische christlich-liberale Staatsmann William Gladstone. Erst über jahrzehntelange Umwege gelangte er an das Ziel seines Ehrgeizes.

Mit dem Studium der Rechtswissenschaften schien er es zunächst unmittelbar anzusteuern. Doch die Juristerei blieb ihm ein unbefriedigender Brotberuf; wenige Monate Anwaltstätigkeit in Atlanta, Georgia, reichten ihm. Was ihn inzwischen viel mehr reizte, war die politisch-publizistische Schriftstellerei. Hier entdeckte er mehr und mehr sein eigentliches Talent. Mit ihm wollte er in die Öffentlichkeit wirken.

Um sich weiter zu qualifizieren, schrieb er sich 1883 als Graduierter für das Fach Politische Wissenschaften an der Johns-Hopkins-Universität in Baltimore ein, die schon damals zu den führenden amerikanischen Hochschulen gehörte. Er wurde mit einem Buch promoviert, das ihn auch außerhalb der Universitätswelt mit einem Schlage bekannt machte: *Congressional Government* (1885) lautete der Titel – eine eindringliche Kritik an der wenig öffentlichkeitswirksamen, letztlich undemokratischen Arbeitsweise der amerikanischen Volksvertretung. Mehr und mehr verlegte er sich auf eine vergleichende Verfassungskunde und eignete sich zu diesem Zweck auch Lesefähigkeiten im Deutschen an. Nach einer Reihe kleinerer Schriften erschien 1899 als Hauptfrucht seiner Studien sein Werk *The State,* eine vergleichende Regierungslehre.

Er hatte sich inzwischen einen akademischen und einen publizistischen Namen gemacht. 1890 berief ihn die Universität Princeton auf einen juristischen Lehrstuhl. Was er mit schnell wachsendem Erfolg tatsächlich lehrte, gehörte mehr in den Bereich der politischen Wissenschaften. Doch auch außerhalb der Universität wuchs sein Ansehen. Mehr und mehr nahm er in ebenso geschliffenen wie breitenwirksamen Essays auch zu tagespolitischen Themen Stellung. 1902 ernannte ihn die Universität Princeton zu ihrem Präsidenten. Er schien, sechsundvierzigjährig, den Gipfel seines Lebens erreicht zu haben – innerhalb und außerhalb der Universität hoch angesehen, wirtschaftlich gesichert, in glücklicher Ehe lebend mit seiner Frau Ellen, geb. Axson, mit der er drei Töchter hatte.

Wilsons Erfahrungen als Universitätspräsident nahmen in eigenartiger Weise seine spätere Laufbahn als Politiker vorweg. Grundlegenden Reformerfolgen im akademischen Unterrichtswesen in den ersten Jahren stand sein totales Scheitern in der Endphase seiner Amtszeit gegenüber. In seinem missionarischen Reformeifer hatte er sich einige akademische Größen Princetons (so den Altphilologen Andrew F. West) zu Feinden gemacht. Mit seiner Universität schließlich völlig zerstritten, zugleich gesundheitlich angegriffen, warf er 1910 das Handtuch und trat zurück. Für Resignation und Verbitterung blieb ihm freilich kaum Zeit. Seine hochschulpolitischen Auseinandersetzungen waren vor aller Öffentlichkeit ausgetragen worden und hatten ihn nun auch als Hochschulpolitiker im ganzen Lande bekannt gemacht. Schon 1906 tauchte im konservativen Flügel der Demokratischen Partei sein Name als möglicher Präsidentschaftskandidat auf. Wilson empfahl sich den demokratischen Parteiführern, die ihn auf ihren Schild hoben, als Spross einer aus den Südstaaten stammenden Familie und gleichzeitig als Publizist, der in wirtschaftlichen Dingen eher konservativ dachte. Bereits ein Jahr nach seinem Bruch mit Princeton wurde er im November 1910 zum Gouverneur des Staates New Jersey gewählt. Schon während des Wahlkampfes und mehr noch während seiner Amtszeit enttäuschte er seine konservativen politischen Sponsoren. Zum ersten Male wurde hinter seinem Rücken der Vorwurf der Illoyalität laut. Er ging nämlich, um seine Wahlchancen zu verbessern, mit fliegenden Fahnen in das Lager des Progressivismus über. Diese Reformströmung, die in beiden großen Parteien über mehr und mehr Anhänger verfügte, warb für eine Demokratisierung der politischen Praxis, für sozialstaatliche Maßnahmen und Umweltschutz, vor allem aber für Wirtschaftsreformen. Diese sollten der Bildung von Machtkonzentrationen – Kartellen und Monopolen –, die das freie Funktionieren des Marktes verzerrten, Einhalt gebieten. Als «Progressiver» in diesem Sinne setzte Wilson in New Jersey die Vorwahlen zur innerparteilichen Kandidatenauswahl und eine Reihe von Sozialgesetzen durch (zum Beispiel eine Unfallversicherung für Arbeitnehmer). Mit alledem wurde er überregional bekannt. In der zweiten Phase seiner Amtszeit fuhr sich sein Gesetzgebungswerk zwar vielfach fest, doch minderte dies sein Ansehen keineswegs. 1912 gewann er die Präsidentschaftskandidatur der Demokratischen Partei gegen William Bryan, das wortmächtig-populistisch agierende Sprachrohr vor allem agrarischer Reforminteressen des amerikanischen Westens. Zum Zeitpunkt seiner Nominierung konnten die Chancen der Präsidentschaftswahlen für ihn und die Demokratische Partei kaum besser stehen, war doch die republikanische Konkurrenzpartei in sich heillos zerstritten. Eine neue Progressive Partei mit dem republikanischen Expräsidenten Theodore Roosevelt als Kandidaten trat im Wahlkampf an. Die republikanische Wählerschaft spaltete sich. Wilson zog mit dem in seiner Partei traditionellen

Ruf nach Freihandel und mit einem progressiven wirtschaftlichen Reformprogramm in den Wahlkampf, das freilich mehr auf die selbstregulierenden Kräfte der Wirtschaft setzte als auf staatliche Kontrollen, wie sie sein Gegner Roosevelt forderte. Er gewann die Wahl am 3. November 1912 mit klarer, wenn auch nur relativer Mehrheit. Am 4. März 1913 zog er, von den Erwartungen amerikanischer Reformer begleitet, ins Weiße Haus ein. Es wäre eine «Ironie», so erklärte er, wenn er, bei seinen ganz auf die Innenpolitik konzentrierten Interessen, in Zukunft viel mit Außenpolitik zu tun haben würde.

Diesmal enttäuschte Wilson seine Anhänger nicht. Das Reformwerk, das er unter dem Schlagwort «Neue Freiheit» innerhalb eines Jahres nach seiner Wahl mit viel Geschick durch den Kongress brachte, konnte sich sehen lassen: Die amerikanischen Zölle wurden gesenkt, das Banken- und Geldwesen grundlegend modernisiert und einer (vorher nicht vorhandenen!) zentralen Lenkungsbehörde (dem Federal Reserve Board) unterstellt; endlich wurde im Interesse der Verhinderung von Wettbewerbsverzerrungen die bundesstaatliche Aufsicht über Industriekonzerne durch die Einrichtung einer mit juristischen Vollmachten ausgestatteten Federal Trade Commission (Bundeshandelskommission) umorganisiert und verschärft. Allerdings musste Wilson, um die Verabschiedung dieser Gesetze durch den Kongress sicherzustellen, seinen Preis an die konservativen Demokraten zahlen. Dazu gehörte neben anderem die – einem Südstaatler nicht allzu schwer fallende – zeitweilige Wiedereinführung von Apartheids-Regelungen in einigen Washingtoner Bundesbehörden.

Früher als erwartet sah der Präsident die progressiv-demokratischen Prinzipien seiner «Neuen Freiheit» von außen her in Frage gestellt. Ohne sich wirklich als Außenpolitiker zu verstehen, war Wilson doch von dem Gedanken beseelt, der Demokratie auch außerhalb der USA zu friedlicher Fortentwicklung zu verhelfen. Von der imperialistisch motivierten Dollardiplomatie seines Vorgängers Taft distanzierte er sich und zog zum Beispiel die amerikanische Beteiligung an einem internationalen Konsortium zur Entwicklung Chinas zurück. Auf die eigentliche Probe gestellt wurde die Ehrlichkeit seiner nach außen gerichteten Demokratisierungshoffnungen jedoch erst im Nachbarland Mexiko. Er lieferte hier ein bis heute gültiges Lehrstück für das Problem einer humanitär-demokratisch inspirierten Interventionspolitik eines entwickelten Landes gegenüber einem Land der «Dritten Welt». In Mexiko war Anfang 1913 ein General indianischer Herkunft, Victoriano Huerta, durch einen Putsch an die Macht gekommen. Sollte er diplomatisch anerkannt werden? Die europäischen Mächte, voran England und Deutschland, drängten ebenso darauf wie amerikanische Ölinteressenten. Wilson widersetzte sich. Er wollte nur eine demokratisch legitimierte mexikanische Regierung anerkennen und ermöglichte eine Waffenhilfe für Huertas innere Gegner unter der Führung des reformorientierten Politikers Venustiano Carranza. In den damit unvermeidlich gewordenen Bürgerkrieg verwickelten sich im April 1914 die USA selbst. Wilson machte eine doppelte Erfahrung: Auch eine fortschrittlich verstandene Intervention in einem anderen Land setzte ihren Urheber dem Vorwurf der Einmischung aus, und: eine solche Intervention einzuleiten war zwar einfach, sie zu beenden dagegen unendlich schwierig. Erst Ende 1916 verließen die letzten US-Truppen den Norden Mexikos. Allerdings hatte Wilson sein Ziel erreicht: Huerta wurde gestürzt, Carranza kam ans Ruder; Wahlen und eine verfassungsmäßige Weiterentwicklung Mexikos waren sichergestellt.

Inzwischen war in Europa ein Krieg ausgebrochen, der Wilson als Außenpolitiker in noch weit umfassenderer Weise herausforderte. Die ersten Kriegsmonate standen für ihn zugleich unter dem Schatten einer persönlich-familiären Krise: Anfang 1914 war seine von ihm tief verehrte Frau gestorben. Dennoch konnte er, selbst wenn er es gewollt hätte, die Auswirkungen des Weltkrieges auf sein Land nicht ignorieren. Wie jeder große europäische Krieg zuvor machte auch dieser die Wahrung der amerikanischen Neutralität akut. Trotz seiner persönlichen Verbundenheit mit Großbritannien und dessen Geistesleben – seine Vorfahren stammten aus Schottland, er selbst hatte England mehrfach bereist – war Wilson ehrlich um unparteiische Neutralität bemüht. Mit Rücksicht auf die Minderheiten in den USA blieb ihm auch keine andere Wahl. Trotzdem kam es schon Anfang 1915 zu einer raschen Verschlechterung der amerikanischen Beziehungen zum Deutschen Reich. Schuld daran war der sogenannte unbeschränkte U-Boot-Krieg, das heißt die Entscheidung der deutschen Seekriegführung, innerhalb einer von ihr proklamierten Kriegszone, die um England gelegt wurde, alle Handelsschiffe – gleich ob neutral oder nicht – warnungslos zu versenken. Zwischenfälle mit amerikanischen Schiffen und Menschenverluste waren damit vorprogrammiert. Eine solche Katastrophe ereignete sich am 7. Mai 1915. Ein deutsches U-Boot torpedierte in der Kriegszone vor Irland das britische Passagierschiff *Lusitania*. Die Mehrzahl der Reisenden – über 1000 Männer, Frauen und Kinder – ertrank, darunter 124 Amerikaner. In den USA erregte ein derartiger Terrorismus zur See einen Aufschrei der Empörung. Zum ersten Male war von Krieg mit Deutschland die Rede. Wilson bestand gegenüber der deutschen Regierung auf einer U-Boot-Kriegführung nach den Regeln des Kreuzerkrieges, das heißt unter Schonung des Lebens Neutraler. Nach weiteren Zwischenfällen, zuletzt der Torpedierung des französischen Kanaldampfers

Sussex, gab er am 18. April 1916 dieser Forderung mit einem Ultimatum Nachdruck. Seine harte Haltung gegenüber Deutschland hatte schon 1915 zum Bruch zwischen ihm und seinem pazifistisch gesonnenen Außenminister Bryan geführt. Dessen Nachfolger wurde Robert Lansing, ein von Haus aus mit England sympathisierender Rechtsexperte im amerikanischen Außenministerium.

Kritiker haben im Nachhinein behauptet, dass es Wilson gewesen sei, der mit Rücksicht auf Rüstungsinteressen den Kollisionskurs mit Deutschland gewählt habe. Dafür gibt es keine Beweise. Allerdings verteidigte Wilson hart, ja starr das geltende Völkerrecht und das Prestige der USA als Großmacht. Wirtschaftliche Motive kamen bei ihm nur insofern ins Spiel, als die Ende 1914 einsetzende Konjunktur der amerikanischen Wirtschaft weitgehend auf den Warenstrom von den USA zu den europäischen Westmächten angewiesen war. Wilson war sich dessen bewusst. Wollte er verhindern, dass sein Land in die Flaute zurückfiel, die es vor dem Kriege durchgemacht hatte, durfte er nicht zulassen, dass der deutsche U-Boot-Krieg diese Exporte drosselte.

Der deutsch-amerikanische Konflikt, auf den die europäischen Westmächte so sehnlich hofften, wurde dann aber vermieden, weil Deutschland sich noch im April 1916 mit dem sogenannten *Sussex Pledge* schließlich doch den amerikanischen Forderungen beugte und den unbeschränkten U-Boot-Krieg abbrach. Danach führte die britische Blockadepraxis gegenüber den USA zu britisch-amerikanischen Spannungen. Wilson erkannte, wie zerbrechlich die amerikanische Neutralität geworden war. Durch seinen vertrauten Berater Oberst Edward House versuchte er mehrfach, zwischen den Kriegführenden zu vermitteln – vergebens. Den im November 1916 anstehenden Präsidentschaftswahlen stellte er sich mit dem Schlagwort «*He kept us out of the war*» («Er hat uns aus dem Krieg herausgehalten»). Dieser Taktik verdankte er dann mindestens zum Teil seine diesmal äußerst knappe Wiederwahl gegen den Kandidaten der wieder geschlossen auftretenden Republikanischen Partei, Charles E. Hughes.

In seiner Bestätigung im Präsidentenamt sah Wilson eine Verpflichtung, seine Bemühungen um die Vermittlung eines Friedens zu intensivieren. Um die Alliierten friedensbereiter zu machen, scheute er auch vor finanziellem Druck nicht zurück. Am 18. Dezember 1916 bot er den Kriegführenden öffentlich die amerikanische Vermittlung an, stieß aber auf beiden Seiten wieder auf Ablehnung. Unbeirrt setzte er seine vertraulichen Sondierungen und seine öffentliche Kampagne für einen «Frieden ohne Sieg» fort. Die deutsche Regierung wusste zunächst den Anschein eines gewissen Entgegenkommens zu erwecken, zerstörte dann aber alle Friedenshoffnungen und brachte sich bei

Wilsons Vermittlung um allen Kredit, als sie am 31. Januar 1917 bekanntgab, dass sie am Folgetage den unbeschränkten U-Boot-Krieg wiederaufnehmen werde. Wollte er nicht sein Gesicht verlieren, konnte Wilson nach seinem Ultimatum vom 18. April 1916 nicht anders, als die diplomatischen Beziehungen zu Berlin abzubrechen. Nach ersten Versenkungen amerikanischer Schiffe durch deutsche U-Boote erklärte die amerikanische Regierung Deutschland mit fast einstimmiger Zustimmung des Kongresses am 6. April 1917 den Krieg. Wilson konnte auf die Loyalität seiner Landsleute umso mehr bauen, als sich mittlerweile auch die Bewohner des amerikanischen Westens bedroht fühlten. Die deutsche Regierung hatte nämlich mit der sogenannten Zimmermann-Note schon im Januar 1917 Mexiko ein Bündnis angeboten und ihm die Wiedergewinnung der im 19. Jahrhundert an die USA verlorenen Gebiete von Texas bis Arizona in Aussicht gestellt. Der britische Geheimdienst hatte diese Note abgefangen und Wilson zugestellt. Dieser veröffentlichte sie am 1. März 1917 und schuf damit eine Sensation.

Wilson ist sich der Schwere des Schrittes, den die USA mit ihrer Kriegserklärung an Deutschland taten, zutiefst bewusst gewesen. Er sagte den Ausbruch von Kriegshysterie und Brutalität auch in seinem eigenen Lande voraus – das Ende werde ein Diktatfrieden sein. Dennoch sah er keinen anderen Ausweg, nachdem die deutsche Regierung die USA als Weltmacht und Verteidiger des Völkerrechts herausgefordert hatte. Ein Nachgeben jetzt, so meinte er, hätte auch das Ansehen der USA als Friedensvermittler entscheidend beeinträchtigt. Jetzt sollten die USA kraft ihres Beitrages zum Sieg über die Mittelmächte die Voraussetzungen für einen progressiven Frieden nach amerikanischem Verständnis schaffen. Die Frage war, wie ein solcher Frieden aussehen sollte. Wilson war sich der Tatsache bewusst, dass seine neuen europäischen Partner keineswegs nur «progressive», sondern auch handfeste imperialistische Kriegsziele verfolgten, die sie in mehreren Geheimabkommen vereinbart hatten. Um die USA für derartige Interessen nicht einspannen zu lassen, bezeichnete Wilson sein Land denn auch nur als «Assoziierten» (nicht als «Verbündeten») der Entente. Eine derartige diplomatische Distanzierung wurde umso notwendiger, als im Herbst 1917 in Russland die Bolschewisten an die Macht kamen und nichts Eiligeres zu tun hatten, als die alliierten Geheimverträge zu veröffentlichen, um die Westmächte bei ihrer eigenen Bevölkerung als imperialistische Eroberer zu diskreditieren. Als dann Ende 1917 ausgerechnet das als militaristisch verurteilte Deutschland mit dem bolschewistischen Russland Friedensverhandlungen aufnahm, bestand die akute Gefahr einer schweren Vertrauenskrise innerhalb der alliierten Länder, vor allem im Bereich der politischen Linken, eine Krise, die den Durchhaltewillen der gesamten Bevölkerung der Entente-Länder in Mitleidenschaft zu ziehen und damit letztlich den Sieg der Westmächte fraglich zu machen drohte. Um dem entgegenzuwirken, um die europäischen «Assoziierten» gleichzeitig auf ein spezifisch progressiv-amerikanisches Kriegszielprogramm zu verpflichten, um darüber hinaus Russland zur Rückkehr in das westliche Bündnis zu bewegen und um die Linke bei den Feinden gegen deren Regierungen zu mobilisieren, verkündete Wilson am 8. Januar 1918 seine berühmten «Vierzehn Punkte» als Leitlinie für einen progressiven Frieden. Ein künftiger Friede, so erklärte der Präsident vor dem feierlich versammelten Kongress, müsse auf den Prinzipien der öffentlichen Diplomatie, des weltweiten Freihandels, einer allgemeinen Abrüstung und auf Grenzziehungen entsprechend der Nationalitätenkarte beruhen. Die Völker der Habsburger Monarchie sollten weitestgehende Autonomie genießen, dem neuen Russland alle Vorzüge eines solchen progressiven Friedens gewährt werden. Als wichtigste Friedensgarantie nannte Wilson in Punkt 14 die Bildung eines Völkerbundes. Was Deutschland anlangte, so sollte es das mit der Annexion von Elsass-Lothringen begangene Unrecht Frankreich gegenüber wiedergutmachen, die Souveränität Belgiens wiederherstellen und es entschädigen und schließlich Polen einen freien Zugang zum Meer gewähren. Wilson fügte hinzu, dass er nur mit einer deutschen Regierung über einen derartigen Frieden sprechen wolle, die sich auf die (Mitte-Links-)Mehrheit des Reichstages stütze, nicht aber mit der deutschen imperialistischen «Militärpartei».

Zunächst freilich galt es, die deutsche Militärmacht niederzuringen. Wilson mobilisierte dazu die gesamte amerikanische Wirtschaft; Schlüsselindustrien wurden für die Kriegszeit unter Staatskontrolle gestellt. Die zur Finanzierung des Krieges nötigen Gelder wurden durch Kriegsanleihen, aber auch durch Steuern aufgebracht, mit denen vor allem die einkommensstärksten Schichten belastet wurden. Die große Mehrheit der Amerikaner unterstützte ihre Regierung mit rückhaltloser Begeisterung. Mögliche Kritiker, vor allem in der deutschen Minderheit oder bei den amerikanischen Sozialisten und Pazifisten, wurden eingeschüchtert bzw. durch eine Postzensur mundtot gemacht. Seit Anfang 1918 ergoss sich ein ständig anwachsender Strom amerikanischer Soldaten nach Europa – im Herbst waren es 1,2 Millionen. Für das Durchhalten der europäischen Westmächte wurde der moralische, materielle und militärische Beitrag der USA zur gemeinsamen Kriegführung unentbehrlich. Er fiel schließlich bei der Offensive an der Westfront, zu der die Westmächte im Juli 1918 in Frankreich übergegangen waren, entscheidend ins Gewicht.

Am 3. Oktober 1918 war es so weit: Im Angesicht seiner drohenden Niederlage ersuchte Deutschland um einen Waffenstillstand und einen Frieden auf der Grundlage von Wilsons «Vierzehn Punkten». Der weltpolitische Einfluss des amerikanischen Präsidenten hatte seinen Höhepunkt erreicht. Die Entscheidung über Krieg und Frieden war ihm zugefallen. Deutschland hatte ihm die Möglichkeit gegeben, auch die europäischen Westmächte formell auf sein Friedensprogramm zu verpflichten. Die Bereitschaft dazu erschien umso höher, je weniger Deutschlands militärische Niederlage in den Augen der westeuropäischen Alliierten wirklich schon feststand. Nicht zuletzt deshalb ließ sich Wilson auf einen Notenwechsel mit Deutschland ein. Allerdings verlangte er als Voraussetzung für einen Waffenstillstand (und damit für die Vermeidung einer Kapitulation) und für einen «Wilson-Frieden», dass sich das deutsche Volk von seinem alten militärischen System lossagte. Was er damit konkret meinte, ließ er offen. Nach mühseligen Verhandlungen brachte er durch seinen Emissär Oberst House seine europäischen Verbündeten in Paris so weit, dem deutschen Ersuchen zu entsprechen – und damit zugleich, wenn auch mit gewissen Vorbehalten, sein Friedensprogramm anzunehmen. Am 11. November 1918 wurde in Compiègne ein Waffenstillstand geschlossen. Nach mehr als vier Jahren Krieg, der sich nach und nach zum Weltkrieg ausgeweitet hatte, schwiegen die Waffen.

Wilson sah in der Durchsetzung eines Friedens im Sinne seiner «Vierzehn Punkte» die entscheidende Probe seiner staatsmännischen Fähigkeiten und gleichzeitig die Erfüllung seiner weltgeschichtlichen Mission. Deshalb bestand er darauf, diesen Frieden selbst mit seinen europäischen Partnern auszuhandeln. Die Begeisterung, mit der ihn die Bevölkerung von London, Paris und Rom willkommen hieß, musste in ihm die kühnsten Hoffnungen wecken. Tatsächlich hatten er und seine Berater sich auf die anstehenden Sachfragen gründlich vorbereitet – die Vorstellung von den auf der Friedenskonferenz 1919 in europäischen Dingen ahnungslosen Amerikanern ist eine Legende. Was Wilson unterschätzte, waren die sachlichen Schwierigkeiten des Friedensschlusses und der Mangel an Kompromissbereitschaft – und das hieß auch: mangelnde Rücksichtnahme auf seine «Vierzehn Punkte» – bei den Europäern, sobald es um deren nationale Interessen ging.

So wurden die Pariser Friedensverhandlungen unter den Siegern (Januar bis Mai 1919) für Wilson zu einer nervenaufreibenden Geduldsprobe. Mehrfach drohte der Auszug eines der Verhandlungspartner – nacheinander der Frankreichs, Japans, Italiens und schließlich Großbritanniens. Jedem Lösungsversuch entzog sich das Problem Russland, wo ein Bürgerkrieg zwischen Bolschewisten und «Weißen» tobte und alliierte (auch amerikanische) Truppen strategisch wichtige Zonen, vor allem Häfen, besetzt hielten – eine alles in allem gewiss begrenzte Intervention, die dennoch nach dem Waffenstillstand politisch und militärisch sinnlos war und die Bolschewisten nicht daran hinderte, im Frühjahr 1919 auch in Mitteleuropa (u. a. Ungarn) politisch Fuß zu fassen. Wilson selbst lag zuallererst die Ausarbeitung einer Charta (er sprach nach schottisch-biblischer Tradition von *Covenant*) für einen Völkerbund am Herzen. Dies gelang bereits in den ersten Konferenzwochen. Ein ausgeklügeltes Schiedssystem sollte den Ausbruch militärischer Konflikte vermeiden; gelang dies nicht, waren abgestufte Sanktionen vorgesehen. Nicht mehr zeitgemäße Verträge oder Zustände, deren Aufrechterhaltung den Frieden gefährdete, sollten auf eine mögliche Modifizierung hin überprüft werden. Die Völkerbundsakte, so wie Wilson sie verstand, sollte also auch den Versailler Frieden in allen Punkten nicht auf alle Ewigkeit festschreiben. Deutschland blieb die Mitgliedschaft im Völkerbund allerdings vorerst versagt. Es verlor auch seine Kolonien, für die Völkerbundsmandate vorgesehen wurden.

Für einige der wichtigsten Sachstreitpunkte wurden mehr oder weniger labile Kompromisse gefunden – so für das Rheinland, das politisch ein Teil Deutschlands blieb, gleichzeitig aber auf längere Zeit von den Westmächten besetzt und auf Dauer entmilitarisiert wurde. Für das Saargebiet und Danzig wurde in letzter Instanz und auf unterschiedliche Weise der Völkerbund zuständig. Andere Fragen blieben mehr oder weniger offen – so die der italienisch-jugoslawischen Grenze (Fiume) oder die Höhe der Reparationen, die Deutschland als einer der für den Krieg verantwortlichen Mächte auferlegt werden sollten. Die neue deutsche Regierung konnte nur unter massivstem Druck gezwungen werden, den Versailler Vertrag zu unterzeichnen. Dies geschah am 28. Juni 1919. Wilson war überzeugt, dass der Vertrag dem Geiste der «Vierzehn Punkte» entspräche, für deren Einhaltung er sich in den Geheimkonferenzen mit seinen Verbündeten immer wieder mit Nachdruck eingesetzt hatte. Ganz die Wahrheit war dies dennoch nicht, wie schon einige Zeitgenossen auch unter den Siegermächten, etwa der später berühmte Nationalökonom John Maynard Keynes, erkannten. Vor allem war es gründlich misslungen, Deutschland und das neue Russland zu loyalen Mitträgern der neuen Friedensordnung zu machen.

Mit der Unterzeichnung des Versailler Friedens stand Wilson immer noch eine entscheidende Aufgabe bevor: Entsprechend der amerikanischen Verfassung musste der Vertrag vom US-Senat mit einer Zweidrittelmehrheit gebilligt werden, ehe er von den USA ratifiziert werden konnte. Konkret bedeutete dies für Wilson, dass er auch Teile der Senatsfraktion der Republikanischen Partei für sein Friedenswerk gewinnen musste. Das war umso schwieriger, als die Republikaner aus den Zwischenwahlen im November 1918 siegreich hervorgegangen waren. Da die Republikaner jedoch ihrerseits zu dem Vertrag keine einheitliche Haltung zu finden vermocht hatten, waren die Aussichten Wilsons, diese Abstimmung zu gewinnen, nicht von vornherein schlecht. Die republikanische Kritik bezog sich auch gar nicht so sehr auf die Vertragsteile, die Deutschland betreffen, als vielmehr auf die Völkerbundsakte, die integraler Bestandteil des Gesamtvertrages war. Hier überwog die Sorge, dass die USA als Mitglied des Völkerbundes auf absehbare Zeit zur Aufrechterhaltung der Versailler Friedensordnung verpflichtet sein würden und dass sie gleichzeitig automatisch in alle nur denkbaren militärischen Konflikte dieser Erde verwickelt werden könnten. Diese Kritik war weit übertrieben – der berühmte und in erster Linie umstrittene Artikel 10 der Völkerbundsakte besaß letztlich nur empfehlenden Charakter –, rührte aber an die grundsätzliche Frage, ob und wieweit die USA bereit waren, sich als Weltmacht ihre eigene souveräne Entscheidungsfreiheit, das heißt auch ihre Möglichkeit, einen Krieg zu erklären, in irgendeiner Weise von einer Weltorganisation beschneiden zu lassen. Die gegen den Völkerbund gerichtete Kritik ist also in ihrem Kern nationalistisch gewesen, erhielt aber zusätzlich Nahrung von enttäuschten Wilson-Anhängern aus dem Bereich der Linken, die das Versailler Vertragswerk im Ganzen als «imperialistisch» verwarfen. Aus der Sicht von Wilsons Gegnern war an dieser Debatte vielleicht am wichtigsten, dass sie die verfassungsrechtlichen Kompetenzen des Kongresses berührte, vor allem sein Recht, Krieg zu erklären. Die Garantieverpflichtungen der Völkerbundakte, so wurde befürchtet, würden bereits dem Präsidenten die Entscheidung zum Kriege zuerkennen und so einer unabsehbaren Ausweitung seiner Kompetenzen Vorschub leisten – ein Argwohn, der besonders bei Wilson angebracht erschien, dem seine Gegner im Kriege hinter vorgehaltener Hand immer wieder diktatorische Anwandlungen nachgesagt hatten. Schließlich erhielt die republikanische Opposition Auftrieb durch den Wunsch vieler Amerikaner, die der «großen Zeit» müde geworden waren, nach einer Rückkehr zu normalem Leben (*back to normalcy*). Inflationäre Tendenzen in der amerikanischen Nachkriegswirtschaft, daraus resultierende soziale Konflikte, die politische Repression der radikalen Linken und nicht zuletzt Wilsons eigene Geheimniskrämerei während der Friedenskonferenz und seine Rechthaberei machten die Sache für den Präsidenten nicht besser. Seine Neigung, auf republikanische Wünsche nach einer Änderung von Artikel 10 der Völkerbundsakte einzugehen, nahm unter dem Eindruck dieser Kritik und dieser Schwierigkeiten keinesfalls zu.

In dieser unübersichtlichen Lage entschloss er sich zu einer großen Rundreise, um dem amerikanischen Volk sein Anliegen persönlich nahebringen zu können und damit gleichzeitig auf den Senat Druck auszuüben. Für eine solche Taktik, die auf die Ausschaltung kritischer Senatoren zielte, bot die amerikanische Verfassung keine Handhabe, war doch jeder Senator während seines sechsjährigen Mandats praktisch unanfechtbar. Wilsons Ärzte warnten zudem vor den gesundheitlichen Strapazen dieses Vorhabens. Sie wussten, dass schon die Friedenskonferenz die gesundheitlichen Abwehrkräfte des Präsidenten überfordert hatte. Doch Wilson setzte sich über alle derartigen Bedenken hinweg. Einem biblischen Propheten gleich, war er zutiefst von seiner Berufung durchdrungen, der für die Zukunft der Welt besseren Sache zum Erfolg verhelfen zu müssen. Mit bewegender Eloquenz warb er in den großen Städten des mittleren und fernen Westens für sein Friedenswerk. Für den Fall, dass die USA diesem fernblieben, sagte er den baldigen Ausbruch eines weiteren Weltkrieges voraus. Doch alle seine Redeerfolge sollten schließlich wirkungslos bleiben: Bei einer Rede in Pueblo, Colorado, überfielen ihn plötzlich rasende Kopfschmerzen und Übelkeit. Obwohl er sofort nach Washington zurücktransportiert wurde, erlitt er dort am 2. Oktober 1919 einen Schlaganfall, der seine linke Seite lähmte. Nur langsam und unvollkommen erholte er sich wieder. Damit fiel die Aufsicht über die Regierungsgeschäfte in die Hände seiner Frau. Wilson hatte 1915 die Witwe Edith Bolling Galt geheiratet, eine attraktive Angehörige der Washingtoner Geschäftswelt, die – letztlich unpolitisch denkend – nur den einen Wunsch kannte: ihrem Mann alle Erregungen zu ersparen, die seine Genesung aufs Spiel setzen konnten. Aus diesem menschlich verständlichen Interesse heraus entschied sie, was dem Kranken vorgetragen werden durfte und was nicht.

Keine Konstellation konnte für die Verteidigung des Versailler Vertrages in den USA fataler sein als diese. Da Wilsons tatsächliche Krankheit verheimlicht wurde, kursierten die wildesten Gerüchte über seinen Geisteszustand, die ihn und seine Sache zusätzlich diskreditierten. Die Auseinandersetzung im Senat erreichte im November 1919 ihren Höhepunkt. Wilson verweigerte seinen politischen Gegenspielern, an ihrer Spitze dem republikanischen Senator Henry Cabot Lodge, jede Konzession, die nach seinem Verständnis den Grundabsichten der Völkerbundsakte widersprach. Einigungsversuche zwischen den demokratischen Senatoren, die hinter Wilson standen, und gemäßigten Republikanern, die konzessionsbereit waren, scheiterten auch an dem Starrsinn des kranken Präsidenten. «Es darf nicht vergessen werden», so schrieb er am 8. März 1920, «dass dieser Artikel [10 der Völkerbundsakte] den Verzicht auf irregeleiteten Ehrgeiz bei den starken Nationen darstellt, mit denen wir im Kriege verbündet waren ... Ich für meinen Teil bin gegenüber imperialistischen Absichten anderer Nationen ebenso intolerant wie gegenüber solchen Absichten Deutschlands.» In zwei Abstimmungen – am 19. November 1919 und am 19. März 1920 – wurde der Versailler Vertrag in der vorgelegten Form vom Senat verworfen. Die USA fielen als Garantiemacht des Versailler Friedenswerkes und des Völkerbundes aus. Auch eine in Paris vereinbarte anglo-amerikanische Garantie für die Aufrechterhaltung des entmilitarisierten Status im Rheinland wurde hinfällig. Allerdings war Wilsons Beitrag zum Inhalt des Vertrages dennoch nicht vergeblich gewesen, trat dieser doch nach seiner Ratifizierung durch die übrigen Kontrahenten auch ohne die USA unverändert in Kraft.

Trotzdem empfand Wilson das Senatsvotum als bittere persönliche Niederlage. Obwohl nach wie vor halb gelähmt, war er nicht willens, sich mit diesem Ende seiner politischen Laufbahn abzufinden. Insgeheim spielte er mit dem Gedanken, sich noch einmal zur Wiederwahl für das Präsidentenamt zu stellen. Ausdruck einer wachsenden Realitätsferne, wurde dieser Wunsch von ernstzunehmenden Politikern seiner Partei nicht einmal mehr erwogen. Wilson setzte jetzt bei den nächsten Wahlen, in denen er «ein großes und feierliches Referendum» über die Völkerbundsakte sah, auf einen überwältigenden Sieg seiner Partei. Auch diese Hoffnung zerschlug sich, und zwar gründlich. Die Demokraten erlitten bei den Präsidentschaftswahlen im November 1920 eine der schlimmsten Niederlagen in ihrer Geschichte. Das amerikanische Volk hatte sich von seinem Propheten abgewandt. Wilsons politische Karriere hatte ein tragisches, von ihm selbst nicht ganz unverschuldetes Ende gefunden. Dem Expräsidenten verblieben nur noch wenige von Siechtum und wachsender Vereinsamung überschattete Jahre. Am 3. Februar 1924 starb er. Seine letzte Ruhestätte fand er in der neogotischen nationalen Kathedrale in Washington.

Ungeachtet seines schließlichen Scheiterns gehört Wilson zu den großen amerikanischen Präsidenten, die der Entwicklung der USA eine neue Wendung gegeben haben. Seit ihm und dank ihm sind die USA eine Europa zugewandte, am Schicksal der außeramerikanischen Welt allgemein interessierte Nation geworden. Dies galt selbst für die Zeit nach seinem Ausscheiden aus dem Präsidentenamt, wenn seinen Nachfolgern auch die sicherheitspolitische Dimension der Rolle Amerikas als Weltmacht in Europa noch unverständlich blieb. Doch schon neun Jahre nach seinem Tode knüpfte ein neuer amerikanischer Präsident, Franklin D. Roosevelt, nach anfänglichem Schwanken an sein Erbe an. Der Gedanke eines international organisierten Friedens erlebte dann im Zweiten Weltkrieg nicht zuletzt in den USA eine triumphale Wiedererweckung und fand in der Charta der Vereinten Nationen seinen Ausdruck. Auch danach lebte er weiter und wurde von Präsident George W. Bush als «Krieg gegen den Terror» wieder aufgenommen. Die amerikanischen Rückschläge im Irakkrieg aktualisierten dann die Frage des Einsatzes von militärischen Mitteln und der Grenzen der amerikanischen Macht. Die USA erschienen jetzt eher als «ethischer Hegemon» – sicherlich auch im Sinne Wilsons, auf dessen Tradition sich Präsident Obama gleichfalls berufen konnte. Das genaue Gegenteil gilt für den jüngst gewählten Präsidenten Donald Trump. Im Ersten Weltkrieg verdankten die europäischen Alliierten ihren Sieg – oder doch das Ausmaß dieses Sieges – den von Wilson geführten und inspirierten Vereinigten Staaten. Dort selbst hatte er sich als ein moralisch integrer, nicht korrumpierbarer und materiell selbstloser Reformer bewährt – durchdrungen von einer tiefen und strengen Religiosität, für den Außenstehenden persönlich vielleicht nicht immer gewinnend, nicht immer ganz aufrichtig, gleichwohl aber ein klarer Intellekt, ein hinreißender Redner, ein hervorragender Organisator und nicht zuletzt ein leidenschaftlicher, zuweilen unerbittlicher Kämpfer für das, was er für die gute Sache hielt. Trotz seines scheinbaren Scheiterns waren die Vereinigten Staaten dank seiner politischen Leistung auf ihrem Wege zu mehr Modernität und mehr Weltoffenheit ein beträchtliches Stück vorangekommen.

Peter Schäfer

WARREN G. HARDING
1921–1923

Zurück zur Normalität

Die drei republikanischen Präsidenten Harding, Coolidge und Hoover und ihre Administrationen weisen eine Reihe von Gemeinsamkeiten auf, die sich aus den Bedingungen ihrer Politik und aus ihrem politischen Konzept ergaben. Nach dem Einschnitt durch den Weltkrieg und die amerikanische Kriegsteilnahme setzte sich seit den zwanziger Jahren in den USA der soziale, technologische und wirtschaftliche Wandel verstärkt fort, der Übergang zur Massengüterproduktion (Auto, Radio, Haushaltsgeräte) war ein bestimmendes Moment der Zeit. Die Gegensätze zwischen dem traditionellen ländlichen Amerika und den expandierenden industriellen Ballungszentren äußerten sich in unterschiedlichen kulturellen und moralischen Wertvorstellungen. 1920 lebten von den 106 Millionen Amerikanern erstmals mit 48,6 Prozent weniger als die Hälfte auf dem Lande in kleinen Orten unter 2500 Einwohnern. Zwischen 1922 und 1929 befand sich das Land in einem ungewöhnlich starken industriellen Aufschwung. Ihm folgte mit der *Great Depression* eine langanhaltende Wirtschaftskrise von ähnlich außergewöhnlichem Charakter. Politisch zeigten die Präsidentschafts- und Kongresswahlen jener Jahre ein republikanisches Übergewicht. Die Demokratische Partei befand sich in der Krise, das Reformpotential der Vorkriegszeit war weitgehend aufgebraucht. Die drei Präsidenten vertraten in ihrer Wirtschafts- und Sozialpolitik einen überwiegend konservativ-republikanischen Kurs. Sie beendeten die staatliche Wirtschaftsregulierung à la Wilson und stellten wieder kooperativere Beziehungen zur Geschäftswelt her. Sie traten für Sparpolitik ein, für erhebliche Steuersenkungen besonders bei den höheren Einkommen, für Zollerhöhungen und Einwanderungsbeschränkungen. Ihr konservativer Nationalismus des «*America First*» zeigte sich im Fernbleiben vom Völkerbund, ja selbst vom Internationalen Gerichtshof. Gleichzeitig förderten sie – jedenfalls solange dies bis 1929 möglich war – die ökonomische Expansion der Vereinigten Staaten und zeigten sich an Abrüstungsvereinbarungen und an der Ächtung des Krieges interessiert. Unterschiede ihrer Präsidentschaften waren teils durch die äußeren Umstände bedingt, ergaben sich teils aus den spezifischen politischen Erfahrungen und Auffassungen, dem weniger oder mehr ausgeprägten staatsmännischen Vermögen dieser drei Präsidenten. Harding regierte hauptsächlich in der Übergangszeit von Krieg, Nachkrieg und Friedensperiode und hatte sich mit dem Erbe der Wilson-Ära auseinanderzusetzen. Er war ein durchschnittlich begabter Provinzpolitiker, der zur amerikanischen Normalität zurückkehren wollte, dessen Ruf jedoch von einem ausufernden Korruptionsskandal erstickt wurde. Coolidge setzte die Rückkehr zur Normalität fort, er war die Symbolfigur des Wirtschaftsaufschwungs der zwanziger Jahre. Hoover, der bemerkenswerteste, innovativste Politiker der drei, war ein moderner Konservativer mit Wurzeln im *Progressive Movement,* der das Unglück hatte, als Krisenpräsident in die Geschichte einzugehen. Wenn er auch keinen Ausweg aus der *Great Depression* bahnen konnte, so verdient er doch die meiste Beachtung, und dies nicht nur in der Außenpolitik.

Warren Gamaliel Harding, der spätere 29. Präsident der USA, wurde am 2. November 1865 auf einer Farm in Blooming Grove, Ohio, geboren. Sein Vater war Farmer und Homöopath. Nach Schulbesuch und Collegestudium arbeitete Harding vorübergehend als Lehrer und wurde dann Herausgeber und Miteigentümer des *Marion Star,* einer erfolgreichen lokalen Tageszeitung.

Der auch geschäftlich engagierte Harding, der 1891 die geschiedene Bankierstochter Florence King heiratete, war ein gutaussehender, sportlicher, redegewandter Mann, der zeitlebens eine Vorliebe für edle Getränke, für Poker, Golf und für Frauen behielt. Politisch schloss er sich der Republikanischen Partei an. Lokale Verbindungen und sein Rednertalent ermöglichten ihm seit der Jahrhundertwende eine politische Karriere als Mitglied des Senats von Ohio bzw. als Vizegouverneur dieses Staates. 1914 wurde er in den Bundessenat gewählt. Dort setzte sich Harding für die Interessen des *Big Business* ein, für Zollerhöhungen und den Ausbau der Handelsmarine und sprach sich für die Prohibition und das Frauenstimmrecht, aber gegen den Eintritt der USA in den Völkerbund aus. Die Nominierung als republikanischer Präsidentschaftskandidat im Wahljahr 1920 verdankte er einem toten Rennen zwischen den beiden Hauptbewerbern der Republikaner, Leonard Wood und Frank O. Lowden. Harding entsprach mit seinem patriotischen Kleinstadthorizont einer damals verbreiteten Denkhaltung, und er besaß das Vertrauen der Geschäftswelt, die von ihm die Wiederherstellung einer normalen Friedenswirtschaft erwartete. Er führte den Wahlkampf dementsprechend in der Auseinandersetzung mit der liberalen Wilson-Politik, er trat konservativ, nationalistisch und gegen jeden Radikalismus auf. Die Wahlplattform der Republikaner forderte Steuersenkungen, Zollerhöhungen, Einwanderungsbeschränkungen, wandte sich gegen Streiks, «die gegen die Regierung geführt» würden, trat aber auch für gleichen Lohn in der Frauenarbeit ein. 1920 hatten Frauen landesweit das Wahlrecht erhalten.

Die Präsidentschaftswahlen vom 2. November 1920 gewann Harding mit seltener Eindeutigkeit. Er erzielte in 37 Staaten die Mehrheit, sein demokratischer Gegner James M. Cox lediglich in den 11 Staaten des Südens. Enttäuschung über den Ausgang des Weltkrieges und die Wilson-Politik, eine nationalistische, reformunwillige, antikommunistische Nachkriegsstimmung prägten das Wahlergebnis mit.

In seiner Antrittsbotschaft vom 4. März 1921 in Washington versprach Harding dem Land «Rekonstruktion, Wiederanpassung, Restauration». Im neuen Kabinett fand sich eine Gruppe markanter Politiker, deren Berufung teilweise die konservative alte Garde der Republikaner befremdete. Dazu gehörten Außenminister Charles E. Hughes, ein früherer Befürworter des Völkerbunds, Handelsminister Hoover, ein fähiger Organisator mit dem Ruf eines Menschenfreunds, und Landwirtschaftsminister Wallace, ein bekannter Agrarexperte. Mehr nach dem Geschmack der konservativen Republikaner war Finanzminister Mellon, ein Konzerngewaltiger der Aluminiumindustrie. Schließlich bedachte Harding mehrere seiner alten politischen Freunde aus

Ohio (die «*Ohio-Gang*») mit Regierungsämtern. Dazu gehörten der neue Justizminister Daugherty, Hardings Wahlkampfmanager aus Ohio, und Innenminister Fall, ein Grundstücks- und Minenspekulant. Beide verkörperten die dunklen Seiten der Verquickung von Politik und Geschäft in der Harding-Ära auf besonders auffallende Weise.

Der neue Präsident und seine Ehefrau Florence öffneten das Weiße Haus, das in der letzten Phase der Wilson-Administration wenig besucherfreundlich gewesen war, für die Washingtoner Gesellschaft. Die neue First Lady erklärte, der Präsident und sie seien «nur einfache Leute». Harding empfing in regelmäßigen Abständen seine Freunde zu ausgedehnten Pokerpartien im Weißen Haus, bei denen trotz Prohibition der Whiskey nicht fehlte. Er hatte gute Beziehungen zur Presse und führte wieder regelmäßige Pressekonferenzen ein. Ungeachtet seiner verschiedenen Freizeitvorlieben und seiner Neigung zu Seitensprüngen war Harding ein fleißiger Arbeiter. Zu seinen ersten Maßnahmen gehörte die Schaffung eines Haushaltsbüros, das für die sparsame Verwendung der Haushaltsmittel zuständig war. Die Wilsonsche Wirtschaftsregulierung wurde beseitigt, wo immer dies möglich war. Steuergesetze senkten die Steuerhöchstsätze, Zollgesetze erhöhten die Zölle für landwirtschaftliche und industrielle Erzeugnisse. Eine erste generelle Einwanderungsbeschränkung fixierte 1921 nationale Quoten und begrenzte die jährliche Einwanderung auf 355 825 Personen. Das war eine Konzession an nationalistische und fremdenfeindliche Einstellungen in der amerikanischen Politik und Öffentlichkeit.

Die Harding-Regierung stellte über 2 Milliarden Dollar für Farmkredite zur Verfügung und unterstützte durch ein Gesetz landwirtschaftliche Absatzgenossenschaften. Ebenso förderte sie erstmals den Bau von Bundesautostraßen. Der Präsident amnestierte zu Haftstrafen verurteilte Kriegsgegner wie den Sozialisten Debs und mahnte öffentlich im Süden des Landes Bürgerrechte für schwarze Amerikaner an. Ein von ihm gewünschtes Gesetz gegen das Lynchen und für die Schaffung eines Ministeriums für öffentliche Wohlfahrt konnten im Kongress nicht durchgesetzt werden, wie überhaupt 1922 die Probleme im Verhältnis zum Kongress zunahmen.

Die Beziehungen der Regierung zu den Gewerkschaften gestalteten sich widersprüchlich. Harding und Hoover setzten wohl den Achtstundentag in der Stahlindustrie durch, doch führte das brutale Vorgehen des Justizministers Daugherty gegen einen Eisenbahnerstreik im September 1922 zur Entfremdung vieler Gewerkschaften von der Regierungspolitik. Im November 1922 erbrachten die Kongresszwischenwahlen einen deutlichen Rückschlag für die Republikaner.

Die Außenpolitik Hardings bevorzugte eine Mischung aus Nationalismus, Pragmatismus und konservativer Weltpolitik, eine Kombination aus Förderung der Außenwirtschaftsbeziehungen, Fernbleiben vom Völkerbund und Absprachen mit anderen Mächten zur Stabilisierung der internationalen Lage. Besondere Aufmerksamkeit beanspruchten die Friedensschlüsse mit den früheren Kriegsgegnern, die Regelung der Kriegsschuldenfrage und die Lage im Fernen Osten mit dem problematischen Verhältnis zu Japan. Im August 1921 wurde der Friedensvertrag mit dem Deutschen Reich unterzeichnet, in dem sich die USA alle Rechte aus dem Versailler Vertrag sicherten, ohne seine Verpflichtungen zu übernehmen.

Das wichtigste außenpolitische Ereignis war die von Harding im November 1921 in Washington eröffnete Neunmächtekonferenz, die zur Beruhigung der Lage im Fernen Osten und zur Begrenzung der Flottenrüstung beitragen sollte. In einem Viermächteabkommen garantierten sich die USA, England, Frankreich und Japan gegenseitig ihre Besitzungen im Bereich des Stillen Ozeans. In einem Neunmächteabkommen über und mit China bestätigten die Mächte – wenn auch nicht vorbehaltlos – die Souveränität und territoriale Unverletzlichkeit Chinas. Im Fünfmächtevertrag vom Februar 1922 begrenzten die USA, England, Japan, Frankreich und Italien vorübergehend das Wettrüsten zur See.

In den ersten Monaten des Jahres 1923 drangen Informationen über größere Unregelmäßigkeiten bei Mitarbeitern der Harding-Administration an die Öffentlichkeit. Der Präsident, selbst nicht direkt an den skandalösen Korruptionsfällen beteiligt, war mitverantwortlich, weil die Hauptschuldigen aus seinem persönlichen Freundeskreis in Ohio stammten und weil er nicht – wie Hoover ihm dies riet – von sich aus den Skandal schonungslos aufdeckte. Es seien nicht seine Feinde, sondern seine Freunde, die ihn nachts nicht schlafen ließen, klagte ein zunehmend erschöpft und bedrückt wirkender Präsident. Unterschlagungen, passive Bestechung, Vorteilsannahme waren bei Regierungsmitarbeitern an der Tagesordnung. Behördenchefs, selbst Minister waren verwickelt. Das größte Aufsehen erregte der «*Teapot-Dome*»-Skandal, die Vergabe wertvoller regierungseigener Ölländereien durch Innenminister Fall gegen hohe Bestechungssummen an zwei Erdölunternehmer. Fall wurde später deswegen zu einer Gefängnisstrafe verurteilt. Er war das erste Kabinettsmitglied in der Geschichte der USA, das ins Gefängnis wanderte. Justizminister Daugherty entging dem gleichen Schicksal lediglich auf Grund einer unzureichenden Beweislage. Nur die beiden Erdölunternehmer kamen nicht vor Gericht.

Um die Öffentlichkeit zu beruhigen und seine Stellung zu festigen, ging

Harding im Sommer 1923 auf eine politische Werbetour nach Alaska und in den Westen des Landes. Dort verstarb er am 2. August 1923 in San Francisco, erst 57 Jahre alt, vermutlich an den Folgen eines Schlaganfalls.

Warren G. Harding rangiert bei Umfragen nach der Rangstellung der Präsidenten unter Historikern der USA konstant als «Versager» auf einem der letzten Plätze der Skala. Dies resultiert aus seinem durchschnittlichen politischen Format, seiner moralischen Laxheit und vor allem aus den Folgen des einmaligen Harding-Skandals. So berechtigt dies Negativurteil ist, bleibt die Tatsache bestehen, dass Harding zur Wiederherstellung normaler politischer Rahmenbedingungen in der Übergangszeit seit dem Kriegsende beitrug. Gemessen an der Dauer seiner Regierung und ihren Möglichkeiten ist seine legislative Leistung durchaus beachtlich. Auch die Ergebnisse der Konferenz von Washington gehören zum positiven Erbe dieses Präsidenten. Doch als nach Hardings Tod das Ausmaß der Korruption bekannt wurde und mehrfach die Gerichte bemüht werden mussten, überlagerte dies sehr rasch die positiveren Ergebnisse seiner Regierung, und seither assoziiert man mit seinem Namen einen der größten und schwerwiegendsten Korruptionsskandale der amerikanischen Präsidentschaftsgeschichte.

Peter Schäfer

CALVIN COOLIDGE
1923–1929

Der Puritaner im Weißen Haus

Calvin Coolidge stammte aus dem ländlichen Vermont, einer traditionsverhafteten neuenglischen Umwelt. Er kam am 4. Juli 1872 in Plymouth Notch zur Welt und erhielt dort auch seine Schulbildung. Sein Vater, ein Farmer, Ladenbesitzer und Posthalter, prägte die Erziehung des jungen Coolidge. Seine Mutter verstarb bereits 1885. Coolidge besuchte das respektable Amherst College. Seit 1898 war er in Northampton, Massachusetts, als Anwalt tätig. Gleichzeitig begann der ehrgeizige junge Republikaner eine politische Karriere, anfangs auf kommunaler Ebene in Northampton (Stadtanwalt, Bürgermeister), bald auch in seinem Staat Massachusetts als Abgeordneter, seit 1912 als Senator, schließlich wurde er 1916–1918 Vizegouverneur, 1919–1920 Gouverneur von Massachusetts. Coolidge war konservativ, trat für traditionelle Forderungen der Republikaner ein und war voller Bewunderung für die erfolgreichen Geschäftsleute, deren Wertvorstellungen auch die seinen waren. Gegen Reformen zur Verbesserung der Lebensumstände der Allgemeinheit hatte er keine Einwände, vorausgesetzt, dass sie wenig kosteten.

In der aufgeregten politischen Stimmung nach dem Ende des Ersten Weltkrieges, in der Zeit der Verfolgung jedweder Radikalen, errang Coolidge als Gouverneur nationale Berühmtheit, als er 1919 hart gegen streikende Polizisten vorging. Allgemein bekannt wurde sein Telegramm an den Gewerkschaftsführer Gompers mit dem Ausspruch: «Es gibt für niemand, nirgendwo, nirgendwann ein Recht auf Streik gegen die öffentliche Sicherheit.» Dem Ruf eines Verfechters von *law and order* verdankte Coolidge 1920 auf dem Nationalkonvent der Republikaner die Nominierung als Vizepräsidentschaftskandidat. Mit Harding wurde er in sein neues Amt gewählt. Durch den plötzlichen Tod Hardings rückte er dann am 2. August 1923 selbst in das Präsidentenamt auf. Die Vereidigung des neuen Präsidenten nahm der Vater, der auch das Amt eines Friedensrichters ausübte, in seinem Haus in Plymouth vor. Beim Schein der Petroleumlampe wurde Coolidge auf die Familienbibel vereidigt. Diese auch vom Rundfunk übertragene schlichte Zeremonie ließ den Präsidenten als die Verkörperung des ländlichen, gesunden Amerikas erscheinen.

Coolidge war kein charismatischer Politiker, kein auffallender politischer Führer. Er war ein solider Angehöriger des amerikanischen Mittelstands, sparsam, wortkarg im persönlichen Umgang (*Silent Cal*), fleißig und unprätentiös. Für die vom Harding-Skandal beunruhigte Öffentlichkeit war er ein «Puritaner in Babylon». Es gelang ihm überraschend schnell, die Integrität und den Ruf der Bundesregierung wiederherzustellen. Dabei half ihm ein gutes Verhältnis zur Presse. Er war der erste Präsident, der die Möglichkeiten des Radios bewusst nutzte, um seine Politik den Hörern nahezubringen. An Coolidges Seite stand seine Frau Grace Anna Goodhue, ehemals Lehrerin an einer Schwerhörigenschule, die der 33-jährige 1905 geheiratet hatte und die mit ihrem Charme, ihrer Warmherzigkeit und Geselligkeit als First Lady die Herzen der Besucher im Weißen Haus gewann.

Coolidges Präsidentschaft fiel mit dem Höhepunkt des Wirtschaftsaufschwungs der zwanziger Jahre zusammen. Vielen seiner Landsleute erschien der neue Präsident bald als Symbol und Garant andauernder Prosperität. Mit seinen Ansichten über den gesunden Zustand des Landes, über die notwendige Sparsamkeit der Regierung, über die segensreiche Wirksamkeit der großen

Vermögen folgte er den damals vorherrschenden Ideen und Idealen. Charakteristisch für dies Denken war seine Rede vor Zeitungsverlegern in Washington im Januar 1925, in der er ausführte: «Das Hauptgeschäft des amerikanischen Volkes ist das Geschäft.» Möglichst wenig staatliche Eingriffe in das Wirtschaftsleben und die enge informelle Kooperation von Regierung und *Big Business* waren Kennzeichen der Coolidge-Jahre.

Innenpolitisch setzte Coolidge im Wesentlichen das Programm seines Vorgängers Harding fort. Er bekannte sich zu weiterer Einwanderungsbeschränkung, zur Aufrechterhaltung der Schutzzölle im Interesse der amerikanischen Industrie, zu einer staatlichen Kreditregelung für die Farmer, zur Privatisierung des Schiffsbaus. Der Präsident behielt auch – abgesehen von der Entlassung des in den Harding-Skandal verwickelten Justizministers Daugherty und des Kriegsministers Weeks – das bisherige Kabinett bei.

1924 wurde Coolidge mit großem Stimmenvorsprung wiedergewählt. Er setzte sich sowohl gegen den Kandidaten der Demokraten, den konservativen Wall-Street-Anwalt John W. Davis, durch, als auch gegen den Kandidaten einer Wählerkoalition von Farmerorganisationen, Gewerkschaften, Bürger- und Frauenverbänden, den Reformsenator von Wisconsin, Robert M. LaFollette. Der frühere Präsident Taft meinte zum Wahlausgang: «Dieses Land ist kein Land für Radikalismus. Ich glaube, es ist wirklich das konservativste Land in der Welt.»

Handelsminister Hoover initiierte eine ganze Reihe von Gesetzen, die den neuen Entwicklungen im Luftverkehr, im Rundfunkwesen und in anderen Bereichen Rechnung trugen. Zu nennen ist neben dem Luftfahrtgesetz das Radio-Kontroll-Gesetz von 1927, das eine staatliche Kontrolle des privaten Rundfunkwesens vorsah. Mit dem Gesetz über das Boulder-Canyon-Projekt von 1928 wurde die Errichtung des damals weltgrößten Staudamms am Colorado River in Angriff genommen. Coolidge unterzeichnete diese in die Zukunft weisenden Gesetze, die eigentlich seinem *Laissez-faire*-Standpunkt widersprachen, ohne Begeisterung.

Zu den positiven innenpolitischen Maßnahmen der Coolidge-Zeit gehört auch die Gewährung des Staatsbürgerrechts an die amerikanischen Indianer im Jahr 1924. Die eher negativen Seiten der Bilanz Coolidges in der Innenpolitik sind allerdings ebenso zu beachten. Das von der Regierung damals begünstigte unkontrollierte Wachstum des *Big Business* und die vom Staat tolerierten, immer maßloser werdenden Spekulationsgeschäfte an der Börse bedingten die Heftigkeit der Großen Krise von 1929 zumindest mit.

Für die Sorgen und Nöte der Farmer oder der Bergleute hatte die Coolidge-Regierung selten ein offenes Ohr. Mehrere vom Kongress verabschiedete Reformgesetze scheiterten am Veto des Präsidenten. Das Bonusgesetz für die Kriegsveteranen konnte nur über das Veto des Präsidenten hinweg verabschiedet werden. Es war insofern kein Zufall, dass sich die Beziehungen des Präsidenten zum Kongress im Laufe seiner Amtszeit verschlechterten und der Kongress dem Präsidenten seinerseits mehrfach bei der Bestätigung von neuberufenen Regierungsmitgliedern oder Richtern Schwierigkeiten machte. Auffallend passiv verhielt sich Coolidge gegenüber der Diskriminierung der schwarzen Amerikaner. Den rassistischen Ku Klux Klan kritisierte er öffentlich erst, als dessen Einfluss bereits im Schwinden war. Mit dem Einwanderungsgesetz von 1924 wurden die Einwanderungsbeschränkungen weiter verschärft. Die Quotenregelung für die einzelnen Nationalitäten benachteiligte die Einwanderer aus Ost- und Südeuropa ganz bewusst. Die Einwanderung aus Japan wurde – trotz der Einwände von Außenminister Hughes – gänzlich untersagt, was zu einer erheblichen Belastung der amerikanischjapanischen Beziehungen führte.

Die Außenpolitik Coolidges konnte sich auf die wirtschaftliche Expansion und auf die industrielle wie finanzielle Vorrangstellung des Landes in den zwanziger Jahren stützen. Die amerikanischen Auslandsinvestitionen (Schwerpunkt: Europa, Kanada, Lateinamerika) erreichten am Ende dieses Zeitabschnitts mit 17 Milliarden Dollar nahezu den Umfang der bis dahin führenden britischen Auslandsanlagen. Die Administration Coolidges verfolgte auf dieser Grundlage weiter einen konservativen Internationalismus.

Coolidge überließ die Gestaltung der Außenpolitik weitgehend seinem Außenminister Charles Hughes bzw. ab 1925 Frank Kellogg. In der Reparations- und Kriegsschuldenfrage, einem Kernproblem der Europapolitik in jener Zeit, gelang mit dem Dawes-Plan von 1924 unter aktiver amerikanischer Beteiligung eine Neuregelung der deutschen Reparationszahlungen, durch die auch Anleihen amerikanischer Banken an Deutschland möglich wurden. Ebenso im Sinne einer Kompromisslösung geregelt wurde die noch offene Kriegsschuldenfrage mit den Weltkriegsverbündeten der USA. Zwischen 1923 und 1926 wurden Abkommen mit Großbritannien, Frankreich und elf weiteren Staaten geschlossen, die eine langfristige Rückzahlung der Schulden bei moderater Zinshöhe vorsahen.

Das bemerkenswerteste Ergebnis von Coolidges Außenpolitik war der 1928 zwischen dem französischen Außenminister Aristide Briand und Außenminister Frank Kellogg ausgehandelte Kriegsächtungspakt. Der Briand-Kellogg-Pakt war ein multilateraler Vertrag, dem schließlich über 60 Staaten beitraten. Seine Unterzeichner verzichteten auf den Krieg als Mittel der nationalen Politik und leisteten damit einen Beitrag zur völkerrechtlichen Kodifizierung des Gewaltverzichtes und zur mindestens zeitweiligen Beruhigung der internationalen Lage. Auf Dauer litt der Pakt vor allem am Fehlen eines wirksamen Sicherheitsmechanismus, der bei Vertragsverletzung angewandt werden konnte.

In der Lateinamerikapolitik setzte Coolidge einerseits die Tradition der militärischen Intervention in Mittelamerika und im karibischen Raum fort und ließ amerikanische Marineinfanterie seit 1926 in Nicaragua eingreifen. Andererseits beendete er 1924 die Militärherrschaft über die Dominikanische Republik. Auf der einen Seite übte das State Department 1926 massiven politischen Druck auf Mexiko aus und forderte, die als «bolschewistisch» bezeichneten Land- und Erdölgesetze zu ändern, auf der anderen Seite sandte Coolidge dann seinen Studienfreund Dwight W. Morrow als neuen Botschafter nach Mexiko, dem in Verhandlungen 1928 ein Ausgleich mit der mexikanischen Regierung gelang. Coolidge selbst nahm im Januar 1928 mit einer freundschaftlichen Geste an der Eröffnung der 6. Interamerikanischen Konferenz in Havanna teil. Im gleichen Jahr wurde im State Department ein zunächst internes Memorandum über die Monroe-Doktrin formuliert, worin der Verfasser, James Reuben Clark Jr., bestritt, die Monroe-Doktrin könne als Rechtfertigungsgrund amerikanischer Interventionen in der Hemisphäre dienen. So zeichnete sich in der Lateinamerikapolitik Coolidges gegen Ende seiner Präsidentschaft ein Neuansatz ab, der später von seinem Nachfolger Hoover weitergeführt wurde.

Auch die in einem revolutionären Bürgerkrieg entstandene chinesische Nationalregierung unter Tschiang Kai-schek erkannte die Coolidge-Administration 1928 offiziell an, nachdem man noch ein Jahr zuvor mit dem Bombardement von Nanking im chinesischen Bürgerkrieg interveniert hatte. Lediglich an der diplomatischen Nichtanerkennung der UdSSR hielten Coolidge und das State Department trotz wachsender Wirtschaftsbeziehungen zwischen beiden Ländern unverrückbar fest.

Im August 1927 erklärte Coolidge plötzlich überraschend, er habe nicht die Absicht, sich 1928 nochmals um die Präsidentschaft zu bewerben. Mit dieser durch persönliche und familiäre Gründe motivierten Entscheidung wurde der Weg frei für die Nominierung und Wahl seines Handelsministers Hoover zum neuen Präsidenten der USA.

Calvin Coolidge war in seinen Regierungsjahren ein außergewöhnlich populärer Präsident. Als er aus dem Amt schied, erfreute sich das Land der ungestörten Prosperität sowie des inneren und äußeren Friedens. Von der historischen Forschung wird Coolidge inzwischen kritischer beurteilt. Er gilt als ein eher durchschnittlicher Präsident, der sein Amt mehr verwaltete, als dass er die Ereignisse bestimmt hätte. Sein traditionelles Politikverständnis orientierte sich stärker an den Erfahrungen der Vergangenheit als an den Notwendigkeiten der Zukunft. Dennoch ist dieser «Hohepriester der Prosperität» (William A. White) in der Erinnerung durch eine einzigartige Fülle liebenswürdiger Anekdoten gegenwärtig, in denen seine Wortkargheit und sein Mutterwitz im Mittelpunkt stehen.

Nach dem Ausscheiden aus dem Weißen Haus lebte Coolidge wieder in Northampton. Er schrieb seine Autobiographie sowie einige Zeit auch regelmäßige Zeitungskolumnen, in denen er für Individualismus, Sparwirtschaft und *Laissez-faire* eintrat. Am 5. Januar 1933 verstarb der erst 60 Jahre alte Coolidge an den Folgen eines Herzinfarkts.

Peter Schäfer

HERBERT C. HOOVER
1929–1933

Der Administrator in der Krise

Herbert Clark Hoover war der erste Präsident, dessen Heimat westlich des Mississippi lag. Er hatte eine für einen künftigen Präsidenten ungewöhnliche und interessante berufliche Entwicklung, und er bekleidete vor dem Einzug in das Weiße Haus – was selten vorkam – kein Wahlamt.

Hoover wurde am 10. August 1874 in West Branch, Iowa, geboren. Sein Vater war Hufschmied und handelte mit Ackergeräten. Den heranwachsenden Hoover prägten zwei Umstände: die religiöse Erziehung als Quäker, der er seine spätere humanitäre und pazifistische Einstellung mitverdankte, und der frühe Tod der Eltern, der ihn beizeiten zwang, für sich selbst zu sorgen. Zwischen 1891 und 1895 studierte Hoover an der gerade eröffneten Stanford-Universität Geologie. Dort lernte er auch seine künftige Ehefrau Lou Henry kennen, damals die erste weibliche Geologiestudentin dieser Universität. Beide heirateten 1899. Mrs. Hoover war eine moderate Frauenrechtlerin, die sich als First Lady besonders für den Frauensport einsetzte und die *Girl Scouts* förderte.

Nach dem Studium war Hoover fast zwanzig Jahre als sehr erfolgreicher Bergbauingenieur und Geschäftsmann im Ausland, mit Hauptbüro in London, tätig und bald international als Experte im Minenwesen bekannt. In London überraschte ihn 1914 der Weltkrieg. Von nun an widmete er sich humanitären Aufgaben, zunächst dem Belgien-Hilfswerk, nach dem Krieg dann der Lebensmittelhilfe für das vom Krieg zerstörte Europa einschließlich einer Russlandhilfe für das von einer Hungersnot betroffene Sowjetrussland.

Präsident Wilson übertrug Hoover 1917 nach dem amerikanischen Kriegseintritt das Amt der Lebensmittelverwaltung, das er effizient im Interesse der Versorgung des Landes und der Verbündeten leitete. Nach Kriegsende unterstützte Hoover den von Wilson gewünschten Beitritt zum Völkerbund, war 1920 – als er endgültig aus dem Ausland zurückkehrte – ein möglicher republikanischer Präsidentschaftskandidat und wurde von den Reformkräften in beiden Parteien umworben. 1921 ernannte ihn Harding zum Handelsminister. In diesem Amt war er acht Jahre beispielhaft im Sinne der von ihm befürworteten informellen, freiwilligen Kooperation von Regierung und Geschäftswelt tätig. Hoover war jetzt ein moderner Konservativer, ein Politiker der Mitte, der für den «Amerikanischen Individualismus», für den Erhalt der liberalen Demokratie und der kapitalistischen Institutionen in seinem Lande eintrat. Als Handelsminister förderte er Statistik und Wirtschaftsanalyse, die Markt- und Industrieforschung sowie den Informationsaustausch innerhalb der Geschäftswelt. Er trat für Kooperation zwischen Unternehmern und Gewerkschaften ein, für eine aktive Arbeitslosenpolitik und für die Förderung von Wohnungsbau, Straßenbau und Luftverkehr. All dies sollte weniger durch staatlichen Zwang als durch freiwillige Mitarbeit der privaten Unternehmer erreicht werden.

Mit dem Verzicht Coolidges auf seine Wiederwahl konnte der Republikaner Hoover für die Präsidentschaft kandidieren. Dem Wahlkampf zwischen ihm und dem Demokraten Alfred E. Smith, Gouverneur von New York und Katholik, fehlten die großen Fragen. Hoover machte die Prosperität zum Hauptwahlkampfthema und kündigte für das Land ein baldiges Ende der Armut an, «ein Huhn in jedem Topf und ein Auto in jeder Garage». Im Ergebnis siegte Hoover am 6. November 1928 mit einem Stimmenvorsprung von über 6 Millionen und einer noch eindeutigeren Überlegenheit bei den Wahlmännern. Auch im Kongress vergrößerte sich wieder die republikanische Mehrheit.

Hoover, der am 4. März 1929 vereidigt wurde, war der erste Präsident aus der Managerelite seines Landes, ein erfolgreicher Organisator, Administrator und Technokrat. Bis zum Herbst 1929 hatte er ein gutes Verhältnis zur Öffentlichkeit. Sein politisches Konzept sah vor allem eine administrative Erneuerung vor, den Versuch einer Lenkung der Wirtschaft durch inoffizielles Zusammenwirken von Regierung und Wirtschaftsführern. Seinem Kabinett und den Regierungsbehörden gehörten – wie in der «Republikanischen Ära» üblich – mehrere maßgebliche Industrielle und Bankiers an. Außenminister wurde der erfahrene republikanische Politiker und Diplomat Henry L. Stimson.

Hoovers Innenpolitik widmete sich zunächst der Erweiterung der Nationalparks und Pflege der Wälder, der Verbesserung der Lebensbedingungen der Indianer, der Durchsetzung der Prohibition, der Reorganisation der Gefängnisse und der Koordinierung der Aktivitäten der nationalen Wohlfahrts- und Sozialdienste. Die Veränderungen auf diesen Gebieten blieben allerdings bescheiden.

Zum alles beherrschenden Ereignis der Hoover-Administration wurde dann aber die im Oktober 1929 beginnende Große Depression in Amerika. Die amerikanische Industrieproduktion fiel bis 1932 auf das Niveau von 1913 zurück, der Außenhandel sogar auf den Stand von 1905. Auf dem Höhepunkt der Krise war im Winter 1932/33 fast jeder vierte Arbeiter ohne Arbeit. Die Farmkrise spitzte sich dramatisch zu. Hoover war jetzt ein Gefangener der Ereignisse, er verkannte lange das Ausmaß der ökonomischen Zerrüttung und sozialen Not. Seine Politik zur Überwindung der Krise vertraute hauptsächlich auf die Selbstheilungskräfte der kapitalistischen Wirtschaft. Eine Regierungskontrolle der Wirtschaft und aktive Ausgabenpolitik zur Finanzierung bundesweiter Sozialprogramme lehnte er ab. Ein schwerwiegender Fehler war die Zustimmung Hoovers zum Zollgesetz vom Juni 1930, das mit Rekordzollsätzen katastrophale Rückwirkungen auf den Welthandel hatte. Erst Ende 1930 begann die Hoover-Administration, zu Antikrisenmaßnahmen überzugehen, und erst im Januar 1932 wurde mit der Schaffung der Reconstruction Finance Corporation aktiver und großzügiger reagiert. Bis zu zwei Milliarden Dollar wurden für staatliche Stützungsanleihen an die Wirtschaft bereitgestellt. Im Juli 1932 stellte die Regierung den Einzelstaaten 300 Millionen Dollar für Hilfs- und Unterstützungszahlungen zur Verfügung. Vom Kongress gewünschte weitergehende Reformen wie die Einführung einer nationalen Arbeitslosenunterstützung verhinderte Hoover 1932 durch sein Veto. Lediglich das gewerkschaftsfreundliche Norris-LaGuardia-Gesetz bestätigte er durch seine Unterschrift. Die – wie es schien – hartherzige Haltung des Präsidenten trug angesichts der allgemeinen Not rapide zum Ansehensverlust Hoovers in der Öffentlichkeit bei. Höchst unpopulär war seine Entscheidung im Juli 1932, einige tausend Weltkriegsveteranen mit militärischer Gewalt aus der Hauptstadt zu vertreiben, wo sie für die vorzeitige Auszahlung einer Entschädigung demonstriert und in der Nähe des Kapitols kampiert hatten.

Die Außenpolitik Hoovers wurde ebenfalls wesentlich durch die Auswirkungen der Krise der Weltwirtschaft und die verschlechterte internationale Situation der USA geprägt. Noch vor Ausbruch der Krise hatte der Young-Plan im Juni 1929 unter aktiver Mitwirkung der USA eine Neuregelung der deutschen Reparationszahlungen vorgenommen. Reparations- und Kriegsschuldenzahlungen brachen im Gefolge der Krise zusehends zusammen. Mit einem nach ihm benannten Moratorium suchte Hoover im Juni 1931 durch einen einjährigen Zahlungsaufschub aller internationalen Regierungsschulden den Kollaps aufzuhalten. De facto wurden seitdem die Reparations- und Kriegsschuldenzahlungen auf Dauer eingestellt.

Grundsätzlich setzte Hoover den außenpolitischen Kurs seiner beiden Vorgänger fort. So hielt er an der Nichtbeteiligung am Völkerbund ebenso fest wie an der Nichtanerkennung der UdSSR. In seiner Weltsicht gingen nationalistisches Selbstbewusstsein, internationales Verantwortungsgefühl, der Glaube an die Höherwertigkeit der «Weißen Völker» und der Wunsch, dem Land einen neuen Krieg zu ersparen, eine eigenartige Verbindung ein. Hoover glaubte an internationale Kooperation ohne Zwang, an ein friedliches, auf der Macht der öffentlichen Meinung beruhendes internationales System. Er hatte eine tiefe Abneigung gegen Krieg und gegen ein verschwenderisches Wettrüsten.

Gegenüber Lateinamerika bemühte sich Hoover, die Beziehungen zu verbessern, das dortige Misstrauen gegenüber dem «Koloss im Norden» abzutragen, den bisherigen Interventionsanspruch und das imperialistische Gebaren fallenzulassen und die wirtschaftliche und kulturelle Zusammenarbeit zu fördern. Die Krise durchkreuzte diese Absichten zwar, doch wurden bis zum Ende seiner Amtszeit der Abzug der amerikanischen Marinesoldaten aus Nicaragua realisiert und der Abzug von Haiti vorbereitet. In der Abrüstungsfrage erreichte Hoover auf der Londoner Flottenkonferenz 1930 gemeinsam mit England und Frankreich einen Kompromiss, der nun auch Tonnagehöchstgrenzen für Kreuzer, Zerstörer und U-Boote vorsah, allerdings keinen langen Bestand haben sollte. Hoovers sehr weitgehender Abrüstungsvorschlag auf der Genfer Abrüstungskonferenz 1932, der die Angriffswaffen gänzlich verbieten und die nationalen Streitkräfte um ein Drittel reduzieren wollte, verblieb im Bereich wohlmeinender Absichten. Auf die japanischen Vertragsverletzungen während der «Mandschurischen Krise» 1931/32 reagierten Hoover und Stimson am 7. Januar 1932 mit der nach ihnen benannten Doktrin, welche die Nichtanerkennung der mit Gewalt erreichten japanischen Eroberungen oder Abmachungen in China seitens der USA bekräftigte. Für Wirtschaftssanktionen gegen Japan, wie sie Stimson befürwortete, war Hoover allerdings nicht zu gewinnen. Gemessen an den von Hoover gesteckten Zielen blieb seine Außenpolitik in den Krisenjahren – bei allem Bemühen um pragmatische Neuansätze – vielfach wirkungslos. Ebenso wenig konnte sie verhindern, dass sich die internationale Position des Landes noch weiter verschlechterte.

Als im Herbst 1932 wieder Präsidentschaftswahlen bevorstanden, hatte das Ansehen Hoovers seinen Tiefpunkt erreicht. Dennoch nominierten ihn die Republikaner, weil es für sie keine personelle Alternative zu Hoover gab. Die Demokraten stellten den Reformgouverneur von New York, Franklin D. Roosevelt, als Kandidaten auf. Angesichts einer durch die Krise veränderten politischen Kräftekonstellation und der Wirkungslosigkeit seiner Antikrisenmaßnahmen erlitt Hoover bei den Wahlen eine schwere persönliche Niederlage. Auch der Kongress war nun wieder fest in der Hand der Demokraten. Enttäuscht und vereinsamt zog sich Hoover am 4. März 1933 von der Präsidentschaft zurück.

Herbert Hoover gehört, trotz der überwiegend negativen Bilanz seiner Administration, zu den auffallenden Persönlichkeiten im politischen Leben seines Landes zu jener Zeit. Die neuere Forschung wird den Gesamtleistungen Hoovers eher gerecht als frühere Klischees, die ihn als doktrinären konservativen Ideologen und altmodischen Politiker abstempelten und für das katastrophale Ausmaß der Großen Krise verantwortlich machten. Misst man Hoovers Politik als Präsident lediglich an ihrem Versagen gegenüber der Wirtschaftskrise, so übersieht man, dass wohl auch jeder andere Präsident angesichts der Großen Depression vor den Grenzen seiner Macht gestanden hätte. Nicht nur in den Jahren als Handelsminister, der ergiebigsten politischen Tätigkeit Hoovers, sondern auch als Präsident wies sein wirtschaftspolitisches Denken innovative Seiten und Reformansätze auf. Die Forschung zieht heute die Grenzen zwischen der eher informellen Wirtschaftsregulierung Hoovers und der obligatorischen Wirtschaftsregulierung des *New Deal* nicht mehr so starr wie früher. Bei allen weiterhin bestehenden Meinungsunterschieden zu einzelnen Seiten seiner Politik sieht man in Hoover heute doch einen markanten, fähigen, häufig weitblickenden Politiker seiner Zeit.

Hoover lebte nach dem Ausscheiden aus dem Weißen Haus noch 31 Jahre, länger als jeder andere Expräsident. Er nahm seinen Wohnsitz zunächst in New York im Hotel Waldorf-Astoria und kritisierte in der Öffentlichkeit («Reden über den Amerikanischen Weg») vehement die Politik des *New Deal,* der seiner Meinung nach zum Faschismus oder Sozialismus führen würde. Ähnlich unbeirrbar lehnte er zwischen Weltkriegsbeginn und Pearl Harbor den Kriegseintritt an der Seite Großbritanniens bzw. seit Juni 1941 als Verbündeter der UdSSR ab. Der Abwurf der beiden Atombomben auf japanische Großstädte gegen Kriegsende empörte ihn «wegen ihres unterschiedslosen Tötens von Frauen und Kindern». Unter den Präsidenten Truman und Eisenhower übernahm Hoover zwischen 1946 und 1955 nochmals Regierungsaufgaben als Koordinator der amerikanischen Lebensmittelhilfe für Europa bzw. als Leiter einer Kommission zur Reorganisation des Regierungsapparates in Washington. Das militärische Eingreifen seines Landes in Korea und in Vietnam fand nicht seine Zustimmung. Am 20. Oktober 1964 starb Hoover im Alter von 90 Jahren in New York. Er wurde in seinem Heimatort West Branch, Iowa, beigesetzt, wo sich auch seit 1962 die Herbert Hoover Presidential Library befindet.

Detlef Junker

FRANKLIN DELANO ROOSEVELT
1933–1945

Visionär und Machtpolitiker

Franklin Delano Roosevelt ist der bedeutendste, weil wirkungsmächtigste Politiker der USA im 20. Jahrhundert. Er war Präsident in Krisenzeiten. Die schwerste Wirtschaftskrise seit Beginn der Industriellen Revolution und der bisher größte Krieg der Weltgeschichte gaben ihm eine doppelte Chance zu historischer Größe.

Während er zu seinen Lebzeiten nicht nur von den Zeitgenossen zugleich grenzenlos verehrt, sondern auch heftig kritisiert und sogar gehasst wurde, wächst sein politisches Gewicht im Licht des historischen Abstandes aus drei Gründen: Erstens: In seltener Einmütigkeit teilen Historiker und Politikwissenschaftler die Ansicht, dass «FDR» der Begründer der modernen amerikanischen Präsidentschaft sei. Zweitens: Seit seiner Amtszeit gehören der Interventionsstaat und eine gemischte Wirtschaftsverfassung (*mixed economy*), in die die Bundesregierung in Washington regulierend, steuernd, planend und verwaltend eingreift, zum Alltag der Amerikaner. Drittens: Außenpolitisch nahm er, früher als die Mehrheit der Amerikaner, mit unbeugsamem Willen die Herausforderung durch den deutschen Nationalsozialismus, den japanischen Imperialismus und den italienischen Faschismus an. Als in den Jahren 1940/41 die Zukunft der westlichen Zivilisation auf dem Spiel stand, war er die letzte Hoffnung der Demokraten und die eigentliche Alternative zu Hitler. Durch eine außerordentliche Verbindung von Sendungs- und Machtbewusstsein, Nervenstärke und taktischer Finesse verhinderte er, dass sich die USA isolationistisch auf die westliche Hemisphäre zurückzogen. Roosevelt war der große Sieger des Zweiten Weltkrieges, und als er starb, waren die USA die neue Supermacht der Welt.

Seine Planungen für eine Nachkriegsordnung hingegen scheiterten. Weder die Vereinten Nationen noch die Kooperation mit der Sowjetunion noch die Zusammenarbeit der vier «Weltpolizisten» USA, Sowjetunion, Großbritannien und China wurden zu bestimmenden Faktoren der Nachkriegspolitik. Auch der unteilbare, liberal-kapitalistische Weltmarkt blieb eine Illusion.

Franklin Delano Roosevelt kam am 30. Januar 1882 auf der Sonnenseite der Gesellschaft zur Welt. Sein Geburtshaus in Hyde Park war ein geräumiger Landsitz am Hudson River zwischen New York und Albany. Franklin war das einzige Kind aus der zweiten Ehe seines damals 54-jährigen Vaters, James Roosevelt, mit seiner um 26 Jahre jüngeren Frau Sara, die eine Mitgift von einer Million Dollar in die Ehe einbrachte. Der Vater führte das gemessene Leben eines Landedelmannes aus bester neuenglischer Familie holländischer Herkunft. Er war zugleich Farmer, Geschäftsmann und Mann von Welt, der Opern und Theater ebenso liebte wie regelmäßige Reisen nach Europa. Obwohl das Vermögen der Roosevelts nicht im Entferntesten an das der neureichen Vanderbilts und Rockefellers heranreichte, war ihre gesellschaftliche Position unter den führenden Familien Neuenglands unangefochten.

James und Sara Roosevelt gaben ihrem einzigen und geliebten Sohn eine standesgemäße, sorgfältig behütete und doch zugleich erlebnis- und anregungsreiche Erziehung. Die selbstverständliche Sicherheit, die Eltern und Elternhaus ausstrahlten, übertrug sich auf das Lebensgefühl des Sohnes und legte den Grund für sein unerschütterliches Selbst- und Weltvertrauen.

Dieses Selbstvertrauen und ein ungewöhnliches Maß an Selbstdisziplin halfen ihm auch, als er 1921 schwer an Kinderlähmung erkrankte. Trotz jahrelanger, mit großer Energie durchgehaltener Versuche, ihre Folgen rückgängig zu machen, blieb Roosevelt gelähmt und an den Rollstuhl gebunden. Ohne die Hilfe von zehn Pfund schweren Stahlschienen konnte er nicht stehen, nur auf Krücken konnte er sich langsam ein wenig vorwärtsbewegen. Wie sehr er auch im Innern mit seinem Schicksal hadern mochte, nach außen legte er sich eine perfekte Maske hoffnungsvoller Zuversicht zu. Er verbot sich selbst jeden Gedanken an Resignation und Selbstmitleid und seiner Umgebung jede rührselige Geste.

Die Krankheit veränderte auch seine Frau Eleanor und das Wesen ihrer Ehe. Roosevelt hatte Eleanor Roosevelt, eine entfernte Verwandte fünften Grades aus dem Hudson-Tal und Nichte des Präsidenten Theodore Roosevelt, 1905 geheiratet. Das erste Kind, eine Tochter, wurde 1906 geboren, in den nächsten zehn Jahren folgten fünf Söhne, von denen einer im Alter von acht Monaten starb. Aus der ursprünglich schüchternen und öffentlichkeitsscheuen Hausfrau und Mutter wurde Schritt für Schritt «Eleanor», die vielleicht am meisten bewunderte Frau der Vereinigten Staaten in den 30er und 40er Jahren. Neben ihren vielen sozialpolitischen Aktivitäten, ihrem rastlosen Einsatz für die Gleichberechtigung der Frau und für die Gewerkschaftsbewegung, allgemein für die Unterdrückten, Erniedrigten und Armen in der amerikanischen Gesellschaft, neben ihrer Tätigkeit als Lehrerin, Leitartiklerin, Rednerin und Organisatorin wurde sie besonders in den Jahren von 1922 bis 1928 Roosevelts Stellvertreterin und Kontaktperson zur Demokratischen Partei. Aus der Ehe wurde eine politische Arbeitsgemeinschaft, in der die von einer christlich-sozialen Grundüberzeugung angetriebene Eleanor das «linke Gewissen» Roosevelts verkörperte, in der ihr auch im Laufe der Jahre eigene Autorität zuwuchs, sie aber zugleich aus Überzeugung den politischen Primat ihres Mannes anerkannte. Für Eleanor bedeutete dieser Rollenwechsel zugleich eine Flucht aus der inneren Einsamkeit. Denn seit einer Affäre Roosevelts im Ersten Weltkrieg mit Lucy Mercer, einer attraktiven Sekretärin Eleanors, hatte ihre Ehe einen Sprung erhalten, der nie wieder gekittet werden konnte. Spätestens mit dem Amtsantritt des Präsidenten im Jahre 1933 musste Eleanor alle Hoffnungen aufgeben, dass ihr Mann ihr den Platz in seinem Leben einräumen würde, den sie am meisten ersehnte: den der gleichberechtigten Vertrauten und Partnerin, die seine innersten Hoffnungen und Enttäuschungen teilen durfte. Der faszinierende, geistreiche und charmante Roosevelt, der schon vor seinem Amtsantritt als Präsident Männer und Frauen wie ein Magnet anzog, sie für seine politischen Ambitionen einsetzte und von ihnen absolute Loyalität erwartete, offenbarte seine innersten Gefühle niemandem, nicht einmal seiner Frau.

Nach dem Besuch einer der exklusivsten Privatschulen des Landes, in Groton, hatte Roosevelt von 1900 bis 1904 im Harvard-College studiert und war dann von 1904 bis 1907 Student der Rechtswissenschaften an der Columbia-Universität.

Er verzichtete auf einen akademischen Abschluss, bestand aber die Prüfung vor der New Yorker Anwaltskammer und trat als mäßig entlohnter Referendar in eine renommierte New Yorker Anwaltskanzlei ein. Da er jedoch keinen Drang verspürte, sich in die Einzelheiten des Kartell- und Wirtschaftsrechts zu versenken, und da er die finanzielle Sicherheit und soziale Anerkennung bereits besaß, blieb als Objekt seines ausgeprägten Ehrgeizes nur die Politik. Es gab außerdem das Vorbild Theodore Roosevelts, den Franklin und Eleanor mehrfach im Weißen Haus besuchten. Ohne jede Ironie entwickelte Roosevelt gesprächsweise einen klaren Fahrplan für den Weg nach oben: In einem für die Demokratische Partei günstigen Wahljahr wollte er versuchen, Abgeordneter des Parlaments im Staate New York zu werden, dann sollte seine Karriere dem Weg Theodore Roosevelts folgen: Staatssekretär im Marineministerium, Gouverneur des Staates New York, Präsident.

Genau nach diesem Muster entwickelte sich seine Karriere: Im November 1910 wurde er Senator des Staates New York, in dessen Parlament er sein Schicksal mit den «progressiven» Demokraten verband. Im März 1913 wurde er Staatssekretär im Marineministerium, eine Position, die er sieben Jahre lang mit Begeisterung ausfüllte. 1920 ernannte ihn die Demokratische Partei sogar zum Vizepräsidentschaftskandidaten. Nach der Niederlage der Demokraten bei den Präsidentschaftswahlen und nach seiner Erkrankung an Kinderlähmung ein Jahr später verband er die Hoffnung auf eine endgültige Genesung mit dem Plan einer Rückkehr in die Politik. 1928 und 1930 wurde er zum Gouverneur des Staates New York, am 8. November 1932, nach einem heftigen Wahlkampf gegen den amtierenden republikanischen Präsidenten Herbert Hoover, zum Präsidenten der USA gewählt.

«Dieser Wahlkampf ist mehr als ein Kampf zwischen zwei Männern. Er ist mehr als ein Kampf zwischen zwei Parteien. Er ist ein Kampf zwischen zwei Auffassungen über Zweck und Aufgaben der Regierung.» Diese Wahlkampfaussage Präsident Hoovers hätte wörtlich von Roosevelt stammen können, denn dem Sinne nach hatte er während des gesamten Wahlkampfes das Gleiche behauptet. In der leidenschaftlichen Polemik über die Ursachen und die Überwindung der von der Regierung Hoover offensichtlich nicht gemeisterten Wirtschaftskrise war diese Frage, ob und in welchem Maße die Bundesregierung, an ihrer Spitze der Präsident, das Recht und die Pflicht habe, regulierend und ordnend in die Wirtschaft der USA einzugreifen, um Krise und

Elend zu beheben, der entscheidende Gegensatz zwischen den beiden Kandidaten. Diese Frage berührte das amerikanische Selbstverständnis im Kern. Der tiefe und lebenslange Antagonismus zwischen Roosevelt und Hoover lag in ihren unvereinbaren Auffassungen über die Funktion der Regierung begründet.

Während Hoover die klassischen amerikanischen Tugenden des Individualismus und der Freiwilligkeit beschwor und vor einer Tyrannei des Staates warnte, warb Roosevelt für das radikalste staatsinterventionistische Planungsprogramm, das bisher in Friedenszeiten von einem Präsidentschaftskandidaten formuliert worden war. Schon im Frühjahr 1930 hatte er geschrieben: «Es steht für mich außer Frage, dass das Land für mindestens eine Generation ziemlich radikal werden muss. Die Geschichte lehrt, dass Nationen, in denen das gelegentlich passiert, Revolutionen erspart bleiben.» Er verstand sich als Bewahrer und Veränderer, als Traditionalist und Progressiver zugleich. Er dachte nie daran, die Grundlagen des amerikanischen Systems wie das Privateigentum, das Profitmotiv, die regionale und funktionale Gewaltenteilung, die freie Presse und die freie Religionsausübung in Frage zu stellen. Trotz scharfer Angriffe gegen die wenigen Selbstsüchtigen an der Spitze der sozialen Pyramide war er kein Ideologe des Klassenkampfes. Das hätte seiner Grundüberzeugung vom Präsidentenamt als Sachwalter der *community of interests* zutiefst widersprochen. Er war selbstverständlich kein Marxist oder Sozialist, wie Hoover in der Endphase des Wahlkampfes behauptete. Ebenso wenig wollte er sich aber als Kapitalist eingeordnet wissen. Nach seinen politischen Grundüberzeugungen gefragt, konnte er mit entwaffnender Schlichtheit sagen, er sei Christ und Demokrat. Wenn das amerikanische System aber nicht leiste, was es nach Roosevelts Auffassung leisten musste, nämlich dem Gemeinwohl zu dienen und *jedem* Amerikaner einen anständigen Lebensunterhalt zu ermöglichen, dann müsse allerdings die Regierung eingreifen. Das geböten schon der gesunde Menschenverstand und der mitmenschliche Anstand. Hoovers zutiefst unamerikanische Regierungsphilosophie verbreite nur Verzweiflung, Hoffnungslosigkeit und Furcht bei Millionen von Menschen, die ohne Geld, Macht und sozialen Status an der Basis der sozialen Pyramide hausten. Dagegen versprach Roosevelt im Wahlkampf einen *New Deal* und meinte mit diesem Begriff aus der Sprache der Kartenspieler, dass die USA vor einem Neuanfang stünden.

Die Schwere der Krise und Roosevelts Überzeugungen führten dazu, dass es zu einem qualitativen und quantitativen Sprung in der Bedeutung des Präsidentenamtes kam. In weitaus stärkerem Maße als selbst unter Theodore Roosevelt und Woodrow Wilson wurde das Weiße Haus zum Energiezentrum des gesamten amerikanischen Regierungssystems, zur Quelle neuer Ideen, zur Antriebskraft des Handelns, zum Motor sozialen Wandels und damit in der Vorstellung Roosevelts zur Verkörperung des Gemeinwohls. Für die Masse der amerikanischen Bevölkerung wurden Bundesregierung und Präsident zum ersten Male ein erfahrbarer Bestandteil ihres Alltagslebens, zum Mittelpunkt ihrer Erwartungen und Hoffnungen.

Die Herausbildung der modernen amerikanischen Präsidentschaft ist darauf zurückzuführen, dass Roosevelt sein Land nacheinander aus der Weltwirtschaftskrise heraus- und in den größten Krieg der Geschichte hineinführte. In einem gewissen Sinne befanden sich die USA während dieser zwölf Jahre immer im Krieg, erst gegen die wirtschaftliche Not, dann gegen äußere Feinde. Der doppelte Ausnahmezustand wurde zur Stunde der Exekutive. Es ist bezeichnend, dass schon bei der Bekämpfung der wirtschaftlichen Not die Metapher vom «Krieg» eine überragende Rolle spielte.

«*Roosevelt ran the show*» bis an die Grenzen der Möglichkeit, die selbst einem führungsstarken Präsidenten durch das amerikanische Verfassungssystem gezogen sind. Er war ein Artist der Machtpolitik. Wie kein Präsident vor ihm entriss er dem Kongress die Gesetzgebungsinitiative und weitete in diesem Sinne die legislative Funktion des Präsidentenamtes aus. Roosevelt brach alle Rekorde im Gebrauch seiner Vetomacht, insgesamt legte er sein Veto 635-mal ein. Er umwarb die entscheidenden Abgeordneten und Senatoren im persönlichen Gespräch, nutzte seine Möglichkeiten zur Ämterpatronage und setzte, wenn nötig, den Kongress durch die öffentliche Meinung unter Druck. Roosevelt konzentrierte die Erwartungen der Öffentlichkeit auf das Präsidentenamt, weil er es verstand, die beiden Massenmedien seiner Zeit, die Presse und das Radio, in unvergleichlicher Weise als Instrumente seiner Politik zu nutzen. Roosevelt war der erste Medien-Präsident. Er beherrschte die Schlagzeilen nicht zuletzt auf Grund seiner souveränen Politik der «Offenen Tür» gegenüber den in Washington tätigen Journalisten. Jahrein, jahraus gruppierte der von der Hüfte abwärts gelähmte Präsident bis zu 200 Journalisten zweimal wöchentlich um seinen Schreibtisch. Sie durften ihm ohne schriftliche Voranmeldung jede Frage stellen. Diese Konferenzen waren Kabinettstücke im Umgang mit der freien Presse. Man hat sie in ihrer Bedeutung mit der Fragestunde im britischen Unterhaus verglichen. Das Geheimnis des Erfolges seiner Kaminplaudereien (*fireside chats*) über das Radio, die ein Millionenpublikum gewannen, lag darin, dass dieser Dialog mit dem Volk für Roosevelt keine manipulative Masche war, sondern den Kern seines Demokratieverständnisses berührte.

Die Schwerpunktverlagerung der Politik auf die Exekutive zeigte sich auch personell und institutionell. Besonders zwischen 1933 und 1935, dann wieder ab 1939 schossen immer neue Behörden, Ämter, Ausschüsse und Kommissionen wie Pilze aus der Erde, die sich in ständiger Verwandlung, Auflösung und Neuordnung befanden, sich nicht selten überlappten und die Anhänger klar abgegrenzter Kompetenzen und eines geordneten Instanzenweges zur Verzweiflung treiben konnten. Während Roosevelts Amtszeit verdoppelte bis verdreifachte sich das Personal der Exekutive: 1933 beschäftigte die Bundesregierung knapp 600 000 Personen, 1939, vor Ausbruch des europäischen Krieges, ca. 920 000. Als die Japaner Pearl Harbor angriffen, war die Zahl auf über 1,5 Millionen gestiegen, um dann, kriegsbedingt, noch einmal rasant anzusteigen. Unter keinem seiner Nachfolger sank die Zahl jemals wieder unter zwei Millionen.

Schließlich gehörten die Reorganisation und die personelle Ausweitung des Präsidentenamtes selbst zu den vermutlich folgenreichsten Wirkungen der Weltwirtschaftskrise auf das politische System der USA. Roosevelt erkannte nach 1933 schnell, dass sein Büro den enormen Aufgaben und Ansprüchen institutionell nicht gewachsen war. Er setzte einen Ausschuss ein, das berühmte Brownlow Comittee. Dieser Ausschuss kam 1937 zu dem Schluss: «*The president needs help*». Er schlug die Schaffung eines *Executive Office of the President* vor, unter dessen Dach auch ein White House Office mit kompetenten, energischen Mitarbeitern eingerichtet werden sollte, die sich vor allem durch eines auszeichnen sollten: «durch eine Leidenschaft für Anonymität». Nach heftigem politischen Tauziehen verabschiedete der Kongress 1939 ein Gesetz zur Reorganisation des Präsidentenamtes, das Roosevelt durch die präsidiale Verordnung Nr. 8248 in die Tat umsetzte.

Dadurch erhielt der Präsident eine eigenständige Bürokratie, die ihm die Möglichkeit gab, mit dem ebenfalls erheblich angewachsenen bürokratischen Apparat des Kongresses zu konkurrieren. Zugleich barg diese Reform aber auch die Möglichkeit des Missbrauchs in sich, die Versuchung, eine vom Kongress und der Öffentlichkeit nur unzureichend kontrollierte Machtelite im Weißen Haus zu versammeln und damit eine «imperiale Präsidentschaft» zu begründen.

Die ständige Neubildung und Überlappung von Instanzen hat Roosevelt den Ruf eines schlechten Administrators eingetragen. Das ist bis zu einem gewissen Grade richtig, dennoch steckte in diesem Verfahren Methode. Roosevelt setzte auf Spontaneität, Eigeninitative, Improvisation, Experimentierfreude, Konkurrenz und Rivalität als die bewegenden Kräfte des *New Deal* und später auch der Kriegswirtschaft. Die Aufsplitterung der Macht unterhalb der Präsidentenebene entsprach der von ihm virtuos gehandhabten Technik des «Teile und Herrsche». Er wahrte seine Entscheidungsfreiheit und letzte Verantwortlichkeit gerade dadurch, dass er sich in sachlicher, personeller und institutioneller Hinsicht Alternativen offenließ, immer mehrere Informationskanäle benutzte, niemandem ein Monopol auf Zugang zum Präsidenten zubilligte und streitende Minister und Ratgeber zu immer neuen Kompromissen zwang. Hinter den durchaus berechtigten Klagen von Politikern aus der Umgebung Roosevelts über seine unorthodoxen und unberechenbaren Informations- und Entscheidungsgewohnheiten verbargen sich oft auch verletzte Eitelkeiten.

Die Verwandlung des Präsidentenamtes und die Stärkung der Washingtoner Bürokratie waren zugleich Voraussetzung und Folge der staatsinterventionistischen Politik des *New Deal*, dessen Ziele, Bereiche und Widersprüche in groben Umrissen schon im Wahlkampf sichtbar geworden waren. Nach Roosevelts Verständnis der Nation als Interessengemeinschaft musste eine Politik der «Diagonale» folgen, die versuchen würde, allen Gruppen zu helfen und alle Bereiche der Wirtschaft einzubeziehen. Roosevelt hatte kurzfristige Krisenhilfe (*relief*), eine Erholung der Wirtschaft (*recovery*) und langfristige Reformen (*reform*) versprochen, die eine Wiederholung der beispiellosen Katastrophe unmöglich machen sollten. Die Gesetzgebung des *New Deal* spiegelte diese Ziele in unterschiedlicher Mischung wider, nicht selten versuchte man, mit einer Maßnahme zwei oder sogar alle drei Ziele zugleich zu verwirklichen.

Roosevelt betrat die nationale Szene am 4. März 1933 wie ein Heilsbringer und verließ sie erst nach dreimaliger Wiederwahl in den Jahren 1936, 1940 und 1944 mit seinem Tod am 12. April 1945. Auch über die berühmt gewordenen ersten hundert Tage seiner Amtszeit hinaus, in denen Washington vor Aktivität fast explodierte und der Kongress die meisten Gesetzesvorlagen im Rekordtempo billigte, blieb Roosevelt trotz mancher Rückschläge und Ungereimtheiten und trotz wachsender Opposition von links und rechts fast immer in der Initiative.

Als Roosevelt sein Amt antrat, befanden sich die USA in einer beispiellosen Krise. Im Februar 1933 drohte das gesamte Bankwesen zusammenzubrechen, und es gab vereinzelt Hungertote in einem Land, das von einem Überfluss an Nahrungsmitteln geplagt wurde. Eines der Gebiete, in das die Regierung Roosevelt sofort nach Amtsantritt durch die Verkündung von viertägigen «Bankferien» eingriff, war das Geld- und Kreditwesen der USA. Alle Maßnahmen in diesem Bereich dienten drei Zwecken: einer durchgreifenden Reform des ziemlich chaotischen Bankwesens, einer Überwachung und Kontrolle des Handels mit Wertpapieren und, was besonders in der Anfangsphase wichtig war, der Schaffung von gesetzlichen Grundlagen für eine Inflationspolitik des Staates, um durch Geldschöpfung die Deflation zu bekämpfen.

Neben der Wiedereröffnung der Banken musste Roosevelt, wenn er das Vertrauen der Bevölkerung in die Regierung zurückgewinnen wollte, sofort handeln, um das dringendste soziale Problem, die riesige Arbeitslosigkeit, anzupacken. Man konnte und durfte nicht warten, bis die Reformgesetzgebung die erhofften wirtschaftlichen Früchte tragen würde. Die Mittel vorläufiger Besserung waren direkte Fürsorgezahlungen des Bundes an die Einzelstaaten und Gemeinden, vor allem aber ein großangelegtes öffentliches Arbeitsbeschaffungsprogramm, das im März 1933 als befristete Notmaßnahme begann und entgegen der ursprünglichen Absicht erst mit dem Eintritt der USA in den Zweiten Weltkrieg auslief. So verwirrend das äußere Bild der sich ablösenden und ergänzenden Programme und Organisationen auch erschien, wie sehr auch kapitalintensive und arbeitsintensive Projekte miteinander rivalisierten, Roosevelts Grundidee war einfach: Er wollte diejenigen erwerbsfähigen Arbeitslosen von der Straße bringen, die in der privaten Wirtschaft keinen Arbeitsplatz fanden, sie vor Verelendung und Verzweiflung bewahren und ihnen ihr Selbstwertgefühl durch die Gewissheit zurückgeben, den Lebensunterhalt durch sinnvollen Einsatz für das Gemeinwohl zu verdienen. Rechnet man die Angehörigen hinzu, dann profitierten 25 bis 30 Millionen Menschen von den, allerdings bescheidenen, Löhnen aus öffentlicher Arbeit. Die Works Progress Administration (WPA) unter Roosevelts Vertrautem Harry Hopkins errichtete 122 000 öffentliche Gebäude, baute 664 000 Meilen neuer Straßen, 77 000 Brücken und 285 Flugplätze. Doch auch Lehrer, Wissenschaftler, bildende Künstler und Schriftsteller erhielten Arbeit, womit Roosevelt eine wichtige meinungsbildende Schicht für den *New Deal* gewann.

Zu den tiefsten Eingriffen des Staates in die Marktwirtschaft gehörten die Hilfsmaßnahmen für die Landwirtschaft, die mit Abstand der am schwersten betroffene Wirtschaftszweig war. Gestützt auf vom Kongress in aller Eile erlassene Gesetze, unternahm die Regierung Roosevelt den großangelegten Versuch, Produktion und Preise zu regulieren. Der Fluch der Überproduktion trieb auch zu Eingriffen auf dem industriellen Sektor. Mit dem Bundesgesetz über den industriellen Wiederaufbau (*National Industrial Recovery Act,* NIRA) verband sich die Hoffnung, durch eine Art korporativer Selbstregulierung unter lockerer Aufsicht und Mitwirkung der Regierung den «ruinösen Wettbewerb» durch einen «fairen Wettbewerb» zu ersetzen. Regierung, Unternehmer und Arbeiterschaft sollten freiwillig zusammenarbeiten, um Produktion, Preise und Löhne zu stabilisieren.

Die Arbeiterschaft erhielt in dieser konzertierten Aktion als Gegenleistung zum ersten Mal in der Geschichte der USA das Recht zu freier überbetrieblicher Organisation und zu kollektiven Tarifverhandlungen. Ferner wurden Höchstarbeitszeiten und Mindestlöhne zugesagt, und die Arbeit von Kindern unter 16 Jahren wurde gänzlich verboten.

Den entscheidenden Schritt des Bundes auf dem Weg zum Sozialstaat markierte das Gesetz über die soziale Sicherheit von 1935, durch das eine Arbeitslosenversicherung und eine Altersrente eingeführt wurden. Diese Anfänge der sozialen Sicherheit waren allerdings außerordentlich bescheiden. Vom Genuss der ohnehin geringen Zahlungen blieb fast die Hälfte der Amerikaner ausgeschlossen. Eine Krankenversicherung wurde nicht eingeführt. Die Gesetzgebung des *New Deal* hat dennoch die doppelte Struktur der bundesstaatlichen Sozialpolitik bis heute geprägt. Beide Grundprinzipien des Sozialstaates, die beitragsfinanzierte Sozialversicherung (*social security*) und die steuerfinanzierte Sozialhilfe oder Sozialfürsorge (*welfare*) gehen auf die 30er Jahre zurück.

Bis heute ist die Frage umstritten, wie erfolgreich der *New Deal* gewesen sei. Es ist wahr, dass der *New Deal* Arbeitslosigkeit und Not zwar lindern, aber nicht beseitigen konnte und die sozialpolitischen Gesetze über bescheidene Anfänge nicht hinauskamen. Erst der Krieg brachte Vollbeschäftigung und sich überschlagende Produktionsrekorde. Die nicht-organisierten Gruppen der Bevölkerung und die sozial deklassierten Minderheiten, auch die Schwarzen, blieben am Rande des *New Deal,* die ungleiche Vermögens- und Einkommensstruktur änderte sich nicht wesentlich, die Monopole und Konzerne verloren lediglich an Einfluss, nicht aber an Größe. Niemand kannte die Grenzen des *New Deal* besser als Roosevelt selbst, war er es doch gewesen, der für seine zweite Amtszeit den Kampf gegen die Armut des unteren Drittels der Nation angekündigt hatte. Was er nicht erreichte, lag weniger an ihm als an nicht übersteigbaren Schranken, die das politisch-wirtschaftliche System der USA auch dem führungsstärksten Präsidenten setzt. Seine beiden schwersten innenpolitischen Rückschläge, der Versuch einer Reorganisation des Supreme Court, der den zentralisierenden Tendenzen des *New Deal* Widerstand entgegengesetzt hatte, und die Ausschaltung der konservativen Opposition in der eigenen Partei nach dem überragenden Wahlsieg von 1936 sind dafür schlagende Beispiele. Beide Angriffe, die aus der Sicht Roosevelts den *New Deal* sichern und weitertreiben sollten, scheiterten, weil er das Durchsetzungsvermögen und die Macht des Präsidenten überschätzte.

Entscheidend war aber, dass Roosevelt einer entmutigten, verunsicherten und richtungslosen Nation neue Hoffnung gegeben hatte. Das Einzige, was die Nation zu fürchten habe, so hatte er schon bei seiner Amtseinführung ausgerufen, sei die Furcht selbst.

Interdependenz, verstanden als die wechselseitige Abhängigkeit aller Schichten des amerikanischen Volkes, war der Zentralbegriff im innenpolitischen Denken, Interdependenz, verstanden als wechselseitige Abhängigkeit aller Staaten der Welt, war der Zentralbegriff im außenpolitischen Denken Roosevelts. Die USA dürften sich nicht vom Rest der Welt isolieren, weil die zukünftige Sicherheit und Wohlfahrt des Landes untrennbar mit dem Schicksal Europas und Asiens verbunden sei. Zwar musste Roosevelt, um gewählt zu werden und die innenpolitische Unterstützung für den *New Deal* nicht zu verlieren, in den 30er Jahren Konzessionen an die überwältigende isolationistische Grundstimmung in den USA machen, die Amerika unter allen Umständen aus einem neuen Krieg in Europa und Asien heraushalten wollte; aber die isolationistische Beschränkung des nationalen Interesses auf die westliche Hemisphäre und den halben Pazifik teilte er nie. Seine internationalistische Weltsicht führte ihn angesichts der expansiven Außenpolitik Deutschlands, Italiens und Japans bis 1941 in ein Dilemma, aus dem er erst durch den Überfall der Japaner auf Pearl Harbor und Hitlers Kriegserklärung an die USA befreit wurde.

In den 30er Jahren wuchs in den USA die Furcht, dass das vermeintliche «Trojanische Pferd» der NSDAP in den USA, der «Bund der Freunde des neuen Deutschlands», möglicherweise die innere Sicherheit der USA gefährde; zugleich wuchs die Furcht, dass die Außenpolitik des Dritten Reiches eine Bedrohung für den Weltfrieden darstelle. Diese doppelte Furcht führte nun nicht zu einer präventiven Interventionspolitik in Europa, sondern im Gegenteil zu einer Verstärkung der isolationistischen Grundstimmung des amerikanischen Volkes, sich in Anbetracht dieser Gefahrensignale noch entschiedener von Europa zu isolieren. Traditionelle außenpolitische Rezepte, die vermeintlichen Lehren aus dem misslungenen «Kreuzzug» von 1917/18 und ein enges Verständnis des nationalen Interesses der USA waren die wichtigsten Determinanten der amerikanischen Außenpolitik bis zum Ausbruch des europäischen Krieges im Jahre 1939. Was Hitler 1940 mit dem Drei-Mächte-Pakt, 1941 mit dem Überfall auf die Sowjetunion und mit der Bundesgenossenschaft Japans vergeblich versuchte, nämlich Amerika aus Europa herauszuhalten und in die westliche Hemisphäre zurückzuschrecken, das tat der amerikanische Kongress durch die Verabschiedung der Neutralitätsgesetze zunächst selbst. Die weltpolitische Situation war gegenläufig. Während in Europa und Asien Aggression und Expansion zunahmen, vervollständigte der Kongress durch die Neutralitätsgesetze von 1935 bis 1937 den Index der für die

Regierung Roosevelt in Kriegs- und Krisenzeiten verbotenen außenpolitischen Maßnahmen. Auf der Ebene der offiziellen, von Kongress, Gesetzgebung und öffentlicher Meinung unterstützten Außenpolitik war Roosevelt bei Ausbruch des europäischen Krieges 1939 ein unbewaffneter Prophet, eine *Quantité négligeable,* und als solche wurde er auch von Hitler behandelt.

Roosevelt wusste nur zu genau, dass er seine Handlungsfreiheit und seine Einwirkungsmöglichkeiten in der Weltpolitik nur in dem Maße gewinnen würde, wie es ihm gelang, die *«threat perception»,* die Vorstellungen des amerikanischen Volkes über das Bedrohungspotential des nationalsozialistischen Deutschlands für die Vereinigten Staaten, zu verändern. Er musste dem amerikanischen Volk erklären und demonstrieren, dass es für die USA eine gefährliche Illusion sei, das nationale Interesse auf die westliche Hemisphäre zu beschränken, sich in der *Fortress America,* der Festung Amerika, einzuigeln und die Veränderungen in Eurasien ihren Lauf nehmen zu lassen. *Preparedness* – die industrielle, wirtschaftliche und geistige Vorbereitung auf einen möglichen Krieg war bis 1941 das überragende Ziel seiner Außenpolitik. In diesem Sinne war Außenpolitik in einem erheblichen Maße Innenpolitik.

Methodisch und in institutioneller Hinsicht ging Roosevelt außerordentlich geschickt vor. Um nicht in den Verdacht zu geraten, seine Weltsicht per Regierungspropaganda zu verbreiten – was die Anklage der Roosevelt-Hasser, er wolle sich zum «Diktator von Amerika» machen, nur verstärkt hätte –, setzte er, wie in den Jahren des *New Deal,* auf eine informelle, dennoch außerordentlich effiziente Strategie. Im Weißen Haus, in zahlreichen Ministerien und Behörden wurden sogenannte «Informationsabteilungen» eingerichtet, die angeblich nur den Sinn hatten, das amerikanische Volk über die Weltlage zu unterrichten. Nach dem Fall Frankreichs im Sommer 1940 kooperierten überdies Hollywood, die große Mehrheit der Wochenschauproduzenten, die Radiostationen, Zeitungen und Zeitschriften mit der Regierung, um die Isolationisten und die Non-Interventionisten in die Defensive zu drängen. In dieser Erziehungskampagne entwickelte Roosevelt seine internationalistische Weltsicht, seine Grundanschauung über die zukünftige Rolle der USA in der Welt. Und auf dieser fundamentalen Ebene war Roosevelt außerordentlich konsistent, war er weder ein Beschwichtiger noch Jongleur, weder ein Opportunist noch ein Etikettenschwindler, der die USA mit dem Versprechen eines Nicht-Kriegseintrittes in den Krieg hineinlog – alles das war er nur auf der taktischen Ebene. In der innenpolitischen Auseinandersetzung mit den Isolationisten entfaltete er die Dialektik des US-Globalismus in seinen beiden Komponenten: der Warnung vor der Weltherrschaft des Feindes und der globalen Definition des nationalen Interesses der USA, und zwar global in Hinsicht auf den Inhalt und die Reichweite des nationalen Interesses.

Mit Thomas Jefferson, mit Theodore Roosevelt und mit dem Seestrategen Alfred Thayer Mahan teilte er die Auffassung, dass ein Gleichgewicht der Kräfte auf dem europäischen Kontinent von vitalem Interesse für die USA sei. Mit Woodrow Wilson glaubte er an das Ideal der «einen Welt», in der die freie Selbstbestimmung der Nationen und das Prinzip kollektiver Sicherheit den Frieden garantieren sollten. Mit seinem Außenminister Cordell Hull teilte er die Überzeugung, dass allein eine freie Weltwirtschaft die Güter und Dienstleistungen erzeugen könne, die notwendig seien, um den Weltfrieden langfristig zu erhalten. Hitler und das Dritte Reich bedrohten offensichtlich alles zugleich: das Gleichgewicht der Kräfte in Europa, den Weltfrieden und die freie Weltwirtschaft. Deshalb hat Roosevelt seine Warnungen, seinen Globalismus als dreifache Vorwegnahme der Zukunft artikuliert.

Mit jedem militärischen Erfolg der Aggressoren in Europa und Asien rückte aus der Sicht des Präsidenten und seiner Anhänger eine Zukunft näher, deren Verwirklichung die Katastrophe für die amerikanische Wirtschaft schlechthin bedeutet hätte: Ein Sieg Hitlers und Mussolinis in Europa, Japans im Fernen Osten würde beide Regionen in ein System fast autarker Planwirtschaft zwingen, das Ende des liberalen, unteilbaren Weltmarktes bedeuten und das amerikanische Wirtschafts- und Sozialsystem schwer gefährden. Wenn die USA und ihre Verbündeten die Kontrolle der Weltmeere verlören, so Roosevelt, könnten diese durch die Achsenmächte zum Angriff auf die westliche Hemisphäre genutzt werden. Eine Kontrolle der Meere könne aber nicht von der US-Flotte allein geleistet werden, sie sei nur möglich, wenn Europa und Asien nicht von den Achsenmächten beherrscht würden und ihnen die Schiffbaukapazitäten zweier Kontinente zur Verfügung stünden. Frankreich, das Britische Empire und China, seit Mitte 1941 auch die Sowjetunion müssten unterstützt werden, weil sie stellvertretend die USA mitverteidigten.

Außerdem hatte der heraufziehende Krieg für Roosevelt bereits vor dem Holocaust eine ideelle Dimension. Er war für ihn ein Kreuzzug zur Verteidigung der Freiheit gegen Aggressoren und Diktatoren. In fast ermüdender Wiederholung hat Roosevelt immer wieder erklärt: Das Recht der Völker auf freie Selbstbestimmung und die Pflicht der Staaten, sich in der internationalen Politik den Grundsätzen des Völkerrechtes zu unterstellen, seien unteilbar. Gewalt und Aggression als Mittel zur Veränderung des Status quo seien illegitim. Er deutete den Krieg schon vor 1941 als einen epochalen Kampf um die zukünftige Gestalt der Welt zwischen Aggressoren und friedlichen Nationen, zwischen liberaler Demokratie und Barbarei, zwischen Bürgern und Verbrechern, zwischen Gut und Böse. Für Roosevelt konnte es mit den Aggressoren keinen Frieden geben. Die schlimmste Möglichkeit war aus seiner Sicht ein «Super-München» in Europa und Asien, das Hitler freie Hand für sein Rasseimperium in Europa, den Japanern für ihr Imperium in Ostasien geben würde. Während er mit Rücksicht auf die öffentliche Meinung und den Kongress bis zum Herbst 1941 an der Fiktion festhielt, dass die Hilfsmaßnahmen der USA für die Alliierten das Land selbst aus dem Krieg heraushalten sollten, wusste Roosevelt schon vor Pearl Harbor, dass die USA in den Krieg eingreifen mussten. Die Behauptung, dass er von dem Angriff der Japaner auf die Pazifikflotte im Voraus informiert gewesen sei und bewusst keine Gegenmaßnahmen ergriffen habe, gehört jedoch ins Reich der Legende.

Mit dem Kriegseintritt der USA stand der knapp 61-jährige Roosevelt vor Aufgaben, die derart an seinen Kräften zehrten, dass sich ab 1944 für jedermann sichtbar ein körperlicher Verfall bemerkbar machte. Dazu gehörten die Umstellung auf Kriegswirtschaft, die militärischen und bündnispolitischen Probleme der Großen Koalition gegen die Achsenmächte und Japan, die neuartige Konferenzdiplomatie im Kriege, die von Roosevelt mit Hingabe ausgefüllte Rolle des Oberbefehlshabers aller amerikanischen Streitkräfte, ab 1943 auch die Probleme der Behandlung der Feindstaaten nach dem erhofften Sieg, die er lange aufzuschieben suchte, und schließlich die große Frage, wie nach diesem Zweiten Weltkrieg eine dauerhafte Friedensordnung errichtet werden könne. Alle diese Aufgaben mussten von Roosevelt in dauernder Rechtfertigung gegenüber einer Gesellschaft gelöst werden, die dem Präsidenten selbst im Kriege keine freie Hand gab, sondern die Institutionen der Kritik wie selbstverständlich bestehen ließ. Die öffentliche Meinung, der Kongress, der parteipolitische Gegensatz zwischen Demokraten und Republikanern, schließlich die Präsidentschaftswahlen 1944 blieben auch im Kriege Faktoren, auf die Roosevelt in Wort und Tat Rücksicht zu nehmen hatte. Er war in dieser Hinsicht abhängiger als Winston Churchill, ganz zu schweigen von Stalin und Hitler.

Neben die Vielfalt der Probleme trat ihre oft globale Dimension. Im Kriege galt noch verstärkt, was Roosevelt schon im Jahre 1941 formuliert hatte: Die Aufgaben der amerikanischen Außenpolitik seien so gewaltig und ineinander verflochten, dass jeder Versuch, sie nur darzustellen, ihn zwänge, in Beziehungen von fünf Kontinenten und sieben Meeren zu denken. Im Weltkrieg wurden die Vereinigten Staaten, wie Roosevelt es angekündigt hatte, zum «Arsenal der Demokratie». 1943 und 1944 produzierte das Land 40 Prozent aller Kriegsgüter der Welt. Sowohl die Hauptfeinde Deutschland, Japan und Italien als auch die Hauptverbündeten England und das Britische

Empire, die Sowjetunion und China zwangen Roosevelt zum Denken in globalen Dimensionen. Wichtige Entscheidungen in Europa fielen mit Rücksicht auf Asien und umgekehrt. Hitlers Deutschland war zwar Hauptfeind Nummer Eins, spielte aber seit der sich abzeichnenden Niederlage eine zusehends geringere Rolle in der Zukunftsplanung des Präsidenten.

Roosevelt hatte zwar zwei Tage nach dem Überfall auf Pearl Harbor eine Kaminplauderei mit den hoffnungsvollen Sätzen geschlossen: «Wir werden den Krieg gewinnen, und wir werden den Frieden gewinnen»; aber während des Krieges blieb für ihn das zweite Ziel dem ersten untergeordnet. Roosevelts Außenpolitik im Kriege war in erster Linie eine Politik für seine erfolgreiche Beendigung. Das oberste militärische und politische Ziel war identisch, nämlich die Vernichtung der Feinde, obwohl es dem Präsidenten mit den Grundsätzen für einen zukünftigen Frieden, die er schon im Januar 1940 in einer Botschaft an den Kongress verkündet und im August 1941 bei einem Treffen mit dem englischen Premierminister Winston Churchill vor der Küste Neufundlands in der Atlantik-Charta präzisiert hatte, durchaus ernst war. Daraus folgte für Roosevelt als Handlungsmaxime, einerseits die Bündnispartner öffentlich auf diese allgemeinen Prinzipien zu verpflichten und andererseits zu verhindern, dass mögliche politische Konflikte über konkrete Fragen der Nachkriegsordnung, etwa über Grenzen und Reparationen, die große angelsächsisch-sowjetisch-chinesische Koalition sprengten. Im Konfliktfall galt es, sich auf diese allgemeinen Grundsätze zu berufen, Kompromisse zu schließen oder kontroverse Entscheidungen bis nach dem Sieg zu vertagen.

Zu Roosevelts nach 1945 oft kritisierter Politik gegenüber der Sowjetunion gab es keine Alternative. Er brauchte die Sowjetunion, weil er einen amerikanischen Krieg führen und gewinnen musste, das heißt mit beispiellosem Materialeinsatz und vergleichsweise geringen Opfern. Die USA brauchten die russischen Soldaten, um die deutschen und japanischen Landheere niederzuzwingen. Für jeden Amerikaner, der im Kriege fiel, starben 15 Deutsche und 53 Russen. Schon 1942 wusste Roosevelt, «dass die russischen Armeen mehr Menschen der Achsenmächte töten und mehr Kriegsmaterial zerstören als die anderen 25 Vereinten Nationen zusammen». Daraus wiederum ergab sich mit unentrinnbarer Konsequenz, dass Macht und Einfluss der Sowjetunion nach dem gemeinsamen Sieg ungleich größer sein würden als im Jahre 1939. Niemand konnte verhindern, dass der Sieg im Zweiten Weltkrieg aus der Sowjetunion eine eurasische Weltmacht machen würde, mit der Folge, dass der Weltfrieden nach dem mörderischsten Krieg der Geschichte von einer Zusammenarbeit mit der Sowjetunion abhängen würde. Aus dieser Logik der Macht gab es kein Entrinnen, was Roosevelt, auch Churchill, mit aller wünschenswerten Klarheit erkannten. Am Anfang dieser Kausalkette aber stand Hitler.

Die Illusion Roosevelts bestand darin, dass er glaubte, bei aller Anerkennung des Sicherheitsbedürfnisses der Sowjetunion die Zusammenarbeit zu den amerikanischen Bedingungen der Atlantik-Charta erreichen zu können. Er begriff nicht, dass das imperial-hegemoniale Sicherheitsbedürfnis der Sowjetunion in Ost- und Südosteuropa zwar nicht so weit ging, die völkerrechtliche Unabhängigkeit dieser Staaten anzutasten und sie dem Staatsverband der UdSSR einzuverleiben, wohl aber von vornherein darauf abzielte, den eigenständigen Willen dieser Staaten durch Transformation zu «antifaschistischen Demokratien neuen Typs», zu «Volksdemokratien» zu brechen, die im sowjetischen Verständnis eine Zwischenstufe auf dem Weg zur Diktatur des Proletariats repräsentierten.

Aus den Quellen nicht zu beantworten dagegen ist die Frage, ob der in den letzten Monaten vor seinem Tode skeptischer gewordene Roosevelt gegen alle Hoffnung weiterhoffte oder ob er mit Rücksicht auf die öffentliche Meinung seines Landes nach der Konferenz von Jalta (4.–11. Februar 1945) nur noch vorgab, an die Gemeinsamkeit der Ziele der Alliierten zu glauben, um den Eintritt der USA in die Vereinten Nationen nicht zu gefährden.

Objektiv jedenfalls fiel bereits vor seinem Tod durch einen Gehirnschlag am 12. April 1945 auseinander, was Roosevelt gleichzeitig hatte verwirklichen wollen: die machtpolitische Zusammenarbeit mit der Sowjetunion und die amerikanische Vision von einer besseren Welt. Auch er konnte die realistische und die idealistische Komponente amerikanischer Außenpolitik, Macht und Vision, nicht zur Deckung bringen. Man könnte von Tragik sprechen, wenn diese Kategorie nicht Roosevelts unerschütterlichem Optimismus und dem robusten Fortschrittsglauben der Neuen Welt zutiefst widerspräche.

Hermann-Josef Rupieper

HARRY S. TRUMAN
1945–1953

Der unpopuläre Gestalter der Nachkriegswelt

Harry S. Truman, der Mann aus Missouri, war ein äußerst unpopulärer Präsident. Im Dezember 1951 beurteilten nur 23 Prozent der Amerikaner seine Tätigkeit positiv. Sogar Richard Nixon erreichte auf dem Tiefpunkt des *Watergate*-Skandals mit 24 Prozent noch einen höheren Wert. Als der Präsident 1953 aus dem Amt ausschied, stimmten 31 Prozent der Bevölkerung mit seiner Amtsführung überein, während 56 Prozent sie ablehnten. Im Gegensatz zu diesen Zahlen steht Trumans Beurteilung durch Historiker und die Öffentlichkeit nach seinem Tode. Meinungsumfragen unter Historikern wiesen ihm

1982 den achten Rang in der Liste aller amerikanischen Präsidenten zu. In einer Gallup-Umfrage aus dem Jahre 1980 rangierte er sogar auf Platz 3 hinter John F. Kennedy und Franklin D. Roosevelt. Der ungeliebte, unpopuläre Präsident stieg damit posthum zu einem amerikanischen Volkshelden auf. Während über die Präsidentschaft Trumans mittlerweile eine Fülle von Untersuchungen vorliegt, sind die Jahre bis zu seinem Auftreten in Washington als Senator von Missouri wesentlich schlechter erforscht.

Harry Truman wurde am 8. Mai 1884 als Sohn eines kleinen Farmers geboren. 1890 ließ sich sein Vater John Anderson Truman in Independence, Missouri, nieder, wo Harry die High School absolvierte. Die Chance, ein College zu besuchen, erhielt er jedoch nicht: Der Vater hatte sich an der Getreidebörse verspekuliert und war gezwungen, das Haus in Independence zu verkaufen und nach Kansas City zu ziehen, wo er Arbeit in einem Getreidesilo fand. Truman entschloss sich, zusammen mit seinem Bruder eine Tätigkeit als Bankangestellter aufzunehmen. Von 1906 bis 1907 arbeitete er zusammen mit seinem Vater und seinem Bruder auf der Farm seiner Großmutter. Als der Vater 1914 starb, übernahm Truman die Leitung des Betriebes und war offenbar sehr erfolgreich. Im Unterschied zu anderen Farmern dieser Region führte Truman eine Getreidefolge ein und begann, Vieh zu züchten. Zusammen mit einem Partner investierte er gleichzeitig in Zink- und Bleibergwerke in Oklahoma und beteiligte sich an Ölbohrungen, die jedoch nicht fündig wurden. In dieser Zeit erwachte auch sein Interesse an Politik. Er begrüßte die Wahl von Woodrow Wilson zum Präsidenten der USA, trat in die Nationalgarde ein und kämpfte im Weltkrieg unter General Pershing an der Front in Frankreich. Im April 1919 schied er als Hauptmann aus der Armee aus, heiratete Elizabeth Wallace Furman, seine Jugendliebe aus Independence, die sich zwar immer im Hintergrund hielt und auch später am gesellschaftlichen Leben in Washington kaum teilnahm, aber gleichwohl von Truman über wichtige politische Entscheidungen informiert wurde. Zusammen mit einem Partner eröffnete Truman in seinem Heimatort ein Herrenbekleidungsgeschäft. Die Rezession der Jahre 1921/22 führte zur Schließung des Geschäftes. Übrig blieben 25 000 Dollar Schulden, die Truman in den nächsten Jahrzehnten zurückzahlen musste.

Nach dem Scheitern seiner geschäftlichen Unternehmungen ergriff Truman die Gelegenheit, sich zum *Judge* (Verwaltungsbeamter) wählen zu lassen. Truman war ein erbärmlicher Redner, aber er hatte mehrere Vorteile: Er war ein Anhänger der Demokraten, der mächtigsten Partei des Südens, er war im Wahlkreis bekannt, und er besaß die Unterstützung seiner ehemaligen Regimentskameraden. Seine Haupttätigkeiten als «Vorsitzender Richter» in Jackson County umfassten die Verantwortung für die Unterhaltung der Kreisstraßen, der Brücken, der Abwässerversorgung und die Verwaltung eines Heimes für bedürftige ältere Mitbürger. Es gelang ihm, in enger Zusammenarbeit mit (vielleicht sogar in Abhängigkeit von) der lokalen Parteiführung der Demokraten unter Tom Pendergast eine moderne Kreisverwaltung aufzubauen. Damit kam Truman in engen Kontakt mit dem Patronagesystem der amerikanischen Parteien der Zeit. Als seine Tätigkeit in Jackson County 1934 zu Ende ging, befanden sich die USA inmitten der Weltwirtschaftskrise. Zunächst schien es, als ob Truman zurück auf die Farm müsse. Auf Grund mehrerer glücklicher Umstände und von Konflikten in der Demokratischen Partei gelang es ihm aber, als Senator für die Wahl 1934 aufgestellt zu werden.

Im Alter von 50 Jahren kam Truman als Senator des Staates Missouri nach Washington. Er besaß keine Erfahrungen in der Bundespolitik, aber als «Vorsitzender Richter» eines großen Kreises hatte er gesehen, was die Bundesregierung für die notleidende Bevölkerung in der Depression tun konnte. Sein erstes Treffen mit Präsident Roosevelt verlief erfolgreich, und Truman erwies sich als einer der überzeugtesten *New Dealer*. Er stürzte sich in die Arbeit, und er hatte Glück bei der Zuweisung der Komiteearbeit. So wirkte er zum Beispiel an der Formulierung eines Gesetzes mit, das den Luftverkehr regulierte, machte sich einen Namen bei der Verfolgung illegaler Machenschaften von Eisenbahnmanagern und bereitete zusammen mit Burt Wheeler aus Virginia das Verkehrsgesetz von 1940 vor. Nach seiner knappen Wiederwahl 1940 übernahm er den Vorsitz eines Sonderkomitees zur Untersuchung des Rüstungsprogramms der Bundesregierung. Durch diese Tätigkeit, die nach dem japanischen Angriff auf Pearl Harbor erheblich an Bedeutung gewann, erreichte Truman jedoch nationale Bekanntheit, die ihm den Weg zur Vizepräsidentschaft 1944 eröffnete. Das Truman-Komitee, wie es bald genannt wurde, kontrollierte die amerikanischen Kriegsanstrengungen, übte auf eine konstruktive, nicht sensationsheischende Art Kritik und wurde sehr schnell von unterschiedlichen politischen Gruppierungen und Institutionen akzeptiert. Der Vorsitzende sprach öffentlich zu außenpolitischen Fragen und setzte sich für die amerikanische Beteiligung in internationalen Organisationen nach Kriegsende ein, was in einem noch teilweise isolationistischen Land keineswegs eine Selbstverständlichkeit war.

Der Hauptgrund für Trumans Aufstieg zur Vizepräsidentschaft war aber, dass sich die demokratische Parteiführung vehement gegen die Wiederwahl von Vizepräsident Henry Wallace aussprach, den man als Anhänger des linken Flügels und als Träumer betrachtete, der keinerlei Einfluss auf den Senat auszuüben vermochte. Trumans Vizepräsidentschaft nach dem relativ knappen Wahlsieg der Demokraten im November 1944 verlief wenig spektakulär. Er nahm weder an den Kriegskonferenzen teil, noch wurde er über das Manhattan-Projekt, den Bau der Atombombe, informiert.

Als Truman nach dem Tod Roosevelts am 12. April 1945 das Präsidentenamt übernahm, sah er sich mit dramatischen Entwicklungen konfrontiert. Der Krieg in Europa stand kurz vor dem Ende. Die sowjetisch-amerikanischen Beziehungen hatten sich auf den letzten Kriegskonferenzen wesentlich verschlechtert. Es kam zu Konflikten über die Entwicklungen in Osteuropa und das Pacht- und Leihsystem, das von Truman wenige Tage nach der deutschen Kapitulation beendet wurde. Andererseits führte Truman aber die wichtigsten politischen und wirtschaftlichen Projekte der Roosevelt-Administration fort: die Gründung und den Aufbau der Vereinten Nationen, der Weltbank und des Internationalen Währungsfonds.

Truman war durchaus an guten Beziehungen mit Stalin interessiert, während er ähnlich wie Roosevelt Probleme mit der Politik des britischen Premierministers Winston Churchill hatte. Über sein erstes Treffen mit Stalin auf der Potsdamer Konferenz äußerte er sich positiv in seinem Tagebuch. Noch während der Konferenz änderte Truman jedoch seine Einstellung. Nach der Wahl von Clement Attlee zum britischen Premierminister, den er für einen schwachen Mann hielt, begann Truman dessen Amtsvorgänger zu schätzen, während gleichzeitig seine positive Einstellung gegenüber Stalin rapide abnahm. Er war verärgert über die sowjetisch-polnischen Absprachen hinsichtlich der Oder-Neiße-Linie. Das kommunistische System hielt er für einen Polizeistaat, der kaum besser war als das Deutschland Hitlers oder das Italien Mussolinis. Als er sich an Bord des Kreuzers *Augusta* auf dem Rückweg in die USA befand, erhielt er am 6. August die Nachricht über die Explosion der ersten Atombombe in Hiroshima. Truman hatte Stalin bereits am 24. Juli über eine neue Waffe informiert, ohne jedoch deutlich zu machen, dass es sich um eine Atombombe handelte. Es stand für ihn fest, dass damit der Krieg gegen Japan wesentlich verkürzt werden würde, vielleicht sogar bevor die Russen ihre Ankündigung wahrmachten, militärisch gegen Japan vorzugehen. In sein Potsdamer Tagebuch notierte der Präsident: «Wir haben die schrecklichste Waffe in der Menschengeschichte entwickelt ... Diese Waffe wird gegen Japan eingesetzt werden ..., so dass militärische Objekte, Soldaten und Seeleute die Ziele sind, jedoch nicht Frauen und Kinder. Auch wenn die Japaner Wilde sind – rücksichtslos, gnadenlos und fanatisch, so dürfen wir als Führer der Welt für die gemeinsame Wohlfahrt diese schreckliche Bombe weder auf die alte noch auf die neue Hauptstadt abwerfen.»

Im Nachhinein ist der Abwurf der Bomben auf Hiroshima und Nagasaki oft kritisiert worden. Vielleicht wäre es besser gewesen, die Japaner zu warnen, einen Testabwurf durchzuführen oder zumindest zwischen den beiden Einsätzen mehr Zeit vergehen zu lassen. Aber diese Argumente berücksichtigen nicht, dass nur zwei Nuklearsprengköpfe zur Verfügung standen, Tests scheitern konnten und die Bombe gebaut worden war, um sie auch zu benutzen. Wahrscheinlich ist Truman – wie das Zitat deutlich macht – auch durch die japanische Kriegführung beeindruckt worden: Der japanische Angriff auf Pearl Harbor war ein Überraschungscoup gewesen, auf den Philippinen führten die Japaner Todesmärsche von Gefangenen durch, und während des Krieges gab es zahllose Berichte über die Misshandlung von Kriegsgefangenen. Truman selbst war der Meinung, dass er die Entscheidung nicht bedauern müsse, rettete sie doch seiner Meinung nach das Leben von Hunderttausenden von Amerikanern und Japanern, die bei einer Invasion getötet worden wären. Trotzdem beschäftigte er sich immer wieder mit diesem Thema. Als General MacArthur 1951 eine Ausweitung des Krieges in Korea verlangte, weigerte sich Truman, dies zuzulassen. Seine Gedanken kreisten immer um den Einsatz der Atombombe, besonders als China auf Seiten Nordkoreas in den Krieg eintrat. Aber wie während der Berlin-Blockade 1948, als der Armeeminister Kenneth Royall einen Präventivschlag befürwortete, lehnte er dies aus moralischen und strategisch-diplomatischen Gründen ab. Truman sah in der Atombombe vornehmlich eine politische Waffe, die künftig nur in einer direkten militärischen Konfrontation mit der Sowjetunion, in der es um die Existenz der Vereinigten Staaten ging, eingesetzt werden durfte.

Nach Beendigung des Weltkrieges zeigte sich immer mehr, dass die Allianz der Sieger nicht aufrechterhalten werden konnte. Zwar gab es freie Wahlen in Ungarn und in der Tschechoslowakei, aber nicht in Polen, Rumänien und Bulgarien. Zusammen mit der französischen Besatzungsmacht widersetzte sich die sowjetische Verwaltung in Deutschland einer zentralen Wirtschaftsverwaltung im besetzten Deutschland. Auch die einseitige Übertragung der Territorien östlich von Oder und Neiße an Polen vor einem Friedensvertrag trug zu einer Verschärfung der Spannungen bei. Ähnliche Konflikte entstanden in Korea, wo sich die Sowjetunion für einen Satellitenstaat einsetzte, und im Iran, wo sie eine exklusive Interessensphäre zu gewinnen suchte. Die sowjetische Regierung verweigerte die Mitarbeit an der Weltbank und am Internationalen Währungsfonds, Institutionen, die von den amerikanischen Planern als zentral für den Wiederaufbau der Weltwirtschaft angesehen wurden.

Sicherlich sind diese Reibungsverluste nicht nur auf die Aktionen Stalins zurückzuführen, aber für Präsident Truman stand fest, dass er mit einem Staatsmann konfrontiert war, der sein Wort nicht hielt. Truman schloss daraus, dass die Sowjetunion nicht die geringste Absicht hatte, mit dem Westen bei der Aufrechterhaltung des Mächtegleichgewichts zu kooperieren, sondern versuchen würde, ihre Macht auszudehnen, wann immer dies möglich war. Totalitäre Staaten, so glaubte Truman, und mit ihm die Mehrheit der Amerikaner, verließen sich auf militärische Stärke oder die Androhung von Gewalt, um ihre Interessen durchzusetzen. Die Gründung der Kominform 1947 schien darauf hinzudeuten, dass die Sowjetunion auch weiterhin als machtpolitische und ideologische Speerspitze der kommunistischen Weltrevolution agieren wollte. Die Entwicklungen in Osteuropa und die Erfolge der kommunistischen Parteien in Westeuropa, auf dem Balkan und in China stützten diese Interpretation. Auch wenn der amerikanische Diplomat George Kennan als exzellenter Kenner der russischen Geschichte zu keinem Zeitpunkt versuchte, die sowjetische Außenpolitik unter rein ideologischen Gesichtspunkten zu erklären, so trug sein «Langes Telegramm» aus Moskau im Januar 1946 doch zu einer Verhärtung der Positionen Washingtons bei. Kennan sah die Sowjetunion als Nachfolgestaat des zaristischen Regimes mit seinen autokratischen Institutionen und seiner Tendenz zur Abschottung von der Außenwelt. Auch der von Kennan 1947 unter dem Pseudonym «Mr. X» in der Zeitschrift *Foreign Affairs* veröffentlichte Aufsatz über die Ursachen des sowjetischen Verhaltens bestätigte diese Lagebeurteilung und beeindruckte Truman.

Von der Annahme einer sowjetischen Bedrohung Westeuropas, wie einseitig und problematisch sie auch gewesen sein mag, war es nicht weit bis zur Forderung nach einer Unterstützung und Sicherung Westeuropas im Interesse der nationalen Sicherheit der USA. Westeuropa und Japan wurde nun strategische Bedeutung für die Verteidigung der Vereinigten Staaten zugesprochen. Weder das Pentagon noch das State Department noch die Geheimdienste oder Präsident Truman selbst erwarteten eine direkte militärische Konfrontation mit der Sowjetunion. Die Sowjetunion hatte schwer unter dem deutschen Angriffskrieg gelitten, und es würde Jahre dauern, bis das Land wieder aufgebaut war. Bedeutsamer erschien die Tatsache, dass die sowjetische Politik zu einer psychologischen Beeinflussung der Bevölkerung in den gleichermaßen geschwächten westlichen Demokratien führen musste. Für Truman bestand eine direkte Beziehung zwischen wirtschaftlichem Wohlstand, psychologischem Selbstbewusstsein und der Verteidigungsfähigkeit. Wenn es nicht gelang, den Europäern Vertrauen in einen baldigen Wiederaufbau zu vermitteln, dann war vorauszusehen, dass Moskau massiv an Einfluss gewinnen würde.

Aus diesen Überlegungen entstand die «Eindämmungspolitik» (*Containment*), die zunächst als «doppelte Eindämmung» gegen die Sowjetunion und

Deutschland gerichtet war. Sie sollte ein globales militärisches Gleichgewicht der Mächte herstellen und gleichzeitig in Europa und in Japan neue Machtzentren bilden, die sich in Zukunft gegen die sowjetische Politik behaupten konnten. Sowjetische und revisionistische Historiker in den USA und anderen Ländern haben seit den 60er und 70er Jahren argumentiert, dass die USA gegenüber der sowjetischen Politik überreagierte. Es ist, wie neuere Untersuchungen gezeigt haben, nicht auszuschließen, dass der Westen seine Kooperationsbemühungen einstellte, bevor Stalin dies tat. Neuere Untersuchungen der britischen Politik zeigen jedoch, dass sowohl die konservative Regierung Churchill als auch die Labour-Regierung unter Attlee noch vor den amerikanischen Entscheidungsträgern zu der Auffassung gelangt war, dass es unmöglich sei, langfristig mit der Sowjetunion zusammenzuarbeiten.

Kaum ein amerikanischer Präsident hat die Entwicklungen der Nachkriegszeit in Europa so entscheidend beeinflusst wie Truman. 1947 verkündete er die Truman-Doktrin, als er den Kongress aufforderte, Militär- und Wirtschaftshilfe an Griechenland und die Türkei zu leisten, um sie vor einer angeblich drohenden kommunistischen Machtübernahme zu bewahren. Da Großbritannien nicht mehr in der Lage war, als Gegengewicht gegen die Sowjetunion in dieser Region aufzutreten, wurden die USA zur dominierenden Macht im Mittelmeerraum und verpflichteten sich, ihr gesamtes wirtschaftliches Potential zur Eindämmung des Kommunismus zur Verfügung zu stellen.

Eine noch größere Bedeutung besaß der Marshall-Plan. Als Hauptziele fassten die Planer in Washington ins Auge, eine weitere ökonomische Stagnation in Westeuropa zu verhindern, ökonomisches Chaos, das als Nährboden für eine Ausbreitung der kommunistischen Ideologie galt, zu unterbinden und die Demokratien in Westeuropa zu einer wirtschaftlichen und politischen Kooperation zu veranlassen. Revisionistische Historiker haben Truman vorgeworfen, mit dem Marshall-Plan, der Westdeutschland fest an den Westen band, die Teilung Deutschlands und Europas besiegelt zu haben. Solche Argumente erscheinen nach der weltpolitischen Wende von 1989/90 aber in einem neuen Licht.

Genau wie bei der Auswahl von George C. Marshall als Außenminister 1947 hatte Truman bei der Bestellung von dessen Nachfolger Dean G. Acheson 1949 eine glückliche Hand. Marshall und Acheson unterstützten die Politik Trumans loyal, waren von der besonderen Bedeutung Westeuropas in einem globalen Konflikt mit der Sowjetunion überzeugt und halfen auch bei der Verteidigung der Außenpolitik in innenpolitischen Auseinandersetzungen.

Auch die Entscheidung zur Gründung der NATO (1949) fiel in die erste Amtsperiode Trumans. Ähnlich wie die Berliner Luftbrücke verdeutlicht die Entwicklung der NATO, dass Truman die psychologische Bedeutung politischer Entscheidungen erkannt hatte. Die Gründung der NATO und die Berliner Luftbrücke müssen als politische Signale an die Sowjetunion verstanden werden. Bei beiden Aktionen handelte es sich um defensive Maßnahmen. Den Völkern Westeuropas sollte der Eindruck vermittelt werden, dass die Vereinigten Staaten ihr eigenes Schicksal eng mit der weiteren Entwicklung der Demokratien verbanden.

In der Nachkriegszeit kann sicherlich von einer amerikanischen Hegemonie über Westeuropa gesprochen werden. Truman gab nicht dem ursprünglichen Impuls nach, das überseeische Engagement umgehend abzubauen, sondern er betrieb eine Außenpolitik, die ökonomische und militärische Verpflichtungen übernahm und zugleich als Katalysator der politischen Einigung Europas wirkte. Diese Rolle Amerikas wäre nicht möglich gewesen, wenn die USA nicht besonders in Großbritannien, den Beneluxstaaten und nach Gründung der Bundesrepublik Deutschland auch in Bonn Partner gefunden hätten, die die Präsenz der Amerikaner in Europa für das nationale Überleben als notwendig ansahen. Unter diesem Gesichtspunkt sind auch der Marshall-Plan und die mit ihm verbundene amerikanische Produktionskampagne zu sehen.

Trotz der universalistischen Rhetorik hatte Truman weder die Absicht noch die militärischen Mittel, die USA als «Weltpolizist» einzusetzen. Das «Lange Telegramm» und der «Mr. X»-Artikel enthielten keine konkreten Empfehlungen, sondern sie waren die nachdrückliche Bitte des Verfassers George Kennan, die amerikanische Öffentlichkeit auf die globalen Probleme der Sicherheitspolitik nach 1945 aufmerksam zu machen und sie an ihre gewachsene Verantwortung zu erinnern. Mehr geschah zunächst auch nicht. Bei der Sicherheitspolitik der Truman-Administration handelte es sich bis 1950 um eine Politik der wirtschaftlichen Eindämmung tatsächlicher oder vermuteter sowjetischer Expansionsbestrebungen. Bilaterale Wirtschaftshilfe, Sanktionen, die Liberalisierung des Handels und die Währungspolitik wurden eingesetzt, um ein Anwachsen des sowjetischen Einflusses zu stoppen. Der Ausbau militärischer und sicherheitspolitischer Strukturen erfolgte zunächst jedoch noch nicht. Die Truman-Doktrin war vornehmlich zur Beeinflussung der amerikanischen Öffentlichkeit und eines widerstrebenden Kongresses gedacht, der Finanzmittel für die ökonomische Stabilisierung in Europa bereitstellen sollte.

Das Hauptziel des Marshall-Plans ist ebenfalls im sicherheitspolitischen

Kontext zu sehen. Es war der Versuch, die Unterminierung Westeuropas durch eine Ausbreitung von Hunger, Armut und Hoffnungslosigkeit zu unterbinden. Der Marshall-Plan löste den gescheiterten Versuch bilateraler Hilfe an die europäischen Staaten ab und sollte in Europa ein Gleichgewicht der Mächte herbeiführen. Selbst der kommunistische Umsturz in der CSSR im Frühjahr 1948 und die sowjetische Blockade Berlins führten noch nicht zu einer signifikanten Ausdehnung der militärischen Rüstung. Die Verlegung von B-29-Bombern nach England stellte in erster Linie eine Maßnahme der psychologischen Kriegführung dar, denn die Flugzeuge waren für den Einsatz von Atomwaffen gar nicht geeignet. Trumans Zurückhaltung bei der Ausweitung des militärischen Engagements zeigte sich auch in seiner Entscheidung, in den Konflikt zwischen Mao Tse-tung und Tschiang Kai-schek auf keinen Fall mit amerikanischen Bodentruppen einzugreifen. Die Begrenztheit der finanziellen Ressourcen legte eine Konzentration der Anstrengungen auf Europa nahe, die auch durchgesetzt wurde.

Vor diesem Hintergrund bedeutete die Schaffung der NATO nicht so sehr die Gründung einer militärischen Allianz, obwohl dies auch der Fall war, als vielmehr eine politische Zugabe zu der ökonomischen Eindämmungspolitik. Ausgangspunkt waren die Forderungen Großbritanniens und Frankreichs nach amerikanischer Unterstützung. Der NATO-Vertrag enthielt keine automatische Verpflichtung zur Verteidigung Europas, sondern machte einen solchen Einsatz von der Zustimmung des Kongresses abhängig. Erst seit 1951 verfügte die NATO über amerikanische Truppen. Weder die Militärs noch Truman gingen davon aus, dass mit der Schaffung der NATO eine permanente Präsenz der USA in Europa verbunden war.

Die Politik der Truman-Administration änderte sich allerdings unter dem Eindruck des erfolgreichen Tests der ersten sowjetischen Atombombe und nach der als NSC 68 (1950) bekannt gewordenen Analyse der amerikanischen Sicherheitspolitik durch den Nationalen Sicherheitsrat. Die entscheidende Zäsur für Truman war jedoch der nordkoreanische Überfall auf Südkorea im Juni 1950, wurde der Konflikt doch als «zweites Griechenland» und als Beginn einer von der Sowjetunion initiierten militärischen Aggression interpretiert. Dies mag eine Überreaktion gewesen sein, denn die Situation in Asien ließ sich in Wirklichkeit nur schwer mit der in Europa vergleichen. Aber für Truman und seine Berater stand nunmehr fest, dass die Sowjetunion im Zusammenspiel mit China eine globale Expansionspolitik betrieb.

In der Palästina-Politik gab es massive Differenzen zwischen dem Weißen Haus und dem Außenministerium. Truman stand der Errichtung eines israelischen Staates in Palästina positiv gegenüber, da er mit den Opfern des Holocaust sympathisierte. Er glaubte, dass sich das State Department zu sehr für die arabischen Staaten und die amerikanischen Ölinteressen einsetzte, und er sah in einer Förderung der jüdischen Einwanderung nach Palästina eine Möglichkeit, jüdische Stimmen für die Wahl im September 1948 zu gewinnen. Trumans Entschluss zur Anerkennung des Staates Israel im Mai 1948 bedeutete zwar noch keineswegs eine amerikanische Überlebensgarantie, aber er markierte doch den Beginn der Verwicklungen der USA in das nahöstliche Krisengeschehen.

In den letzten Jahren hat die Innenpolitik der Truman-Administration verstärkte Aufmerksamkeit gefunden. Truman identifizierte sich zwar mit dem *New Deal,* doch er hatte große Schwierigkeiten mit den liberalen Beratern Roosevelts, die ihm vorwarfen, das Erbe des Präsidenten zu vernachlässigen bzw. nicht weiter auszubauen. Letztlich handelte es sich hierbei eher um ein Problem des persönlichen Stils in der Politik als um substantielle Differenzen, und 1948 unterstützten auch viele liberale *New Dealer* Truman im Präsidentschaftswahlkampf. Nachdem die Republikaner bereits in den Zwischenwahlen von 1946 die Mehrheit in beiden Häusern des Kongresses errungen hatten, standen Trumans Chancen 1948 außerordentlich schlecht. Die Demokratische Partei befand sich in einer Krise, und der Präsident erhielt Konkurrenz aus den eigenen Reihen sowohl von konservativen Südstaatlern, die seiner Rassenpolitik misstrauten, als auch von linken Kräften um den ehemaligen Vizepräsidenten Wallace. Obwohl die Meinungsforscher und die Presse Truman bereits «totgesagt» und den republikanischen Gegner Thomas E. Dewey zum Sieger erklärt hatten, gelang dem Präsidenten unter dem Eindruck der Berlin-Krise ein sensationelles *comeback* in Form des knappsten Wahlsiegs seit 1916.

Zu den großen wegweisenden innenpolitischen Reformen Trumans gehörte die Abschaffung der Rassentrennung in der Armee. Es ist sicherlich nicht falsch, den Beginn der Bürgerrechtsbewegung in die Zeit der Regierung Truman zu legen, denn über die Armee hinaus kümmerte sich der Präsident auch um die Integration der farbigen Bevölkerung in die Gesellschaft. Bereits als Senator war er für die Gleichberechtigung farbiger Bürger in der Arbeitswelt eingetreten. Er hatte für die Abschaffung der Wahlsteuer in den Einzelstaaten gestimmt, ein gesetzliches Verbot des Lynchens unterstützt und sich um die Interessen seiner farbigen Wähler in Missouri gekümmert. Als Präsident schlug er dem Kongress vor, eine permanente Kommission zur Sicherstellung gleicher Ausbildungs- und Berufschancen für Schwarze einzusetzen. Angesichts des Widerstands der konservativen Südstaaten-Demokraten, der sogenannten *Dixiecrats,* erwies sich die Weiterführung der Reformen jedoch als sehr schwierig. Grundsätzlich glaubte Truman aber an die Bürgerrechte für alle Amerikaner, an einen gesellschaftlichen *Fair Deal,* wie er es nannte. Auch wenn es ihm letztlich nicht gelang, die Zustimmung des Kongresses für sein Reformwerk zu erhalten, so ist bemerkenswert, dass revisionistische Historiker seine Bürgerrechtspolitik – bei aller Schärfe der Kritik an seiner Außenpolitik – durchaus positiv beurteilen.

Trumans Beziehungen zu den Führern der großen Gewerkschaften unterlagen starken Schwankungen. In der unmittelbaren Nachkriegszeit, als es im Zusammenhang mit der Umstellung von der Kriegs- auf die Friedenswirtschaft zu einem Konflikt um Lohnerhöhungen und Stabilisierungsmaßnahmen kam, waren sie eher bitter. Eine Verbesserung trat während des Präsidentschaftswahlkampfes 1948 ein, konnte Truman doch nunmehr auf sein Veto gegen das Taft-Hartley-Gesetz verweisen, das von konservativen Kräften im Kongress zur Reduzierung des Einflusses der Gewerkschaften verabschiedet worden war. Eine Verschlechterung der Beziehungen trat erneut ein, als Truman sich während des Korea-Krieges für eine Kontrolle von Löhnen und Preisen einsetzte.

Waren die Beziehungen zwischen Präsident Truman und den Gewerkschaften häufig ambivalent, so muss betont werden, dass sein Verhältnis zur Großindustrie kaum besser war. Als es 1952 zu einem Konflikt in der Stahlindustrie kam, der nach Meinung des Präsidenten auf die unbeugsame Haltung der Industriellen zurückzuführen war, ordnete er am 8. April 1952 kurzerhand die Übernahme der Stahlwerke durch die Regierung an, bis eine Lösung erreicht war. Der Supreme Court erklärte diese Notstandsmaßnahme Anfang Juni 1952 für verfassungswidrig, und es dauerte bis Ende Juli, bevor Arbeitgeber und Gewerkschaften sich auf einen Kompromiss einigten.

Zu den kontroversesten innenpolitischen Entscheidungen Trumans gehörte sicherlich das Loyalitätsprogramm, der Versuch, die nationale Sicherheit der Vereinigten Staaten auch durch die Überwachung linker politischer Dissidenten zu gewährleisten. Dies führte nicht nur zur Einschränkung der bürgerlichen Freiheiten und einer ideologischen Hetzjagd auf vermeintliche Kommunisten in der öffentlichen Verwaltung unter Führung von Senator Joseph McCarthy, sondern auch zu einer Vergiftung des innenpolitischen Klimas in den USA. In diesem Kontext wird Truman häufig vorgeworfen, dass er die sowjetische Bedrohung der Vereinigten Staaten überbetont habe, um den Kongress für die Unterstützung seiner Politik in Europa und in Asien zu gewinnen, und damit selber die antikommunistische Hetzjagd ausgelöst habe. Gegen diese Interpretation ist in jüngster Zeit eingewandt worden, dass die amerikanische Öffentlichkeit spätestens seit 1946 als Reaktion auf die sowjetische Politik in Osteuropa zunehmend antisowjetisch eingestellt war und dass Truman nur versucht habe, den Kongress zu kontrollieren. Trotzdem bleibt das «fehlgeleitete Loyalitätsprogramm», wie es genannt wurde, ein problematisches Kapitel der Amtszeit Trumans.

Die Beziehungen zwischen Harry S. Truman und dem amerikanischen Kongress wurden durch mehrere Faktoren belastet: Nach seiner Wahl zum Präsidenten 1948 legte er ein 25 Punkte umfassendes Programm, den *Fair Deal*, vor. Es umfasste die Kontrolle von Preisen, Krediten, Industrieprodukten, Exporten, Löhnen und Mieten. Er versprach eine Erweiterung der Bürgerrechtsgesetzgebung, billigen Wohnraum, einen Mindestlohn von 75 Cent pro Stunde, die Zurückweisung des Taft-Hartley-Gesetzes, eine obligatorische Krankenversicherung, eine verbesserte Absicherung der sozialen Sicherheit und Bundeshilfe für das Bildungssystem. Dieses ambitiöse Programm konnte angesichts der republikanischen Mehrheiten im Kongress nicht erfüllt werden, aber es wies die Richtung für den weiteren Ausbau des – gemessen an europäischen Standards – immer noch unterentwickelten amerikanischen Sozialsystems.

Die Konflikte zwischen Truman und dem Kongress häuften sich in der zweiten Amtsperiode, zumal die Republikaner dem Präsidenten in scharfer Form den «Verlust Chinas» an Maos Kommunisten ankreideten. Während seiner beiden Amtsperioden sah sich Truman mit vier Kongressen konfrontiert, in denen es jeweils eine Mehrheit rechts von seiner Innenpolitik gab. Truman scheute sich nicht, reichlich von seinem Vetorecht Gebrauch zu machen, um republikanische Initiativen abzuwehren und den eigenen Kurs einhalten zu können. Zu den größten Erfolgen seiner Amtszeit gehörte sicherlich, dass es ihm gelang, den von Republikanern kontrollierten 80. Kongress (1946–48) auf eine «überparteiliche Außenpolitik» zu verpflichten. Angesichts der wachsenden innenpolitischen Kritik erklärte Truman im Frühjahr 1952 seinen Verzicht auf eine weitere Kandidatur. Der Kongress hatte zu diesem Zeitpunkt bereits den 22. Verfassungszusatz angenommen, der die Präsidentschaft auf zwei Amtsperioden begrenzte. Truman wäre davon aber nicht betroffen gewesen, da er erst sechs Jahre im Amt war. Als seinen Nachfolger suchte er den Gouverneur von Illinois, Adlai Stevenson, aus, der allerdings klar gegen den populären General Dwight D. Eisenhower unterlag. In seinen Memoiren schrieb Truman, Präsident zu sein bedeute, «einsam, sehr einsam in Zeiten großer Entscheidungen» zu sein. Von Independence aus, wo 1957 die Harry S. Truman Library eingeweiht wurde, verfolgte der Expräsident aufmerksam das politische Geschehen und zeigte sich erfreut, als 1961 mit John F. Kennedy wieder ein Demokrat ins Weiße Haus einzog und als unter

Lyndon B. Johnson ab 1964 viele seiner Reformvorstellungen verwirklicht wurden.

Truman starb am 26. Dezember 1972 im Alter von 88 Jahren in Kansas City. Auf der Beerdigung würdigte Johnson ihn als «*a twentieth-century giant*», der wie kaum ein Mensch vor ihm die Welt geprägt habe – eine Einschätzung, die mittlerweile von den meisten amerikanischen Historikern geteilt wird. Zu dieser posthumen positiven Bewertung hat nicht zuletzt beigetragen, dass mit zunehmender Öffnung der Archive immer deutlicher wurde, dass Truman trotz vieler persönlicher Angriffe einen festen Willen besaß, in schwierigen Situationen alle Entscheidungen – auch wenn sie unpopulär waren – selbst traf und sich nicht von seinen einmal gefassten Entschlüssen abbringen ließ.

Hermann-Josef Rupieper

DWIGHT D. EISENHOWER
1953–1961

Kriegsheld und Präsident

Neben George Washington, den er bewunderte, gehörte Dwight D. Eisenhower zu den populärsten amerikanischen Präsidenten. Seine militärische Karriere allein hätte Eisenhower einen herausragenden Platz in der amerikanischen Geschichte gesichert. Er war Alliierter Oberbefehlshaber in Europa während des Zweiten Weltkrieges, Militärgouverneur im besetzten Deutschland, Stabschef der Armee und erster Oberkommandierender der NATO. Dazwischen lag eine erfolgreiche Zeit als Präsident der Columbia University, bevor er 1952 als Kandidat der Republikanischen Partei in das Präsidentenamt gewählt wurde, das er bis 1961 innehatte.

Der Weg von Denison, Texas, wo er am 14. Oktober 1890 geboren wurde, bis ins Weiße Haus ist eine amerikanische Erfolgsgeschichte par excellence. Eisenhowers Eltern stammten aus dem kleinstädtisch-ländlich geprägten mittleren Westen. Sie waren hart arbeitende, gottesfürchtige Mennoniten, die versuchten, ihren Kindern ein besseres Leben zu ermöglichen, als es ihnen selbst vergönnt war. Eisenhowers Vater versuchte sein Glück mit einem Kolonialwarenladen, scheiterte jedoch an der Unfähigkeit seines Geschäftspartners und an der Rezession der 1890er Jahre. Anschließend fand er Arbeit bei der Eisenbahn, bevor ihm ein Verwandter in Abilene, Kansas, eine Arbeitsstelle in einer Molkerei verschaffte.

Dwight D. Eisenhower verbrachte seine Kindheit und seine Jugend in Abilene. Auch wenn sich der Vater in den folgenden Jahren beruflich verbessern konnte, lernte Eisenhower hier doch die Schattenseiten des Lebens kennen. Während seiner High School-Zeit zeichnete er sich vornehmlich als guter Footballspieler aus. Später unterstützte er den Universitätsbesuch des älteren Bruders Edgar durch seine Arbeit in der Molkerei. Ein Freund wies ihn auf die Möglichkeit des kostenlosen Besuchs der Militärakademie in West Point hin. Während sein Vater den Wunsch nach einer militärischen Karriere akzeptierte, war es wesentlich schwieriger, die Zustimmung der Mutter, einer überzeugten Pazifistin, zu gewinnen.

Eisenhowers akademische Karriere in West Point war nicht besonders auffällig. Er beendete sie als 65. in einer Gruppe von 170 Absolventen. Nach dem Ende seiner Ausbildungszeit wurde er nach Texas versetzt, wo er im Herbst 1915 Mary Geneva Doud (Mamie) kennenlernte und im darauffolgenden Juli heiratete. Am Ersten Weltkrieg nahm er nicht aktiv teil, obwohl er sich darum bemüht hatte. Sein Versuch, durch eine Spezialisierung auf die neue Panzerwaffe zum Fronteinsatz zu kommen, schlug fehl. Die Vorgesetzten schätzten seine organisatorischen Fähigkeiten, seine Arbeit als Football-Trainer, seinen geschickten Umgang mit der Bürokratie und seine überzeugenden taktischen Studien zur Entwicklung der Panzerwaffe. Veröffentlichungen, in denen er die herrschende Militärdoktrin kritisierte, die Panzer nur zur Unterstützung von Infanterie vorsah, führten allerdings zur Androhung eines Kriegsgerichtsverfahrens, woraufhin sich Eisenhower auf die Erledigung von Demobilisierungsaufgaben beschränkte.

Die Zwischenkriegszeit brachte für Eisenhower eine Folge von militärischen Auslandsaufenthalten in Panama (1922–24), in Paris als Mitglied einer Kommission für Kriegerdenkmäler (1928/29) und auf den Philippinen (1936–39). Hinzu kamen Lehrgänge an der Generalstabsakademie in Fort Leavenworth, die er als Klassenbester absolvierte, ein Aufenthalt am Army War

College in Washington, D. C., sowie eine Abordnung in das War Department, wo er die Militärbürokratie kennenlernte. Während der Weltwirtschaftskrise arbeitete er zusammen mit Offizierskameraden Pläne für eine «industrielle Mobilisierung» der USA aus. In den ersten Amtsjahren Präsident Roosevelts ein Anhänger des *New Deal*, beteiligte sich Eisenhower an der Organisation des Civilian Conservation Corps, einem Arbeitsdienst für Jugendliche.

Zu Beginn des Zweiten Weltkrieges wurde der im Truppendienst noch relativ unerfahrene Eisenhower Stabsoffizier von General George C. Marshall, dem Chef des Generalstabs. Er entwarf Pläne für eine Verteidigung Südostasiens und der Philippinen gegen die vorrückenden Japaner und war unter General Douglas MacArthur an der Organisation der letztlich erfolglosen Verteidigung der Philippinen beteiligt. Nach dem vorübergehenden Rückzug aus Südostasien wandte sich das Hauptinteresse der Amerikaner zunächst Europa zu. Als Chef der Operations Division im Generalstab zeichnete Eisenhower verantwortlich für strategische Planung, psychologische und wirtschaftliche Kriegführung, Zuweisung von Material sowie für die diplomatische Koordination mit dem State Department. Marshall wie Eisenhower setzten sich für eine schnelle Eröffnung der «zweiten Front» gegen Hitler-Deutschland ein, um die Sowjetunion von dem schweren deutschen Druck zu entlasten. Sie hielten die britische Strategie der Landung in Nordafrika für nutzlos und für eine Verschwendung von Ressourcen. Eisenhower entwickelte in dieser Zeit alle amerikanischen Einsatzpläne und wurde von General Marshall zum Oberkommandierenden der europäischen Front ernannt. Die britischen Militärs akzeptierten seine Ernennung nicht zuletzt deshalb, weil sie glaubten, ihn relativ leicht beeinflussen zu können.

Nach dem Eintreffen in England am 24. Juni 1942 bestand Eisenhowers erste Aufgabe darin, die Kooperation zwischen den britischen und amerikanischen Militärs zu verbessern und die Landung in Frankreich vorzubereiten. Er setzte sich weiterhin für einen Frontalangriff über den Kanal ein, doch Präsident Roosevelt war inzwischen von Winston Churchill für den Feldzug in Nordafrika und die Landung auf Sizilien gewonnen worden. Erst am 6. Juni 1944 begann die Operation *Overlord,* die alliierte Landung in der Normandie. Eine Woche später betrat Eisenhower französischen Boden, und am Ende des Krieges war «Ike», der als nahezu unbekannter Mann das Kommando übernommen hatte, einer der populärsten Amerikaner. Roosevelt lebte nicht mehr. Churchill sollte bald durch Clement Attlee ersetzt werden, und Harry S. Truman war als Präsident noch ein unbeschriebenes Blatt. Eisenhower hingegen verkörperte als Volksheld die politische und militärische Überlegenheit der westlichen Demokratien.

Von Kriegsende bis November 1945 war Eisenhower Militärgouverneur der amerikanischen Zone in Deutschland. Trotz seines wachsenden Misstrauens gegenüber der Sowjetunion hoffte er, die sowjetisch-amerikanische Kooperation, die er in Berlin mit Marschall Schukow begonnen hatte, fortsetzen zu können. Im Sommer 1945 hatte sich Eisenhower gegen den Einsatz der Atomwaffe in Japan ausgesprochen, weil er befürchtete, eine solche Machtdemonstration würde die Beziehungen zur Sowjetunion beeinträchtigen. Zugleich wandte er sich gegen den 1944 entwickelten Morgenthau-Plan, der eine De-Industrialisierung Deutschlands vorsah. Er betrachtete den Wiederaufbau des Ruhrgebiets als eine wichtige Voraussetzung für die wirtschaftliche Gesundung Europas.

Von Ende 1945 bis Februar 1948 war er als Nachfolger von General Marshall Stabschef der Armee. In dieser Funktion setzte er sich für den allgemeinen Wehrdienst ein und förderte die Vereinigung der Truppenteile unter ziviler Kontrolle. An den wichtigsten Entscheidungen über den Verteidigungshaushalt, die Militärhilfe für Griechenland und die Türkei oder die internationale Kontrolle der Atomenergie war er aber nicht beteiligt. Obwohl ideologisch eher gemäßigt, schwenkte er doch allmählich auf die von Präsident Truman verfolgte strikt antikommunistische Linie ein. Andererseits glaubte er nicht, dass von der Sowjetunion vorerst eine wirkliche militärische Gefahr ausgehen werde.

Als Eisenhower 1948 aus dem Militärdienst ausschied, erhielt er mehrere Angebote für eine neue Tätigkeit. Thomas Watson, dem Vorstandsvorsitzenden von *International Business Machines* (IBM) und *Trustee* der Columbia University, gelang es, ihn zur Übernahme des Präsidentenamtes der Universität zu überreden, das er von Juni 1948 bis Oktober 1950 innehatte. Er mischte sich allerdings kaum in akademische Angelegenheiten ein, sondern widmete sich vornehmlich der Niederschrift seines autobiographischen Buches über den Zweiten Weltkrieg, *Crusade in Europe*.

Charakteristisch für Eisenhower war es, dass er nicht einmal engsten Freunden mitteilte, welcher Partei er zuneigte. Beide politischen Lager, Demokraten wie Republikaner, nahmen an, dass er ihnen nahestünde. Präsident Truman, der 1948 um seine Wiederwahl fürchten musste, bot Eisenhower, der als Vertreter einer aktiven Außenpolitik bekannt war, die Vizepräsidentschaft an. Wie Truman befürwortete Eisenhower vorbehaltlos den Marshall-Plan. Er war davon überzeugt, dass die Vereinigten Staaten im eigenen Interesse den Wiederaufbau Europas sowie eine europäische Integration fördern müssten. Dennoch lehnte er Trumans Angebot ab, da er das Feilschen um Unterstützung auf den Parteikonventen für unwürdig hielt. Als Berufssoldat war Eisenhower gewöhnt, sich aus politischen Konflikten herauszuhalten.

Ohne Zögern kam er dagegen Ende 1949 Präsident Trumans Aufforderung nach, erster Oberkommandierender der neugegründeten NATO zu werden. Für Eisenhower war die NATO nicht nur ein militärisches Bündnis; er sah in ihr vor allem eine politische Wertegemeinschaft der westlichen Demokratien. Die Tätigkeit im Pariser Hauptquartier bestärkte ihn in seiner Grundüberzeugung, dass die Vereinigten Staaten durch ihre militärische Präsenz in Europa einen Schutzschild gegen die Sowjetunion errichten müssten, bis die Europäer in der Lage wären, sich selbst zu verteidigen. Das vom rechten Flügel der Republikanischen Partei und besonders von Senator Robert Taft favorisierte isolationistische Konzept einer «*Fortress America*» hielt er schlicht für Unsinn. Ein Rückzug der USA aus Europa musste jedes System der kollektiven Sicherheit, dessen überzeugter Anhänger Eisenhower war, zerstören. Diese Überlegungen beeinflussten ihn so stark, dass er schließlich seine Bereitschaft erklärte, als republikanischer Präsidentschaftskandidat 1952 zur Verfügung zu stehen. Er befürchtete, dass bei einer Nominierung Tafts die nationalen Interessen der USA Schaden nehmen würden. Von besonderer Bedeutung für die Bereitschaft Eisenhowers, sich zur Wahl zu stellen, war der republikanische Senator Henry Cabot Lodge Jr., der ihn überzeugte, dass die Bevölkerung positiv auf seine Kandidatur reagieren würde. Einen ähnlichen Einfluss hatte offenbar John Foster Dulles, dessen außenpolitische Analysen mit denen Eisenhowers übereinstimmten. General Lucius D. Clay, sein politischer Berater während des Krieges und Nachfolger als Militärgouverneur in Deutschland, spielte in diesem Kontext ebenfalls eine wichtige Rolle. Da Truman zudem nicht für eine weitere Amtsperiode kandidierte, musste Eisenhower auch nicht gegen einen amtierenden Präsidenten antreten, was ihm offenbar unbehaglich gewesen wäre.

Während Eisenhowers Tätigkeit in Europa hatte die öffentliche Kritik an Präsident Truman erheblich zugenommen. Der langwierige und verlustreiche Korea-Krieg (1950–53) und die Ausweitung des Militärdienstes, die Konfrontation mit dem seit Mao Tse-tungs Sieg von 1949 kommunistisch regierten China sowie die Befürchtung, in einen atomaren Schlagabtausch mit der Sowjetunion zu geraten, verunsicherten die Bevölkerung. Hinzu trat eine in der amerikanischen Geschichte beispiellose Hetzkampagne des konservativen Senators Joseph McCarthy, der die Regierung, die Demokratische Partei und große Teile der intellektuellen Elite als kommunistisch unterwandert darzustellen versuchte.

Nach dem Rücktritt als Oberkommandierender der NATO führte Eisenhower seinen Wahlkampf 1952 mit den Themen Korea, Abwehr des Kommunismus und Kampf gegen die Regierungskorruption, ohne allerdings den amtierenden Präsidenten persönlich zu attackieren. Außerdem kritisierte er den wachsenden Bedeutungsverlust der Einzelstaaten, in deren Vitalität er eine Garantie für die amerikanische Demokratie sah. Wichtiger als Argumente waren aber offenbar der militärische Ruhm und die Beliebtheit des familiär-vertraulich «Ike» genannten Kandidaten. Eisenhower war zwar kein besonders religiöser Mensch, hatte aber die moralischen Werte der amerikanischen Mittelschicht verinnerlicht und verstand sich als pflichtbewusster «Diener» der Nation. Mit dem Versprechen, ein Präsident *aller* Amerikaner zu werden, zog er in den Wahlkampf. Der Sieg gegen den demokratischen Kandidaten Adlai E. Stevenson fiel mit 21,5 Millionen von 39 Millionen abgegebenen Stimmen überwältigend aus. Nach zwanzig Jahren zog wieder ein republikanischer Präsident in das Weiße Haus ein, und gleichzeitig errangen die Republikaner die Mehrheit in beiden Häusern des Kongresses.

Im Kabinett und in seinem persönlichen Stab versammelte Eisenhower eine Gruppe von ehemaligen militärischen Mitarbeitern, Akademikern und Geschäftsleuten. Die Regierung war für ihn eine große Organisation, die wie ein moderner Industriebetrieb, besser noch wie ein Generalstab, geführt werden musste. Er war keineswegs eine von seiner Umgebung abhängige, passive Figur, wie die Öffentlichkeit ihn lange wahrnahm, sondern eher ein Präsident, der das Geschehen mit der *«hidden hand»* hinter den Kulissen lenkte. Er erwartete von seinen Beratern und Ministern, dass sie ihre Vorschläge beschlussreif und in möglichst knapper Form unterbreiteten, was schon die Professoren an der Columbia-Universität zur Verzweiflung gebracht hatte. Diese Form der Entscheidungsfindung kam besonders in der Außenpolitik zur Geltung. Eisenhower stärkte die Bedeutung des Nationalen Sicherheitsrates (NSC), der nahezu wöchentlich tagte und alle Probleme der Außen- und Sicherheitspolitik diskutierte. Die letzte Entscheidung lag immer in seinen Händen.

Eisenhower bezeichnete die grundlegenden Ideen seines Programms als *«Modern Republicanism»* oder *«Dynamic Conservatism»*. Dazu gehörte vor allem der weitgehende Rückzug der öffentlichen Hand aus der Wirtschaft. Kriegsbedingt war die Staatsquote am Bruttoinlandsprodukt seit 1940 von 23 auf 33 Prozent gestiegen. Der Wahlkampfslogan «Es ist Zeit für eine Veränderung» signalisierte eine Umkehr dieser Tendenz. Das gelang zwar nicht völlig, aber als Eisenhower 1961 aus dem Amt schied, war der Anteil der Staatsausgaben auch nicht weiter gestiegen. Gleichzeitig hatte sich der Anteil der Bundesausgaben an den gesamten Staatsausgaben von 76 Prozent auf 60 Prozent reduziert.

Das zweite grundlegende Ziel der Wirtschaftspolitik war die Förderung des freien Wettbewerbs. Für seine innenpolitischen Gegner galt Eisenhower als enger Vertrauter der Industrie. Tatsächlich bemühte er sich jedoch um eine Verschärfung der Antitrust-Gesetzgebung, hob die unter dem Eindruck des Zweiten Weltkrieges und des Korea-Krieges eingeführten Lohn- und Preiskontrollen auf und setzte die Auflösung verschiedener exekutiver Wirtschaftsbehörden durch. Schließlich beruhte Eisenhowers Wirtschaftspolitik auf dem Konzept, günstige staatliche Rahmenbedingungen für eine individuelle Wirtschaftstätigkeit zu schaffen. Darunter verstand er die Eindämmung der Inflation, ein gleichmäßiges Wirtschaftswachstum und den Schutz des Individuums und der Familie vor wirtschaftlichen Risiken in einer urbanisierten, industrialisierten Welt. Für Eisenhower bestand gleichfalls ein enger Zusammenhang zwischen fiskalischer Verantwortung und Entwicklung der Demokratie. Er war davon überzeugt, dass die Militärausgaben so weit beschränkt werden mussten, dass die Bevölkerung nicht unter drückenden Steuerlasten zu leiden hatte. Diese Überlegung trug auch zur Entwicklung einer neuen Militärstrategie, dem *New Look,* bei, die in erster Linie auf dem Einsatz der «billigeren» Atomwaffen beruhte. Die Drohung der «massiven Vergeltung» sollte jede denkbare sowjetische Aggression schon im Ansatz abschrecken.

Seine in sittlichen Grundsätzen wurzelnde Weltanschauung übertrug Eisenhower auf die Außenpolitik. Den Ost-West-Konflikt begriff er immer mehr als unüberwindlichen Gegensatz zwischen einer unmoralischen kommunistischen Diktatur, repräsentiert durch die Sowjetunion und China, und den grundlegenden Freiheiten der westlichen Demokratien. Eisenhower hielt die sowjetischen Führer für machtbesessene Ideologen, die nicht vor Subversion, Korruption, Bestechung und der Androhung von Gewalt zurückschreckten, um ihre Ziele zu erreichen. Er verglich die Beziehungen zur Sowjetunion mit den Beziehungen zu Hitler-Deutschland. Nur eine starke Koalition der westlichen Demokratien konnte den Sowjets die Aussichtslosigkeit ihrer Weltherrschaftspläne vor Augen führen. Auch wenn Eisenhower eine kompromisslose Abschreckungspolitik vertrat, so war er doch zugleich an einem Abbau der Konflikte mit der Sowjetunion interessiert. Seine Forderung nach *«Atoms for Peace»* zur friedlichen Nutzung der Kernenergie, die 1957 zur Einrichtung der Internationalen Atomenergiebehörde führte, und der Vorschlag der *«Open Skies»* zur gegenseitigen Luftüberwachung, den er anlässlich der Genfer Gipfelkonferenz von 1955 machte, müssen über den propagandistischen Aspekt hinaus auch als ehrliches Bemühen gesehen werden, über vertrauensbildende Maßnahmen zu einer Entschärfung der Konfrontation zwischen den beiden Supermächten im Atomzeitalter beizutragen. Den Höhepunkt dieser Politik bildeten die internationalen Genfer Konferenzen von 1954/55. Während die Indochinafrage nur vordergründig geregelt wurde, gelangten die Westmächte mit der Sowjetunion zu einer einvernehmlichen Lösung der politischen Zukunft Österreichs. Der Staatsvertrag vom 24. Juni 1955 beendete die alliierte Besetzung, sicherte Österreich eine marktwirtschaftliche Ordnung und garantierte die politische Neutralität der Alpenrepublik.

In der amerikanischen Europapolitik trat mit dem Amtsantritt Eisenhowers trotz der aggressiven Rhetorik des neuen Außenministers John Foster Dulles, der das Verhältnis zwischen Ost und West in kräftigen Schwarz-Weiß-Farben malte, keine wesentliche Änderung ein. Weder Eisenhower noch Dulles dachten an eine militärische «Befreiung» der unterdrückten Völker Osteuropas, auch wenn sie vom «Zurückrollen» (*roll back*) des sowjetischen Einflusses in Osteuropa sprachen. Ebenso wie sein Vorgänger Truman war Eisenhower davon überzeugt, dass erst nach einer Stärkung Westeuropas Verhandlungen mit der Sowjetunion über eine Entspannung zwischen den Blöcken Erfolg versprachen. Für ihn blieb Europa das Kernstück der globalen Sicherheitspolitik der USA, und er widersprach daher der stärker an Asien orientierten Politik der *«Old Guard»* der Republikaner. Die Bindung der Bundesrepublik Deutschland an den Westen im Rahmen der Europäischen Verteidigungsgemeinschaft (EVG) besaß weiterhin höchste Priorität. Vor diesem Hintergrund wird verständlich, warum Eisenhower nach dem Scheitern des EVG-Vertrags im französischen Parlament (30. August 1954) umgehend die Aufnahme der Bundesrepublik Deutschland in das NATO-Bündnis betrieb.

Eisenhower ging davon aus, dass Moskau den Nationalismus der Völker der «Dritten Welt» für die eigenen Zwecke ausnutzen würde. An dieser Entwicklung hatten Großbritannien und Frankreich, die nicht bereit waren, ihre Kolonien aufzugeben, seiner Meinung nach einen bedeutenden Anteil. Der Präsident und sein wichtigster Berater, Außenminister Dulles, waren überzeugt, dass die USA moralisch verpflichtet seien, den abhängigen Völkern in ihrer Auseinandersetzung mit den Kolonialmächten beizustehen. Solche grundsätzlichen Überlegungen ließen sich jedoch nicht ohne weiteres in die politische Praxis umsetzen. So intervenierte Eisenhower 1953 im Iran gegen den nationalistischen Premierminister Mossadegh, der die westlichen Ölgesellschaften verstaatlichen wollte, und verhalf dem pro-westlichen Schah Reza Pachlevi an die Macht. Den Unabhängigkeitsbestrebungen der französischen Kolonien in Südostasien brachte Eisenhower zwar Sympathie entgegen, doch erkannte er, dass der Nationalismus in Indochina durch die kommunistische Bewegung instrumentalisiert wurde. Die wirkliche Schwierigkeit lag seiner Meinung nach in der doppelten Aufgabe, «den Kommunismus in dieser Region zu besiegen und den einheimischen Völkern die Freiheit zu geben». Vorsichtig suchte Eisenhower die französische Politik von der Stärkung einheimischer bürgerlicher Kräfte und von einem Rückzug aus Indochina zu überzeugen. Einerseits trug seine Regierung bis 1954 zu 80 Prozent die finanziellen Lasten des französischen Krieges, andererseits war Eisenhower nicht bereit, die Vereinigten Staaten selbst in den Krieg zu verwickeln. Den Einsatz der amerikanischen Luftwaffe lehnte er selbst dann ab, als die französischen Truppen in Dien Bien Phu von Vietminh-Verbänden eingekesselt wurden. Er fürchtete, dass eine US-Intervention bei den Völkern Asiens den Eindruck erwecken würde, der französische Kolonialismus solle durch den amerikanischen Imperialismus ersetzt werden. Durch die Kapitulation der französischen Streitkräfte in Dien Bien Phu am 7. Mai 1954 sah Eisenhower die amerikanische Sicherheit nicht als unmittelbar bedroht an. Um einen «Domino»-Effekt in Südostasien zu verhindern, reichte seiner Meinung nach ein regionales Verteidigungsbündnis aus, wie es mit der South East Asian Treaty Organization (SEATO) geschaffen wurde. Die USA blieben zwar auf ihren Stützpunkten im pazifischen Raum militärisch präsent, aber die asiatischen Völker sollten – mit Ausnahme des weitgehend entwaffneten Japan – die Hauptlast ihrer Verteidigung selbst tragen.

Das Wahljahr 1956 war gekennzeichnet von dramatischen Ereignissen. Im Oktober zwang Eisenhower Großbritannien, Frankreich und Israel, ihre Truppen vom Suezkanal abzuziehen, nachdem die drei Staaten ohne Absprache mit den USA gegen den ägyptischen Staatspräsidenten Nasser vorgegangen waren. Auch wenn Eisenhower die Nationalisierung des Suezkanals durch Nasser strikt ablehnte, so war er doch zutiefst verärgert über die eigenmächtige Aktion der europäischen Mächte. Er übte massiven ökonomischen und monetären Druck auf Großbritannien aus, um die Beendigung des Konflikts und die Räumung Ägyptens zu erzwingen. Damit besiegelte er den Niedergang der europäischen Kolonialmächte, die nun völlig hinter der «Supermacht» USA zurücktraten. Doch schon bald sah sich Eisenhower genötigt, das Machtvakuum, das durch den Rückzug der Europäer entstanden war, selbst zu füllen.

Während die Eisenhower-Administration sich aktiv im Nahen Osten engagierte und durch ihr deutliches Auftreten gegenüber den Kolonialmächten weltweit an Sympathie gewann, offenbarte das tatenlose Zusehen bei der sowjetischen Niederschlagung des Ungarn-Aufstands im Herbst 1956 den allenfalls rhetorisch kriegerischen Gehalt amerikanischer Außenpolitik. Eisenhowers Vorrang für den Erhalt des Friedens verhalf ihm mit dem ebenso schlichten wie einprägsamen Slogan «*I like Ike*» im November 1956 zu einem erdrutschartigen Wahlsieg über den demokratischen Herausforderer Adlai Stevenson. Wie sehr dies ein persönlicher und kein parteipolitischer Triumph war, geht aus der Tatsache hervor, dass die Republikaner weder im Repräsentantenhaus noch im Senat eine Mehrheit erringen konnten. Eisenhower stand auf dem Höhepunkt seines Ansehens.

Außenpolitisch knüpfte der Präsident nahtlos an seine erste Amtszeit an. Mit Blick auf den Vorderen Orient ließ er durch den Kongress im März 1957 eine Resolution – die sogenannte Eisenhower-Doktrin – verabschieden, die es ihm erlaubte, jeder Nation ökonomisch und militärisch zu Hilfe zu eilen, die um Unterstützung gegen bewaffnete Aggressionen eines Landes bat, das «vom internationalen Kommunismus» kontrolliert wurde. Gestützt auf diese Vollmacht, schickte er 1958 vorübergehend amerikanische Marine-Einheiten in den Libanon, um eine Destabilisierung des Nahen Ostens zu verhindern, der für die Sicherheit und den wirtschaftlichen Wohlstand der USA und mehr noch Westeuropas von vitalem Interesse war. Diese Demonstration der Macht konnte nicht darüber hinwegtäuschen, dass die letzten Jahre von Eisenhowers Präsidentschaft außenpolitisch keine wirkliche Konzeption mehr aufwiesen. Der dynamischen Politik Chruschtschows, der seinen Besuch in den Vereinigten Staaten im September 1959 zu einem außerordentlichen Propagandaerfolg nutzen konnte, begegnete Eisenhower nur mehr mit unverbindlichen und gutgemeinten Willensbekundungen. Nach dem Abschuss eines amerikanischen Spionageflugzeuges vom Typ U-2 über sowjetischem Territorium im Mai 1960 brüskierte Chruschtschow den Präsidenten auf dem Genfer Gipfeltreffen vom 16.–17. Mai 1960, indem er die Einladung zu einem Staatsbesuch Eisenhowers wieder zurückzog.

Innenpolitische Probleme ergaben sich daraus, dass die Demokraten im Kongress seit 1954 wieder an Sitzen und Einfluss gewannen, noch mehr aber aus Flügelkämpfen in der Republikanischen Partei. Der Präsident und seine Anhänger im Kongress, die sogenannten «Eisenhower-Republikaner», konnten mit dem Mehrheitsführer der Demokraten, Lyndon B. Johnson, zuweilen besser zusammenarbeiten als mit der *«Old Guard»* der Republikaner. Sowohl bei der Planung des Autobahnsystems als auch bei der Nutzung der nationalen Bodenressourcen oder der Entwicklung neuer Bewässerungsprojekte traten erhebliche Meinungsverschiedenheiten auf. Während der Präsident in diesen Projekten legitime Aufgaben der Bundesregierung sah, argumentierten konservative Republikaner, dass derartige Vorschläge die bundesstaatliche Macht perpetuieren statt verringern würden. Auch bei der Aufnahme von Hawaii und Alaska als 49. und 50. Staat der Union gab es Differenzen. Eisenhower setzte sich für die Aufnahme von Hawaii ein, vertrat aber im Unterschied zur Kongressmehrheit die Ansicht, dass Alaska vornehmlich unter militärstrategischen Gesichtspunkten von Bedeutung sei. Die bundesstaatliche Verwaltung von Alaska hätte er deshalb der Bildung eines Staates vorgezogen. Dieser Konflikt verzögerte die Aufnahme der beiden Territorien in die Union um mehrere Jahre, bevor sie 1959 endgültig vollzogen wurde.

Die Auswüchse der innenpolitischen Kommunistenjagd konnte Eisenhower allmählich unterbinden. Als Senator Joseph McCarthy mit seinen verleumderischen Angriffen auch vor Mitgliedern des Kabinetts nicht haltmachte, erreichte der Präsident mit Hilfe seiner Anhänger im Senat, dass McCarthy öffentlich getadelt und politisch isoliert wurde. Mit Earl Warren ernannte Eisenhower 1954 zudem einen Mann zum Obersten Bundesrichter, dessen liberale Politik sich dezidiert gegen Diskriminierung und Intoleranz richtete. Im Urteil zum Fall *Brown v. Board of Education* vom 17. Mai 1954 erklärte der Supreme Court die Rassentrennung an Schulen für verfassungswidrig und forderte ein Jahr später die Einzelstaaten auf, nach Rassen getrennte Schulen abzuschaffen. Diese Urteile lösten im Süden der USA eine Welle von Protesten aus. 1956 unterzeichneten mehr als 100 Kongressmitglieder das sogenannte *Southern Manifesto*, das dem Supreme Court unzulässige Einmischung in die Rechte der Einzelstaaten vorwarf. Die Auseinandersetzung erreichte ihren Höhepunkt im September 1957 in Arkansas, wo Gouverneur Orvel E. Faubus mit Hilfe der Nationalgarde versuchte, schwarze Studenten gewaltsam am Besuch der bis dahin nur Weißen zugänglichen Central High School in Little Rock zu hindern. Um die Autorität des Bundesgerichts zu wahren, sah sich Eisenhower, der privat die Ernennung Warrens als «*the biggest damn mistake I ever made*» bezeichnete, zum Handeln gezwungen. Erstmals seit der *Reconstruction* nach dem Bürgerkrieg wurden Bundestruppen zum Schutz der schwarzen Bevölkerung in den Süden gesandt, die für den Rest des Jahres den Studenten den ungehinderten Schulbesuch garantierten. Obwohl bis 1960 weniger als 1 Prozent der Studenten an gemischten Schulen Afroamerikaner waren, ist doch das Brown-Urteil richtungweisend für die Bürgerrechtsbewegung der folgenden Jahre geworden.

Vom Ausscheiden aus dem Präsidentenamt bis zu seinem Tod am 28. März 1969 war Eisenhower nicht mehr politisch tätig, sondern verfasste zwei Memoirenbände. Er mag geahnt haben, dass die letzten Jahre seiner Amtszeit von Stillstand gekennzeichnet waren, denn in seiner Abschiedsrede an das amerikanische Volk im Januar 1961 beschwor er die Gefahr eines übermächtigen «militärisch-industriellen Komplexes», den es zu bekämpfen gelte. Hohe Ausgaben für die Rüstung und das Weltraumprogramm in Verbindung mit einer wirtschaftlichen Flaute lasteten schwer auf Bundeshaushalt und Bürgern. Wie im Wahlkampf von 1952 beschwor er den engen Zusammenhang zwischen einer prosperierenden Wirtschaft und einer starken Demokratie.

Eisenhower war die Symbolfigur der fünfziger Jahre. Er verkörperte Führungsstärke und Zuversicht, Wohlstandsgesellschaft und amerikanische Macht. Sein Erbe jedoch war ambivalent: ein mächtiges und reiches Amerika, das dennoch den vielen außen- und innenpolitischen Herausforderungen nicht mehr gerecht zu werden vermochte. Militärstrategisch schien die Sowjetunion ein «Patt» erreicht zu haben, und in Asien, Afrika und Lateinamerika gewannen antiamerikanische Tendenzen an Einfluss. In den Vereinigten Staaten artikulierten feministische Gruppen und Bürgerrechtler Forderungen nach gesellschaftlicher Gleichstellung und gerechter Verteilung des amerikanischen Wohlstands. Der enorme wirtschaftliche Aufschwung zu Beginn der fünfziger Jahre mündete in eine Rezession, und das kulturelle Leben drohte in Konventionen zu erstarren. Auf die selbstgefälligen fünfziger Jahre folgte ein von Krisen geschütteltes Jahrzehnt, in dem Eisenhower fast vergessen wurde. Erst nach und nach wurden sich die Amerikaner wieder seiner unbestrittenen innen- und außenpolitischen Verdienste bewusst.

Jürgen Heideking

JOHN F. KENNEDY
1961–1963

Der imperiale Präsident

Kein anderer Präsident des 20. Jahrhunderts hat die Phantasie der Zeitgenossen derart beflügelt und sich so tief ins kollektive Bewusstsein der Amerikaner eingeprägt wie John F. Kennedy. Sein jugendlicher Elan, seine kühle, mit Ironie versetzte Rationalität und sein medienwirksamer Charme signalisierten den Wechsel zu einer neuen Generation, die sich anschickte, aus der Geruhsamkeit der letzten Eisenhower-Jahre zu unbekannten, verheißungsvollen «neuen Grenzen» aufzubrechen. In Kennedys Amtszeit geriet die Welt an die Schwelle des Atomkrieges, aber er selbst schien aus den rasch aufeinanderfolgenden Krisen stets gestärkt hervorzugehen. Das Weiße Haus, in das er mit seiner sympathischen Familie und mit dem *Brain Trust* der intellektuellen Berater frischen Wind brachte, umgab bald die romantische Aura des *Camelot* aus der Artus-Sage. Die Hauptstadt Washington wurde nun auch äußerlich zum Zentrum einer Supermacht, die Verantwortung für die «freie Welt», für ein globales informelles Empire trug. Der Hang zur Idolisierung des «Führers der freien Welt» wurde unwiderstehlich, als Kennedy nach nur zwei Jahren und zehn Monaten Präsidentschaft einem Attentat zum Opfer fiel, das die Nation – und darüber hinaus viele Europäer – in Schock und Trauer versetzte. Ähnlich wie nach der Ermordung Lincolns begann das Image des persönlichen Opfers für höhere, universale Werte die geschichtliche Wirklichkeit zu überlagern und zu verklären. In der breiten Öffentlichkeit ist dieser «Kennedy-Mythos» bis heute wirksam, auch wenn sich Historiker und Publizisten seit geraumer Zeit bemühen, einer nüchtern-analysierenden oder sogar extrem kritischen Betrachtungsweise Geltung zu verschaffen.

John Fitzgerald (Jack) Kennedy wurde am 29. Mai 1917 in Brookline, Massachusetts, als zweites von neun Kindern in eine irisch-katholische Familie hineingeboren, die innerhalb kurzer Zeit zu einer der reichsten des Landes aufgestiegen war und Eingang in die gesellschaftliche Elite der Ostküste gefunden hatte. Die Erziehung durch den Vater Joseph, der in den zwanziger Jahren mit geschickten Börsenspekulationen den Grundstock des 200 Millionen Dollar-Vermögens gelegt hatte, war auf intensiven körperlichen und geistigen Wettbewerb ausgerichtet; von der ordnungsliebenden, strengen Mutter Rose erfuhren die Kinder wenig emotionale Zuneigung. Als Internatsschüler in Connecticut ragte Jack kaum über das Mittelmaß hinaus, doch die Klassenkameraden trauten ihm bereits in besonderem Maße Erfolg im praktischen Leben zu. Seine Studien in Princeton und Harvard waren immer wieder von Krankheiten unterbrochen. Die Ernennung des Vaters zum US-Botschafter in London ermöglichte ihm längere Aufenthalte in England und ausgedehnte Reisen durch Europa, wo er den Aufstieg des Faschismus aus nächster Nähe erlebte. Zum prägenden Erlebnis seiner Jugend wurde die Debatte über die englische *Appeasement*-Politik und das amerikanische Eingreifen in den Zweiten Weltkrieg. Abweichend vom Isolationismus des Vaters plädierte er in seiner Abschlussarbeit in Harvard für einen entschlossenen gemeinsamen Kampf der Demokratien gegen die totalitäre Bedrohung. Die erweiterte Fassung dieser Schrift unter dem Titel *Why England Slept* wurde nach dem Fall von Paris im Sommer 1940 ein großer Bucherfolg.

Der Einflussnahme des Vaters verdankte es Jack, dass er trotz seiner schwachen Konstitution in die US-Marine eintreten und als Kommandant eines

Torpedo-Schnellboots am pazifischen Krieg teilnehmen konnte. Als sein Boot im August 1943 von einem japanischen Zerstörer versenkt wurde, gelang es ihm trotz Verwundung, sich mit den überlebenden Besatzungsmitgliedern auf eine Insel zu retten und Kontakt zu amerikanischen Einheiten herzustellen. Nach einer schweren Rückenoperation schied er Ende 1944 als Oberleutnant ehrenvoll aus der Marine aus. Seine Gesundheitsprobleme wurden später als Folge dieser Verwundung und eines Sportunfalls dargestellt. Hauptursache war jedoch die Addison'sche Krankheit, deren medikamentöse Behandlung eine Reihe negativer Nebenwirkungen zeitigte. Inwieweit dieses geheimgehaltene Leiden, das ihn oft unter starke Schmerzen setzte, seine Amtsführung als Präsident beeinflusste, ist in der Forschung umstritten.

Da der ältere Bruder Joseph 1944 als Marineflieger den Tod fand, wurde Jack zum Hoffnungsträger der Kennedys. Er hatte den Ehrgeiz des Vaters bereits verinnerlicht und begab sich mit Unterstützung des Familien-Clans und eines großen Freundeskreises an den planmäßigen Aufbau einer politischen Karriere. Als sehr förderlich erwies sich in dem Zusammenhang die Heirat mit der eleganten, attraktiven Jacqueline Lee Bouvier im Jahr 1953. Obwohl Kennedy diese Verbindung durch zahlreiche Liebesaffären strapazierte (1954 wäre die Ehe daran fast gescheitert), stand ihm seine Frau Jackie im öffentlichen Leben und in den Wahlkämpfen stets loyal zur Seite. Sie hatten drei Kinder, von denen eines kurz nach der Geburt starb.

Ohne jemals eine Wahl zu verlieren, vertrat Kennedy seinen Bostoner Wahlkreis von 1947 bis 1953 als demokratischer Abgeordneter im Kongress und zog dann als Senator von Massachusetts in die zweite Kammer ein. Innenpolitisch mahnte er soziale Reformen und bessere Lebensbedingungen für die Arbeiterschaft und Minderheiten an, außenpolitisch unterstützte er den Marshall-Plan und die NATO, kritisierte aber Trumans China-Politik. Schon früh sprach er von der Herausforderung durch den «sowjetischen Atheismus und Materialismus», die nur mit «ständiger Wachsamkeit» zu bestehen sei. Die antikommunistischen Kampagnen des Senators Joseph McCarthy, der seinem Vater nahestand, verfolgte er mit zunehmend gemischten Gefühlen, ohne sich jedoch ausdrücklich von ihm zu distanzieren.

Als Mitglied des Senatsausschusses für Auswärtige Angelegenheiten begann sich Kennedy durch Reden und Schriften in außenpolitischen Fragen zu profilieren, wobei sein spezielles Interesse der Dekolonisierung und dem neuen Nationalismus in Afrika und Asien galt. Über die USA hinaus erregte er 1957 Aufmerksamkeit, als er die französische Kolonialpolitik in Algerien kritisierte und sich für die Gewährung der Unabhängigkeit an das afrikanische Land aussprach. Eingefahrene Denkgewohnheiten stellte er auch in

Frage, als er vermehrte Entwicklungshilfe forderte und um Verständnis für neutralistische Tendenzen in den jungen Staaten warb. Ein weiteres Schlüsselerlebnis, das Kennedy mit vielen Amerikanern seiner Generation teilte, war der «Sputnik-Schock» des Jahres 1957. Aus dem sowjetischen Weltraumerfolg zog er den Schluss, dass die kommunistischen Diktaturen besser für die Zukunft gerüstet seien als der demokratische Westen und dass es nun gelte, den eigenen «Rückstand» auf vielen Gebieten von der Bildung bis zur Raketenrüstung durch verdoppelte Anstrengungen aufzuholen.

Seit Kennedy 1956 auf dem Konvent der Demokraten nur knapp die Wahl zum Vizepräsidentschaftskandidaten neben Adlai E. Stevenson verfehlt hatte, galt er als «kommender Mann» der Partei. Innenpolitisch bewegte er sich zum linksliberalen Spektrum hin, was in seinem Eintreten für die Rechte der Gewerkschaften und der schwarzen Amerikaner zum Ausdruck kam. Die Wiederwahl in den Senat nutzte er 1958 als Test für eine Bewerbung um die Nachfolge Eisenhowers. Sein Sieg mit dem höchsten in Massachusetts jemals errungenen Stimmenvorsprung bildete praktisch den Auftakt für den Präsidentschaftswahlkampf von 1960. Dank einer vom jüngeren Bruder Robert (Bobby) glänzend organisierten Vorwahlkampagne konnte er alle innerparteilichen Konkurrenten, darunter Hubert H. Humphrey und Lyndon B. Johnson, aus dem Feld schlagen. Den vielfach gegen ihn angeführten Umstand, dass noch nie ein Katholik das Präsidentenamt bekleidet hatte, griff er offensiv auf, indem er sich zum Anwalt eines modernen Religionsverständnisses und einer strikten Trennung von Kirche und Staat machte. Der Demokratische Parteikonvent in Los Angeles kürte ihn im Juli 1960 bereits im ersten Wahlgang zum Präsidentschaftskandidaten, und Kennedy rundete den Erfolg ab, indem er den Südstaatler Lyndon Johnson als *running mate* gewann. Bei der Annahme der Wahl proklamierte er den Aufbruch zur *New Frontier:* Dieses Schlagwort mit seinen starken Bezügen zum traditionellen amerikanischen Missionierungs- und Erschließungsdrang sollte über den Wahlkampf hinaus zur Signatur von Kennedys Präsidentschaft werden.

In der Auseinandersetzung mit seinem republikanischen Gegner Richard M. Nixon, der als Eisenhowers Vizepräsident einen Vorsprung an Bekanntheit und Erfahrung mitbrachte, plädierte Kennedy für soziale Reformen, Fortschritt und Bewegung auf allen Gebieten. Vor allem machte er die Republikaner – ohne den populären Eisenhower persönlich anzugreifen – für den Prestigeverlust der USA in der Welt verantwortlich und versprach, den gefährlichen Niedergang der amerikanischen Macht aufzuhalten. Dabei appellierte er an den Idealismus und die Opferbereitschaft seiner Landsleute, womit er besonders bei der Jugend und in intellektuellen Kreisen ein starkes Echo fand.

Das Geld und die guten Beziehungen der Familie erleichterten den Kampf um die Wählergunst ebenso wie das Organisationstalent des Bruders Robert und die eigene Fähigkeit, rasch persönlichen Kontakt zu den Menschen herzustellen. Im Umgang mit dem Medium Fernsehen, das erstmals eine wichtige Rolle im Wahlkampf spielte, erwies sich Kennedy als der geschicktere Kandidat. Viele Beobachter und Wissenschaftler sind bis heute der Überzeugung, dass die vier großen Fernsehdebatten zwischen Kennedy und Nixon, die von ca. 100 Millionen Amerikanern verfolgt wurden, den Ausschlag zugunsten des jugendlichen Senators aus Massachusetts gaben. Ausgeruht und gut vorbereitet, räumte Kennedy Zweifel an seiner politischen Erfahrung aus und hinterließ gegenüber dem körperlich angeschlagenen Nixon den frischeren, dynamischeren Eindruck. Am Wahltag fiel Kennedys Vorsprung von ca. 120 000 Stimmen bei einer Beteiligung von 68,8 Millionen Wählern allerdings denkbar knapp aus. Wichtig war sicherlich Kennedys gutes Abschneiden in den großen Städten, bei Katholiken und bei Afroamerikanern. Letzteres verdankte er dem Bemühen um die Registrierung schwarzer Wähler im Süden und vermutlich auch einem Telefonat mit Coretta King, der er wenige Wochen vor der Wahl seine Solidarität mit dem verhafteten Ehemann, dem Bürgerrechtsführer Martin Luther King, versichert hatte.

Kennedys Amtszeit stand von Beginn unter dem Vorzeichen des Neuen und Ungewohnten: Der erste im 20. Jahrhundert geborene Präsident war mit 43 Jahren zugleich der jüngste gewählte Inhaber des höchsten Amtes in der Geschichte der Vereinigten Staaten, und noch dazu der erste Katholik im Weißen Haus. Die Inaugurationsrede am 20. Januar 1961, die er zusammen mit seinem brillanten Redenschreiber Theodore C. Sorensen formuliert hatte und die eindeutig auf die Außenpolitik zugeschnitten war, brachte die Sorgen und Ambitionen des Präsidenten klar zum Ausdruck. Zum einen warnte er vor der drohenden Gefahr einer Vernichtung der Menschheit durch Nuklearwaffen, zum anderen beschwor er die Vitalität der amerikanischen Nation, die zur Verteidigung der Freiheit berufen sei: Die ganze Welt solle wissen, dass die Amerikaner «jeden Preis zahlen, jede Last tragen, jede Entbehrung erdulden, jeden Freund unterstützen und jedem Gegner widerstehen» würden, um dieser Mission gerecht zu werden. Die globale Konfrontation treibe der «Stunde der höchsten Gefahr» entgegen, und die USA müssten einen «langen Kampf im Zwielicht» führen. Mit dem später immer wieder zitierten Satz: «Frage nicht, was Dein Land für Dich tun kann – frage, was Du für Dein Land tun kannst» rief Kennedy jeden einzelnen seiner Landsleute auf, persönliche Verantwortung für das Bestehen dieser existentiellen Herausforderung zu übernehmen. Die Rede beeindruckte, aber sie fand keine ungeteilt positive Aufnahme: Ihr apokalyptischer Unterton, der Nachdruck auf Opferbereitschaft und die weitreichenden impliziten Verpflichtungen gegenüber Bundesgenossen und «Freunden» beunruhigten manchen aufmerksamen Zuhörer.

Bei der Besetzung der Kabinettsposten und der Auswahl des Beraterstabes musste Kennedy angesichts des knappen Wahlergebnisses auf ein gewisses Maß an Kontinuität und Überparteilichkeit achten. So ernannte er einen pragmatischen Republikaner, C. Douglas Dillon, zum Finanzminister, rief den ehemaligen Stabschef der Armee, General Maxwell Taylor, als Special Military Representative aus dem Ruhestand zurück und behielt Allen W. Dulles als CIA-Chef bei, um das Vertrauen der Geschäftswelt, des Militärs und der *intelligence community* zu gewinnen. Im Bewusstsein, dass mit seinem Sieg «die Fackel an eine neue Generation» übergegangen sei, umgab er sich ansonsten aber vor allem mit jüngeren Akademikern und Managern, die als intellektuelle *eggheads* oder kollektiver *Brain Trust* teils bewundert, teils misstrauisch beobachtet wurden. Hierzu gehörten in erster Linie der Nationale Sicherheitsberater McGeorge Bundy (geb. 1920), ein Dekan der Harvard University; der auf Wirtschafts- und Dekolonisierungsfragen spezialisierte Walt W. Rostow (geb. 1916), Geschichtsprofessor am Massachusetts Institute of Technology; und der Verteidigungsminister Robert McNamara (geb. 1916), der nach dem Studium der Wirtschaftswissenschaften in Berkeley und Harvard zum Präsidenten des Ford-Konzerns aufgestiegen war. Starken Einfluss übte Kennedys Bruder Robert (geb. 1925) aus, der ebenfalls in Harvard studiert hatte, und der als Justizminister (Attorney General) nun Hauptverantwortung für die Bürgerrechtspolitik trug. Zum engsten Vertrautenkreis zählten ferner der Harvard-Historiker Arthur M. Schlesinger Jr. (geb. 1917), der Jurist Theodore C. Sorensen (geb. 1928), der Kennedy schon seit 1952 assistiert hatte, sowie der Pressesekretär Pierre Salinger (geb. 1925). Da Kennedy die Zügel in der Außenpolitik selbst in der Hand halten wollte, schob er Adlai Stevenson auf den Posten des US-Botschafters bei den Vereinten Nationen ab und wählte als Außenminister den loyalen, eher blassen Dean Rusk (geb. 1909) aus Georgia, der zuletzt die Rockefeller-Stiftung geleitet hatte. Außenpolitischen Rat aus dem konservativen Lager holte sich Kennedy von Dean Acheson, der unter Truman Secretary of State gewesen war.

Mit der Kennedy-Mannschaft, deren Durchschnittsalter bei 45 Jahren lag (gegen 56 in der Eisenhower-Administration), zogen ein neuer Geist und ein neuer Stil in das Weiße Haus ein. Gemäß Rostows Parole: «*Let's get this country moving again*» sollte die Präsidentschaft innen- wie außenpolitisch zum Zentrum der Inspiration und der Initiative für die Nation und die gesamte «freie Welt» werden. Während sich Eisenhower der Grenzen seiner Gestaltungsmöglichkeiten immer stärker bewusst geworden war und gegen Ende seiner Amtszeit eher passiv-resignative Züge offenbart hatte, herrschte nun ein geradezu überschäumender Aktivismus. Ihm lagen die optimistischen Annahmen zugrunde, dass durch intellektuelle Analyse und kraftvolle Führung letztlich jedes Problem lösbar sei und dass man die USA aus schierer Willenskraft zum Modell der globalen Modernisierung machen könne. Dieses aus heutiger Sicht naive Gefühl der «Machbarkeit» und des Vorbildcharakters der amerikanischen Entwicklung für die Welt war kennzeichnend für die «imperiale Präsidentschaft», die Kennedy besser als seine Vorgänger und Nachfolger repräsentierte.

Der Wandel betraf auch die Organisation des Regierungsapparates, den Eisenhower an die militärische Struktur seines Weltkriegsstabes angepasst hatte. Dieses auf hierarchische Zuständigkeiten und klare Befehlswege gegründete System ersetzte Kennedy, der über wenig Erfahrung mit Bürokratien verfügte, durch einen flexiblen, unorthodoxen, sehr persönlichen Führungsstil. Das Entscheidungszentrum verlagerte sich vom Kabinett zum Nationalen Sicherheitsrat, dessen Mitglieder oft in kleinen, ad hoc gebildeten Gruppen und Komitees die anfallenden Probleme diskutierten. Kennedy erwartete, dass ihm seine Berater und die zugezogenen Experten mehrere Optionen vorlegten, aus denen er dann die geeignete Lösung auswählen konnte. Die Vorteile der Beweglichkeit und Kreativität, die ein solches Management zweifellos hatte, mussten allerdings mit Nachteilen erkauft werden, zu denen Koordinationsschwierigkeiten zwischen den Ministerien sowie eine gewisse Sprunghaftigkeit und mangelnde Berechenbarkeit im Entscheidungsprozess zählten.

Mit der neuen Organisation Hand in Hand ging eine gewandelte Selbstdarstellung, bei der Kennedy sich mit Vorliebe des Mediums Fernsehen bediente, um eine direkte, unmittelbare Kommunikation mit dem amerikanischen Volk aufzubauen. Anlässe boten nicht nur die großen Reden zur Lage der Nation oder außenpolitische Krisen, sondern auch die regulären Pressekonferenzen, auf denen Kennedy frei sprechend die Fragen der Journalisten beantwortete. Eine weitere, erst jetzt richtig wahrgenommene Bühne stellten die Auslandsreisen dar. Sie gaben Kennedy Gelegenheit zu Grundsatzreden an symbolischen Orten und zum «Bad in der Menge», was – via Fernsehen in die amerikanischen Wohnzimmer übertragen – seine Popularität förderte. Darüber hinaus pflegte Kennedy vertrauliche Beziehungen zu führenden Journalisten wie James Reston von der *New York Times*, von denen er aber im Gegenzug Selbstbeschränkung erwartete, wenn sie sich zu sensiblen Fragen der nationalen Sicherheit äußerten. Ein wichtiger Trumpf war Kennedys Redegabe, die er durch ständige Übung weiter zu vervollkommnen suchte. Ein deutscher Beobachter bescheinigte ihm, dass er eine Atmosphäre ausstrahle, «die gleichzeitig kühl-sachlich und einnehmend herzlich ist ... Man kann heute nur noch Politik machen, wenn man nüchtern, sachlich und mit einer gewissen ironischen Überlegenheit Abstand zu den Dingen wahrt.» Realismus und Offenheit, die der Präsident seinem Publikum häufig zumutete, sollten davon überzeugen, dass die gesteckten Ziele keinem träumerischen Idealismus entsprangen, sondern vernünftig waren und erreicht werden konnten. Nach Lincoln, Theodore Roosevelt, Wilson und Franklin Roosevelt hatten die Amerikaner in Kennedy also wieder eine charismatische Führerpersönlichkeit gefunden, und die Medien verstärkten diese Wirkung weltweit. Für das amerikanische Regierungssystem bedeutete das allerdings, dass sich die Gewichte noch spürbarer von den Einzelstaaten auf die Bundesregierung und dort von der Legislative auf die Exekutive verlagerten.

Doch gerade im Bereich der Innenpolitik leistete der Kongress erheblichen Widerstand gegen die Absicht des Präsidenten, die Initiative an sich zu reißen und sein legislatives Programm durchzusetzen. Von Fall zu Fall fanden sich Republikaner und konservative Südstaaten-Demokraten zu einer Allianz zusammen, die den Schwung der Kennedy-Administration bremste. Innenpolitisch beinhaltete die *New Frontier* eine ehrgeizige Agenda, auf der die Ankurbelung der Wirtschaft durch Steuersenkungen, die Verbesserung der Sozialversicherung, der Krankenversorgung und des Bildungswesens, eine Sanierung der Städte und Fortschritte bei der Rassenintegration standen. Viele dieser Initiativen blieben im Kongress stecken oder ließen sich in dem komplexen föderativen System nicht schnell genug verwirklichen. In wirtschaftlicher Hinsicht profitierte Kennedy von einer günstigen Konjunktur, die größere Steuersenkungen im Grunde überflüssig machte. Das Bruttosozialprodukt wuchs durchschnittlich um fast 5 Prozent pro Jahr, und die Inflationsrate lag trotz einer leicht steigenden Staatsverschuldung bei nur 2 Prozent. Die Mitglieder des *Council of Economic Advisers* unter Walter Heller waren überzeugt, dass man die Wirtschaft mit «keynesianischen» Methoden auf einen dauerhaften, weitgehend schwankungsfreien Wachstumskurs bringen könne. Als es ihnen endlich gelang, ihre Vorstellungen unter Präsident Johnson in die Praxis umzusetzen, erwiesen sich aber viele ihrer Annahmen als illusionär.

Stärker konnte Kennedy der Außenhandelspolitik seinen Stempel aufdrücken: Im Oktober 1962 ermächtigte ihn der Kongress durch den *Trade Expansion Act* zu wirksamen Zollsenkungen, die dann weltweit im Rahmen der «Kennedy-Runde» des GATT bis 1967 durchgeführt wurden. Während die Gewerkschaften der Kennedy-Administration generell wohlwollend begegneten, überwog im Unternehmerlager das Misstrauen gegen die – zumindest vom Ansatz her – interventionistische Wirtschafts- und Finanzpolitik Kennedys. Dieses Misstrauen wurde bestärkt, als Kennedy 1962 durch die Streichung von Staatsaufträgen massiv die Preisgestaltung der Stahlkonzerne beeinflusste. Die Börse reagierte mit einem Kurssturz, aber die breite Öffentlichkeit stellte sich hinter den Präsidenten.

In der Rassenfrage taktierte Kennedy sehr vorsichtig, um die weißen Südstaatler nicht unnötig herauszufordern. Mit Blick auf die internationale Lage glaubte er, den Konsens der Amerikaner stärken zu müssen; andererseits erkannte er aber die Notwendigkeit, die Diskriminierung der Schwarzen zu beenden, die Amerikas demokratischen Idealen widersprach und der kommunistischen Propaganda in der «Dritten Welt» eine günstige Angriffsfläche bot. Von der Brisanz der Bürgerrechtsbewegung überrascht, wurde die Administration oft gegen ihren Willen zum Handeln gezwungen. Im Ernstfall zögerte Kennedy aber nicht, entschlossen die Autorität der Bundesregierung zu demonstrieren. Mehrfach schickte er Bundespolizei (Federal Marshals) bzw. Bundestruppen in den Süden oder mobilisierte die Nationalgarde, wenn es zu Rassenunruhen kam oder wenn Schwarzen der Zugang zu Schulen und Universitäten versperrt wurde. Als er dem Kongress 1963 den Entwurf eines *Civil Rights Act* zuleitete, demonstrierten mehr als 200 000 weiße und schwarze Bürgerrechtler unter Führung Martin Luther Kings in Washington für eine rasche Verabschiedung. Kennedy befürchtete zunächst Gewalttätigkeiten, erklärte dann aber im Fernsehen seine Unterstützung mit den Worten, die Nation werde «nicht wirklich frei sein, bis alle ihre Bürger frei sind». Das Versprechen gleicher Bürgerrechte, insbesondere des unbeeinträchtigten Wahlrechts für Schwarze im Süden, wurde vom Kongress erst nach Kennedys Tod eingelöst.

Das Hauptaugenmerk des Präsidenten galt von Anfang an der Außenpolitik: Hier hemmte weder der Kongress seinen Gestaltungswillen, noch setzte ihm die Verfassung deutlich sichtbare Schranken. In seiner kurzen Amtszeit kam es zu einer bis dahin nicht erlebten Häufung von Krisen und Konflikten. Aus dem Bewusstsein, die USA seien von der Sowjetunion in eine «globale Defensive» gedrängt worden, resultierten der Wille, Festigkeit und Stärke zu demonstrieren, sowie ein übersteigertes Bedürfnis nach weltpolitischem Prestigegewinn. Gleichzeitig war sich Kennedy aber der Gefahren, die Atom- und Wasserstoffbomben für die Existenz der Menschheit heraufbeschworen, voll bewusst. Im Unterschied zu seiner gelegentlich scharfen Rhetorik agierte er deshalb in der Praxis überaus vorsichtig und versuchte, das Risiko einer Eskalation möglichst gering zu halten. Dabei hatte er als guter Politiker immer die Interessen der Demokratischen Partei und die Aussichten auf eine Wiederwahl mit im Auge. Er neigte dazu, die Leistungsfähigkeit der kommunistischen Diktaturen der Sowjetunion und Chinas zu überschätzen, und lebte in ständiger Sorge, die USA könnten ihre Glaubwürdigkeit als Großmacht gegenüber den Verbündeten wie den Gegnern verlieren. Durch ein massives konventionelles Rüstungsprogramm wollte Kennedy deshalb den eigenen Handlungsspielraum erweitern; durch neue Strategien des verdeckten Krieges, der *Counterinsurgency*, glaubte er, des Vordringens kommunistisch inspirierter, von Moskau und Peking unterstützter Befreiungsbewegungen in den Kolonien und ehemaligen Kolonialgebieten Herr werden zu können.

In den Brennpunkt des Kalten Krieges rückten Berlin und Kuba, zwei Krisenherde, die untrennbar miteinander verbunden waren, weil die Sowjetunion auf West-Berlin Druck ausüben konnte, um die USA von einem Vorgehen gegen ihren kubanischen Satelliten abzuhalten. Dieser Gedanke spielte bereits mit, als sich Kennedy in der Schweinebucht-Krise vom April 1961 gegen eine offene militärische Unterstützung der Exil-Kubaner aussprach, die mit Hilfe der CIA auf der Insel gelandet waren. Größeren innenpolitischen Schaden wendete der Präsident ab, indem er die volle Verantwortung für das klägliche Scheitern dieser noch unter Eisenhower geplanten Operation auf sich nahm. Das Verhältnis zu CIA-Direktor Allen W. Dulles und zu den Joint Chiefs of Staff, die dem Unternehmen hohe Erfolgschancen eingeräumt hatten, blieb dadurch dauerhaft getrübt.

Auf dem Wiener Gipfeltreffen vom 3./4. Juni 1961 konfrontierte ein selbstbewusster Nikita Chruschtschow den außenpolitisch noch unsicheren Kennedy mit der Absicht, einen separaten Friedensvertrag mit der DDR abzuschließen. Kennedy wertete diesen ersten Versuch persönlicher Diplomatie als eigene Niederlage, weil er Chruschtschow in der ideologischen Diskussion nicht gewachsen gewesen war. Am 13. August 1961 wurde die US-Regierung trotz verschiedener Hinweise der Geheimdienste vom Bau der Berliner Mauer überrascht und benötigte länger als einen Tag, um eine Stellungnahme abzugeben. Da die Sowjetunion weder direkt gegen West-Berlin vorging noch den als «essentiell» angesehenen freien Zugang nach Berlin antastete, sah Kennedy keinen Grund, die Krise von sich aus zu eskalieren. Die offenkundige Bereitschaft der Amerikaner, die De-facto-Teilung der Stadt und der Nation hinzunehmen, wirkte allerdings auf viele Deutsche wie ein Schock, der ihnen die Hoffnung auf eine Wiedervereinigung raubte. Bundeskanzler Adenauer argwöhnte, die US-Regierung könne in der Frage des Status von West-Berlin noch weiter nachgeben. Entsprechende Ost-West-Verhandlungen kamen aber ebenso wenig zustande wie der angedrohte separate Friedensvertrag zwischen der Sowjetunion und der DDR.

Am Rande des Atomkrieges bewegten sich die Großmächte in der dramatischen Kubakrise vom Oktober 1962. Auch hier war Kennedys Haltung wieder von Vorsicht und Zurückhaltung gekennzeichnet, obwohl die Stationierung sowjetischer Mittelstreckenraketen mit Atomsprengköpfen auf Kuba eine unmittelbare Herausforderung der USA darstellte. Im Krisenstab des Weißen Hauses, der zwei Wochen lang fast ununterbrochen tagte, lehnte Kennedy sowohl eine Bombardierung der Raketenstellungen als auch eine Invasion der Insel ab; stattdessen entschied er sich für die «milde» Option einer «Quarantäne» Kubas durch amerikanische Flotteneinheiten. Trotz der enormen Spannung riss der Gesprächsfaden zwischen Kennedy und Chruschtschow nicht ab. Der Präsident erleichterte seinem Gegenüber das Einlenken, indem er für den Fall des Abzugs der Raketen versprach, die USA würden Kuba niemals militärisch angreifen. (Später autorisierte Kennedy jedoch weitere Bemühungen der Geheimdienste, das ihm verhasste Castro-Regime zu «destabilisieren».) Hätte Chruschtschow an seiner Forderung nach gleichzeitigem Abzug der amerikanischen Raketen aus der Türkei festgehalten, so wäre ihm Kennedy – auf dem Weg über eine UNO-Vermittlung – noch weiter entgegengekommen.

Die westliche Öffentlichkeit, die den Hintergrund des Krisenmanagements nicht kannte, feierte den Ausgang des Konflikts als einen persönlichen Triumph des Präsidenten. Kennedy selbst sah die Dinge jedoch sehr viel nüchterner, nachdem er in den «nuklearen Abgrund» geblickt hatte. Er kam zu der Überzeugung, dass die sowjetische Führung sein Interesse an einer Begrenzung des Rüstungswettlaufs teilte, und dass er mit Chruschtschow, den er nun über das «rote Telefon» direkt erreichen konnte, gemeinsam auf dieses Ziel hinarbeiten musste. Das waren die ersten Ansätze einer «Entspannungspolitik», deren Motive und Ziele Kennedy in einer programmatischen Rede an der American University in Washington am 10. Juni 1963 näher erläuterte. Hier würdigte er die schweren Verluste der Sowjetunion während des Zweiten Weltkrieges und regte eine verstärkte Kommunikation zwischen Ost und West an, um den Teufelskreis des gegenseitigen Misstrauens zu überwinden. Einen ersten konkreten Erfolg erzielte er mit dem Atomteststopp-Abkommen, das er zusammen mit dem britischen Premierminister Harold Macmillan und Chruschtschow unterzeichnete. Zu dieser Zeit registrierte man in Washington auch schon aufmerksam die wachsenden Spannungen zwischen der Sowjetunion und China. Kennedy scheint sogar gehofft zu haben, er könne Moskau für ein gemeinsames Vorgehen gegen das chinesische Atomwaffenprogramm gewinnen.

Die unterentwickelten und von der Kolonialherrschaft befreiten Gebiete der Welt wollte Kennedy dem Sowjetkommunismus dagegen keineswegs kampflos überlassen. Mit Blick auf die Zukunft hielt er diese «Dritte Welt» sogar für das eigentliche «Schlachtfeld» in der Auseinandersetzung zwischen Diktatur und Demokratie. Er setzte auf eine Kombination von Wirtschaftshilfe und militärischer Unterstützung, um zu verhindern, dass die Kommunisten die sozialen Konflikte, die beim Übergang zur Moderne zwangsläufig auftraten, für ihre politischen Zwecke ausnutzten. Dabei wollte er sich – wie sein Zugehen auf den ägyptischen Staatspräsidenten Nasser und seine Bereitschaft zur «Neutralisierung» von Laos beweisen – von der Maxime lösen, dass ein Entwicklungsland nur die Möglichkeit habe, für oder gegen den Westen zu sein. Nicht-kommunistische, progressiv-nationalistische Kräfte sollten gefördert werden, auch wenn sie einen «blockfreien» Kurs einschlugen. Dabei geriet die Kennedy-Administration jedoch in ein doppeltes Dilemma: In vielen Fällen waren diese Kräfte so schwach, dass sie sich nicht einmal mit fremder Hilfe durchsetzen konnten; andernorts, speziell in Lateinamerika, hätte ihre Unterstützung bedeutet, traditionell pro-westliche autoritäre Regime fallenlassen und zumindest vorübergehend instabile Verhältnisse in Kauf nehmen zu müssen. Das Beispiel Nasser wiederum veranschaulicht, dass Kennedy und seine Berater Mühe hatten, die Eigendynamik regionaler Konflikte richtig einzuschätzen: Die Annäherung an Ägypten ließ sich nicht mit einer Sicherheitsgarantie und Waffenlieferungen für Israel vereinbaren.

Zwei vielbeachtete Initiativen, die Kennedy mit Blick auf die «Dritte Welt» ergriff, spiegeln den Geist der *New Frontier* besonders gut wider: die «Allianz für den Fortschritt», ein Kooperationsabkommen mit 19 lateinamerikanischen Staaten, für das der Kongress 20 Mrd. Dollar auf zehn Jahre zur Verfügung stellte; und das *Peace Corps,* das Entwicklungshelfer nach Afrika, Asien und Lateinamerika schickte und dessen Gründung gerade bei der akademischen Jugend in den USA auf begeisterte Zustimmung stieß. Die hohen Erwartungen, die viele Amerikaner an diese beiden Projekte knüpften, gingen jedoch nicht in Erfüllung. Angesichts der gewaltigen Bedürfnisse der Entwicklungsländer, die selbst ein Experte wie Rostow bei weitem unterschätzte, konnten die von Kennedy eingeleiteten finanziellen und personellen Hilfsprogramme allenfalls marginale Veränderungen bewirken. Immerhin gelang es dem Präsidenten, in den USA ein Problembewusstsein für Entwicklungsfragen zu wecken, das den Europäern noch weithin fehlte.

Als Testfall für die Entschlossenheit der USA, ihrer weltpolitischen Verantwortung gerecht zu werden und den Vormarsch des Kommunismus zu stoppen, wählte Kennedy Südvietnam. Für ihn war dieses Land, in dem 1961 etwa 15 000 von Nordvietnam und China unterstützte Vietcong-Guerillas operierten, der strategische Schlüssel zu ganz Südostasien. Eine direkte militärische Intervention, wie sie u. a. von General Taylor und Rostow gefordert wurde, lehnte er jedoch ab. Vielmehr sollte der Kampf gemäß der gerade entwickelten *Counterinsurgency*-Doktrin unterhalb der Schwelle des Krieges mit einer Mischung aus militärischen, wirtschaftlichen und psychologischen Maßnahmen geführt werden. Ziel war es, «die Herzen und Sinne» der südvietnamesischen Bevölkerung zu gewinnen und dadurch den Vorrat an Sympathie für die Guerilla im Land auszutrocknen. Nach Anfangserfolgen wurde im Juli 1962 auf Vorschlag McNamaras beschlossen, die etwa 6000 amerikanischen Militärberater ab 1965 schrittweise zurückzuziehen. Von 1963 an verschlechterte sich die Lage allerdings, und bis Ende des Jahres war die Zahl der US-Militärberater in Südvietnam bereits auf über 16 000 gestiegen. Aber noch am 2. September 1963 erklärte Kennedy im Fernsehen, dies sei ein Krieg des vietnamesischen Volkes und in letzter Instanz müssten die Vietnamesen ihn selbst gewinnen oder verlieren. Mit der Ermordung des Diktators Diem Anfang November 1963, an der die CIA zumindest indirekt beteiligt war, trat das amerikanische Engagement dann kurz vor dem Tod des Präsidenten in ein neues Stadium. Wie Kennedy auf die veränderten Umstände reagiert hätte, ist eine in Forschung und Publizistik heftig umstrittene Frage. Wenn man seine generelle Vorsicht und seine Fixierung auf *Counterinsurgency* berücksichtigt, dann ist die Vermutung, unter Kennedys Führung wäre die Verwicklung in einen konventionellen Krieg vermieden worden, nicht einfach von der Hand zu weisen.

In einem weiteren Problemkreis verwoben sich Fragen der Nuklearstrategie, der Europapolitik und der Bündnisbeziehungen zu einem schwer entwirrbaren Knäuel. Kennedy und McNamara beabsichtigten, die Doktrin der «massiven Vergeltung» (*massive retaliation*), die in erster Linie auf Abschreckung beruhte, durch eine elastischere Strategie (*flexible response*) zu ersetzen, um auf jeder Eskalationsstufe eines möglichen Konflikts angemessen reagieren zu können. Das erforderte eine Stärkung der konventionellen Streitkräfte, die Kennedy schon während seiner Amtszeit energisch betrieb. Bei den europäischen Bündnispartnern weckte diese Umorientierung allerdings die Sorge, die USA könnten sich von der NATO «abkoppeln» und ihre atomare Schutzgarantie durchlöchern. Die Idee einer aus Schiffen bestehenden «Multilateralen Atomstreitmacht» (MLF), mit der Kennedy den Europäern sein Konzept schmackhaft machen wollte, stieß – abgesehen von Bonn – auf wenig Gegenliebe und wurde nie realisiert. Ebenso wenig Erfolg war Kennedys *Grand Design* beschieden, dem Grundriss einer neuen Allianzstruktur, in der Westeuropa die Rolle eines Juniorpartners der amerikanischen Führungsmacht spielen sollte. Dieser Plan prallte mit der Vision des französischen Staatspräsidenten Charles de Gaulle von einem «Europa der Vaterländer» zusammen, das zu einer eigenständigen Macht zwischen der Sowjetunion und den USA werden würde. Für Kennedy war es ein schwerer Schlag, als de Gaulle im Januar 1963 sein Veto gegen einen von den USA befürworteten EWG-Beitritt Großbritanniens einlegte. Nicht minder enttäuscht war er darüber, dass Adenauer kurz darauf in Paris den deutsch-französischen Freundschaftsvertrag unterzeichnete. Auf amerikanischen Druck hin «entschärfte» der Bundestag das Abkommen durch eine Präambel, in der die Notwendigkeit der atlantischen Zusammenarbeit betont wurde. Kennedys Deutschlandbesuch im Juni 1963 diente in erster Linie dem Zweck, die Bevölkerung der Bundesrepublik von dem «Irrweg» einer gegen die USA gerichteten deutsch-französischen Allianz abzubringen. Die triumphalen Empfänge, die dem Präsidenten in Köln, Frankfurt und Berlin bereitet wurden, zeigten ihm, dass sein Kalkül aufgegangen war. Im Gedächtnis der Deutschen, die noch unter dem Schock des Mauerbaus standen, blieb vor allem die erneuerte Schutzgarantie für West-Berlin, symbolisch bekräftigt durch den deutsch gesprochenen Satz: «Ich bin ein Berliner». Diese vom Schöneberger Rathaus an Hunderttausende von Menschen – und über Funk und Fernsehen an alle Deutschen – gerichteten Worte sollten die innere Verbindung zwischen der Standhaftigkeit der West-Berliner und den demokratischen Bestrebungen überall auf der Welt zum Ausdruck bringen.

Fünf Monate nach diesem emotionalen Höhepunkt seiner Präsidentschaft wurde Kennedy am 22. November 1963 auf einer Fahrt mit der Autokolonne durch Dallas erschossen. Der Besuch in Texas hatte der Vorbereitung des Kampfes um die Wiederwahl 1964 dienen sollen. In einer Rede, die er nicht mehr halten konnte, hieß es, die Amerikaner seiner Generation seien «eher durch Schicksal als durch eigene Wahl die Wächter auf den Mauern der Freiheit der Welt». Das Geschehen zwischen dem Attentat und dem Trauerzug zum Nationalfriedhof Arlington, der Assoziationen zu Lincolns *Funeral Procession* von Washington nach Springfield herstellte, verdichtete sich im Bewusstsein vieler Zeitgenossen zu einem Epocheneinschnitt, zum «Verlust der Unschuld», der später im Vietnamkrieg seine Bestätigung fand. Dahinter traten die Vermutungen zurück, dass Kennedy einer Verschwörung zum Opfer gefallen sein könnte. Eine von Präsident Johnson eingesetzte Untersuchungskommission unter dem Obersten Bundesrichter Earl Warren kam 1964 zu dem Schluss, Lee Harvey Oswald habe als Einzeltäter gehandelt. Einerseits gab es keine unbezweifelbaren gegenteiligen Beweise, und zum anderen wollten die Kommissionsmitglieder offensichtlich vermeiden, dass die Bevölkerung durch Spekulationen zusätzlich beunruhigt würde. Auch einem 1977 vom Kongress gebildeten Untersuchungsausschuss gelang es nicht, mehr Licht in die Angelegenheit zu bringen. In den vergangenen Jahrzehnten haben die Verschwörungstheorien – genannt werden u. a. die Mafia, das KGB, Exilkubaner und die CIA – durch zahlreiche Bücher und durch Oliver Stones Film «JFK» (1991) wieder stärkere Aufmerksamkeit gefunden. Aber auch die Freigabe bislang geheimen Aktenmaterials, die der Kongress auf Grund der durch den Film ausgelösten Debatte veranlasste, hat noch keine sicheren Anhaltspunkte für ein Mordkomplott erbracht.

Das tragische Ende John F. Kennedys, das fünf Jahre später durch die Ermordung Robert Kennedys zur Familienkatastrophe gesteigert wurde, hat sicherlich wesentlich zur Legendenbildung und zur Entstehung eines «Kennedy-Mythos» beigetragen. Es gibt aber auch andere, tiefere Gründe für die Faszination, die weiterhin von dem 35. Präsidenten der USA ausgeht. John F. Kennedy ist es gelungen, die amerikanische Nation aus einer gewissen Lethargie zu rütteln, in die sie während der letzten Eisenhower-Jahre zu fallen drohte. Das Versprechen an die Landsleute, ihnen «1000 Tage anstrengende präsidentielle Führerschaft» zu bescheren, hat er mehr als wahr gemacht. Er war ein «Vollblutpolitiker», der den Stress des Regierens trotz seiner ständigen Rückenschmerzen zu genießen schien. Viele seiner Initiativen enthielten gute Ansätze, die dann allerdings nicht mit der nötigen Konsequenz verfolgt wurden oder deren Zeithorizont seine eigene Amtsperiode weit überstieg. Der bemerkenswerte Versuch, gleichzeitig «Kalten Krieg» zu führen und Gemeinsamkeiten mit dem ideologischen und machtpolitischen Gegner auszuloten, barg bereits alle Vorzüge und Widersprüche der späteren Entspannungspolitik in sich.

Zumindest in einer Hinsicht nahm die Vision der *New Frontier* ganz konkrete Gestalt an: Noch unter dem Eindruck des «Sputnik-Schocks» forderte Kennedy den Kongress im Mai 1961 auf, ein Weltraumprogramm zu bewilligen, mit dem die USA bis zum Ende des Jahrzehnts einen Menschen auf den Mond befördern und wieder sicher zur Erde zurückbringen könnten. Damit gab er das Startzeichen für einen «Wettlauf zum Mond», den die Amerikaner im Juli 1969 nur knapp gegen die Sowjetunion gewannen. Weit über den Prestigegewinn hinaus bedeutete das milliardenschwere Apollo-Projekt jedoch ein massives Konjunkturprogramm und einen technologischen Schub, der die USA in das Computerzeitalter katapultierte.

Im Privatleben ließ Kennedy für sich selbst und seine Familie offenbar andere Maßstäbe gelten als für gewöhnliche Sterbliche. Mit der Ämtervergabe an seinen Bruder Robert und den Schwager Sargent Shriver (er leitete das

Peace Corps) zog Kennedy erhebliche Kritik auf sich. Hinzu kam, dass der Bruder Edward (Teddy) den 1960 von John geräumten Senatorensitz einnahm (und heute noch innehat). Das Familienleben im Weißen Haus war in vieler Hinsicht schöner Schein, mit dem die Medien das Bedürfnis des Massenpublikums nach romantischer Verehrung befriedigten. In der Verbindung von Intelligenz, Reichtum, Schönheit, Erfolg, Macht und Glück verkörperten die Kennedys die Hoffnungen, Wünsche und Illusionen von Millionen ihrer Landsleute. Ein Kommentator bemerkte wohl zu Recht, die Amerikaner seien einer Monarchie nie näher gewesen als unter John und Jackie Kennedy. Die sexuellen Eskapaden des Präsidenten, die damals nicht an die Öffentlichkeit drangen, werden ihm heute, in einem gewandelten gesellschaftlichen Klima, von vielen als Charakterschwäche angekreidet. Dagegen ist die Achtung vor Jacqueline Kennedy, der man eine Zeitlang ihre zweite Ehe mit dem griechischen Reeder Onassis verübelte, nach ihrem Krebstod 1994 umso höher gestiegen. Sie hatte keinen politischen Einfluss, aber sie verstand es als First Lady, sich ein eigenes Betätigungsfeld zu schaffen. Ihrem Interesse an moderner Kunst und Kultur ist es mitzuverdanken, dass das Weiße Haus und darüber hinaus die Hauptstadt Washington ein liberal-weltoffenes Flair annahmen und dass die Avantgarde in den USA «salonfähig» wurde. Beide Kennedys sahen einen engen Zusammenhang zwischen der künstlerischen Kreativität und der Freiheit, die ein demokratisches Gemeinwesen dem Individuum verbürgt. Dieses Vermächtnis ihres kurzen, intensiven «Rendezvous mit der Geschichte» bewahren die vielen kulturellen Institutionen der Hauptstadt, allen voran das Kennedy Center am Potomac, gegenüber von ihrem gemeinsamen Grab in Arlington.

Marc Frey

LYNDON B. JOHNSON
1963–1969

Great Society und Vietnam-Trauma

In Meinungsumfragen zur Amtsführung und Persönlichkeit der Präsidenten seit Franklin D. Roosevelt rangiert Lyndon B. Johnson durchgängig auf einem der hintersten Plätze. Den meisten Amerikanern gilt der 36. Präsident als machtbesessener und verschlagener Opportunist, der zu dominieren und manipulieren suchte und das Land in den einzigen Krieg verwickelte, den die Vereinigten Staaten je verloren haben. Traumatische Ereignisse überschatteten seine Amtszeit, die mit dem gewaltsamen Tod John F. Kennedys begann und von Studentenkrawallen und schweren Rassenunruhen begleitet wurde. Sie endete mit den Morden an dem afroamerikanischen Bürgerrechtler und Friedensnobelpreisträger Martin Luther King und an Robert F. Kennedy, dem Hoffnungsträger der jüngeren Generation. Ein ferner Dschungelkrieg machte Johnsons Versprechen von Frieden, Freiheit und Wohlstand für alle zunichte – Vietnam wurde zur Nemesis Amerikas, der Präsident zum Verräter des amerikanischen Traums. Weitgehend vergessen sind seine sozialgesetzgeberischen Leistungen und seine Verdienste um die Bürgerrechte.

Lyndon Baines Johnson kam am 27. August 1908 nahe Stonewall, Texas, zur Welt, rund hundert Kilometer westlich von Austin. Sein Vater Samuel Johnson Jr. war Farmer, Makler, später Eisenbahnbeamter; zeitweilig saß er als Abgeordneter der Demokratischen Partei im texanischen Repräsentantenhaus. Die Mutter, Rebekah Baines, gab nach der Heirat ihren Beruf als Journalistin auf. Lyndon Johnson, seine drei jüngeren Schwestern und sein Bruder wuchsen nicht, wie er später immer wieder beteuerte, in ärmlichen Verhältnissen auf. Bescheiden waren sie, aber Strom und fließendes Wasser gab es in den ersten Dekaden des 20. Jahrhunderts nirgendwo auf dem texanischen Hügelland entlang der Pedernales, einer Landschaft, die Johnson zeit seines Lebens nicht mehr losließ. Es waren die Jahre seiner Jugend, die ihn prägten: Die Familie lebte über ihre wirtschaftlichen Möglichkeiten und litt unter den stetig fallenden Agrarpreisen. Sie musste sich verschulden, um Lyndon Johnson eine Ausbildung am Southwest Texas State Teachers College zu ermöglichen. Für den ehrgeizigen, aufgeweckten, sensiblen und unsicheren, stets auf Bestätigung angewiesenen jungen Mann bot das College keine Herausforderung. Der Abschluss, den er in Geschichte und Englisch machte, war durchschnittlich. Seine nahezu grenzenlose Energie und seinen unbändigen Arbeitsdrang, dem er bis an sein Lebensende selten mehr als vier Stunden Schlaf opferte, konnte er zum ersten Mal während eines Schulpraktikums 1928/29 ausleben. Äußerst erfolgreich unterrichtete er die Kinder mexikanischer Einwanderer in einer segregierten Schule in Cotulla, Texas. Auf die örtlichen Honoratioren und die Dozenten am College machte dies einen nachhaltigen Eindruck. Als der demokratische Abgeordnete des Repräsentantenhauses, Richard Kleberg, Ende 1931 einen Assistenten suchte, fiel die Wahl auf Lyndon Johnson. Während seiner Tätigkeit als Büroleiter in Washington, das zu dieser Zeit ganz im Zeichen der Weltwirtschaftskrise stand, sammelte er wichtige Erfahrungen und knüpfte zahlreiche Kontakte. Fast nebenbei lernte er im September 1934 Claudia Alta Taylor kennen, die von ihrer Familie *Lady Bird* genannt wurde. Die beiden heirateten auf Johnsons Drängen hin bereits zwei Monate später. 1935 wurde er zum Direktor der National Youth Administration in Texas berufen, einer Behörde für arbeitslose Jugendliche. Sein Ruf als engagierter, liberaler *New Dealer* und ausgezeichneter Organisator verschaffte dem 28-jährigen bei Nachwahlen 1937 einen Sitz im Repräsentantenhaus. Als eifriger Verfechter der Interessen seines texanischen Wahlkreises und Heimatdistrikts leitete Johnson über 70 Millionen Dollar in Arbeitsbeschaffungsmaßnahmen und Dammbauprojekte und gewann damit Sympathien in allen Bevölkerungsschichten. Persönlich profitierte Johnson dabei ebenfalls. Sein Einkommen, mit dem er die gesamte Familie unterstützte, nahm durch Geschenke und moralisch zweifelhafte Anlagetipps beträchtlich zu. 1941 verfehlte er durch Wahlmanipulationen seines Konkurrenten knapp den Einzug in den Senat.

Als Mitglied des Streitkräfteausschusses des Repräsentantenhauses und Oberstleutnant der Reserve erhielt Johnson 1942 eine militärische Auszeichnung für einen Kampfeinsatz im Pazifik, an dem er als Beobachter teilnahm. 1948 konnte sich *landslide Lyndon* («‹Erdrutsch›-Sieg Lyndon») bei einer ebenfalls von Unregelmäßigkeiten begleiteten Senatsvorwahl mit der hauchdünnen Mehrheit von 87 Stimmen gegen seinen demokratischen Konkurrenten durchsetzen. Er verstand es, programmatisch nirgends anzuecken. Ärmeren Wählern versprach er den Ausbau der Sozialversicherung und Subventionen für die Landwirtschaft; der Ölindustrie empfahl er sich als Sachwalter ihrer Interessen; den Konservativen signalisierte er seinen Widerstand gegen Präsident Trumans fortschrittliche Bürgerrechtspolitik. Außenpolitisch profilierte er sich durch strikten Antikommunismus, trat energisch für die Erhöhung des Verteidigungshaushaltes ein und befürwortete Marshall-Plan und NATO. Dieses Programm war charakteristisch für Johnsons Politik. Er suchte unterschiedlichste Partikularinteressen zu berücksichtigen, einen verbindenden Mittelweg zu finden und als Senator – wie auch später als Präsident – ein Vertreter, ja Diener aller Amerikaner zu sein.

Im Senat machte Johnson rasch Karriere. Schon 1951 wurde er *whip* («Einpeitscher») der demokratischen Fraktion, ein Jahr später Führer der Minderheitsfraktion und nach den Kongresswahlen vom November 1954 Mehrheitsführer. Die komplizierten Machtverhältnisse im Kongress und die Beziehungen zwischen Senat, Repräsentantenhaus und Präsident durchschaute er wie kaum ein anderer. Als hervorragender Taktiker stieg er zu einem der einflussreichsten Männer in Washington auf. Es war weniger sein öffentliches Auftreten, das ihm Achtung und Einfluss verschaffte, als vielmehr sein Wirken hinter den Kulissen. Zu den wichtigsten Ergebnissen seiner Senatstätigkeit gehören die Diskreditierung des agitatorischen Senators Joseph McCarthy, der eine antikommunistische «Hexenjagd» entfesselt hatte, die selbst Johnson zu weit ging, die Verabschiedung des Raumfahrtgesetzes von 1958 und die Mitwirkung bei der Gründung der National Aeronautic and Space Administration (NASA). Als besonderen Erfolg betrachtete Johnson das Zustandekommen des *Civil Rights Act* von 1957. Dieses von Präsident Dwight D. Eisenhower eingebrachte – und relativ wirkungslose – Gesetz sollte den Afroamerikanern im Süden ihr bislang weitgehend verwehrtes Wahlrecht sichern. Ohne Johnsons Mitarbeit wäre selbst dieser bescheidene Anfang auf dem Weg zum vollen Bürgerrecht kaum zustande gekommen. Er verwässerte den ursprünglichen Entwurf Eisenhowers, der eine besondere Gerichtsbarkeit vorsah, mit deren Hilfe Afroamerikaner ihr Wahlrecht einklagen konnten. Wie die übrigen Abgeordneten aus dem Süden betrachtete Johnson dies als eine einseitig gegen die Südstaaten gerichtete Diskriminierung. Während er diesen Passus aus der Vorlage strich, trat er als Befürworter längst überfälliger *civil rights*-Reformen auf. Seine gemäßigte Position fand im Kongress breiten Rückhalt, entschärfte die schwelende Krise zwischen Norden und Süden, zwischen konservativen und liberalen Demokraten, und verhalf dem ersten Bürgerrechtsgesetz seit der *Reconstruction* zum Durchbruch.

Im Wahljahr 1960 wurden Johnson von politischen Beobachtern gute Chancen für die Nominierung als demokratischer Präsidentschaftskandidat eingeräumt. Doch sein Kalkül, abzuwarten und darauf zu hoffen, dass die verschiedenen Bewerber sich gegenseitig verschleißen würden, bis er am Ende als einziger Favorit übrigbleiben würde, ging nicht auf. Als Johnson am 5. Juli 1960, einige Tage vor Beginn des demokratischen Konvents, seine Kandidatur erklärte, war es bereits zu spät. Nicht er, sondern John F. Kennedy wurde Hoffnungsträger einer von inneren Konflikten zerrissenen Partei. Um die Stimmen im Süden zu gewinnen, musste sich Johnson mit einem ehrenvollen, aber politisch einflusslosen zweiten Platz als Vizepräsident unter Kennedy begnügen. Die nächsten Jahre waren von Frustrationen gekennzeichnet. Der Harvard-Absolvent und selbstsichere, sein Amt sichtlich genießende Kennedy weckte im texanischen «*cowboy of politics*» stärkste Unsicherheiten und Minderwertigkeitsgefühle. Zum reinen Repräsentieren verurteilt, bemühte sich Johnson vergeblich darum, dem Amt politische Gestaltungsmöglichkeiten zu verschaffen. Kennedy machte sich weder seine Kontakte zum Senat zunutze, noch band er ihn, von wenigen Ausnahmen abgesehen, in politische Entscheidungsprozesse ein. Allenfalls im Bereich der Raumfahrt und der Bürgerrechtsfrage gestand Kennedy seinem Stellvertreter gewisse eigene Verantwortlichkeiten zu. Auch die vielen Auslandsreisen boten ihm keine eigenen politischen Entfaltungsmöglichkeiten, sondern dienten der Repräsentation der Vereinigten Staaten und ihres Präsidenten. Unter anderem besuchte er am 19. August 1961, wenige Tage nach dem Mauerbau, West-Berlin, um der eingeschlossenen Stadt die anhaltende und unumschränkte Unterstützung Amerikas zu demonstrieren. Begeistert empfingen ihn eine Million Berliner.

Die Ermordung Kennedys führte Johnson schlagartig zurück ins Zentrum der Macht. Am 22. November 1963 fuhr sein Auto direkt hinter Kennedys Wagen, als die tödlichen Schüsse auf den Präsidenten abgegeben wurden. Sicherheitsbeamte warfen ihn auf den Boden seines Fahrzeugs, das mit rasender Geschwindigkeit dem sterbenden Kennedy auf dem Weg ins Krankenhaus folgte. Um 14.39 Uhr, keine zwei Stunden nach den tragischen Ereignissen, ließ sich Johnson an Bord der *Air Force One* vereidigen. In seiner ersten Amtshandlung gab der neue Präsident, dessen eilige Vereidigung manchen als merkwürdige Überstürzung, anderen als Sicherstellung amerikanischer Handlungsfähigkeit erschien, die Weisung aus: «*Let's get airborne.*»

Wie die überwältigende Mehrheit der Amerikaner war er durch die Ereignisse von Dallas tief getroffen. Gegenüber der Witwe und Kennedys ehemaligen Mitarbeitern verhielt er sich taktvoll und großmütig. Die meisten forderte er erfolgreich zum Verbleiben in der Regierung auf. Doch die persönliche Anteilnahme verband sich mit dem sicheren Gespür des Machtmenschen. Kennedys Popularität, sein Mythos und die Atmosphäre der Lähmung nach der Ermordung ließen sich trefflich in politisches Kapital umwandeln. Nun war die Gelegenheit gegeben, dem großen Vorbild, Franklin D. Roosevelt, ebenbürtig zu werden. Johnsons Programm hieß personelle und politische Kontinuität. Doch darüber hinaus trat er entschieden für die Beschleunigung und den Ausbau der bisherigen Sozialpolitik ein. So kündigte er in seiner ersten Regierungserklärung am 8. Januar 1964 einen «bedingungslosen Krieg gegen die Armut» an.

Wie kaum ein anderer Präsident vor ihm war Johnson mit den legislativen Prozessen und den Stärken und Schwächen des amerikanischen Regierungssystems vertraut. Seit den Tagen Roosevelts war er Anhänger einer aktiven Bundesregierung und einer starken Präsidentschaft. Nicht nur die Außenpolitik betrachtete er als Domäne des Präsidenten; auch innenpolitisch wies er dem Kongress die Funktion eines politischen Korrektivs, einer auf Initiativen des Präsidenten reagierenden Gewalt zu. Der texanische Schullehrer, der es in langen Jahren im Kongress zum Mehrheitsführer gebracht hatte, betrachtete seine Regierung als Familie, als seinen Besitz. In diesem persönlichen Machtbereich, in dem das Kürzel «LBJ» alles beherrschte, regierte er unumschränkt. Er trieb sich und seine Mitarbeiter bis zum Äußersten an, überwachte sämtliche Regierungsgeschäfte und kümmerte sich persönlich um jeden wichtigen politischen Vorgang. In den beiden ersten Amtsjahren stellte Johnson alle anderen Verfassungsorgane in den Schatten – er allein wurde zum beherrschenden politischen Faktor.

Das noch von Kennedy eingebrachte, aber im Kongress steckengebliebene Bürgerrechtsgesetz konnte er innerhalb kürzester Zeit verabschieden. Zu Recht ist der *Civil Rights Act* von 1964, der den Afroamerikanern im Süden endlich das Wahlrecht brachte und die Gleichberechtigung von Mann und Frau einleitete, als wichtigster Schritt auf dem Weg zur Gleichstellung der Geschlechter sowie der ethnischen und religiösen Minderheiten seit der *Bill of Rights* von 1791 bezeichnet worden. Der überwältigende Wahlsieg über den erzkonservativen Republikaner Barry Goldwater im November 1964 – Johnson gewann mit der Mehrheit von 15 Millionen Stimmen (61,1 Prozent der Wähler) – verschaffte ihm das Mandat für die Durchsetzung seines Lebenstraums: die Erfüllung seiner seit den Tagen als Lehrer gehegten Hoffnung, die Lebensbedingungen *aller* Amerikaner verbessern zu können. Die Flut von Gesetzen, die der Kongress auf Initiative der Johnson-Administration unter dem Schlagwort der *Great Society* in den beiden folgenden Jahren verabschiedete, wies weder eine einheitliche programmatische Struktur auf, noch entsprang sie einem ideologischen Muster. Johnson war Pragmatiker und verstand sich als solcher. Im Gegensatz zu seinem Vorgänger ging er äußerst geschickt mit dem Kongress um. Meisterhaft konnte er widerstrebende Senatoren für sich gewinnen und den richtigen Zeitpunkt abpassen, an dem er eine Gesetzesvorlage einbrachte. Nicht umsonst ging der 89. Kongress als *Congress of fulfillment* in die amerikanische Geschichte ein. Mit seinen Vorhaben reagierte Johnson auf den stetig wachsenden Druck des liberalen Amerika, der afroamerikanischen Bürgerrechtsbewegung, der Frauenbewegung und der protestierenden Studenten. Auch der Oberste Gerichtshof unter Earl Warren signalisierte mit einer Reihe bedeutender Urteile in Bürgerrechtsfällen die Notwendigkeit umfassender gesellschaftlicher Reformen. Johnson ließ sich aber nicht nur von allgemeinen gesellschaftlichen Entwicklungen treiben, sondern er versuchte, sie zu beeinflussen und zu steuern.

Der *Voting Rights Act* von 1965 verdoppelte binnen eines Jahres die Wahlbeteiligung der im Süden lebenden Afroamerikaner. Weitere legislative Meilensteine waren die Einrichtung einer Krankenversicherung für Senioren (*Medicaid*) und Arme (*Medicare*) sowie Maßnahmen zur Förderung von Schulen, Universitäten, Museen und anderen Bildungseinrichtungen. Der innerstädtische Wohnungsbau wurde angekurbelt, erste durchgreifende Umweltgesetze erlassen und ein Verbraucherschutz eingerichtet. Ein neues Einwanderergesetz hob die diskriminierenden Bestimmungen gegen asiatische Immigranten aus den zwanziger Jahren auf und begünstigte die außeramerikanische Einwanderung. Vor dem Hintergrund einer prosperierenden Wirtschaft konnte Johnson sogar die bereits von Kennedy ins Auge gefassten Steuersenkungen für Selbständige und Facharbeiter durchsetzen. Das Durchschnittseinkommen amerikanischer Familien stieg im Lauf der sechziger Jahre real um 85 Prozent. Allerdings mussten bereits 1967 zahlreiche Sozialprogramme reduziert und die Steuern wieder erhöht werden, weil der Vietnamkrieg Unsummen verschlang. Maßnahmen wie staatliche Lebensmittelkarten für Arme sollten sich auf längere Sicht als schwere Belastung des Bundeshaushalts erweisen. Trotz aller Unzulänglichkeiten und Verwerfungen sind die Erfolge der *Great Society* beeindruckend: Während 1965 rund 90 Prozent der im Süden lebenden Afroamerikaner nicht wählen konnten und nur einige hundert bundesweit höhere staatliche Posten innehatten, entsprach die Wahlbeteiligung der Schwarzen zwanzig Jahre später prozentual derjenigen der weißen Amerikaner, und 6000 Afroamerikaner bekleideten zum Teil bedeutende öffentliche Ämter. Besaß 1965 noch mehr als die Hälfte aller Senioren keine Krankenversicherung und lebte ein Drittel von ihnen unter der offiziellen Armutsgrenze, waren diese sozialen Phänomene zwanzig Jahre später so gut wie gebannt. Die Anzahl der unterhalb des Existenzminimums lebenden Amerikaner ging von 17 Prozent (1965) auf 11 Prozent (1973) zurück, und bezieht man die staatlichen Lebensmittelzuweisungen mit ein, waren es im Jahre 1973 nur mehr 6,5 Prozent. Danach kehrte sich der Trend allerdings wieder um.

Außenpolitisch orientierte sich Johnson an den Vorgaben Kennedys. Vorsichtig trat er für eine bessere Zusammenarbeit mit der Sowjetunion ein. Gegen erheblichen Widerstand im Kongress, aber zur Freude amerikanischer Farmer gewährte er Moskau hohe Kredite zum Ankauf von Getreide; 1968 unterzeichnete er den atomaren Nonproliferationsvertrag, und am Ende seiner Amtszeit arbeitete er an der Einleitung von Verhandlungen über die Begrenzung der atomaren Rüstung (Strategic Arms Limitation Treaty, SALT I). Doch der Einmarsch amerikanischer Truppen in die von politischen Krisen geschüttelte Dominikanische Republik (1965) wies ihn letztlich als traditionellen Verfechter der Eindämmungspolitik aus und kostete die Vereinigten Staaten in Lateinamerika erhebliche Sympathien. Johnson interpretierte den Ruf nach Reformen als Versuch einer von Kuba gesteuerten kommunistischen Unterwanderung. Seine als Johnson-Doktrin bekannt gewordene Begründung für den Militäreinsatz lautete, die Vereinigten Staaten müssten überall ihre Bürger schützen können (2. Mai 1965). Die amerikanisch-deutschen Beziehungen wurden zunehmend durch die Devisenausgleichsproblematik belastet. Johnsons dezidierte Forderung an die Bundesregierung unter Ludwig Erhard, als Gegenleistung für die Stationierung amerikanischer Truppen verstärkte Rüstungskäufe in den Vereinigten Staaten zu tätigen, um das Wechselkursverhältnis zwischen Dollar und DM zu stabilisieren, trug im Herbst 1966 zum Sturz des Kanzlers bei. Im Sechs-Tage-Krieg (5.–10. Juni 1967) stellte sich die Johnson-Administration auf die Seite Israels und wich damit noch stärker als die Regierung Kennedy von der neutralen Linie ab, die Eisenhower im Nahost-Konflikt einzuhalten versucht hatte.

Sein starres Freund-Feind-Denken und seine Befürchtung, einer weltweiten kommunistischen Verschwörung gegenüberzustehen, wurden Johnson zum Verhängnis. Nicht seine Gesellschaftspolitik, sondern die Außenpolitik rückte ins Zentrum seiner Präsidentschaft. Eklatante Fehlentscheidungen und eine Informationspolitik, die bewusst das Ausmaß des amerikanischen Engagements in Vietnam verschleierte, mündeten 1967 und 1968 in eine schwere Gesellschaftskrise mit tumultartigen und blutigen Auseinandersetzungen.

Nach der Ermordung Präsident Ngo Dienh Diems im November 1963 durch vietnamesische Militärs, die mit CIA-Agenten in Verbindung standen, verschärfte sich die innenpolitische Lage in Südvietnam. Die Nationale Befreiungsfront (NLF), ein Bündnis aus Kommunisten und reformorientierten bürgerlichen Kräften, konnte politisch und militärisch an Macht gewinnen und drohte das von wechselnden Militärjuntas regierte Land weitgehend unter ihre Kontrolle zu bringen. Johnson reagierte darauf mit der Entsendung weiterer Militärberater und der massiven Aufrüstung der südvietnamesischen Streitkräfte. Einen bis heute nicht ganz geklärten militärischen Zwischenfall im Golf von Tongking, bei dem amerikanische Kriegsschiffe von nordvietnamesischen Marineeinheiten beschossen wurden, nahm er am 7. August 1964 zum Vorwand, ohne nennenswerte Opposition die bereits vorbereitete *Gulf of Tonkin Resolution* im Kongress durchzusetzen. Durch diesen Beschluss wurde der Präsident ermächtigt, «geeignete Mittel» anzuwenden, um einen Angriff auf amerikanische Truppen abzuwehren. Vom Kongress als Votum zur Verteidigung im Einzelfall verstanden, stellte die Tongking-Resolution für Johnson und seine wichtigsten Berater, Außenminister Dean Rusk, Verteidigungsminister Robert McNamara und Sicherheitsberater McGeorge Bundy, eine Art «Blankovollmacht» und das funktionale Äquivalent einer Kriegserklärung dar. Von 23 000 Militärangehörigen Ende 1964 stieg die Zahl amerikanischer Soldaten in Südvietnam in den folgenden Jahren stetig an und erreichte im Frühjahr 1968 550 000. Der Bürgerkrieg in Südvietnam wurde internationalisiert und zu einem Krieg der Vereinigten Staaten gegen das kommunistische Nordvietnam unter Ho Chi Minh und seine «Handlanger» im Süden. Massive Luftangriffe, bei denen dreimal mehr Sprengstoff auf Ziele in Nord- und Südvietnam niederging als im Zweiten Weltkrieg insgesamt (7,5 Millionen Tonnen), sollten den Sieg über die Kommunisten bringen. Hunderttausende von Zivilisten verloren ihr Leben, die Infrastruktur und die Wirtschaft des Nordens wurden völlig verwüstet, doch gegen die Guerillataktik der NLF und des legendären Generals Vo Nguyen Giap sowie das Misstrauen der bäuerlichen Bevölkerung war mit den Mitteln konventioneller Kriegführung nicht anzukommen.

Seit 1966 wurde der Krieg zum alles beherrschenden Thema der amerikanischen Medien. Tagtäglich übertrug das Fernsehen Bilder der schrecklichen Ereignisse in Millionen amerikanische Wohnzimmer. Die eigenen Verluste häuften sich (bis 1969 über 23 000 Gefallene) und sprachen der Behauptung Johnsons Hohn, die USA seien auf der Siegerstraße. Das Vertrauen in die optimistischen Verlautbarungen des Präsidenten brach im Frühjahr 1968 vollends zusammen. Während Oberbefehlshaber General William Westmoreland noch kurz zuvor «Licht am Ende des Tunnels» gesehen hatte, stellte die Tet-Offensive vom Februar 1968 die ungebrochene Schlagkraft des Gegners unter Beweis. Wochenlange erbitterte Kämpfe um die bislang von amerikanischen und südvietnamesischen Truppen gehaltenen Städte, vor allem aber die Gefechte auf dem Gelände der schwerbewachten amerikanischen Botschaft in Saigon schockierten die amerikanische Bevölkerung zutiefst. Für die NLF war die Offensive ein militärischer Misserfolg – der erhoffte Aufstand der Städte blieb aus, die Verluste an Menschenleben waren gewaltig, und der Krieg wurde fortan ausschließlich von Nordvietnam koordiniert. Die politischen Rückwirkungen auf die Vereinigten Staaten waren jedoch erheblich. Die von Senator J. William Fulbright apostrophierte «Arroganz der Macht» hatte das Ansehen der Vereinigten Staaten in der Welt erschüttert, das Selbstvertrauen der Amerikaner untergraben und Johnsons Wunsch, als großer Präsident in die Geschichte einzugehen, zunichtegemacht.

Nachdem am 12. März der demokratische Kriegsgegner und Johnson-Kritiker Eugene F. McCarthy überraschend die Vorwahlen in New Hampshire gewonnen hatte und der aussichtsreiche Robert Kennedy vier Tage später in das Rennen um die Präsidentschaft einstieg, kündigte Johnson am 31. März 1968 einen Bombardierungsstopp für Nordvietnam und den Verzicht auf eine erneute Kandidatur an. Seine Hoffnung, trotz Krieg die *Great Society* vorantreiben und finanzieren zu können, hatte sich als trügerisch und gefährlich erwiesen. In den Augen vieler Amerikaner war Johnson unglaubwürdig geworden. Für sie ließen sich der Kampf gegen die Armut im eigenen Land und der Krieg gegen ein armes Land weitab von Amerika nicht mehr vereinbaren. In der von radikalisierten Meinungen geprägten politischen Atmosphäre des

Jahres 1968 war keine Mittelposition mehr möglich. Johnson wurde von allen Seiten kritisiert. Den einen galt er als Verschwender öffentlicher Gelder, die besser in die Bekämpfung der Armut geleitet werden sollten; anderen war seine Kriegspolitik in Vietnam zu zögerlich und halbherzig. Als *lame duck*-Präsident stand er einer von Agonie bedrohten Regierung vor.

Außenpolitisch gerieten die Vereinigten Staaten durch die weltweite Übernahme politischer Verantwortung in Bedrängnis – in Vietnam stieß die amerikanische Macht an ihre Grenzen. Die «Globalisierung» amerikanischer Außenpolitik schränkte den Handlungsspielraum der Vereinigten Staaten bei der Niederschlagung des «Prager Frühlings» durch Truppen des Warschauer Pakts (21. August 1968) erheblich ein. Innenpolitisch war das Jahr 1968 von schweren Unruhen gekennzeichnet. Nach der Ermordung Martin Luther Kings am 4. April 1968 kam es in 125 Städten der Vereinigten Staaten zu schweren Rassenunruhen, die die amerikanische Gesellschaft in ihren Grundfesten erschütterten. Die Demonstrationen Hunderttausender Amerikaner verbanden sich mit der Protestbewegung der Afroamerikaner und mündeten schließlich in eine allgemeine Kritik der jungen Generation an sozialen Missständen, gesellschaftlichen Normen und dem «System» schlechthin.

Politisch suchte Johnson sein Erbe zu sichern, indem er die Nominierung seines Vizepräsidenten Hubert H. Humphrey unterstützte, der nach dem Tod Robert Kennedys mit der geradezu lächerlich wirkenden Kampagne «*Politics of Joy*» die Wahlen für sich zu entscheiden suchte. Fünf Tage vor den Präsidentschaftswahlen, am 30. Oktober 1968, kündigte Johnson die Aufnahme von Friedensverhandlungen mit Nordvietnam an. Damit konnte er Humphrey zwar zahlreiche Wähler zuführen, doch für einen Wahlsieg der Demokraten reichte es nicht mehr.

Johnson und seine populäre Frau *Lady Bird,* die sich in den erfolgreichen Jahren der *Great Society* ebenfalls energisch für die Verbesserung der Lebensbedingungen ärmerer Amerikaner eingesetzt hatte, zogen sich im Januar 1969 auf ihre Ranch in Texas zurück. Der gesundheitlich angeschlagene, desillusionierte und psychisch zerrüttete Johnson trat bis zu seinem Tod am 22. Januar 1973 kaum noch in der Öffentlichkeit auf. In den letzten Lebensjahren kümmerte er sich um die Kinder seiner beiden Töchter, verfasste seine Memoiren und betrieb den Aufbau der Lyndon B. Johnson Presidential Library in Austin.

Die Geschichtsschreibung bemüht sich inzwischen um eine gerechte Würdigung seiner Person und seines Lebenswerkes. Als Sozialreformer gehört Lyndon B. Johnson neben Abraham Lincoln und Franklin D. Roosevelt zu den großen Präsidenten der Vereinigten Staaten. Dennoch wird der Mann, der fast zwanzig Jahre lang als Senator, Vizepräsident und Präsident die Geschicke seines Landes maßgeblich gestaltete, wohl immer eine ungeliebte Figur bleiben. Sein Name bleibt unauslöschlich mit dem amerikanischen Desaster in Vietnam verbunden. Wie der Vietnamkrieg wurde auch Johnson lange aus dem kollektiven Gedächtnis Amerikas verdrängt, und selbst seine Verdienste gerieten im konservativen Amerika der siebziger und achtziger Jahre zunehmend unter Kritik.

Manfred Berg

RICHARD M. NIXON
1969–1974

Die Präsidentschaft in der Krise

Als Richard Nixon am 9. August 1974 seine Rücktrittserklärung unterzeichnete, verzichtete zum ersten Mal in der Geschichte ein Präsident der Vereinigten Staaten vorzeitig auf sein Amt. Dieser beispiellose Schritt schien der einzige Weg aus der seit zwei Jahren schwelenden *Watergate*-Affäre zu sein, die weithin als die schwerste Verfassungskrise seit dem Bürgerkrieg empfunden wurde. Dabei durfte, was 1974 in persönlicher Schmach endete, lange als amerikanischer Traum gelten. Richard Milhous Nixon, am 9. Januar 1913 im südkalifornischen Yorba Linda geboren, war aus einfachen Verhältnissen in das höchste Staatsamt aufgestiegen. Seine Eltern, tiefreligiöse Quäker, betrieben ein kleines Lebensmittelgeschäft in Whittier nahe Los Angeles, Kindheit und Jugend waren von Arbeit und Sparsamkeit geprägt und wurden vom Tod zweier seiner vier Brüder überschattet. Intelligent, sportlich, mit musischem Talent und enorm ehrgeizig, profilierte sich der junge Richard Nixon auf dem lokalen College als hervorragender Student. 1934 erhielt er ein Stipendium zum Studium der Rechte an der Duke Universität in Durham, North Carolina, das er drei Jahre später als Drittbester seines Jahrgangs abschloss. Seinen Kommilitonen imponierte er vor allem durch eiserne Disziplin. Zu seinen Leidenschaften gehörte stundenlanges Debattieren, politisch bekannte er sich als Gegner des *New Deal*.

Die Rückkehr nach Whittier als Mitarbeiter in einer kleinen Anwaltskanzlei war ein allerdings etwas enttäuschender Karrierestart. Im Juni 1940 heiratete der eher schüchterne junge Mann nach längerem Werben Thelma Catherine «Pat» Ryan, eine gleichaltrige Lehrerin. Der Ehe entstammten zwei Töchter, Patricia (geb. 1946) und Julie (geb. 1948). So misstrauisch und oft zynisch er gegenüber Freunden und Gegnern war, sein harmonisches Familienleben gab Nixon den Rückhalt für eine in der amerikanischen Geschichte fast einzigartige politische Laufbahn.

Unmittelbar nach Amerikas Eintritt in den Zweiten Weltkrieg zog das Ehepaar nach Washington, D. C., wo Nixon eine Stelle bei der nationalen Preiskontrollbehörde annahm, die ihm freilich bald als Inbegriff willkürlicher Staatsintervention erschien. Obwohl als Quäker vom Militärdienst befreit, meldete er sich, vielleicht schon mit Blick auf eine zukünftige politische Karriere, zur Marine. Von Ende 1942 bis Mitte 1944 diente er als Nachschuboffizier im Südpazifik, bei Vorgesetzten wie Untergebenen gleichermaßen beliebt. Die Etappe bot keine Gelegenheit zu Heldentaten, dafür brachte es Nixon zur Meisterschaft im Pokerspiel, bei dem er stattliche 10 000 Dollar gewonnen haben soll.

Noch vor seiner Entlassung aus dem Militärdienst trugen Geschäftsleute aus Whittier dem als konservativ und politisch ehrgeizig geltenden Nixon die republikanische Kandidatur für den 12. kalifornischen Wahlbezirk zum US-Repräsentantenhaus an. Dieser nahm nicht nur ohne Zögern an, er finanzierte den Wahlkampf sogar zum Teil aus seinen eigenen Ersparnissen, obwohl der demokratische Amtsinhaber als Favorit galt. Das Schüren der Kommunistenfurcht, mit dem die Republikaner 1946 die Kongresswahlen gewinnen wollten, zahlte sich auch für Nixon aus, der seinen Gegenkandidaten, wider besseres Wissen, als Sympathisanten der Kommunisten diffamierte. Mit 13,3 Prozent Vorsprung zog er ins Repräsentantenhaus ein.

Der junge Abgeordnete war kein fanatischer Antikommunist, trat aber entschieden für die innen- und außenpolitische Eindämmung des Kommunismus ein, so auch für den Marshall-Plan, den viele konservative Republikaner ablehnten. Vor allem jedoch hatte er erkannt, dass sich die Furcht vor kommunistischer Unterwanderung trefflich zum eigenen politischen Vorteil ausbeuten ließ, wozu ihm die Mitgliedschaft im «Ausschuss zur Untersuchung unamerikanischer Aktivitäten» des Repräsentantenhauses ein ideales Forum bot. Die spektakulären Untersuchungen gegen Alger Hiss, einen ehemaligen hohen Diplomaten und Präsidenten der Carnegie-Stiftung, der von einem abtrünnigen Kommunisten bezichtigt wurde, der Kommunistischen Partei der USA angehört und Spionage für die Sowjetunion betrieben zu haben, machten Nixon im Herbst 1948 im ganzen Land berühmt. Dass Hiss später zum Märtyrer stilisiert wurde, darf nicht darüber hinwegtäuschen, dass er sich nicht nur eindeutig des Meineides, für den er 1950 zu fünf Jahren Gefängnis verurteilt wurde, sondern wahrscheinlich auch des bereits verjährten Landesverrats schuldig gemacht hatte.

Die Taktik, politische Gegner als verkappte Kommunisten zu denunzieren, setzte Nixon 1950 im Wahlkampf um den Einzug in den US-Senat fort, als er seine Kontrahentin Helen G. Douglas als «Rosa Lady» titulierte. Diese revanchierte sich mit dem bleibenden Spitznamen *Tricky Dick,* doch errang der «gerissene Richard» einen haushohen Sieg und setzte seinen politischen Aufstieg fort. 1952 bemühten sich beide republikanischen Präsidentschaftsanwärter, Robert Taft und Dwight D. Eisenhower, um Nixon als Vizepräsidentschaftskandidaten, der sich instinktsicher auf die Seite des populären Kriegshelden schlug. Wegen Enthüllungen über angeblich illegale Wahlkampfspenden wäre seine Kandidatur freilich beinahe zum Fiasko geraten, hätte er nicht die Flucht nach vorn angetreten und in einer legendären Fernsehansprache die rührselige Geschichte erzählt, man wolle seinen Töchtern ihren von einem politischen Freund geschenkten Cocker-Spaniel «Checkers» wegnehmen. Die Episode zeigte Nixons Kampfgeist und sein Geschick im Umgang mit dem neuen Medium Fernsehen, sie verschärfte andererseits seine tendenziell paranoide Abneigung gegen kritische Journalisten.

Obwohl Eisenhower und Nixon nie eine enge persönliche Beziehung entwickelten, spielte der Vizepräsident eine wichtige Rolle als Vermittler zwischen der Administration und der Republikanischen Partei. Er nahm regelmäßig an Kabinettssitzungen und den Sitzungen des Nationalen Sicherheitsrates (NSC) teil und vertrat 1955 und 1957 kurzfristig den erkrankten Präsidenten. Vor allem entwickelte er ein intensives Interesse an der Außenpolitik. Bei seinen Staatsbesuchen bereiste er nicht weniger als 61 Länder. Darunter waren so spektakuläre Auftritte wie die von nationalistischen Krawallen begleitete Südamerikareise 1958 und seine verbalen Kraftproben mit Nikita Chruschtschow 1959 in Moskau («Kitchen-debate»). Nixon gewann als Vizepräsident so viel politisches Gewicht, dass weder innerparteiliche Rivalen noch der skeptische Eisenhower ihm 1960 die republikanische Nominierung verwehren konnten. Die Präsidentschaftswahl endete mit hauchdünnen 0,17 Prozent Vorsprung für John F. Kennedy, der seinen Einzug ins Weiße Haus vielleicht weniger seiner attraktiven Erscheinung und einem Sieg nach Punkten beim ersten Fernsehduell mit einem erschöpft wirkenden Nixon als vielmehr Wahlmanipulationen in Illinois und Texas verdankte. Nach einem engagierten, aber bemerkenswert fair geführten Wahlkampf war Nixons Enttäuschung verständlich, doch verweigerte er sich dem Drängen seiner Anhänger, die Wahl anzufechten. Besonders schmerzte es ihn, dass er sich mit Kennedy einem Spross der in Wohlstand und Privilegien hineingeborenen Ostküstenelite geschlagen geben musste, die der soziale Aufsteiger herzlich verachtete und von der er sich selbst verachtet fühlte.

Trotz der Niederlage steckte Nixon nicht auf, sondern versuchte, durch die Kandidatur für das Amt des Gouverneurs von Kalifornien eine neue politische Basis zu gewinnen. Die klare Niederlage, die er 1962 gegen den demokratischen Amtsinhaber Edmund Brown erlitt, schien jedoch das Ende seiner politischen Karriere zu besiegeln. In einer letzten Pressekonferenz beschimpfte er die Journalisten und erklärte seinen Abschied aus der Politik. Die Familie siedelte nach New York um, wo Nixon in eine bekannte Anwaltskanzlei eintrat.

Ob die Abdankung jemals ernst gemeint war, darf bezweifelt werden. Vermutlich spekulierte Nixon darauf, den liberalen Zeitgeist der frühen 60er Jahre auszusitzen. 1964 beobachtete er aus der Distanz, wie der ultrakonservative republikanische Senator Barry Goldwater gegen Präsident Lyndon B. Johnson eine krachende Niederlage erlitt. Doch schon bei den Kongresswahlen zwei Jahre später meldete er sich als Wahlkämpfer und Anwärter auf das Weiße Haus zurück. Inzwischen hatte sich das politische Klima in den USA grundlegend gewandelt. Die Eskalation des Krieges in Vietnam und eine Welle rassistisch und politisch motivierter Gewalt hatten die amerikanische Gesellschaft tief verunsichert. Während eine radikale Protestbewegung Amerikas Imperialismus und Rassismus anprangerte, reagierten immer mehr Wähler erschreckt auf den Verfall von Patriotismus und Tradition. Dieser «schweigenden Mehrheit» empfahl sich Richard Nixon als Mann, der Gesetz und Ordnung wiederherstellen und die Nation zusammenführen würde; angesichts der Tatsache, dass wenige Politiker die Amerikaner so stark polarisierten wie er, war dies ein kühnes Versprechen.

In den Vorwahlen setzte sich Nixon ohne große Mühe gegen seine Mitbewerber Nelson Rockefeller und Ronald Reagan durch. Nach der Ermordung Robert Kennedys nominierten die Demokraten auf ihrem von tagelangen Tumulten begleiteten Konvent Vizepräsident Hubert Humphrey, der weithin mit der Johnson-Administration identifiziert wurde. Im Wahlkampf setzte Nixon ganz auf das Thema innere Sicherheit und polemisierte gegen Johnsons Sozialprogramme, die Inflation und Staatsdefizite anheizten. Die heikle Frage nach einem Ende des zunehmend unpopulären Krieges in Vietnam umging er mit der verwegenen Behauptung, einen Geheimplan für einen «ehrenvollen Frieden» zu haben, diesen aber noch nicht publik machen zu können. Zum ersten Mal spielte Nixon auch die Rassenkarte und warb im Zuge einer «Südstaatenstrategie» um die Stimmen der weißen Südstaatler, die gegen eine Fortsetzung der Rassenintegration eingestellt waren. Der große Unsicherheitsfaktor war die von George Wallace, Exgouverneur von Alabama, geführte American Independent Party, deren Rassismus und Chauvinismus auch bei vielen kleinen Leuten im Norden gut ankam. Schließlich fiel Nixons Wahlsieg im November 1968 mit 0,7 Prozent Vorsprung vor Humphrey bei einer relativen Mehrheit von 43,4 Prozent fast so knapp aus wie seine Niederlage acht Jahre zuvor. Da sich Nixon aber in den meisten Staaten hatte durchsetzen können, wurde er von einer klaren Mehrheit des Wahlmännerkollegiums zum 37. Präsidenten der Vereinigten Staaten gewählt.

Das erste Amtsjahr wurde vom Glanz der Mondlandung bestrahlt, die am 21. Juli 1969 den Apollo-Astronauten Armstrong und Aldrin gelang und die das angeschlagene Selbstvertrauen der Nation stärkte. Das vordringliche Problem des neuen Präsidenten war aber der Krieg in Vietnam, der monatlich etwa 500 GIs das Leben kostete, Unsummen verschlang, die Bevölkerung spaltete und das internationale Ansehen der USA nachhaltig schädigte. Der Kern der im Juli 1969 formulierten Nixon-Doktrin über das zukünftige militärische Engagement der USA in Asien lautete «Vietnamisierung», also die Ersetzung amerikanischer durch südvietnamesische Truppen, die mit modernster Ausrüstung in die Lage versetzt werden sollten, einen kommunistischen Triumph zu verhindern. Im Juni 1969 begann der Abzug der 550 000 amerikanischen Soldaten, der bis zum März 1973 abgeschlossen wurde. Da mit einem militärischen Sieg nicht mehr zu rechnen war, nahm Sicherheitsberater Henry A. Kissinger 1970 Geheimgespräche mit Vertretern der nordvietnamesischen Regierung auf. Um Hanoi zu Zugeständnissen zu zwingen, setzte Nixon gleichzeitig auf militärische Schläge wie die zunächst geheimgehaltene Bombardierung von Vietcong-Stützpunkten in Kambodscha und die anschließende Invasion durch Bodentruppen. Militärisch von geringem Nutzen, führte die Ausweitung des Krieges in den USA zu massiven innenpolitischen Protesten, bei denen im Mai 1970 vier Studenten der Kent State University (Ohio) von Nationalgardisten erschossen wurden. Angesichts des wachsenden militärischen Drucks auf eine unzuverlässige südvietnamesische Armee sah Nixon am Ende keine andere Lösung, als Hanoi förmlich an den Verhandlungstisch zu «bomben». Im April 1972 wurden die Luftangriffe gegen Nordvietnam wiederaufgenommen und, als ein vorläufiger Kompromiss im Oktober am Widerstand der südvietnamesischen Regierung zerbrach, zu Weihnachten zur größten Luftoffensive des gesamten Krieges ausgeweitet. Obwohl einige Historiker Nixons Strategie Erfolg bescheinigen, da der Bombenkrieg Nordvietnam konzessionsbereit gemacht habe, war das am 27. Januar 1973 in Paris unterzeichnete Vietnamabkommen kaum der erhoffte «ehrenvolle Frieden». Der Abzug der amerikanischen Truppen und die Rückführung der Kriegsgefangenen setzten den Schlusspunkt unter Amerikas militärisches Engagement, doch die Hinnahme der Präsenz von 100 000 nordvietnamesischen Soldaten im Süden kam dem Eingeständnis nahe, dass der Fall Südvietnams nur eine Zeitfrage war. Trotz amerikanischer Hilfsversprechen fühlte sich die südvietnamesische Regierung, die von Nixon ultimativ zur Annahme des Abkommens gezwungen worden war, von den USA verraten. Dass der Fall Südvietnams 1974/75, wie Kissinger später behauptet hat, ohne die Lähmung durch *Watergate* abzuwenden gewesen wäre, muss angesichts der Unwilligkeit der amerikanischen Öffentlichkeit und des Kongresses, zu militärischen Optionen zurückzukehren, stark bezweifelt werden.

Gleichwohl sind Nixons außenpolitische Leistungen weithin unbestritten. Dass der einstige Kommunistenjäger die Öffnung gegenüber beiden kommunistischen Großmächten betrieb und 1972 als erster amtierender Präsident China und die Sowjetunion besuchte, war zweifellos die wichtigste außenpolitische Wende der USA seit Beginn des Kalten Krieges, die Kritiker ebenso wie viele seiner politischen Freunde irritierte. Henry Kissinger erweckte später in seinen Memoiren den Eindruck, er sei der eigentliche außenpolitische Architekt der Nixon-Administration gewesen, doch betonte Nixon selbst stets seine Führungsrolle bei allen wichtigen Entscheidungen. Dabei bestand zwischen dem Präsidenten und seinem Sicherheitsberater und späteren Außenminister Konsens über die Grundlagen und Ziele der amerikanischen Außenpolitik. Beide betrachteten sich als am nationalen Interesse orientierte «Realpolitiker», für die ideologische oder moralische Erwägungen von untergeordneter Bedeutung waren. Beide sahen darüber hinaus die internationale Politik am besten in den Händen umsichtiger Führer aufgehoben, möglichst ohne lästige Störungen durch die öffentliche Meinung oder parlamentarische

Kontrollen. Im Amerika der Vietnam-Ära war dieses Konzept, unbeschadet aller diplomatischen Erfolge, allerdings kaum mehr zeitgemäß und stieß zunehmend auf Widerstand. So pochte der Kongress nun stärker auf seine verfassungsmäßigen Rechte und verabschiedete 1973 über Nixons Veto hinweg den *War Powers Act*, der dem Präsidenten vorschrieb, jede Anwendung von Gewalt innerhalb von 48 Stunden zu melden und – sofern der Kongress bis dahin nicht den Krieg erklärt hatte – die Feindseligkeiten spätestens nach 60 Tagen einzustellen.

Die Prämisse Nixon'scher Realpolitik bestand vor allem in der Einsicht in die Notwendigkeit eines Ausgleichs mit der Sowjetunion, wobei er geschickt die «chinesische Karte» spielte. Die wichtigsten Ergebnisse dieser Politik waren der 1972 geschlossene Vertrag über die Begrenzung strategischer Atomwaffen und Raketenabwehrsysteme (SALT I und ABM), der den Rüstungswettlauf verlangsamte, sowie die Ausweitung der Handelsbeziehungen. Obwohl für Washington der amerikanisch-sowjetische Bilateralismus im Zentrum der Détente stand und die Nixon-Administration die sozialliberale Ostpolitik in Bonn mit einigem Misstrauen verfolgte, legte der Präsident ihr keine Steine in den Weg, schon um keine antiamerikanischen Tendenzen in Deutschland zu fördern. Wie das Viermächteabkommen über Berlin von 1971 deutlich machte, garantierte allein schon die heikle Lage der geteilten Stadt, dass keine deutsche Regierung Ostpolitik gegen die USA betreiben konnte.

Die außenpolitische Dynamik der Nixon-Administration erlahmte mit Beginn der zweiten Amtsperiode. Im Kongress wuchs der Widerstand gegen die Entspannungspolitik, und der Besuch des sowjetischen Generalsekretärs Breschnew in den USA im Juni 1973 brachte keine greifbaren Fortschritte bei der Rüstungskontrolle. Vor allem beeinträchtigte die *Watergate*-Krise immer stärker die außenpolitische Handlungsfähigkeit des Präsidenten. Der Nahostkrieg im Oktober 1973 traf die Administration völlig unvorbereitet und inmitten heftiger innenpolitischer Turbulenzen. Allerdings ist bis heute umstritten, ob die Verzögerung der Hilfe an Israel, die Waffenstillstandsbrüche der Israelis und die anschließenden militärischen Drohgebärden der Supermächte auf Nixons Lähmung oder eher auf Kissingers Eigenmächtigkeiten zurückzuführen sind. Immerhin erwirkte dessen «Pendeldiplomatie» schließlich einen Waffenstillstand, so dass Nixon im Juni 1974 bei seinem Besuch in Ägypten als Friedensvermittler gefeiert wurde. Der durch das arabische Embargo ausgelösten Ölpreisexplosion und der anschließenden weltweiten Rezession entgingen die USA freilich nicht. So sehr Richard Nixon auch seine Rolle auf der weltpolitischen Bühne herausstellte und so sehr er international als Verhandlungspartner geschätzt wurde, sein innenpolitischer Machtverfall ließ keine außenpolitischen Durchbrüche mehr zu. Als er Ende Juni 1974 zu einem letzten Gipfel nach Moskau aufbrach in der vergeblichen Hoffnung, mit einem zweiten SALT-Abkommen heimzukehren, spotteten Kritiker bereits, er wolle um Asyl bitten. Dass die Sowjets die *Watergate*-Affäre als Komplott gegen die Entspannungspolitik darstellten, war ein schwacher Trost.

Bis zu seinem Amtsantritt hatte Nixon immer wieder behauptet, dass die Vereinigten Staaten einen Präsidenten eigentlich nur für die Außenpolitik brauchten. Wer deshalb auf eine Politik im Geiste des staatsskeptischen Credos der amerikanischen Konservativen gehofft hatte, sah sich jedoch bald enttäuscht. Zwar wurden unter dem Banner eines «Neuen Föderalismus» Kompetenzen und Finanzmittel an die Einzelstaaten zurückgegeben, doch konnte von einer Einschränkung der Bundesexekutive keine Rede sein. Im Gegenteil, die Neustrukturierung der Haushaltsbehörde und die Schaffung eines innenpolitischen Koordinationsrates zentralisierten mehr Macht im Weißen Haus als je zuvor. Statt Reglementierung abzubauen, wurden zwei neue Bundesbehörden für Arbeits- bzw. Umweltschutz geschaffen sowie ein Luftreinhaltungsgesetz verabschiedet. Der Wohlfahrtsstaat blieb im Wesentlichen unangetastet, die Nixon-Administration legte sogar einen Plan zur Reform der Sozialhilfe mit garantiertem Mindesteinkommen für Familien vor, der jedoch im Kongress versandete.

Nixons Verhältnis zum Kongress war von Spannungen und Feindseligkeiten bestimmt, nicht nur wegen der demokratischen Mehrheit in beiden Häusern, sondern auch, weil der Präsident dieses Verhältnis nie anders denn als erbitterten Machtkampf sehen konnte. Gleich zu Beginn erlitt er beim Versuch, zwei konservative Südstaatler in den Obersten Gerichtshof zu berufen, peinliche Niederlagen im Senat. Seinerseits brachte Nixon den Kongress gegen sich auf, als er vom Kongress beschlossene Ausgaben einfror, nachdem sein Veto überstimmt worden war. Im Kampf gegen die Inflation schreckte er selbst vor dem drastischsten Eingriff in die Wirtschaft, den die USA in Friedenszeiten bisher erlebt hatten, nicht zurück. Im August 1971 verhängte der Präsident einen befristeten Lohn- und Preisstopp. Eine Importabgabe und die Freigabe des Dollarwechselkurses sollten die stark defizitäre Handelsbilanz ausgleichen. Tatsächlich zog die Konjunktur wieder an, und auch die Inflation konnte durch fortgesetzte Kontrollen eine Weile im Zaum gehalten werden.

Im Zuge seiner Anbiederung an den konservativen, weißen Süden signalisierte Nixon seine Ablehnung der 1971 vom Obersten Gerichtshof sanktionierten Praxis, Schulkinder zum Zwecke der Rassenintegration an entfernte Schulen zu transportieren (*busing*). Gleichwohl sank während seiner Amtszeit die Zahl schwarzer Schulkinder, die im Süden eine segregierte Schule besuchten, von 68 auf 8 Prozent. Zudem führte die Nixon-Administration erstmals verbindliche Regelungen zur Förderung von Minderheiten und Frauen (*affirmative action*) ein. Liberale Kritiker schreiben die Kontinuitäten zur vorangegangenen innenpolitischen Reformperiode eher dem Kongress als den Initiativen des Präsidenten zu.

Nixons außen- und innenpolitische Leistungen verblassen freilich angesichts der Enthüllungen über die verdeckten illegalen Aktivitäten im Umkreis des Präsidenten, die sich seit Ende 1972 summarisch mit dem Kürzel *Watergate* verbanden. Zwar gehörten «schmutzige Tricks» wie der Missbrauch des FBI oder der Steuerbehörden seit langem zum Repertoire bei der Diskreditierung politischer Gegner, doch erreichten ihr Ausmaß sowie die persönliche Verstrickung des Präsidenten jetzt eine neue Qualität. Derselbe Nixon, der unbefangen mit den Großen der kommunistischen Welt verkehrte, war innenpolitisch von einem manichäischen Freund-Feind-Denken besessen, das jedes Mittel recht erscheinen ließ. Umgeben von vasallentreuen Mitarbeitern wie seinem Stabschef im Weißen Haus, H. R. Haldeman, und dem innenpolitischen Koordinator John Ehrlichman, verwischten sich für Nixon die Grenzen zwischen legitimer Opposition und Subversion. In seinem Auftrag wurden «Feindlisten» zusammengestellt und die Telefone missliebiger Journalisten abgehört. 1970 billigte Nixon einen großangelegten Plan zur Unterwanderung der Antikriegsbewegung durch FBI und CIA, der jedoch am Einspruch von FBI-Chef J. Edgar Hoover scheiterte, weniger wegen rechtlicher Bedenken denn aus Sorge um die Unabhängigkeit der Bundespolizei. Dies hinderte das Weiße Haus nicht daran, eine geheime Spezialeinheit aufzubauen, «Klempner» genannt, die u. a. die Aufgabe hatte, «Löcher» gegenüber der Presse «abzudichten». Als die *New York Times* im Juni 1971 eine geheime Studie des Verteidigungsministeriums über die Ursprünge des amerikanischen Engagements in Vietnam – die sogenannten *Pentagon Papers* – veröffentlichte, geriet Nixon außer sich. Da der Oberste Gerichtshof die Publikation billigte, sollte der Informant der Zeitung, Daniel Ellsberg, ein ehemaliger Mitarbeiter des Nationalen Sicherheitsrats, mit allen Mitteln diskreditiert werden. Die «Klempner» brachen in das Büro seines Psychiaters ein, fanden jedoch kein verwertbares Material. Im Wahlkampf 1972 initiierten die Anführer der «Klempner», die ehemaligen CIA- bzw. FBI-Agenten E. Howard Hunt und G. Gordon Liddy, eine verdeckte Kampagne, um Streit und Verwirrung im demokratischen Lager zu stiften.

Unter anderem hatten die «Klempner» im Hauptquartier der Demokratischen Partei im Washingtoner *Watergate*-Hotel Abhörmikrofone installiert, die allerdings nicht funktionierten. Bei dem Versuch, die «Wanzen» auszutauschen, wurden am 17. Juni 1972 fünf Einbrecher von einem Wachmann überrascht und anschließend verhaftet. Als Anführer identifizierte die Polizei James McCord, einen ehemaligen CIA-Agenten und Sicherheitschef des «Komitees für die Wiederwahl des Präsidenten» (CREEP), wenig später ermittelte das FBI Hunt und Liddy als Hintermänner. Dass der Präsident die Aktion, die sein Pressesprecher als «drittklassigen Einbruch» abtat, angeordnet oder von ihr gewusst hat, ist nicht belegt. Nixon und Haldeman kamen unverzüglich überein, die Verbindung der Einbrecher zum CREEP zu vertuschen, und beauftragten John Dean, einen ehrgeizigen jungen Assistenten, Schweigegelder an die Angeklagten zu leiten und das FBI unter dem Vorwand «nationaler Sicherheit» von einer Untersuchung abzuhalten. Deans Bemühungen hatten zunächst Erfolg. *Watergate* wurde kein Wahlkampfthema und Richard Nixon am 7. November 1972 mit überwältigender Mehrheit gegenüber seinem demokratischen Herausforderer George McGovern, einem Exponenten des linken Parteiflügels, wiedergewählt. Dass die Affäre gleichwohl ans Licht kam, lag vor allem an den beiden *Washington Post*-Reportern Bob Woodward und Carl Bernstein, deren hartnäckige Recherchen die Öffentlichkeit auf die illegalen Wahlkampfaktivitäten der «Männer des Präsidenten» aufmerksam machten. Im Prozess gegen die *Watergate*-Einbrecher drohte Richter John Sirica mit langen Haftstrafen, falls diese nicht die ganze Wahrheit sagten. Ihr Anführer gab daraufhin zu, Schweigegeld und die Zusage baldiger Begnadigung erhalten zu haben. Mit scharfem Machtinstinkt distanzierte sich der Präsident von seinen unmittelbar belasteten Paladinen und entließ Haldeman, Ehrlichman, Dean sowie Justizminister Kleindienst, dessen Nachfolger in seinem Auftrag den Harvard-Juristen Archibald Cox als Sonderermittler einsetzte.

Der Versuch, sich als Saubermann zu profilieren, kollidierte allerdings mit den vom Fernsehen übertragenen Anhörungen des seit Mai 1973 tagenden Sonderausschusses des Senats, in deren Verlauf John Dean Nixon der Anstiftung und Mitwisserschaft bei der Vertuschungsaktion bezichtigte. Da Deans Wort gegen das des Präsidenten stand, wäre dieser wohl halbwegs glimpflich aus der Affäre herausgekommen, hätte sein Bürochef Alexander Butterfield nicht am Freitag, dem 13. Juli 1973 – für Nixon ein veritabler Unglückstag! –, gegenüber Vertretern des Senatskomitees enthüllt, dass alle Gespräche im Oval Office mittels einer versteckten Abhöranlage aufgezeichnet wurden. Es gab also Mitschnitte der Gespräche zwischen Nixon und seinen Mitarbeitern, die Antwort auf die entscheidende Frage geben konnten: «Was wusste der Präsident, und wann wusste er es?»

Um die Herausgabe dieser Tonbänder entwickelte sich ein zäher Kampf zwischen Sonderermittler Cox und dem Weißen Haus, das sich auf ein besonderes «Vorrecht der Exekutive» berief. Am 20. Oktober 1973 kam es zum Eklat, als der Justizminister und sein Stellvertreter die von Nixon geforderte Entlassung von Cox verweigerten und zurücktraten; erst der dritte Mann im Ministerium beugte sich und sprach die Entlassung aus. Die als «Samstagabend-Massaker» apostrophierte Verzweiflungstat rief einen Sturm öffentlicher Empörung hervor. Nixon blieb nichts anderes übrig, als einen neuen Sonderermittler zu ernennen, der nicht weniger unbequem war als der geschasste Cox.

Das angebliche «Vorrecht der Exekutive» schützte Nixon nicht vor der verfassungsrechtlichen Präsidentenanklage wegen «Hochverrat, Bestechlichkeit oder anderer schwerer Verbrechen und Vergehen», dem *Impeachment*, über das der Justizausschuss des Repräsentantenhauses seit dem 30. Oktober 1973 beriet. So sehr Nixon auch beteuerte, er sei kein «Gauner», die Forderung nach Herausgabe der Tonbänder wollte nicht verstummen. Im April 1974 trat das Weiße Haus die Flucht nach vorn an und veröffentlichte eine 1200 Seiten starke, jedoch immer noch verstümmelte Abschrift. Fast noch mehr als die vielen Ungereimtheiten zu Nixons früheren Aussagen schockierten die Amerikaner der vulgäre Umgangston und die Bunkermentalität im Weißen Haus.

Das Ende kam im Juli/August 1974. Am 24. Juli ordnete der Oberste Gerichtshof die Herausgabe aller verlangten Tonbänder an den Justizausschuss des Repräsentantenhauses an, dieser beschloss zwischen dem 27. und dem 30. Juli drei *Articles of Impeachment,* die dem Präsidenten u. a. Strafvereitelung im Amt, Falschaussagen, Bestechung von Zeugen, Missbrauch von Bundesbehörden und Missachtung der verfassungsmäßigen Rechte des Kongresses vorwarfen. Unter massivem Druck veröffentlichte Nixon am 5. August den Mitschnitt einer Unterredung mit seinem damaligen Stabschef Haldeman vom 23. Juni 1972, aus dem eindeutig hervorging, dass der Präsident selbst die Vertuschungsaktion angeordnet hatte. Damit war die berühmte *«Smoking gun»* gefunden, obwohl Nixon darauf beharrte, das Gespräch belaste ihn nur dem Anschein nach. Doch selbst für die letzten Getreuen war jetzt das Maß voll. Die republikanische Führung ließ durchblicken, dass eine Mehrheit für die Amtsenthebung wahrscheinlich sei. Am 8. August 1974 kündigte Richard Nixon in einer Fernsehansprache seinen Rücktritt für den kommenden Tag an, ohne Schuldeingeständnis und mit der Begründung, er habe seine politische Basis verloren. Mit der Amtsübergabe an Vizepräsident Gerald Ford am 9. August hatte sich das *Impeachment* erledigt, nicht aber die Frage nach strafrechtlichen Konsequenzen. Durch einen Generalpardon für alle Straftaten, die Nixon als Präsident eventuell begangen hatte, ersparte Ford einen Monat später seinem Vorgänger die Demütigung eines Prozesses.

So absurd das Siegeszeichen erschien, mit dem Nixon sich beim Verlassen des Weißen Hauses von seinen letzten Getreuen verabschiedete, es kündigte bereits den Kampf um seine Rehabilitierung an, den er zwanzig Jahre mit der ihm eigenen Zähigkeit und am Ende nicht ohne Erfolg führte. Er selbst hat später von einer «Leben oder Tod-Entscheidung» gesprochen, denn wer nach einer Niederlage aufgebe, sterbe erst geistig und dann physisch. Es war vor allem ein Kampf mit der Feder. Nixon hat nach seinem Rücktritt nicht weniger als neun Bücher geschrieben, beginnend mit seinen 1978 veröffentlichten Memoiren und endend mit dem kurz vor seinem Tod fertiggestellten Buch *Beyond Peace*. Zwei Themen durchziehen diese gut geschriebenen und erfolgreichen Bücher: Nixons Sicht der Weltpolitik und die Rechtfertigung seiner eigenen Amtszeit und seiner Rolle in der *Watergate*-Affäre, in der er unverändert ein Komplott seiner Feinde sehen wollte, die einen gewöhnlichen «schmutzigen Wahlkampftrick» benutzt hätten, um ihn zu Fall zu bringen. Dass er jede persönliche Verwicklung in Straftaten bestritt und lediglich politische Fehler zugab, war nicht ohne erhebliche Verzerrungen der Tatsachen möglich und ist weder von der Öffentlichkeit noch von Historikern jemals akzeptiert worden.

Auch ohne das ihm wohl unmögliche Schuldeingeständnis gelang Nixon schließlich die Rückkehr in die Öffentlichkeit so, wie er gesehen werden wollte: als *elder statesman,* dessen Rat und weltpolitische Erfahrung von den aktiven Politikern gesucht wurden. Als er am 22. April 1994 nach einem Schlaganfall starb, überwog der Respekt vor seinen außenpolitischen Leistungen und seiner außerordentlichen Willenskraft. *Watergate* war nicht vergessen, doch offensichtlich vergeben. Der Verstorbene wurde nicht nur mit dem obligatorischen Staatsbegräbnis geehrt; dass der amtierende Präsident Clinton, der in den 60er Jahren selbst gegen Nixon und den Vietnamkrieg demonstriert hatte, persönlich die Grabrede hielt, erschien gleichsam als zweite Begnadigung und Versöhnung der Generationen.

Obwohl Richard Nixon fast ein halbes Jahrhundert lang eine bedeutende öffentliche Figur war, wird er nicht, wie Kissinger ihm nach seinem Rücktritt versicherte, als einer der großen Präsidenten in die Geschichte eingehen. Wie immer die einzelnen Aspekte seiner Innen- und Außenpolitik sowie die Bedeutung seiner Amtszeit für die Präsidentschaft zukünftig gewichtet werden, der fortgesetzte und planmäßige Machtmissbrauch kann weder ausgeblendet noch als Verirrung abgetan werden. In Nixons Amtszeit verbanden sich die Übersteigerungen der «imperialen Präsidentschaft» mit den Obsessionen eines sich verachtet fühlenden Aufsteigers, der vom Ziel des Gewinnens um jeden Preis besessen war. Seine Klagen, *Watergate* werde ihm nie verziehen werden, wirken selbstmitleidig angesichts der Tatsache, dass er seine eigenen Feindbilder – die Medien, das liberale Establishment, die 1960er Generation usw. – nie in Frage gestellt und noch in seinem letzten Buch beschworen hat. Nixon stürzte nicht über seine Gegner, er stürzte, weil der brillante politische Analytiker es nicht vermochte, den paranoiden, rachsüchtigen Machtmenschen zu kontrollieren.

Die Institution der Präsidentschaft geriet unter Richard Nixon ohne Zweifel in die bis dahin schwerste Vertrauenskrise ihrer Geschichte, deren Echo bis in die Gegenwart nachhallt. *Watergate* wurde zum Inbegriff des politischen Skandals schlechthin, nicht nur in den USA wird seither jeder politischen Affäre das Suffix «*gate*» angehängt. Der Mythos vom US-Präsidenten als dem mächtigsten Mann der Welt zeigte seine Kehrseite, und die Notwendigkeit zur Begrenzung und Kontrolle dieser Macht wurde überdeutlich. Die mit Nixons Wahl 1968 eingeleitete Vorherrschaft des Konservatismus in Amerika wurde jedoch durch Fords Abwahl nur kurzzeitig unterbrochen. In der Republikanischen Partei gewannen nach Nixon und Ford religiöse Fundamentalisten und *Laissez-faire*-Ideologen die Oberhand. Auch viele kritische Historiker sehen darin rückschauend die eigentliche Tragödie von Nixons Sturz.

Manfred Berg

GERALD R. FORD
1974–1977

Das Bemühen um Konsens

Nixons Nachfolger, der 59-jährige Gerald Rudolph Ford, galt weithin als integre, wenngleich nicht eben intellektuelle Persönlichkeit mit großer politischer Erfahrung. Der am 14. Juli 1913 in Omaha, Nebraska, geborene Ford wuchs in Grand Rapids, Michigan, in streng religiösem Milieu auf und verdiente sich sein Studium an der Universität von Michigan und an der Yale-Universität durch Stipendien und Nebenjobs. Nach dem Zweiten Weltkrieg, den er als hochdekorierter Offizier auf einem Flugzeugträger im Pazifik erlebte, arbeitete Ford zunächst als Rechtsanwalt. 1948 heiratete er Elizabeth «Betty» Ann Bloomer, mit der er vier Kinder hatte. Im selben Jahr ging Ford in die Politik und wurde für den 5. Bezirk in Michigan ins Repräsentantenhaus gewählt, wo der gemäßigt konservative und internationalistisch gesinnte Republikaner 1965 zum Fraktionsführer seiner Partei aufstieg. Im Oktober 1973 schlug Nixon ihn dem Kongress als Nachfolger des wegen einer Bestechungsaffäre zurückgetretenen bisherigen Vizepräsidenten Spiro Agnew vor.

Damit besaß Ford, als er im August 1974 ins Weiße Haus einzog, als erster – und bis heute einziger – US-Präsident keine direkte Legitimation durch die Wähler. Zudem sah er sich einem misstrauischen und selbstbewussten Kongress gegenüber, der nach *Watergate* die Machtfülle des Präsidenten einschränken und die Kontrollfunktionen der Legislative stärken wollte. Noch mehr als andere Vizepräsidenten, die unerwartet an die Spitze aufgerückt waren, musste Ford daher als Übergangspräsident gelten, zumindest bis er sich durch Wahlen ein eigenes Mandat verschafft hatte. In seiner Antrittsrede übte er demonstrativ Bescheidenheit und betonte in einem amüsanten Wortspiel mit Automarken und Präsidenten, er sei nur ein «Ford und kein Lincoln».

Das Wohlwollen der Amerikaner schlug freilich sofort in heftige Kritik um, als Ford im September 1974 Nixon begnadigte, ohne dass dieser seine Verfehlungen eingestanden hatte. Zwangsläufig wurde der Verdacht eines Kuhhandels laut, doch gibt es keinen Beleg dafür, dass Ford sich den Einzug ins Weiße Haus mit einer Begnadigungszusage erkauft hat. Seine Begründung, der Nation einen langen und quälenden Prozess ersparen zu wollen, wird vielmehr von den meisten Historikern als glaubwürdig angesehen, die Ford ebenso zubilligen, mit dieser Entscheidung einen Schlussstrich gezogen und sich selbst den nötigen politischen Freiraum verschafft zu haben. Für seine Kritiker war er allerdings von nun an «der Mann, der Nixon begnadigte». Ford selbst hat rückschauend gemutmaßt, diese Entscheidung habe ihn wohl die Wiederwahl gekostet.

Bei den Zwischenwahlen im Herbst 1974 bestraften die Amerikaner, sofern sie überhaupt noch wählten, die Republikaner für *Watergate* unnachsichtig mit dem Stimmzettel. Die Demokraten verfügten nun über eine Mehrheit im Senat und eine Zweidrittelmehrheit im Repräsentantenhaus. Unter diesen Umständen konnte Ford kein eigenes Regierungsprogramm durchsetzen, sondern musste sich weitgehend darauf beschränken, Gesetzesentwürfe aus dem Kongress mit dem präsidentiellen Veto zu blockieren, wobei er einige empfindliche Niederlagen erlitt. Der exzessive und wegen Fords eingeschränkter Legitimation nicht unproblematische Gebrauch des Vetos – 66-mal in zweieinviertel Jahren – richtete sich vor allem gegen Kompetenzbeschränkungen des Präsidenten wie den 1976 verabschiedeten *National Emergencies Act,* der die Vollmachten im inneren und äußeren Notstand klarer definierte, sowie gegen Ausgabengesetze. Der fiskalisch konservative Ford suchte die vor allem als Folge der Energiekrise auf über 10 Prozent gestiegene Inflationsrate durch eine rigorose Beschränkung der Staatsausgaben, besonders im sozialen Sektor, und durch eine von Experten belächelte «*Whip Inflation Now*»-Kampagne, die zum freiwilligen Sparen aufrief, zu bekämpfen. Damit verschärfte er jedoch die einsetzende Rezession, die 1975 die Arbeitslosenquote auf 11 Prozent hochschnellen ließ. Auch wenn Erfolge gegen die Inflation erzielt wurden, schien *Stagflation*, stagnierendes Wachstum bei relativ hohem Preisanstieg, die amerikanische Volkswirtschaft fest im Griff zu haben. Ebenso wenig, wie er die Ausgabenfreude des Kongresses disziplinieren konnte, vermochte Ford kurzfristig etwas an den weltwirtschaftlichen Strukturproblemen der amerikanischen Wirtschaft – Explosion der Energiekosten und Verlust der internationalen Wettbewerbsfähigkeit – zu ändern.

In der Außenpolitik schien die Kontinuität durch Außenminister Henry Kissinger gewahrt. Allerdings stieß dessen Konzept der Verknüpfung wirtschaftlicher, militärischer und politischer Fragen im Ost-West-Verhältnis jetzt an seine Grenzen, als sich zeigte, dass die Sowjetunion keinesfalls bereit war, zugunsten von Handel und Rüstungskontrolle ihr politisches System zu liberalisieren und auf die Expansion ihres Einflusses in der «Dritten Welt» zu verzichten. Angesichts des wachsenden innenpolitischen Widerstands, etwa gegen die Beschlüsse der «Konferenz für Sicherheit und Zusammenarbeit in Europa» (KSZE) von 1975, fiel es Ford immer schwerer, an der Entspannungspolitik festzuhalten. Hinzu kam die demütigende Flucht der letzten Amerikaner aus Saigon im April 1975, die Amerikas Niederlage im Vietnamkrieg endgültig besiegelte. Als zwei Wochen später kambodschanische Truppen den amerikanischen Frachter *Mayaguez* kaperten, ordnete Ford eine militärische Befreiungsaktion an, die ihm zwar große Zustimmung einbrachte, aber recht verlustreich verlief.

Kritik an der Entspannungspolitik war nur ein Grund für die Revolte des rechten Flügels der Republikaner, der seit langem mit dem als viel zu liberal empfundenen Kurs der Nixon- und Ford-Administrationen haderte. Führer der innerparteilichen Opposition war der Exgouverneur von Kalifornien, Ronald Reagan, der Ford im Kampf um die Nominierung für die Präsidentschaftswahl 1976 offen herausforderte. Ford nahm die Herausforderung zunächst nicht ernst, doch erzielte Reagan beachtliche Erfolge in den Vorwahlen. Erst auf dem Konvent in Kansas City konnte sich der amtierende Präsident mit knapper Mehrheit gegen seinen Rivalen durchsetzen, allerdings um den Preis, dass er sich von seinem liberalen Vizepräsidenten Nelson Rockefeller trennte und den Kandidaten der Konservativen, Senator Robert

Dole, akzeptierte. Der Präsidentschaftswahlkampf von 1976 stand ganz im Zeichen der Verdrossenheit über eine als korrupt und arrogant empfundene Washingtoner Machtelite, die Amerika den Vietnamkrieg und *Watergate* beschert hatte.

Gleichwohl hätten Fords politische Erfahrung und seine internationale Statur gegen den sympathischen, aber doch etwas naiv und provinziell wirkenden Kandidaten der Demokraten, Jimmy Carter, den Ausschlag geben können, wäre ihm nicht in einer Fernsehdebatte der unglaubliche Schnitzer unterlaufen, zu behaupten, es gebe keine sowjetische Dominanz in Osteuropa. Damit kamen Zweifel an seiner Kompetenz auf einem Gebiet auf, auf dem er eigentlich hätte Punkte sammeln müssen. Die Wahlniederlage, die er im November 1976 gegen Carter erlitt, fiel mit 50,1 zu 48 Prozent recht knapp aus. Ohne Zweifel wurde Gerald Ford vom Wähler auch für Dinge bestraft, die er persönlich nicht zu verantworten hatte.

Befragt nach seinem Wunsch für sein Bild in der Geschichte hat Ford einmal geantwortet, er wolle als «ein netter Kerl, der das Weiße Haus in besserer Verfassung hinterließ als er es vorfand», gesehen werden. Dies wird niemand bestreiten, nur dürfen an einen Präsidenten der Vereinigten Staaten getrost höhere Maßstäbe angelegt werden. Man muss indessen einräumen, dass Ford ein überaus schweres Erbe antrat und dass seine Machtposition so schwach war wie nie zuvor in der Geschichte der modernen Präsidentschaft. Auch hatte sich Ford nicht nach dem Amt gedrängt. Er nahm seine Niederlage mit Gelassenheit und genoss bis zu seinem Tode am 26. Dezember 2006 hohes Ansehen als *elder statesman*.

Gebhard Schweigler

JIMMY CARTER
1977–1981

Der Außenseiter als Präsident

James Earl Carter Jr. wurde als Jimmy Carter zum 39. Präsidenten der Vereinigten Staaten von Amerika gewählt. «Jimmy» blieb er auch als Präsident. Diese Namenswahl ist symbolisch für das Geheimnis seines Erfolges; sie hilft aber auch, sein Scheitern im Amt des Präsidenten zu erklären. Jimmy Carter hatte den Amerikanern versprochen, sie politisch und psychologisch aus den Tiefen der Erniedrigungen herauszuführen, in die sie nach Nixons *Watergate* und dem unrühmlichen Ende des Vietnamkrieges während der Präsidentschaft Fords geraten waren. Warum nicht der Beste? – so lautete seine Botschaft an die Wähler: Warum nicht einen Präsidenten, der moralisch integer, ehrlich und unvorbelastet die Geschicke der Nation auf neue Wege lenkt, geleitet von traditionellen amerikanischen Werten und Tugenden? Warum nicht Jimmy Carter, den einfachen, unprätentiösen Mann aus dem Volke, noch nicht korrumpiert von Washington und der großen Politik? Warum nicht Jimmy, den religiösen Erdnussfarmer aus dem tiefen Süden, dem so gar nichts typisch Politisches anhaftete, und der sich deshalb umso glaubwürdiger als Erlöser der Nation aus all ihren Schwierigkeiten anbieten konnte? Im Jahr des *Bicentennial* – als die USA zwar stolz, aber doch voller Selbstbesinnung den 200. Jahrestag ihrer Unabhängigkeit feierten – zeigten sich die Amerikaner für diese Botschaft durchaus empfänglich.

Aber Jimmy Carter war nicht unbedingt der Beste für die Zeit nach Vietnam und *Watergate*. Das politische System hatte als Reaktion auf diese traumatischen Erfahrungen begonnen, der Ausübung präsidentieller Macht enge Grenzen zu setzen. Es hätte eines erfahrenen Politikers mit einem überwältigenden Mandat der Wähler bedurft, um unter den dramatisch veränderten Bedingungen erfolgreich handeln zu können. Dieser Widerspruch – wegen *Watergate* als politischer Amateur in ein Amt gewählt worden zu sein, das ebenfalls wegen *Watergate* den perfekten Politiker verlangte – sollte zum zentralen Dilemma von Carters Präsidentschaft werden. Seine Schwierigkeiten im Amt, die ihn gleichsam auf einer politischen Achterbahn Höhen und Tiefen in rascher Folge erleben ließen, sind darauf zurückzuführen. Am Ende wurde aus dem «Erlöser» die fast schon bemitleidenswerte Figur des kleinen Jimmy, als den ihn die politischen Karikaturisten fast nur noch zeichneten.

Jimmy Carter wurde am 1. Oktober 1924 in Plains, im Süden Georgias, geboren und wuchs in dieser Kleinstadt in relativ wohlhabenden Verhältnissen auf. Sein Vater war ein politisch konservativer Erdnussfarmer, seine Mutter – im Stil der Südstaaten nur als *Miss Lilly* bekannt – eine für ihre Zeit und diese Region äußerst aufgeklärte Persönlichkeit, Krankenschwester von Beruf, die noch im Alter von 68 Jahren zwei Jahre lang für das *Peace Corps* nach Indien ging. Von ihr dürfte Carter sein politisches Engagement gelernt haben; ihr ließ er deshalb während seiner Präsidentschaft eine prominente Rolle als *First Mother* zukommen.

Im Zweiten Weltkrieg erwachsen geworden, bewarb sich der ehrgeizige junge Mann 1943 erfolgreich um einen Studienplatz an der Marineakademie in Annapolis. 1946 schloss er seine Studien ab, und unmittelbar danach heiratete er Rosalynn Smith, eine Jugendfreundin aus Plains. Rosalynn Carter stand ihrem Mann in den folgenden schwierigen Zeiten zuverlässig zur Seite.

Als First Lady gewann sie an Statur, auch wenn ihre ungewöhnlich enge Beziehung zu ihrem Mann anfangs skeptisch beobachtet wurde.

Jimmy Carter strebte zunächst eine Offizierslaufbahn in der Marine an, doch seine Karriere als U-Boot-Fahrer endete 1953, als sein Vater starb und er sich gegen den Willen seiner Frau entschloss, das Erdnussgeschäft in Plains zu übernehmen. Dort brachte er es zum Millionär – und fand noch Zeit für politisches und soziales Engagement. Er erlebte eine religiöse Bekehrung und bekannte sich öffentlich als «wiedergeborener» Christ.

Angespornt durch die heftigen Auseinandersetzungen um die Bürgerrechte der schwarzen Bevölkerung, wurde Carter erstmals auf lokaler Ebene im Erziehungsbereich politisch aktiv. 1963 erfolgte der Schritt in die regionale Politik. Im Senat des Staates Georgia vertrat er vorwiegend liberale Positionen. Doch als er sich 1970 für die Demokratische Partei um den Gouverneursposten bewarb, suchte er taktisch geschickt die Unterstützung der Gegner der Bürgerrechtsbewegung. Bei seiner Amtseinführung erregte er nationale Aufmerksamkeit, als er erklärte: «Die Zeit der Rassendiskriminierung ist vorbei.» Der neue Gouverneur tat in der Folgezeit viel, um die schlimmsten Auswirkungen der Rassendiskriminierung in Georgia zu beseitigen. Seine Gegner aber nahmen zur Kenntnis, mit welch opportunistischen Methoden Carter seinen politischen Weg gemacht hatte.

Im Vorfeld der Wahlen von 1972 strebte Carter als Vertreter des «neuen», aufgeklärten und industrialisierten Südens nach der Vizepräsidentschaft, aber die Leute um Präsidentschaftskandidat George McGovern erteilten ihm eine kühle Absage. Daraufhin reifte in Carter der Entschluss, sich 1976 selbst um die Präsidentschaftskandidatur der Demokratischen Partei zu bewerben.

Drei Entwicklungen waren für den Erfolg des krassen Außenseiters entscheidend. Aufgeschreckt durch die Machenschaften Nixons, misstrauten die Amerikaner ihren professionellen Politikern. Die Demokratische Partei institutionalisierte das Bedürfnis nach einem Mann aus dem Volk, indem sie die Zahl der Vorwahlen drastisch erhöhte und die gewonnenen Stimmen proportional auf die Kandidaten verteilte. Um den unheilvollen Einfluss des großen Geldes bei der Präsidentschaftswahl auszuschließen, wurde 1976 die öffentliche Finanzierung des Wahlkampfes (bei gleichzeitiger Beschränkung der Spenden und Ausgaben) eingeführt. Diese Entwicklungen ermöglichten es dem weithin unbekannten Südstaatengouverneur, sich erfolgreich der Wahl zu stellen.

30 Prozent lag Carter nach seiner Nominierung in der Gunst der Wähler vor dem amtierenden Präsidenten Ford. Am Ende siegte er mit gerade noch zwei Prozent Vorsprung. Carter, vergleichsweise unbeholfen und mit geringer

Medienausstrahlung, durch seinen starken Südstaatendialekt benachteiligt und in Sachfragen bemüht, durch Ausweichen Konflikte zu vermeiden, wurde zunehmend skeptischer beurteilt. Er gewann schließlich, weil die Vorbehalte gegenüber Ford noch größer waren, dem die Begnadigung Nixons nachhing und der in der entscheidenden außenpolitischen Fernsehdebatte einen groben Schnitzer beging. Ein überwältigendes Mandat stellte das Wahlergebnis für den ersten Präsidenten aus dem tiefen Süden seit Zachary Taylor (1848) aber keineswegs dar.

Noch vor seinem Amtsantritt am 20. Januar 1977 sah sich Carter mit dem grundlegenden Dilemma seiner Präsidentschaft konfrontiert. Als Amateur gewählt, musste er doch die Zusammenarbeit mit der traditionellen politischen Elite suchen. Dabei geriet er sehr schnell in Gefahr, seinem Image und seinen Idealen untreu zu werden – eben doch «*politics as usual*» zu betreiben.

Dies wurde schon offensichtlich, als Carter bei der Besetzung wichtiger Posten auf bekannte Figuren des Establishments zurückgreifen musste, vor allem im außen- und sicherheitspolitischen Bereich. Dagegen umgab er sich im Weißen Haus fast ausschließlich mit jungen, in nationaler Politik unerfahrenen Mitarbeitern aus seiner Gouverneurszeit. Eine Brücke sollte offenbar Vizepräsident Walter Mondale bilden, der sich später tatsächlich als Stütze der Administration erwies.

Carters Regierungsstil stellte eine bewusste Reaktion auf die Exzesse der «imperialen» Nixon-Administration dar: Am Tag der Inauguration legte er, statt in einer Limousine zu fahren, den Weg vom Kapitol zum Weißen Haus zu Fuß zurück, die Präsidenten-Yacht wurde verkauft, das Abspielen der Präsidentenhymne eingestellt, der Präsident trug seine eigenen Koffer, und das Menü bei Staatsempfängen wurde nicht mehr auf französisch verfasst. Anfangs konnte Carter mit diesen symbolischen Gesten Popularitätsgewinne verzeichnen. Später vermisste die Öffentlichkeit die Substanz hinter der Form, und Rivalen um Macht und Einfluss konnten mangels präsidentialer Selbstdarstellung nicht mehr so leicht überzeugt oder unter Druck gesetzt werden.

Ein weiteres Hemmnis war der Verzicht auf einen Stabschef im Weißen Haus (eine Stellung, die Nixons Stabschef Haldeman in Verruf gebracht hatte). Carter wollte eine Art Kabinettsregierung einführen, im Übrigen aber die Fäden allein in der Hand behalten. Kabinettsdisziplin ist im amerikanischen System jedoch unüblich und scheiterte auch in diesem Fall sehr schnell. Nun war der Präsident – obwohl ohne Zweifel intellektuell kompetent und in seiner Amtsführung überaus fleißig – überfordert, und seine Mitarbeiter verschlissen sich in politischen Grabenkämpfen und allerlei Skandalen. Als Carter gegen Ende seiner Präsidentschaft das Weiße Haus reorganisierte, konnte die Rückkehr zu traditioneller Machtausübung (einschließlich extensiven *Public Relations*-Kampagnen) sein angeschlagenes Ansehen nicht mehr wiederherstellen.

Mit seinem unkonventionellen Regierungsstil forderte Carter auch den Kongress heraus. Zwar befanden sich Senat und Repräsentantenhaus fest in der Hand der Demokraten, aber die führenden Politiker der Demokratischen Partei ließen sich nicht ohne weiteres auf die Linie des Präsidenten bringen. Hinzu kam, dass der Kongress auf Grund der seit *Watergate* vorgenommenen Reformen handlungsfähiger geworden war und seine Unabhängigkeit vom Präsidenten besser behaupten konnte.

Möglicherweise wäre all dies nicht so problematisch gewesen, wenn Carter nicht schwere innen- und außenpolitische Hypotheken übernommen hätte, die fast gleichzeitig nach schnellen Lösungen verlangten. Die Wirtschaft war nach dem Vietnamkrieg und der ersten Ölkrise stark zerrüttet. Zweistellige Inflationsraten verwiesen auf den Ernst der Lage. Fiskalpolitisch konservativ, wollte Carter keine defizitäre Haushaltspolitik betreiben. So blieb nur der Schritt zu kräftigen Zinserhöhungen, die aber kurzfristig kaum Wirkung zeigten. Zwischenzeitlich sorgte ein zweiter «Ölschock» mit Benzinknappheit und drastischen Verteuerungen für innenpolitischen Unmut, der Carter im Sommer 1979 in die tiefste Krise seiner Präsidentschaft stürzte. Zu jener Zeit war seine auf Einsparungen bedachte Energiepolitik, die die Vereinigten Staaten unabhängiger von Energieeinfuhren machen sollte, schon weitgehend an Widerständen im Kongress gescheitert. Auch sein Einsatz für tiefgreifende Reformen des Gesundheitswesens und der Sozialfürsorge fand wenig Unterstützung seiner Parteifreunde. Vor allem Senator Edward Kennedy gelang es, Carters Reformansätze mit weitergehenden Forderungen zu verhindern, die – zumal wegen damit verbundener Steuererhöhungen – noch weniger konsensfähig waren. So blieb Carters Innenpolitik – mit Ausnahme der Deregulierung des Luftverkehrs und einiger Umweltschutzmaßnahmen – insgesamt ohne nachhaltige Erfolge.

Die Innenpolitik wurde überlagert durch drängende außenpolitische Entwicklungen. Während des Wahlkampfes hatte Carter mit geradezu missionarischem Eifer die Gewährleistung der Menschenrechte in der Sowjetunion und in der «Dritten Welt» ins Zentrum seiner Außenpolitik gestellt. Nun musste er zunächst eine Reihe von Vorhaben, die seine Vorgänger in die Wege geleitet hatten, zum Abschluss bringen. Die dabei erzielten Ergebnisse erwiesen sich jedoch als so kontrovers, dass sie dem Präsidenten nur wenig Beifall eintrugen. Dies galt vor allem für die Rückgabe des Panamakanals – ein Ziel, das Carter wegen der antiimperialen Symbolwirkung besonders am Herzen lag. Es gelang ihm, bereits nach einem halben Jahr ein fertiges Vertragswerk vorzulegen, das die Rückgabe des Kanals an Panama bis zum Ende des Jahrhunderts vorsah. Die Ratifizierung durch den Kongress erwies sich allerdings als äußerst mühsam und musste durch die Verzögerung anderer Vorhaben teuer erkauft werden.

Ein bedeutender außenpolitischer Erfolg war das Friedensabkommen zwischen Israel und Ägypten, das durch die seit 1973 von Kissinger betriebene amerikanisch-ägyptische Annäherung ermöglicht wurde. Carter hatte frühzeitig seine Bereitschaft signalisiert, nach neuen Möglichkeiten zur Lösung des Nahostkonflikts zu suchen. Aus diesen teilweise zunächst ungeschickt eingeleiteten Bemühungen entwickelte sich ein Dialog zwischen Israel und Ägypten, den Carter schließlich dadurch entscheidend vorantrieb, dass er den israelischen Ministerpräsidenten Begin und den ägyptischen Präsidenten Sadat auf seinen Landsitz Camp David einlud. Nach dreizehntägigen Verhandlungen, in denen Carter als Vermittler die ausschlaggebende Rolle spielte, kam im September 1978 ein Friedensabkommen zustande. Dessen Unterzeichnung im Rosengarten des Weißen Hauses am 26. März 1979 stellte den Höhepunkt der Präsidentschaft Carters dar. Zwar erfüllte sich die vom Camp-David-Abkommen geweckte Hoffnung, über eine israelisch-ägyptische Einigung zur Lösung des Palästinenserproblems zu kommen, zunächst nicht, aber der weitere Verlauf des Friedensprozesses wäre ohne Carters Einsatz nicht denkbar gewesen.

Noch schwieriger gestalteten sich die Bemühungen um eine Verständigung mit der Sowjetunion. Carter wollte zwei Dinge erreichen, die nur schwer miteinander vereinbar waren: ein weitreichendes Rüstungskontrollabkommen und sowjetische Zugeständnisse in Menschenrechtsfragen – übergreifendes Ziel Carterscher Außenpolitik, dem er sich aus idealistischen Gründen verpflichtet fühlte, das ihm aber auch vom Kongress vorgegeben war. Bei der Verfolgung dieser beiden Ziele geriet er immer wieder in Konflikte mit innenpolitischen Gegnern und skeptischen europäischen Verbündeten. Schließlich gelang im Juni 1979 der Abschluss von SALT II zur Beschränkung strategischer Nuklearwaffen, wobei die Reduzierungen allerdings sehr viel geringer ausfielen als von Carter ursprünglich angestrebt. Zu diesem Vertragsabschluss hatte einerseits eine gewisse Mäßigung in der Menschenrechtspolitik beigetragen, andererseits der Einsatz der «China-Karte», denn Carter erreichte im Dezember 1978 die Normalisierung der Beziehungen zur Volksrepublik China (um den Preis des Abbruchs der diplomatischen Beziehungen zu Taiwan) – eine innenpolitisch äußerst umstrittene Maßnahme.

SALT II und die gesamte Entspannungspolitik gerieten Carter am Ende nicht zum Vorteil. Selbst im engsten Beraterkreis führte dieser Kurs zum Zerwürfnis zwischen dem stärker um Ausgleich bemühten Außenminister Cyrus Vance und dem mehr auf eine Politik der Stärke setzenden Sicherheitsberater Zbigniew Brzezinski. Um überhaupt Aussicht auf eine erfolgreiche Ratifizierung von SALT II durch den Senat zu haben, sah sich Carter gezwungen, drastischen Erhöhungen des Verteidigungshaushaltes zuzustimmen. Dies trug nicht nur zu einem wachsenden Haushaltsdefizit bei, sondern fügte Carters Glaubwürdigkeit weiteren Schaden zu, da er ursprünglich für Kürzungen der Militärausgaben eingetreten war.

Am Ende machte die Sowjetunion einen Strich durch alle Rechnungen, als sie Ende 1979 in Afghanistan intervenierte und damit alle Ansätze zu einer Entspannungspolitik vorläufig ruinierte. Zwar leitete die Carter-Administration sofort die geheime Unterstützung des afghanischen Widerstandes ein und verfügte eine Reihe von Sanktionen (darunter ein Ende der Getreideverkäufe an die Sowjetunion und den Boykott der Olympischen Spiele in Moskau im Sommer 1980), aber diese Maßnahmen reichten weder aus, um die Sowjetunion zum Einlenken zu bewegen, noch um Carters Ansehen zu retten. SALT II wurde nicht ratifiziert (seine Bestimmungen jedoch stillschweigend eingehalten).

Das Ende der Präsidentschaft Carters nahm seinen Anfang allerdings in Teheran, wo am 4. November 1979 militante Anhänger des revolutionären Mullah Chomeini 60 amerikanische Botschaftsangehörige als Geiseln nahmen. Dieser Entwicklung vorausgegangen war der Sturz des Schah (den auch Carter einst als demokratische Stütze amerikanischer Politik in dieser krisengeschüttelten Region gepriesen hatte). Als der krebskranke Schah Ende November in den USA Aufnahme zur Behandlung fand, entlud sich der Zorn der Iraner in dem Übergriff auf die US-Botschaft. Für seine auf Zurückhaltung bedachte erste Reaktion fand Carter durchaus Verständnis in der Öffentlichkeit. Aber je länger die Botschaftsangehörigen festgehalten wurden, desto größer wurde der Unmut über die Hilflosigkeit der amerikanischen Politik. Zwar versuchte der Präsident in seiner Jahresansprache an den Kongress am 23. Januar 1980 eine später als Carter-Doktrin bezeichnete Kehrtwende in der amerikanischen Außenpolitik einzuleiten, in der er jeden Versuch einer dritten Macht, Einfluss in der Region um den Persischen Golf zu nehmen, als Verletzung der vitalen Interessen der Vereinigten Staaten brandmarkte, die nötigenfalls auch mit militärischen Mitteln beantwortet werden würde. Aber als im April 1980 ein militärischer Befreiungsversuch der Geiseln in Teheran schon im Ansatz kläglich scheiterte und zum Rücktritt von Außenminister Vance führte, schlug die Stimmung im Lande vollends um. Die

Geiselnahme in Teheran entwickelte sich zum beherrschenden Wahlkampfthema.

Carter sah sich gleichsam in die Zange genommen. In den Vorwahlen der Demokraten forderte ihn sein ständiger Widersacher Edward Kennedy heraus. Carter konnte sich gegen diesen Vertreter des liberalen Flügels noch durchsetzen, aber nur auf Kosten einer tief gespaltenen Partei. Im Hauptwahlkampf spürte sein Gegner, der konservative Republikaner Ronald Reagan, die Schwachstellen des Präsidenten rhetorisch geschickt auf: Sollten es die Vereinigten Staaten weiter hinnehmen, von «großen Diktatoren» wie Breschnew oder «kleinen Verbrechern» wie den Geiselnehmern in Teheran wie eine drittklassige Macht herumgeschubst zu werden? Und ging es den Amerikanern nach vier Jahren Carter besser als zuvor?

Carters schrille Erwiderung, Reagan stelle eine Gefahr für den Frieden dar und werde das System der Sozialfürsorge ruinieren, erwies sich als wenig hilfreich. Der Präsident, der wegen der Geiselaffäre auf einen energischen Wahlkampf verzichtete und sich im Vertrauen auf den Amtsbonus ganz ins Weiße Haus zurückzog, musste eine bittere Niederlage hinnehmen: Reagan gewann 51 Prozent der Stimmen und 489 Wahlmännerstimmen, Carter 41 Prozent der Wählerstimmen, aber nur 49 Wahlmännerstimmen. Die Amerikaner – enttäuscht von der Vorstellung des Amateurs – schickten ihn in den komfortablen Ruhestand. Erst am Tag der Inauguration seines Nachfolgers kehrten die amerikanischen Diplomaten nach 444 Tagen Geiselhaft in die USA zurück.

Carter – und mehr noch seine Frau – waren durch die Zurückweisung der Wähler tief getroffen. Doch sie erholten sich bald von dieser Niederlage und begannen ein Leben als ehemaliges Präsidentenpaar, das ihnen Respekt und sogar Beliebtheit verschaffte. Carter errichtete seine Präsidentenbibliothek in Atlanta, die mehr ist als nur ein Hort seiner Papiere und Memorabilien. Im «Carter Center» bemüht sich der ehemalige Präsident mit einem Stab von Mitarbeitern um Lösungsansätze für internationale Probleme. Als Vermittler hat Jimmy Carter in der Tat schon einige Erfolge verbuchen können. Ende September 1994 setzte er sich in einer diplomatischen Mission nach Haiti für die Wiedereinsetzung des gestürzten Präsidenten Aristide ein. Anfang 1995 bemühte er sich um eine Vermittlung im Bosnienkonflikt. Auch als engagierter Helfer etwa bei Projekten für den Bau von Armenwohnungen ist er hervorgetreten.

Das politische Ansehen der Präsidentschaft Carters hingegen ist nach wie vor gering. Nichts verdeutlichte dies besser als die fast peinlichen Bemühungen des nächsten Präsidenten der Demokraten, Bill Clinton, nur ja jeden Anschein zu vermeiden, er könne etwas mit Carter gemeinsam haben. Diese negative Beurteilung scheint übertrieben und ungerecht, vor allem im Vergleich mit seinen Nachfolgern, die dem Land mächtige Hypotheken (nicht zuletzt einen fast vierfach höheren Schuldenberg) hinterließen. Carter musste unter schwierigen Umständen schwere Aufgaben wahrnehmen. Dabei konnte er immerhin einige fortwirkende Erfolge verzeichnen. In anderen Fällen war er seiner Zeit weit voraus: das Energieprogramm, die Gesundheitsreform, die Reform des Sozialwesens stehen erneut auf der politischen Tagesordnung. In der Außenpolitik trugen Ansätze zur Förderung der Menschenrechte, zur Demokratisierung und zur Normalisierung von Beziehungen mit den Gegnern des Kalten Krieges späte Früchte. Seine weltweite Initiative auf diesen Gebieten wurde 2002 mit dem Friedensnobelpreis gewürdigt. Carter mag als Präsident gescheitert sein. Aber als Initiator vorausschauender politischer Maßnahmen gebührt ihm über seine Präsidentschaft hinaus Respekt.

Peter Lösche

RONALD W. REAGAN
1981–1989

Präsident der konservativen Revolution?

Ronald W. Reagan ist – nach Dwight D. Eisenhower – der zweite Präsident in der amerikanischen Nachkriegsgeschichte gewesen, der zwei volle Amtsperioden regiert hat. Er schied in hohem öffentlichem Ansehen aus dem Amt und hat erheblich dazu beigetragen, dass sein Vizepräsident 1988 zu seinem Nachfolger gewählt worden ist. Folgt man den Kommentaren mancher Journalisten, Politikwissenschaftler und Historiker, dann hat kein Präsident seit Franklin D. Roosevelt so große Veränderungen in der amerikanischen Politik durchgesetzt wie er. Von der konservativen Revolution, ja von der *Reagan Re-*

volution war die Rede. Der Präsident hatte am Beginn seiner ersten Amtsperiode selbst den neuen Ton mit Paukenschlag vorgegeben, als er erklärte, der Bankrott des Liberalismus sei vollkommen und der Staat stelle nicht länger die Lösung für die Probleme dar, sondern sei vielmehr selbst das Problem geworden. Deshalb sei es nun an der Zeit, dem Wachstum des Staates Einhalt zu gebieten und es umzukehren.

Hat unter Ronald Reagan tatsächlich eine konservative Revolution stattgefunden? Dies ist die erkenntnisleitende Frage, mit deren Hilfe im Folgenden die Biographie von Ronald Reagan strukturiert wird. Dabei ist zunächst zu klären, was eigentlich unter «konservativ» – bzw. dessen Gegenteil: «liberal» – zu verstehen ist. Beide Begriffe sind in die Alltagssprache eingegangen, sie sind unscharf und gelten als Allerweltskategorien, haben zudem in Europa und den USA eine je verschiedene Bedeutung – und enthalten dennoch so viel Sinn, dass sie zur Kennzeichnung und Unterscheidung je verschiedener politischer Inhalte und Sachverhalte vernünftig angeführt werden können. Während in der Alten Welt der Liberalismus aus einer Tradition des «Nachtwächterstaates» im 19. Jahrhundert kommt und möglichst wenige Eingriffe des Staates in die Wirtschaft und Gesellschaft, also weitgehende staatliche Abstinenz anstrebt, meint in den Vereinigten Staaten «liberal» das genaue Gegenteil, nämlich eine positive Einstellung gegenüber dem aktiven Sozialstaat. Im Unterschied dazu bezeichnet in den USA «konservativ» die prinzipielle Opposition gegen Eingriffe des (Bundes-)Staates in Wirtschaft und Gesellschaft und betont die Selbständigkeit der Einzelstaaten und Kommunen und zugleich die engagierte soziale Tätigkeit privater Organisationen, Verbände und Stiftungen. Konkreter: In der Sozial- und Wirtschaftspolitik kommt amerikanischer Konservatismus mit Schlagworten daher wie Rücknahme staatlicher Aufgaben und Ausgaben, Steuerkürzungen, ausgeglichene staatliche Haushalte, freies Spiel der Marktkräfte und Deregulation, Entbürokratisierung und Freihandel. Hinzu kommt im Bereich sozialmoralischer Fragen, der sogenannten *Social Issues*, die Wiederbelebung der amerikanischen Familie und der mit ihr verbundenen Werte sowie die Rückkehr zur «guten alten Moral», nämlich für das gemeinsame morgendliche Schulgebet einzutreten, gegen Pornographie, Homosexualität, Abtreibung und Kriminalität auf den Straßen. Begrifflich verwirrend ist dann, dass «konservativ» in den internationalen Beziehungen gerade eine interventionistische Außenpolitik, eine «Politik der Stärke» und damit auch des starken Staates meint, konkret etwa Bekämpfung von Kommunismus, Sowjetunion und Terrorismus, Gegnerschaft zur Entspannungspolitik sowie Erhöhung der Verteidigungsausgaben.

Als Ronald Reagan sich 1976 vergeblich, 1980 dann aber erfolgreich um das Präsidentenamt bemühte, schienen in Gesellschaft und Politik der Vereinigten Staaten die Weichen für eine konservative Wende gestellt. Den Wahlbeobachtern war seit Ende der 60er Jahre aufgefallen, dass die einst liberalen Hochburgen erodierten, der Konservatismus auf Grund sozialstruktureller Veränderungen hingegen zunehmend gestärkt wurde. Dazu gab es Strukturwandlungen in der amerikanischen Wirtschaft, nämlich den Niedergang der Montanindustrie und der alten Massengüterindustrien und den Aufstieg der neuen Industrien, der Erdöl- und der Chemischen Industrie sowie der Elektronischen Industrie, vor allem auch die Expansion des tertiären und quartären Bereichs, der vielfältigen Dienstleistungsunternehmen sowie der Kultur- und Bildungsindustrie.

In den Wahlergebnissen von 1980 und 1984 zeigt sich, dass Reagan es vermochte, in die traditionellen Wählerhochburgen der Demokraten einzudringen und im Vergleich zu früheren republikanischen Präsidentschaftskandidaten größere Unterstützung bei katholisch-ethnischen Wählern, bei gewerkschaftlich organisierten Arbeitern, bei Frauen, bei Jüngeren und im Süden zu finden. Die Schubkraft der Reagan'schen Wählerkoalition 1980 und 1984, zu der eben diese «Reagan-Demokraten» gehörten, ergab sich aus den sozioökonomischen und demographischen Veränderungen, die das Land in den 60er und 70er Jahren durchlaufen hatte. Deren Triebfedern hießen Strukturwandel, Wirtschaftswachstum, Sozialaufstieg und Verlagerung moderner Industrien in den *Sun Belt,* den «Sonnengürtel», der sich von Georgia an der Atlantikküste über Texas nach Süd- und Mittelkalifornien erstreckt. Hinzu kam, dass zur Wählerkoalition Reagans bereits 1980 (und dies wurde 1984 noch einmal besonders deutlich) eine Wählergruppe stieß, die bis dahin weitgehend durch Wahlabstinenz aufgefallen war, aber durch die konservative Rhetorik des Präsidentschaftskandidaten aktiviert werden konnte: weiße protestantische «wiedergeborene» Christen in den Staaten des Südens und Mittleren Westens, zusammengeschlossen in – meist baptistischen – Kirchengemeinden um charismatische Fernsehprediger wie Pat Robertson oder Jerry Falwell, den Präsidenten der *Moral Majority,* einer konservativ-protestantischen Wahlkampforganisation.

Neben Wandlungen in der sozialen und wirtschaftlichen Struktur der Vereinigten Staaten waren 1980 auch aktuelle Gründe für den Wahlsieg Reagans verantwortlich. Sein Erfolg war mehr als Ablehnung Jimmy Carters denn als Zustimmung für den neuen Präsidenten zu werten. So hatte die prekäre Lage der amerikanischen Wirtschaft das Verhalten der Wähler entscheidend bestimmt. Im Wahljahr lag die Inflationsrate bei 14 Prozent, die Arbeitslosenquote bei 8 Prozent, die Realeinkommen von Angestellten und Arbeitern schrumpften. Die sowjetische Besetzung Afghanistans im Dezember 1979 und die Teheraner Geiselaffäre wurden als tiefe Demütigungen des amerikanischen Nationalstolzes erfahren. Angesichts der – wenigstens in der Öffentlichkeit so empfundenen – elenden wirtschaftlichen, sozialen und außenpolitischen Situation der USA wurde die Nachfrage nach tatkräftiger politischer Führung immer größer; und sie konnte von Ronald Reagan viel besser erfüllt werden als von Jimmy Carter. Tatsächlich ist Reagan nicht nur von der europäischen Presse und von amerikanischen Journalisten und Politikberatern, sondern auch von Präsident Carter als glänzender Wahlkämpfer und erfahrener Politiker unterschätzt worden. Das Vorurteil, der republikanische Kandidat sei nicht viel mehr als ein mittelmäßiger Schauspieler, ignorierte die Tatsache, dass Ronald Reagan auf Grund seiner Biographie und politischen Karriere für das Präsidentenamt bestens vorbereitet war. Dies zeigte sich auch darin, wie der konservative Republikaner seinen Wahlsieg – 50,7 Prozent der Stimmen für ihn, 41 Prozent für Carter – in ein politisches Mandat umzumünzen verstand und im ersten Halbjahr seiner ersten Amtszeit ein furioses Tempo bei politischen Entscheidungen vorlegte. Der Wahlkampf von 1984 gegen den farblosen demokratischen Herausforderer Walter F. Mondale, der erstmals mit einer weiblichen Vizepräsidentschaftskandidatin antrat, endete dann mit einem Erdrutschsieg von 58,8 zu 40,5 Prozent der abgegebenen Stimmen und 525 zu 13 Wahlmännerstimmen. Zu den Fähigkeiten, über die ein moderner Präsident in der zweiten Hälfte des 20. Jahrhunderts verfügen muss, um erfolgreich zu sein, gehört es, (1) Prioritäten setzen zu können, Wichtiges von Unwichtigem zu unterscheiden, also zu wissen, was er will, und dabei im Blick zu haben, was er durchzusetzen vermag; (2) Kompromisse zu schließen und damit Konsens herzustellen, also pragmatisch zu verfahren; (3) Koalitionen zu schmieden und Mehrheiten in der eigenen Administration, im Kongress und in der Öffentlichkeit zu finden, also Menschen zu überzeugen, für sich einzunehmen und zu gewinnen, mithin seine Botschaft und seine Politik zu vermitteln. Eben diese Qualifikationen hat sich Ronald Reagan in einer langen politischen Karriere angeeignet.

Ronald Wilson Reagan wurde am 6. Februar 1911 in Tampico, Illinois, in finanziell bescheidene Familienverhältnisse hineingeboren. Seine Eltern und Großeltern waren irischer, schottischer und englischer Herkunft. Die Kinder- und Jugendjahre verbrachte er in kleinen Landstädten Illinois', außer in seiner Geburtsstadt in Monmouth, in Dixon und schließlich in Eureka, wo er von 1928 bis 1932 das College besuchte. Es war in dieser Region der Vereinigten Staaten, im Mittleren Westen, wo ein junger, sozial aufstrebender Mann sich die Grundsätze der amerikanischen Ideologie hervorragend aneignen und verinnerlichen konnte: Individualismus, den Glauben, dass jeder seines Glückes Schmied sei, und tiefe Skepsis gegenüber dem Zentralstaat im fernen Washington.

Nach Abschluss des College wurde Reagan Sportreporter, zunächst ein Jahr lang für eine kleine Radiostation in Davenport, Iowa, dann für einen größeren NBC-Sender in Des Moines im gleichen Staat. Dies waren Lehrjahre für jene Meisterschaft, die Reagan sich schließlich als der «große Kommunikator» erwarb. 1937 wechselte er nach Hollywood, wo eine 30-jährige Film- und Fernsehkarriere begann. Für seine politische Entwicklung genauso wichtig war jedoch, dass er aktiver Gewerkschaftsfunktionär und 1947 Präsident der Filmschauspielergewerkschaft wurde. Aus dieser Funktion heraus lernte er, (Tarif-)Verhandlungen zu führen, und entwickelte einen Instinkt, wann man hart zu bleiben, wann einen Kompromiss zu schließen hatte. 1952 heiratete er seine Schauspielerkollegin Nancy Davis.

Zwei Jahre später wurde Reagan von *General Electric* unter Vertrag genommen, um u. a. ein Fernsehprogramm, das *General Electric Theater*, zu moderieren. Zu dem Vertrag gehörte auch, dass Reagan 16 Wochen im Jahr durch die Fabrikationsstätten des Unternehmens reiste, um auf Betriebsversammlungen zu sprechen und so das Betriebsklima zu verbessern und die Identifikation der Beschäftigten mit der Firma zu fördern. Seine Standardrede enthielt auch eine politische Botschaft: Er betonte die Bedeutung des Individuums, zelebrierte die Ideale amerikanischer Demokratie, warnte vor der kommunistischen Bedrohung und der Gefahr des auswuchernden Sozialstaates. 1962 wechselte Reagan, der sich ursprünglich als Roosevelt-Demokrat verstanden hatte, auch offiziell seine Parteizugehörigkeit und wurde Republikaner.

Es war kein Zufall, dass sich der medienerfahrene Reagan 1965/66 gerade in Kalifornien um das Gouverneursamt bewarb: Hier war im Vergleich zu anderen Bundesstaaten die Personalisierung der Politik am weitesten vorangeschritten und spielten Parteien eine relativ geringe Rolle. Obwohl (oder vielleicht auch: gerade weil) Reagan als Anhänger Barry Goldwaters, des 1964 gescheiterten erzkonservativen Präsidentschaftskandidaten der Republikaner, bekannt war, führte er einen bewusst moderaten, dennoch eindeutig konservativen Wahlkampf: Er trat für die Rückkehr zur guten alten Moral, zu Gesetz und Ordnung gegenüber den unruhigen Studenten und Universitäten, für eine Kürzung des kalifornischen Staatshaushaltes und für die Rückverlagerung politischer Verantwortung an Kommunen und Bürger ein. In Reagans acht Amtsjahren als Gouverneur von Kalifornien schälten sich in seinem Regierungsstil und in den Politikinhalten viele Charakteristika heraus, die später seine Präsidentschaft kennzeichnen sollten: Er stand der Exekutive wie ein

Aufsichtsratsvorsitzender vor, betonte seine konservativen Prinzipien, vermochte Prioritäten zu setzen, mischte sich aber nicht in Einzelheiten der Administration und des Gesetzgebungsverfahrens ein. Der Gouverneur appellierte wiederholt direkt an die Wähler, um so auf beide Häuser der Legislative Druck auszuüben. Und im Streitfall verstand er es, pragmatisch vorzugehen, Kompromisse zu schließen und Mehrheiten zu finden. Entgegen seiner konservativen Wahlkampfrhetorik wurden aber in den zwei Amtsperioden die Steuern erhöht, verdoppelte sich der Staatshaushalt und nahm die Zahl der öffentlich Bediensteten nicht ab.

Wiederum waren es Reagans Fähigkeiten als Medienspezialist und Kommunikator, die ihm den Weg in das Weiße Haus ebneten. Sein geschickter Appell als Bürger-Politiker fand in der Republikanischen Partei großen Widerhall. Nachdem er 1976 noch ganz knapp mit 111 Stimmen (von insgesamt 2257) auf dem Republikanischen Parteitag die Nominierung gegen den amtierenden Präsidenten Gerald Ford verfehlt hatte, gewann er 1980 29 von insgesamt 34 Vorwahlen und setzte sich auf dem Parteikongress überlegen durch.

Sein großer Erfolg als Redner war auch dadurch begründet, dass seiner Rhetorik fundamentale Überzeugungen zugrunde lagen. Er war ein Schauspieler mit politischen Grundsätzen, der sich selbst und seine Politik mit amerikanischen Werten und Traditionen zu identifizieren vermochte. Zu seinen Persönlichkeitsmerkmalen gehörten gelassenes Selbstbewusstsein und Optimismus.

Reagans zupackende Art und eine ganze Lawine von Personal- und politischen Sachentscheidungen in den ersten Monaten nach der Wahl verstärkten in der Öffentlichkeit den Eindruck, dass mit dem Amtsantritt des neuen Präsidenten eine politische Wende gekommen sei, ja eine konservative Revolution anbreche. Was Reagan jedoch vor allem gelang, war, den verlorengegangenen Glauben in das Präsidentenamt als eine Institution, von der aus nationale Politik formuliert und durchgesetzt wird, wiederherzustellen. In einem Interview mit *Fortune* hatte der Präsident erläutert, dass seine Regierungsmethode darin bestehe, sich mit herausragenden Persönlichkeiten zu umgeben, Autorität zu delegieren und sich so lange nicht einzumischen, wie seine Politik richtig ausgeführt werde. Tatsächlich war der Präsident von den täglichen administrativen Abläufen weitgehend abgekoppelt, was zunächst hervorragend funktionierte, in der zweiten Amtsperiode aber zum *Iran-Contra*-Skandal führte, der deutlich machte, dass der Präsident nicht mehr Herr des Weißen Hauses war.

Wie glänzend Reagan und seine engsten Berater auf die Präsidentschaft vorbereitet waren, zeigte sich 1980/81 in ihrer Personalpolitik. Es wurde darauf geachtet, dass auch unterhalb der Ebene des Kabinetts Abgesandte des Präsidenten standen, welche die Politik des Weißen Hauses vertraten. Diese Spitzenbeamten wurden, bevor sie in ihre Ministerien gingen, von Reagan-Vertrauten regelrecht geschult. Die 300 wichtigsten Personalentscheidungen basierten in einem Maße auf dem Kriterium der Parteizugehörigkeit, wie es seit 1960 nicht mehr geschehen war: Über 80 Prozent aller neu Ernannten waren Republikaner, nur 3 Prozent Demokraten (darunter eine so konservative Frau wie die UN-Botschafterin Jeanne Kirkpatrick). Auch in diesem Bereich bildete die zweite Amtsperiode einen Einschnitt, Korruption spielte eine zunehmend große Rolle. Bis Ende 1986 waren mehr als 100 Mitglieder der Reagan-Administration aus diesem Grund zurückgetreten oder standen unter Anklage.

In der ersten Amtszeit war der Präsident gleichsam von zwei Ringen von Beratern umgeben. Den inneren Ring bildete die sogenannte Troika, nämlich James Baker als Stabschef, Edward Meese als Kabinettschef und Michael Deaver, der für *Public Relations* zuständig war. Der zweite Ring bestand aus denen, die der Troika berichteten, selbst aber keinen direkten Zugang zum Präsidenten hatten. 1980 waren unter Meese sieben Kabinettsausschüsse gebildet worden, um so die Mitglieder des Kabinetts an das Weiße Haus zu binden und den Fehler der Carter-Administration zu vermeiden, dass Kabinettsmitglieder öffentlich im Streit miteinander lagen. Im April 1985 wurden diese sieben Kabinettsausschüsse in zwei, nämlich den *Domestic Policy Council* und den *Economic Policy Council*, umgewandelt. Jetzt ignorierten Mitglieder des Kabinetts jedoch zunehmend die in diesen Gremien getroffenen Vereinbarungen. Gleich zu Beginn der Amtszeit Reagans war der Haushaltsprozess innerhalb der Exekutive vereinfacht, in dem *Office of Management and Budget* unter David Stockman zentralisiert und politisiert worden. Überhaupt liefen die administrativ-organisatorischen Maßnahmen in der Exekutive nach 1980/81 darauf hinaus, Macht im Weißen Haus zu zentralisieren und die politischen Beamten an der Spitze der Behörden programmatisch einzubinden. In der zweiten Amtszeit schlug dieses Konzept dadurch in Überzentralisation um, dass an die Stelle der Troika ein einziger Mann trat, Donald Regan, der fachlich weniger kompetent als seine Vorgänger und zu kooperativer Führung nicht in der Lage war. Offenbar gewann auch die energische und ehrgeizige First Lady Nancy Reagan immer mehr Einfluss auf den Terminplan ihres Mannes, wobei sie Horoskope heranzog und dem Rat von Astrologen vertraute. Das Ansehen des Präsidenten und seines Amtes litt durch die *Iran-Contra*-Affäre, den Börsenkrach vom Oktober 1987 und die rasant steigenden Haushalts- und Außenhandelsdefizite. Stabschef Donald Regan musste schließlich zurücktreten und wurde durch den politisch versierten früheren republikanischen Mehrheitsführer im Senat, Howard Baker, ersetzt.

Reagan hatte im Weißen Haus in dem legislativen Verbindungsbüro ein professionelles Team versammelt, das – mit Max Friedersdorf an der Spitze – anfangs höchst effektiv mit dem Parlament umzugehen verstand. Es gelang, eine parteiübergreifende Abstimmungskoalition in beiden Häusern zu schmieden, die Reagans Wirtschafts- und Sozialpolitik, vor allem aber seinen Haushaltsentwurf unterstützte. Von Anfang an hatten Reagan und seine Mitarbeiter die direkte Beeinflussung des Kongresses und die indirekte Druckausübung auf das Parlament durch Mobilisierung der Öffentlichkeit geschickt miteinander verbunden. Die ersten sechs Monate der Reagan-Regierung waren von atemberaubenden Erfolgen im Kongress geprägt. Doch zerfiel angesichts des drohenden Haushaltsdefizits und der einsetzenden tiefen Wirtschaftskrise diese Abstimmungskoalition rasch. In seiner zweiten Amtsperiode war Reagan nur noch bemüht, die Abstimmungserfolge des ersten Jahres zu bewahren. In Wirklichkeit bestimmte der Kongress, in dem es seit 1986 in beiden Häusern wieder eine demokratische Mehrheit gab, zunehmend die Inhalte der Politik. Anders als es die von konservativen Journalisten im ersten Jahr der Reagan-Präsidentschaft kreierte Legende besagt, ist Reagan nicht der erfolgreichste Gesetzgeber seit Franklin D. Roosevelt und Lyndon B. Johnson geworden. Vielmehr rangiert er unter den sieben seit 1953 amtierenden Präsidenten an vorletzter Stelle, was seine Unterstützung im Kongress angeht.

Erfolgreicher war Reagan darin, seine bevorzugten Kandidaten auf Richterstühlen der Bundesgerichte unterzubringen. Doch musste auf Grund der verfassungsrechtlichen Zustimmungspflicht des Senats bei Richterernennungen der Präsident auch hier vorsichtig taktieren, wie die gescheiterte Nominierung von Robert Bork für den Obersten Gerichtshof zeigte. Immerhin vermochte Reagan fast die Hälfte aller Richterstellen an den Bezirks- und Berufungsgerichten sowie drei der neun Sitze im Supreme Court neu zu besetzen. Die meisten dieser Juristen waren konservativ, aber nicht unbedingt dogmatisch und schon gar nicht starr ideologisch eingestellt.

Es war mehr der Paukenschlag, mit dem Reagan seine Amtszeit eröffnete, seine Anfangserfolge in der Wirtschafts- und Sozialpolitik im Kongress, die den Eindruck einer konservativen Revolution entstehen ließen. Doch ist auch hier ganz deutlich zwischen der ersten und der zweiten Amtszeit, gleichsam zwischen zwei Präsidentschaften, zu unterscheiden. Der Kongress fungierte als liberaler Bremser, so dass eine konservative Politik von Reagan nicht unverwässert durchgesetzt werden konnte.

Den Kern der angekündigten Reagan-Revolution bildeten die *Reagano-*

mics, ein angebotsorientiertes Wirtschaftsprogramm, das als Antwort auf die wirtschaftlichen Probleme der 70er Jahre verstanden wurde. Danach sollten massiv Steuern gesenkt, Abschreibungsmöglichkeiten geboten und investitionshemmende staatliche Vorschriften gestrichen oder vereinfacht werden, um so Wirtschaftswachstum hervorzurufen. Einnahmeausfälle sollten kurzfristig durch Einsparungen bei Sozialprogrammen aufgefangen, langfristig aber durch Mehreinnahmen aus der expandierenden Volkswirtschaft gewonnen werden – und dies alles bei einem ausgeglichenen Haushalt. Dass hier Zielkonflikte entstanden, lag auf der Hand, zumal die Verteidigungsausgaben zugleich erheblich erhöht werden sollten.

Tatsächlich setzte Reagan die Grundzüge seines Wirtschaftsprogramms mit der Verabschiedung des Haushalts im ersten Halbjahr 1981 durch. Steuerkürzungen in Höhe von 25 Prozent wurden beschlossen, 5 Prozent im ersten und je 10 Prozent in den folgenden beiden Jahren. Ab 1985 wurden die Steuern mit der Inflationsrate indexiert, so dass der Geldentwertung nicht mehr automatisch Realsteuererhöhungen folgten. Tatsächlich sank die Steuerquote für die Mehrzahl der Steuerzahler. Allerdings sind – nicht zuletzt angesichts des bedrohlich wachsenden Haushaltsdefizits – insgesamt 13 Steuererhöhungen noch unter Reagan vorgenommen worden, die etwa ein Viertel der Steuerkürzungen wieder zurücknahmen. Hinzu kam eine Erhöhung der Beiträge für die Sozialversicherung. Insgesamt ist das Steueraufkommen als Prozentsatz des Bruttosozialprodukts in der Zeit der Reagan-Präsidentschaft von 20 auf 18,6 Prozent gesunken, was in etwa dem Anteil unmittelbar nach dem Zweiten Weltkrieg entsprach.

Dass eine konservative Revolution nicht stattfand, zeigte sich wohl am deutlichsten an der Tatsache, dass das Volumen des Bundeshaushalts in den Reagan-Jahren kontinuierlich stieg, nämlich von 699,1 Milliarden Dollar 1980 auf 859,3 Milliarden Dollar 1987 (gemessen am Wert des US-Dollar 1982). Selbst wenn man von den Verteidigungsausgaben absieht, wuchs der Haushalt in diesem Zeitraum von 535,1 auf 609,5 Milliarden Dollar. Dabei geriet das Haushaltsdefizit zeitweilig völlig außer Kontrolle und erreichte 1986 die Rekordhöhe von 221 Milliarden Dollar. Dieses Haushaltsdefizit war von einem Präsidenten durch Steuerkürzungen und gleichzeitige Ausgabenerhöhungen selbst verschuldet worden, der als Konservativer das Prinzip eines ausgeglichenen Haushalts hochhielt und gar in der Verfassung verankert sehen wollte.

Die Kürzungen bei Sozialprogrammen hatten längst nicht ausgereicht, um das wachsende Haushaltsloch klein zu halten. Bezeichnend war, dass jene Programme am stärksten gekürzt worden sind, welche die ärmsten und zugleich am schlechtesten organisierten Bevölkerungsgruppen betrafen, die zudem auch die geringste Beteiligung bei Präsidenten- bzw. Kongresswahlen zu verzeichnen hatten. Lebensmittelgutscheine wurden gestrichen und die Unterstützung für alleinstehende Mütter erheblich gekürzt. Gleichzeitig blieben Sozialprogramme, die den Mittelschichten zugutekamen, weitgehend unangetastet, so die Rentenversicherung und die damit verbundene Krankenversicherung. In der amerikanischen Gesellschaft vollzog sich unter Reagan eine Polarisierung zwischen Arm und Reich, eine Umverteilung zugunsten der Reichen, während gleichzeitig die Zahl derjenigen, die unter der Armutsgrenze lebten, stieg.

Am Einspruch des Kongresses scheiterte Reagans *New Federalism*, das größte Dezentralisierungsprogramm in der Geschichte einer westlichen Demokratie, das sowohl die massive Kürzung von Bundeszuweisungen an Einzelstaaten als auch die «Rück»-Überweisung sozialstaatlicher Aufgaben und zugleich steuerlicher Ressourcen an die Einzelstaaten intendiert hatte. Dennoch waren die Kürzungen von Bundeszuschüssen für die Einzelstaaten erheblich, im Bereich der Wohnungsbau- und Stadtentwicklungsförderung sogar dramatisch. Die Zuwachsraten an Bundesmitteln für Einzelstaaten hatten sich bereits unter der Carter-Administration nominal verlangsamt, waren real sogar – wegen der hohen Inflationsrate – gesunken. Die Carter-Jahre können also als Übergangsperiode in den Reagan'schen neuen Föderalismus angesehen werden. Gleiches gilt übrigens auch im Bereich der Deregulierungspolitik: Hier hatte die Rücknahme von bundesstaatlich vorgenommenen Wettbewerbsbeschränkungen im Luft- und LKW-Verkehr bereits unter Carter begonnen, und sie wurde unter Reagan mit dem Abbau von Umwelt- und Arbeitsschutzbestimmungen fortgesetzt.

Erfolgreich war die Reagan-Administration bei der Bekämpfung von Inflation und Arbeitslosigkeit. Die Inflationsrate ging von 12,5 Prozent 1980 auf 4,5 Prozent 1988 zurück. Die Arbeitslosenquote sank im gleichen Zeitraum von 7 auf 5,4 Prozent. 18 Millionen Arbeitsplätze wurden neu geschaffen, wenn viele auch in den untersten Einkommensgruppen lagen. Dabei darf allerdings nicht übersehen werden, dass der ökonomische Aufschwung erst der schweren Rezession von 1981/82 folgte (mit einer Arbeitslosenquote von 10 Prozent), und dass das Außenhandelsdefizit dramatisch in die Höhe schnellte.

Ganz auf der Linie konservativer Politik lag die gewaltige Erhöhung der Verteidigungsausgaben, die gegen die Sowjetunion gerichtet war, deren Einmarsch in Afghanistan entsprechend instrumentalisiert wurde. Jedenfalls begann – auch hier bereits unter Carter – ein beispielloses Aufrüstungsprogramm, mit dem der sowjetischen Bedrohung begegnet, das «Reich des

Bösen» (Reagan nannte die Sowjetunion öffentlich das «*Evil Empire*») in seine Schranken gewiesen werden sollte. Der Präsident ließ auch den Geheimdiensten, insbesondere der CIA unter William Casey, weitgehend freie Hand bei der Förderung von Widerstandsbestrebungen im sowjetischen Machtbereich und bei der Unterstützung antikommunistischer Guerillakräfte in der «Dritten Welt». In dieser Politik schien für Abrüstung und Rüstungskontrolle zunächst kein Platz. Erst nachdem das amerikanische militärische Gewicht gegenüber der Sowjetunion – vor allem durch die ab 1983 erfolgte Stationierung von Mittelstreckenraketen in Westeuropa – gestiegen war, begann Reagan in seiner zweiten Amtszeit aus einer Position der Stärke heraus mit der Sowjetunion zu verhandeln. Vier Gipfelkonferenzen folgten, der Abschluss des INF-Vertrages, Fortschritte in der Begrenzung strategischer Waffen und bei gegenseitigen Militärinspektionen. Allerdings hatte sich bereits 1982 im Kongress eine breite Koalition konstituiert, die zuerst die vom Präsidenten geforderte Steigerungsrate im Verteidigungshaushalt halbierte und ab 1984 gänzlich eliminierte. Die öffentliche Meinung war gegen Hochrüstung umgeschlagen, und die Sorge vor den riesigen Haushaltsdefiziten, die zu einem explosionsartigen Anstieg der Staatsverschuldung führten, bestimmte zunehmend alle Politikbereiche, auch die Verteidigungspolitik. Weiteren Forschungen bleibt es vorbehalten zu untersuchen, ob das Aufrüstungsprogramm der Reagan-Administration tatsächlich primär der Sowjetunion galt oder nicht vielmehr – wie E.-O. Czempiel vermutet – bewusst als Hebel dienen sollte, den amerikanischen Sozialstaat zu liquidieren.

Reagans Außenpolitik war dezidiert antikommunistisch, wie sich nicht nur gegenüber der Sowjetunion, sondern in ihren anfänglich ideologisch-starren Zügen auch gegenüber Mittelamerika und insbesondere gegenüber den Sandinisten in Nicaragua zeigte. Dass unter Reagan eine Entspannungspolitik durchgesetzt wurde, gehört zu den Paradoxien seiner Präsidentschaft. Der Machtkampf mit der Sowjetunion wurde gewonnen, weil diese unter dem 1985 an die Regierung gekommenen Michail Gorbatschow ihre expansionistische Weltpolitik beendete und durch Reformen das Ende der Sowjetunion und des Warschauer Paktes einleitete. Reagan heftete zwar diesen Sieg an seine Fahnen, er wurde aber weniger errungen als von Gorbatschow geschenkt. Was im Übrigen in der Außenpolitik erreicht worden ist, geschah wesentlich durch symbolische Aktionen wie die Invasion der kleinen Insel Grenada 1983, die dem Einfluss Kubas im karibischen Raum Grenzen setzen sollte, und den Luftangriff auf Libyen 1986 als Strafmaßnahme gegen ein des Terrorismus beschuldigtes Land. Dabei blieb die amerikanische Außenpolitik zumeist flexibel und pragmatisch, wie der schnelle Abzug amerikanischer

Truppen aus Beirut nach einem Bombenattentat, bei dem 200 GIs das Leben verloren hatten, zeigte. Gerade im Bereich der Außenpolitik konkurrierten die verschiedenen politischen Institutionen wie der Nationale Sicherheitsrat, das Außenministerium, das Verteidigungsministerium, die CIA und die Mitarbeiter im Weißen Haus. Diese Situation ermöglichte überhaupt erst die *Iran-Contra*-Affäre, die 1986 durch ausländische Presseberichte ans Licht kam. Über die Einwände von Außenminister George Shulz und Verteidigungsminister Caspar Weinberger hinweg hatten die USA heimlich Waffen und Munition an den Iran geliefert, der seit 1980 Krieg gegen den Irak führte. Die Absicht war, auf diese Weise amerikanische Staatsbürger frei zu bekommen, die vom Iran als Geiseln festgehalten wurden, was allerdings nur in einem einzigen Fall gelang. Die Profite aus dem Waffengeschäft wurden – offenbar auf Initiative von Oberstleutnant Oliver North, der als Mitarbeiter des Nationalen Sicherheitsrates im Weißen Haus tätig war – von der CIA zur Unterstützung der nicaraguanischen Contras verwendet, die einen Guerillakrieg gegen die sandinistische Regierung führten. Der Kongress untersuchte diese illegalen und verfassungswidrigen Aktivitäten 1986 und 1987, aber eine unmittelbare Beteiligung des Präsidenten konnte nicht nachgewiesen werden. Mit Blick auf die traumatischen Erfahrungen der *Watergate*-Affäre scheute der Kongress auch vor einem Amtsenthebungsverfahren gegen den immer noch populären Präsidenten zurück, der den Glauben Amerikas an sich selbst wiederhergestellt hatte. Die demokratische Abgeordnete Schroeder sprach in diesem Zusammenhang von Reagans «Teflon-Präsidentschaft», an der schlechte Nachrichten einfach abglitten.

Kennzeichnend für Reagans politischen Pragmatismus war es, dass er sich in den sozialmoralischen Fragen, den *social issues,* etwa bei der Zulassung des morgendlichen Gebets in öffentlichen Schulen und dem Verbot der Abtreibung, demonstrativ zurückhielt. Trotz des Drängens seiner christlich-konservativen Anhänger beließ er es bei rhetorischen Bekundungen, ergriff aber keine konkreten Initiativen. Die in diesen Konfliktfragen verborgenen Emotionen hätten leicht zu einer Polarisierung führen und die Unterstützung für die Wirtschafts- und Sozialpolitik im Kongress gefährden können. In der konkreten Politik hatten also diese sozialmoralischen Fragen, die bestimmte konservative Positionen auf der Neuen Rechten charakterisieren, für Reagan geringe Priorität.

Reagans Amtszeit war durch Paradoxien gekennzeichnet: Als Konservativer hat der Präsident den größten Schuldenberg in der amerikanischen Geschichte geschaffen. Trotz prinzipieller Wendung der *Reaganomics* gegen den als «sozialistisch» verschrienen Keynesianismus ist durch die Aufrüstung ein massives Investitionsprogramm geschaffen worden, das in seiner ökonomischen Wirkung auf einen «Militärkeynesianismus» hinauslief. Während Reagan am Anfang seiner Amtszeit in der Sowjetunion noch das «Reich des Bösen» sah, stand 1987/88 die Verständigung mit diesem Land im Vordergrund. Obwohl Reagan dazu beigetragen hat, die Öffentlichkeit davon zu überzeugen, dass die Bundesregierung unfähig sei, anstehende Probleme zu lösen, hat er dennoch das Präsidentenamt wiederbelebt und gezeigt, dass das politische System auf den Präsidenten reagiert.

Es sind diese im Reagan'schen Konservatismus selbst angelegten Widersprüche und Zielkonflikte, die zu dessen Scheitern beigetragen haben. Dass der konservative Anspruch, wie ihn Reagan rhetorisch brillant vertreten hat, nicht durchgesetzt wurde, zeigt sich an vielen Punkten: Der Sozialstaat des *New Deal* existiert nach wie vor, Reagans Konzept eines Neuen Föderalismus ist im Wesentlichen gescheitert. Die ganz oben auf der Tagesordnung der Neuen Rechten stehenden sozialmoralischen Fragen wurden von Reagan politisch kaum aufgenommen. In Fragen der Bürgerrechte, der Frauenemanzipation sowie der Geburtenkontrolle blieb die amerikanische Öffentlichkeit liberal.

Die Zahl der Bundesbediensteten stieg von 1980 bis 1987 um 3 Prozent. Hatte Reagan in seinem Wahlkampf 1980 noch versprochen, das Energie- und das Bildungsministerium abzuschaffen, so blieb dieses Versprechen nicht nur uneingelöst, sondern mit dem Ministerium für Veteranenangelegenheiten wurde ein neues geschaffen. Statt der intendierten 11 Ministerien gab es am Ende der Reagan-Präsidentschaft 14, die Bundesregierung war nicht geschrumpft, sondern gewachsen. Auch im Parteiensystem und in der öffentlichen Meinung gab es in den 80er Jahren keinen konservativen Umschwung: Die Demokratische Partei beherrschte das Repräsentantenhaus und die Mehrzahl der Einzelstaaten.

Was sich unter Reagan geändert hat und was den Anschein einer konservativen Revolution weckte, waren die Themen, die im Mittelpunkt der politischen Diskussion standen. Diese Veränderungen kamen, wie Kurt L. Shell zutreffend schreibt, einem Paradigmenwechsel gleich. Was zur Diskussion gestellt wurde, war die Expansion des Sozialstaates, dieser wurde in seinem Umfang und in seinen Funktionen kritisch hinterfragt. Dass sich der politische Zeitgeist aber schon unter Carter verändert hatte, ist daran abzulesen, wie unbekümmert sich einst liberale Demokraten zur Sparpolitik und zur Deregulierung bekannten.

Ronald Reagan ist im Juni 2004 nach langem Alzheimerleiden im Alter von 93 Jahren gestorben. Zu diesem Zeitpunkt galt er als einer der großen

Präsidenten seines Jahrhunderts, in einer Liga mit Franklin D. Roosevelt und Harry Truman – und dies, obwohl er manche seiner politischen Ziele nicht realisieren konnte. So ist es ihm nicht gelungen, den Bundeshaushalt auszugleichen, die Zahl der Bundesbehörden und der Bundesbediensteten zu senken. Gleichwohl hat er das Vertrauen in den Sozialstaat des *New Deal* und der *Great Society* erschüttert und mehr Selbstverantwortung des Einzelnen proklamiert. Auch wenn der Kommunismus auch ohne ihn kollabiert wäre, so hat er doch seinen Niedergang beschleunigt. Auf jeden Fall ist unter seiner Regentschaft das Land militärisch gestärkt, das Ansehen der Präsidentschaft erneuert und sind amerikanisches Selbstvertrauen und Patriotismus befördert worden. Das Wahlverhalten der Amerikaner ist seit Ronald Reagan – von ihm vorangetrieben – konservativer geworden: 1980 hatten die registrierten Demokraten 17 Prozentpunkte Vorsprung vor registrierten Republikanern, 2004 gab es zwischen beiden Gleichstand. Am meisten wird Reagan jedoch als der größte Kommunikator unter den Nachkriegspräsidenten in Erinnerung bleiben: Gegen eine demokratische Mehrheit in beiden Häusern des Kongresses setzte er wesentliche Teile seines Gesetzgebungsprogramms durch, indem er an die Öffentlichkeit ging und so Druck auf den Gesetzgeber ausübte.

Peter Lösche

GEORGE BUSH
1989–1993

Die Suche nach der neuen Weltordnung

Die vier Regierungsjahre von George H. W. Bush sind durchaus in der Kontinuität seines Vorgängers zu sehen. Die Wähler hatten Bush bewusst als Nachfolger und Erben Reagans bestimmt, wenn auch klar war, dass er in seinen Ansichten weniger konservativ und radikal auftrat. Die Präsidentenwahlen von 1988 stellten mehr ein Referendum über den Status quo dar, als dass es um neue Initiativen gegangen wäre. Aus Mangel an inhaltlichen Konfliktgegenständen sind von Bushs Beratern patriotische Symbole und in der Gesellschaft latente Ängste vor Kriminalität und Rassismus in den Wahlkampf eingebracht worden, um so die Wähler zu mobilisieren. Der Sieg George Bushs gegen den unglücklich kämpfenden, auch unter familiären Problemen leidenden ehemaligen Gouverneur von Massachusetts, Michael Dukakis, war eindeutig, wenn auch ein politisches Mandat nicht recht zu erkennen gewesen ist. Bush war ein Präsident, der in ruhig sich entwickelnde Zeiten zu passen schien, ein geborener Nachfolger Reagans.

Dabei zog mit Bush eine völlig andere Persönlichkeit ins Weiße Haus ein als Reagan, unter dem er acht Jahre als Vizepräsident amtiert hatte. Bushs Karriere kann mit der eines Politikers in einem parlamentarischen Regierungssystem Westeuropas verglichen, ja er kann als politischer Aristokrat, als *Tory* gekennzeichnet werden. George Herbert Walker Bush wurde am 12. Juni 1924 in Milton, Massachusetts, geboren und wuchs in Neuengland auf. Sein Vater, Prescott Bush, war ein hochangesehener Bankier an der Wall Street, saß in Aufsichtsräten großer Unternehmen und vertrat von 1952 bis 1963 Connecticut im Senat in Washington. George Bush besuchte als Schüler die Philipps Academy in Andover, Massachusetts, eines der angesehensten und prestigeträchtigsten Internate an der Ostküste. Nach dem Schulabschluss 1942 folgten drei Jahre als Marineflieger, dann ein zweieinhalbjähriges Studium an der renommierten Yale-Universität in Connecticut. Noch während des Krieges, am 6. Januar 1945, heiratete Bush Barbara Pierce, die er drei Jahre zuvor kennengelernt hatte. 1948 siedelte das Paar nach Texas über, Bush wurde Manager und Unternehmer in der Ölindustrie. Der aus dem Ostküsten-Establishment Stammende und in Neuengland Sozialisierte setzte sich gleichsam einen Cowboyhut auf und verhielt sich dann in seiner politischen Karriere, je nach Opportunität, mal als Ostküsten-*Tory*, mal als texanischer Unternehmer. Von Texas aus begann ein Marsch durch die politischen Institutionen, der allmähliche Aufstieg ins Präsidentenamt: Vorsitzender der Republikanischen Partei in Houston, Texas; Mitglied des Repräsentantenhauses; Vorsitzender der Republikanischen Partei; Botschafter der USA bei den Vereinten Nationen und in der Volksrepublik China; Direktor der CIA; nach einem gescheiterten Versuch, als Präsidentschaftskandidat nominiert zu werden, Vizepräsident unter Reagan. Bush hatte nicht nur das politische System der USA aus verschiedensten Perspektiven kennengelernt, sondern er war allmählich zum Meister im Verhandeln, Kompromisseschließen und Konsensbilden geworden, zugespitzt formuliert: Er war ein in Partei-, Innen- und Außenpolitik versierter Diplomat.

Auf diesem Erfahrungsschatz basierte seine Präsidentschaft. In der Bush-Administration wurde Politik von Insidern gemacht, im Außen- und Finanzministerium saßen mit James Baker und Nicolas Brady enge persönliche Vertraute, die politisch überaus erfahren waren. Bushs Personalpolitik unterschied sich deutlich von der Reagans: Erfahrene, pragmatische, unideologische, dem politischen *mainstream* zuzurechnende Politiker und Bürokraten wurden gewonnen. Ganz bewusst übernahm man nicht mehr als 20 Prozent der von Reagan ernannten politischen Beamten in den einzelnen Behörden. Ebenfalls im Unterschied zu Reagan war Bush auch in die Routineangelegenheiten des Weißen Hauses und des Gesetzgebungsverfahrens einbezogen. Dabei setzte er eine klare Priorität in der Außenpolitik. Schon früh wurde zwischen zwei Bush-Präsidentschaften unterschieden, nämlich einer relativ erfolgreichen in der Außenpolitik und einer erfolglosen in der Innenpolitik. Zwar galt Bush als moderat konservativ, doch stand seine Präsidentschaft unter keinerlei Programmatik, er hatte Probleme – wie er selbst sagte – mit dem «*vision thing*». Unübersehbar waren Bushs rhetorische Defizite; ihm mangelte es an der Fähigkeit, die Öffentlichkeit zu elektrisieren, zu mobilisieren oder gar zu manipulieren. Ein Plus bedeutete unter diesen Umständen seine Ehefrau Barbara, mit der er ein harmonisches Familienleben führte, und die durch ihr mütterliches Wesen die Sympathie vieler ihrer Landsleute gewann.

In der Innenpolitik herrschte in den vier Jahren der Bush-Präsidentschaft weitgehend Funkstille. Viele Energien mussten allerdings darauf verwendet werden, die beschwerliche Hinterlassenschaft der Reagan-Administration in den Griff zu bekommen: das Haushaltsdefizit, die Staatsverschuldung und den Zusammenbruch vieler Sparkassen, die sich in den Jahren boomender Grundstücks- und Häuserpreise verspekuliert hatten. Dabei war das Haushaltsdefizit ein zweischneidiges Schwert. Es hätte jeden Präsidenten in seinem politischen Spielraum eng begrenzt. Zugleich konnte es aber als Legitimation von einem Präsidenten genutzt werden, der innenpolitisch sowieso nicht initiativ zu werden gedachte. Das magere innenpolitische Ergebnis der Bush-Administration bestand in der Verabschiedung eines Behinderten- und eines Luftreinhaltungsgesetzes. Vom Anspruch des neugewählten Präsidenten, er wolle als Bildungs- bzw. als Umweltpräsident in die Geschichte eingehen, war in den folgenden Jahren nichts zu spüren. Dabei hätte er durchaus die Unterstützung des Kongresses gewinnen können, zu dem er eine kooperative Beziehung unterhielt und zu dessen Mitgliedern er ein hervorragendes persönliches Verhältnis hatte. Bush verstand es auch nicht, seine große Popularität nach dem gewonnenen Golfkrieg zu nutzen, um ein umfassendes innenpolitisches Programm durchzusetzen. Entgegen dem Rat seiner Mitarbeiter kündigte er ein minimalistisches Konzept an, bei dem es lediglich um Kriminalitätsbekämpfung und Verkehrspolitik ging. Zum wirtschaftspolitischen Desaster, das viel schwerer wog als die mageren Ergebnisse in der Innenpolitik, wurde Bushs Ankündigung, er werde – entgegen eigenen mehrfachen Versprechen – wegen des Haushaltsdefizits die Steuern erhöhen. Überhaupt wurden die Wirtschaftspolitik und die Wirtschaftsentwicklung zur Achillesferse seiner Administration, was ihn schließlich die Wiederwahl kostete: Wirtschaftswachstum und individuelles Realeinkommen stagnierten, die Außenhandelsdefizite, vor allem mit Japan, stiegen weiter an, und die Zahl der Arbeitslosen war seit Bushs Amtsantritt um drei Millionen gewachsen. Kurz vor dem Wahltag 1992 schlug sich diese Malaise in Meinungsumfragen nieder: 80 Prozent der Befragten meinten, die Regierung führe in die falsche Richtung und die wirtschaftliche Wohlfahrt des Landes sei gefährdet; Pessimismus und Niedergangsstimmung machten sich breit.

In der Außenpolitik holte Bush seine Erfolge: 1989 ordnete er eine Intervention in Panama an, um des dortigen Diktators Noriega habhaft zu werden, der in den internationalen Drogenhandel verwickelt war; er vollzog die Anpassung an das rapide sich verändernde Ost-West-Verhältnis, wobei er den deutschen Einigungsprozess früher und energischer unterstützte als die anderen NATO-Partner der Bundesrepublik; zusammen mit Außenminister James Baker entschärfte er die Schuldenkrise in Lateinamerika und brachte den Friedensprozess zwischen Israel und seinen arabischen Nachbarn wieder in Gang. Vor allem aber gelang ihm eine eindrucksvolle Demonstration militärischer Stärke, als er 1990/91 540000 amerikanische Soldaten (davon 10 Prozent Frauen) an den Persischen Golf beorderte, um im Auftrag der Vereinten Nationen die irakische Eroberung von Kuwait rückgängig zu machen. Die Operation *Desert Storm*, mit der die Streitkräfte der von Bush geschmiedeten internationalen Koalition den Widerstand der Iraker innerhalb von 42 Tagen brachen, hatte eine kurzfristige Euphorie in der amerikanischen Öffentlichkeit zur Folge, die das «Vietnam-Trauma» überwunden zu haben glaubte. Doch rasch wurde offensichtlich, dass Bush auch in der Außenpolitik über keine langfristige Konzeption verfügte. Was er unter der von ihm proklamierten «neuen Weltordnung» eigentlich verstanden wissen wollte, blieb unklar. Seine Entscheidungen wurden offenbar weitgehend intuitiv getroffen, getragen allerdings von einem Team brillanter Außen- und Verteidigungspolitiker, von James Baker, Dick Cheney, Brent Scowcroft und Colin Powell. Es waren diese Männer, die die USA als einzig verbliebene Supermacht in ein neu sich formierendes internationales System hineinführten.

So fügt Bush sich in die Reihe jener Präsidenten im 20. Jahrhundert, die nur eine Amtszeit regierten und denen die Wiederwahl versagt blieb: William

Howard Taft, Herbert Hoover und Jimmy Carter. Obwohl – oder vielleicht auch: gerade weil – George Bush Präsident in einer Zeit des nationalen und internationalen Umbruchs gewesen ist, hat er kaum markante Spuren hinterlassen, kann er als Übergangspräsident angesehen werden.

Detlef Felken

BILL CLINTON
1993–2001

Wende nach innen und Krise der Autorität

Am 20. Januar 1993 zog mit Bill Clinton erstmals seit 1980 wieder ein Kandidat der Demokratischen Partei in das Weiße Haus ein. Wenn man das kurze Interregnum der Präsidentschaft Jimmy Carters außer Betracht lässt, so blickten die Demokraten sogar auf ein volles Vierteljahrhundert der Machtabstinenz zurück. Clintons Wahlerfolg schien die neokonservative Ära Reagan-Bush zu beenden und versprach eine liberale Erneuerung von Staat und Gesellschaft. Entsprechend hoch waren die Erwartungen an den 42. Präsidenten der Vereinigten Staaten von Amerika.

William Jefferson Blythe IV wurde am 19. August 1946 in Hope, Arkansas, im Dreistaateneck Ark-La-Tex (Arkansas, Louisiana, Texas) geboren. Noch vor seiner Geburt starb der Vater bei einem Unfall, und vier Jahre später heiratete die Mutter den Autohändler Roger Clinton, dessen Namen der Stiefsohn mit 15 Jahren offiziell annahm. Die Familie zählte zum amerikanischen Mittelstand; beide Elternteile waren berufstätig, und tagsüber wurden Bill und sein jüngerer Stiefbruder Roger von einer Hausangestellten versorgt. Die Ehe der Eltern und das Familienleben wurden durch die Alkoholprobleme des Stiefvaters belastet. Bill Clinton war jedoch ein ebenso ehrgeiziger wie erfolgreicher Schüler und gehörte während seiner gesamten Schulzeit stets zu den Klassenbesten; daneben engagierte er sich als Schülersprecher und als Leiter der High School Band (sein Saxophonspiel ist bis heute eine Art persönliches Markenzeichen). Zum Schlüsselerlebnis wurde eine Begegnung mit Präsident John F. Kennedy, dem er als Delegierter einer nationalen Jugendorganisation im Juli 1963 in Washington die Hand schütteln durfte. Nach eigenem Bekunden hat ihn dieser Besuch im Weißen Haus tief beeindruckt und zu dem Entschluss kommen lassen, selbst Politiker zu werden.

Obwohl Angehöriger der *Southern Baptist Church,* studierte er an der renommierten katholischen Georgetown University in Washington. Ein Rhodes-Stipendium ermöglichte ihm 1968 bis 1970 einen Studienaufenthalt in Oxford. Nach einem Jura-Studium an der Yale Law School, wo er auch seine spätere Frau Hillary Rodham kennenlernte, kehrte Clinton nach Arkansas zurück. Seine außergewöhnliche Energie – so finanzierte er etwa sein Studium, indem er bis zu drei Teilzeitjobs gleichzeitig ausübte – und seine herausragenden intellektuellen Fähigkeiten wurden nun zur Grundlage einer brillanten politischen Karriere.

Nach einem Zwischenspiel als Dozent an der Law School der University of Arkansas in Fayetteville trat Clinton 1974 aktiv in die Politik ein. Er bewarb sich im dritten Distrikt von Arkansas für die Demokratische Partei um einen Sitz im Kongress, musste allerdings eine Niederlage hinnehmen. Das Ergebnis für den amtierenden republikanischen Gegenkandidaten fiel aber so knapp aus, dass das politische Establishment von Arkansas auf das *Boy Wonder* Clinton aufmerksam wurde. 1976 konnte Clinton die Wahlen zum Justizminister von Arkansas gewinnen, und 1978 bewarb er sich erfolgreich um das Amt des Gouverneurs. Mit 32 Jahren wurde er der jüngste Gouverneur in der Geschichte der Vereinigten Staaten.

Arkansas gehört zu den ärmsten Bundesstaaten der USA. 1975 belegte der Staat vor Mississippi den vorletzten Platz der Einkommensstatistik, 1991 war das Land um zwei Plätze auf die 47. Stelle vorgerückt; die Zuwachsrate betrug

1991 immerhin 4,1 Prozent. Diese Bilanz von 11 Jahren Clinton-Regierung ist auf den ersten Blick wenig eindrucksvoll, darf aber angesichts der großen Strukturprobleme des Landes auch nicht unterschätzt werden. Clinton betrieb eine unternehmerfreundliche Politik mit dem Ziel, Investitionen anzuziehen und so Arbeitsplätze zu schaffen bzw. zu sichern. Einen Schwerpunkt setzte er in der Bildungspolitik. Gegen hartnäckigen Widerstand gelang es ihm, ein umfassendes Reformprogramm zu verabschieden, und heute gibt Arkansas pro Kopf der Bevölkerung mehr für die Bildung aus als die meisten anderen Staaten.

Als Clinton am 3. Oktober 1991 seine Kandidatur um die Präsidentschaft bekanntgab, war er bundespolitisch noch recht wenig profiliert. Er hatte sich allerdings als einer der wichtigsten Sprecher der *New Democrats* einen Namen gemacht, einer vorwiegend von Südstaatlern gebildeten Gruppierung innerhalb der Demokratischen Partei, die gegen deren liberale Orthodoxie einen auf Effizienz abgestellten Pragmatismus betonte, um Wähler des Mittelstandes und weiße Arbeiter, die in den 1980er Jahren zu den Republikanern abgewandert waren (sog. Reagan-Demokraten), zurückgewinnen zu können. Der «vergessene» Mittelstand, dem er Steuererleichterungen in Aussicht stellte, bildete auch die wichtigste Zielgruppe der Wahlkampfstrategie Clintons. Der Merksatz «*It's the economy, stupid!*» («Auf die Wirtschaft kommt es an, du Dummkopf!») wurde zum populärsten Slogan seiner Kampagne, die neben zahlreichen sozialpolitischen Aufgaben vor allem die ökonomischen Herausforderungen der Zukunft in den Mittelpunkt rückte. Demgegenüber wies Clinton dem Feld der Außenpolitik, dem sich Ronald Reagan und George Bush bevorzugt gewidmet hatten, nach dem Ende des Kalten Krieges eine eher nachgeordnete Bedeutung zu. Nur auf der Basis einer leistungs- und wettbewerbsfähigen Volkswirtschaft könne die Handelsnation USA, so argumentierte er, auch in Zukunft ihre globalen Führungsaufgaben wahrnehmen. Diese Botschaft fiel angesichts einer Rezession mit steigenden Arbeitslosenzahlen und sinkenden Reallöhnen auf fruchtbaren Boden, und so gelang es Clinton, dem nach dem Sieg im Golfkrieg vermeintlich unbezwingbaren Amtsinhaber George Bush eine überraschend klare Niederlage beizubringen. Dabei profitierte er offensichtlich von der Kandidatur des parteilosen Unternehmers Ross Perot, der nahezu ein Fünftel der Wählerstimmen für sich verbuchen konnte. Dass weder Clinton (43 Prozent) noch Bush (38 Prozent) eine absolute Mehrheit erringen konnten, war ein Symptom für die verbreitete Unzufriedenheit der Amerikaner mit der Politik der beiden großen Parteien.

Einen Schatten auf den erfolgreichen Wahlkampf warfen allerdings Zweifel an der Aufrichtigkeit und Charakterfestigkeit Clintons, die seine Präsidentschaft bis zuletzt begleitet haben. Sein Verhalten während des Vietnamkrieges, das ihm eine Einberufung ersparte, sein wenig überzeugendes Bekenntnis, als Student Marihuana zwar geraucht, aber nicht inhaliert zu haben, und nicht zuletzt sein außereheliches Sexualleben sind von einer sensationslüsternen Presse und einem oft bigotten Publikum ausgiebig erörtert worden. Eine Klage wegen sexueller Belästigung während seiner Amtszeit als Gouverneur und – inzwischen eingestellte – Ermittlungen über seine Rolle bei einem undurchsichtigen Immobiliengeschäft («*Whitewater*»), in das auch Hillary Rodham Clinton verwickelt ist, haben der moralischen Autorität des Präsidenten ebenso geschadet wie die Lewinsky-Affäre, auf die noch einzugehen sein wird.

Zu den schwierigsten Hinterlassenschaften Ronald Reagans gehörten die höchste Staatsverschuldung in der Geschichte der USA sowie jährliche Haushaltsdefizite von weit über 200 Milliarden Dollar mit steigender Tendenz. Seit Anfang der 1990er Jahre belasten allein die Zinszahlungen mit ca. 200 Milliarden Dollar jährlich den Bundeshaushalt. Nachdem sich bereits die Regierung Bush angesichts dieser bedrohlichen Entwicklung um erste Maßnahmen zur Eindämmung der gigantischen Staatsschulden bemüht hatte, erklärte Clinton in seinem Bericht zur Lage der Nation am 17. Februar 1993 den Abbau des Defizits zum vorrangigen Ziel seiner Präsidentschaft. Er kündigte eine Senkung des Haushaltsdefizits bis 1997 um 140 Milliarden Dollar an und konnte nach schwierigen Verhandlungen und einem äußerst knappen Abstimmungsergebnis im Senat ein Fünfjahresbudget durchsetzen, das durch eine Kombination von Steuererhöhungen (vornehmlich für die höheren Einkommensgruppen) und Ausgabenkürzungen die Konsolidierung des Haushalts mit bemerkenswertem Nachdruck in Angriff nahm. Auch wenn der mit vielen Kompromissen befrachtete Budgetplan den «*deficithawks*» im Kongress noch nicht weit genug ging, stellte seine Verabschiedung doch einen bedeutenden politischen Erfolg des Präsidenten dar. Tatsächlich schrumpfte das Haushaltsdefizit nominal von 290 Milliarden Dollar im Jahr 1992 auf 116 Milliarden Dollar 1996. Im Haushaltsjahr 2000 konnte Clinton sogar schon einen Überschuss von 211 Milliarden Dollar vorweisen.

Eine ursprünglich geplante Energiesteuer mit ihren weitreichenden umweltpolitischen Implikationen erwies sich allerdings als nicht durchsetzbar. Vizepräsident Al Gore, der zu den profiliertesten Umweltpolitikern seines – ökologisch nach wie vor recht sorglosen – Landes gehört, hatte sich für eine solche Steuer auf den Energieverbrauch ausgesprochen, die zumindest prinzipiell auch vom Präsidenten befürwortet wurde. Ebenso wenig kam es zur angekündigten Aufwertung der Umweltbehörde (*Environmental Protection Agency*) zu einem Bundesministerium.

Nach Auffassung vieler Wirtschaftsexperten hatten die haushaltspolitischen Signale der Regierung Clinton einen wichtigen Anteil an der konjunkturellen Erholung der amerikanischen Wirtschaft. Nach drei rezessiven Jahren erreichte die Wirtschaft der USA ab 1993 wieder Wachstumsraten zwischen 2 und 3 Prozent. Der Aufwärtstrend machte sich auch in Form einer niedrigen Inflationsrate, der Schaffung zahlreicher neuer Arbeitsplätze und sinkender Arbeitslosenzahlen bemerkbar. Zugleich hat Clinton den Trend einer zunehmenden Ungleichverteilung der Einkommen zumindest vorübergehend verlangsamt. Während die reichsten 20% der US-Bürger in der Boomperiode der neunziger Jahre immense Einkommenszuwächse verzeichnen konnten, sind die Einkommen der einkommensschwächsten 20% allerdings erst seit 1997 real gestiegen.

Der innenpolitische Hauptpunkt auf Clintons Agenda war eine grundlegende Reform des Gesundheitswesens durch die Einführung einer allgemeinen Krankenversicherung. Nicht zuletzt die explodierenden Kosten im Gesundheitswesen, deren Anteil an den Haushaltsausgaben zwischen 1965 und 1992 von 2,6 auf 16 Prozent gestiegen ist, sollten auf diese Weise unter Kontrolle gebracht werden. Der Präsident beauftragte seine Frau mit der Leitung einer im Weißen Haus für die Gesundheitsreform zuständigen Arbeitsgruppe und wies ihr damit die wichtigste und einflussreichste Funktion zu, die jemals offiziell von einer First Lady ausgeübt worden ist. Hillary Clinton, die auf eine sehr erfolgreiche Karriere als Rechtsanwältin zurückblicken kann und seit vielen Jahren bildungs- und sozialpolitisch aktiv ist, trat damit endgültig aus der obligaten Rolle der «Frau an seiner Seite» heraus, nachdem Clinton schon im Wahlkampf betont hatte, dass sie zum Kreis seiner engsten und wichtigsten Ratgeber gehören werde. Sie sollte später als Außenministerin von Präsident Obama und bei den US-Wahlen von 2016 als erste weibliche Präsidentschaftskandidatin noch eine prominente Rolle spielen und zur bislang einflussreichsten Politikerin in der amerikanischen Geschichte werden. Das Jahrhundertvorhaben einer umfassenden Gesundheitsreform begegnete jedoch erwartungsgemäß zahlreichen Vorbehalten, die sich vor allem auf die vom Präsidenten geforderte Kostenbeteiligung der Arbeitgeber bezogen. Dass Clinton und seine Frau auf einer Globalreform beharrten, als längst feststand, dass eine Kongressmehrheit nur für Einzelkorrekturen des Gesundheitssystems zu finden sein würde, war ein schwerer politischer Fehler. Eine Verabschiedung vor den Kongresswahlen im Herbst 1994 misslang, und nach der dramatischen Niederlage der Demokraten bei den Zwischenwahlen sanken die Aussichten auf eine Realisierung des von Clinton propagierten Reformkonzepts in der ersten Amtsperiode auf den Nullpunkt. Erst in der zweiten Amtsperiode hat Clinton mit dem «State Children's Health Insurance Program» (S-CHIP) einen Teilerfolg in der Gesundheitspolitik erzielen können. Es stellt den Einzelstaaten Zuschüsse in Höhe von etwa 20 Milliarden Dollar zur Verfügung, mit deren Hilfe Kinder und Jugendliche aus einkommensschwachen Familien versichert werden sollen. Unterdessen ist die Zahl der nicht krankenversicherten Amerikaner in den neunziger Jahren jedoch nach Schätzungen auf über 40 Millionen gestiegen. Die eigentliche Strukturreform ist auf der Strecke geblieben und erst von Präsident Obama wieder energisch in Angriff genommen worden (*Obamacare*).

Mehr Erfolg war Clintons Gesetz zur Verbrechensbekämpfung beschieden, das Ende August 1994 angenommen wurde. Angesichts einer vor allem in den Großstädten ständig anwachsenden Gewaltkriminalität wurde das Gesetzespaket allgemein als dringend notwendig erachtet, obgleich seine einzelnen Bestandteile stark umstritten waren. Sie sahen Ausgaben in Höhe von 30,2 Milliarden Dollar für die Einstellung von 100 000 neuen Polizisten, den Ausbau von Gefängnissen und die Ausweitung von Präventivprogrammen sowie das – von der *National Rifle Association* heftig bekämpfte – Verbot von 19 Typen halbautomatischer Waffen vor. Gewaltverbrecher, die zum dritten Mal verurteilt werden, sollen automatisch eine lebenslängliche Haftstrafe erhalten (sofern sie von einem Bundesgericht verurteilt worden sind), Jugendliche über 13 Jahre für bestimmte Delikte nicht mehr nach dem Jugendstrafrecht, sondern nach dem allgemeinen Strafrecht verurteilt werden. Schon als Gouverneur hatte Clinton in Arkansas wiederholt die Todesstrafe vollstrecken lassen und mit einer für die *New Democrats* kennzeichnenden Bejahung «harter» Positionen im Bereich der inneren Sicherheit traditionell republikanisches Terrain besetzt.

In der internationalen Arena verzichtete Bill Clinton bis zu den Kongresswahlen vom November 1994 geradezu demonstrativ auf die starke persönliche Präsenz seiner republikanischen Vorgänger und unterstrich damit den Vorrang der Innenpolitik. Seine Absicht, sich wie «ein Laserstrahl» auf die ökonomischen Probleme der Vereinigten Staaten zu konzentrieren, fand jedoch auch in der Außenpolitik einen erkennbaren Niederschlag, denn ihr Schwerpunkt verlagerte sich deutlich von der Sicherheits- auf die Außenwirtschaftspolitik. Da die amerikanische Wirtschaft ohne ein Wachstum der Weltwirtschaft nur in begrenztem Umfang expandieren kann, sollten der freie Welthandel gestärkt und zugleich die Wettbewerbsbedingungen für amerikanische Produkte verbessert werden. Sowohl die Ratifizierung des – im Wesentlichen bereits von der Bush-Administration ausgehandelten – Nordamerikanischen Freihandelsabkommens (NAFTA) durch den Kongress im

November 1993 als auch der fristgemäße Abschluss der Uruguay-Runde des GATT im darauffolgenden Monat entsprachen dieser Zielsetzung; dabei ist insbesondere die Ratifikation von NAFTA als persönlicher Erfolg des Präsidenten zu werten, weil dafür im Kongress und in der eigenen Partei erhebliche protektionistische Widerstände zu überwinden waren.

Exemplarisch für die entschiedenere Außenwirtschaftspolitik der Clinton-Administration war der wachsende Druck auf Japan, die seit langem geforderte Öffnung seines Marktes für amerikanische Produkte voranzutreiben und damit zu einem Abbau der chronisch negativen Handelsbilanz beizutragen. Auf der Gipfelkonferenz der asiatisch-pazifischen Nationen (APEC) in Seattle im November 1993 verlieh der Präsident seiner Auffassung Ausdruck, dass dieser Wirtschaftsraum von der militärischen Präsenz und regionalen Führungsrolle der Vereinigten Staaten sicherheitspolitisch profitiere, ohne dass die USA an der daraus resultierenden Prosperität angemessen teilhätten. Auch in den Beziehungen zu den Staaten der Europäischen Union war das Bestreben der Clinton-Administration zu beobachten, ein ausgeglicheneres Verhältnis zwischen sicherheitspolitischer Verantwortung und ökonomischer Leistungsfähigkeit herbeizuführen. Es passt in dieses Bild, dass sich Clinton dafür ausgesprochen hat, die wirtschaftlichen «Supermächte» Deutschland und Japan in den Weltsicherheitsrat der Vereinten Nationen aufzunehmen.

Der sich abzeichnende strategische Wandel in der amerikanischen Außenpolitik ist auf die Formel einer «Führung durch selektive multinationale Kooperation» (Ernst-Otto Czempiel) gebracht worden. Ohne den Führungsanspruch und die weltpolitische Verantwortung der Vereinigten Staaten aufzugeben, sollen die Verbündeten in Europa und Asien stärker in die regionale Verantwortung für Frieden und Stabilität eingebunden werden, um so die Vereinigten Staaten sicherheitspolitisch zu entlasten und aus der Rolle des omnipräsenten «Weltpolizisten» herauszuführen. Die amerikanische Zurückhaltung im Konflikt um Bosnien-Herzegowina war hierfür ebenso symptomatisch wie die angestrebte Reform der NATO einschließlich ihrer Ausdehnung nach Osten.

Erst im zweiten Halbjahr 1994 und dann verstärkt nach den Kongresswahlen hat sich Clinton auch um eine außenpolitische Profilierung bemüht. Das Friedensabkommen zwischen den Konfliktparteien im ehemaligen Jugoslawien, das am 21. November 1995 in Dayton, Ohio, unterzeichnet wurde, geht maßgeblich auf die Anstrengungen der Clinton-Administration und ihres Chefunterhändlers, Richard C. Holbrooke, zurück. Auch wenn der serbischen Seite nicht unerhebliche Konzessionen gemacht wurden, konnte Clinton mit den Vereinbarungen von Dayton einen weithin sichtbaren außenpolitischen Erfolg verbuchen.

Zu den Kernbereichen der amerikanischen Außenpolitik gehört auch weiterhin das Verhältnis zu Russland. Während sich Außenminister Warren Christopher vor allem um den Friedensprozess im Nahen Osten Verdienste erworben hat, der mit der Unterzeichnung des Friedensvertrages zwischen Israel und der PLO im Rosengarten des Weißen Hauses im September 1993 und dem Friedensvertrag zwischen Jordanien und Israel am 26. Oktober 1994 an einen historischen Wendepunkt gelangt zu sein schien, lag die amerikanische Russlandpolitik weitgehend in den Händen des stellvertretenden Außenministers Strobe Talbott. Der Russland-«Zar», ein Freund des Präsidenten aus Oxforder Tagen, richtete den Kurs der USA fest auf die Unterstützung des russischen Präsidenten Boris Jelzin aus, hinter den sich Washington auch nach dem Putschversuch im Herbst 1993 nachdrücklich gestellt hat und den man trotz des brutalen Vorgehens gegen die abtrünnige Kaukasusrepublik Tschetschenien nicht fallenlassen wollte. Die volle Einbeziehung Russlands in die politischen Konsultationen der G-7-Staaten auf dem Gipfel in Neapel hatte nicht zuletzt die Funktion, Jelzins persönliches Ansehen zu stärken. Die von Russland dringend benötigte Wirtschaftshilfe fiel hingegen bislang eher mager aus; der Senat hat sie 1994 zudem vom endgültigen Abzug der russischen Soldaten aus dem Baltikum abhängig gemacht.

Die «Partnerschaft für den Frieden», die am 10. Januar 1994 auf dem NATO-Gipfel in Brüssel verabschiedet wurde, kommt zwar den starken russischen Vorbehalten gegenüber einer Osterweiterung der Allianz entgegen, Clinton hat jedoch während seiner Europareise im Juli 1994 und danach wiederholt erklärt, dass der NATO-Beitritt der mittel- und osteuropäischen Staaten keine Frage des «ob», sondern allein eine Frage des «wann» und «wie» sei.

Mit dem Verzicht Weißrusslands, Kasachstans und der Ukraine auf den Besitz von Kernwaffen konnte Clinton einen wichtigen Teilerfolg bei seinen Bemühungen erzielen, eine Erweiterung des Klubs der Nuklearmächte zu verhindern. Nachdem es im Sommer 1994 wegen der nuklearen Ambitionen Nordkoreas zu erheblichen Spannungen zwischen Washington und Pjöngjang gekommen war, hat das kommunistische Land inzwischen eingelenkt und ein «Einfrieren» seines Atomprogramms in Aussicht gestellt.

Ein internationales Krisenmanagement in größerem Ausmaß ist dem Präsidenten erfreulicherweise erspart geblieben. Bei dem Debakel in Somalia hat er nur wenig Beifall ernten können. Das mag dazu beigetragen haben, dass seine Regierung den grauenvollen Völkermord in Ruanda nachgerade ignoriert und auf eine humanitäre Intervention verzichtet hat. Nach anfänglicher

Kritik an seiner Passivität wurde Clinton bei der Bosnien-Vermittlung mit Erfolg aktiv. Auch die Verhandlungen mit Kuba über die Eindämmung der im Sommer 1994 dramatisch gestiegenen Flüchtlingszahlen waren erfolgreich. In Haiti gelang der Clinton-Administration durch militärischen Druck und diplomatische Vermittlung die Wiedereinsetzung des von Putschisten gestürzten Präsidenten Aristide; als der irakische Diktator Saddam Hussein im Oktober 1994 erneut kriegerische Töne vernehmen ließ, bereinigte Clinton die sich anbahnende Krise durch die Verlegung von US-Kampftruppen in die Region.

Obwohl Bill Clinton eine vor allem innenpolitisch beachtliche Bilanz aufweisen konnte, gelang es ihm zunächst nicht, diese Erfolge in persönliche Popularität umzumünzen. Bei den Zwischenwahlen am 8. November 1994 erteilten die amerikanischen Wähler dem Präsidenten und der Demokratischen Partei eine nahezu beispiellose Abfuhr. In beiden Häusern, Senat und Repräsentantenhaus, eroberten die Republikaner zum ersten Mal seit 40 Jahren komfortable Mehrheiten und stellten auch 31 der 50 Gouverneure. Selbst die Südstaaten, die seit dem Ende des Bürgerkrieges immer mehrheitlich demokratisch gewählt haben, entsandten erstmals seit 130 Jahren mehr Republikaner als Demokraten in den Kongress. Die langfristigen Konsequenzen dieser republikanischen «Eroberung» der Südstaaten für das amerikanische Parteiensystem sind noch gar nicht abzusehen.

Dennoch steht außer Frage, dass das Wahlergebnis vor allem eine schallende Ohrfeige für Bill Clinton war. Dafür gibt es eine Reihe von Gründen. Schon der Start der Clinton-Administration misslang gründlich, weil sich der Präsident umgehend in einen Disput über die Öffnung der amerikanischen Streitkräfte für Homosexuelle verwickeln ließ. Neben zahlreichen Ungeschicklichkeiten, Besetzungsfehlern und einem oft konfus wirkenden Erscheinungsbild des Weißen Hauses, dessen Stabschef Thomas McLarty, einer der ältesten Freunde Clintons, im Juni 1994 von Budgetdirektor Leon Panetta abgelöst wurde, erwiesen sich die bereits erwähnten privaten Affären des Präsidenten als eine schwere Hypothek der Vergangenheit.

Die tieferen Ursachen des Wahldebakels dürfen darüber jedoch nicht unbeachtet bleiben. Die Wahlen deuteten auf eine Verschärfung des konservativen und religiös-fundamentalistischen Trends in der amerikanischen Gesellschaft hin. Die wachsende Unzufriedenheit und Frustration der weißen Mittelschicht kam auch in dem Widerstand gegen illegale Einwanderung (*Proposition 187* in Kalifornien) und in der Kritik an einer angeblich zu weit getriebenen Unterstützung von Minderheiten zum Ausdruck. Clinton versuchte, diesen Unmut durch das Versprechen einer Steuererleichterung für die Mittelschicht zu besänftigen. In vielen wichtigen Sachfragen konnte die starke

Opposition, angeführt von dem populistischen Sprecher des Repräsentantenhauses, Newt Gingrich, dem Präsidenten allerdings die Meinungsführerschaft erfolgreich entwinden.

Die Wochen und Monate nach den Zwischenwahlen waren beherrscht von der hektischen Kampagne, mit der Gingrich für den von ihm initiierten «Contract with America» warb. Das Zehn-Punkte-Programm, das u. a. eine Verankerung des Budgetausgleichs in der Verfassung, Gesetze zur Reduzierung der staatlichen Ausgaben sowie Steuersenkungen vorsah, blieb jedoch wider Erwarten vorzeitig stecken. Der Verfassungszusatz zum Budgetausgleich, das Herzstück des Programms, scheiterte im Senat an einer fehlenden Stimme zur erforderlichen Zweidrittel-Mehrheit; weitere Gesetzesinitiativen Gingrichs fing Clinton durch den Gebrauch seines Vetorechts ab.

Dennoch hätte 1995 kaum jemand den triumphalen Wahlerfolg vorauszusehen gewagt, mit dem Bill Clinton seinen republikanischen Herausforderer, Senator Robert Dole aus Ohio, bei den Präsidentschaftswahlen am 6. November 1996 besiegte. Clinton gewann 49 Prozent der abgegebenen Stimmen gegenüber 41 Prozent für Dole und 8 Prozent für Ross Perot (bei einer sehr niedrigen Wahlbeteiligung von 49 Prozent). Im Kongress hingegen blieben die Kräfteverhältnisse unverändert, auch wenn die republikanische Mehrheit im Repräsentantenhaus sich wieder etwas abschwächte.

Clintons Erfolg in einem der langweiligsten Wahlkämpfe der amerikanischen Geschichte ist nicht nur durch seinen zwar politisch erfahrenen, doch insgesamt farblos wirkenden Widersacher Dole zu erklären. Nicht zuletzt taktische Fehler der Republikaner um Gingrich ermöglichten es ihm, überraschend schnell in die Offensive zurückzukehren. Als die Republikaner ein Haushaltsgesetz verweigerten, um den Präsidenten zu sozial- und fiskalpolitischen Kürzungen zu zwingen, löste Clinton sich mit großem Geschick aus der Umklammerung, indem er den sozialen Kahlschlag der Republikaner anprangerte und sich selbst als Gegner radikaler Streichungen von Sozialleistungen präsentierte. Die zweimalige Schließung von Teilen der amerikanischen Bundesbehörden im Winter 1995/96 kreidete die amerikanische Öffentlichkeit nicht dem Präsidenten, sondern der republikanischen Opposition an, die ihr Mandat zur Reform ebenso überschätzt hatte wie Clinton 1993 sein eigenes. Da Clinton zugleich ebenfalls für einen ausgeglichenen Haushalt und Steuerkürzungen eintrat, gerieten die Republikaner zunehmend an den Rand des argumentativen Spektrums, während der Präsident erfolgreich die Mitte besetzt hielt. Vor dem Hintergrund einer nach wie vor boomenden Volkswirtschaft konnte Clinton so im Laufe des Jahres 1996 das Blatt wieder zu seinen Gunsten wenden.

Angesichts einer klaren republikanischen Mehrheit in beiden Häusern des Kongresses und einer verbreiteten Skepsis gegenüber umfassenden Reformprogrammen blieb dem Präsidenten auch in der zweiten Amtszeit nur ein begrenzter Spielraum für dauerhafte Reformen. Er hätte ihn gewiss besser nutzen können, wenn es nicht zu einem Skandal gekommen wäre, der wohl für immer mit der Ära Clinton verbunden bleiben wird. Im Januar 1998 drangen erstmals Gerüchte über eine Affäre Clintons mit einer Praktikantin im Weißen Haus, Monica Lewinsky, an die Öffentlichkeit. Noch im gleichen Monat bestritt der Präsident unter Eid, «sexuellen Kontakt» mit der 25-jährigen Frau gehabt zu haben. Ein gutes halbes Jahr später sah Clinton sich angesichts einer eindeutigen Beweislage gezwungen, seine Aussage vor einer Grand Jury und in einer anschließenden Fernsehansprache zu korrigieren, wobei er einigermaßen spitzfindig darauf beharrte, «juristisch akkurat» ausgesagt zu haben. Dass der Präsident durch seine sexuellen Eskapaden in derartige Bedrängnis geriet, war vor allem das Werk des US-Sonderermittlers Kenneth Starr, der mit die Illegalität streifenden Ermittlungsmethoden auf das Ziel hinarbeitete, den Präsidenten seines Amtes entheben zu lassen. Er wurde dabei von republikanischen Kongressabgeordneten aktiv unterstützt, die auch entscheidend dazu beitrugen, das Amtsenthebungsverfahren in Gang zu bringen. Das *Impeachment*-Verfahren endete am 12. Februar 1999 mit einem Freispruch in beiden Anklagepunkten (Meineid und Behinderung der Justiz). Die erforderliche Zweidrittel-Mehrheit im Senat wurde mit 55 bzw. 50 Stimmen klar verfehlt.

Der Lewinsky-Skandal hat die amerikanische Öffentlichkeit mehr als ein Jahr in Atem gehalten und die politische Maschinerie der Republik ganz unverhältnismäßig in Anspruch genommen. So unverantwortlich das Verhalten eines Präsidenten auch sein mag, der sexuelle Kontakte mit einer Praktikantin im Oval Office hat, so fragwürdig ist andererseits das Verhalten seiner politischen Gegner, die sich legitimiert fühlten, wegen dieser alles in allem nicht eben weltbewegenden Vergehen eine ernsthafte Staatskrise heraufzubeschwören. Der Vorsitzende Richter im *Impeachment*-Verfahren, William Rehnquist, erklärte nach der Abstimmung, er verlasse den Senat «klüger, aber nicht trauriger».

Das ändert allerdings nichts daran, dass Clinton sich durch eigenes Verschulden in eine Lage manövriert hatte, die eine wirkungsvolle Ausnutzung der zweiten Amtszeit nicht mehr erlaubte. Die Autorität des Präsidenten (und seines Amtes) war nachhaltig beschädigt, und er hatte darüber hinaus viel wertvolle Zeit verloren. Die Ausbeute an greifbaren innenpolitischen Resultaten ist entsprechend mager. In der Außenpolitik unternahmen Clinton und seine neue Außenministerin Madeleine Albright noch einmal große Anstrengungen, um den festgefahrenen Oslo-Prozess wieder voranzubringen. Höhepunkt dieser Bemühungen war das Treffen zwischen Israels Regierungschef Ehud Barak und Palästinenserführer Jasser Arafat in Camp David im Juni 2000. Obwohl der Präsident weitreichende Zugeständnisse der israelischen Seite erwirkte und persönlich zwischen Barak und Arafat vermittelte, verlief der Gipfel vor allem wegen der intransigenten Haltung Arafats ergebnislos. Fünf Monate später, am 21. Dezember, legte Clinton die detailliertesten Friedensvorschläge vor, die jemals von einer amerikanischen Regierung unterbreitet worden sind. Doch auch diese Initiative war zum Scheitern verurteilt, da sich das Klima im Nahen Osten mit dem Ausbruch einer neuen Intifada inzwischen dramatisch verändert hatte und der Präsident als «lame duck» ohnehin nicht mehr genug Gewicht in die politische Waagschale werfen konnte. Während Clinton der erhoffte Erfolg eines zweiten Camp David versagt geblieben ist, hat er bei der Eindämmung der Wirtschaftskrise, die 1998 die asiatischen Märkte erschütterte, eine glückliche Hand bewiesen und auch zu einer positiven Entwicklung im Nordirlandkonflikt beitragen können. Eine endgültige Entscheidung über den umstrittenen Bau eines landesweiten Raketenabwehrsystems (National Missile Defense, NMD) überließ er seinem Nachfolger im Weißen Haus.

Clinton hat die Vereinigten Staaten durch ein Jahrzehnt der Prosperität und des Friedens geführt, die Weltmacht USA im Zeitalter der Globalisierung als freundlichen Hegemon positioniert und mit der wirksamen Bekämpfung des Haushaltsdefizits eine politische Jahrhundertleistung vollbracht. Sicher hat er dabei von einer Hochkonjunktur profitiert, die vor allem durch die neuen Märkte der Informationstechnologie ermöglicht wurde. Dass er 1999 das Glass-Steagall-Gesetz aus der Zeit der Großen Depression aufhob, das eine strikte Trennung des Kreditgeschäfts mit Privatkunden vom Investmentbanking vorschreibt, erwies sich zwar schon bald als folgenschwere Fehlentscheidung, denn nach Ansicht vieler Experten schuf dieser Akt der Deregulierung, der die Wettbewerbsfähigkeit der US-Banken verbessern sollte, eine der Voraussetzungen für die schwere Bankenkrise von 2008. Aber das soll seine Verdienste nicht schmälern. Hingegen kann man durchaus kritisieren, dass Clinton aus seiner günstigen Ausgangslage zu wenig gemacht hat. Gerade das Ende des Kalten Krieges und die ökonomische Schönwetterperiode haben ihm die seltene Möglichkeit eröffnet, sich in relativer Ruhe auf die selbstgestellten innenpolitischen Aufgaben zu konzentrieren und hier dauerhafte Resultate zu erzielen. In einer Epoche der wachsenden Dominanz von Großunternehmen und Kapitalmärkten war Clinton vielleicht auf lange Sicht der letzte Präsident mit einer realen Chance, die soziale Symmetrie der Nation noch einmal politisch zu gestalten, bevor der Wohlfahrtsstaat zu Lasten der sozial Schwachen bis zur Unkenntlichkeit demontiert wird. Wenn es diese Chance in den neunziger Jahren gegeben hat, dann hat Clinton sie letztlich durch seine Leichtfertigkeit und seinen Mangel an Disziplin verspielt. Dass er weniger mit bedeutenden Reformen als mit einem beispiellosen Sexskandal für Schlagzeilen gesorgt hat, ist deshalb nicht nur ein Schönheitsfehler seiner Präsidentschaft. Er wiegt umso schwerer, als Clinton sowohl seinem Vorgänger als auch seinem Nachfolger an politischer Intelligenz, kommunikativer Begabung und sozialer Sensibilität weit überlegen sein dürfte.

Bernd Schäfer

GEORGE W. BUSH
2001–2009

Aufstieg und Fall einer missionarischen Präsidentschaft

Am Tag seiner Amtseinführung präsentierte sich George Walker Bush mit einer Baseballmütze und der Aufschrift «43». Sein Vater George Herbert Walker Bush trug die gleiche Kopfbedeckung mit der Zahl «41». Erstmals seit John Quincy Adams war der Sohn eines früheren Präsidenten in das höchste Amt gelangt. Mit einem präzedenzlos umstrittenen Ergebnis war George W. Bush am 7. November 2000 zum 43. amerikanischen Präsidenten gewählt worden. Seine Kritiker betonen dagegen, eigentlich habe ihn am 11. Dezember 2000 der Oberste Gerichtshof in Washington mit 5 zu 4 Richterstimmen zum Präsidenten ernannt.

George Walker Bush wurde am 6. Juli 1946 als ältester Sohn von George und Barbara Bush in New Haven, Connecticut, geboren, als sein Vater an der Yale University studierte. Seine Eltern, vor allem die väterliche Linie der Walker und Bush, stammten aus vermögenden Industriellen- und Politikerfamilien mit jahrhundertelanger Tradition im Nordosten der USA. Bereits 1948 zog die Familie nach Midland in Texas. Dort konnte Vater George Bush im texanischen Ölboom erfolgreich seine geschäftlichen Fähigkeiten unter Beweis stellen. Der junge George W. besuchte örtliche Privatschulen und wurde 1961 in das familientraditionelle Elite-Internat Andover nach Massachusetts geschickt. Nach der Graduierung beschritt er weiter den Familienweg und nahm 1964 sein Studium an der Yale University auf. Dort wurde er Präsident einer Studentenverbindung und Mitglied der Geheimgesellschaft «Skulls and Bones», der jeweils auch Vater und Großvater Bush angehört hatten. Im Gegensatz zu seinem Vater, der im Zweiten Weltkrieg mit seinem Flugzeug abgeschossen und gerettet wurde, genügte George W. 1968, nach seiner unterdurchschnittlichen Graduierung in Yale, seine Wehrpflicht bis 1972 als Pilot in der Nationalgarde von Texas und Alabama und vermied so bewusst seinen Einsatz in Vietnam.

Berufliche Qualifikationen erwarb er auf Grund eines nomadischen Lebens im Dienste der Familie zunächst nicht. Von der bereits 1971 erwogenen politischen Karriere riet ihm das Familienoberhaupt vorläufig noch ab. Erfahrungen in den texanischen Wahlkämpfen seines Vaters zwischen 1964 und 1970 verschafften George W. aber 1972 die Befähigung, die Kampagne eines letztlich erfolglosen republikanischen Senatskandidaten in Alabama zu leiten. Danach war George W. ohne Beruf und wurde von seinem Vater in ein Programm zur Entwicklung der Innenstadt von Houston vermittelt. Von dort wechselte er aber bald aus eigener Initiative nach Cambridge in Massachusetts, wo ihn 1973 die Harvard Business School akzeptiert hatte. Mit dem Abschluss eines Master of Business Administration kehrte er 1975 nach Midland in Texas zurück, um sich wie sein Vater im Ölgeschäft zu profilieren. Dies gelang ihm zunächst nur mit mäßigem Erfolg. 1977 heiratete er die Bibliothekarin Laura Welch. Aus der Ehe gingen 1981 Zwillingstöchter hervor, die in dynastischer Tradition nach ihren Großmüttern Jenna und Barbara genannt wurden.

Im Jahre 1978 verlor George W. Bush sein erstes politisches Rennen, als er sich erfolglos um einen texanischen Kongresssitz in Washington bewarb. Danach konzentrierte er sich mit eigenen Firmen wieder auf das Ölgeschäft, finanziell abgesichert von seinem Onkel aus New York und dessen Investoren. Doch seine Ambitionen, gemäß der Familientradition ein politisches Amt zu erringen, verlor er nicht aus dem Blick. Sie lagen auf Eis, solange sein Vater in den achtziger Jahren amerikanischer Vizepräsident war und schließlich 1988 erfolgreich für die Nachfolge von Ronald Reagan kandidierte. George W. unterstützte seinen Vater in diesem Wahlkampf als offizieller Berater, wofür er dem Vernehmen nach für immer dem Alkohol abschwor, seine Ölfirma verkaufte und mit der Familie von Texas nach Washington zog.

Nach dem Wahlsieg von George H. W. Bush kehrte er wieder in seine Wahlheimat zurück und ließ sich in Dallas nieder, um sich von dieser Republikanerhochburg aus auf eine politische Karriere als Gouverneur von Texas vorzubereiten. Da er bisher «nur ein Bush war» und wenig mehr, organisierte er 1989 den Kauf eines maroden Baseballteams in Dallas und wurde zu einem nominellen Eigentümer der «Texas Rangers». Trotz der für die gesamte Bush-Dynastie demütigenden Abwahl des Vaters in der Präsidentschaftswahl von 1992 betrieb George W. mit Hilfe des alteingesessenen texanischen Republikaner-Strategen Karl C. Rove diszipliniert eine planmäßige Vorbereitung auf die texanische Gouverneurswahl von 1994. In diesem Jahr, als die politische Konjunktur erstmals wieder landesweit zugunsten der Republikaner ausschlug, besiegte George W. Bush die vor allem außerhalb von Texas populäre demokratische Amtsinhaberin Ann Richards mit 53,5 Prozent der Stimmen.

Nach der texanischen Verfassung hat der Gouverneur geringere Kompetenzen als in beinahe jedem anderen Staat der USA. Doch der gut beratene George W. Bush konnte als «mitfühlender Konservativer» seine Vorhaben mit großen überparteilichen Mehrheiten durchsetzen. Bald wurde er in den Medien als potentieller republikanischer Präsidentschaftskandidat gehandelt. Nachdem er 1998 in einer landesweit beachteten Wahl mit eindrucksvollen 68,6 Prozent der Stimmen als texanischer Gouverneur bestätigt wurde, war er faktisch bereits dazu designiert, im Jahre 2000 anzutreten, um den Clinton-Demokraten das Weiße Haus wieder zu entreißen und die Niederlage seines Vaters von 1992 zu rächen.

Es schlug die Stunde des Erfolgsstrategen Karl C. Rove, den einige als das «Gehirn» von George W. Bush bezeichneten und den Letzterer als «mein politischer Guru» titulierte. Der Weg der Republikaner ins Weiße Haus und in die Spitzenfunktionen der Bundesregierung konnte aus damaliger Perspektive des Establishments der Partei nur über einen attraktiven Kandidaten und einen moderaten Wahlkampf mit mehrheitsfähigen Themen führen. Hier bot sich George W. Bush mit seinem texanischen Erfolgsmodell geradezu an. Ob die Botschaft des «mitfühlenden Konservatismus» und das Aufgreifen «demokratischer» Themen wirklichen Überzeugungen entsprach, blieb im präzise vorherbestimmten Drehbuch des republikanischen Wahlkampfes unklar. Wichtig war dagegen eine glaubwürdige Verkörperung der jeweiligen Botschaft, was George W. Bush überzeugender gelingen sollte als seinem demokratischen Gegenkandidaten, Vizepräsident Albert Gore Jr. Der Republikaner wollte derjenige sein, der zusammenführt und nicht spaltet («I am a unifier, not a divider»). Zwar war der junge Bush konservativer und ideologischer als sein Vater. Doch ließ man ihn einen Wahlkampfkurs fahren, der eine für republikanische Maßstäbe ungewöhnlich aktive Rolle für die Washingtoner Bundesregierung vorsah. Bushs Wahlkampf war inhaltlich so verschieden von der Politik des von ihm bewunderten Ronald Reagan, dass die öffentliche Gelassenheit der republikanischen Parteiaktivisten bereits darauf hindeutete, hier habe man es mit taktischem Stillhalten zu tun, um auf keinen Fall den eigenen Wahlsieg zu gefährden. George W. Bush war zudem ein flexibler Kandidat, der sich an die taktischen Anweisungen seiner Berater hielt und sich willig in den vielen politischen Sachfragen trainieren ließ, in denen er keine Expertise besaß. Von der Presse wurde er weitgehend erfolgreich abgeschirmt, die öffentlichen Auftritte waren sorgfältig vorbereitet.

Einen Einblick in die tatsächliche republikanische Gemütsverfassung boten die ersten Vorwahlen im Februar und März 2000. Im Bundesstaat New Hampshire wurde der haushohe Favorit Bush trotz seiner massiven finanziellen Überlegenheit von seinem härtesten innerparteilichen Rivalen, Senator John McCain aus Arizona, deutlich geschlagen. Dieser erwies sich durch seine Kampagne für eine Reform der Wahlkampffinanzierung und mit seinem Image gegen Korruption in der amerikanischen Politik als überaus attraktiv für republikanische, demokratische und unabhängige Wähler gleichermaßen. Zu keinem Zeitpunkt konnte ein Kandidat im Wahlkampf 2000 so hochmotivierte Anhänger aufweisen wie der dekorierte Vietnam-Veteran McCain nach seinem Sieg in New Hampshire. Plötzlich wurden ihm bei der entscheidenden Wahl gegen Gore bessere Chancen zugetraut als Bush. In der republikanischen Partei begannen die Loyalitäten zu schwanken. Doch die Botschaften des unabhängigen McCain betrachteten das republikanische Establishment und seine Sympathisanten in der Industrie als große Gefahr für die eigenen Ämter und Positionen. Bei der nächsten turnusmäßigen Vorwahl im sehr konservativen Bundesstaat South Carolina bewegte sich der bisher so gemäßigte Bush-Wahlkampf nun unvermittelt scharf nach rechts. Das konservative Lager der Republikaner und die Wahlkampfhelfer des texanischen Gouverneurs attackierten den Senator aus Arizona so heftig als «Linken» und «Heuchler», von zusätzlichen Verleumdungen nicht zu reden, dass dieser die Vorwahl in South Carolina verlor. In der Folge konnte er Bush nicht mehr von der Siegerstraße abbringen. Kaum war aus Sicht des Bush-Lagers die McCain-Bedrohung überwunden, kehrte man zum moderaten Wahlkampfstil zurück, als hätte nie ein anderer existiert. Dennoch waren es die Konservativsten unter den Republikanern, die im Februar 2000 in South Carolina die Wahlchancen von George W. Bush gerettet hatten.

Nachdem sich Bush, wie auch Gore auf demokratischer Seite, ungefährdet die Nominierung seiner Partei gesichert hatte, orchestrierten die Republikaner in Philadelphia einen Wahlparteitag mit einer integrativen Botschaft an alle Amerikaner. Auch die demokratisch orientierten Minderheiten wurden gezielt umworben. Zum Vizepräsidentenkandidaten wurde auf Vorschlag von George Bush senior dessen ehemaliger Verteidigungsminister Richard Cheney nominiert, ein langjähriger republikanischer Kongressabgeordneter aus Wyoming mit sehr konservativen Positionen. Unter Präsident Ford war Cheney Stabschef im Weißen Haus und zuletzt in den neunziger Jahren millionenschwerer Unternehmer in der texanischen Ölindustrie gewesen. Nach den Wahlparteitagen zeigten die diversen Umfragen Anfang September 2000 die Kandidaten in einem mehr oder weniger toten Rennen. Bewegung hätten die drei obligatorischen Fernsehdebatten erbringen können. Sie blieben jedoch weitgehend irrelevant, weil beide Kandidaten jeweils nicht den Vorschusslorbeeren gerecht wurden. Bush übertraf die in ihn gesetzten Erwartungen, weil er keine entscheidenden Patzer beging. Gore konnte seine intellektuelle Überlegenheit und größere politische Sachkenntnis nicht in Debattenerfolge oder höhere Sympathiewerte umsetzen, wirkte entweder zu überheblich oder zu defensiv. Bush dagegen überspielte seine geringere Sachkenntnis mit Direktheit und größerer Natürlichkeit.

In den Wahltag des 7. November 2000 ging die amerikanische Bevölkerung schließlich mit dem Wissen, dass es spannend werden würde. Obwohl die Persönlichkeiten beider Kandidaten insgesamt nur geringe Begeisterung hervorgerufen hatten, wurde doch eine relativ hohe Wahlbeteiligung erreicht. Die beiden Kandidaten rechts von Bush (Patrick Buchanan für die moribunde Reform-Partei von Ross Perot) und links von Gore (Ralph Nader für die Grüne Partei der USA) waren weit abgeschlagen. Doch Letzterer schien in der Lage, in einzelnen Staaten mit Kopf-an-Kopf-Rennen Gore entscheidende Stimmen wegzunehmen und damit die Wahlmänner dieses Staates an Bush fallenzulassen. Obwohl Nader landesweit nicht mehr als drei Prozent der Stimmen erreichen sollte, stellte sich in der Wahlnacht heraus, dass dieses Szenario zu Lasten Gores in einem Bundesstaat einzutreten schien, den man eigentlich sicher dem Lager von George W. Bush zugerechnet hätte – Florida, wo Bruder Jeb Bush seit 1998 als Gouverneur amtierte und die Republikaner Legislative und Exekutive dominierten.

Nach ersten TV-Prognosen wurde Florida in der Wahlnacht Gore zugesprochen, dann plötzlich an Bush vergeben und schließlich für noch nicht entschieden erklärt. Landesweit unterlag Bush seinem Kontrahenten Gore zwar um fast 500 000 Stimmen, doch führte er nach ersten Auszählungen in Florida mit einigen hundert Stimmen und hätte mit dem Gewinn dieses Staates im Wahlmännergremium einen Vorsprung von vier Stimmen gehabt. Während der republikanische Kandidat im Süden und im Westen, mit Ausnahme der drei Pazifikstaaten, einen Durchmarsch verzeichnen konnte, dominierte Gore im Nordosten und in den meisten umkämpften Staaten des Mittleren Westens. Jedoch verlor er seinen Heimatstaat Tennessee an seinen Kontrahenten, was sich letztendlich als entscheidend erweisen sollte.

In Florida offenbarte sich ein erschreckendes Ausmaß an Unregelmäßigkeiten in der Durchführung der Wahl, wobei sich beinahe von Kreis zu Kreis ein unterschiedliches Bild abzeichnete. Um die 25 Wahlmännerstimmen entbrannte in der Folge bis zum 11. Dezember eine mit allen Mitteln ausgefochtene publizistische und juristische Schlacht, die schließlich die Republikaner durch ein Übergewicht begünstigender Faktoren für sich entscheiden konnten. Obwohl der geringe Vorsprung von George W. Bush durch Nachzählungen in ausgewählten Kreisen stellenweise bis unter 200 Stimmen schmolz, gelang es Gore zu keinem Zeitpunkt der Hängepartie, die Führung zu übernehmen. Dafür sorgten die republikanischen Aktivisten in der Regierung Floridas und das hocheffiziente Anwaltsteam des texanischen Kandidaten. Gores Juristen konnten für sich zwar zwei günstige Entscheidungen des Obersten Gerichtes von Florida verbuchen, die jeweils selektive Nachzählungen erlaubten. Doch die Strategie der Demokraten scheiterte vor allen anderen involvierten Gerichten und besonders beim Obersten Gerichtshof in Washington. Entgegen seiner bisherigen Rechtsprechung intervenierte dieser überraschend in die Angelegenheiten eines Bundesstaates und zog den Fall an sich. Die Mehrheit der von republikanischen Präsidenten ernannten höchsten Richter votierte schließlich mit 5:4 Stimmen für ein Ende der Nachzählungen in Florida und zementierte dadurch eine Führung Bushs von 537 Stimmen. Damit musste die Präsidentschaft nicht durch den republikanisch dominierten Kongress in Florida oder die republikanische Mehrheit im Washingtoner Repräsentantenhaus entschieden werden. Mit zunehmender Dauer dieses Nachwahlkampfes war Gore in der Öffentlichkeit als «schlechter Verlierer» wahrgenommen worden, der zudem einen entscheidenden Fehler in der juristischen Auseinandersetzung begangen hatte. Hätte er eine Nachzählung im gesamten

Bundesstaat Florida statt in ausgewählten demokratischen Hochburgen gefordert, hätte er nicht nur vor den Gerichten bessere Chancen gehabt, sondern auch die Wahl gewonnen, wie verschiedene Auszählungen durch Printmedien einige Monate später beweisen sollten.

Ab Januar 2001 hätte der siegreiche George W. Bush nun alle Chancen gehabt, seine Versprechen zu erfüllen, die er noch unter dem Eindruck des erbitterten Zweikampfes wiederholt hatte: Er wolle der Präsident aller Amerikaner sein, politische Brücken bauen und die Gräben zwischen Republikanern und Demokraten durch seinen in Texas erfolgreichen überparteilichen Stil einebnen. Zudem kam dem neuen Präsidenten zugute, dass nach der zermürbenden Auseinandersetzung in Florida auch seine politischen Gegner im Kongress sehr bald davon absahen, seine Legitimität zu bestreiten. Wie die große Mehrheit der Amerikaner waren sie bereit, ihn als wie auch immer ins Amt gekommenen rechtmäßigen Präsidenten zu akzeptieren.

Kaum war Bush jedoch in sein Amt eingeführt, agierten das Weiße Haus und die Republikaner im Kongress, wo sie in beiden Häusern knappe Mehrheiten behauptet hatten, auf traditionelle Weise. Als hätten sie überwältigende Wahlsiege errungen und einen Wählerauftrag für eine konservative Politik rechts der Mitte erhalten, legten sie die moderate Rhetorik des Wahlkampfes ab. Die Euphorie der republikanischen Führung richtete sich zunächst gegen fast alles, was sie mit der alten Politik des ihr verhassten Präsidenten Clinton verband. George W. Bush verknüpfte sein politisches Prestige mit einer gigantischen Steuersenkung, während seine ernannten Offiziellen im Bündnis mit den Führern des republikanischen Kongresses besonders in der Energie-, Umwelt- und Außenpolitik eine Wende herbeiführen wollten. Mit Mühe erkämpften sie im Senat die Ernennung des überaus konservativen Ex-Senators John Ashcroft zum neuen Justizminister. Als einzige wirklich überparteiliche Initiative konnte Bush seine Vorstellungen zur landesweiten Schulreform problemlos durchsetzen («No Child Left Behind Act»), wenn auch ihre tatsächliche Ausführung auf Grund unzureichender Finanzierung durch die Bundesregierung und geringe Spielräume der Bundesstaaten weitgehend auf sich warten ließ.

An dem Tag im April 2001, als die erste Stufe der massiven Steuersenkung mit den Mehrheiten der Republikaner und geringer demokratischer Unterstützung im Kongress verabschiedet wurde, konnte George W. Bush allerdings seinen ersten großen politischen Triumph kaum genießen. Vielmehr musste er das ernten, was mit seiner Unterstützung der dominante rechte Flügel der Republikaner im parteipolitischen Übermut der ersten Monate gesät hatte: Das moderate Element der Partei schlug in Gestalt von Senator James

Jeffords aus Vermont zurück, der die Republikaner verließ und damit den Demokraten die Mehrheit im Senat verschaffte. Nun verschoben sich die machtpolitischen Gewichte, und das Weiße Haus musste Kompromisse in seiner politischen Agenda machen. Vorübergehend entdeckten die wenigen moderaten Republikaner in beiden Häusern des Kongresses ihre Macht und bereiteten der konservativen Agenda ihrer Führung Schwierigkeiten.

Zu diesen Entwicklungen verhielt sich Präsident Bush wie der Vorstandsvorsitzende eines Unternehmens. Er überließ das Feld weitgehend seinen Ministern, Offiziellen, zentralen Beratern wie Karl Rove und vor allem seinem Vizepräsidenten Richard Cheney. Dieser wurde zum einflussreichsten aller bisherigen zweiten Männer unmittelbar hinter dem amerikanischen Präsidenten, seine Stellung mit der eines europäischen Premierministers verglichen. Auch wenn Bush die Letztentscheidungen traf, schien der Präsident in Fortsetzung seines zweijährigen Wahlkampfes noch im Amt zu lernen und von seinen Fachleuten ausgebildet zu werden. Diese produzierten wiederum nicht selten Ankündigungen, die auf öffentlichen Druck präzisiert oder modifiziert werden mussten. Der selbstbewussten Senatsmehrheit aus Demokraten und moderaten Republikanern ließ das noch wenig ausgeprägte politische Charisma des Präsidenten eine konkurrierende Führungsrolle zufallen.

Seit der Amtseinführung hatte das Weiße Haus unter Bush und Rove die Wiederwahl im Jahre 2004 vor Augen und bemühte sich um eine innenpolitisch dominierte Agenda, welche die konservativen Stammwähler und industriellen Spender bei der Stange hält, die Wahl entscheidende Mitte nicht verprellt und gleichzeitig in Wählerschichten der Demokraten vordringt. Außenpolitik wurde in diesem Kontext im Weißen Haus zunächst funktionalisiert oder als nebensächlich erachtet. Schon sehr bald zeichnete sich eine multilaterale Tradition im Außenministerium unter Colin Powell ab, die den klassischen Konflikt zwischen White House und State Department widerspiegelte. Doch Letzteres saß in dieser Auseinandersetzung traditionsgemäß am kürzeren Hebel, zumal das Verteidigungsministerium und der einflussreiche Vizepräsident gegenteilige Akzente setzten und bald das Außenministerium auf subalterne Aufgaben reduzierten.

Auf breite Kritik, vor allem in Europa, stießen die Entscheidungen der Bush-Regierung, sich von der Aushandlung bzw. Ratifizierung mehrerer internationaler Abkommen, wie beispielsweise der Klimaschutzkonvention, zurückzuziehen. Während die Bedenken von US-Regierungen und Kongress gegen solche Abkommen in die Zeit vor Präsident Bush zurückreichten, verblüffte nunmehr die brüske Form ihrer Ablehnung. Zudem bemühte sich die Regierung nicht, Alternativen zu entwickeln und für sie international zu werben. Stattdessen ließ sie wissen, dass sie nur solchen Abkommen beitrete, die eigene politische und wirtschaftliche Interessen nicht beeinträchtigten. Deshalb wähle sie von Fall zu Fall aus, welche internationalen Abkommen im amerikanischen Interesse lägen.

Bereits in den ersten Monaten des Jahres 2001 hatte die Regierung Bush einen kompromisslosen Unilateralismus ausgeprägt, durch den die USA Gefahr liefen, traditionelle Verbündete zu verprellen. Allerdings sollte sich bald zeigen, dass diese Strategie bewusst und aus Überzeugung verfolgt wurde. Statt multinationaler Allianzen, die mit Einhegungen für die USA verbunden sein konnten, wurden Ad-hoc-Vereinbarungen und temporäre Bündnisse bevorzugt, die keine Beschränkungen für die Ausübung amerikanischer Macht und Interessen bedeuteten. So ging das forcierte Vorantreiben des alten republikanischen Traums vom umfassenden Raketenschutzschild einher mit der einseitigen Kündigung des ABM-Vertrages mit der UdSSR aus dem Jahre 1972.

Als aber am 11. September 2001 Selbstmordanschläge gegen das World Trade Center in New York und das Pentagon in Washington die Welt schockierten und fast 3000 Menschen das Leben kosteten, wurden bisherige innen- und außenpolitische Diskussionen in den Hintergrund gedrängt oder obsolet. Der Angriff arabischer Terroristen der von Osama bin Laden dirigierten «Al Qaida»-Organisation, der mehr Opfer forderte als die japanische Attacke auf Pearl Harbor 1941 und von Präsident Bush als «Kriegserklärung» bezeichnet wurde, stellte die Administration vor präzedenzlose Herausforderungen. Ihre Bewältigung sollte bereits vorhandene Tendenzen verstärken und andererseits den amtierenden Präsidenten mit bis dahin nicht vorhandener Legitimation und Missionseifer ausstatten.

Nach eher konfusen Reaktionen am Tag der Anschläge selbst, fand George W. Bush sehr bald zu einer Rolle der energischen Verkörperung des amerikanischen Willens, zurückzuschlagen und alles zur Sicherheit des eigenen Landes und zum «Sieg» über fundamentalistischen arabischen Terrorismus zu unternehmen. Der bis dahin eher im Amt driftende Präsident hatte nach seinen Worten seine Mission im «Krieg gegen den Terror» gefunden. Er selbst und seine Regierung waren bemüht, einen von Amerikanern zumindest in der frühen Phase nach den Attacken empfundenen Ausnahmezustand so lange wie möglich aufrechtzuerhalten, nämlich einen Kriegsnotstand, der parteipolitische Differenzen aufhob und das einmütige Scharen um die amtierende Führung erforderte. Vor dem 11. September lagen die affirmativen Umfragewerte Bushs in etwa auf dem Niveau seines Stimmenanteils vom November 2000. Nach dem Angriff auf das amerikanische Festland schnellten sie auf über 90 Prozent und verblieben in dieser Höhe für viele Monate.

Der Präsident und seine Regierung, die sich als «Kriegs-Präsidentschaft» verstand, waren vorübergehend in der Lage, große Teile der Bevölkerung hinter sich zu vereinen. Das parteipolitische Leben kam scheinbar zum Stillstand. Mit großer Einmütigkeit und Geschwindigkeit billigte der Kongress militärische Maßnahmen des Präsidenten, die Erhöhung von Rüstungsausgaben und Terrorbekämpfungsmitteln, präzedenzlos weitreichende Befugnisse für Exekutive und Sicherheitsbehörden im «U. S. Patriot Act» vom 26. Oktober 2001, und schließlich auf Initiative der Demokraten 2002 die Schaffung eines neuen «Department for Homeland Security» mit über 180 000 Beschäftigten. George W. Bush nutzte im Jahre 2002 die Situation auch zur Durchsetzung weiterer radikaler Steuersenkungen, die vor allem die vermögenderen Schichten in den USA entlasteten.

Weil Spuren der arabischen Selbstmordattentäter zu den Trainingslagern der Terroristenorganisation Al Qaida führten, die in Afghanistan unter dem Schutz der fundamentalistischen Taliban-Regierung operieren konnte, stellte Bush in einer Rede vor dem amerikanischen Kongress den afghanischen Herrschern ein Ultimatum zur Auslieferung von Osama bin Laden und seinen Gefolgsleuten. Als jene ablehnten, begannen die USA Anfang Oktober 2001, Einrichtungen in Afghanistan zu bombardieren und die Anti-Taliban-Gruppen der «Nordallianz» im Nordosten Afghanistans militärisch zu unterstützen. Der amerikanische Kongress, der UN-Sicherheitsrat und die NATO billigten diesen amerikanischen Akt der «Selbstverteidigung» gegen das Land, aus dem die Angriffe des 11. September 2001 vorbereitet worden waren. Die USA nahmen jedoch weder die angebotene ausländische Militärunterstützung an, noch sandten sie, von Spezialeinheiten abgesehen, nennenswerte amerikanische Bodentruppen nach Afghanistan. Erst massive Luftangriffe schwächten die Verteidigungsposition der Taliban und ermöglichten es der Nordallianz, die Hauptstadt Kabul einzunehmen. Talibaneinheiten lösten sich auf und zogen sich in gebirgiges Gelände zurück, ihr Führer Mullah Omar wie auch Osama bin Laden und seine Gefolgsleute verschwanden in Richtung Pakistan und wurden erst 2011 aufgespürt und in einer kontroversen US-Militäraktion getötet.

In der Folge nahmen die USA Angebote an, in Afghanistan internationale Truppen zur Stabilisierung Kabuls und nördlicher Zonen zu stationieren. Mit Hilfe der UN wurde ein politischer Konsultationsprozess in Gang gesetzt, der in die erste Volkswahl eines afghanischen Präsidenten im Oktober 2004 mündete. Militärisch wurde das Land dagegen nur unvollständig befriedet, Attacken gegen ausländische Truppen und Helfer sind bis heute an der Tagesordnung.

Der Fokus der USA hatte sich sehr bald von Afghanistan auf den Irak verlagert. In seiner Rede zum «State of the Union» vor dem amerikanischen Kongress im Februar 2002 bezeichnete Präsident Bush Staaten mit der Bereitschaft, nukleare und andere Massenvernichtungswaffen zu entwickeln und potentiell in terroristische Hände zu geben, als die größte Bedrohung der Vereinigten Staaten. Nordkorea, Irak und Iran definierte er in diesem Kontext als die «Achse des Bösen». Weder zum ersten noch zum letzten Mal benutzte Bush religiöse und moralische Kategorien, um seine Mission der Propagierung von «Freiheit» gegen das «Böse» des Terrorismus zu unterstreichen.

Während es dem hochgerüsteten Nordkorea gelang, während Bushs erster Amtszeit nukleare Waffen zu entwickeln, und der Iran sich weder in seinen Nuklearambitionen beeindrucken ließ noch sich als militärisches Ziel der USA eignete, richtete die Bush-Administration alle Aufmerksamkeit auf den Irak. Saddam Hussein wurde zum primären Objekt des amerikanischen Krieges gegen den Terror, da er angeblich UN-Sanktionen unterlief und an der Produktion von Massenvernichtungsmitteln arbeitete, die in der Hand von Terroristen auf dem amerikanischen Festland zum Einsatz kommen könnten. Nicht wenige Mitglieder der Bush-Administration, sogenannte «Neo-Konservative», hatten bereits vor 2001 für eine amerikanische Invasion im Irak plädiert, um eine vorgebliche Gefährdungsquelle für die USA zu beseitigen, berechenbaren Ölfluss zum Wiederaufbau zu garantieren und Israels Position im Nahen Osten durch die Schaffung eines amerikafreundlichen arabischen Staates zu stärken. Der 11. September 2001 bot die günstige Gelegenheit, diese Strategie zu verfolgen und als essentiellen Bestandteil des «Krieges gegen den Terror» zu definieren. Auch ermöglichte er die Formulierung einer weltweit mit Argwohn registrierten neuen amerikanischen Sicherheitsstrategie der «präventiven militärischen Aktion» für den Fall, dass die USA für sich in anderen Teilen der Welt eine potentielle Bedrohung auszumachen glaubten. Ohne die Anschläge auf New York und Washington wären diese Vorstellungen weder innenpolitisch durchsetzbar gewesen noch außenpolitisch riskiert worden.

Nachdem zunächst militärisch geplant und rhetorisch gemutmaßt wurde, eröffnete Vizepräsident Cheney in zwei Reden im August 2002 die öffentliche Debatte um militärische Aktionen gegen den Irak. Seine Ausführungen kulminierten darin, dass die USA letztlich zwangsläufig intervenieren müssten, weil Saddam Hussein niemals zu trauen und von Inspektoren der Vereinten Nationen keine Eliminierung von ABC-Waffenprogrammen zu erwarten sei. Die folgende Diskussion, in die sich auch frühere republikanische Amtsträger aus der Regierung von George H. W. Bush einschalteten, veranlasste den Präsidenten, den Fall Saddam Husseins vor die Vereinten Nationen zu bringen, die er am Jahrestag des 11. September 2002 in New York ultimativ aufforderte, etwas gegen den Irak zu unternehmen. Letztlich diente die daraus resultierende Wiederaufnahme der Waffeninspektionen im Irak durch den UN-Sicherheitsrat aber nur der Überbrückung bis zum vollendeten Aufmarsch der US-Streitkräfte im Persischen Golf und dem meteorologisch günstigsten Angriffsmonat im März 2003. In der Zwischenzeit zog die amerikanische Regierung alle Register an Bedrohungsszenarien der Vereinigten Staaten durch den Irak. Ausländische Regierungen wurden ultimativ zur Unterstützung der amerikanischen Aktion gedrängt. Der Kongress verabschiedete auf der Basis von Geheimdienstdaten über die unmittelbare Gefahr für die nationale Sicherheit eine Ermächtigungsresolution für den Präsidenten. Im Sicherheitsrat der Vereinten Nationen legte Außenminister Powell die angeblichen irakischen Massenvernichtungs-Waffenprogramme dar. Bevor sie ihre Arbeit vollenden konnten, wurden die UN-Waffeninspektoren aus dem Irak abgezogen, als am 11. März 2003 die US-Intervention begann.

In weniger als einem Monat war der Irak militärisch geschlagen, wobei reguläre Armeeverbände sich eher auflösten, als sich den Truppen der USA und Großbritanniens entgegenzustellen. Am 7. April 2003 wurde Bagdad erobert und eine Statue Saddam Husseins symbolisch gestürzt. Protagonisten des alten Regimes tauchten unter und wurden allmählich aufgespürt und interniert. Nur wenige hundert amerikanische Soldaten waren gefallen. Präsident Bush landete vor der kalifornischen Küste mit einem Kampfflugzeug auf einem Flugzeugträger und posierte vor einem Spruchband mit der Aufschrift «Mission Accomplished».

Bis zum April 2003 hatte George W. Bush sein ganzes Kapital, das er sich als Beschützer einer verängstigten Nation nach dem 11. September 2001 erworben hatte, eingesetzt. Gegen alle Bedenkenträger hatte er sich aus festem Glauben für den Krieg im Irak entschieden und ihn schnell und, aus amerikanischer Sicht, weitgehend unblutig beendet. Risiko schien den Sieger zu belohnen und zu bestätigen. Aber die Welt war gespalten und weitgehend aufgebracht über die amerikanische Aktion, das Ansehen des Präsidenten der USA sank global auf ein einmalig niedriges Niveau. Terroristische Aktionen gegen Amerikaner und ihre Verbündeten nahmen zu, allmählich auch im scheinbar befriedeten Irak.

Zuhause hatte Bush bereits mit den Kongresswahlen im November 2002 den politischen Konsens aufgekündigt, als das Weiße Haus mit aggressiver Wählermobilisierungsstrategie und gezielten Kampagnen gegen demokratische Opponenten einen historischen Zuwachs in beiden Häusern des Kongresses erzielte. Der Senat hatte mit 51 zu 49 Sitzen wieder eine republikanische Mehrheit. Die Demokraten hatten dagegen die Lektion erhalten, dass der Präsident unbeschadet vorausgegangener Zusammenarbeit im Zweifelsfall seine Anhänger radikalisiert, um den politischen Gegner zu schlagen und seine eigene Agenda durchzusetzen.

Mit der bevorstehenden Präsidentschaftswahl im November 2004 kehrte die politische Auseinandersetzung in die Vereinigten Staaten zurück. In der Demokratischen Partei belebte sich der Vorwahlkampf erst, nachdem sich Howard Dean, der liberale Ex-Gouverneur von Vermont, bis zum Januar 2004 mit seiner Mobilisierung der Anti-Kriegsbasis seiner Partei als möglicher Gegenkandidat von George Bush profilierte. Doch in den Vorwahlen setzten sich schließlich die beiden Senatoren durch, denen das Parteivolk am ehesten «Wählbarkeit» zutraute. Schon längst hatte die radikale Präsidentschaft von George W. Bush so viel Widerwillen in Teilen der amerikanischen Bevölkerung hervorgerufen, dass an der demokratischen Parteibasis das Bedürfnis nach einer Person wuchs, die Bush schlagen konnte. So wurde John F. Kerry aus Massachusetts Präsidentschaftskandidat der Demokraten, während sein schärfster Rivale aus dem Vorwahlkampf, Senator John Edwards aus North Carolina, zum Vizepräsidentenanwärter avancierte.

Nach dem Hoch der Zeit zwischen 2002 und der ersten Hälfte des Jahres 2003 musste Präsident Bush eine ständige Erosion seiner Popularität erleben. Auch die Ergreifung von Saddam Hussein im Irak im Dezember 2003 verschaffte ihm nur einen kurzfristigen Aufwind. Im Wahljahr 2004 war der Präsident schließlich mit seinen Zustimmungsraten wieder bei Werten angelangt, die eher denen vor dem 11. September entsprachen. Entgegen den Angaben der Administration, die 2002/2003 als Hauptargument zur nationalen und internationalen Mobilisierung und Angsterzeugung verwendet worden waren, wurden im Irak weder Massenvernichtungswaffen noch Beweise für deren Produktion gefunden. Viele nachrichtendienstliche «Erkenntnisse» erwiesen sich bei näherer Analyse als falsch, ungenau, oder von exil-irakischen Gegnern des Saddam Hussein-Regimes erfunden. Im militärisch besetzten Irak selbst hatte sich eine hartnäckige Widerstandsfront aus einheimischen und infiltrierten arabischen Kriegern gebildet, die den USA und ihren irakischen Verbündeten schmerzliche Verluste zufügte. Bilder aus dem Bagdader Gefängnis Abu Ghraib, auf denen amerikanisches Wachpersonal irakische Gefangene misshandelte, gingen 2004 um die ganze Welt. Sie motivierten islamische Kämpfer in der gesamten Region und fügten dem internationalen Image der USA weiteren Schaden zu. Verteidigungsminister Donald Rumsfeld bot seinen Rücktritt an, aber Präsident Bush behielt ihn im Amt. Die

Zahl amerikanischer Opfer in der Nachkriegszeit überstieg bald die der Kriegshandlungen und erreichte vierstellige Höhen. Fast 100 000 Iraker verloren ihr Leben in den Kriegsaktionen und diversen Gefechten nach dem Sturz Saddam Husseins. Die Inkompetenz der Administrationspläne für den Nachkriegs-Irak, bedingt durch die dominierende Stellung des Pentagon, wurde immer mehr offenbar. Statt rosiger Szenarien setzte die Realität eines instabilen und nur mit massiven Truppenkonzentrationen halbwegs zu befriedenden Irak ein. Unter dem Druck der Guerillaaktionen setzte die Bush-Regierung den 30. Juni 2004 als Termin für die Amtsübergabe an eine ernannte irakische Regierung von amerikanischen Gnaden. Im Januar 2005 wurden freie Wahlen im Irak durchgeführt, die schließlich zur Bildung einer schiitisch dominierten Regierung führten.

Nach dem Sieg von John Kerry in den Vorwahlen der Demokraten setzte zwischen März und November 2004 in den USA ein gnadenloser Präsidentschaftswahlkampf ein. So wie die Abneigung gegen den Amtsinhaber die Demokraten einte und mobilisierte, so machte die republikanische Wahlkampfmaschine gegen vermeintliche Defizite und den «Charakter» von John Kerry mobil. Eine intensive Registrierungskampagne auf beiden Seiten brachte eine historische Rekordzahl von Wählern in die Wahllokale. Schließlich sollten am 2. November 2004 erstaunliche 16 Millionen Bürger mehr als vier Jahre zuvor wählen – ein Anstieg der Beteiligung der Bevölkerung im wahlfähigen Alter von 51 auf 62 Prozent.

Im Wahlkampf verteidigte der republikanische Präsident offensiv seine Politik, gab keinerlei Fehler zu und attackierte seinen politischen Gegner noch unerbittlicher, als es die andere Seite mit ihm machte. Geschickt appellierten Bush und Cheney an die Furcht der Amerikaner vor hypothetischen Terroranschlägen in den USA und warnten vor einem Führungswechsel «mitten im Krieg». Radikal regieren und argumentieren, um die eigene konservative Basis für einen wie auch immer knappen Sieg zu mobilisieren, war die Strategie des Präsidenten George W. Bush. Sein volkstümliches und diszipliniertes Auftreten wirkte natürlicher als das oft gewundene Agieren seines demokratischen Gegners. Sogar als John Kerry im Oktober 2004 alle drei TV-Debatten gegen George W. Bush durch Sachkenntnis und präsidentielles Auftreten in der öffentlichen Meinung gewonnen hatte, wurde dem amtierenden Präsidenten mehr Vertrauen entgegengebracht.

Am 2. November 2004 gewann George W. Bush die ersehnte zweite Amtszeit mit etwa 60 Millionen Stimmen gegenüber John Kerrys 56,5 Millionen. Wie im Jahre 2000 gewann Bush den gesamten Süden und Westen, verlor nur knapp den Mittleren Westen um die Großen Seen und ignorierte weitgehend die Westküste und den Nordosten. Mit dieser Wahl hatte George W. Bush erstmals ein Mandat mit deutlicher Stimmenmehrheit erhalten. Für 22 Prozent aller Wähler waren sogenannte «moralische Werte» das Hauptmotiv für die Wahlentscheidung. Diese erfolgreiche Mobilisierung der republikanischen Basis war für Bushs Wiederwahl letztendlich ausschlaggebend.

Wie schon im Jahre 2002 konnten die Republikaner zudem in beiden Häusern des Kongresses ihre Mehrheiten weiter ausbauen. George W. Bush als Person und seine Politik polarisierten die USA. Aber solange ihm diese Polarisierung wie im November 2004 eine Mehrheit von 51 Prozent verschaffte, sorgte er sich um die restlichen 49 Prozent so wenig, wie er sich für sein Image außerhalb der Vereinigten Staaten interessierte. Beflügelt durch ihre Wahlerfolge hofften die Republikaner, sich für eine ganze Generation eine strukturelle Mehrheit im Wahlmännerkollegium gesichert zu haben.

Die zweite Amtszeit des scheinbar gestärkten Präsidenten verlief jedoch geradezu antiklimaktisch. Die angestrebte Privatisierung der Sozialversicherung, für die Bush sein ganzes Prestige in die Waagschale warf, verlief ergebnislos im Sande. Nicht viel besser erging es ihm später mit einer nachdrücklich befürworteten Einwanderungsreform. Die dilatorische bis inkompetente Handhabung der Folgen von Hurrikan «Katrina» in New Orleans und an der Golfküste im Sommer 2005 reduzierte das innenpolitische Gewicht des Präsidenten empfindlich. Kritische Enthüllungen zum Krieg im Irak und dem «Global War on Terror» häuften sich und zeichneten das Bild eines überheblichen «imperialen» Präsidenten, der im Konzert mit Vizepräsident Cheney präzedenzlose exekutive Macht im Weißen Haus konzentrierte. Die in seiner ersten Amtszeit noch weitgehend kritiklos akzeptierte Ausweitung präsidialer Vollmachten, wie die Einrichtung eines Lagers in der amerikanischen Militärbasis Guantanamo auf Kuba mit internationalen Dauer-Gefangenen ohne jegliche Rechte, die Autorisierung von Folterpraktiken oder das geheime Abhören von Telefongesprächen ohne die gesetzlich vorgeschriebene Gerichtsanordnung, waren nun medialen Enthüllungen und drastischer Kritik ausgesetzt.

Die Situation im Irak verschlechterte sich nach Bushs Wahlsieg von 2004 bis zu Beginn des Jahres 2007 dramatisch. Das mörderische Chaos in dem nahöstlichen Land und die amerikanischen Verluste bekam die Regierung Bush nach einer längeren Phase der Ignoranz und Passivität erst durch einen Strategiewechsel mit der erzwungenen Entlassung von Verteidigungsminister Donald Rumsfeld und führender Militärs allmählich in den Griff. Zu diesem Zeitpunkt war der Präsident allerdings bereits durch einen drastischen Absturz seiner Popularitätsrate und den Verlust der republikanischen Mehrheit in beiden Häusern des Kongresses bei den Wahlen vom November 2006 abgestraft worden. Die lange quälende Inkompetenz im Irak hatte zudem existierende Reste an globalem Führungspotential zerstört und bescherte Bush auch international einen Verfall seiner Autorität.

Als sich nach dem Platzen einer unregulierten Immobilienblase im letzten Jahr seiner Amtszeit eine Bankenkrise und Rezession abzeichneten, fielen die positiven Umfragewerte für Bush auf etwa 25 Prozent, niedriger als für jeden Präsidenten seit Einführung entsprechender Meinungsumfragen nach dem Zweiten Weltkrieg. Damit hatte es George W. Bush in seiner achtjährigen Amtszeit geschafft, von der höchsten Zustimmungsrate, die ein Präsident je erreicht hatte, nach den Anschlägen des 11. September 2001, auf die geringsten historisch je gemessenen Werte Ende 2008 zu fallen. Seine Unpopularität war einer der Hauptgründe für die verheerenden Niederlagen der Republikaner in den Wahlen für Präsidentschaft und Kongress im November 2008.

Die langfristige historische Analyse der Amtszeit von George W. Bush steht aus und wird nicht unwesentlich von der Entwicklung im Irak abhängen. Allerdings scheint es Konsens zu werden, dass diese Präsidentschaft zu den schwächsten und enttäuschendsten in der langen Reihe der amerikanischen Präsidenten gehört. Die polarisierende Persönlichkeit von George W. Bush und seine offensichtlichen Defizite an intellektueller Neugier, Detailinteresse und der Erkennung von Komplexität werden einer positiven Bewertung seiner achtjährigen Präsidentschaft immer entgegenstehen.

Britta Waldschmidt-Nelson

BARACK OBAMA
2009–2017

Der erste afroamerikanische Präsident:
A Dream Come True?

Mit der Wahl von Barack Obama zum 44. Präsidenten der USA begann im November 2008 eine neue Ära der amerikanischen Geschichte. Nach 250 Jahren der Sklaverei und einem weiteren Jahrhundert legaler Rassentrennung und politischer Entrechtung schwarzer Bürger[1] im Süden der USA wurde erst-

---

[1] Der besseren Lesbarkeit halber wird in diesem Text bei Personengruppen nur die männliche Form (hier «Bürger», anstelle von «Bürgerinnen und Bürger») verwendet,

mals ein Afroamerikaner in das höchste politische Amt der Nation gewählt. Einige Kommentatoren nannten dies «die zweite amerikanische Revolution», andere verglichen die Bedeutung des Wahlausganges mit Lincolns Unterzeichnung der *Emancipation Proclamation*. In jedem Fall stellte Obamas Sieg ein historisches Ereignis dar, das nicht nur von der *black community* begeistert gefeiert wurde, sondern sowohl in den USA als auch weltweit den Glauben vieler Menschen an die Größe Amerikas und an die Lebendigkeit des «Amerikanischen Traums» wieder neu beflügelte. Obama faszinierte die Öffentlichkeit wie wohl kaum ein anderer US-Politiker seit John F. Kennedy, mit dem er oft verglichen wurde; nicht nur weil beide besonders junge, gutaussehende und charismatische Präsidenten waren, sondern auch weil Kennedy der erste katholische Präsident war und Obama seit Kennedy der erste Senator sowie der erste Nordstaatendemokrat, dem der Sprung ins Weiße Haus gelang. Viele sahen Obama zudem als Erben und Nachfolger von Martin Luther King Jr., dessen Traum von der Rassengleichberechtigung nun zumindest teilweise wahr geworden zu sein schien. Auch bezüglich Kings Traum von sozialer Gerechtigkeit in Amerika und im Hinblick auf eine friedvollere Außenpolitik versprach man sich durch seine Wahl bedeutende Fortschritte. An keinen anderen US-Präsidenten knüpften sich in den letzten Jahrzehnten so große Hoffnungen wie an Obama.

Geboren wurde Barack Hussein Obama Jr. am 4. August 1961 in Honolulu, Hawaii, als Sohn des Kenianers Barack Hussein Obama Sr. und der weißen Amerikanerin Ann Dunham. Sein Vater war als Gaststudent an die Universität von Hawaii gekommen, an der seine Mutter damals Anthropologie studierte. Die Eltern heirateten 1961, aber zwei Jahre später verließ der Vater die Familie, um an der Harvard University zu studieren. Die Ehe wurde geschieden, und Obama Sr. kehrte danach nach Kenia zurück, wo er 1982 bei einem Autounfall ums Leben kam. Von der Existenz seiner sieben afrikanischen Halbgeschwister erfuhr Obama erst als Erwachsener.

Trotz der Abwesenheit des Vaters hatte der junge Barry, wie er damals genannte wurde, eine relativ unbeschwerte Kindheit, zunächst auf Hawaii, dann in Indonesien. Seine Mutter heiratete 1967 den indonesischen Gaststudenten Lolo Soetoro und zog mit diesem nach Jakarta, wo 1970 Obamas Halbschwester Maya Soetoro geboren wurde. Obama besuchte eine öffentliche Grundschule in Jakarta und erhielt von seiner Mutter Englischunterricht. Um ihm

es sei jedoch darauf hingewiesen, dass grundsätzlich – so nicht anders erklärt oder aus dem Kontext ersichtlich – alle maskulinen Gruppenbezeichnungen im Folgenden sowohl Frauen als auch Männer einschließen.

eine bessere Schulbildung zu ermöglichen, schickte diese ihn im Alter von zehn Jahren zurück zu ihren Eltern nach Hawaii. Trotz der räumlichen Trennung blieb der Kontakt zur Mutter bis zu deren Krebstod 1995 immer intensiv und liebevoll.

Obamas Großeltern waren nicht wohlhabend (Stanley Dunham arbeitete als Möbelverkäufer, Madelyn Dunham als Bankangestellte), aber mit ihrer Unterstützung und einem Stipendium konnte Barack eine renommierte Privatschule, die Punahou-Akademie, besuchen. Er war der einzige schwarze Junge in seiner Klasse und schloss 1979 die Akademie mit Auszeichnung ab. Trotz seiner Beliebtheit bei Mitschülern und Lehrern kämpfte Obama als Teenager eigenen Aussagen zufolge auch mit Problemen, die über normale jugendliche Identitätskrisen hinausgingen. Auf Grund seiner Herkunft verspürte er zunehmend eine innere Zerrissenheit und fühlte sich manchmal sowohl in der weißen als auch in der schwarzen Welt als Außenseiter. Seiner 1995 veröffentlichten Autobiographie *Dreams from My Father* zufolge wurde diese Krise vor allem dadurch ausgelöst, dass ihm zunehmend bewusst wurde, wie sehr das Denken und Handeln vieler Weißer – selbst das seiner eigenen Großmutter – von rassistischen Vorurteilen gegenüber dunkelhäutigen Menschen geprägt war. Eine Zeitlang versuchte der junge Obama daraufhin, seine Probleme durch den Konsum von Alkohol, Marihuana und Kokain zu vergessen. Diese Phase dauerte jedoch nicht lange, und nachdem er ein Stipendium für das Occidental College in Los Angeles erhalten hatte, studierte er zunächst in Kalifornien, danach noch zwei Jahre an der Columbia-Universität in New York City, wo er 1983 einen Bachelor-Abschluss in Politikwissenschaft mit Schwerpunkt Internationale Beziehungen erlangte. Danach arbeitete er ein Jahr bei der Unternehmensberatung *Business International Corporation*, die ihm gute Aufstiegsmöglichkeiten in die Wirtschaft anbot. Stattdessen entschied sich Obama dafür, im sozialen Bereich tätig zu sein, da es ihm wichtig war, die Lebenswirklichkeit der weniger privilegierten schwarzen Amerikaner aus erster Hand kennenzulernen. Trotz vieler Fortschritte im Bereich der Rassengleichberechtigung in den USA gab und gibt es hier weiterhin große Defizite, und die volle Bedeutung des politischen Aufstiegs Obamas lässt sich nur vor diesem Hintergrund verstehen.

Erst Mitte der 1960er Jahre – kurz vor Obamas Einschulung – wurde mit zwei großen Bürgerrechtsgesetzen, dem *Civil Rights Act* von 1964 und dem *Voting Rights Act* von 1965, endlich jede Form von Segregation und legaler Diskriminierung in den USA verboten. Damals gab es im gesamten Bundesgebiet weniger als 300 gewählte schwarze Amtsinhaber, heute sind es über 9000, darunter 51 afroamerikanische Mitglieder des US-Kongresses. Zahlreiche amerikanische Großstädte werden von schwarzen Bürgermeistern regiert, und seit den 1990er Jahren sind viele hochrangige Ministerposten mit Afroamerikanern besetzt worden. Mit dem Wahlsieg Barack Obamas fiel 2008 die letzte Schranke bei den politischen Aufstiegsmöglichkeiten für Schwarze. Darüber hinaus ließ sich der Wahlerfolg Obamas auch als Indiz für eine höhere Integrationsbereitschaft der amerikanischen Gesellschaft sehen.

Diese positive Bilanz ist allerdings nur die eine Seite der Medaille. Auf der anderen Seite stellt zum Beispiel die de facto Rassentrennung von Wohngebieten und Schulen immer noch ein gravierendes Problem dar. Die schwarze Arbeitslosenrate liegt seit Jahrzehnten fast immer doppelt so hoch wie die der Weißen, gleiches gilt für die Kindersterblichkeitsrate. Zudem beträgt der durchschnittliche Gesamtbesitz einer vierköpfigen schwarzen Familie gerade einmal ein Viertel dessen einer gleich großen weißen Familie. Wie Obama selbst während seiner Jahre in der South Side von Chicago beobachtete, ist das Leben in den schwarzen Ghettos der Innenstädte vielfach von Arbeitslosigkeit, Armut, Drogensucht und Kriminalität bestimmt. Rund ein Viertel aller schwarzen Männer zwischen 18 und 28 Jahren befindet sich im Gefängnis oder verbüßt eine Bewährungsstrafe. Infolge der Kombination dieser negativen Faktoren liegt der Anteil afroamerikanischer Kinder, die ohne Vater aufwachsen, mittlerweile bei 72 %, und über die Hälfte dieser Kinder lebt unterhalb der Armutsgrenze.

Obama erkannte früh, dass das Problem der schwarzen Armut dadurch kompliziert wird, dass seit der gesetzlichen Gleichstellung der Schwarzen der Einfluss der Faktoren «Rasse» und «soziale Klasse» kaum noch voneinander zu trennen ist. Zudem gibt es gravierende Unterschiede in der Wahrnehmung der Rassenbeziehungen. So ist heute eine Mehrheit der weißen Amerikaner der Ansicht, dass Schwarze in den USA wegen ihrer Hautfarbe keine Benachteiligungen mehr erfahren. Diese Ansicht wird allerdings von über 90 % der Afroamerikaner nicht geteilt, zumal viele von ihnen solche Diskriminierung am eigenen Leibe erfahren.

Während seiner dreijährigen Tätigkeit als *community organizer* im schwarzen Ghetto der South Side konnte Barack Obama diese Problematik aus nächster Nähe miterleben. Er arbeitete damals für das *Developing Communities Project* (DCP), eine von lokalen Kirchengemeinden ins Leben gerufene Initiative, die u. a. Arbeitstrainingsprogramme und Hochschulvorbereitungskurse für Sozialhilfeempfänger organisierte. Obama engagierte sich erfolgreich für die Organisation und beschloss damals, den Kampf gegen soziale Ungerechtigkeit und Diskriminierung zu seiner Lebensaufgabe zu machen. Außerdem zeigte sich der vorher agnostische junge Mann vom sozialen Engagement der schwarzen Kirchen in Chicago und der positiven Kraft des Glaubens innerhalb der *black community* beeindruckt. Seiner Autobiographie zufolge wurde schließlich eine Predigt des Reverend Jeremiah Wright, «The Audacity of Hope», für ihn zum Bekehrungserlebnis. Obama wurde Mitglied von Wrights Gemeinde, der United Church of Christ, und ist seither bekennender Christ.

1988 erhielt Obama ein Stipendium für die Harvard Law School. Bevor er dieses wahrnahm, reiste er für fünf Wochen nach Kenia, um seinen afrikanischen Wurzeln nachzugehen. Hierbei lernte er seine afrikanische Verwandtschaft kennen und schrieb später, dass diese Reise ihm dabei half, sein gemischtes kulturelles Erbe nicht mehr als Belastung, sondern als positives Gut anzusehen. Im Herbst 1988 begann er sein Studium in Harvard und erregte die Aufmerksamkeit einer breiteren Öffentlichkeit, als er 1990 als erster Schwarzer zum Chefherausgeber der renommierten Fachzeitschrift *Harvard Law Review* gewählt wurde. Ein Jahr später schloss Obama sein Jurastudium *magna cum laude* ab, wodurch sich ihm zahlreiche Optionen auf lukrative Karrieren als Jurist boten. Stattdessen kehrte er wieder nach Chicago zurück, wo er noch einmal als *community organizer* arbeitete und 1992 das Wählereinschreibungsprogramm *Project Vote* leitete, mit dessen Hilfe über 150 000 neue afroamerikanische Wähler registriert wurden.

In das Jahr 1992 fiel auch ein weiteres wichtiges Ereignis: Barack Obama heiratete die Juristin Michelle Robinson, die er drei Jahre zuvor bei einem Praktikum in einer Anwaltskanzlei kennengelernt hatte. Die drei Jahre jüngere Michelle, die aus einer einfachen Chicagoer Arbeiterfamilie stammt, hatte genau wie Obama ein durch Stipendien finanziertes Jurastudium an der Harvard Universität abgeschlossen und arbeitete damals als Anwältin für die Chicagoer Stadtverwaltung und die University of Chicago. Das Paar hat zwei Töchter, Malia (geb. 1998) und Natasha (geb. 2001).

Nach der Heirat war Barack Obama drei Jahre lang als Bürgerrechtsanwalt für eine Kanzlei in Chicago und von 1993 bis 2004 als Dozent für Verfassungsrecht an der juristischen Fakultät der Universität von Chicago tätig. In dieser Zeit schrieb er auch die Autobiographie *Dreams from My Father*, die 1995 veröffentlicht wurde und wochenlang auf der *New York Times*-Bestsellerliste stand. Durch den Erfolg des Buchs gewannen die Obamas erstmals eine gewisse finanzielle Sicherheit. Außerdem legte Obama damit den Grundstein für seine spätere politische Karriere, denn das Buch machte ihn – den Außenseiter mit dem islamisch klingenden Namen – Millionen von Lesern und potentiellen Wählern bekannt. Schon damals zeichnete sich ab, dass die Arbeit als Bürgerrechtsanwalt Obama auf Dauer nicht befriedigen konnte. Zunächst strebte er an, Bürgermeister von Chicago zu werden, bewarb sich dann jedoch 1996 für den freiwerdenden Sitz im Senat von Illinois, der den Südchicagoer Distrikt Hyde Park vertritt. Der 35-Jährige gewann die Wahl auf Anhieb, wurde zweimal wiedergewählt und war bis 2004 Senator im Parlament von Illinois. Ermutigt durch diese Erfolge versuchte Obama, einen Platz im US-Kongress zu gewinnen, und trat im Jahr 2000 gegen den schwarzen Amtsinhaber Bobby Rush an. Dies erwies sich jedoch als Fehler, denn Rush, ein ehemaliger Black Panther, galt in Chicago als Held der schwarzen Bürgerrechtsbewegung und Obama verlor die Wahl kläglich. Nicht zuletzt auch deshalb, weil die Gegenseite hinterfragt hatte, ob Obama überhaupt «schwarz genug» sei, d. h. ob er wirklich die Interessen der *black community* vertrete oder auf Grund seiner elitären Ausbildung womöglich doch mehr mit der weißen Mittelschicht sympathisiere. Obama lernte aus dieser Niederlage, dass er für einen Wahlsieg die ungeteilte Unterstützung der *black community* benötigte und frühzeitig breite politische Allianzen schmieden musste.

Seinen nächsten Versuch, ein politisches Amt auf nationaler Ebene zu erlangen, bereitete er besser vor. Bei der Bewerbung um den Sitz des Senators von Illinois umgab er sich früh mit einer Reihe hervorragender Berater und einflussreicher afroamerikanischer Unterstützer. Am Ende besiegte Obama seinen republikanischen Kontrahenten mit 70% der Stimmen und zog als dritter Schwarzer seit der *Reconstruction* in den US-Senat ein, dem er bis zum November 2008 als jüngstes und einziges afroamerikanisches Mitglied angehörte.

Noch während seines Senatswahlkampfes durfte Obama im August 2004 beim Nationalen Parteitag der Demokraten in Boston die Hauptansprache halten. Die Rede mit dem Titel «The Audacity of Hope», in der Obama mit mitreißender Rhetorik die Einheit Amerikas über alle politischen, ethnischen, religiösen und kulturellen Unterschiede hinweg beschwor, katapultierte ihn mit einem Schlag ins Rampenlicht der nationalen Öffentlichkeit. Von jetzt an galt er bei vielen als neuer Star der Demokratischen Partei.

Im Januar 2005 trat Obama sein Amt als US-Senator an. Dort gehörte er unter anderem dem Ausschuss für Außenpolitische Beziehungen an, dessen Unterausschuss für Europäische Angelegenheiten er leitete, dem Ausschuss für Umwelt und öffentliche Bauvorhaben sowie dem Ausschuss für Gesundheit, Bildung, Arbeit und Renten. Auf Grund einer Analyse seines Abstimmungsverhaltens wurde Obama 2005 und 2006 vom *CQ Weekly* und dem *National Journal* als «loyal Democrat» und als einer der «most liberal» (sozialliberalsten) Mitglieder des Senats bezeichnet. Gleichzeitig zeigte er sich jedoch auch stets offen für eine Zusammenarbeit mit republikanischen Kollegen und initiierte einige erfolgreiche Gesetzesinitiativen gemeinsam mit diesen, darunter z. B. den *Lugar-Obama Act* zur Reduktion konventioneller Waffen von 2006. Im gleichen Jahr publizierte Obama sein Buch *The Audacity of Hope* – eine konsensorientierte Erläuterung seiner politischen Ansichten, die ebenfalls monatelang auf der *New York Times*-Bestsellerliste stand und als Beitrag für seinen Präsidentschaftswahlkampf gesehen werden kann.

Im Februar 2007 gab Obama in Springfield, Illinois – genau an dem Ort, wo sein großes Vorbild Abraham Lincoln 1858 die berühmte «House Divided»-Rede gehalten hatte – seine Kandidatur für das Amt des Präsidenten der Vereinigten Staaten bekannt. Nach einem außergewöhnlich harten Vorwahlkampf gegen die lange Zeit als Favoritin geltende Hillary Clinton wurde Barack Obama schließlich auf dem Nationalen Parteitag der Demokraten in Denver am 28. August 2008 – dem 45. Jahrestag von Martin Luther Kings berühmter *I Have a Dream*-Rede – als erster Afroamerikaner zum demokratischen Präsidentschaftskandidaten gekürt.

Obama war damals nicht nur der erste ernstzunehmende afroamerikanische Präsidentschaftskandidat, sondern auch der erste, der das neue Medium Internet sowie Elemente der modernen Populärkultur aktiv und höchst erfolgreich für seinen Wahlkampf nutzte. Obama begeisterte die Menschen, insbesondere die Jugend, nicht nur durch seine politischen Überzeugungen und seine Authentizität, sondern auch durch sein Charisma und seine Körpersprache. Er erlangte die Popularität eines internationalen Popstars. So widmete ihm sogar die deutsche Jugendzeitschrift BRAVO als erstem Politiker in ihrem 52-jährigen Bestehen die Titelgeschichte mit Beilagenposter, und das YouTube-Musikvideo «Yes We Can», eine HipHop-Intonation von Obamas bekanntester Wahlkampfrede, wurde vor der Wahl von über 14 Millionen Zuschauern heruntergeladen. Nie zuvor hatte ein Politiker so große Scharen freiwilliger Helfer für seinen Wahlkampf mobilisiert, und das Spendenvolumen für Obama brach mit über 605 Millionen Dollar alle vorausgegangenen Rekorde. Auch war keinem anderen Präsidentschaftskandidaten so viel internationale Aufmerksamkeit gezollt worden wie Obama. So jubelten ihm zum Beispiel im Juni 2008 bei einem Berlin-Besuch über 200 000 Menschen zu.

Die besondere Ausstrahlung Obamas, seine finanzielle Überlegenheit und ein hervorragendes Team von Beratern machten ihn trotz seiner wesentlich geringeren politischen Erfahrung zu einem ebenbürtigen Gegenkandidaten für den Republikaner John McCain. Zudem wirkte sich die zunehmende Unpopularität der Bush-Administration, deren Inkompetenz viele Amerikaner nicht nur in der Außenpolitik (Irakkrieg), sondern auch in der Innenpolitik (Finanzkrise) manifestiert sahen, als Vorteil für die Demokraten aus. Trotzdem blieb es bis zuletzt spannend. Zumal einige Demokraten befürchteten, dass viele weiße Wähler, die vorher bei Umfragen gern vorurteilsfrei erscheinen wollten, letztendlich doch nicht dazu bereit wären, für einen schwarzen Kandidaten zu stimmen. Diese Angst war auch nicht ganz unbegründet, denn der Faktor «Rasse» spielte zweifellos eine nicht unbedeutende Rolle im Wahlkampf. Hatte Obama früher mit dem Vorwurf zu kämpfen gehabt, nicht «schwarz genug» zu sein, so versuchten seine politischen Gegner jetzt, ihn als radikalen schwarzen Nationalisten darzustellen, vor allem nachdem bekannt wurde, dass sein Pfarrer und Freund, Reverend Wright, in seinen Predigten die USA mehrfach für ihren Rassismus scharf kritisiert, ja sogar verdammt hatte. Am 18. März 2008 antwortete Obama direkt auf diese Vorwürfe, und seine Ansprache «A More Perfect Union» ist sowohl rhetorisch als auch inhaltlich eine der besten Reden, die über das Thema Rassenbeziehungen seit den 1960er Jahren gehalten wurden. Obama sprach sich hier klar für die historische Verantwortung der USA für Sklaverei und Rassendiskriminierung aus, aber er machte auch deutlich, wie kompliziert die Situation heute ist. Er zeigte Verständnis für die Wut auf beiden Seiten und betonte, dass zwar viele Afroamerikaner noch heute unter Diskriminierung litten, dass es aber auch viele weiße Arbeiter und Immigranten gäbe, die nie besondere Privilegien auf Grund ihrer Rasse gehabt hätten und die darum nachvollziehbarerweise keine Sympathie für die Bevorzugung von Schwarzen bei der Studienplatz- oder Jobvergabe aufbringen könnten. Am Ende beschwor Obama seine Zuhörer, dass nur gegenseitige Toleranz und das gemeinsame Streben aller für mehr soziale Gerechtigkeit Amerika auf dem Weg zu einer besseren Gemeinschaft (*a more perfect union*) vorwärtsbringen könne.

Durch diese allgemein mit großem Wohlwollen aufgenommene Rede gelang es Obama, sich als «Brückenbauer» zu präsentieren, der nicht nur wegen seiner Herkunft, sondern auch auf Grund seiner persönlichen Erfahrungen ein ganz besonderes Potential dafür hatte, die Spannungen zwischen Schwarz und Weiß in Amerika zu verringern. Nicht nur in Bezug auf den Rassenkonflikt, sondern auch in anderen Bereichen zeigte er sich weniger an Ideologie als an pragmatischen Lösungen interessiert. Diese konsensorientierte Haltung Obamas trug sicher dazu bei, dass er die Präsidentschaftswahl am 4. November 2008 mit 52% der abgegebenen Stimmen gewann (zwei Drittel der 18–30-Jährigen, fast 60% der Frauen und 95% der Afroamerikaner hatten für ihn gestimmt).

Barack Obamas Sieg löste weltweit Begeisterungsstürme aus. Noch nie wurde die Amtseinführung eines amerikanischen Präsidenten so euphorisch gefeiert wie am 20. Januar 2009. Fast zwei Millionen Obama-Anhänger strömten nach Washington, D. C., um den historischen Moment live mitzuerleben, und weltweit verfolgten mehr Zuschauer als je zuvor die Zeremonie im Fernsehen oder über Internet. Die Erwartungen an den neuen Präsidenten waren entsprechend hoch. Viele Menschen versprachen sich von ihm eine fundamentale Veränderung des politischen Systems der USA. Aufmerksamen Beobachtern war allerdings damals schon bewusst, dass der Realpolitiker Obama nicht mit dem linksradikalen, romantischen Idealisten gleichzusetzen war, als der er sich in *Dreams from My Father* präsentiert hatte. Sie sollten Recht behalten.

Präsident Obama war kein Revolutionär, sondern ein sozialliberaler Demokrat und Pragmatiker, der vor allem während seiner ersten Amtszeit intensiv versuchte, auch konservative Stimmen und innerparteiliche Gegner in den angestrebten Reformprozess miteinzubeziehen. Dies zeigte sich auch in der Wahl seiner Regierungsmannschaft, in die er keine radikalen Linken, sondern durchweg erfahrene Politiker und Fachexperten berief, darunter auch einige, die nicht seiner eigenen Partei angehörten, zum Beispiel den republikanischen Verteidigungsminister Robert Gates. In der Geschichte der USA gab es kein Kabinett, dem so viele promovierte Absolventen von Harvard, Yale und anderen Eliteuniversitäten angehörten, wie das der Obama-Regierung. Kritiker wiesen allerdings darauf hin, dass Obamas Team auch über auffallend viele Kabinettsmitglieder verfügte, die als Washington-Insider anzusehen sind, obwohl der Präsident im Wahlkampf vor allem das Motto «Change» ins Feld geführt hatte. Die wenig später von Noam Chomsky und anderen Linksliberalen geäußerten Zweifel, dass sich mit diesen Leuten eine substantielle Neuausrichtung der Regierungspolitik erreichen lassen würde, sollten sich am Ende als berechtigt herausstellen. Andererseits entsprach es dem politischen Stil Obamas, seine Ziele eher in Kooperation mit bestehenden Mächten und Institutionen zu erreichen, als gegen diese anzustürmen.

Zieht man acht Jahre nach dem umjubelten Einzug Obamas ins Weiße Haus eine Bilanz seiner Amtszeit, so ergibt sich ein gemischtes Bild. In manchen Bereichen hat Obama wichtige Reformen durchgesetzt, in anderen blieben die erzielten Ergebnisse mittelmäßig oder enttäuschend. Laut des «Obamameter» der mit dem Pulitzer-Preis ausgezeichneten Website «Politifact» konnte der 44. Präsident am Ende seiner Amtszeit insgesamt knapp die Hälfte (48,4%) seiner im Wahlkampf von 2008 gemachten Wahlversprechen einlösen, in 27,4% der Fälle ließ er sich auf einen Kompromiss ein, bei 24,2% brach er sein Wahlversprechen. Dies ist historisch gesehen keine schlechte Bilanz für einen US-Präsidenten, zumal der Grund für die Nichteinlösung seiner Versprechen in vielen Fällen in der massiven Opposition der Republikaner im

Kongress begründet lag. Wie unerbittlich diese war, lässt sich u. a. daran erkennen, dass der Vorsitzende der Republikaner im Senat, Mitch McConnell, kurz nach Obamas Amtsantritt öffentlich verkündete, es sei die Hauptpriorität seiner Partei («*our number one priority*»), dafür zu sorgen, dass Obama nicht wiedergewählt werden würde. Die Opposition war von Anfang an darauf ausgerichtet, eine konstruktive Zusammenarbeit von Legislative und Exekutive zu verhindern, um die Regierung des ersten afroamerikanischen Präsidenten zum Scheitern zu bringen.

Obama versuchte trotz der offenen Feindseligkeit vieler republikanischer Führungspersönlichkeiten lange Zeit – nach Ansicht mancher demokratischer Kritiker viel zu lange – auf die Opposition zuzugehen und sie zur Kooperation zu bewegen. Diese Versuche scheiterten. Das Vorhaben der Republikaner, den Präsidenten nach einer Amtszeit aus dem Weißen Haus zu vertreiben, scheiterte jedoch ebenfalls. Nicht zuletzt auf Grund der Schwäche des vergleichsweise distanziert und steif wirkenden republikanischen Kandidaten Mitt Romney gelang es Obama trotz der 2012 wirtschaftlich noch immer angespannten Lage und einer steigenden Zahl außenpolitischer Probleme die Wahl im November 2012 mit 51% der *popular vote* für sich zu entscheiden. Dadurch wurde Obama – nach Andrew Jackson und Franklin D. Roosevelt – zum dritten Demokraten der US-Geschichte, der zwei aufeinanderfolgende Präsidentschaftswahlen mit einer Mehrheit aller abgegebenen Stimmen gewann.

Allerdings konnten die Republikaner bei dieser Wahl ihre Kontrolle über das Repräsentantenhaus weiter ausbauen und gewannen 2014 die Mehrheit im Senat. Dies machte es für den Präsidenten in seiner zweiten Amtszeit noch schwieriger, oftmals sogar schlichtweg unmöglich, für seine Initiativen die Zustimmung des Kongresses zu erhalten. Entsprechend gemischt fällt darum insgesamt gesehen die Bilanz der Amtszeit des ersten afroamerikanischen Präsidenten der USA aus.

Im Bereich Wirtschaft und Arbeitsplätze gab es sowohl Erfolge als auch Misserfolge. Positiv ist anzumerken, dass Obama, der von seinem Vorgänger George W. Bush eine katastrophale Wirtschafts- und Finanzkrise geerbt hatte, mit einem gegen den Widerstand der Republikaner durchgesetzten Konjunkturprogramm von über 800 Milliarden Dollar (*The American Recovery and Reinvestment Act*) verhindern konnte, dass sich die Wirtschaftskrise zu einer wirklichen Depression ausweitete. Allerdings dauerte es einige Zeit, bis diese Maßnahmen anfingen, sich positiv auszuwirken. Im Laufe seines ersten Amtsjahres ging das Wirtschaftswachstum um 2,6% zurück. Danach verbesserte sich die Situation spürbar. Es gelang dem Präsidenten durch Staatshilfen, die kollabierende amerikanische Autoindustrie zu retten, der Immobilienmarkt stabilisierte sich und der Dow Jones stieg während Obamas Amtszeit von weniger als 8000 auf über 19 000 Punkte. Beachtenswert ist zudem der Rückgang der Arbeitslosenquote von 7,8% auf 4,8%. Allerdings erfuhr der Großteil der unteren Einkommensschichten trotz dieser positiven Entwicklungen keine wesentliche Verbesserung ihrer wirtschaftlichen Situation. Außerdem stieg der Schuldenberg der USA, dessen Verminderung ebenfalls zu den Zielen der Regierung zählte, von 10,6 auf 19,9 Milliarden Dollar (i. e. auf 102% des Bruttoinlandsproduktes). Der Grund für diesen massiven Anstieg lag zum Teil in den immensen Militärausgaben für die Kriege im Irak und in Afghanistan. Verstärkt wurde das Problem durch die hartnäckige Weigerung der republikanischen Mehrheit im Kongress, die von Obama gewünschten Steuererhöhungen für Besserverdienende zu akzeptieren. Eine nachhaltige Defizitreduktion und Wende in der Schuldenkrise, die Beobachter in den USA inzwischen als «tickende Zeitbombe» bezeichnen, konnte der 44. Präsident somit nicht erreichen. Ob die von ihm initiierten neuen Kontrollmechanismen der Finanzmärkte (z. B. der 2010 verabschiedete *Dodd-Frank Wall Street Reform and Consumer Protection Act*) eine nachhaltige Absicherung gegen Krisen wie die von 2008 bewirken können, bleibt abzuwarten.

In der Gesundheits- und Sozialpolitik sieht die Bilanz der Obama-Regierung hingegen deutlich besser aus: Sein größter Erfolg ist zweifellos der gegen den erbitterten Widerstand der Republikaner 2010 durchgesetzte *Patient Protection and Affordable Care Act* (PPACA), besser bekannt unter dem Namen *Obamacare*. Die Republikaner kämpften mit allen Mitteln, selbst mit einer Klage vor dem Obersten Gerichtshof der USA gegen den PPACA, der jedoch im Juni 2012 und dann erneut im Juni 2015 von dem Gericht als verfassungsgemäß bestätigt wurde. Mit diesem Gesetz, das im Januar 2014 in Kraft trat, gelang es dem Präsidenten, die seit Jahrzehnten von seinen demokratischen Amtsvorgängern vergeblich angestrebte Gesundheitsreform tatsächlich zu realisieren. Es führte in den USA erstmals eine allgemeine Krankenversicherungspflicht ein und stärkte die Rechte der Patienten gegenüber den Versicherungsgesellschaften. Durch *Obamacare* erhielten mehr als 20 Millionen Amerikaner, die es sich vorher nicht leisten konnten, Zugang zu einer Krankenversicherung, und der Anteil der nicht krankenversicherten Bevölkerung in den USA fiel von 16% auf 8,8%. Menschen mit Vorerkrankungen können mit der Verabschiedung des neuen Gesetzes nicht mehr pauschal von Versicherungen ausgeschlossen werden, und Kinder dürfen nun bis zum Alter von 26 Jahren über ihre Eltern mitversichert werden. Die Reform mag einige Schwachpunkte haben, beispielsweise sah Obama sich gezwungen, seinen ursprünglichen Plan einer staatlich finanzierten Versicherungsmöglichkeit (*public option*) aufzugeben, trotzdem ist die Durchsetzung dieser größten Sozialreform der USA seit den 1960er Jahren zweifellos eine historische Leistung.

Auch im Bereich Bildung und Erziehung ist die Bilanz der Obama-Regierung relativ positiv. Der erfolgreiche Bildungsminister Arne Duncan erhielt für seine innovativen Reformen zur Qualitätssteigerung der öffentlichen Schulen sogar Lob von republikanischer Seite. Im Rahmen der sogenannten *Race to the Top*-Initiative, welche bereits 2009 initiiert wurde, sowie dem 2015 verabschiedeten *Every Student Succeeds Act* erhielten Einzelstaaten, die in Qualitätssteigerung ihrer Schulprogramme investieren, zusätzliche Bundesmittel. Obama hatte außerdem vor, allen vierjährigen Kindern in den USA den Besuch eines für sie kostenlosen Vorschulprogramms zu ermöglichen, das er durch eine Erhöhung der Tabaksteuer um 94 Cent pro Packung gegenfinanzieren wollte. Dies wurde von der republikanischen Kongressmehrheit abgelehnt. Bemerkenswert ist jedoch, dass am Ende der Obama-Ära die Rate der erfolgreichen Absolventen weiterführender Schulen (*high school graduation rate*) mit 83,2% ihren historischen Höchststand erreichte. Außerdem setzte Obama sich intensiv für eine Verbesserung öffentlich geförderter Studienkredite ein, senkte die Zinsen der durch die Regierung gesicherten *Stafford Loans* und erhöhte den Etat für die sogenannten *Pell Grants* (Zuschüsse für bedürftige Studierende) um 50 Milliarden Dollar.

Keinen Erfolg hatte der Präsident dagegen mit seinen Bemühungen, schärfere und effektivere Waffenkontrollgesetze zu fördern. Seit dem Amoklauf an einer Grundschule in Newtown, Connecticut, im Dezember 2012, bei dem zwanzig Kinder und sechs Erwachsene mit einem Sturmgewehr erschossen wurden, hatte Obama den Kampf gegen die steigende Verbreitung sogenannter *assault weapons* in den USA zu einer seiner höchsten Prioritäten erklärt. Er scheiterte hierbei jedoch an der erbitterten republikanischen Opposition, die wiederum eng mit der Waffenlobby, konkret der *National Rifle Association*, zusammenarbeitete. So hält die Amtszeit Obamas – ganz im Gegensatz zu den gesetzten Zielen – den traurigen Rekord, die Präsidentschaft mit der bislang höchsten Anzahl von Massenschießereien und Todesopfern durch Feuerwaffen zu sein.

Bei der Armutsbekämpfung schnitt die Obama-Regierung ebenfalls nicht besonders positiv ab. Das Konjunkturprogramm Obamas beinhaltete zwar 80 Milliarden Dollar für die Unterstützung armer und arbeitsloser Amerikaner, inklusive einer Verlängerung der Arbeitslosenhilfe, einer Ausweitung des Essensmarkenprogramms und öffentlicher Jobtrainingsprogramme. Trotzdem gelang es ihm nicht, die Armutsrate zu reduzieren. Die Quote stieg von

13,2% im Jahr 2009 bis 2016 sogar auf 14,5%, d. h. rund 47 Millionen Amerikaner lebten in Armut, als Obama das Weiße Haus verließ. Während das Einkommen der reichsten 5% der US-Bevölkerung unter Obama um 4,9% anstieg, fiel das der Mittelschicht um 1,5%. Erstere kontrollieren über die Hälfte (63%) des landesweiten Vermögens (z. B. Land, Immobilien und Aktien), wohingegen die unteren 80% der Bevölkerung weniger als 13% desselben besitzen. Dass der Unterschied zwischen Arm und Reich in den USA am Ende seiner Amtszeit auf dem höchsten Niveau seit den 1960er Jahren lag, war sicher auch für den Präsidenten selbst eine herbe Enttäuschung.

Besonders komplex ist die Bilanz der Obama-Regierung bezüglich seiner Umwelt- und Energiepolitik. So war ihm die Verringerung von Treibhausemissionen ein dringendes Anliegen, aber gleichzeitig beabsichtigte er, die Abhängigkeit der USA von ausländischen Öl- und Gaslieferanten zu verringern, wozu auch neue Tiefseeölbohrungen und die umstrittene Methode des Fracking genutzt wurden. Dass die Obama-Regierung 2012, nur zwei Jahre nach der Deepwater Horizon-Katastrophe (damals kamen beim Blow-Out einer Bohrinsel elf Menschen ums Leben und die größte Ölpest der US-Geschichte verseuchte den Golf von Mexiko), große Gebiete in der Golfregion sowie in der bislang unberührten arktischen See für Ölbohrungen freigab, empörte Umweltschützer. Eine Mehrheit der amerikanischen Bevölkerung zeigte sich allerdings hochzufrieden damit, dass sich unter Obama die amerikanische Erdölproduktion fast verdoppelte; 2014 überholten die USA sogar Saudi-Arabien als weltgrößten Ölproduzenten. Andererseits erließ die Obama-Regierung im gleichen Jahr neue Bestimmungen für die Automobilindustrie, welche eine massive Reduktion des Benzinverbrauchs bei neuen Produkten vorschrieb. Zudem stärkte Obama die Befugnisse der *Environmental Protection Agency* (EPA), welche in den folgenden Jahren stark verbesserte Luftqualitätsbestimmungen und andere Umweltschutzvorschriften effektiv durchsetzte. Darüber hinaus förderte er den Einsatz von erneuerbaren Energien. So stieg während seiner Regierungszeit der Anteil von US-Strom aus erneuerbaren Energiequellen von weniger als 10% auf rund 15%; eine beachtliche Verbesserung, auch wenn hierbei sicher noch nicht alle Möglichkeiten ausgereizt wurden (in Deutschland liegt dieser Anteil z. B. bei rund 32%). Obama strebte danach, dass die USA eine globale Führungsrolle im Kampf gegen Umweltzerstörung und Erderwärmung einnehmen sollte. Dies war auch einer seiner Gründe für die Opposition gegen den Bau einer über 1000 Kilometer langen Ölpipeline von Kanada zum Golf von Mexiko. Die zu erwartende Umweltzerstörung durch dieses *Keystone XL Pipeline Project* wurde von dessen Gegnern als «katastrophal» bezeichnet. Sie jubelten, als das von den Republikanern unterstützte Gesetz zum Bau der Pipeline im März 2015 am Veto des Präsidenten scheiterte. Viel Lob von Umweltschützern erhielt Obama auch für seine positive Führungsrolle bei der Klimakonferenz der Vereinten Nationen in Paris 2015. Es war nicht zuletzt seinem Engagement und Verhandlungsgeschick zu verdanken, dass am Ende fast 200 Nationen, inklusive China und Indien, ein neues Klimaabkommen unterschrieben, das erstmals alle Unterzeichner auf fest vereinbarte, durch internationale Kontrollgremien überprüfbare Emissionsreduktionen festlegte. Die USA verpflichteten sich, ihren Treibhausgasausstoß bis 2025 um ein Viertel zu verringern. Als der Kongress sich weigerte, dem Klimaabkommen zuzustimmen, erklärte Obama es im September 2016 auch ohne dessen Zustimmung als gültig. Ob dieser Schritt verfassungsrechtlich vertretbar war, ist unter Experten umstritten. Die Episode zeigt, wie viel dem Präsidenten persönlich daran lag, durch multinationale Zusammenarbeit gegen die globale Erwärmung vorzugehen. Ganz am Ende seiner Amtszeit, im Dezember 2016, nutzte Obama schließlich noch die Bestimmung eines obskuren Wasserschutzgesetzes von 1953 (*Outer Continental Shelf Lands Act*), um zum Ärger der republikanischen Opposition neue Öl- und Gasbohrungen in weiten Teilen des Arktischen und Atlantischen Ozeans endgültig zu verbieten. So bleibt festzuhalten, dass Obama zwar nicht alle der in ihn gesetzten Erwartungen von Umweltschützern erfüllen konnte, aber sich doch in diesem Bereich deutlich mehr engagiert hat als seine Amtsvorgänger.

Ein weiterer wichtiger Punkt in der Beurteilung der ersten Amtszeit von Barack Obama ist die Frage nach seinem Einsatz und seinen Erfolgen für Minderheiten bzw. historisch benachteiligte Bevölkerungsgruppen. Auch hier ist das Ergebnis gemischt. Manche Gruppen profitierten eindeutig mehr als andere, wie folgende Beispiele zeigen:

Die Förderung der Gleichstellung von Frauen und der Erhalt des Rechtes auf Zugang zu Verhütungsmitteln sowie zu legalen Abtreibungen zählten zu den Prioritäten der Obama-Regierung. So unterzeichnete der Präsident wenige Wochen nach seinem Einzug ins Weiße Haus den *Lilly Ledbetter Fair Pay Act*, durch den die immer noch vorhandenen Gehaltsunterschiede zwischen Frauen und Männern in den USA reduziert werden sollen. Er schuf das Amt einer UN-Sonderbotschafterin für Frauenanliegen und er machte – trotz erbitterten Widerstands der Republikaner und der christlichen Rechten – die Kostenübernahme für Verhütungsmittel zu einem Teil seiner Gesundheitsreform. Besonders wichtig in Bezug auf eine nachhaltige Sicherung der Rechte von Frauen ist zudem, dass Obama mit Sonia Sotomayor (2009) und Elena Kagan (2010) zwei neue Richterinnen in dem Obersten Gerichtshof der USA platzierte, die sich eindeutig *pro-choice*, d. h. für die Beibehaltung legaler Abtreibungsmöglichkeiten, ausgesprochen hatten. Er setzte sich während seiner gesamten Amtszeit für die Gleichberechtigung von Frauen und Mädchen in allen Lebensbereichen ein und berief in beiden Amtszeiten jeweils acht weibliche Mitglieder in sein Kabinett (darunter seine ehemalige Gegnerin Hillary Clinton als Außenministerin). Auch wenn dies nur rund ein Drittel der zu vergebenden Positionen ausmachte, so waren es doppelt so viele wie unter seinem Vorgänger George W. Bush und mehr als unter jedem anderen Präsidenten vor ihm.

Eine andere Bevölkerungsgruppe, deren Situation sich während der Obama-Amtszeit sehr deutlich verbesserte, sind homosexuelle Amerikaner. Dies lag zum Teil an einer Veränderung der öffentlichen Meinung in Bezug auf dieses Thema, zum Teil aber auch an aktiven Maßnahmen der Regierung. So beendete Obama durch die Abschaffung der sogenannten *Don't ask don't tell*-Praxis im Sommer 2011 die Diskriminierung von Schwulen und Lesben im amerikanischen Militär. Der Präsident selbst änderte während seiner Amtszeit auch seine persönliche Einstellung hin zu mehr Akzeptanz von Homosexualität. Gleichzeitig veränderte sich auch die Einstellung der Gesamtbevölkerung der USA. Umfragen zufolge stieg zwischen 2006 und 2012 der Anteil der Amerikaner, die gleichgeschlechtliche Ehen billigen, von 36% auf 53%. Erstmals in der Geschichte der USA sprach sich somit eine Mehrheit der Bevölkerung für die Akzeptanz homosexueller Paare aus, und bis zum Ende von Obamas zweiter Amtszeit stieg die Toleranz gegenüber dem Recht von Schwulen und Lesben zu heiraten sogar auf über 60%. Ob der Präsident durch sein Verhalten zu diesem Trend beitrug, oder ob er selbst von ihm mitgezogen wurde, muss offenbleiben. Aber klar ist, dass Obama sich nach anfänglicher Zurückhaltung ab 2012 offen auf die Seite der *gay community* stellte. Obama verwendete als erster Präsident das Wort *gay* in seiner Antrittsrede und verglich die sogenannten *Stonewall Riots* von 1969 (d. h. den ersten offenen Widerstand von Schwulen gegen Schikanen der Polizei) mit der berühmten ersten Frauenrechtsversammlung in Seneca Falls 1848 und mit dem *Selma Voting Rights March* der schwarzen Bürgerrechtsbewegung von 1965. Zu seiner zweiten Amtseinführung durfte erstmals ein offen bekennender schwuler Dichter, Richard Blanco (Sohn kubanischer Einwanderer), das *Inaugural Poem* vortragen, und als der Oberste Gerichtshof im Juni 2015 schließlich das Recht von gleichgeschlechtlichen Paaren auf Eheschließung und auf die Anerkennung ihrer Ehe in allen Bundesstaaten bestätigte, lobte Obama die Entscheidung als «Sieg für Amerika». Auch seine öffentliche Befürwortung der Gleichberechtigung von Mitgliedern der *gay community* in allen Bereichen des öffentlichen

Lebens trug sicher dazu bei, dass diese in den letzten Jahren eine spürbare Verbesserung ihrer Stellung innerhalb der amerikanischen Gesellschaft erfahren haben.

Bei den *Hispanic Americans*, der mit inzwischen knapp 18% Bevölkerungsanteil deutlich größten Minderheit in den USA, fiel die Bilanz der Unterstützung durch Obama deutlich schwächer aus. Der Präsident war sich zwar der großen Wichtigkeit dieser Wählergruppe bewusst, die ihm 2008 67% und 2012 71% ihrer Stimmen schenkte, und betonte stets, wie wichtig ihm deren Anliegen seien, aber die tatsächlichen Erfolge für *Hispanic Americans* blieben unter Obama vergleichsweise klein. Die wichtigste Maßnahme hierbei war zweifellos, dass er mit Sonia Sotomayor das erste *Hispanic American* Mitglied des Obersten Gerichtshofes ernannte. Auch hatte sein erstes Kabinett zwei *Hispanic Americans* (darunter Hilda Solis, die erste mexikanischstämmige Arbeitsministerin der USA). Obama setzte sich zudem intensiv für den sogenannten *DREAM Act* (*Development, Relief, and Education for Alien Minors Act*) ein, der ausgezeichnete Schüler und Studenten, die sich als Kinder illegaler Einwanderer ebenfalls illegal im Land aufhielten, vor der Deportation bewahren sollte. Gleichzeitig ging er jedoch mit besonderer Härte gegen das Problem der illegalen Einwanderung vor. Die Mehrzahl der rund 11 Millionen illegalen Einwanderer kommt aus Mexiko, Mittel- oder Südamerika, und unter Obama wurde die Anzahl der Razzien deutlich erhöht, der Grenzschutz verschärft und insgesamt mehr als 2,5 Millionen illegale Einwanderer deportiert – mehr als doppelt so viele wie unter der Regierung seines Vorgängers. Zu Beginn seiner zweiten Amtszeit erklärte der Präsident zwar die Durchsetzung einer konstruktiven Immigrationsrechtsreform zur höchsten innenpolitischen Priorität und versprach den *Hispanic Americans*, dass diese Reform ihre Situation deutlich verbessern würde. Die Verhandlungen über das von ihm angestrebte neue Einwanderungsgesetz scheiterten jedoch letztendlich an der republikanischen Opposition. Außerdem gelang es Obama trotz sechsjähriger Verhandlungen nicht, den Kongress zur Verabschiedung des auch bei Weißen vergleichsweise positiv bewerteten *DREAM Act* zu überreden. Um diese Jugendlichen und ihre Eltern vor der drohenden Deportation zu schützen, verfügte Obama schließlich im November 2014 den Schutz vor Ausweisung durch eine *Executive Order*.

Unter den Afroamerikanern war der Jubel über den Wahlsieg und die Wiederwahl Barack Obamas natürlich besonders groß. Viele Schwarze glaubten, dass durch den Einzug der ersten afroamerikanischen Familie ins Weiße Haus ein wichtiger Teil des Traumes von Martin Luther King sich erfüllt hätte, und hofften, dass sich durch einen afroamerikanischen Präsidenten auch die Situation der vielfach immer noch sozial benachteiligten Schwarzen in den USA verbessern würde. Diese Hoffnung blieb jedoch in vielen Bereichen unerfüllt. So änderte sich an der wirtschaftlichen Lage für die meisten schwarzen Amerikaner in den vergangenen acht Jahren kaum etwas. Ihre Arbeitslosenquote verringerte sich zwar auf Grund der allgemeinen wirtschaftlichen Erholung von über 12 % auf knapp 8 %, lag damit jedoch nach wie vor fast doppelt so hoch wie die weißer Amerikaner. Auch die schwarze Armutsrate, die unter Präsident Clinton schon einmal auf 23 % reduziert worden war und bei Obamas Amtsantritt 25 % betrug, stieg bis Ende 2016 auf knapp 27 % und lag somit fast dreimal so hoch wie die der Weißen. Hiervon sind insbesondere schwarze Kinder und Jugendliche betroffen, von denen 2016 38 % unterhalb der Armutsgrenze lebten, i. e. viermal so viel wie weiße Kinder. Für einen afroamerikanischen Präsidenten, der versprochen hatte, für mehr soziale Gerechtigkeit zu sorgen, ist dies sicher kein erfreuliches Fazit.

In seiner ersten Amtszeit äußerten nur relativ wenige Afroamerikaner öffentlich direkte Kritik am Präsidenten, denn man scheute sich davor, ihm in den Rücken zu fallen, und die *black community* unterstützte seine Wiederwahl 2012 mit 93 % ihrer Stimmen. Aber im Laufe der zweiten Amtszeit mehrte sich aus ihren Reihen die Kritik, dass Obama zu sehr bemüht wäre, nicht etwa als Präsident der Schwarzen, sondern stets als Präsident *aller* Amerikaner wahrgenommen zu werden. Viele bemängelten zum Beispiel, dass Obama deutlich weniger schwarze Kabinettsmitglieder ernannt hatte als seine Amtsvorgänger. Bill Clinton berief insgesamt sieben schwarze Amerikaner in sein Kabinett, George W. Bush immerhin vier. Bei Obamas Regierungsteam gab es in der ersten Amtszeit nur einen einzigen schwarzen Minister (Justizminister Eric Holder) und in der zweiten Amtszeit zwei (neben Holder und seiner Nachfolgerin Loretta Lynch noch den schwarzen Verkehrsminister Anthony Foxx). Besonders bitter war die Enttäuschung darüber, dass Obama sich nicht als «Brückenbauer» zwischen der schwarzen und der weißen Bevölkerung erweisen konnte und es während seiner Amtszeit nicht zu einer Verringerung der Rassenspannungen in Amerika kam. Eher konnte man das Gegenteil beobachten. Seine Wahl zum Präsidenten löste offenbar bei einem Teil der weißen Bevölkerung ein virulentes Aufflackern latent rassistischer Tendenzen aus. Viele weiße Nationalisten sahen durch den Einzug einer schwarzen Familie ins Weiße Haus die letzte Bastion der weißen Privilegien in den USA als verloren an und glaubten jetzt aktiv für deren «Rückeroberung» und den Schutz der Rechte von weißen Amerikanern kämpfen zu müssen. So häuften sich rassistische Angriffe auf unbewaffnete Schwarze, wie beispielsweise die Ermordung des schwarzen Teenagers Trayvon Martin durch einen selbst ernannten

Wachmann einer weißen Nachbarschaft in Florida 2012 oder das sogenannte *Charleston Church Massacre* von 2015, bei dem ein 21-jähriger weißer Südstaatler aus Rassenhass neun afroamerikanische Besucher einer schwarzen Kirche erschoss und drei weitere schwer verletzte. Auch die Vorfälle weißer Polizeibrutalität gegen unbewaffnete schwarze junge Männer sind unter Obama nicht weniger geworden. Ein besonders prominenter Fall, der Tod des 18-jährigen Michael Brown, der im August 2014 in Ferguson, Missouri, von einem weißen Polizisten erschossen wurde, löste schließlich eine große Protestaktion, die *Black Lives Matter Campaign* (BLM) aus. Diese konnte zwar durch die Nutzung sozialer Medien weltweite Aufmerksamkeit auf das Problem rassistischer Polizeigewalt in den USA ziehen, trug jedoch auch zu einer weiteren Polarisierung der Lage bei. Neben Ausbrüchen brutaler Gewalt von erklärten *White Supremacists* wuchs auch bei anderen weißen Bevölkerungsgruppen insbesondere im Süden und Mittleren Westen der USA die Unzufriedenheit bzw. der Zorn auf eine Regierung, die ihrer Ansicht nach «zu viel Rücksicht auf Schwarze, Schwule und Arbeitslose» und zu wenig auf «hart arbeitende, ehrliche weiße Bürger» nahm. Dies wiederum stärkte den ultra-rechten Flügel der Republikanischen Partei (*Tea Party*) und trug somit zum Wahlerfolg von Donald Trump bei.

Andererseits darf die symbolische Bedeutung eines afroamerikanischen Präsidenten und einer schwarzen Familie im Weißen Haus für die *black community* keinesfalls unterschätzt werden, zumal sie das Selbstwertgefühl vieler Afroamerikaner nachhaltig stärkte. Das vorbildliche Leben sowie die würdevolle Haltung der ersten afroamerikanischen First Family wurde von einer Mehrheit aller Amerikaner positiv bewertet, und die First Lady Michelle Obama erfreute sich sogar höherer Beliebtheitswerte als ihre beiden Amtsvorgängerinnen. Eine tief empfundene Sympathie des Präsidenten für die Anliegen der schwarzen Bevölkerung zeigte sich nicht nur an Obamas bewegenden Ansprachen nach Vorfällen von rassistischer Gewalt, sondern auch in seiner 2014 ins Leben gerufenen Initiative *My Brother's Keeper*, einem großangelegten Mentoring-Programm für schwarze Jungen und junge Männer. Weiter sind hier Obamas Einsatz für eine Reform des Strafrechts zu nennen, welche den überproportional oft wegen leichter Drogenvergehen inhaftierten Schwarzen half, sowie die Tatsache, dass er 2015 als erster US-Präsident ein Bundesgefängnis besuchte und im Laufe seiner beiden Amtszeiten mehr Häftlinge, darunter auch deutlich mehr Afroamerikaner, begnadigte als jeder seiner Amtsvorgänger seit dem Zweiten Weltkrieg. Trotz alledem muss insgesamt festgestellt werden, dass die USA im Laufe der Obama-Amtszeit dem Traum Martin Luther Kings von sozialer Gerechtigkeit und einem friedvollen, positiven Zusammenleben von Schwarzen und Weißen nicht wirklich näher gekommen sind.

Ähnlich gemischt wie die Ergebnisse der Innenpolitik fällt die Bilanz der Außenpolitik Obamas aus. Hochambitioniert hatte der neue Präsident bei seinem Amtsantritt für diesen Bereich eine ganz neue Ära angekündigt. Vor allem wollte er das unter seinem Vorgänger angeschlagene internationale Ansehen Amerikas wieder verbessern und einen neuen Dialog mit der islamischen Welt beginnen, wofür seine viel gelobte «Rede an die muslimische Welt» in Kairo im Frühling 2009 einen guten Auftakt bot. Eins der wichtigsten Ziele des Präsidenten lag in der Vermittlung eines Friedens im Nahen Osten mit einer Zweistaatenlösung. Außerdem wollte Obama sich für Demokratie und Menschenrechte weltweit, vor allem in Afrika, einsetzen, die Kriege im Irak und Afghanistan beenden, auf den Iran zugehen, die Beziehungen mit Russland verbessern sowie eine Ausweitung der Zusammenarbeit mit China erreichen. Wohl vor allem im Hinblick auf diese noblen Absichten Obamas wurde ihm im Dezember 2009, nur neun Monate nach seinem Amtsantritt, der Friedensnobelpreis verliehen. Aber angesichts der schwierigen und unvorhersehbaren Realitäten der internationalen Politik gelang es ihm in vielen Bereichen nicht, die angestrebten Ziele zu erreichen.

Immerhin hielt Obama sein Versprechen, den Krieg im Irak zu beenden. Im Dezember 2011 kehrten nach acht Jahren Kampf, fast 5000 getöteten und mehr als 32 000 schwer verletzten amerikanischen Soldaten die letzten im Irak stationierten US-Truppen heim. Aber sie hinterließen keinen Frieden: Die Situation im Irak, in dem unterschiedliche ethnische und religiöse Gruppen sich bekriegen, bleibt bis heute explosiv. Gewalttätige Auseinandersetzungen und Bombenanschläge sind an der Tagesordnung, und Teile der Opposition gegen die von den USA gestützte neue irakische Regierung nutzen die Situation dazu, eine radikalislamistische Terrororganisation zu gründen, die sich seit 2012 auch nach Syrien ausgebreitet hat. IS (Islamischer Staat) führt seither in der Region einen brutalen Krieg zur Errichtung eines islamistischen Gottesstaats und verübt grausame Terroranschläge in der ganzen Welt.

Die Situation in Afghanistan ist ebenfalls weiterhin problematisch. Um die islamistischen Taliban und die Terrorgruppe Al-Qaida im Land doch noch besiegen zu können, erhöhte Obama in seiner ersten Amtszeit hier sogar die US-Truppenpräsenz von 30 000 auf 100 000, die eng mit weiteren dort stationierten NATO-Truppen zusammenarbeiteten. Trotz dieses massiven multinationalen Militäreinsatzes gelang es jedoch bis heute nicht, Afghanistan nachhaltig zu befrieden. Obama zog die letzten amerikanischen Kampftruppen schließlich 2014 ab, und es verblieb eine auch von den USA unterstützte multinationale NATO-Friedenstruppe, die mehr oder weniger vergeblich versucht, der afghanischen Regierung bei der Stabilisierung des Landes zu helfen. Auch hier sind Terroranschläge und Tote weiterhin an der Tagesordnung.

Die Lage im Nahen und Mittleren Osten wurde zusätzlich durch den sogenannten Arabischen Frühling destabilisiert, einer im Dezember 2010 in Tunesien beginnenden Serie von Protesten, Aufständen und Revolutionen in der arabischen Welt, mit denen sich die Menschen in vielen Staaten in Nordafrika und im Nahen Osten gegen die dort autoritär herrschenden Regime und repressive politische und soziale Strukturen auflehnten. Die USA setzten zunächst auf vorsichtige Unterstützung dessen, was sie als demokratische Bestrebungen ansahen. Aber in vielen Fällen, insbesondere in Libyen und Syrien, eskalierte die Situation und das Krisenmanagement der Obama-Regierung erwies sich hier als wenig erfolgreich. Im Gegensatz zu seinem Vorgänger hielt Obama wenig von einem US-Einsatz, um in anderen Ländern Demokratien zu etablieren (*nation building*). Er agierte stattdessen zurückhaltend und setzte auf multilaterale Diplomatie und wirtschaftlichen Druck. Von Kritikern wurde dies vor allem im Syrienkonflikt als verantwortungslose Schwäche kritisiert. Doch ob eine massive militärische US-Unterstützung der untereinander zerstrittenen syrischen Rebellen gegen den von Russland unterstützten syrischen Machthaber Baschar al-Assad die Situation in Syrien langfristig verbessert hätte, ist – vor allem angesichts der Erfahrungen im Irak und in Afghanistan – fragwürdig. Die Menschenrechtslage in Syrien ist in jedem Fall seit Jahren katastrophal, und über eine Million syrischer Kriegsflüchtlinge – ebenso wie Flüchtlinge aus dem Irak und Afghanistan – suchen Zuflucht in anderen Ländern.

Auch Obamas Vorhaben, einen Friedensschluss zwischen Israel und den Palästinensern voranzutreiben, scheiterte. Die traditionelle Unterstützung der USA für Israel wurde von Obama nie in Frage gestellt, aber er bemühte sich sehr, den israelischen Ministerpräsidenten Benjamin Netanjahu zu einem Abrücken von dessen aggressiver Siedlungspolitik Israels zu bewegen. Auf Grund von Netanjahus hartnäckiger Weigerung, sich auf Kompromisse einzulassen, sowie seiner scharfen Kritik an Obamas Iranpolitik verschlechterte sich das persönliche Verhältnis der beiden Regierungschefs zunehmend und konnte 2016 nur noch als «frostig» bezeichnet werden.

Dass es Obama nach jahrelangem Verhandeln, diplomatischem Druck und harten, vom Sicherheitsrat der UN mitgetragenen Wirtschaftssanktionen im Dezember 2015 gelang, den Iran zur Aufgabe seiner waffenfähigen Uran- bzw. Plutoniumproduktion zu bewegen, wird von den meisten Experten positiv bewertet. Der zunächst auf zehn Jahre angelegte *Iran Nuclear Deal* zwischen der islamischen Republik Iran und den sogenannten P5+1 Staaten (USA, Großbritannien, Frankreich, China, Russland und Deutschland) verpflichtet den Iran – im Gegenzug zur Aufhebung der internationalen Sanktionen –, alle potentiellen Produktionsstätten für atomare Materialien zu demontieren und seine gesamten Nuklearanlagen regelmäßig von internationalen Aufsichtsgremien überprüfen zu lassen. Der zunächst in den USA umstrittene Vertrag wurde letztendlich – im Gegensatz zum Pariser Klimaabkommen – sogar vom US-Senat ratifiziert, kann also von Obamas Nachfolger nicht einfach aufgekündigt werden. Angesichts des vitalen Interesses der westlichen Welt daran, dass der Iran – auch im Hinblick auf dessen traditionelle Feindschaft mit Israel – keine Kontrolle über Atomraketen erlangt, zählt dieses Abkommen wohl zu den größten Erfolgen der Obama-Regierung, auch wenn es von vielen Republikanern nach wie vor mit großer Skepsis angesehen wird.

Parteiübergreifende Begeisterung hatte im Mai 2011 eine andere Aktion der Obama-Regierung ausgelöst: Ein direkt vom Präsidenten autorisiertes geheimes US-Kommando hatte Osama bin Laden in seinem Versteck in Pakistan ausfindig gemacht und ihn erschossen. Damit hatte Obama geschafft, woran sein Vorgänger gescheitert war: den Erzfeind der USA, der mit den Anschlägen vom 11. September 2001 die Seele der Nation zutiefst verletzt und das amerikanische Selbstvertrauen schwer erschüttert hatte, endlich seiner «gerechten Strafe» zuzuführen. So sahen es jedenfalls die meisten Amerikaner. Die moralische Fragwürdigkeit einer solchen Exekutionsaktion zur Eliminierung bin Ladens, die zudem ohne Wissen und Einverständnis der pakistanischen Regierung in deren Land durchgeführt wurde, fand im öffentlichen Diskurs der USA kaum Beachtung. Der Spruch «Osama bin Laden is dead, General Motors is alive!» erlangte im Wahlkampf 2012 große Popularität, und die Tötung bin Ladens trug vermutlich einiges zum guten Wahlergebnis des Präsidenten bei.

Aber nicht alle Maßnahmen Obamas im Krieg gegen den Terror stießen auf allgemeine Zustimmung. Als problematisch galt z. B. der häufige Einsatz unbemannter Kampfflugzeuge, sogenannter Drohnen, die zur Tötung von Terrorverdächtigen im Ausland benutzt werden. Während der Bush-Regierung gab es 44 Drohneneinsätze, unter Obama mehr als zehnmal so viele. Trotz der Vorteile, die solche Aktionen aus Regierungssicht haben mögen, vor allem der Verzicht auf den Einsatz eigener Soldaten, darf nicht vergessen werden, dass hier nicht verurteilte Verdächtige ohne Prozess einfach ermordet werden, und dass zudem bei vielen dieser Einsätze auch unschuldige Zivilisten umkommen; Menschenrechtsorganisationen schätzen die Anzahl der unter Obama durch US-Drohnen getöteten Zivilisten auf mindestens 200. Bedauerlich ist auch, dass Obama sein Versprechen, das umstrittene, nach Ansicht vieler Kritiker verfassungs- und menschenrechtswidrige US-Gefangenenlager in Guantanamo zu schließen, nicht einlösen konnte, auch wenn er immerhin die Anzahl der Insassen dort von über 200 auf 42 reduzierte. Der Hauptgrund für Obamas Scheitern lag darin, dass der Kongress die zur Abwicklung des Lagers notwendigen Mittel verweigerte. Allerdings bemängelten manche Beobachter, dass Obama sich nicht entschieden genug für eine Lösung dieses Problems eingesetzt hätte. Viel gelobt, vor allem von Europäern, wurde Obamas Entscheidung, die Anwendung von Folter zu verbieten, inklusive der unter seinem Vorgänger bei Verhören von Terrorverdächtigen oft angewandten Methode des *waterboarding*. Deutlich mehr Toleranz im Hinblick auf die Gewinnung von Informationen, die der nationalen Sicherheit dienen sollten, zeigte Obama allerdings für neue Methoden bei der flächendeckenden elektronischen Überwachung bzw. Bespitzelung seiner eigenen Bevölkerung sowie ausländischer Gegner und Verbündeter. Als dies im Zuge der Enthüllungen geheimer US-Dokumente durch den ehemaligen Computerspezialisten und CIA-Mitarbeiter Edward Snowden im Sommer 2013 bekannt wurde, erregte es weltweit Unmut. In Deutschland führte die Information, dass die Amerikaner – mit Obamas Wissen – sogar das Handy der deutschen Kanzlerin Angela Merkel jahrelang abgehört hatten, für den ansonsten hierzulande sehr beliebten US-Präsidenten zu einem deutlichen Popularitätsverlust.

Auch in Afrika büßte Obama im Laufe seiner beiden Amtszeiten einiges von seiner Popularität ein. Als Sohn eines Kenianers wurde er von vielen Afrikanern als «einer der ihren» angesehen. Gerade in den von islamistischem Terror und Bürgerkriegen gebeutelten Staaten wie Jemen, Mali, Somalia oder Kamerun hatte man sich vom ersten afroamerikanischen Präsidenten eine spürbare Verbesserung der US-Afrikapolitik erhofft. Doch trotz Obamas Sympathiebekundungen, diversen Militäreinsätzen und einigen neuen Initiativen (z. B. das *Light Africa Project*, das Elektrizitätserzeugung aus Solarenergie fördert), beinhaltete die Afrikapolitik Obamas – vor allem bezüglich der Höhe und Intensität von Entwicklungshilfe – keine nennenswerte Veränderung gegenüber der seiner Amtsvorgänger.

Eine bemerkenswerte außenpolitische Wende vollzog Obama hingegen durch seine Kubapolitik. Eisenhower hatte nach der Machtergreifung des Revolutionärs Fidel Castro im Januar 1961 alle diplomatischen Beziehungen zur neuen sozialistischen Regierung Kubas abgebrochen. Es folgten ein gescheiterter Invasionsversuch sowie die *Cuban Missile Crisis* unter Kennedy, woraufhin alle folgenden US-Regierungen versuchten, das Castro-Regime durch massiven politischen Druck und wirtschaftliche Isolierung zu stürzen. Nachdem diese Politik der Konfrontation mehr als 50 Jahre erfolglos geblieben war, verkündete Barack Obama 2015 den Beginn einer neuen Ära der amerikanisch-kubanischen Beziehungen. Er hob die strengen Reisebeschränkungen sowie private Geldtransferverbote auf und forderte öffentlich ein Ende des US-Wirtschaftsembargos gegen Kuba. Letzteres wurde von den Republikanern im Kongress zwar verhindert, aber Obama etablierte im Juli 2015 volle diplomatische Beziehungen mit der kubanischen Regierung. Außerdem stattete er im März 2016 als erster amtierender US-Präsident seit 88 Jahren Kuba einen persönlichen Besuch ab. Seine neue Politik der Öffnung zielte nicht nur auf mehr Freiheiten im bilateralen Reiseverkehr ab, sondern auch darauf, das sozialistische Regime der Insel zu größeren Zugeständnissen im Bereich Bürger- und Menschenrechte zu bewegen. Die von einer Mehrheit der Bevölkerung beider Länder begrüßte und von den Vereinten Nationen hoch gelobte Initiative zählt zweifellos zu den wichtigsten außenpolitischen Erfolgen der Obama-Ära.

Weniger positiv entwickelte sich dagegen in den letzten acht Jahren das Verhältnis der USA zu Russland. Am Anfang seiner Präsidentschaft war Obama durchaus um gute Beziehungen zur russischen Regierung bemüht: Schon im Sommer 2009 machte er einen Staatsbesuch in Moskau, und das von ihm und dem russischen Präsidenten Dmitri Medwedew 2010 unterzeichnete START-Nachfolgeabkommen erzielte beachtliche Fortschritte für die nukleare Abrüstung. Dennoch blieb die Beziehung beider Länder auf Grund unterschiedlicher globaler Interessen sowie der berechtigten US-Kritik an der unzureichenden Achtung von Menschenrechten in Russland angespannt. Nach der Wiederübernahme der russischen Präsidentschaft durch Wladimir Putin 2012 verschlechterte sich das Verhältnis sogar deutlich. So gewährte Putin 2013 zum großen Ärger der US-Regierung dem von dieser mit internationalem Haftbefehl gesuchten Edward Snowden politisches Asyl. Im Syrienkonflikt stellte Russland sich gegen die USA auf die Seite des Diktators Assad. Als in der Ukraine die pro-russische Regierung auf Grund heftiger prowestlicher Proteste zusammenbrach, reagierte Putin im März 2014 mit der Annexion der Krim und unterstützt seither pro-russische Rebellen im Osten der Ukraine. Die USA verzichteten zwar auf einen direkten Militäreinsatz, verstärkten jedoch gemeinsam mit anderen NATO-Mitgliedsstaaten ihre militärische Präsenz im Osten der EU. Außerdem verabschiedete der Kongress (in seltener Harmonie mit Präsident Obama) im Herbst 2014 den *Ukraine Freedom Support Act*, der gravierende Wirtschaftssanktionen gegen Russland und Kriegsmateriallieferungen im Wert von 350 Millionen Dollar an die prowestlichen Kräfte in der Ukraine beschloss. 2016 beschuldigte schließlich der amerikanische Geheimdienst die Russen, durch eine massive Hacking-Attacke den US-Präsidentschaftswahlkampf zugunsten des als russlandfreundlich geltenden republikanischen Kandidaten Donald Trump zu beeinflussen. Putin stritt dies ab und warf seinerseits Obama vor, die Beziehungen zwischen beiden Ländern absichtlich zu beschädigen. Ob sich die Vorwürfe einer verdeckten Kontaktaufnahme zwischen Trumps Wahlkampfteam und russischen Agenten bestätigen lassen, ist noch unklar, aber fest steht, dass die amerikanisch-russischen Beziehungen sich Ende 2016 auf einem historischen Tiefstand seit Ende des Kalten Kriegs befanden.

Positiver einzuschätzen ist das Erbe Obamas in Bezug auf das Verhältnis zu China. Man könnte es als Annäherung mit Vorbehalten bezeichnen. Der Präsident war sich der wachsenden Bedeutung Chinas, das 2011 Japan als zweitgrößte Wirtschaftsmacht der Welt überholt hatte, durchaus bewusst. Er selbst bezeichnete einmal die amerikanisch-chinesischen Beziehungen als «die wichtigste bilaterale Beziehung des 21. Jahrhunderts» und traf sich mehr als elfmal mit dem chinesischen Präsident Xi Jinping. Trotz latenter Konfliktpunkte, etwa im Bereich chinesischer Menschenrechtsverletzungen sowie Chinas Politik gegenüber Tibet und Japan, bemühten die USA sich unter Obama um einen Ausbau der wirtschaftlichen und kulturellen Zusammenarbeit mit dem transpazifischen Nachbarland. So schlossen die beiden Staaten 2014 ein Abkommen zur gegenseitigen Erteilung zehn Jahre gültiger Touristenvisa. Auch im strategisch-politischen Bereich zeigten sich die USA an einer Zusammenarbeit mit China interessiert, insbesondere bezüglich des Konflikts mit Nordkorea, dessen Diktator Kim Jong-un die USA und ihre Verbündeten mit Atomraketen bedroht. Gleichzeitig unterstützten die USA allerdings weiterhin intensiv ihre anderen Verbündeten in der Region, insbesondere Japan. Das von Obama initiierte und nach jahrelangen Verhandlungen schließlich im Februar 2016 von den USA, Kanada, Mexiko, Peru, Chile, Japan, Australien, Neuseeland, Singapur, Brunei, Malaysia und Vietnam unterschriebene Handelsabkommen TPP (*Trans-Pacific Partnership Agreement*) begrüßten viele als wirtschaftspolitisches Gegengewicht zur wachsenden Macht Chinas. Auch wenn dieses Abkommen von Obamas Amtsnachfolger Trump bereits 2017 aufgekündigt wurde, so ist die Tatsache, dass sowohl die US-japanischen als auch die US-chinesischen Beziehungen bis zum Ende von Obamas Amtszeit trotz mancher Differenzen insgesamt konstruktiv blieben, als beachtlicher Erfolg zu werten.

In Bezug auf die transatlantischen Beziehungen ist unbestritten, dass sich unter Obama eine Neuausrichtung der Interessen der USA vom Atlantik hin zum Pazifik vollzog, zumal die strategische Bedeutung der alten Verbündeten in *Old Europe* für die USA nach dem Ende des Kalten Krieges nachgelassen hatte. Dessen ungeachtet blieb Westeuropa ein wichtiger Partner Nordamerikas. Obama würdigte stets die Bedeutung der NATO und stand im Konflikt mit Russland fest auf Seiten der europäischen Verbündeten. Außerdem bleibt die EU – neben Kanada und China – der wichtigste Handelspartner der USA. Im Bestreben, das transatlantische Handelsvolumen noch weiter auszubauen, setzte Obama sich zudem intensiv für eine neue Freihandelszone zwischen seinem Land und der EU ein. Die Verhandlungen über das sogenannte TTIP-Abkommen (*Transatlantic Trade and Investment Partnership*), das von den meisten Wirtschaftsverbänden befürwortet, jedoch von vielen europäischen Gewerkschaften, Umweltverbänden und Bürgerinitiativen abgelehnt wird, kamen allerdings 2016 ins Stocken und liegen seither auf Eis. Trotz der Vorbehalte gegen TTIP und manchem Ärger über bestimmte Maßnahmen Obamas, z. B. die Abhöraktionen der *National Security Agency* (der Auslandsgeheimdienst NSA spähte auch wirtschaftliche und politische Partner in der EU aus), ist zu betonen, dass Obama sich im Gegensatz zu seinem Amtsvorgänger Bush und seinem Nachfolger Trump bei den europäischen Regierungen und Bevölkerungen, insbesondere in Deutschland, relativ großer Beliebtheit erfreute.

So kurz nach dem Ende der Präsidentschaft von Barack Obama ist es kaum möglich, sein politisches Erbe nachhaltig einzuschätzen. Noch ist unklar, wie viele der Erfolge Obamas Bestand haben werden, zumal sein Nachfolger mit allen Mitteln versucht, diese zu demontieren. In manchen Bereichen ist Trump das bereits gelungen. So hob er fast alle Erlasse Obamas zum Klimaschutz auf und kündigte Amerikas Unterstützung des Pariser Klimaabkommens. Dagegen scheiterten seine Versuche, die Gesundheitsreform Obamas zu kippen. *Obamacare* scheint vorerst in Kraft zu bleiben und zählt ohne Zweifel zu den historischen Erfolgen des 44. Präsidenten. Zu den ebenfalls wichtigen, aber kaum beachteten innenpolitischen Leistungen Obamas zählt, dass er die bei seiner Amtsübernahme am Rande des totalen Zusammenbruchs stehende US-Wirtschaft stabilisieren, eine Depression verhindern und die Arbeitslosenquote senken konnte. Allerdings gelang es ihm nicht, die zum Teil gravierende soziale Ungerechtigkeit in den USA zu verringern. Die größte innenpolitische Enttäuschung der Obama-Ära ist wohl die, dass sich während seiner Amtszeit die Beziehungen von schwarzen und weißen Amerikanern nicht verbesserten, sondern eher verschlechterten. Dies lag vor allem an dem immer noch sehr virulenten Rassismus mancher Weißer, gekoppelt mit einem höheren Selbstbewusstsein vieler Afroamerikaner, die inzwischen nicht länger bereit sind, sich als Bürger zweiter Klasse behandeln zu lassen.

Für eine Gesamtbilanz der Obama-Ära ist auch seine Neuausrichtung des außenpolitischen Führungsstils zu berücksichtigen: Obama verzichtete auf großspuriges Auftreten der USA als «Weltpolizist» und verfolgte eine eher zurückhaltende, auf Abrüstung und multilaterale Zusammenarbeit ausgerichtete Außenpolitik. Es war seine Überzeugung, dass es in der hochkomplexen Welt des 21. Jahrhunderts nicht für jedes Problem eine «amerikanische Lösung» gibt, vor allem nicht durch militärische Alleingänge. Durch diesen Ansatz hat Obama den Blick auf die amerikanische Macht verändert und vieles, was vorher selbstverständlich war, in Frage gestellt. In manchen Fällen hatte dies Erfolg (z. B. beim Atomabkommen mit dem Iran), in anderen nicht (z. B. im syrischen Bürgerkrieg). So lobten manche Beobachter, vor allem in Europa, Obama dafür, die «Hybris Amerikas» beendet zu haben, wohingegen Kritiker, vor allem in den USA, klagten, er habe Amerikas berechtigten Führungsanspruch in der Welt in unverantwortlicher Weise geschwächt. Der Zorn nationalistisch gesinnter Amerikaner hierüber trug sicher auch zum Wahlerfolg Donald Trumps bei, der versprach, er werde das US-Militär stärken und Amerika wieder groß und mächtig machen. Dessen ungeachtet ist zu würdigen, dass durch Obamas Präsenz im Weißen Haus, seine multilaterale Außenpolitik und seinen persönlichen Stil das Ansehen der USA in der Welt ein weit höheres Niveau erreichte als unter seinem Amtsvorgänger oder Nachfolger.

Barack Obama wird vermutlich nicht als einer der bedeutendsten Präsidenten in die Annalen der US-Geschichte eingehen. Aber als erstem afroamerikanischen Präsidenten Amerikas, der zudem zweimal mit einer Mehrheit aller Stimmen gewählt wurde, gebührt ihm auf jeden Fall ein Ehrenplatz. Seine Amtszeit blieb absolut skandalfrei, er stand zu den liberal-freiheitlichen Traditionen der USA und versuchte, wo immer möglich, Probleme durch konstruktive Verhandlungen zu lösen. Hierin sowie in seinem Einsatz für eine inklusive, offene und demokratische Gesellschaft mag der wichtigste Teil seines politischen Erbes liegen.

Martin Thunert

DONALD J. TRUMP
2017–

Die beispiellose Präsidentschaft

«Beispiellos», «präzedenzlos», «unberechenbar» sind die Begriffe, die während des ersten Jahres der Präsidentschaft Donald Trumps sowohl von seinen Unterstützern als auch von seinen Gegnern zu hören sind. Dieser 45. Präsident ist so ganz anders als alle seine Vorgänger – zumindest seit der Regierung des siebten Präsidenten Andrew Jackson. Trump kündigte die großartigste Präsidentschaft an, welche die USA seit mehr als einem Jahrhundert gesehen haben, aber im Urteil der allermeisten US-Beobachter bewirbt sich Donald

Trump ein Jahr nach seiner Wahl um den Titel des schlechtesten Präsidenten in der Geschichte der Vereinigten Staaten.

Donald John Trump wurde am 14. Juni 1946 als Sohn einer Mutter schottischer Herkunft und eines Vaters, dessen Familie aus dem pfälzischen Weinort Kallstadt stammte, in New York City geboren. Donald Trumps Großeltern Friedrich Trump, der sich später Frederick nannte, und Elisabeth Christ waren 1885 aus der Pfalz in die USA ausgewandert. Frederick Trump war mit Handel und Gastronomie in den Goldgräbergebieten des Yukon Territoriums, in Alaska und später im Nordwesten der USA reich geworden. Trumps Vater Fred C. Trump (1905–1999) war dadurch in der Lage, erfolgreich ins New Yorker Immobiliengeschäft im Stadtteil Queens einzusteigen. Dort wuchs Donald Trump als das vierte von fünf Kindern auf. Der zu rebellischen Handlungen neigende junge Donald wurde 1959 zur Disziplinierung auf die New Yorker Militärakademie geschickt, wo er sportlich u. a. als Baseballspieler aktiv war und die er 1964 mit dem High School-Abschluss beendete. Danach schrieb er sich zunächst in der New Yorker Fordham University im Fach Wirtschaftswissenschaften ein, wechselte aber 1966 an die Wharton School of Finance der University of Pennsylvania in Philadelphia, wo er 1968 einen Bachelor-Abschluss erhielt. Auf Grund eines ärztlichen Attestes entging er wegen eines Fersensporns dem Militärdienst, was ihm einen möglichen Einsatz im Vietnamkrieg ersparte.

Trumps Vater Fred war in New York mit dem Bau von großen Mietskasernen Multimillionär geworden. Nachdem Donald bereits als Student im Unternehmen seines Vaters mit dem Namen Elizabeth Trump & Son gearbeitet hatte, trat er nach Beendigung des Studiums noch 1968 – ausgestattet mit einem Startkapital von zwei Millionen Dollar – in die Firma ein und stieg 1971 in die Firmenleitung auf. Nach Umbenennung des Unternehmens in The Trump Organization übernahm er die Rolle des *Chairman* und *President*. Anders als sein Vater legte Donald Trump das Hauptaugenmerk seiner geschäftlichen Tätigkeit auf den hochpreisigen Immobilienmarkt des Innenstadtbezirks Manhattan. Unter geschickter Ausnutzung von Subventionen, mit denen die New Yorker Lokalpolitik Investoren in das in den 1970er Jahren teilweise verwahrloste Stadtzentrum locken wollte, gelang Donald Trump der preisgünstige Erwerb attraktiver Immobilien. Steuernachlässe und großzügige Bankkredite ermöglichten ihm in den späten 1970er und 1980er Jahren u. a. die Umwandlung des heruntergekommenen Commodore Hotels an der Grand Central Station zum Grand Hyatt Hotel sowie den Bau und Erwerb prestigeträchtiger Projekte, die er vorzugsweise mit seinem Namen schmückte: Beispiele sind in New York der Trump Tower (1983), bis heute Wohnsitz der

Familie, die Trump Plaza und der Trump Parc sowie in Atlantic City, New Jersey, das Trump Plaza Hotel und das Trump Taj Mahal Casino. Trump investierte ebenfalls in Freizeitzentren in Florida. 1984/85 war er zeitweise Eigentümer eines Footballteams in New Jersey, 1989 erwarb er Teile der bankrotten Fluglinie Eastern Airlines und nannte die Verbindung New York – Washington, D. C. «Trump Shuttle». Das Luxusanwesen Mar-a-Lago in Palm Beach, Florida, dient dem Präsidenten heute als Wochenend- und Feriensitz, wird aber auch zum Empfang von Staatsgästen genutzt.

Seine Ehe und spätere Scheidung mit der tschechoslowakischen Skifahrerin Ivana, sein ausschweifender Lebensstil und seine brachiale Sprache machten Trump nicht nur in den New Yorker Medien bekannt. Mit Ivana hat der Präsident drei Kinder (Donald Jr. * 1977, Ivanka * 1981 und Eric * 1984). Nach der Scheidung von Ivana 1991 heiratete er 1993 die Schauspielerin Marla Maples. Die beiden haben mit Tiffany (* 1993) eine gemeinsame Tochter. Sechs Jahre nach der Scheidung heiratete er 2005 das aus Slowenien stammende und in die USA eingebürgerte Model Melania Knauss, die heutige First Lady der USA. Neben einem weiteren Sohn Barron (* 2006) hat Trump acht Enkelkinder und gehört der calvinistischen Reformed Church an.

Trumps Immobilienimperium geriet in große Schwierigkeiten, als die Konjunktur der USA zu Beginn der 1990er Jahre einbrach. Casino und Plaza in Atlantic City meldeten 1991 bzw. 1992 Insolvenz an. Seit dieser Zeit gelang es Donald Trump immer wieder, sich mit Banken und Gläubigern auf die Restrukturierung seiner Schulden und der Unternehmen der Trump-Gruppe zu einigen. Im Zuge der Insolvenz der Trump-Objekte in Atlantic City gab Trump Teile seiner Holding, u. a. auch die Fluggesellschaft, an die Banken ab. Nahezu gleichzeitig lancierte er aber neue Projekte, nicht nur in den USA, sondern auch in Kanada, Südkorea und Indien. Nunmehr trat Trump als Projektentwickler für Investoren auf, die seinen Namen als Aushängeschild benutzten, ohne dass er sich selbst finanziell in großem Stil engagieren musste. 2003 verkaufte die Trump-Familie die Immobilien aus dem väterlichen Erbe. 2004 meldete seine Trump Hotel & Casino Resorts Holding erneut Insolvenz an, was sich 2009 und 2014 wiederholte. Donald Trump musste seine Anteile im Zuge der Insolvenzen immer weiter reduzieren – 2014 auf Null – und seine Vorsitzendenposten aufgeben. Insgesamt verstand es Trump allerdings, das großzügige US-Konkursrecht elegant und zu seinem Vorteil zu nutzen.

Unter dem Dach der Trump Organization trieb er die Vermarktung seines Namens gezielt voran. Zu seinem Portfolio gehören Lizenzgeschäfte mit *Merchandising*-Produkten, Parfums und anderen Konsumgütern, aber auch Bestsellerbücher mit Tipps zum Reichwerden. Trump wurde im Fernsehen

Produzent von Wettbewerben wie «Miss USA» und «Miss Universum» und Gründer einer Model-Agentur. Die im Hinblick auf seine politische Karriere vermutlich folgenreichste Entscheidung traf Donald Trump im Jahr 2004, als er Produzent und Ko-Moderator der NBC Reality Show «The Apprentice» («Der Auszubildende») wurde. Die Show, in der mehrere Kandidaten Management- und Unternehmensprobleme lösen mussten, um ein Jobangebot für Trumps Firmenkonglomerat zu erhalten, wurde zu einem großen Publikumserfolg und steigerte die Bekanntheit Trumps im ganzen Land. Während der Jahre seiner Fernsehtätigkeit (2004–2015) erwarb Trump Beteiligungen an Finanzdienstleistern, Golf-Clubs und Reiseunternehmen. 2005 gründete er die private Trump University, die jedoch keine Hochschulzulassung besaß und auf Behördendruck 2010 in Trump Entrepreneur Initiative umbenannt werden musste. Eine im Jahr 2013 erhobene Betrugsklage von Studierenden auf Rückerstattung von 40 Millionen Dollar wurde noch vor seinem Amtsantritt als 45. Präsident durch eine Zahlung von 25 Millionen außergerichtlich beendet.

Eine genaue Taxierung von Trumps Vermögen ist nur schwer möglich, da die meisten seiner Firmen keine Bilanzen veröffentlichen. Schätzungen von außen ergaben ein Vermögen im hohen dreistelligen Millionenbereich; die US-Wirtschaftszeitschrift *Forbes* ging 2016 sogar von 4,5 Milliarden Dollar aus. Trump selbst schien dies zu niedrig, er behauptete, sein Vermögen einschließlich des Marktwertes seines Namens beliefe sich auf 10 Milliarden.

Trump hatte bereits mehrmals eine Präsidentschaftskandidatur in Erwägung gezogen, so im Jahr 2000 für die im Nachklang der Kandidaturen des Geschäftsmannes Ross Perot entstandene Reform Party. Während der Ära George W. Bush unterstützte Trump auch Kandidaten der Demokraten, erwog kurz, sich 2004 selbst an den Vorwahlen dieser Partei zu beteiligen, und verteilte seine Parteispenden auf beide großen Parteien. 2012 zog sich Trump nach kurzer Überlegung aus dem noch nicht eröffneten Rennen um den republikanischen Herausforderer Barack Obamas zurück. Politisch trat Trump während der Ära Obama als prominentester Vertreter der sogenannten *Birther*-Bewegung in Erscheinung. Unter *birtherism* versteht man die langjährige Verschwörungstheorie, wonach Präsident Barack Obama außerhalb der USA geboren wurde und daher niemals zum US-Präsidenten hätte gewählt werden dürfen. Trump bezichtigte Obama der Lüge und forderte den Präsidenten wiederholt auf, seine Geburtsurkunde zu präsentieren. Rückblickend scheint die Annahme plausibel, dass Trump die *Birther*-Bewegung dazu nutzte, die Basis für eine politische Bewegung zu erschaffen, auf deren Anhängerschaft er dann würde zurückgreifen können, sobald er sich selbst um das

Amt, das Obama innehatte, bewerben würde. Die *Birther* wären so der Kern der Bewegung, die Trump am 8. November 2016 entgegen allen Erwartungen ins Weiße Haus trug. Erst kurz vor der Wahl 2016 distanzierte sich Trump öffentlich von der *Birther*-Theorie.

Am 15. Juni 2015 erklärte Donald Trump im Trump Tower offiziell, er werde sich für die Präsidentschaftskandidatur der Republikanischen Partei bei den Wahlen im November 2016 bewerben. Trump trat innerhalb der Republikanischen Partei gegen 16 weitere Bewerber, mehrheitlich erfahrene, amtierende oder ehemalige Gouverneure und Senatoren, an. Obwohl von einem Großteil der Presse die Ernsthaftigkeit seiner Kandidatur in Zweifel gezogen und ihm daher wenig Chancen eingeräumt wurden, befand sich Trump nach den im Sommer 2015 beginnenden parteiinternen Debatten in den Umfragen in der Spitzengruppe. Trump verwies offen auf seinen Reichtum, der ihn gegenüber dem Einfluss von Großspendern und Lobbyisten immunisiere, und erregte mit provokanten Äußerungen und aggressiver Rhetorik in den Medien großes Aufsehen. Er griff auf einen bereits in den 1980er Jahren von Ronald Reagan verwendeten Wahlkampfslogan *Make America Great Again* zurück, der bis heute unter dem Kürzel «MAGA» der Markenname der Trump-Kampagne geblieben ist. Inhaltlich wich Trump in wichtigen Punkten von einigen Orthodoxien der Republikanischen Partei ab. Er konzentrierte seine Botschaft auf die untere (überwiegend weiße) Mittelschicht, die sich durch Arbeitsplatzverlagerungen nach Asien und durch demographische Veränderungen als sozialer Verlierer sah. Er sprach sich gegen existierende und geplante Freihandelsabkommen wie die Transpazifische Partnerschaft (TPP), für ein hartes wirtschafts- und währungspolitisches Vorgehen gegen China sowie für eine drastische Begrenzung der Einwanderung und für eine rigorose Rückführung von ohne Papiere im Land lebenden Migranten aus. Einige Empörung rief Trumps Äußerung hervor, wonach aus Mexiko und Mittelamerika in großem Maße Kriminelle, Drogenhändler und Vergewaltiger ins Land kämen. Aus diesem Grund sei es notwendig, so Trump, an der Grenze zu Mexiko eine hohe Grenzmauer zu errichten. Politisch «inkorrekte» Äußerungen über seine Mitbewerber, über die etablierten Medien und einzelne Journalisten, über kleinere Wählergruppen und über globalisierte Eliten wurden zum Markenzeichen der Kampagne, sorgten für kontinuierliche Medienaufmerksamkeit und konsolidierten in den Umfragen und den ersten Vorwahlen Trumps Stellung in der Spitzengruppe des republikanischen Bewerberfeldes. Während sich Trump steuerpolitisch und in sozialmoralischen Fragen als durchaus gewöhnlicher Republikaner präsentierte, unterstützte er andererseits öffentliche Infrastrukturprogramme und versprach, beliebte staatliche

Sozialprogramme wie die Rentenversicherung *Social Security* und das Krankenversicherungsprogramm für Senioren *Medicare* nicht zu privatisieren, sondern zu stärken. Auch außen- und sicherheitspolitisch wich Trump deutlich vom internationalistischen Kurs des Parteiestablishments ab. Er distanzierte sich vehement vom Irakkrieg und von allen Einsätzen der US-Streitkräfte, die nicht mit unmittelbaren Bedrohungslagen für die USA zu rechtfertigen seien. Den Kampf gegen den islamistischen Terrorismus wollte er unterdessen in harter Form führen – einschließlich der Wiedereinführung umstrittener «verschärfter Verhörmethoden».

Anfang Mai 2016 war es Trump gelungen, auch die letzten Mitbewerber, Senator Ted Cruz aus Texas und den Gouverneur von Ohio John Kasich, zum Aufgeben zu bewegen. Die einstigen Favoriten, Jeb Bush und Marco Rubio aus Florida, waren bereits im Februar und März des Jahres aus dem Rennen ausgeschieden. Trump hat sicher davon profitiert, dass sich das innerparteiliche Anti-Trump-Lager in seiner Stimmabgabe sehr lange auf mehrere Gegenkandidaten verteilt hat. Bei den gegnerischen Demokraten löste die im Frühsommer 2016 kaum noch zu verhindernde Nominierung Trumps mehr Genugtuung als Angst aus, da das Lager der siegreichen Kandidatin Hillary Clinton andere Republikaner für stärkere Gegner hielt als den Nicht-Politiker Donald Trump. Tatsächlich war die Führung Clintons in den Umfragen signifikant und schien insbesondere nach den Nominierungsparteitagen im Spätsommer 2016 uneinholbar.

Am 19. Juli 2016 nominierte die Republikanische Partei auf ihrem Parteitag in Cleveland Donald J. Trump zu ihrem Präsidentschaftskandidaten und den Gouverneur von Indiana, Mike Pence, zum Kandidaten für die Vizepräsidentschaft. Gut eine Woche später zogen die Demokraten mit der Nominierung von Ex-Außenministerin Hillary Clinton für die Präsidentschaft und Senator Tim Kaine aus Virginia für die Vizepräsidentschaft nach. Mitte August 2016 traf Trump die für seinen Wahlkampf vielleicht folgenschwerste Entscheidung: Er tauschte die Spitze seines Wahlkampfteams komplett aus. Die neuen zentralen Figuren in der Wahlkampfleitung waren nun neben Trumps Schwiegersohn Jared Kushner der ehemalige Filmproduzent und Chef der rechtspopulistischen Nachrichtenplattform *Breitbart News* Stephen K. Bannon und die Umfragespezialistin Kellyanne Conway. Insbesondere Bannon riet Trump, in der Hoch- und Endphase des Wahlkampfs gegen Hillary Clinton nun nicht wie gewohnt moderate Töne anzuschlagen und präsidentiell zu wirken, um breitere Akzeptanz zu finden, sondern seine harsche Anti-Establishment-Rhetorik beizubehalten und «einfach Donald Trump» zu bleiben. Zunächst schien diese Strategie nicht aufzugehen. Trump verlor alle drei

Fernsehdebatten gegen seine sachkundig auftretende Mitbewerberin und sah sich einen Monat vor dem Wahltermin mit einem der Presse zugespielten Video konfrontiert, das vulgäre und frauenverachtende Entgleisungen enthielt. Die Kandidatur Trumps befand sich Anfang Oktober 2016 in einer Kernschmelze, wichtige Führungsfiguren der Republikanischen Partei rieten ihm zum Rückzug und setzten sich nun deutlicher von ihm ab. Doch es kam anders.

Obgleich noch am Morgen des 8. November 2016 nahezu alle Umfragen einen deutlichen Sieg Hillary Clintons im Wahlmännerkollegium prognostizierten, gewann Donald Trump nach der Auszählung der Stimmen mit einer klaren Mehrheit von 304 zu 227 Elektorenstimmen. Landesweit gewann Hillary Clinton zwar 2,9 Millionen Wählerstimmen mehr als Donald Trump (48,2 zu 46,1 Prozent), aber in Wechselwählerstaaten wie Florida, Ohio und Iowa lag Trump knapp vorn. Für den Sieg Trumps im Wahlmännerkollegium ist ein ganzes Faktorenbündel verantwortlich, doch seine unerwarteten Siege in den drei «Rostgürtelstaaten» Pennsylvania, Michigan und Wisconsin, die seit Jahrzehnten nicht mehr für einen Präsidentschaftskandidaten der Republikaner gestimmt hatten, gaben den Ausschlag. Dort vermochte es Hillary Clinton nicht, weiße Wähler ohne Hochschulabschluss und junge Minderheitenwähler in dem Maße für sich zu mobilisieren, wie dies den demokratischen Präsidentschaftskandidaten Bill Clinton, John Kerry und Barack Obama gelungen war. Hillary Clintons hervorragendes Abschneiden in Hochburgen der Demokraten wie Kalifornien oder New York trug zwar zu ihrem nationalen Stimmenmehr bei, blieb aber angesichts des indirekten Wahlsystems ohne Bedeutung. Sicherlich trugen schwere Wahlkampffehler Clintons – sie unterschätzte die Gefahr durch Trump in den Rostgürtelstaaten und führte z. B. in Wisconsin keinerlei Wahlkampfveranstaltungen durch – sowie ihre geringen Beliebtheitswerte zu ihrer Niederlage bei. Hinzu kamen die über Monate schwelende Affäre um die regelwidrige Nutzung ihres privaten Servers für dienstliche E-Mails als Außenministerin und das Aufkochen dieser Affäre wenige Tage vor der Wahl durch FBI-Direktor James Comey. Statt dass die Republikanische Partei, wie allgemein erwartet, durch ein schlechtes Ergebnis bei der Präsidentschaftswahl nach unten gezogen worden wäre, behauptete die «Grand Old Party» in beiden Kammern ihre Mehrheit – mit 241 von 435 Mandaten im Repräsentantenhaus und 52 von 100 Sitzen im US-Senat.

Donald Trump ist seit General Dwight D. Eisenhower der erste Nicht-Politiker, der ins Weiße Haus einzog. Die Präsidentschaft der USA ist sein erstes öffentliches Amt. Trumps Regierungsmannschaft unterscheidet sich in ihrer Herkunft nicht nur parteipolitisch von der Vorgängerregierung Obama.

Trump hat die erfahrenen Mitglieder der politischen Klasse, die bei Obama zu fast 90 Prozent an den Schalthebeln der Macht saßen, überwiegend durch Quereinsteiger ohne nennenswerte politische Erfahrung ersetzt. Sein Kabinett speist sich zuallererst aus Mitgliedern der Wirtschaftselite, die aus den traditionellen Branchen der amerikanischen Industrie sowie aus dem Finanzsektor stammen. Auch im Weißen Haus selbst gilt dieses Muster. Das Kabinett Trump gilt als das reichste der US-Geschichte. Auf die Regierungsmitglieder mit Wirtschaftserfahrung (Außenminister Rex Tillerson, Finanzminister Steven Mnuchin, Nationaler Wirtschaftsberater Gary Cohn, Handelsminister Wilbur Ross, Bildungsministerin Betsy DeVos) folgen ehemalige Militärs, an der Spitze der neue Stabschef des Präsidenten, General John Kelly, gefolgt von Verteidigungsminister Jim Mattis und dem Nationalen Sicherheitsberater H. R. McMaster, der nach wenigen Wochen Trumps ersten Sicherheitsberater, den Ex-General Michael Flynn, ablöste. Doch ganz verzichtete auch Trump nicht auf politisch erfahrenes Personal: Mehrere ehemalige Kongressabgeordnete der Republikaner wechselten in Regierungsämter, wie z. B. der neue CIA-Direktor Mike Pompeo. Dazu kommt eine kleine Zahl ehemaliger Gouverneure und Senatoren, aus denen die UN-Botschafterin Nikki Haley, Justizminister Jeff Sessions, Energieminister Rick Perry und der Leiter der Umweltbehörde EPA Scott Pruitt hervorstechen. Zu Trumps engstem Mitarbeiterkreis gehören neben Familienmitgliedern wie seiner Tochter Ivanka und ihrem Ehemann Jared Kushner ehemalige Wahlkampfhelfer wie der Chefstratege und *Breitbart*-Chef Stephen Bannon (bis zu seinem Ausscheiden im August 2017), Redenschreiber Stephen Miller, Pressesprecherin Sarah Huckabee Sanders, die kommissarische Kommunikationschefin Hope Hicks sowie die Berater Kellyanne Conway und Michael Anton. Allerdings hat das Weiße Haus in den wenigen Monaten unter Trump bereits mehrere Personalrochaden an zentralen Schaltstellen vollzogen, Stabschef Reince Priebus und Pressesprecher Sean Spicer entlassen und vor diesem Hintergrund ein wenig professionelles Erscheinungsbild abgegeben.

Seine Antrittsrede vom 20. Januar 2017 nutzte der neue Präsident nicht zur Versöhnung mit seinen Gegnern, sondern zu einer unverblümten Kampfansage an das gesamte politische und mediale Establishment der USA, das zu großen Teilen vor dem Kapitol anwesend war. Damit machte der 45. Präsident überdeutlich, dass er sich den Wünschen seiner politischen Basis mehr verpflichtet fühlt als den Konventionen des Washingtoner Politikbetriebs. Dies unterstreicht ein offen plebiszitäres und populistisches Politikverständnis Trumps, das von geringem Respekt gegenüber den Institutionen parlamentarischer und richterlicher Kontrolle zeugt.

Ein Thema, das die Trump-Administration seit der Wahl verfolgt, ist das Verhältnis Trumps, seiner Familie und der Mitglieder seiner Kampagne zu Vertretern der russischen Regierung. Im Dezember 2016 und Anfang Januar 2017 wurden Erkenntnisse des FBI und der Geheimdienste CIA und NSA veröffentlicht, wonach Russland während des Wahlkampfes eine von höchster Stelle angeordnete Einflusskampagne durchgeführt habe mit dem Ziel, u. a. durch Cyber-Attacken das Vertrauen in den demokratischen Prozess der USA zu unterminieren und die Kandidatin der Demokraten, Hillary Clinton, zu schwächen. Der Rücktritt von Trumps erstem Sicherheitsberater Michael Flynn nach nur drei Wochen wegen verschwiegener Kontakte zu russischen Diplomaten und Regierungsstellen nährte den generellen Verdacht geheimer Absprachen (*collusion*) zwischen Mitarbeitern der Trump-Kampagne und russischen Regierungsstellen. Daraufhin beschloss der Kongress, dass sich die Geheimdienstausschüsse beider Kammern mit der Untersuchung der Angelegenheit befassen sollten. Politische Brisanz erhielten diese Untersuchungen, als der damalige FBI-Direktor James Comey dem Geheimdienstausschuss des Senats im März 2017 berichtete, dass das FBI mögliche Verbindungen zwischen Angehörigen von Trumps Wahlkampfteam und russischen Regierungsbeauftragten nachginge. Die seit der Entlassung Comeys Anfang Mai 2017 verschärfte Affäre beschäftigte von nun ab sowohl den vom Justizministerium bestellten Sonderermittler Robert Mueller als auch die Presse. Obgleich der Verdacht geheimer Absprachen bisher nicht bewiesen werden konnte, belasten die Russland-Untersuchungen das Regierungsgeschäft der Trump-Administration erheblich, indem sie nicht nur wichtige Ressourcen binden, sondern Zweifel an der Legitimität von Trumps Wahlsieges säen.

Im ersten Amtsjahr waren Präsident Trumps legislative Erfolge sehr überschaubar und beschränkten sich auf die im Dezember 2017 verabschiedete umfassende Steuerreform, zu deren Kern die Senkung der Unternehmenssteuern von 35% auf 21% gehört. Doch die Trump-Administration war auch in anderen Politikfeldern nicht untätig: Sofort nach Amtsantritt unternahm Trump den Versuch, einen Teil seiner Wahlversprechen wie das Einreiseverbot für Flüchtlinge und Besucher aus sechs mehrheitlich muslimischen Staaten sowie den Bau einer Mauer entlang der US-Grenze zu Mexiko durch den Erlass von Dekreten umzusetzen. Der Einreisestopp wurde von Bundesgerichten zunächst teilweise aufgehoben, später vom Obersten Gerichtshof aber wieder in Teilen in Kraft gesetzt. Der Mauerbau wurde im Rahmen eines Haushaltsstreits mit dem Kongress für ca. ein Jahr auf Eis gelegt.

Zu Trumps zentralen Wahlkampfversprechen gehörte die Abwicklung der Gesundheitsreform Obamas (*Obamacare*), die einerseits mehr als 20 Millionen Amerikanerinnen und Amerikanern Versicherungsschutz brachte, andererseits aber zu deutlichen Beitragssteigerungen führte und eine unpopuläre allgemeine Versicherungspflicht einführte. Der Aufhebungsversuch scheiterte an der weltanschaulichen Uneinigkeit innerhalb der Mehrheitsfraktion der Republikaner. Im Senat genügten die Gegenstimmen von drei abtrünnigen Republikanern, um den Reformversuch angesichts einer geschlossenen Opposition der Demokraten zu Fall zu bringen. Der Misserfolg schadet zweifellos dem Nimbus des Präsidenten als Macher, doch könnten die Folgen für die Kongressfraktion der Republikaner gravierender sein als für den Präsidenten.

Trotz des weitgehenden Ausbleibens legislativer Erfolge konnte Präsident Trump einiges von dem, was er seinen Anhängern im Wahlkampf versprochen hatte, auf den Weg bringen: Hier sind die Ernennung von Neil Gorsuch zum Richter am Obersten Gerichtshof zu nennen sowie der Rückgang illegaler Übertritte (u. a. durch die Stärkung der Grenzpolizei ICE) an der mexikanisch-amerikanischen Grenze um ca. 40 Prozent. Von der Öffentlichkeit wenig beachtet, hat die Trump-Administration in ihren ersten Monaten mehrere hundert Regulierungen aus der Obama-Ära rückgängig gemacht oder deren Implementierung verzögert. Insbesondere veranlasste Trump, Regulierungen für fossile Energieträger abzubauen, und bereits in den ersten Wochen nach Amtsantritt genehmigte er den von Obama verhinderten Bau der Keystone XL Pipeline, mit der kanadisches Rohöl zu den Raffinerien am Golf von Mexiko transportiert werden soll.

Die Entwicklung an den Finanzmärkten koppelte sich seit der Wahl Trumps im November 2016 von der in der Realwirtschaft ab. Während die Aktienmärkte immer neue Höchststände erreichten, wuchs die US-Wirtschaft in der ersten Jahreshälfte 2017 durchschnittlich lediglich um zwei Prozent – also nicht mehr als unter Präsident Obama. Nach wie vor niedrige langfristige Zinssätze und ein schwächerer Dollar sind indes nicht nur gute Nachrichten für die US-Aktienmärkte, sondern auch für den Exportteil der amerikanischen Wirtschaft. Insofern ist es nicht überraschend, dass die amerikanischen Bürger mit Trumps Wirtschaftspolitik bisher zufriedener sind als mit anderen Handlungen der neuen Regierung.

In der Außen- und Sicherheitspolitik erließ Trump gleich zu Anfang seiner Amtszeit ein Dekret zum Ausstieg der USA aus dem 2015 unterzeichneten, aber noch nicht ratifizierten, von zwölf Anrainerstaaten gegen die aufstrebende Wirtschaftsmacht China geschlossenen Transpazifischen Partnerschaftsabkommen (TPP). Im Falle des seit 2004 bestehenden Nordamerikanischen Freihandelsabkommens (NAFTA) mit Kanada und Mexiko veranlasste die Trump-Administration zwar keine Kündigung, begann aber mit Neuverhandlungen. Auf den Gipfeltreffen der G7 in Sizilien und der G20 in Hamburg zeigte sich, dass die USA einem Bekenntnis zum Freihandel nur mit deutlichen Einschränkungen zustimmten.

In seiner Antrittsrede hatte sich Trump als Verfechter einer zurückgenommen internationalen Rolle der USA positioniert, die kostspielige Auslandsengagements nur dann eingehen würde, wenn sie einen unmittelbaren Nutzen für die USA brächten. Gleichwohl bekräftigten erst hohe Mitglieder seiner Administration wie Sicherheitsberater McMaster oder Verteidigungsminister Mattis, später auch der Präsident selbst, das Bekenntnis der USA zur Nordatlantischen Allianz, stets jedoch begleitet von der Forderung nach höheren Militärausgaben der Bündnispartner. Dagegen verweigerte die Administration in der Flüchtlingspolitik eine gemeinsame Position mit den Alliierten. Auch in der Klimapolitik stieß Trump die politischen Verbündeten durch die Erklärung des Austritts der USA aus dem Pariser Klimaabkommen vor den Kopf. Auch Trumps im Dezember 2017 bekanntgegebene Anerkennung Jerusalems als Hauptstadt Israels, formal lediglich die Umsetzung eines Kongressbeschlusses aus dem Jahr 1995, fand auf der Weltbühne nur sehr wenig Unterstützung. Auch seine Drohung, das Atomabkommen mit dem Iran de facto aufzukündigen und neue Sanktionen der USA zu erlassen, trifft bei den europäischen Verbündeten auf Ablehnung.

Beifall selbst bei politischen Gegnern erhielt die Trump-Administration indes infolge des Anfang April 2017 vollzogenen Raketenangriffs auf die Luftwaffe des Assad-Regimes in Syrien. Eine nach einer syrischen Giftgasattacke abgeworfene US-amerikanische «Mega-Bombe» signalisierte Gegnern und Verbündeten der USA die Bereitschaft der Trump-Regierung, Konflikte notfalls im Alleingang und mit militärischer Gewalt anzugehen. Hart trat Trump auch in der Folge der Militärprovokationen Nordkoreas auf, und dem Iran warf er Unterstützung beim Terrorexport vor. Umgekehrt bekräftigte der Präsident bei seinem Besuch in Saudi-Arabien die Bereitschaft der USA zu einer Sicherheitspartnerschaft mit sunnitisch regierten Staaten des Nahen Ostens.

63 Millionen Amerikaner haben Donald Trump am 8. November 2017 ihre Stimme gegeben und ihn damit für vier Jahre ins Weiße Haus gewählt. Eine vielleicht noch größere Zahl von Amerikanern ist der Ansicht, dass Trump weder charakterlich noch von seiner Qualifikation her in der Lage ist, das wichtigste öffentliche Amt der Welt adäquat zu bekleiden. Nach konventionellen Maßstäben ist die Trump-Präsidentschaft nach zwölf Monaten wenig erfolgreich, das Erscheinungsbild ist zumeist chaotisch. Nachdem der Präsident im August 2017 die Einstellungen von Neonazis, Rassisten und Clanmitgliedern relativierte, die in Charlottesville, Virginia, an gewalttätigen

Ausschreitungen teilgenommen hatten, distanzierten sich auch Figuren aus Trumps engerem politischen Umfeld und aus der Wirtschaft von ihm. Lediglich bei seiner Wählerbasis hat der Präsident sein politisches Kapital noch nicht verspielt. Der Präsident zeigt wenig Interesse und Verständnis für die fachlichen Details der Politik und besitzt offenbar keine praktikable Strategie, die hinter ihm stehende Partei zu einen und Mehrheiten zu organisieren, sondern kommuniziert nahezu ausschließlich über Twitter und in regelmäßigen wahlkampfartigen Versammlungen mit der Basis seiner Anhänger. Es ist naheliegend, Trumps unerwarteten Wahlsieg auf ein unglückliches Zusammentreffen spezieller Umstände zurückzuführen und die Anwesenheit dieses präzedenzlosen US-Präsidenten für einen Betriebsunfall der amerikanischen Geschichte zu halten, für einen Spuk, der sich entweder durch Rücktritt des Präsidenten, durch ein Amtsenthebungsverfahren oder durch deutliche Wahlniederlagen bis spätestens 2018 oder 2020 korrigieren lässt. Sollte die durch Regierungschaos verursachte Selbstlähmung nicht ausreichen, um Trump zu schwächen, so tut dies nach dieser Lesart seit dem ersten Amtstag eine breite Palette von oppositionellen Akteuren, die sich aus linksliberalen Bundesrichtern, den Gouverneuren demokratisch regierter Bundesstaaten, aus den Bürgermeistern wichtiger Metropolen sowie aus großen Teilen der etablierten Medien und bewegten Bürgern und Bürgergruppen zusammensetzt.

Doch wird man Trump, der nach den herrschenden Vorstellungen niemals in die Nähe des Weißen Hauses hätte kommen dürfen, vollends gerecht, wenn man ihn mit den bisherigen Maßstäben einer erfolgreichen oder erfolglosen Präsidentschaft misst? Möglicherweise ist Trump nicht in der Lage, das Präsidentenamt nach gewöhnlichen Maßstäben auszuüben, entscheidend ist indes, dass der 45. Präsident der USA kein Interesse zeigt, sich von der Amtsführung seiner unmittelbaren Vorgänger inspirieren zu lassen. Diese hält er mehr oder weniger für gescheiterte Präsidenten, welche die falschen Handelsabkommen eingefädelt (Clinton), die falschen Kriege begonnen (Bush) und generell fast alles falsch gemacht haben (Obama). Trump ist an präsidentieller Führung in konventioneller Weise kaum interessiert, es geht ihm nicht darum, Gräben zu überbrücken oder als Heiler der Nation in Erscheinung zu treten. Vielmehr will er zeigen, dass, wie er es auf dem Nominierungsparteitag der Republikaner im Juli 2016 sagte, er alleine dazu in der Lage ist, die Lebensbedingungen der übersehenen Menschen in den Tiefen des Landes zu verbessern.

Auch in früheren Stadien seiner Karriere als Geschäftsmann und als angehender Politiker vermochte es Trump, sich aus nahezu aussichtslosen Positionen zu befreien. Er überzeugte internationale Finanzinstitute, z. B. die Deutsche Bank, weiter an seine Kreditwürdigkeit zu glauben, er fand Millionen von Wählern, darunter auch sehr viele Frauen, die bereit waren, ihm trotz seiner Rolle in der *Birther*-Bewegung und trotz seiner vulgär-sexistischen Äußerungen ihre Stimme zu geben. Somit bietet sich eine zweite Lesart der jungen Trump-Präsidentschaft an.

Den Trumpismus gibt es zwar nicht, wenn man dahinter eine mehr oder weniger kohärente politische Ideologie vermutet. Wie nahezu alle Populismen ist auch die Trump'sche Spielart aus ideologisch sehr dünnem Gewebe gestrickt. Donald Trump erscheint vielen als ein beliebiger Populist, der das Regierungshandwerk nicht beherrscht und dessen politische Äußerungen impulsiv, übertrieben und widersprüchlich sind. Doch nach Ansicht der Historiker Brendan Simms und Charlie Laderman unterliegen wir damit einem Trugschluss: Sie zeigen, dass Trump seit seinen ersten öffentlichen Äußerungen in den Achtzigerjahren seine Linie eines nationalen Populismus beharrlich verfolgt. Daraus entwickelte sich eine deutlicher werdende Doktrin, die man als konservativen Anti-Globalismus oder als Nationalpopulismus umschreiben kann und die mit dem extrem wirtschaftsfreundlichen Marktliberalismus der bisherigen Geldgeber um die Vorherrschaft in der Republikanischen Partei kämpft – mit bisher offenem Ausgang. Zu den Grundpfeilern dieses Konzeptes gehören eine defensive Interpretation «nationaler Sicherheit», «wirtschaftlicher Nationalismus» und der «rigorose Rückbau des Verwaltungsapparates». Als man im Weißen Haus realisierte, dass sich die entsprechenden Vorhaben (Einreiseverbote, Mauerbau an der Grenze zu Mexiko, Schwächung des konventionellen nationalen Sicherheitsapparates usw.) nur sehr schleppend realisieren ließen, zog der Präsident grundlegende Konsequenzen: Im Weißen Haus hat der neue Stabschef John Kelly das Mandat, bürokratische Strukturen auf Effizienz und Kohärenz zu trimmen. Innerhalb des verbliebenen Stabs im Weißen Haus dürften kurzfristig diejenigen die Oberhand gewinnen, die ein eher technokratisches Politikverständnis besitzen und konkrete Problemlösungen angehen wollen, statt ein nationalpopulistisches Projekt umzusetzen. Dies könnte Trump und den Republikanern kurzfristig legislative Erfolge bescheren. Doch gleichzeitig schaukelte sich der grundsätzliche Konflikt zwischen Trump, seiner Anhängerschaft und den Anti-Establishment-Medien auf der einen Seite und dem Establishment der Partei, wirtschaftsnahen Kräften und Geldgebern, den militärischen Realpolitikern und den bürokratischen Eliten innerhalb und außerhalb des Weißen Hauses auf der anderen Seite weiter auf. Erst die erfolgreich verabschiedete Steuerreform sowie Trumps Anfang Januar 2018 vollzogene Distanzierung von seinem früheren Chefstrategen, dem Partei-Rebellen Steve Bannon, brachte eine zwischenzeitliche Annäherung zwischen dem Präsidenten und der Parteiführung. Dennoch bleibt das ungeklärte Verhältnis Trumps und seiner Anhänger zur Republikanischen Partei die Achillesferse der Trump-Präsidentschaft. Auch ein Jahr nach seinem Wahlsieg verfügt Trump über kein enges Verhältnis zu prominenten Republikanern: weder zu den wichtigsten Geldgebern und Lobbyisten noch zu den meisten Alt-Aktivisten und etablierten Politikern. Dass diese «Unabhängigkeit» für ihn im Wahlkampf befreiend war und er damit neue Wähler an sich und die Partei binden konnte, ist unbestritten. Wie ihm diese Nicht-Einbindung in die Partei als Präsident mittelfristig nützt, ist noch unklar. Seine Abermillionen von Twitter-Jüngern bilden eine politische Machtbasis, wenn sie gegen etwas mobilisiert werden, aber können sie auch beim politischen Gestalten helfen? Wenn es stimmt, dass die «Grand Old Party» den unwahrscheinlichen Kandidaten Donald Trump benötigte, um 2016 das Weiße Haus zu gewinnen, braucht Trump jetzt den organisierten Konservatismus, um kohärente Politik zu machen? Einerseits ja, denn Trump benötigt die Kongress-Republikaner, um ein von Teilen der Demokraten immer lauter in Erwägung gezogenes Amtsenthebungsverfahren entweder gar nicht entstehen zu lassen oder zumindest eine Verurteilung und Entfernung aus dem Amt abzuwenden. Er benötigt die Parteiführung im Kongress ebenfalls für die Verabschiedung weiterer Gesetzesvorhaben. Doch auf Grund von Trumps Unberechenbarkeit ist immer wieder damit zu rechnen, dass er mit Hilfe seiner Kernanhänger die Republikanische Partei in ihrer gewohnten Form zerstören könnte, indem er die etablierten Parteiführer im Kongress für das Scheitern seiner Gesetzesvorhaben verantwortlich macht und ihren Kopf fordert. Würde er mit einem solchen Vorgehen vielleicht nicht nur die Republikanische Partei in ein neues Gebilde verwandeln, sondern mit ihr die Praxis des gesamten politischen Systems der USA umkrempeln? Oder würde er einfach sein Blatt überreizen und als ohnmächtiger Präsident ohne parlamentarische Mehrheiten den Rest seiner Amtszeit einfach aussitzen müssen und 2020 mit parteiinternen Herausforderern konfrontiert werden? Nach dem ersten Amtsjahr bleibt die Trump-Präsidentschaft ein spannendes, aber auch gefährliches Experiment mit unvorhersehbaren Konsequenzen für Amerika und die Welt.

KOMMENTIERTE BIBLIOGRAPHIE

Einleitung: Die Präsidenten der USA in der Geschichte
(C. Mauch)

Die wichtigsten Quellen zu den Überlegungen der Verfassungsväter sind zweifelsohne die *Federalist Papers* von Alexander Hamilton, John Jay und James Madison. Die neueste Ausgabe ist: *Alexander Hamilton/John Jay/James Madison, The Federalist*, herausgegeben von *Jacob E. Cooke (1961, als Taschenbuch 1981)*. Daneben sind zwei deutschsprachige Übersetzungen erschienen: *Alexander Hamilton/John Jay/James Madison, Die Federalist Papers*, übersetzt, eingeleitet und mit Anmerkungen versehen von *Barbara Zehnpfennig (1993)*, und *Die Federalist-Artikel*, herausgegeben und übersetzt von *Angela Adams* und *Willi Paul Adams (1994)*. Wichtige Information enthalten auch die Antrittsbotschaften der neu gewählten Präsidenten. Hierzu liegt neben zwei Ausgaben aus den 1960er Jahren, *The Inaugural Addresses of the American Presidents. From Washington to Kennedy*, herausgegeben und mit Anmerkungen versehen von *Davis Newton Lott (1961)* und *The Presidents Speak: The Inaugural Addresses of the American Presidents from Washington to Nixon*, ebenfalls herausgegeben von *Davis Newton Lott (1969)*, auch eine aktuelle, von *Arthur M. Schlesinger Jr.* und *Fred L. Israel* herausgegebene Edition vor: *My Fellow Citizens: The Inaugural Addresses of the Presidents of the United States, 1789–2009 (2010)*. Zu den Wahlen siehe *Arthur M. Schlesinger Jr. (Hrsg.), History of American Presidential Elections, 1789–1968 (4 Bde. 1971, 1985)*. Als Ausgangspunkt für die Beschäftigung mit der Gesamtthematik bietet sich das Standardwerk von *Edward S. Corwin, The President: Office and Powers* an, das 1940 in New York herauskam und seither mehrfach neu aufgelegt wurde (5. *Auflage 1984*). Corwins lebenslanges Nachdenken über die Fragen der Präsidentschaft ist dokumentiert in *Richard Loss (Hrsg.), Presidential Power and the Constitution: Essays by Edward S. Corwin (1976)*. Verwiesen sei auch auf *William A. Degregorio, The Complete Book of U. S. Presidents (in achter Auflage erschienen 2013)*, und auf *Presidential Elections since 1789*, herausgegeben vom *Congressional Quarterly (2. Auflage 1979)*. Aus europäischer Perspektive urteilte schon recht früh *Harold J. Laski, The American Presidency: An Interpretation (1940)*. Einen neuen politikwissenschaftlichen Ansatz wählte 1960 mit großem Erfolg *Richard E. Neustadt, Presidential Power and the Modern Presidents*. Die jüngste Auflage dieses Buches mit dem Untertitel *The Politics of Leadership from Roosevelt to Reagan* erschien 1990 in New York. Wichtige Aspekte zum sozialen Hintergrund der einzelnen Präsidenten hat *Edward Pessen* zusammengestellt: *The Log Cabin Myth: The Social Backgrounds of the Presidents (1984)*. Zu den klassischen historischen Gesamtdarstellungen und Interpretationen der amerikanischen Präsidentschaft zählen weiterhin *Clinton Rossiter, The American Presidency (überarbeitete Auflage 1960)* und *Marcus Cunliffe, American Presidents and the Presidency (1968)*. Die Wende zu einer kritischeren Betrachtungs- und Urteilsweise unter dem Eindruck des Vietnamkrieges markiert *Ar-*

thur M. Schlesinger Jr., The Imperial Presidency (1973). Nach dem Rücktritt Nixons begann eine intensive Auseinandersetzung mit der Frage nach Führungsrolle und Führungsqualitäten des Präsidenten im amerikanischen Regierungssystem. In diesem Zusammenhang sind besonders zu nennen die Bücher von *James MacGregor Burns, Presidential Government: The Crucible of Leadership (1978)* und von *Richard M. Pious, The American Presidency (1979),* sowie der inzwischen neu aufgelegte Band von *George C. Edwards III* und *Stephen J. Wayne, Presidential Leadership: Politics and Policy Making (6. Auflage 2003).* Einer derjenigen Wissenschaftler, die sich am eindringlichsten um eine Bestandsaufnahme der Präsidentschaft und um Lösungsmöglichkeiten und Wege aus der Krise bemüht haben, ist *Thomas E. Cronin,* der – neben vielen Aufsätzen – ein Standardwerk und zwei wichtige Aufsatzsammlungen veröffentlichte: *The State of the Presidency (1980); Rethinking the Presidency (1982); Inventing the American Presidency (1989).* Von Cronin und *Michael A. Genovese* stammt auch die Studie *The Paradoxes of the American Presidency,* die 2013 die vierte Auflage erlebte. Den kritischen Geist der achtziger Jahre bringt besonders gut zum Ausdruck *Theodore J. Lowi, The Personal President: Power Invested, Promise Unfulfilled (1985).* Neuere Arbeiten mit einer übergreifenden Perspektive stammen von *Stephen Skowronek, The Politics Presidents Make: Leadership from John Adams to George Bush (1994), Forrest McDonald, The American Presidency: An Intellectual History (1994), Gary L. Rose, The American Presidency Under Siege (1997), Harold J. Laski, American Presidency (1998)* und *Byron W. Daynes* und *Glen Sussman, The American Presidency and the Social Agenda (2001).* Als Forum für die Diskussion von Forschungsergebnissen über Präsidentschaft und Präsidenten steht seit 1971 die Zeitschrift *Presidential Studies Quarterly* zur Verfügung.

Die Auseinandersetzungen im Gefolge von Vietnam und *Watergate* sowie die Zweihundertjahr-Feier der Unabhängigkeitserklärung 1976 bewirkten auch eine verstärkte Hinwendung zu den historischen Ursprüngen und der frühen Geschichte der Präsidentschaft. Als eine geistes- und ideologiegeschichtlich orientierte Arbeit von hohem Rang ist zu nennen *Ralph Ketcham, Presidents Above Party: The First American Presidency, 1789–1829 (1984).* Speziell auf die Beratungen des Philadelphia-Konvents gehen ein *Calvin C. Jillson, Constitution Making: Conflict and Consensus in the Federal Convention of 1787 (1988),* und *Judith A. Best,* «*The Presidency and the Executive Power*», in: *Leonard W. Levy* und *Dennis J. Mahoney* (Hrsg.), *The Framing and Ratification of the Constitution (1987),* S. 209–221. Verfassungsrechtliche und politische Fragestellungen sind auf geschickte Weise verbunden in dem Sammelband von *Martin L. Fausold* und *Alan Shank* (Hrsg.), *The Constitution and the American Presidency (1991).* Mit diesen Problemen beschäftigen sich auch *Alfred H. Kelly, Winfried A. Harbison* und *Herman Belz, The American Constitution: Its Origin and Development (7. Auflage 1991).*

Aus der Fülle der Untersuchungen zu wichtigen Einzelaspekten der Präsidentschaft seien hervorgehoben *Henry J. Abraham, Justices and Presidents: A Political History of Appointments to the Supreme Court (2. Auflage 1985); Robert J. Spitzer, The Presidential Veto: Touchstone of the American Presidency (1988); Jeffrey K. Tulis, The Rhetorical Presidency (1987); Paul Goetsch* und *Gerd Hurm* (Hrsg.), *Die Rhetorik amerikanischer Präsidenten seit F. D. Roosevelt (1993); Louis Fisher, Constitutional Conflicts between Congress and the President (1991);* und *James W. Davis, The President as Party Leader (1992).* Seit einiger Zeit widmen Historiker und Politologen der organisatorischen Problematik verstärkte Aufmerksamkeit. Eine gute Einführung gibt *Stephen Hess, Organizing the Presidency (1988).* Viele wichtige Einsichten zum Verhältnis zwischen dem Präsidenten und seinem engeren

Berater- und Mitarbeiterkreis, gestützt auf statistische Daten, enthält das 1978 erschienene und inzwischen neu aufgelegte Buch von *John Hart, The Presidential Branch: From Washington to Clinton (2. Auflage 1995)*. Auch in Deutschland hat das Interesse an den Präsidenten und an ihrer Stellung im amerikanischen Regierungssystem zugenommen. Beleg sind zum einen die biographisch orientierten Nachschlagewerke von *Peter Schäfer, Die Präsidenten der USA im 20. Jahrhundert: Biographien, Daten, Dokumente (1990)* und *Die Präsidenten der USA in Lebensbildern: Von George Washington bis Bill Clinton (1993)*; zum anderen mehrere fundierte Aufsätze in zwei neueren wissenschaftlichen Handbüchern: von *Kurt L. Shell, Kongress und Präsident*, und *Andreas Falke, Das Präsidentenamt und die Struktur der Exekutive*, in: *Willi Paul Adams u. a. (Hrsg.), Länderbericht USA (2. Auflage. 1992), Bd. I,* S. 357–396 und S. 397–412; sowie von *Wolfgang Jäger, Der Präsident*, und *Herbert Dittgen, Präsident und Kongress im außenpolitischen Entscheidungsprozess*, in: *Wolfgang Jäger* und *Wolfgang Welz (Hrsg.), Regierungssystem der USA (1995)*, S. 136–169 und S. 420–440. Alle vier genannten Autoren geben ausführliche weiterführende Literaturhinweise. Der Geschichte des Gebäudes, von dem aus die Präsidenten seit John Adams die USA regieren, und dessen Grundstein im Oktober 1792 gelegt wurde, widmen sich die Autoren des von *Frank Freidel* und *William Pencak* herausgegebenen Sammelbandes *The White House: The First Two Hundred Years (1994)*. Ein anderer Sammelband behandelt die Vorstellungen, die sich die Amerikaner von ihren Präsidenten machen: *William C. Spragens (Hrsg.), Popular Images of American Presidents (1988)*. Populär und zum Teil anekdotisch geschrieben sind die Lebensbilder der Präsidenten von George Washington bis George Bush in *David C. Whitney* und *Robin V. Whitney, The American Presidents (11. Auflage 2009)*. Der Band enthält einen umfangreichen Anhang mit Daten und Fakten zur Geschichte der Präsidentschaft. Seit den 1980er Jahren sind neben dem Amt des Präsidenten auch Amt, Rolle und Image der First Lady ein seriöses Feld historischer Forschung geworden. In Canton im US-Bundesstaat Ohio eröffnete im Juni 1998 die National First Ladies' Library ihre Pforten. Nach dem Vorbild der amerikanischen *Presidential Libraries* sammelt sie Quellen und Memorabilia zur Geschichte der First Ladies und fördert die Forschung auf diesem Gebiet. Die auf der Homepage der National First Ladies' Library (www.firstladies.org) gespeicherte Bibliographie legt Zeugnis von der sich rasch ausweitenden Forschung ab. Die umfassendste Studie zur Geschichte der First Ladies ist das zweibändige Werk von *Carl Sferrazza Anthony, First Ladies: The Saga of the Presidents' Wives and Their Power (1990/1991)*. Die derzeit wohl beste Untersuchung ist die anregende Arbeit von *Betty Boyd Caroli, First Ladies (1995)*, in deutscher Sprache erschien *Philipp Gassert* und *Christof Mauch (Hrsg.), Mrs. President: Von Martha Washington bis Hillary Clinton (2000)*. Die sich im Laufe der amerikanischen Geschichte ständig ausweitende Machtfülle des Präsidenten untersucht *Michael A. Genovese, The Power of the Presidency, 1789–2000 (2000)*; die «handelnden» im Gegensatz zu den «verwaltenden» Präsidenten werden von Genovese in der Wertung durchweg bevorzugt. *David A. Crocket, The Opposition Presidency: Leadership and Constraints of History (2002)* analysiert die Rolle der Kongressopposition gegenüber den Präsidenten in der amerikanischen Geschichte. Die sich wandelnden politischen Ideen und politikwissenschaftlichen Vorstellungen vom Präsidentenamt untersucht *Raymond Tatlovich/ Thomas S. Engerman, The Presidency and Political Science: Two Hundred Years of Constitutional Debate (2003)*. Über das Verhältnis der amerikanischen Präsidenten zum Krieg informiert *Arthur M. Schlesinger Jr., War and the American Presidency (2004)*. Eine die neueste Literatur berücksichtigende und einzelne Präsidenten neu bewertende Sammlung zu den amerikanischen Präsidenten stammt von *Alan Brinkley/ Davis Dyer (Hrsg.), Hollywood's White House: The American Presidency in Film and History (2003)*, und eine kritische Studie zur Evolution der Rolle des Präsidenten als «celebrity» stammt von *Lewis L. Gould, The Modern American Presidency (2004)*. Eine Einführung in die Geschichte und die wichtigsten Merkmale und Besonderheiten der Exekutive bietet neuerdings *Brian R. Dirck, The Executive Branch of Federal Government: People, Process, and Politics (2007)*; das Verhältnis amerikanischer Präsidenten zur Religion beleuchtet ein von *Mark J. Rozell* und *Gleaves Whitney* herausgegebener Sammelband *Religion and the American Presidency (2007)*, kritisch zur Amtsgewalt des Präsidenten: *Matthew A. Crenson* und *Benjamin Ginsberg, Presidential Power: Unchecked and Unbalanced (2008)*. Der Biographie und den Aktivitäten von Ex-Präsidenten widmen sich *Leonard Benardo* und *Jennifer Weis, Citizen-in-Chief: The Second Lives of the American Presidents (2009)*.

In den letzten zehn Jahren sind mehrere hundert Monographien und Sammelbände sowie wissenschaftliche Arbeiten zum Präsidentenamt in den USA entstanden. Die nachfolgende Bibliographie greift einige wichtige Bände aus der Überfülle heraus.

Die besten neueren Nachschlagewerke zu den Präsidenten und zum Präsidentenamt stammen von *George C. Edwards (Hrsg.), The Oxford Handbook of the American Presidency (2009), Michael A. Genovese, Encyclopedia of the American Presidency (2010)* und von *Lyn Ragsdale, Vital Statistics on the Presidency: George Washington to George W. Bush (2009)*. Als Standardwerk zur US-Präsidentschaft kann *Thomas E. Cronin/ Michael A. Genovese, The Paradoxes of the American Presidency (2013)* gelten, das in der 3. Auflage erschienen ist. Zu den einschlägigen Darstellungen, die die US-Präsidentschaft in historischer Perspektive in den Blick nehmen, gehören weiterhin *Sidney M. Milkis/ Michael Nelson (Hrsg.), The American Presidency: Origins and Development 1776–2014 (2015), Jeffrey E. Cohen, The President's Legislative Policy Agenda 1789–2002 (2012), Stephen R. Graubard, The Presidents: The Transformation of the American Presidency from Theodore Roosevelt to Barack Obama (2009)* sowie *Richard J. Ellis, The Development of the American Presidency (2012)*. Einen knappen Überblick bietet *Charles O. Jones, The American Presidency: Very Short Introduction (2016)*. Individuelle wie auch institutionelle Entwicklungen der Präsidentschaft nimmt das Buch von *Lori Cox Han* und *Diane J. Heith, Presidents and the American Presidency (2012)* in den Blick, zu den Besonderheiten gehören die in diesem Band abgedruckten Primärquellen aus Präsidentenbibliotheken. Die sich wandelnde Haltung der Präsidenten gegenüber der Religion behandelt *Gastón Espinosa (Hrsg.), Religion and the American Presidency: George Washington to George W. Bush with Commentary and Primary Sources (2009)* sowie *David L. Holmes, The Faiths of the Postwar Presidents: From Truman to Obama (2012)*. Neueste Entwicklungen und Herausforderungen behandeln *Jeffrey E. Cohen, Going Local: Presidential Leadership in the Post-Broadcast Age (2010), Charles W. Dunn (Hrsg.), The Presidency in the Twenty-First Century (2011), Anthony J. Eksterowicz/ Glenn P. Hastedt (Hrsg.), The Presidency of the United States: New Issues and Developments (2009), Lori Cox Han (Hrsg.), New Directions in the American Presidency (2011)*.

Fragen des politischen Systems und der Verfassung widmen sich *Ryan J. Barrileaux (Hrsg.), The Unitary Executive and the Modern Presidency (2010), Joseph M. Bessette (Hrsg.), The Constitutional Presidency (2009)* sowie *Michael Nelson (Hrsg.), Presidency and the Political System (2010)*. Speziell um Fragen des Verhältnisses der Präsidenten zur Verfassung geht es in *Harold H. Bruff, Untrodden Ground: How Presidents Interpret the Constitution (2015)* und in *Ken Gormley (Hrsg.), The Presidents and the Constitution: A Living History (2016)*. Eine Reihe von Monographien beschäftigt sich mit den Reden und der Rhetorik der US-Präsidenten, darunter *Michael Nelson* und *Russell L. Riley (Hrsg.), The President's Words: Speeches and Speechwriting in the Modern White House (2010), Jeffrey Friedman (Hrsg.), Rethinking the Rhetorical Presidency (2012), Elvin T. Lim, The Anti-Intellectual Presidency: The Decline of Presidential Rhetoric from George Washington to George W. Bush (2012)* und *Ryan Lee Teten, The Evolutionary Rhetorical Presidency: Tracing the Changes in Presidential Address and Power (2011)*. Dem Phänomen, dass sich die US-Präsidenten vor Obama nahezu 30 Jahre lang aus den Rängen von Gouverneuren rekrutiert hatten, widmet sich *Saladin M. Ambar, How Governors Built the Modern American Presidency (2012)*. Mit der Wahl von Barack Obama wurde zunehmend die Rolle früherer afroamerikanischer Präsidentschafts- und Vizepräsidentschaftskandidaten in der US-Geschichte untersucht, hierzu *Bruce A. Glasrud (Hrsg.), African Americans and the Presidency: The Road to the White House (2010)*. Die These, dass die meisten Präsidenten die Bürgerrechte eher beschränkt als erweitert haben, vertritt *Samuel Walker, Presidents and Civil Liberties from Wilson to Obama: A Story of Poor Custodians (2012)*. Präsidentiale Führungsstruktur und Fragen der Herrschaft werden thematisiert von *Karen S. Hoffman, Popular Leadership in the Presidency: Origins and Practice (2010), William G. Howell/David Milton Brenton, Thinking about the Presidency: The Primacy of Power (2013), Richard J. Ellis/Michael Nelson (Hrsg.), Debating the Presidency: Conflicting Perspectives on the American Executive (2017)* und *Michael J. Korzi, Presidential Term Limits in American History: Power, Principles, and Politics (2011), Irwin L. Morris, The American Presidency: An Analytical Approach (2010), Brandon Rottinghaus, The Provisional Pulpit: Modern Presidential Leadership of Public Opinion (2010)*, zur Rolle der Medien vergleiche neuerdings *Michael Lempert, Creatures of Politics: Media, Message, and the American Presidency (2012)*.

Krieg und Terrorismus werden behandelt von *Anthony J. Eksterowicz* und *Glenn P. Hastedt (Hrsg.), Presidents and War (2010), Andrew Joseph Polsky, Elusive Victories: The American Presidency at War (2012), C. Dale Walton, Grand Strategy and the Presidency: Foreign Policy, War and the American Role in the World (2012), Hal Brands, What Good Is Grand Strategy? Power and Purpose in American Statecraft from Harry S. Truman to George W. Bush (2014), Marvin L. Kalb, Haunting Legacy: Vietnam and the American Presidency from Ford to Obama (2011)* sowie *Michael A. Genovese, Presidential Prerogative: Imperial Power in an Age of Terrorism (2011)*. Zur Umweltpolitik erschien neuerdings *Byron W. Danes/Glenn Sussman, White House Politics and the Environment: Franklin D. Roosevelt to George W. Bush (2010)*.

Auf das Amt des Vizepräsidenten konzentriert sich *Jules Witcover, The American Vice Presidency: From Irrelevance to Power (2014)*. Der Rolle der First Lady widmet sich neuerdings *MaryAnne Borrelli, The Politics of the President's Wife (2011)*. Mit der kulturellen Verarbeitung und Darstellung des Präsidentenamts in Literatur und Film beschäftigen sich *Bruce E. Altschuler, Acting Presidents: 100 Years of Plays about the Presidency (2011), Paul J. Ferlazzo, Poetry and the American Presidency (2012), Iwan M. Morgan (Hrsg.), Presidents in the Movies: American History and Politics on Screen (2011)* und *Burton W. Peretti, The Leading Man: Hollywood and the Presidential Image (2012)*. Dem Blick der Historiker auf die amerikanischen Präsidenten widmet sich der Sammelband von *Brian Balogh* und *Bruce J. Schulman (Hrsg.), Recapturing the Oval Office: New Historical Approaches to the American Presidency (2015)*.

George Washington
(J. Heideking)

Washington hat eine große Fülle schriftlicher Selbstzeugnisse hinterlassen, darunter Tagebücher und ca. 15 000 Briefe, von denen er die wichtigsten für sich abschreiben ließ. Dieses Material befindet sich zum größten Teil in der Library of Congress in Washington, D. C., wo es 1961 auf 124 Rollen Mikrofilm aufgenommen wurde. Für lange Zeit die wichtigste veröffentlichte Sammlung seiner Schriften war *John C. Fitzpatrick (Hrsg.), The Writings of Washington from the Original Manuscript Sources, 1743–1799, 39 Bde. (1931–44)*; sie enthielt aber keine an Washington gerichtete Korrespondenz. In den 1970er Jahren begannen an der University of Virginia die Vorbereitungen für die definitive Ausgabe der *Washington Papers*, die seit 1983 in fünf Reihen erscheint: *Colonial Series (1748–1775); Revolutionary War Series (1775–1783); Confederation Series (1783–1788); Presidential Series (1788–1797); Retirement Series (1797–1799)*. Bisher sind unter der Herausgeberschaft von *W. W. Abbot, Dorothy Twohig et al.* in Charlottesville, Va., insgesamt 63 Bände erschienen. Außerdem liegen die Tagebücher in einer kritischen Edition vor: *Donald Jackson and Dorothy Twohig (Hrsg.), The Diaries of George Washington, 6 Bde. (1976–79); Dorothy Twohig (Hrsg.), The Papers of George Washington: The Journal of the Proceedings of the President, 1793–1797 (1981)*. Seit 2004 liegen die bereits erschienenen Bände auch in einer digitalen Version vor. Eine digitale Edition von Finanzdokumenten aus Washingtons Nachlass begann in dem *Financial Papers Project* 2013. Eine weitere, für das Verständnis von Washingtons Präsidentschaft unerlässliche Quelle stellen die Verhandlungen und Papiere des Ersten Kongresses dar, die von der George Washington University herausgeben werden: *Charlene B. Bickford, Kenneth R. Bowling* und *Helen E. Veit (Hrsg.), Documentary History of the First Federal Congress of the United States of America, March 4, 1789–March 3, 1791 (1972–)*. 1994 erschienen ist außerdem die schriftliche Hinterlassenschaft von Washingtons Frau Martha, *The Worthy Partner: The Papers of Martha Washington*, zusammengestellt von *Joseph Fields* und mit einer Einleitung versehen von *Ellen McCallister Clark*. Washington ist sicherlich der Präsident, über den – neben Lincoln und Franklin D. Roosevelt – am meisten geschrieben worden ist. Seine ersten Biographen, vor allem *Mason Locke Weems*, aber auch der Oberste Bundesrichter *John Marshall*, gaben ein verzerrtes Bild und trugen zu der zu im 19. Jahrhundert vorherrschenden unkritischen Heldenverehrung und Legendenbildung bei. Ein Beispiel für die überkritische Gegenreaktion, die zu Beginn des 20. Jahrhunderts auf die Zerstörung des Washington-Nimbus abzielte, ist *William E. Woodward, George Washington: The Image and the Man (1926)*. Wirkliche Standardwerke schufen erst *Douglas Southall Freeman, George Washington: A Biography, 7 Bde. (1948–57)* (aus der Perspektive des selbstbewussten Liberalismus der Nachkriegszeit) und *James Thomas Flexner, George Washington, 4 Bde. (1965–72)* (beeinflusst vom antiautoritären Geist der späten sechziger Jahre). Interessante analytische Deutungsversuche leisten *Marcus Cunliffe, George Washington: Man and Monument (1959)*, und *Edmund S. Morgan, The Genius of George Washington (1980)*. Eine weitere einbändige, sehr positive Biographie spiegelt das konservativere Bewusstsein der Reagan-Ära: *John E. Ferling, The First of Men: A Life of George Washington (1988)*. Zu einem ausgesprochen günstigen Urteil gelangt auch die aus verfassungsgeschichtlicher Sicht unternommene Gesamtinterpretation von *Glenn A. Phelps, George Washington and American Constitutionalism (1995)*. Zu jedem einzelnen Lebensabschnitt und Wirkungsbereich Washingtons liegen zahlreiche Spezialstudien vor. Die frühe Zeit behandelt am gründlichsten *Bernhard Knollenberg, George Washington: The Virginia Period, 1732–1775 (1964)*. Seine Leistungen und Ausstrahlung als Oberbefehlshaber im Unabhängigkeitskrieg würdigt *Don Higginbotham, George Washington and the American Military Tradition (1985)*. Die militärgeschichtliche Perspektive auf Washington wird ebenfalls aufgegriffen von *David Hackett Fischer, Washington's Crossing (2004); Edward G. Lengel, General George Washington: A Military Life (2005)* und *Robert Middlekauff, Washington's Revolution: The Making of America's First Leader (2015)*. Mit Washingtons Präsidentschaft und seinem Amtsverständnis beschäftigen sich u. a. *Forrest McDonald, The Presidency of George Washington (1974)*, und – im größeren historischen Zusammenhang – *Ralph Ketcham, Presidents Above Party: The First American Presidency, 1789–1829 (1984)*. Hinsichtlich der außenpolitischen Zusammenhänge sind immer noch lesenswert *Alexander DeConde, Entangling Alliance: Politics and Diplomacy under George Washington (1958)*, und *Louis Martin Sears, George Washington and the French Revolution (1960)*. Das Verhältnis zu den Ureinwohnern und die große Bedeutung des Westens in Washingtons Denken sind Gegenstand von *Wiley Sword, President Washington's Indian War: The Struggle for the Old Northwest, 1790–1795 (1985)*. Washingtons Rolle bei der Entstehung der Bundeshauptstadt untersucht *Kenneth R. Bowling, The Creation of Washington, D. C.: The Idea and Location of the American Capital (1990)*. Die schwerste innenpolitische Krise wird ausführlich dargestellt von *Thomas P. Slaughter, The Whiskey Rebellion: Frontier Epilogue to the American Revolution (1986)*. Vier wichtige Bücher aus den 1980er und 90er Jahren geben Aufschluss über Washingtons Selbstverständnis und über das Bild, das sich seine Zeitgenossen und die Nachwelt von ihm machten: *Garry Wills, Cincin-natus: George Washington and the Enlightenment (1984); John P. Kaminski* und *Jill Adair McCaughan (Hrsg.), A Great and Good Man: George Washington in the Eyes of His Contemporaries (1989); Barry Schwartz, George Washington: The Making of an American Symbol (1987); William M. S. Rasmussen* und *Robert S. Tilton, George Washington – The Man Behind the Myths (1999)*. Neuerdings erschien zu diesem Thema *Edward G. Lengel, Inventing George Washington: America's Founder, in Myth and Memory (2011)*.

Auch in deutscher Sprache liegen neuerdings fundierte Biographien vor: *Franz Herre, George Washington. Präsident an der Wiege einer Weltmacht (1999)* sowie als Übersetzung aus dem Englischen *Joseph J. Ellis, Seine Exzellenz George Washington (2005)*. Neuere Perspektiven der Washington-Forschung finden sich in den Bänden von *Don Higginbotham (Hrsg.), George Washington Reconsidered (2001)* und *Ethan Fishman, William D. Pederson* und *Mark J. Rozell (Hrsg.), George Washington – Foundation of Presidential Leadership* und *Character (2001)* sowie von *Edward G. Lengel (Hrsg.), A Companion to George Washington (2012)*.

Das komplizierte Verhältnis Washingtons zur Sklaverei behandeln *Henry Wiencek, An Imperfect God: George Washington, His Slaves and the Creation of America (2003)* sowie *François Furstenberg, In the Name of the Father: Washington's Legacy, Slavery, and the Making of a Nation (2006)*. In zehn Essays beleuchtet Peter R. Henriques zentrale, meist kontrovers verhandelte Themen der Washington-Biographie, so zum Beispiel das Verhältnis von Washington zu seiner Ehefrau und zu anderen Frauen. Dabei kommt er insgesamt zu einem positiven Urteil: *Peter R. Henriques, Realistic Visionary: A Portrait of George Washington (2006)*. Washingtons Ehefrau Martha widmet sich die Biographie von *Patricia Brady, Martha Washington: An American Life (2005)*. Das Privatleben Washingtons und das Leben auf der Plantage Mount Vernon behandeln eine neue Biographie und eine Sammlung mit Primärquellen: *Jean Butenhoff Lee, Experiencing Mount Vernon:*

Eyewitness Accounts (2006) und *Harlow Giles Unger, The Unexpected George Washington: His Private Life (2006)*. Eine weitere, von *Edward G. Lengel* bearbeitete Dokumentation sammelt die Revolutionsbriefe Washingtons: *This Glorious Struggle: George Washington's Revolutionary War Letters (2008)*. Über Washingtons politisches Agieren und seine politischen Ansichten informieren *John Ferling, The Ascent of George Washington: The Hidden Political Genius of an American Icon (2009)* und *Jeffry H. Morrison, The Political Philosophy of George Washington (2009)*. Washington und die Religion sind das Thema der Studie von *Mary V. Thompson, «In the Hands of a Good Providence»: Religion in the Life of George Washington (2008)*. Washingtons Verhältnis zu anderen prominenten Protagonisten der amerikanischen Revolution untersucht der Sammelband von *Robert M. S. McDonald (Hrsg.), Sons of the Father: George Washington and His Protégés (2013)*. In den letzten Jahren sind mehrere Washington-Biographien erschienen: Sehr lesbar und für ein breiteres Publikum bestimmt ist das Buch von *Ron Chernow, Washington: A Life (2010)*; Washingtons Präsidentschaft im Kontext der amerikanischen *nation building* analysiert *Timothy H. Breen, George Washington's Journey: The President Forges a New Nation (2016)*; einen knappen, soliden Einstieg bietet *John Rhodehamel, George Washington: The Wonder of the Age (2017)*.

John Adams
(J. Heideking)

John Adams umfangreicher Nachlass befindet sich zum größten Teil in der Sammlung der *Adams Family Papers*, die von der *Massachusetts Historical Society* auf über 600 Rollen Mikrofilm aufgenommen wurde. An der definitiven Edition arbeiten *Robert J. Taylor et al. (Hrsg.), The Papers of John Adams (1977–)*. Derzeit ist man noch auf ältere Quellenwerke angewiesen, z. B. auf *Charles Francis Adams (Hrsg.), The Works of John Adams, 10 Bde. (1850–56)*, und *Lyman H. Butterfield (Hrsg.), Diary and Autobiography of John Adams, 4 Bde. (1961)*. Zu den wichtigsten Briefsammlungen gehören *Lyman H. Butterfield et al. (Hrsg.), The Book of Abigail and John: Selected Letters of the Adams Family, 1762–1784 (1975); Lester J. Cappon (Hrsg.), The Adams-Jefferson Letters, 2 Bde. (1959)*. Mittlerweile liegt auch eine dreibändige Ausgabe von Adams' politischen Schriften vor: *Gordon S. Wood (Hrsg.), John Adams: Revolutionary Writings (2011–2016)*. Die erste auf dem Nachlass basierende Biographie stammt von *Page Smith, John Adams, 2 Bde. (1962)*, und porträtiert Adams als Bollwerk gegen die radikalen Kräfte seiner Zeit. Um eine ausgewogenere Darstellung bemüht sich neuerdings *John Ferling, John Adams: A Life (1992)*. Von demselben Autor stammt auch eine Studie über die Präsidentschaftswahlen von 1800, *Adams vs. Jefferson: The Tumultuous Election of 1800 (2004)* sowie eine kollektive Biographie der drei prominentesten Gründerväter: *Setting the World Ablaze: Washington, Adams, Jefferson, and the American Revolution (2000)*. Ein Doppelporträt von Adams und Jefferson hat *Gordon S. Wood* vorgelegt: *Friends Divided: John Adams and Thomas Jefferson (2017)*.

Adams' politisches Denken untersucht *John Howe, The Changing Political Thought of John Adams (1966)*. Eine psychologische Studie, die innere Widersprüche zu erklären sucht, liefert *Peter Shaw, The Character of John Adams (1976)*. Speziell zur Vizepräsidentschaft und zur Präsidentschaft siehe *Linda Dudik Guerrero, John Adams' Vice Presidency, 1789–1797: The Neglected Man in the Forgotten Office (1982); Stephen G. Kurtz, The Presidency of John Adams: The Collapse of Federalism, 1795–1800 (1957); Ralph Adams Brown,*

The Presidency of John Adams (1975); Bruce Miroff, John Adams and the Presidency, in: *Thomas E. Cronin (Hrsg.), Inventing the American Presidency (1989), S. 304–325*. Abigail Adams hat in letzter Zeit wegen ihres Eintretens für die rechtliche Gleichstellung und Emanzipation der Frauen viel Beachtung gefunden. Zu den besten neueren Darstellungen zählt *Phyllis Lee Levin, Abigail Adams: A Biography (1987)* sowie *Edith B. Gelles, Portia: The World of Abigail Adams (1995)*. Zum Ehepaar Adams erschien neuerdings *G. J. Barker-Benfield, Abigail and John Adams: The Americanization of Sensibility (2010)* und *Edith B. Gelles, Abigail & John: Portrait of a Marriage (2009)*. Kaum ein anderer Präsident hat in den letzten Jahren ein vergleichbar großes Forschungsinteresse geweckt wie John Adams. Die Neubewertung seiner Präsidentschaft lässt ihn zunehmend aus dem Schatten George Washingtons und Thomas Jeffersons treten. Die wichtige Gesamtbiographie von *David G. McCullough, John Adams (2001)*, wurde zum Bestseller. Bedeutende Sammelbände stammen von *Richard Alan Ryerson (Hrsg.), John Adams and the Founding of the Republic (2001)* und von *Robert C. Baron* und *Conrad Edick Wright (Hrsg.), The Libraries, Leadership, and Legacy of John Adams and Thomas Jefferson (2010)*. Einen Überblick über den neuesten Forschungsstand bietet *David Waldstreicher (Hrsg.), A Companion to John Adams and John Quincy Adams (2013)*. Weiterhin erschienen *Bradley C. Thompson, John Adams and the Spirit of Liberty (1998), Michael Burgan, John Adams: Second U. S. President (2001), Stuart A. Kallen, John Adams (2001)* und *Bonnie L. Lukes, John Adams: Public Servant (2001)*. In der Reihe *The American Presidents Series* ist ebenfalls eine Adams-Biographie erschienen: *John Patrick Diggins, John Adams (2003)*. Eine provokative Doppelbiographie zu John Adams und Adam Smith behauptet neuerdings, beiden sei es in gleicher Weise um das «common good» gegangen: *John E. Hill, Democracy, Equality, and Justice: John Adams, Adam Smith, and Political Economy (2007)*. Eine ausgewogene neuere Biographie stammt von *James Douglas Grant, John Adams: Party of One (2005)*. Der ehemalige Herausgeber der *Adams Papers* hat neuerdings ebenfalls eine umfassende Adams-Biographie vorgelegt: *Richard Alan Ryerson, John Adams's Republic: The One, the Few, and the Many (2016)*.

Thomas Jefferson
(W. P. Adams)

Die publizierte Quellenbasis des Wirkens Jeffersons ist zugänglich in *Julian P. Boyd et al. (Hrsg.), The Papers of Thomas Jefferson (1950–)*; der 2016 erschienene Bd. 42 erfasst erst die Jahre 1803–1804. Daher sind für die Zeit der Präsidentschaft weiterhin unverzichtbar die weniger vollständigen Editionen von *Paul Leicester Ford, The Writings of Thomas Jefferson, 10 Bde. (1892–1899)* und *Andrew A. Lipscomb et al. (Hrsg.), The Writings of Thomas Jefferson (1903–1904)*. Die Kongressbibliothek stellt seit 1999 große Teile der Jefferson Papers als Teil ihrer American Memory Collection zur Verfügung unter www.memory.loc.gov/ammem/mtjhtml/. Den in deutschen Bibliotheken zugänglichsten Einstieg in die Jefferson-Literatur bieten die umfassenden Fußnoten zu der Göttinger Antrittsvorlesung von *Werner Heun, Die politische Vorstellungswelt Thomas Jeffersons*, in: *Historische Zeitschrift 258 (1994), S. 359–396*. Siehe auch den Sammelband *Hartmut Wasser (Hrsg.), Thomas Jefferson: Historische Bedeutung und politische Aktualität (1995)*. Eine amerikanische Bestandsaufnahme bietet der Sammelband von *Peter S. Onuf (Hrsg.), Jeffersonian Legacies (1993)*. Die überragende literarische Qualität und der intellektuelle Reiz von *Henry*

Adams' History of the United States during the Presidencies of Thomas Jefferson and James Madison, 9 Bde. *(1889–1891)* dürfen nicht über die Jefferson-kritische Parteilichkeit des Urenkels des Rivalen John Adams hinwegtäuschen; dazu im Detail *Merrill D. Peterson, Henry Adams on Jefferson the President, Virginia Quarterly Review, Bd. 39 (1963), S. 187–201.* Eine den heutigen professionellen Standards voll entsprechende, aber weniger mitreißend lesbare Handbuchdarstellung der Politik-, Sozial- und Wirtschaftsgeschichte während der Präsidentenjahre Jeffersons ist *Marshall Smelser, The Democratic Republic 1801–1815 (1968)*. Die detaillierteste narrative Darstellung der Präsidentenjahre enthält die sechsbändige Standard-Biographie von *Dumas Malone, Jefferson: The President: First Term 1801–1805 (1970)*, und *Jefferson: The President: Second Term 1805–1809 (1974)*. Verlässlich und ebenso von Sympathie für Jefferson getragen sind auch *Merrill D. Peterson, Thomas Jefferson and the New Nation: A Biography (1970)*, und *Noble E. Cunningham, In Pursuit of Reason: The Life of Thomas Jefferson (1987)*. Jeffersons ausgeprägte Positionen in der amerikanischen politischen Ideengeschichte haben im Detail untersucht *Richard Buel, Securing the Revolution: Ideology in American Politics 1789–1815 (1972); Lance Banning, The Jeffersonian Persuasion: Evolution of Party Ideology (1978). Drew R. McCoy, The Elusive Republic: Political Economy in Jeffersonian America (1980)* zeigt die engen Verbindungen zwischen Ideen, Wertvorstellungen und Wirtschaftspolitik bis zur Entscheidung zum Krieg von 1812–14 auf. *Leonard D. White, The Jeffersonians: An Administrative History 1801–1829 (1951)* konzentriert sich auf das Regierungshandeln und stellt fest, dass Jefferson die Kompetenzen des Präsidentenamtes nicht weniger umfassend genutzt hat als seine federalistischen Amtsvorgänger. Diesen Befund bestätigt *Gary J. Schmitt, Thomas Jefferson and the Presidency*, in: *Thomas E. Cronin (Hrsg.), Inventing the American Presidency (1989), S. 326–346.* Die beste knappe kritisch urteilende Analyse der Präsidentschaft Jeffersons enthält *Forrest McDonald, The Presidency of Thomas Jefferson (1976)*. Ebenfalls auf den Regierungsprozess konzentriert sich *Noble E. Cunningham, The Process of Government under Jefferson (1978)*. Jeffersons aktives Führungsverhalten als Parteiführer, Regierungschef und Staatsoberhaupt analysiert der Politikwissenschaftler *Robert M. Johnstone, Jefferson and the Presidency: Leadership in the Young Republic (1978)*. Die Parteiengeschichte untersucht *Noble E. Cunningham, The Jeffersonian Republicans in Power: Party Operations 1801–1809 (1963)*. Das «vormoderne», auf das Ideal des überparteilichen Landesvaters und *patriot king* ausgerichtete Verständnis des Präsidentenamtes aller sechs Amtsinhaber bis 1829 überbetont *Ralph Ketcham, Presidents Above Party: The First American Presidency 1789–1829 (1984)*. Richard Hofstadter urteilte in der biographischen Skizze *Thomas Jefferson: The Aristocrat as Democrat*, in: *Hofstadter, The American Political Tradition and the Men Who Made It (1948), S. 18–44* aus der Perspektive des *New Deal*-Liberalen und zeigte neben Jeffersons aufklärerischen Idealen und seinem Glauben an die Vernunft und Lernfähigkeit der Bürger einer Demokratie auch den Opportunismus des erfolgreichen Politikers und die paternalistische Grundhaltung des Sklavenhalters und Plantagenbesitzers auf. Die emotionale Kontroverse über die Tatsache, dass Jefferson mit seiner Hausskalvin Sally Hemings vier Kinder zeugte, wird zusammengefasst in *Annette Gordon-Reed, Thomas Jefferson and Sally Hemings. An American Controversy (1997)* sowie in *Jan Ellen Lewis* und *Peter S. Onuf (Hrsg.), Sally Hemings and Thomas Jefferson: History, Memory, and Civic Culture (1999)*. Für den Beweis durch die DNA-Analyse siehe www.monticello.org/plantation. Das Verhältnis von Jefferson zur Sklaverei nimmt neuerdings autoritativ *Garry Wills* in den Blick: *«Negro President»: Jefferson and the Slave Power (2003)*. Zum Verhältnis von Jefferson zu Frauen siehe *Jon Kukla, Mr. Jefferson's Women (2007)*.

Die Präsidentschaftswahl von 1800, in der John Adams und Thomas Jefferson gegeneinander antraten, wird von mehreren Autoren behandelt, die jeweils unterschiedliche Akzente setzen: *John Ferling, Adams vs. Jefferson. The Tumultuous Election of 1800 (2004), Susan Dunn, Jefferson's Second Revolution. The Election of 1800 and the Triumph of Republicanism (2004)* und *Edward John Larson, A Magnificent Catastrophe: The Tumultuous Election of 1800, America's First Presidential Campaign (2007).*

Prägnante Einführungen in die Präsidentschaft Thomas Jeffersons bieten *Joyce Appleby, Thomas Jefferson (2003), R. B. Bernstein, Thomas Jefferson (2003), Christopher Hitchens, Thomas Jefferson: Author of America (2005), Peter S. Onuf, The Mind of Thomas Jefferson (2007)* und *Kevin J. Hayes, The Road to Monticello: The Life and Mind of Thomas Jefferson (2008).* Den ideologischen Umbruch der Republik und die Transformation zum «Jeffersonian America» stellt eine von drei Jeffersonspezialisten gemeinsam verfasste Studie ins Zentrum, *James Horn, Jan Ellen Lewis, Peter S. Onuf, The Revolution of 1800: Democracy, Race, and the New Republic (2002).* Zu Jefferson und Goethe liegt eine neuere Studie vor von *Ekkehart Krippendorff, Jefferson und Goethe (2001).*

Das Verhältnis von Jefferson zur Exekutive nehmen in den Blick: *Bruce A. Ackermann, The Failure of the Founding Fathers: Jefferson, Marshall, and the Rise of Presidential Democracy (2005)* sowie *Jeremy D. Bailey, Thomas Jefferson and Executive Power (2007).* Vor allem zu Jeffersons Verhältnis zu Religion und Kirche sind in letzter Zeit mehrere Bücher, Quellen und Monographien veröffentlicht worden, darunter *Lenni Brenner (Hrsg.), Jefferson & Madison on the Separation of Church and State: Writings on Religion and Secularism (2004),* und *Bruce Braden (Hrsg.), «Ye Will Say I Am No Christian»: The Thomas Jefferson/John Adams Correspondence on Religion, Morals, and Values (2006).*

In deutscher Sprache erschien eine Monographie, die sich mit Jefferson und der Entdeckung und Vermessung des amerikanischen Westens auseinandersetzt: *Hartmut Wasser, Die große Vision. Thomas Jefferson und der amerikanische Westen (2004).* Außerdem gibt es neuerdings Untersuchungen zu Jeffersons wichtiger Schrift über den Staat Virginia: *David Tucker, Enlightened Republicanism: A Study of Jefferson's Notes on the State of Virginia (2008)* und *Dustin Gish* und *Daniel Klinghard, Thomas Jefferson and the Science of Republican Government: A Political Biography of Notes on the State of Virginia (2017).* Nicht nur die *Notes on the State of Virginia,* sondern vor allem Jeffersons wissenschaftliche Tätigkeit und seine Gedankenwelt sind das Thema mehrerer Studien, u. a. von *Martin R. Clagett, Scientific Jefferson Revealed (2009)* und *Maurizio Valsania, The Limits of Optimism: Thomas Jefferson's Dualistic Enlightenment (2011).* Über seine politischen Visionen berichtet *Peter S. Onuf, Jefferson's Empire: The Language of American Nationhood (2000).* Zur westlichen Expansion während Jeffersons Amtszeit siehe *Douglas Seefeldt (Hrsg.), Across the Continent: Jefferson, Lewis and Clark, and the Making of America (2005).* Einen unkonventionellen Blick auf die Person Jeffersons bietet *Maurizio Valsania, Jefferson's Body: A Corporeal Biography (2017).* Jeffersons Außenpolitik untersucht neuerdings *Francis D. Cogliano, Emperor of Liberty: Thomas Jefferson's Foreign Policy (2014).* Von demselben Autor stammt auch eine Studie über die Jefferson-Historiographie: *Thomas Jefferson: Reputation and Legacy (2006).* Einen Überblick über den neueren Forschungsstand bieten die Sammelbände von *Frank Shuffelton (Hrsg.), The Cambridge Companion to Thomas Jefferson (2009)* und von *Francis D. Cogliano (Hrsg.), A Companion to Thomas Jefferson (2012).*

James Madison
(W. P. Adams)

Die kritische Werkausgabe ist *William T. Hutchinson et al. (Hrsg.), The Papers of James Madison (1962–)*. Bis 2017 sind in der Reihe 39 Bände erschienen. Auch *Gaillard Hunt (Hrsg.), The Writings of James Madison, 9 Bde. (1900–10)* ist noch nützlich. Madisons besondere Leistung als inoffizieller Protokollant des Verfassungskonvents von Philadelphia wird erfasst in *Adrienne Koch (Hrsg.), Notes of Debates in the Federal Convention of 1787 (1966)*. Die geschlossenste Darstellung seiner politischen Ideen lieferte Madison in den *Federalist Papers (1788);* in deutscher Übersetzung mit Einleitung liegen sie vor in *Alexander Hamilton, James Madison, John Jay, Die Federalist-Artikel,* übers. von *Angela und Willi Paul Adams (1994)*. Die Biographie von *Irving Brant, James Madison, 6 Bde. (1941–61),* von *Brant* zusammengefasst als *The Fourth President: A Life of James Madison (1970),* wertete zwar große Teile der über 22 000 Stücke des Madison-Nachlasses in der Kongressbibliothek in Washington aus, verliert aber die kritische Distanz und das kühle Urteil und wird durch die neuen Biographien überholt: *Harold S. Schultz, James Madison (1970); Ralph Ketcham, James Madison (1971, Neudruck 1998); Drew R. McCoy, The Last of the Fathers: James Madison and the Republican Legacy [ab 1817] (1989); Jack N. Rakove, James Madison and the Creation of the American Republic (1990)* und insbesondere durch *Robert Allen Rutlands* drei Bände *James Madison and the Search for Nationhood (1981), James Madison: The Founding Father (1987)* und *The Presidency of James Madison (1990)*. Madisons Rolle im Hinblick auf die Gründungsgeschichte der Vereinigten Staaten untersucht *Lance Banning, The Sacred Fire of Liberty: James Madison and the Founding of the Federal Republic (1995, Neuauflage 1998)*. Mit *Gary Rosen, American Compact: James Madison and the Problem of Founding (1999)* liegt eine weitere Arbeit neueren Datums zu diesem Komplex vor. Mit Madisons politischer Philosophie befassen sich *Colleen A. Sheehan, James Madison and the Spirit of Republican Self-Government (2009)* und *Jeremy D. Bailey, James Madison and Constitutional Imperfection (2015)*. *Virginia Moore, The Madisons (1979),* berücksichtigt die für das gesellschaftliche Leben im Weißen Haus und in der jungen Hauptstadt tonangebende Präsidentenfrau Dolley Payne Madison. Das Leben Madisons und seiner Frau nach seiner Amtszeit behandelt *Ralph Ketcham, The Madisons at Montpelier: Reflections on the Founding Couple (2009)*. Madisons politische Ideen werden in ihrem Bezug zu seinem politischen Handeln analysiert von *Stuart Gerry Brown, The First Republicans: Political Philosophy and Public Policy in the Party of Jefferson and Madison (1954); Neal Riemer, James Madison (1968);* und im Kontext des Jeffersonian/Madisonian Republicanism in der Aufsatzsammlung von *Joyce Appleby, Liberalism and Republicanism in the Historical Imagination (1992)*. Über das politische Tandem Jefferson-Madison informieren *Andrew Burstein* und *Nancy Isenberg, Madison and Jefferson (2010)*. *Garrett Ward, The Political Philosophy of James Madison (2001)* fasst den Stand der Forschung zur politischen Gedankenwelt Madisons prägnant zusammen. Zu Madisons politischem Denken siehe auch: *Coleen A. Sheehan, The Mind of James Madison: The Legacy of Classical Republicanism (2015)*. Die zentrale Ereigniskette der Präsidentschaft Madisons waren die Ursachen, Durchführung und Folgen des Krieges von 1812–14. Die beste Verbindung der Kriegsgeschichte mit der Politik- und Gesellschaftsgeschichte lieferte *John K. Mahon, The War of 1812 (1972)*. Ebenso gründlich recherchiert wie detailliert und anschaulich geschrieben ist *J. C. A. Stagg, Mr. Madison's War: Politics, Diplomacy, and Warfare in the Early American Republic, 1783–1830 (1983);* von demselben Autor stammt auch eine Analyse von Madisons Diplomatie: *Borderlines in Borderlands: James Madison and the Spanish-American Frontier; 1776–1821 (2009)*. Ersatzweise sind auch *Reginald Horsman, The War of 1812 (1969)* oder *Harry L. Cole, The War of 1812 (1971)*, zu konsultieren. Die Spannbreite der historischen Interpretationen wird mit kommentierten Auszügen präsentiert in *Bradford Perkins (Hrsg.), The Causes of the War of 1812 (1962)*. Den aktuellen Stand der Forschung repräsentieren *Kelly King Howes* und *Gerda-Ann Raffaelle (Hrsg.), War of 1812 (2001)*. Eine gut lesbare knappe Biographie stammt von *Garry Wills, James Madison (2002)*. Zu Madison als Autor der *Federalist Papers* siehe neuerdings *Michael I. Meyerson, Liberty's Blueprint: How Madison and Hamilton Wrote the Federalist Papers, Defined the Constitution, and Made Democracy Safe for the World (2008)*. Einen Überblick über den Forschungsstand bietet *Stuart Leibiger (Hrsg.), A Companion to James Madison and James Monroe (2013)*. Eine umfassende, für eine breitere Öffentlichkeit geschriebene Biographie erscheint demnächst: *Noah Feldman, The Three Lives of James Madison: Genius, Partisan, President (2017)*.

James Monroe
(H. Wellenreuther)

Die Forschung zu James Monroe ist erfasst bis Ende der 1980er Jahre in *Harry Ammon, James Monroe: A Bibliography (Bibliographies of the Presidents of the United States No. 5, 1991)*. Seit 2003 gibt es eine zwar noch nicht abgeschlossene, aber doch weit gediehene partiell historisch-kritische Ausgabe der Schriften von James Monroe, die auf neun Bände angelegt ist: *Daniel Preston (Hrsg.), The Papers of James Monroe*. Darüber hinaus sind noch immer zu benutzen *The Writings of James Monroe Including a Collection of his Public and Private Papers and Correspondence now for the first Time printed*, hrsg. von *Stanislaus Murray Hamilton, 7 Bde. (1898–1903)*. Unter den Biographien ist die ausgewogenste nach wie vor jene von *Harry Ammon, James Monroe: The Quest for National Identity (1971)*. Außerdem erschien *Noble E. Cunningham, The Presidency of James Monroe (1996)*. Zu seinem großen Gegenspieler im Kongress Henry Clay ist erschienen *Robert V. Remini, Henry Clay: Statesman for the Union (1991)*. Die Haltung zum Ausbau des Transportwesens, der Manufakturen, des Zollsystems und des Bankwesens beurteilt unterschiedlich die Kölner Dissertation von *Marie-Luise Frings, Henry Clays American System und die sektionale Kontroverse in den Vereinigten Staaten von Amerika 1815–1829 (1979)*. Neue Literatur zu James Monroe: *Gary Hart, James Monroe (2005); Daniel Preston, A Comprehensive Catalogue of the Correspondence and Papers of James Monroe. Bibliographies and Indexes in American History 46 (2001)*. Einen Überblick über den neuesten Forschungsstand bietet *Stuart Leibiger (Hrsg.), A Companion to James Madison and James Monroe (2013)*.

John Quincy Adams
(H. Wellenreuther)

Die Forschung ist erfasst in *Lynn H. Parsons, John Quincy Adams: A Bibliography (Bibliographies of the Presidents of the United States No. 6, 1993)*. Die wichtigsten Quellen zu Adams sind seine *Memoirs of John Quincy Adams, comprising Portions of His Diary from*

1795 to 1848, hrsg. *von Charles Francis Adams, 12 Bde. (1874–1877)* und *Writings of John Quincy Adams*, hrsg. *von Worthington Chauncey Ford, 7 Bde. (1913–1917)*. Diese Schriften reichen nur bis 1823. Darüber hinaus gibt es mehrere Editionen seiner Tagebücher: *David Grayson Allen (Hrsg.), Diary of John Quincy Adams (2 Bde., 1981)* umfasst die Jahre 1779–1788, *David Waldstreicher (Hrsg.), John Quincy Adams: Diaries (2 Bde., 2017)* präsentiert eine Auswahl von Adams' Tagebucheinträgen aus den Jahren 1779–1848. Zur privaten Person und allgemeiner zu seinem Privatleben erschien vor einigen Jahren die leider ungenügend annotierte, aber in der Schilderung der Personen vorzügliche Arbeit von *Jack Shepherd, Cannibals of the Heart: A Personal Biography of Louisa Catherine and John Quincy Adams (1980)*. Spannende neue Einsichten in das Leben von Adams bietet die Studie von *Paul C. Nagel, John Quincy Adams: A Public Life, a Private Life (2002)*. Neben der Biographie von *Marie B. Hecht, John Quincy Adams: A Personal History of an Independent Man (1971)* sind trotz einiger Mängel noch immer die Bände von *Samuel Flagg Bemis, John Quincy Adams and the Foundations of American Foreign Policy (1949)* und ders., *John Quincy Adams and the Union (1956)* die beiden Standardwerke. Zentrale Aspekte der Außenpolitik behandelt *Greg Russell, John Quincy Adams and the Public Virtues of Diplomacy (1995)*. In dem Gesamtzusammenhang der Familie Adams wird John Quincy Adams mit all den Problemen, die sich aus der mit solch gewichtigen Traditionen beladenen Jugend ergeben, beschrieben von *Paul C. Nagel, Descent from Glory: Four Generations of the John Adams Family (1983)*. Für die Präsidentschaft von Adams allerdings sind diese Arbeiten durch jene von *Mary W. M. Hargreaves, The Presidency of John Quincy Adams (American Presidency Series, 1985)* überholt. Bisher wurde die wichtige Rolle von Adams nach seiner Präsidentschaft im Repräsentantenhaus nur wenig beachtet, wiewohl sie möglicherweise politisch weitreichende Folgen hatte. Diese Lücke wurde ausgefüllt durch *Leonard L. Richards, The Life and Times of Congressman John Quincy Adams (1986)*. Zu den Jahren von Adams als Kongressabgeordneter erschien neuerdings *Joseph Wheelan, Mr. Adams's Last Crusade: John Quincy Adams's Extraordinary Post-Presidential Life in Congress (2008)*. Zwei einführende neuere Biographien stammen von *Martha S. Hewson, John Quincy Adams (2004)* und *Paul E. Teed, John Quincy Adams: Yankee Nationalist (2006)*. Den neuesten biographischen Überblick über John Quincy Adams bietet *Fred Kaplan, John Quincy Adams: An American Visionary (2015)*. Einen Überblick über den neuesten Forschungsstand bietet *David Waldstreicher (Hrsg.), A Companion to John Adams and John Quincy Adams (2013)*.

Andrew Jackson
(H. Dippel)

Die wichtigste neuere Bibliographie zur Jackson-Ära stammt von *Robert V. Remini* und *Edwin A. Miles, The Era of Good Feelings and the Age of Jackson, 1816–1841 (1979)*. Zu den grundlegenden neueren Untersuchungen der ganzen Epoche gehören *Ronald P. Formisano, The Transformation of Political Culture: Massachusetts Parties, 1790s–1840s (1983)*; *Robert V. Remini, The Jacksonian Era (1989)*; *Lawrence Frederick Kohl, The Politics of Individualism: Parties and the American Character in the Jacksonian Era (1989)*; *Harry L. Watson, Liberty and Power: The Politics of Jacksonian America (1990)*; *Charles Seilers, The Market Revolution: Jacksonian America 1815–1846 (1991)*; *Michael F. Holt, Political Parties and American Political Development from the Age of Jackson to the Age of Lincoln (1992)* und

Daniel Walker Howe, What Hath God Wrought: The Transformation of America, 1815–1848 (2007). Unlängst ist auch ein umfassender Sammelband über Jackson und seine Zeit erschienen: *Sean Patrick Adams (Hrsg.), A Companion to the Era of Andrew Jackson (2013)*. Eine ältere Edition der Briefe von Jackson stammt von *John Spencer Bassett (Hrsg.), Correspondence of Andrew Jackson, 7 Bde. (1926–1935)*. Ein an der University of Tennessee angesiedeltes Projekt gibt seit 1980 den Nachlass Jacksons heraus: Von den geplanten 17 Bänden sind in der Reihe *The Papers of Andrew Jackson* bisher 10 Bde. erschienen. Seit 2015 stehen die bereits erschienenen Bände auch digital zur Verfügung. Die moderne Standardbiographie in 3 Bänden stammt von *Robert V. Remini: Andrew Jackson and the Course of American Empire, 1767–1821 (1977, Neudruck 1998), Andrew Jackson and the Course of American Freedom, 1822–1832 (1981)*, und *Andrew Jackson and the Course of American Democracy, 1833–1845 (1984)*. Auf die Jahre als Präsident konzentrieren sich die beiden Darstellungen von *Richard B. Latner, The Presidency of Andrew Jackson: White House Politics 1829–1837 (1979)*, und aus der American Presidency Series mit einem revisionistischen Interpretationsansatz *Donald B. Cole, The Presidency of Andrew Jackson (1993)*. Dort findet sich auch die ältere Literatur verzeichnet, während an dieser Stelle aus Platzgründen lediglich noch auf die wichtigsten Werke zu Jackson und seiner Zeit verwiesen werden kann. Der große Klassiker ist unverändert *Arthur M. Schlesinger Jr., The Age of Jackson (1945)*. Insbesondere drei Werke haben dann die Jackson-Forschung nachhaltig beeinflusst: *Marvin Meyers, The Jacksonian Persuasion: Politics & Belief (1957), Glyndon G. Van Deusen, The Jacksonian Era 1828–1848 (1959)* und *Lee Benson, The Concept of Jacksonian Democracy: New York as a Test Case (1961)*. Sehr nützlich auf Grund seines umfangreichen Dokumentenanhangs ist *Glyndon G. Van Deusen, The Rise and Decline of Jacksonian Democracy (1970)*. Einzelne herausgegriffene Aspekte werden in den Publikationen von zwei bedeutenden Kennern Jacksons behandelt: *The Many-Faceted Jacksonian Era: New Interpretations*, herausgegeben von *Edward Pessen (1977)*, und ders., *Jacksonian America: Society, Personality, and Politics (2. Auflage 1978)* bzw. *Robert V. Remini, The Revolutionary Age of Andrew Jackson (1976)*, ders., *The Legacy of Andrew Jackson: Essays on Democracy, Indian Removal and Slavery (1988)*, und ders., *Andrew Jackson & His Indian Wars (2001)*. Zur Innenpolitik Jacksons siehe: *Michael Feldberg, The Turbulent Era: Riot & Disorder in Jacksonian America (1980)*, und *Richard E. Ellis, The Union at Risk: Jacksonian Democracy, States' Rights, and the Nullification Crisis (1987)*. Über seine Außenpolitik berichten *John M. Belohlavek, «Let the Eagle Soar!» The Foreign Policy of Andrew Jackson (1985)* und *Thomas R. Hietala, Manifest Design: Anxious Aggrandizement in Late Jacksonian America (1985)*. Zu Andrew Jackson sind in den vergangenen Jahren mehrere Bücher erschienen. Zwei neuere Biographien, die Jackson überwiegend positiv darstellen, stammen von *H. W. Brands, Andrew Jackson: His Life and Times (2005)* und von *Jon Meacham, American Lion: Andrew Jackson in the White House (2008)*. In der Reihe The American Presidents Series liegt vor: *Sean Wilentz, Andrew Jackson (2005)*. Eine knappe Darstellung Jacksons als kontroverse Figur der amerikanischen Geschichte bietet *John M. Belohlavek, Andrew Jackson: Principle and Prejudice (2016)*. Militärgeschichte und Indianer stehen im Vordergrund der zur Hagiographie neigenden Darstellung von *John Buchanan, Jackson's Way: Andrew Jackson and the People of the Western Waters (2001)*; kritisch dagegen *Andrew Burnstein, The Passions of Andrew Jackson (2003)*. Dass die Verfassungsauslegung in der Ära Jackson einen radikalen Wechsel markiert, steht im Zentrum der Interpretation zweier neuerer Darstellungen zu Jackson: *Gerard N. Magliocca, Andrew Jackson and the Constitution: The Rise and Fall of Generational Regimes (2007)* und

J. M. Opal, Avenging the People: Andrew Jackson, the Rule of Law, and the American Nation (2017). Eine positive Umwertung der «Free Soil»-Politik in der Ära Jackson enthält die Darstellung von *Jonathan Halperin Earle, Jacksonian Antislavery & the Politics of Free Soil, 1824–1854 (2004).* Über die Präsidentschaftswahlen 1824 und 1828 und über die parteipolitischen Verhältnisse der Jackson-Ära informieren *Donald Ratcliffe, The One-Party Presidential Contest: Adams, Jackson, and 1824's Five-Horse Race (2015)* und *Lynn H. Parsons, The Birth of Modern Politics: Andrew Jackson, John Quincy Adams, and the Election of 1828 (2009).*

Martin Van Buren
(H. Dippel)

Der größte Teil des Van Buren-Nachlasses befindet sich in der Library of Congress und ist recht zuverlässig durch *Elizabeth Howard West, Calendar of the Papers of Martin Van Buren (1910),* erschlossen. Zwei wichtige Ergänzungen sind *The Autobiography of Martin Van Buren,* herausgegeben von *John C. Fitzpatrick (1920),* deren Darstellung jedoch in der ersten Hälfte der dreißiger Jahre abbricht, und der posthum erschienene *Inquiry into the Origin and Course of Political Parties in the United States,* herausgegeben von seinen Söhnen *(1867).* Neben einer Reihe älterer Biographien über Martin Van Buren sind insbesondere drei Untersuchungen aus der ersten Hälfte der achtziger Jahre empfehlenswert: *John Niven, Martin Van Buren: The Romantic Age of American Politics (1983)* und *Donald B. Cole, Martin Van Buren and the American Political System (1984),* die beide einen fundierten Überblick über sein gesamtes Leben geben, während aus der American Presidency Series der Band von *Major L. Wilson, The Presidency of Martin Van Buren (1984)* insbesondere über seine Amtszeit als Präsident berichtet. Unter den neueren Publikationen ist hervorzuheben: *J. Mushkat* und *J. G. Rayback, Martin Van Buren: Law, Politics, and the Shaping of Republican Ideology (1997);* außerdem *Joel H. Silbey, Martin Van Buren and the Emergence of American Popular Politics (2002)* sowie die kleine Biographie von *Ted Widmer, Martin Van Buren (2005).* Einen Überblick über die vorhandene Literatur bietet *Joel H. Silbey (Hrsg.), A Companion to the Antebellum Presidents 1837–1861 (2014).*

William H. Harrison und John Tyler
(H. Dippel)

Beide Präsidenten gehören nicht gerade zu den Favoriten amerikanischer Historiker, so dass relativ wenig wissenschaftliche Literatur über sie verfügbar ist. Einen Überblick über das vorhandene Schrifttum bieten *Kenneth R. Stevens, William Henry Harrison: A Bibliography (2001)* und *C. J. Leahy, John Tyler: A Bibliography (2001)* sowie *Joel H. Silbey (Hrsg.), A Companion to the Antebellum Presidents 1837–1861 (2014).* Nach wie vor grundlegend ist die umfangreiche Dissertation (Columbia University) von *Dorothy Burne Goebel, William Henry Harrison: A Political Biography (1926, Nachdruck 1974),* sowie weiterhin *Freeman Cleaves, Old Tippecanoe: William Henry Harrison and His Times (1939, Nachdruck 2000); Hugh Russell Fraser, Democracy in the Making: The Jackson-Tyler Era (1938), Robert J. Morgan, A Whig Embattled: The Presidency under John Tyler (1954)* und

Robert Seager II., And Tyler Too: A Biography of John and Julia Gardiner Tyler (1963). Neuerdings erschien in der American Presidency Series von *Norma Lois Peterson, The Presidencies of William Henry Harrison & John Tyler (1989)* sowie *Gail Collins, William Henry Harrison (2012)* und *Gary May, John Tyler (2008)*. Die politische Gedankenbildung Tylers vor der Präsidentschaft wird analysiert von *C. J. Leahy, John Tyler before the Presidency: Principles and Politics of a Southern Planter (2001)*. Die Indianerpolitik Harrisons behandelt *Robert Martin Owen, Mr. Jefferson's Hammer: William Henry Harrison and the Origins of American Indian Policy (2007)*. Zu Tyler erschienen neuerdings *Edward P. Crapol, John Tyler: The Accidental President (2006)* und *Dan Monroe, The Republican Vision of John Tyler (2003)*. Die Annexion Texas' ist das Thema der Studie von *Joel H. Silbey, Storm over Texas: The Annexation Controversy and the Road to Civil War (2005)*. Größere innenpolitische Zusammenhänge der Ära präsentiert *Michael Holt, The Rise and Fall of the American Whig Party: Jacksonian Politics and the Onset of the Civil War (1999)*.

James K. Polk
(J. Nagler)

Polks Tagebücher, die er während seiner Präsidentschaft führte, sind bereits 1910 von *Milo M. Quaife* in vier Bänden herausgegeben worden: *The Diary of James K. Polk During His Presidency, 1845 to 1849*. Eine einbändige Ausgabe, herausgegeben von *Allan Nevins*, erschien 1929: *Polk: The Diary of a President, 1845–1849*. Noch nicht abgeschlossen ist die Herausgabe seiner Korrespondenz von *Herbert Weaver et al., The Correspondence of James K. Polk, 13 Bde. (1969 ff.)*. Das James K. Polk Project und die University of Tennessee Press haben mit der Newfound Press der University of Tennessee Libraries zusammengearbeitet, um die Korrespondenz von James K. Polk in einer durchsuchbaren, offenen PDF-Version zu veröffentlichen. Die zwölf Bände, die zurzeit digital verfügbar sind, beinhalten Briefe an und von Polk zwischen Juli 1817 und Juli 1847. In älteren Studien über Polk überwiegt ein eher positives Bild seiner Präsidentschaft, so zum Beispiel bei *Eugene I. McCormac, James K. Polk: A Political Biography (1922); Charles G. Sellers Jr., James K. Polk: Jacksonian, 1795–1843 (1957); Charles A. McCoy, Polk and the Presidency (1960); Charles G. Sellers Jr., James K. Polk: Continentalist, 1843–1846 (1966)*. Obwohl Polk von der Historiographie früher als ein «beinah herausragender» Präsident eingeschätzt wurde, sind die jüngeren Untersuchungen weniger positiv. Er wird als zweitrangiger Politiker bezeichnet, der lediglich durch parteiinterne Zwistigkeiten der Demokraten an die Macht gekommen und der Komplexität der politischen Materie nicht gewachsen gewesen sei. Sein fester Glaube an eine expansionistische Politik habe Amerika nicht nur große Gebietsgewinne, sondern auch verhängnisvolle innenpolitische Konsequenzen beschert, die Polk dann durch seine Inkompetenz noch vertieft habe. In der jüngsten Studie zu Polks Präsidentschaft wiederum betont *Paul H. Bergeron, The Presidency of James K. Polk (1987)*, dass er einer der stärksten und erfolgreichsten Präsidenten seines Jahrhunderts war. Bergeron bescheinigt Polk einen fast modern anmutenden Führungsstil hinsichtlich seiner Formulierung einer bestimmten Agenda und deren Durchsetzung im Kongress. Der amerikanische Historiker *Walter LaFeber* bemerkt über Polk, dass er Merkmale der späteren «imperialen Präsidentschaft» des 20. Jahrhunderts vorweggenommen habe. *David M. Pletchers, The Diplomacy of Annexation: Texas, Oregon, and the Mexican War (1973)* untersucht Polks Rolle in der Annexion von Texas sowie detailliert sein Vorgehen in der Oregon-Frage; für den Kontext des expansionistischen Zeitgeistes und Polks Politik siehe *Harlan Hague, James K. Polk and the Expansionist Spirit*, in: *Journal of the West 31 (1992)*, S. 51–56; *Chris Blubaugh, James K. Polk: Territorial Expansionist and the Evolution of Presidential Power (2013); Tom Chaffin, Met His Every Goal? James K. Polk and the Legends of Manifest Destiny (2014); John Bicknell, America 1844: Religious Fervor, Westward Expansion, and the Presidential Election that Transformed the Nation (2014). John H. Schroeder* analysiert in *Mr. Polk's War: American Opposition and Dissent, 1846–1848 (1973)* die oppositionellen Kräfte im Kongress und der Öffentlichkeit während der Polk-Administration und insbesondere während des Krieges mit Mexiko. Ausführlicher über diesen Krieg und Polks Rolle berichtet *John S. D. Eisenhower, So Far from God: The War with Mexico 1846–1848 (1989)* und *Richard B. Winders, Mr. Polk's Army: The American Military Experience in the Mexican War (1997)*. Über die Präsidentschaftswahl 1844 ist außerdem vom selben Autor erschienen *The Election of James K. Polk 1844*, in: *Tennessee Historical Quarterly 53 (1994)*, S. 74–95 und von *Vernon L. Volpe, The Liberty Party and Polk's Election, 1844*, in: *The Historian 53 (1991)*, S. 691–710; eine neuere Biographie über Polk von *Thomas M. Leonard, James K. Polk: A Clear and Unquestionable Destiny (2001)* nimmt die negative historiographische Einschätzung des elften Präsidenten auf, indem sie dessen aggressiven Imperialismus, der sich in der *Manifest-Destiny*-Rhetorik offenbarte, kritisiert. Der von Polk angestrebte Expansionismus der Vereinigten Staaten wird von mehreren Autoren unter verschiedenen Gesichtspunkten in dem Sammelband *Sam W. Haynes* und *Oscar Handlin (Hrsg.), James K. Polk and the Expansionist Impulse (1997)*, detailliert diskutiert. Neben der knappen Einführung zu Polk aus der Feder von *John Seigenthaler, James K. Polk (2004)* sind zwei Studien erwähnenswert, die Polks fragwürdiges Verhältnis zur Sklaverei bzw. zur Ideologie des Expansionismus ins Zentrum stellen, *William Dusinberre, Slavemaster President: The Double Career of James K. Polk (2003)* und *Sam W. Haynes/ Oscar Handlin, James K. Polk and the Expansionist Impulse (2002)*. Einen neuen Standard setzt die Biographie von *Walter R. Borneman, Polk: The Man Who Transformed the Presidency and America (2008)*. Eine facettenreiche Darstellung zur Politik Polks im Mexikanischen Krieg bietet: *John C. Pinheiro, Manifest Ambition: James K. Polk and Civil-Military Relations during the Mexican War (2007)*.

Zachary Taylor
(J. Nagler)

Zachary Taylors persönliche Schriften sind zum größten Teil verbrannt. *Zachary Taylor 1784–1850 [and] Millard Fillmore 1800–1874*, herausgegeben von *John J. Farrell (1971)* enthält Chronologien, Dokumente und Bibliographie über Taylor und Fillmore. In der Historiographie überwiegt eine eher negative Einschätzung der Präsidentschaft Zachary Taylors. Die große Unerfahrenheit des Berufssoldaten im wichtigsten politischen Amt führte zu Handlungen, die der komplexen politischen Situation nicht gerecht wurden. Die ausführlichste Darstellung Taylors als Präsident findet sich bei *Holman Hamilton, Zachary Taylor: Soldier in the White House, 2 Bde. (1941, 1951); K. Jack Bauer, Zachary Taylor: Soldier, Planter, Statesman of the Old Southwest (1985)* sieht allerdings in der letzten Phase von Taylors Präsidentschaft einen signifikanten Versuch, Defizite seiner politischen Unerfahrenheit durch Umstrukturierung seines Kabinetts und der Whig-Partei auszugleichen. Auch in der revisionistischen Studie von *Elbert B. Smith, The Presidencies of Zachary Taylor and Millard Fillmore (1988)*, wird versucht, den Leistungen Taylors als Präsident gerechter zu werden. Andere Arbeiten über Taylor sind *Brainerd Dyer, Zachary Taylor (1967)* sowie *Silas Bent McKinley* und *Silas Bent, Old Rough and Ready: The Life and Times of Zachary Taylor (1946)*. Eine detaillierte Studie über Taylors Einstellung zum Süden und sein Verhältnis zu den südlichen Kongressabgeordneten liefert *Mark J. Stegmeier, Zachary Taylor versus the South*, in: *Civil War History 33 (1987)*, S. 219–241. Einen fast vollständigen Überblick über die Forschungsliteratur zu Taylor – allerdings nur bis 1987 – bieten *K. Jack Bauer* und *Carol B. Fitzgerald (Hrsg.), Zachary Taylor (1987)*. Darüber hinaus erschienen neuerdings zwei schmale einführende Biographien *Jeremy Roberts, Zachary Taylor (2005)* und *John S. D. Eisenhower, Zachary Taylor (2008)*. Gute politische Kontextanalysen der Präsidentschaftwahl von 1848 sind: *Joel H. Silbey, Party Over Section: The Rough and Ready Presidential Election of 1848 (2009)*, und *Joseph G. Rayback, Free Soil: The Election of 1848 (2015)*.

Millard Fillmore
(J. Nagler)

Nur ein Teil der Fillmore-Korrespondenz ist veröffentlicht: *The Millard Fillmore Papers*, herausgegeben von *Frank H. Severance*, 2 Bde. *(1907)*. *Robert J. Rayback, Millard Fillmore: Biography of a President (1959)* und *Elbert B. Smith, The Presidencies of Zachary Taylor and Millard Fillmore (1988)* sind die ausführlichsten Fillmore-Biographien. Smiths revisionistische Studie versucht, die bisher in der Historiographie überwiegend negativ bewertete Präsidentschaft Fillmores zu rehabilitieren. Smith hebt Fillmores positive Bilanz in der Außenpolitik hervor und sieht trotz des Kompromisspakets von 1850 eine Kontinuität zwischen den Präsidentschaften Taylors und Fillmores. Die größte Zäsur innerhalb beider Amtsperioden wird von Smith in der personellen Neubesetzung des Kabinetts gesehen, weniger in der Politik der beiden Präsidenten. Die neueste und bislang umfangreichste Biographie von *Robert J. Scarry, Millard Fillmore (2001)*, schließt sich dem positiven Urteil Smiths an. Einen fast vollständigen Überblick über die Forschungsliteratur zu Fillmore bieten *John Crawford* und *Carol B. Fitzgerald, Millard Fillmore: A Bibliography (1997)* sowie *John E. Crawford, Millard Fillmore: A Bibliography (2002)*. Weiterhin wichtig: *Robert J. Raybach, Millard Fillmore: Biography of a President (1992)*. Die knapp gehaltenen Fillmore-Biographien von *Paul Finkelman, Millard Fillmore (2011)* und *Thomas J. Rowland, Millard Fillmore: The Limits of Compromise (2013)* fassen noch einmal die wesentlichen Merkmale seiner Präsidentschaft zusammen. Den erst vor kurzem entdeckten Briefverkehr zwischen einer der wichtigsten amerikanischen Reformerinnen im Gesundheitswesen des 19. Jahrhunderts, Dorothea Dix, und Fillmore hat *Charles M. Snyder* herausgegeben, *Lady and the President: The Letters of Dorothea Dix and Millard Fillmore (2014)*.

Franklin Pierce
(C. Mauch)

Eine Sammlung zentraler Dokumente zur Ära Pierce bietet *Irving J. Sloan (Hrsg.), Franklin Pierce 1804–1869: Chronology – Documents (1968)*. Unter den zeitgenössischen Biographien ragt die von Pierces Freund *Nathaniel Hawthorne, Life of Franklin Pierce (1852)* heraus. Die umfassendste wissenschaftliche Darstellung ist die streng chronologische Biographie von *Roy Franklin Nichols, Franklin Pierce: Young Hickory of the Granite Hills (1931, ³1969)*. Eine stark interpretierende Darstellung ist die (mit einem bibliographischen Essay versehene) Arbeit von *Larry Gara, The Presidency of Franklin Pierce (1991)*. Einen ausgezeichneten, nahezu vollständigen Überblick über die Literatur zu Pierce bietet *Wilfred J. Bisson, Franklin Pierce: A Bibliography (1993)*. Als tragischen Präsidenten interpretiert eine neuere Biographie Franklin Pierce: *Brian Matthew Jordan, Triumphant Mourner: The Tragic Dimension of Franklin Pierce (2003)*. Pierces Rolle als «Peace Democrat» während des Bürgerkriegs untersucht *Garry Boulard, The Expatriation of Franklin Pierce: The Story of a President and the Civil War (2006)*. Als fleißig, aber ohne dezidiert eigene Forschungsposition ist die zweibändige Biographie von *Peter A. Wallner, Franklin Pierce (2004, 2007)* zu bezeichnen. Eine knappe neuere Biographie legte *Michael Holt* vor: *Franklin Pierce (2010)*. Ein guter Überblick über den Forschungsstand findet sich im Sammelband von *Joel H. Silbey (Hrsg.), A Companion to the Antebellum Presidents 1837–1861 (2014)*.

James Buchanan
(H. Bungert)

Obwohl die Quellen mit Buchanans Autobiographie *Mr. Buchanans Administration on the Eve of the Rebellion (1866)* und mit der Publikation der Aufzeichnungen und Korrespondenz von Buchanan durch *John B. Moore (Hrsg.), The Works of James Buchanan, 12 Bde. (1908–1911; Nachdruck 1960)*, vervollständigt durch eine Mikrofilm-Edition von *Lucy Fisher West* und *Philip S. Klein (1974)*, recht gut erschlossen sind, blieb die Literatur über Buchanan spärlich. Drei frühe apologetische Biographien (siehe v. a. *John R. Irelan, History of the Life, Administration and Times of James Buchanan, 1888*) schildern den Präsidenten als einen friedliebenden Mann, der alle erdenklichen Schritte unternahm, um den Ausbruch eines Krieges zu verhindern. Später überwog vehemente Kritik an der Schwäche und Voreingenommenheit Buchanans in Überblickswerken wie *Roy F. Nichols, The Disruption of American Democracy (1948)*, und *Allan Nevins, The Emergence of Lincoln: Douglas, Buchanan, and the Years of Crisis, 1857–1859 (1950)*. In einigen revisionistischen Werken jüngeren Datums wird dagegen eine Ehrenrettung des Präsidenten versucht. *Philip S. Klein, President James Buchanan (1962)*, sieht Buchanan als verkannten wohlmeinenden Legalisten, der die Rolle der Regierung strikt auf die expliziten Vorgaben der Verfassung beschränkte. Auch *Elbert B. Smith, The Presidency of James Buchanan (1975)*, beurteilt den Präsidenten als durchsetzungsfähigen Politiker, bewertet seine Haltung jedoch negativ, weil sie lediglich dem Wohl der Südstaaten diente. In neueren Überblickswerken wie *James McPherson, Ordeal by Fire: The Civil War and Reconstruction (1982)* wird Buchanan als naiver, ungeschickter Freund der Südstaaten dargestellt. Zwei Werke neueren Datums versuchen zu verstehen, wieso Buchanan trotz seiner hervorragenden Vorbildung als Präsident so erfolglos blieb. Ein Sammelband mit Ergebnissen einer Konferenz, *Michael J. Birkner (Hrsg.), James Buchanan and the Political Crisis of the 1850s (1996)* behandelt die verschiedenen Facetten von Buchanans Politik; viele Autoren kommen zu dem Schluss, dass Buchanan altmodische Werte vertreten und kein Gespür für die öffentliche Meinung gehabt habe. *Frederick M. Binder* versuchte, Buchanans Außenpolitik während seiner gesamten Karriere darzustellen, muss aber zugeben, dass Buchanan in vielen Aspekten seine Vision nicht in die Tat umsetzen konnte, *James Buchanan and the American Empire (1994).* Eine kurze Biographie, *Jean H. Baker, James Buchanan (2004)* verurteilt Buchanan als arroganten und machtbesessenen Präsidenten, der den Bürgerkrieg eventuell hätte verhindern können. Baker sieht Buchanan als Anhänger südstaatlicher Werte, der die Republikaner als radikale Aggressoren verdammte und meinte, durch aktive Arbeit für den Süden den inneren Frieden wiederherstellen zu können. Birkners Sammelband und Bakers Biographie betonen beide den Kontrast zwischen Buchanan und Lincoln. Den neuesten Überblick verschaffen die – teils historiographischen – drei Beiträge zu Buchanan in *Joel H. Silbey (Hrsg.), A Companion to the Antebellum Presidents 1837–1861 (2014).* Dass Buchanan nicht unter die größten Präsidenten der USA zu zählen ist, dürfte mittlerweile als Konsens gelten, wie schon die Kapitelüberschrift «die desaströse Präsidentschaft» in einer Untersuchung über den Führungsstil der Präsidenten in der Krise der Union zeigt, *Fred I. Greenstein, Presidents and the Dissolution of the Union: Leadership Style from Polk to Lincoln (2013).* So gilt er nach wie vor als humorlos, wichtigtuerisch, unflexibel, eigensinnig, pedantisch, politisch nicht auf der Höhe der Zeit und engstirnig in seiner Feindschaft gegen Douglas, z. B. *William W. Freehling, The Road to Disunion: Secessionist Triumphant (2007), Thomas A. Horrocks, President James Buchanan and the Crisis of National Leadership (2011).* Aber auch in jüngster Zeit bleibt umstritten, inwiefern Buchanan versagte und inwiefern ein Kompromiss zwischen Süden und Norden schlicht nicht mehr möglich war, auch auf Grund eines instabilen Parteiensystems und der politischen Kultur, z. B. *John W. Quist* und *Michael J. Birkner (Hrsg.), James Buchanan and the Coming of the Civil War (2012).* Betont wird in jüngster Zeit, dass Buchanan ein *«borderstate Northerner»* war, d. h. aus dem südlichen Norden stammte, der aufgrund seiner geographischen Nähe mehr Verständnis für den Süden aufbrachte (*Freehling;* Beiträge von William G. Shade und Daniel W. Crofts in *Quist/ Birkner*). Letztlich ähneln die Argumente mancher jüngerer Historikerinnen manch alter Interpretation, wenn auch neue Facetten hinzugefügt werden, z. B. über die relativ hohen Ausgaben seiner Regierung, *Jane Flaherty,* «*The Exhausted Condition of the Treasury on the Eve of the Civil War*», in: *Civil War History (2009).* Einiges muss auf Grund fehlender Quellen unklar bleiben, wie insbesondere die Einleitung zum Sammelband *Quist/ Birkner* zeigt.

Abraham Lincoln
(J. Nagler)

Lincolns Nachlass wurde erst 21 Jahre nach dem Tod seines Sohnes Robert Todd, also 1947, zugänglich gemacht. Sechs Jahre später erschien *Roy P. Basler (Hrsg.), The Collected Works of Abraham Lincoln, 9 Bde. (1953–1955), 1. Supplement 1832–1865 (1974), 2. Supplement 1848–1865 (1990).* Den besten wissenschaftlichen Überblick über die Lincoln-Forschung bietet *Mark E. Neely, Jr., The Abraham Lincoln Encyclopedia (1982).* Earl S. Miers und *C. Percy Powell, Lincoln Day by Day: A Chronology, 3 Bde. (1960),* haben reichhaltiges Material über Lincoln als Präsidenten zusammengestellt. Die besten Führer durch die ungeheure Anzahl der Lincoln-Publikationen sind *Mark Neely, Jr., The Lincoln Theme since Randall's Call,* in: *Papers of the Lincoln Association (1979)* und *Merrill D. Peterson, Lincoln in American Memory (1994).* Die historiographische Rezeption findet sich in *Ga-*

bor S. Boritt und *Norman O. Forness (Hrsg.), The Historian's Lincoln (1988)*. Die erste ernsthafte wissenschaftliche Auseinandersetzung mit der Person Lincolns und seiner Präsidentschaft begann mit den Arbeiten des amerikanischen Historikers *James G. Randall*, der in einer epochalen vierbändigen Ausgabe eine detaillierte revisionistische Studie über Lincolns Präsidentschaft vorlegte: *James G. Randall, Lincoln the President*, 2 Bde. *(1945), Lincoln the President: Midstream (1953)* und, mit *Richard N. Current, Lincoln the President: Last Full Measure (1955)*. Nach einer differenzierten und nuancierten Darstellung gelangte Randall zu einer positiven Gesamtbewertung der Präsidentschaft, ein Urteil, das sich auch in allen anderen Untersuchungen wiederfindet, so unter anderem bei *Phillip Shaw Paludan, The Presidency of Abraham Lincoln (1994); Allen C. Guelzo, Abraham Lincoln: Redeemer President (1999); William E. Gienapp, Abraham Lincoln and Civil War America: A Biography (2002); Richard Carwardine, Lincoln: A Life of Purpose and Power (2006); William Lee Miller, President Lincoln: The Duty of a Statesman (2008); Michael Burlingame, Abraham Lincoln: A Life*, 2 Bde. *(2008)*. Eine Sammlung von Aufsätzen der namhaftesten Bürgerkriegshistoriker und ihrer Urteile über die Präsidentschaft Lincolns findet sich in *Gabor S. Boritt, Lincoln, the War President (1992)*. Die zentralen Themen in der historiographischen Auseinandersetzung mit Lincolns Präsidentschaft sind naturgemäß eng mit dem Bürgerkrieg verbunden. Wichtige Arbeiten hierzu sind *James M. McPherson, Battle Cry of Freedom: The Era of the Civil War (1988), Eric Foner, A House Divided: America in the Age of Lincoln (1991)*, ders., *Politics and Ideology in the Age of the Civil War (1980)* und *David Paul Crook, The North, the South and the Powers 1861–1865 (1974)*. Eingebettet in diesen Zusammenhang sind die Frage, welche Machtbefugnisse ein Präsident während eines Krieges besitzen darf und soll, sowie Einschätzungen Lincolns als Oberbefehlshaber der Streitkräfte und als Militärstratege, seine politische Führung, die Haltung zu den Bürgerrechten und zur Emanzipation der Sklaven. Die Diskussion um «Lincoln als Diktator» fassen am besten zusammen: *Herman Beiz, Lincoln and the Constitution: The Dictatorship Question Reconsidered*, in: *Congress and the Presidency* 15 *(1988)*, S. *147–164; Alexander J. Groth, Lincoln and the Standards of Presidential Conduct*, in: *Presidential Studies Quarterly* 22 *(1992)*, S. *765–777*. Obwohl in der Literatur auf die verfassungsrechtliche Fragwürdigkeit einiger Maßnahmen Lincolns verwiesen wird, überwiegt die Auffassung, dass der Zweck – Erhalt der Nation und Befreiung der Sklaven – die Mittel gerechtfertigt habe. Bürgerrechtsfragen unter Lincoln diskutiert *Dean Sprague, Freedom under Lincoln* (2. Auflage *1951)*. Die Studie über Lincolns Haltung zu den Bürgerrechten von *Mark Neely, Jr., The Fate of Liberty: Abraham Lincoln and Civil Liberties (1991)* widerlegt eindeutig die Diktator-These. Während *Randall* Lincolns militärische Kompetenz als Oberbefehlshaber der Nordstaatenarmee anzweifelte, beurteilen *Kenneth P. William* in seiner ausführlichen Darstellung, *Lincoln Finds a General*, 5 Bde. *(1949–1959)*, und insbesondere *T. Harry Williams, Lincoln and His Generals (1952)*, den Präsidenten als militärischen Denker positiver. *Robert V. Bruce, Lincoln and the Tools of War (1956)* betont Lincolns innovatives Denken in Bezug auf den Einsatz neuer Kriegswaffen und Strategien. Eine Neuinterpretation von Lincolns Haltung in der Sklavenfrage erfolgte im Kontext der Bürgerrechtsbewegung hauptsächlich von afroamerikanischen Historikern. Hervorzuheben ist die hervorragende Studie von *John Hope Franklin, The Emancipation Proclamation (1963)*; siehe auch *Benjamin Quarles, Lincoln and the Negro (1962); Marvin R. Cain, Lincoln's View on Slavery and the Negro: A Suggestion*, in: *Historian* 26 *(1964)*, S. *502–520; George M. Frederickson, A Man But Not a Brother: Abraham Lincoln and Racial Equality*, in: *Journal of Southern History* 41 *(1976)*, S. *214–235;*

John S. Wright, Lincoln and the Politics of Slavery (1970); LaWanda Cox, Lincoln and Black Freedom: A Study in Presidential Leadership (1985). Ebenfalls in diese Zeit fiel eine Neubewertung der Stellung Lincolns zur radikalen Fraktion in seiner Partei, die auf eine konsequentere und schnellere Emanzipationspolitik gedrängt hatte. *David Donald, Lincoln Reconsidered (1961),* stellte die Thesen auf, dass Lincoln weitaus mehr mit den *Radical Republicans* kooperiert hat, als in der Historiographie bis dahin herausgestellt worden war. *Hans L. Trefousse* stimmte dieser These mit seiner Publikation *The Radical Republicans: Lincoln's Vanguard for Racial Justice (1968)* zu und stellte Lincoln selbst als radikalen Republikaner dar. Auch *Stephen B. Oates, With Malice Toward None: The Life of Abraham Lincoln (1977),* teilt diese Einschätzung. Lincolns Verbindung zur Demokratischen Partei während des Krieges diskutiert *Christopher Dell, Lincoln and the War Democrats (1975).* Zur äußerst wichtigen Präsidentschaftswahl 1864 siehe *William Frank Zornow, Lincoln and the Party Divided (1964),* und *Jörg Nagler, Fremont contra Lincoln (1984).* Zu Lincolns Plänen einer Wiedereingliederung des Südens siehe *Peyton McCrary, Abraham Lincoln and Reconstruction: The Louisiana Experiment (1978),* und *ders., Abraham Lincoln and Reconstruction (1987).* Um den historischen Kontext am besten zu verstehen, sind *Don E. Fehrenbacher, Prelude to Greatness: Lincoln in the 1850s (1962),* die Aufsatzsammlung *Abraham Lincoln and the American Political Tradition, hrsg. v. John L. Thomas (1986),* und *Richard N. Current, The Political Thought of Abraham Lincoln (1967)* zu empfehlen. Das wichtigste Buch über Lincolns frühe politische Karriere, die sein politisches Denken während der Präsidentschaft transparenter macht, ist *Gabor S. Boritt, Lincoln and the Economics of the American Dream (1978).* Beiträge zur psychologischen Deutung Abraham Lincolns sind zahlreich; vgl. *Gabor S. Boritt (Hrsg.), The Historian's Lincoln: Pseudohistory, Psychohistory, and History (1988).* Eine der besten Darstellungen der letzten Jahre über den Ursprung der Lincoln'schen politischen Ideen, seiner Rhetorik und Handlungskompetenz während des Bürgerkrieges ist *Harry V. Jaffa, A New Birth of Freedom: Abraham Lincoln and the Coming of the Civil War (2000);* auch *Allen C. Guelzo* in *Abraham Lincoln: Redeemer President (1999)* geht nuanciert auf die geistige Welt Lincolns ein, den er als politischen Denker in der Tradition der Aufklärung sieht, ferner wird Lincolns religiöse Einstellung, die maßgeblich vom Calvinismus geprägt wurde, detailliert diskutiert. Die beste historiographische Aufarbeitung des Attentats ist *William Hanchett, The Lincoln Murder Conspiracies (1983).* Lincolns wichtigste Reden, die *Gettysburg Address* und seine Ansprache zur zweiten Amtseinführung, diskutieren *Gary Wills, Lincoln at Gettysburg (1992)* und *William Lee Miller, Lincoln's Second Inaugural: A Study in Political Ethics (1980).* In welcher Art und Weise Lincolns Überlegungen zur amerikanischen Demokratie in seiner *Gettysburg Address* die weitere Entwicklung der amerikanischen Verfassung beeinflusst haben, diskutiert kompetent *George P. Fletcher, Our Secret Constitution: How Lincoln Redefined American Democracy (2001).* Deutsche Beiträge zur Lincoln-Forschung sind rar. Zu nennen sind vor allem *Erich Angermann, Abraham Lincoln und die Erneuerung der nationalen Identität der Vereinigten Staaten von Amerika,* in: *Historische Zeitschrift 239 (1984), S. 77–109* und *ders., Abraham Lincoln,* in: *Die Großen der Weltgeschichte, hrsg. v. Kurt Faßmann (1976), VII, S. 812–828; Jörg Nagler, «Der Präsident als Kriegsherr. Abraham Lincoln»,* in: *Kriegsherren in der Weltgeschichte, hrsg. von Stig Förster, Marcus Pöhlmann* und *Dierk Walther (2006), S. 234–251, 403–404, ders., «Abraham Lincoln und die Nation ‹Unter Gott›»,* in: *Virtuosen der Macht. Herrschaft und Charisma von Perikles bis Mao, hrsg. von Wilfried Nippel (2000), S. 137–154, 303–304, ders., Abraham Lincoln. Amerikas großer Präsident. Eine Biographie (2009).*

Unter den zahlreichen Lincoln-Biographien der letzten Jahre sticht besonders diejenige von *David Herbert Donald, Lincoln (1995)* – dem Doyen der Bürgerkriegsforschung – heraus. Eine gelungene historische Kontextualisierung in Verbindung mit einer differenzierten Erörterung der Vielschichtigkeit der Persönlichkeit Lincolns macht diese Biographie zu einem Klassiker. Im Kontext des 200-jährigen Geburtstags Lincolns (2009) sind unzählige Monographien und Biographien erschienen. Die wichtigsten sind: *Eric Foner, The Fiery Trial: Abraham Lincoln and American Slavery (2010); Douglas R. Egerton, Year of Meteors: Stephen Douglas, Abraham Lincoln, and the Election that Brought on the Civil War (2013); Joseph R. Fornieri, Abraham Lincoln: Philosopher Statesman (2014); Harold Holzer, Craig L. Symonds* und *Frank J. Williams (Hrsg.), Exploring Lincoln: Great Historians Reappraise Our Greatest President (2015); Allen C. Guelzo, Redeeming the Great Emancipator (2016); Sidney Blumenthal, A Self-Made Man: The Political Life of Abraham Lincoln (2016)*. Zur internationalen Rezeptionsgeschichte Lincolns siehe *Richard Carwardine* und *Jay Sexton (Hrsg.), The Global Lincoln (2011); Martha Hodes, Mourning Lincoln (2015); Louise L. Stevenson, Lincoln in the Atlantic World (2015); Jörg Nagler, The Lincoln Image in Germany,* in: *American Studies Journal 60 (2016),* und ders., *Lincoln, Abraham 1809–1865,* in: *America in the World, 1776 to the Present: A Supplement to the Dictionary of American History 1,* hrsg. von *Edward J. Blum (2016),* S. 619–622. Eine annotierte Bibliographie zur reichhaltigen Lincoln-Forschung stammt von *Harold Holzer* und *Thomas A. Horrocks: The Annotated Lincoln (2016)*.

Andrew Johnson
(V. Nünning)

Die Schriften Andrew Johnsons werden seit 1967 unter der Leitung von *LeRoy P. Graf* und *Paul H. Bergeron* in Knoxville von der University of Tennessee Press herausgegeben; das Projekt wurde 2000 mit dem Erscheinen von Band 16 abgeschlossen. Die Geschichtsschreibung zu Andrew Johnson kann in verschiedene Phasen eingeteilt werden. Zu Beginn des 20. Jahrhunderts wurde Johnson in den ersten wissenschaftlichen Werken über die Zeit der *Reconstruction* sehr negativ bewertet, besonders in *James F. Rhodes, History of the United States from the Compromise of 1850, 9 Bde. (1900–1928; Bd. 5 u. 6); William A. Dunning, More Light on Andrew Johnson,* in: *American Historical Review 11 (1906),* S. 395–405. Seit Ende der 1920er Jahre wurde dieses Bild revidiert und Johnson als liberaler, aufgeklärter und verfassungstreuer Staatsmann porträtiert: *Robert W. Winston, Andrew Johnson: Plebeian and Patriot (1928); Lloyd P. Stryker, Andrew Johnson: A Study in Courage (1929); Claude G. Bowers, The Tragic Era: The Revolution after Lincoln (1929); George F. Milton, The Age of Hate: Andrew Johnson and the Radicals (1930)*. Insbesondere die Studie von *Howard K. Beale, The Critical Year: A Study of Andrew Johnson and Reconstruction (1930, ³1967)* hebt die Bedeutung ökonomischer Aspekte hervor. Die erneute kritische Betrachtung Andrew Johnsons begann mit *David Donald, Why They Impeached Andrew Johnson,* in: *American Heritage 8 (1956),* S. 20–25, S. 102–103, und in größerem Rahmen mit *Eric L. McKitrick, Andrew Johnson and Reconstruction (1960)*. *LaWanda Cox* und *John H. Cox, Politics, Principle and Prejudice, 1865–1866 (1963),* widmen der kritischen Betrachtung von Johnsons Rassismus ein Kapitel. Eine ausgeglichenere Einschätzung Johnsons setzte in den 1970er Jahren ein. Eine Auswahl: *Michael Les Benedict, A Compromise of Principles: Congressional Republicans and Reconstruction,*

1863–1869 (1974); Patrick W. Riddleberger, 1866: The Critical Year Revisited (1979), bezieht ökonomische Aspekte stärker ein. Die Präsidentschaft Johnsons steht im Mittelpunkt der sich bewusst moralischer Urteile enthaltenden Studie von *Albert E. Gastel, The Presidency of Andrew Johnson (1979, ⁴1984)*. Ein eher positives Bild, das erneut davon ausgeht, dass Johnson vor allem die Verfassung verteidigen wollte, zeichnet *James Sefton, Andrew Johnson and the Uses of Constitutional Power (1980)*. Die Ergebnisse der letzten vier Jahrzehnte der Johnson-Forschung werden zusammengefasst in der Studie von *Hans L. Trefousse, Andrew Johnson: A Biography (1989, ²1997)*. Johnsons Weltbild und insbesondere sein Rassismus stehen im Zentrum der Abhandlungen von *David W. Bowen, Andrew Johnson and the Negro (1989)*. Biographische Daten finden sich in *G. R. Schroeder-Lein* und *R. Zuzcek, Andrew Johnson: A Biographical Companion (2001)*. Auf der neuesten Forschung baut auch die ausgezeichnete Studie von *B. D. Simpson, The Reconstruction Presidents (1998)* auf. Einen Überblick über die Rezeption Johnsons in der Historiographie geben *Albert E. Gastel, Andrew Johnson: Historiographical Rise and Fall,* in: *Mid-America 45 (1963), S. 175–184* und *Carmen A. Notaro, History of the Biographic Treatment of Andrew Johnson in the Twentieth Century,* in: *Tennessee Historical Quarterly 24 (1965), S. 143–155*. Johnsons *Impeachment*-Verfahren wurde zum Thema vieler Studien; vgl. aus der neueren Forschung *Harold M. Hyman, Johnson, Stenton, and Grant: A Reconsideration of the Army's Role in the Events Leading to Impeachment,* in: *American Historical Review 66 (1960), S. 85–100; Michael Les Benedict, The Impeachment and Trial of Andrew Johnson (1973); Hans L. Trefousse, Impeachment of a President: Andrew Johnson, the Blacks, and Reconstruction (1975, ²1999); Gene Smith, High Crimes and Misdemeanors: The Impeachment and Trial of Andrew Johnson (1975, ²1985); Ch. G. Hearn, The Impeachment of Andrew Johnson (2000);* die Studie von *William Rehnquist, Grand Inquests: The Historic Impeachments of Justice Samuel Chase and President Andrew Johnson (1992; 2. Aufl. 1999)* stammt von dem Vorsitzenden Richter des Obersten Gerichtshofes, der beim Verfahren gegen Bill Clinton eine entscheidende Rolle spielte. Ein unerlässliches Hilfsmittel für die weitergehende Beschäftigung mit Andrew Johnson bildet die ausführliche annotierte Bibliographie *Richard B. MacCaslin (Comp.), Andrew Johnson, A Bibliography (1992)*. Einen Überblick über die frühe Historiographie zur Anklage wegen Amtsvergehen gibt *James E. Sefton, Impeachment of Andrew Johnson: A Century of Writing,* in: *Civil War History 14 (1968), S. 120–147*. Einen knappen Überblick bietet: *Gary L. Donhardt, In the Shadow of the Great Rebellion: The Life of Andrew Johnson, Seventeenth President of the United States (2007);* zum Amtsenthebungsverfahren siehe *Chester G. Hearn, The Impeachment of Andrew Johnson (2000)*. Einschlägige neue Literatur: *Paul H. Bergeron, Andrew Johnson's Civil War and Reconstruction (2011); Edward O. Frantz, A Companion to the Reconstruction Presidents 1865–1881 (2014)* und *David O. Steward, Impeached: The Trial of President Andrew Johnson and the Fight for Lincoln's Legacy (2010)*.

Ulysses S. Grant
(U. Skorsetz)

Grants zweibändige Memoiren sind erschienen als: *Ulysses Simpson Grant, Personal Memoirs (1885–1886, überarbeitete Ausgabe: 1983)*. Eine neuere Ausgabe der Memoiren zusammen mit ausgewählten Briefen ist: *Ulysses S. Grant, Memoirs and Selected Letters: Per-*

sonal Memoirs of U. S. Grant, Selected Letters 1839–1865 (1990). Die erste komplette und annotierte Ausgabe seiner Memoiren ist: *The Personal Memoirs of Ulysses S. Grant: The Complete Annotated Edition (2017)*. Die Erinnerungen seiner Frau wurden publiziert von *John Y. Simon (Hrsg.), The Personal Memoirs of Julia Dent Grant (1975)*. Seit 1967 werden unter der Leitung von *John Y. Simon* bzw. *John Marszalek* die Reden und Schriften von Grant herausgegeben: *Ulysses S. Grant, The Papers of Ulysses S. Grant (1967–)*. In dieser Reihe sind bisher 32 Bände erschienen. Aus der umfangreichen Literatur über Grant und seine Zeit als General sollen hier nur einige neuere Werke erwähnt werden: *Nancy Scott Anderson* und *Dwight Anderson, The Generals – Ulysses S. Grant and Robert E. Lee (1988)*; *William Shield McFeely, Grant: A Biography (1981)*; *Gene Smith, Lee and Grant: A Dual Biography (1984)*. Als eine der neueren Arbeiten, die ein differenzierteres Bild von Grant für die Zeit bis hin zu seiner Präsidentschaft zeichnet, ist zu empfehlen *Brooks D. Simpson, Let Us Have Peace: Ulysses S. Grant and the Politics of War and Reconstruction, 1861–1868 (1991)*. Vom selben Autor erschien *Ulysses Grant: Triumph over Adversity, 1822–1865 (2000)*. Grants Alkoholproblem wird unter Hinzuziehung von medizinischen und psychologischen Gutachten von *Robert S. Robe Jr.* in seinem Buch *Ulysses Simpson Grant: Portrait of an Alcoholic (1992)*, untersucht. Er kommt zu dem Schluss, dass Grant, großväterlicherseits vorbelastet, durch äußere Umstände und psychische Anfälligkeit zum Alkoholiker wurde. Dem Aufstieg Grants während der Bürgerkriegsjahre widmen sich mehrere neuere Darstellungen, darunter: *Michael B. Ballard, U. S. Grant: The Making of a General, 1861–1863 (2005)* und *William Farina, Ulysses S. Grant, 1861–1864: His Rise from Obscurity to Military Greatness (2007)* sowie in deutscher Sprache *Falko Heinz, Robert E. Lee* und *Ulysses S. Grant: Eine Gegenüberstellung der bedeutendsten Generale des amerikanischen Bürgerkriegs (2003)*. Zur neueren Forschung liegt außerdem eine Bibliographie vor: *Marie Ellen Kelsey, Ulysses S. Grant: A Bibliography (2005)*. Mit der häufig geäußerten Kritik an der Brutalität der Kriegsführung unter Grant setzt sich *E. H. Bonekemper III, Ulysses S. Grant: A Victor Not a Butcher (2017)* auseinander.

Rutherford B. Hayes
(U. Skorsetz)

Die Tagebücher und Briefe von Hayes sind veröffentlicht in: *Charles R. Williams (Hrsg.), Diary and Letters of Rutherford Birchard Hayes, 19th President of the United States (5 Bde. 1922–1926, Neuauflage: 1971); Harry T. Williams (Hrsg.), Hayes, the Diary of a President, 1875–1881 (1969)*. Darüber hinaus befindet sich wertvolles Quellenmaterial im Rutherford B. Hayes Presidential Center, Spiegel Grove, Fremont, Ohio, der ältesten Presidential Library in den USA. Als nach wie vor beste Biographie, die sich mehr auf die Person Hayes als auf den Präsidenten und Politiker bezieht, gilt *Harry Bernard, Rutherford B. Hayes and His America (1954)*. Von den Arbeiten über die Präsidentschaft sollen hier nur *Kenneth E. Davison, The Presidency of Rutherford B. Hayes (1972)* und *Ari Hoogenboom, The Presidency of Rutherford B. Hayes (1988)* sowie *ders., Rutherford B. Hayes: Warrior and President (1995)* genannt werden. Hoogenboom zeichnet ein sehr detailliertes und differenziertes Bild bei einer grundsätzlich positiven Haltung zu Hayes. Seit 1976 erscheint das *Hayes Historical Journal: A Journal of the Gilded Age*, das vom Hayes Presidential Center vierteljährlich herausgegeben wird. Zur Rolle von Lucy Hayes als First Lady und ihrer Haltung zur Sklavenbefreiung und Temperenz ist das Buch von *Emily*

Apt Geer, *First Lady: The Life of Lucy Webb Hayes (1984)*, zu empfehlen. Zur Präsidentschaftswahl von 1876 siehe Roy Morris, *Fraud of the Century: Rutherford B. Hayes, Samuel Tilden and the Stolen Election of 1876 (2003)*.

James A. Garfield
(U. Skorsetz)

Die Tagebücher und Briefe von Garfield sind veröffentlicht in: Harry J. Brown und Frederick D. Williams (Hrsg.), *The Diary of James A. Garfield (1848–1877) (1967–1973)*; Mary L. Hinsdale (Hrsg.), *Garfield-Hinsdale Letters: Correspondence between James A. Garfield and Burke A. Hinsdale (1949)*; Frederick D. Williams (Hrsg.), *The Wild Life of the Army: Civil War Letters of James A. Garfield (1964)*; James D. Norris und Arthur H. Shaffer (Hrsg.), *Politics and Patronage in the Gilded Age: The Correspondence of James A. Garfield and Charles E. Henry (1970)*. Zu den neueren Werken über Garfield und die Zeit seiner Präsidentschaft gehören: Justus D. Doenecke, *The Presidencies of James A. Garfield and Chester A. Arthur (1981)*; Richard L. McElroy, *James A. Garfield, His Life and Times (1986)* und Allan Peskin, *James A. Garfield: A Biography (1987)*. Als literarische Quelle zum Attentat auf Garfield empfiehlt sich: James C. Clark, *The Murder of James A. Garfield (1994)*. Die Forschungsliteratur bis zum Jahr 1998 fasst zusammen: Robert O. Rupp (Hrsg.), *James A. Garfield. A Bibliography (1998)*. Einschlägig neuerdings: Kenneth D. Ackerman, *Dark Horse: The Surprise Election and Political Murder of President James A. Garfield (2003)*.

Chester A. Arthur und Benjamin Harrison
(R. Lammersdorf)

Gute einführende Texte über die amerikanische Gesellschaft während des *Gilded Age* sind Sean Dennis Cashman, *America in the Gilded Age: From the Death of Lincoln to the Rise of Theodore Roosevelt (³1993)*, und Leon Fink (Hrsg.), *Major Problems in the Gilded Age and the Progressive Era: Documents and Essays (²2001)*, und Charles W. Calhoun, *The Gilded Age: Essays on the Origins of Modern America (1996)*; den neuesten Stand der Forschung präsentiert der Sammelband von Christopher M. Nichols und Nancy C. Unger (Hrsg.), *A Companion to the Gilded Age and Progressive Era (2017)*. Die Literatur zu den Präsidenten Arthur und Harrison ist spärlich. Arthur fand seinen Biographen in Thomas C. Reeves, *Gentleman Boss: The Life of Chester Alan Arthur (1975, 1998)*. Einen Überblick über die Präsidentschaft liefert Justus D. Doenecke, *The Presidencies of James A. Garfield and Chester A. Arthur (1981)*. Neuere Darstellungen zu Arthur bieten Zachary Karabell, *Chester Alan Arthur (2004)*, dessen Buch in der Reihe The American Presidents Series erschien, sowie Gregory J. Dehler, *Chester Alan Arthur: The Life of a Gilded Age Politician and President (2007)*. Harrisons Biograph Harry Joseph Sievers veröffentlichte *Benjamin Harrison, Hoosier Warrior 1833–1865 (1952)*, *Benjamin Harrison, Hoosier Statesman: From the Civil War to the White House, 1865–1888 (1959)* und *Benjamin Harrison, Hoosier President: The White House and After (1968)*, sowie *Benjamin Harrison, 1833–1901: Chronology, Documents, Bibliographical Aids (1969)*. Für eilige Leser: Homer E. Socolofsky und Allan B. Spetter, *The Presidency of Benjamin Harrison (1987)*. Zu ähnlichen Schlüssen über Harrisons

Präsidentschaft wie Socolofsky und Spetter kommt auch *Charles W. Calhoun, Benjamin Harrison (2005)*. Zur Wahl von 1888 siehe ders., *Minority Victory: Gilded Age Politics and the Front Porch Campaign of 1888 (2008)*.

Grover Cleveland
(R. Lammersdorf)

Die jüngsten Biographien stammen von *Alyn Brodsky, Grover Cleveland: A Study in Character (2000)* und *H. Paul Jeffers, An Honest President: The Life and Presidencies of Grover Cleveland (2000)*; eine knappe neuere Darstellung bietet *Henry F. Graff, Grover Cleveland (2002)*. Kritisch dagegen: *Horace Samuel Merrill, Bourbon Leader: Grover Cleveland and the Democratic Party (1957)*. Einen Überblick über die beiden Präsidentschaften gibt *Richard E. Welch, Jr., The Presidencies of Grover Cleveland (1988)*. Einen knappen Überblick über den Forschungsstand präsentiert der Sammelband von *Christopher M. Nichols* und *Nancy C. Unger (Hrsg.), A Companion to the Gilded Age and Progressive Era (2017)*. Clevelands Außenpolitik untersucht *Nick Cleaver, Grover Cleveland's New Foreign Policy: Arbitration, Neutrality, and the Dawn of American Empire (2014)*. Einen sehr guten Einstieg in die parteipolitischen Auseinandersetzungen im Gilded Age bietet *H. Wayne Morgan, From Hayes to McKinley: National Party Politics, 1877–1896 (1969)*. Siehe auch die Literatur zum *Gilded Age* bei Arthur und Harrison. Wichtige Essays finden sich in *H. Wayne Morgan (Hrsg.), The Gilded Age: A Reappraisal (1970)*. Über das Boss-System: *Alexander B. Callow, Jr. (Hrsg.), The City Boss in America (1976)*. Zur Silberfrage siehe *Allen Weinstein, Prelude to Populism: Origins of the Silver Issue (1970)* und *Walter T. K. Nugent, Money and American Society, 1865–1880 (1968)*.

William McKinley
(R. Lammersdorf)

Entsprechend der wenig bedeutenden Rolle, die McKinley in der Innenpolitik spielte, und der Dominanz anderer Politiker und Militärs in der imperialistischen Außenpolitik gibt es nur wenige Werke, die sich ausschließlich mit dem Präsidenten beschäftigen. *Lewis L. Gould, The Presidency of William McKinley (1980)* ist die gründlichste neuere Studie, die McKinley zum ersten modernen Präsidenten erklärt und einen ausführlichen historiographischen Essay enthält. *H. Wayne Morgan, William McKinley and His America (1963)* bleibt eine gelungene ausführliche Biographie, genauso wie *Margaret Leech, In the Days of McKinley (1959)*. Eine neuere Biographie, die den Präsidenten in einem sehr positiven Licht darstellt, stammt von *Kevin Phillips, William McKinley (2003)*. Zur Entwicklung des Parteiensystems siehe *H. Wayne Morgan, From Hayes to McKinley: National Party Politics, 1877–1896 (1969)*. Die Zollpolitik wird von *Tom E. Terrill, The Tariff, Politics, and American Foreign Policy, 1874–1901 (1973)* behandelt. Sehr umfangreich ist die Literatur zum amerikanischen Imperialismus. Nachdem Historiker die Expansionspolitik zuerst als kurzes Abweichen von der eigentlich antikolonialen Politik abgetan hatten, lenkte *William A. Williams, The Tragedy of American Diplomacy (1959)* viel Aufmerksamkeit auf die Außenpolitik McKinleys mit seiner revisionistischen These, die gesamte Außenpolitik der Vereinigten Staaten, insbesondere im Kalten Krieg, sei bestimmt von wirtschaftspolitischen Interessen, wie sie um die Jahrhundertwende im Prinzip der Offenen Tür formuliert wurden. Siehe auch *Walter LaFeber, The New Empire: An Interpretation of American Expansion, 1860–1898 (1963)*. Als deutscher Williams-Schüler: *Hans-Ulrich Wehler, Der Aufstieg des amerikanischen Imperialismus. Studien zur Entwicklung des Imperium Americanum 1865–1900 (1976)*. Vgl. dagegen *Ernest R. May, Imperial Democracy: The Emergence of America as a Great Power (1961)*, und *Robert L. Beisner, From the Old Diplomacy to the New, 1865–1900 (1986)*. Ein ausführlicher bibliographischer Essay über den amerikanischen Imperialismus findet sich in *Ernest R. May, American Imperialism: A Speculative Essay (Neuauflage 1991)*. Weitere Einführungen sind *Thomas G. Paterson* und *Stephen G. Rabe, Imperial Surge: The United States Abroad, the 1890s–Early 1900s (1992)*, und *Angel Smith* und *Emma Aurora Dávila Cox, The Crisis of 1898: Colonial Redistribution and Nationalist Mobilization (1999)*. Einen Blick auf die komplexe Verflechtung der amerikanischen Außenpolitik und der innenpolitischen Verhältnisse bietet *Christopher M. Nichols, Promise and Peril: America at the Dawn of a Global Age (2011)*. Eine innovative Interpretation des amerikanischen Imperialismus stammt von *Kristin L. Hoganson, Fighting for American Manhood: How Gender Politics Provoked the Spanish-American and Philippine-American Wars (2000)*. Neuere Studien zu Teilaspekten des amerikanischen Imperialismus sind u. a. *Mary A. Renda, Taking Haiti: Military Occupation and the Culture of U. S. Imperialism (2001)* oder *Paul Kramer, The Blood of Government: Race, Empire, the United States, and the Philippines (2006)*. Innovative und zum Teil interdisziplinär angelegte Studien zur Geschichte der amerikanischen Expansion bieten *Warwick Anderson, Colonial Pathologies: American Tropical Medicine, Race, and Hygiene in the Philippines (2006); Julian Go, American Empire and the Politics of Meaning: Elite Political Cultures in the Philippines and Puerto Rico during U. S. Colonialism (2008); Amy Kaplan, The Anarchy of Empire in the Making of U. S. Culture (2002)* oder *Alfred McCoy, Policing America's Empire: The United States, the Philippines, and the Rise of the Surveillance State (2009)*. Über das Interesse am chinesischen Markt siehe *Michael Hunt, The Making of a Special Relationship: The United States and China to 1914 (1983)*, und *Thomas J. McCormick, China Market: America's Quest for Informal Empire, 1893–1901 (1967)*. Zum spanisch-amerikanischen Krieg: *David R. Trask, The War with Spain in 1898 (1981); David Healy, The United States in Cuba (1963); Stuart C. Miller, «Benevolent Assimilation»: The American Conquest of the Philippines, 1899–1902 (1982); Richard E. Welch, Response to Imperialism: The United States and the Philippine-American War (1979); John L. Offner, An Unwanted War: The Diplomacy of the United States and Spain over Cuba, 1895–1989 (1992)*. Zur Wahl von 1896 siehe *William D. Harpine, From the Front Porch to the Front Page: McKinley and Bryan in the 1896 Presidential Campaign (2005)*. Zum Mord an McKinley im größeren gesellschaftlichen Zusammenhang und zur Motivation des Mörders: *Eric Rauchway, Murdering McKinley: The Making of Theodore Roosevelt's America (2003)*.

Theodore Roosevelt
(R. Fiebig-von Hase)

Auch heute noch ist die Lektüre von Roosevelts Büchern, Artikeln, Reden und Briefen für jeden Interessierten eine faszinierende Erfahrung. Am vollständigsten liegen sie vor in der von *Hermann Hagedorn* herausgegebenen Ausgabe *The Works of Theodore Roosevelt, Memorial Edition, 24 Bde. (1923–1926)*, und der *National Edition, 20 Bde. (1926)*, in der auch Roosevelts aufschlussreiche Autobiographie publiziert ist. Für seine umfangreiche Korrespondenz ist die von *Elting E. Morison* in 8 Bänden herausgegebene vorzügliche Sammlung der *Letters (1951–1954)* maßgebend. Zur Vervollständigung durch die Gegenbriefe der Adressaten ist der auf Mikrofilm verfügbare gesamte Briefwechsel heranzuziehen. Wichtig sind die 2 Bände *Selected Correspondence of Theodore Roosevelt and Henry Cabot Lodge, 1884–1918 (1925)*. Zur Beurteilung von Roosevelts Innenpolitik sind die Veröffentlichungen des Kongresses, insbesondere der *Congressional Record*, sowie für die Außenpolitik die Serie der vom State Department herausgegebenen *Papers Relating to the Foreign Relations of the United States* unerlässliche Quellen. Das historische Urteil über Roosevelt wurde maßgeblich geprägt durch *Henry F. Pringle, Theodore Roosevelt: A Biography (1931)*. Pringle würdigt einerseits Roosevelts Reformleistungen, betont aber gleichzeitig die militaristischen und jingoistischen Züge seines Charakters und die skrupellose machtpolitische Fundierung seiner Außenpolitik. Das entsprach den historischen Interpretationsbedürfnissen einer Generation, die sich nach den Schrecken des Ersten Weltkrieges dem Isolationismus zuwandte und nur allzu bereitwillig nach einem Sündenbock für den eigenen «imperialistischen Sündenfall» suchte. Erst als der Isolationismus durch den Ausbruch des Zweiten Weltkrieges fragwürdig geworden war, fand Roosevelts weltpolitischer Realismus in *George E. Mowry, The Era of Theodore Roosevelt and the Birth of Modern America (1958)*, *William Henry Harbaugh, Power and Responsibility: The Life and Times of Theodore Roosevelt (1961)* und vor allem *John Morton Blum, The Republican Roosevelt (1954)*, eine positive Bewertung. Neuere ausgewogene Biographien sind *Nathan Miller, Theodore Roosevelt, A Life (1992)* und für die Zeit der Präsidentschaft die ausgezeichnete Darstellung von *Lewis L. Gould, The Presidency of Theodore Roosevelt (1991)*, die 2011 in einer neuen, erweiterten Auflage erschien. In *The Warrior and the Priest: Woodrow Wilson and Theodore Roosevelt (1983)* vergleicht *John Milton Cooper Jr.* sachkundig die zwei bedeutendsten Repräsentanten des *Progressive Movement* und behandelt ihren Antagonismus während des Ersten Weltkrieges. Einen Vergleich der drei zu Anfang des 20. Jahrhunderts amtierenden Präsidenten findet sich in: *David H. Burton, Learned Presidency: Theodore Roosevelt, William Howard Taft, Woodrow Wilson (1988)*. Die umfassendste, glänzend geschriebene Biographie Roosevelts ist das dreibändige Werk von *Edmund Morris, The Rise of Theodore Roosevelt (1979)*, *Theodore Rex (2001)* und *Colonel Roosevelt (2010)*. Sie zeichnet sich durch ein sehr abgewogenes Urteil aus. Ein Gleiches gilt für *H. W. Brands, T. R.: The Last Romantic (1997)*. *Ailda DiPace Donald, Lion in the White House: A Life of Theodore Roosevelt (2007)*, und *Kathleen Dalton, Theodore Roosevelt: A Strenuous Life (2007)* bieten neue Erkenntnisse über das *Progressive Movement* an. Dalton geht dabei insbesondere auf die Rolle von Roosevelts zweiter Frau, Edith Carow, als Beraterin ihres Mannes ein. *Joshua D. Hawley, Theodore Roosevelt: Preacher of Righteousness (2008)*, mit einem Vorwort von *David M. Kennedy*, und *Betsy H. Kraft, Theodore Roosevelt: Champion of the American Spirit (2003)* betonen die geistesgeschichtlichen Wurzeln Roosevelt'scher Innen- und Reformpolitik und seinen bleibenden Beitrag zur Ausformung des amerikanischen Selbstverständnisses. Beide zeichnen ein positives Bild von Roosevelts Leistungen, während *H. Paul Jeffers, Colonel Roosevelt: Theodore Roosevelt Goes to War, 1897–1898 (1996)* eher die aggressiven, den Krieg bejahenden Züge von Roosevelts Charakter hervorhebt. Eine psychologische Interpretation seines Charakters ist *Sarah Watts, Rough Rider in the White House: Theodore Roosevelt and the Politics of Desire (2003)*, wobei die Autorin vor allem Roosevelts irrationale, kriegerische Emotionen und seine Faszination für Männlichkeit als Symptom der weit verbreiteten Hoffnungen und

Ängste der Moderne hervorhebt und analysiert. Mit seiner aggressiven Außenpolitik habe er den Amerikanern die Möglichkeit eröffnet, ihre Wünsche und Ängste auf die Nation und ihre Politik zu projizieren. Die Jahre nach Roosevelts Präsidentschaft behandelt *Patricia O'Toole, When Trumpets Call: Theodore Roosevelt After the White House (2006)*. *Candice Millard, The River of Doubt: Theodore Roosevelts Darkest Journey (2006)* ist eine besonders eindrucksvolle geschriebene Darstellung seiner Entdeckungsreise in den brasilianischen Urwald. Um eine umfassende Darstellung der Persönlichkeit Roosevelts und seiner Präsidentschaft sind die Sammelbände von *Nathalie Naylor, Douglas Brinkley* und *John A. Gable (Hrsg.), Theodore Roosevelt: Many-Sided American (1992)* und *Serge Ricard (Hrsg.), A Companion to Theodore Roosevelt (2011)* bemüht. Die wichtigsten Beiträge zur Transformation der USA im Zeichen des «corporate capitalism» um die Jahrhundertwende, die für Roosevelts Innenpolitik ausschlaggebend war, sind die Werke von *Robert H. Wiebe, Business and Reform: A Study of the Progressive Movement (1962); ders., The Search for Order, 1877–1920 (1967); Martin J. Sklar, The Corporate Reconstruction of American Capitalism, 1890–1916 (1988)* und der Beitrag des sehr viel radikaler argumentierenden *Gabriel Kolko, The Triumph of Conservatism: A Reinterpretation of American History, 1900–1916 (1963)*. Während Wiebe und Kolko das Interesse der großen Unternehmen an der Reformbewegung betonen, untersucht *James Weinstein* in *The Corporate Ideal in the Liberal State, 1900–1918 (1968)* die Ersetzung des alten liberalen *Laisser-faire*-Ideals durch die soziale Kontrolle des «corporate liberalism» mit der Betonung auf Kooperation und sozialer Verantwortung als Ideale, wie sie gerade für Roosevelts politische Überzeugungen typisch waren. *Samuel P. Hays* weist in *Conservation and the Gospel of Efficiency: The Progressive Conservation Movement, 1890–1920 (1959)* nach, wie sehr das Prinzip sozialer Effizienz gerade auch Roosevelts Einstellung zur Naturschutz- und Umweltpolitik bestimmte. Zu Roosevelts Aktivitäten als Jäger und gleichzeitig Naturschützer siehe auch *Michael R. Canfield, Theodore Roosevelt in the Field (2015)*. Roosevelts Vorstellungen über die Bedeutung der Westgrenze für die Herausbildung des amerikanischen Nationalcharakters werden in den größeren geistesgeschichtlichen Zusammenhang eingeordnet in *Daniel M. Wrobel, The End of American Exceptionalism: Frontier Anxiety from the Old West to the New Deal (1993)*. In *Theodore Roosevelt and the Idea of Race (1980)* verweist *Thomas G. Dyer* auf rassistische Züge in Roosevelts politischer Vorstellungswelt. Aus der Fülle der Literatur zu Roosevelts Außenpolitik sind vor allem zu nennen: *Howard K. Beale, Theodore Roosevelt and the Rise of America to World Power (1956)* und *Raymond A. Esthus, Theodore Roosevelt and the International Rivalries (1970)*, wobei in beiden Werken die amerikanischen Beziehungen zu den europäischen Großmächten und Japan im Mittelpunkt stehen. Der von *William N. Tilchin* und *Charles A. Neu* herausgegebene Band *Artists of Power: Theodore Roosevelt, Woodrow Wilson, and Their Enduring Impact on U. S. Foreign Policy (2006)* betont nochmals die zentrale Bedeutung dieser beiden Präsidenten für Amerikas Außenpolitik im 20. Jahrhundert und vergleicht die Unterschiede ihrer Mittel, Orientierung und Ziele. Roosevelts wichtige informelle Kontakte nach England behandelt *David H. Burton, Theodore Roosevelt and His English Correspondents: A Special Relationship of Friends (1973)*. Zu den deutsch-amerikanischen Beziehungen der Roosevelt-Zeit ist auch heute noch *Alfred Vagts'* monumentales Werk, *Deutschland und die Vereinigten Staaten in der Weltpolitik (1935)*, unverzichtbar. In *Ragnhild Fiebig-von Hase, Lateinamerika als Konfliktherd der deutsch-amerikanischen Beziehungen, 1889–1903 (1986)*, werden neben der politischen auch die ökonomische und die sicherheitspolitische Dimension des deutsch-amerikanischen Gegensatzes einschließlich der Kriegspläne diskutiert. Auch *Frederick W. Marks III, Velvet on Iron: The Diplomacy of Theodore Roosevelt (1979)* und *Richard H. Collin, Theodore Roosevelt's Caribbean: The Panama Canal, the Monroe Doctrine, and the Latin American Context (1990)* betonen die zentrale Bedeutung der Venezuela-Krise von 1902/03 für das deutsch-amerikanische Verhältnis und den sicherheitspolitischen Grundtenor Roosevelt'scher Außenpolitik. Bewusst provokativ versucht dagegen *Nancy Mitchell, The Danger of Dreams: German and American Imperialism in Latin America (1999)* die Vorstellung von der Existenz deutscher, mit der Monroe-Doktrin kollidierender Absichten in Lateinamerika in das Reich der Träume und der amerikanischen sowie historiographischen Fehlperzeption zu verweisen. *Raimund Lammersdorf, Anfänge einer Weltmacht. Theodore Roosevelt und die transatlantischen Beziehungen der USA 1901–1909 (1994)* sieht Roosevelt als ehrgeizigen Karrieristen und Machtmenschen und interpretiert seine Europapolitik als Ausfluss tiefgreifender Unkenntnis der europäischen und insbesondere deutschen Verhältnisse. *Ute Mehnert* stellt in *Deutschland, Amerika und die «Gelbe Gefahr». Zur Karriere eines Schlagworts in der Großen Politik, 1905–1917 (1995)* souverän die Reaktion Roosevelts auf die seit 1907 beobachtbaren, aber vergeblichen Bemühungen der kaiserlichen deutschen Regierung dar, den amerikanisch-japanischen Konflikt zu nutzen, um die amerikanische Regierung zu einem engeren weltpolitischen Zusammengehen mit Deutschland zu veranlassen. Zur amerikanischen Ostasienpolitik unter Roosevelt sind vor allem zu nennen *Michael H. Hunt, The Making of a Special Relationship: The United States and China to 1914 (1983)* und *Charles E. Neu, An Uncertain Friendship: Theodore Roosevelt and Japan, 1906–1909 (1967)*. Zu Roosevelts Marine- und Sicherheitspolitik sind zusätzlich heranzuziehen: *Richard D. Challener, Admirals, Generals, and American Foreign Policy (1973)*, die ausgezeichnete Analyse des amerikanischen Sicherheitsdilemmas in *William R. Braisted, The United States Navy in the Pacific, 1897–1909 (1958)* sowie *Ronald Spector, Admiral of the New Empire: The Life and Career of George Dewey (1974)* und die einschlägigen Kapitel in *George W. Baer, One Hundred Years of Sea Power: The U. S. Navy, 1890–1990 (1994)*. Eignen sich Theodore Roosevelts außenpolitische Konzepte als Vorbild zur Erklärung oder sogar Lösung weltpolitischer Probleme, mit denen die USA heutzutage konfrontiert werden? *James R. Holmes* sieht in *Theodore Roosevelt and World Order: Police Power in International Relations (2007)* eine Parallele zu George W. Bushs unilateraler Interventionspolitik nach dem 11. September 2001, wobei bei beiden der zivilisatorisch-moralisch gerechtfertigte Interventionsanspruch zur Rechtfertigung ihrer als Polizeiaktion deklarierten Aggressionen gedient habe. Angesichts der vollständig veränderten weltpolitischen Lage erscheinen solche Vergleiche jedoch eher fragwürdig. Auch *James M. Strock, Theodore Roosevelt on Leadership, Executive Lessons from the Bully Pulpit (2003)*, vertritt die Meinung, dass Roosevelts Charakter heute durchaus noch eine Vorbildfunktion für die politischen und wirtschaftlichen Eliten haben sollte.

William H. Taft
(R. Fiebig-von Hase)

Tafts Nachlass befindet sich in der Library of Congress. Inzwischen liegen jedoch 8 Bände der von *David H. Burton* als General Editor herausgegebenen *The Collected Works of William Howard Taft (2001–2004)* vor. Nach wie vor nützlich ist auch die Redensammlung *The Presidential Addresses and State Papers of William Howard Taft (1910)*. Wichtige Einblicke in Tafts Leben und Politik ermöglichen die Briefe seines militärischen Beraters *Archibald W. Butt, Taft and Roosevelt: The Intimate Letters of Archie Butt, Military Aide, 2 Bde. (1930).* Ein unentbehrliches Quellenwerk für die Außenpolitik der Taft-Administration sind die vom *U. S. Department of State* herausgegebenen *Papers Relating to the Foreign Relations of the United States (1909-1913).* Die besten Biographien sind: *Henry F. Pringle, The Life and Times of William Howard Taft (1939, Neudruck 1998); Paolo E. Coletta, The Presidency of William Howard Taft (1973);* und *David H. Burton, William Howard Taft: In the Public Service (1986).* In der Reihe American Presidents Series ist erschienen: *Lewis L. Gould, The William Howard Taft Presidency (2009).* Eine neue Biographie stammt von *Jonathan Lurie, William Howard Taft: The Travails of a Progressive Conservative (2011).* Tafts politischem Denken widmet sich *David H. Burton, William Howard Taft: Confident Peacemaker (2004).* Tafts schwieriges Verhältnis zu Roosevelt ist Burtons Thema in *ders., Taft, Roosevelt, and the Limits of Friendship (2004).* Tafts Jahre als Chief Justice werden kenntnisreich gewürdigt in *Alpheus T. Mason, William Howard Taft: Chief Justice (1965);* die Zeit zwischen Tafts Präsidentschaft und seinem Wirken am Obersten Gerichtshof ist das Thema der Studie von *Lewis L. Gould, Chief Executive to Chief Justice: Taft betwixt the White House and Supreme Court (2014).* Für die innenpolitischen Auseinandersetzungen sind wichtig: *Donald F. Anderson, A Conservative's Conception of the Presidency (1973); Norman M. Wilensky, Conservatives in the Progressive Era: The Taft Republicans of 1912 (1965); Francis L. Broderick, Progressivism at Risk: Electing a President in 1912 (1989);* und *Neil Raphael, The Path Not Chosen: Elihu Root, William Howard Taft and the 1912 Election (1998).* Zur Außen- und Sicherheitspolitik unter Taft wird verwiesen auf: *Ralph Eidin Minger, William Howard Taft and United States Foreign Policy: The Apprentice Years 1900-1908 (1975); Dana G. Munro, Intervention and Dollar Diplomacy in the Caribbean, 1900-1921 (1964); Walter V.* und *Marie V. Scholes, The Foreign Policies of the Taft Administration (1970); M. Crane* und *Thomas A. Breslin, An Ordinary Relationship: American Opposition to Republican Revolution in China (1986);* und auf *William R. Braisted, The United States Navy in the Pacific, 1909-1920 (1970).* Ute Mehnert stellt in *Deutschland, Amerika und die «Gelbe Gefahr». Zur Karriere eines Schlagworts in der Großen Politik, 1905-1917 (1995)* die amerikanische Ostasienpolitik ganz ausgezeichnet in den großen weltpolitischen Zusammenhang.

Woodrow Wilson
(K. Schwabe)

Wilsons Schriften und seine Korrespondenz mit Akzent auf seiner persönlichen Biographie wurden in 68 Bänden von dem Wilson-Forscher *Arthur S. Link* herausgegeben: *The Papers of Woodrow Wilson, Bd. 1-68 (1966-1993).* Dazu ergänzend beinhalten die *Papers Relating to the Foreign Relations of the United States 1919,* besonders die Serie: *The Paris Peace Conference, Bd. 1-13 (1942-1947, Neudruck: 1969)* und die gerade für Wilson aufschlussreichen Wortprotokolle von *Paul Mantoux, Les délibérations du Conseil des Quatre, 2 Bde. (1955)* (englische Übersetzung, hrsg. von *Arthur S. Link* und *Manfred Boemeke (1992))* wichtige Dokumente zur Kriegs- und Nachkriegsdiplomatie des Präsidenten. Die umfangreichste Standardbiographie zu Wilson, die leider nur den Zeitraum bis 1917 umfasst, ist nach wie vor: *Arthur S. Link, Wilson, Bd. 1-5 (1947-1965), (= Bd. 1: The Road to the White House (1947, Neudruck 1963), Bd. 2: The New Freedom (1956), Bd. 3: The Struggle for Neutrality, 1914–15 (1960), Bd. 4: Confusions and Crises, 1915–16 (1964), Bd. 5: Campaigns for Progressivism and Peace, 1916–17 (1965)).* Derselbe Autor hat zudem eine kürzere Studie vorgelegt: *Arthur S. Link, Woodrow Wilson: Revolution, War, and Peace (1979).* Dass die Person Wilson bis heute im Zentrum des historischen Interesses steht, macht die Publikation einiger neuerer Biographien deutlich: *August Heckscher, Wilson (1991); Jan Willem Schulte-Nordholt, Woodrow Wilson: A Life for World Peace (1991); Kendrick A. Clements, Woodrow Wilson: World Statesman (1987).* Daneben gibt der glänzende biographische Essay von *Richard Hofstadter, Woodrow Wilson: The Conservative as Liberal,* in: ders., *The American Political Tradition and the Men who Made It (1948),* noch immer einen sehr guten Einblick in das politische Denken des Präsidenten. Auch an psychologischen Deutungen zu Wilson mangelt es nicht. Zu nennen sind hier: *Edwin A. Weinstein, Woodrow Wilson: A Medical and Psychological Biography (1981)* und *Sigmund Freud, William Bullitt, Thomas Woodrow Wilson: A Psychological Study (1967).* Erwartungsgemäß beschäftigen sich die meisten Studien mit Wilsons Außenpolitik und der Haltung seiner Regierung im Ersten Weltkrieg. Aus der Fülle von Arbeiten sei hier nur eine kleine Auswahl genannt: *Paul Devlin, Too Proud to Fight: Woodrow Wilson's Neutrality (1974); Robert H. Ferrell, Wilson and World War One 1917–1921 (1985,* die Studie behandelt auch militärgeschichtliche Aspekte), *Arthur Walworth, America's Moment 1918: American Diplomacy at the End of World War I (1977); ders., Wilson and His Peacemakers: American Diplomacy at the Paris Peace Conference (1986); Klaus Schwabe, Woodrow Wilson, Revolutionary Germany and Peacemaking 1918–19. Missionary Diplomacy and the Realities of Power (1985)* (vorausgegangene deutsche Fassung: *Deutsche Revolution und Wilson-Frieden (1971)); Lloyd Ambrosius, Woodrow Wilson and the American Diplomatic Tradition: The Treaty Fight in Perspective (1987); Thomas J. Knock, To End All Wars: Woodrow Wilson and the Quest for a New World Order (1992).* Wichtig zur Vorgeschichte der Vierzehn Punkte ist *Arno Mayer, Wilson versus Lenin: Political Origins of the New Diplomacy (1959),* für Wilsons Russlandpolitik *Georg Schild, Between Ideology and Realpolitik: Woodrow Wilson and the Russian Revolution, 1917–1921 (1995).* In deutscher Sprache erschienen sind: *Ernst Fraenkel, Das deutsche Wilsonbild,* in: *Jahrbuch für Amerikastudien 5 (1960), S. 66 ff.; Klaus Schwabe, Woodrow Wilson: Ein Staatsmann zwischen Puritanertum und Liberalismus (1971). George F. Kennans* Wilson-Kritik *Amerika und die Sowjetmacht, 2 Bde. (1956/58)* wurde aus dem Englischen übersetzt. Eine Sammlung ausgewählter Schriften und Reden hat *Mario R. Dinunzio* herausgegeben: *Essential Writings and Speeches of the Scholar-President (2006).* Zur Neubewertung von Wilsons Rolle im Ersten Weltkrieg siehe *Robert W. Tucker, Woodrow Wilson and the Great War: Reconsidering America's Neutrality 1914–1917 (2007).* Eine unorthodoxe Darstellung, die Historiographie und Biographie vereint, bietet *Merrill D. Peterson,* der Wilson aus heutiger Perspektive wie auch aus der eines Zeitgenossen bewertet: *Merrill D. Peterson, The President and His Biographer (2007).* Während Wilsons Ideologie ansonsten fast durchweg aus amerikanischer und europäischer Perspektive diskutiert wird, bietet ein neues Buch Einblicke in die oft unbeabsichtigten Auswirkungen von Wilsons Politik in anderen Teilen der Welt: *Erez Manela, The Wilsonian Moment: Self-Determination and the International Origins of Anticolonial Nationalism (2007).* Eine neue Biographie Wilsons stammt von *John Milton Cooper, Jr., Woodrow Wilson: A Biography (2009);* den aktuellen Forschungsstand präsentiert der Sammelband von *Ross A. Kennedy (Hrsg.), A Companion to Woodrow Wilson (2013).* Auf Deutsch ist erschienen: *Manfred Berg, Woodrow Wilson. Amerika und die Neuordnung der Welt (2017).* Zu berücksichtigen sind auch: *Ross A. Kennedy, The Will to*

Believe: Woodrow Wilson, World War I, and America's Strategy for Peace and Security (2009) und *Tony Smith, Why Wilson Matters: The Origin of American Liberal Internationalism and Its Crisis Today (2017).*

Warren G. Harding
(P. Schäfer)

Eine umfangreiche Harding-Bibliographie liegt in der Reihe *Bibliographies of the Presidents of the United States* vor: *Warren G. Harding: A Bibliography,* hrsg. v. *Richard G. Frederick (1992).* Die erste Biographie nach der Öffnung der Harding Papers durch die Ohio Historical Society ist *Andrew Sinclair, The Available Man: The Life Behind the Masks of Warren Gamaliel Harding (1965).* Sinclair zeigt Harding als befähigten Provinzpolitiker aus dem ländlichen Ohio. Stärker die persönliche Seite der Biographie einschließlich der außerehelichen Beziehungen Hardings beleuchtet *Francis Russell, The Shadow of Blooming Grove: Warren G. Harding in His Times (1968).* Der erste Band der geplanten, aber nie vollendeten größeren Harding-Biographie behandelt detailliert den politischen Aufstieg Hardings in Ohio, seine Rolle im Senat und die Wahlen von 1920: *Randolph C. Downes, The Rise of Warren Gamaliel Harding, 1865–1920 (1970).* Für die historische Bewertung Hardings als Präsident ist vor allem wichtig: *Robert K. Murray, The Harding Era: Warren G. Harding and His Administration (1969).* Murray revidiert darin das landläufige Harding-Bild und würdigt dessen Leistungen als Präsident am Beginn der 1920er Jahre. Fortgesetzt wird diese Sicht in: *Robert K. Murray, The Politics of Normalcy: Governmental Theory and Practice in the Harding-Coolidge Era (1973).* Dagegen beurteilen *Eugene P. Trani* und *David L. Wilson, The Presidency of Warren G. Harding (1977),* Harding als Übergangspräsidenten und ineffektiven politischen Führer, der Opfer persönlicher und politischer Skandale wurde. Eine revisionistische Biographie Hardings hat *Robert H. Ferrell* mit *The Strange Deaths of President Harding (1996)* vorgelegt. Den Kontext der überwiegend schlechten Bewertung von Hardings Präsidentschaft untersucht *Phillip G. Payne, Dead Last: The Public Memory of Warren G. Harding's Scandalous Legacy (2009).* Eine knappe, aber solide Zusammenfassung bietet das in der Reihe The American Presidents Series erschienene Buch von *John W. Dean, Warren G. Harding (2004).* Eine lesenswerte Geschichte des Harding-Skandals und seiner Auswirkungen bietet *Burl Noggle, Teapot Dome: Oil and Politics in the 1920's (1962)* sowie neuerdings *Laton McCartney, The Teapot Dome Scandal: How Big Oil Bought the Harding White House and Tried to Steal the Country (2008).* Eine weitere Untersuchung der Skandale der Harding-Ära liegt mit dem Buch von *Rosemary Stevens, A Time of Scandal: Charles R. Forbes, Warren G. Harding, and the Making of the Veterans Bureau (2016)* vor. Eine positive Darstellung des Lebens von Hardings Frau Florence bietet *Carl Sferrazza Anthony, Florence Harding: The First Lady, the Jazz Age, and the Death of America's Most Scandalous President (1998).* Neuerdings verfügen wir über eine Auswahl von Hardings Reden und Schriften: *Leonard Schlup* und *John H. Hepp IV* (Hrsg.), *Selections from the Papers and Speeches of Warren G. Harding 1918–1923 (2008).* Einen Überblick über den neuesten Forschungsstand bietet *Katherine A. S. Sibley* (Hrsg.), *A Companion to Warren G. Harding, Calvin Coolidge, and Herbert Hoover (2014).*

Calvin Coolidge
(P. Schäfer)

Die erste, überwiegend positive Coolidge-Biographie von Bedeutung stammt von dem Journalisten William Allen White, *A Puritan in Babylon: The Story of Calvin Coolidge (1938)*. Die beste Biographie Coolidges ist nach wie vor *Donald R. McCoy, Calvin Coolidge: The Quiet President (1967)*. Vom gleichen Verfasser stammt der Beitrag über Coolidge in: *The Presidents: A Reference History (1984)*, S. 479–493. Das Urteil der Historiker über Coolidge arbeitete *Thomas B. Silver, Coolidge and the Historians (1982)*, auf. Über die Pressekonferenzen Coolidges und seinen Umgang mit der Presse informiert: *The Talkative President: The Off-the-Record Press Conferences of Calvin Coolidge, hrsg. v. Howard H. Quint/Robert H. Ferrell (1964)*. Die Rhetorik Coolidges untersuchte *Arthur F. Feser, A Rhetorical Study of the Speaking of Calvin Coolidge (1990*, mit nützlicher Bibliographie). Über die Außenpolitik Coolidges informiert: *Warren I. Cohen, Empire Without Tears: America's Foreign Relations 1921–1933 (1987)*. Noch zu Lebzeiten des Präsidenten erschien: *The Autobiography of Calvin Coolidge (1929)*. Von der 1957 verstorbenen Mrs. Coolidge stammt: *Grace Coolidge, An Autobiography, hrsg. v. Lawrence E. Wikander/Robert H. Ferrell (1992)*. *Robert Ferrell* ist auch der Verfasser einer Biographie von Grace Coolidge: *Grace Coolidge: The People's First Lady in Silent Cal's White House (2008)*. Neuere Veröffentlichungen zu Coolidge und zu seiner Präsidentschaft sind: *John E. Hayes (Hrsg.), Calvin Coolidge and the Coolidge Era: Essays on the History of the 1920s (1998)* und *Robert H. Ferrell, The Presidency of Calvin Coolidge (1998)*. Über die Jugend von Coolidge informiert: *Hendrik Booraem, The Provincial: Calvin Coolidge and His World, 1885–1895 (1994)*. In der Reihe The American Presidents Series erschien jüngst: *David Greenberg, Calvin Coolidge (2007)*. Eine neuere Biographie, in der die Bewertung Coolidges sehr positiv ausfällt, stammt von *Robert Sobel, Calvin Coolidge: An American Enigma (1988)*. An unkritische Bewunderung grenzt das Buch der Journalistin *Amity Shlaes, Coolidge (2013)*. Einen Überblick über den neuesten Forschungsstand bietet *Katherine A. S. Sibley (Hrsg.), A Companion to Warren G. Harding, Calvin Coolidge, and Herbert Hoover (2014)*.

Herbert C. Hoover
(P. Schäfer)

Hoovers Nachlass befindet sich in der Herbert Hoover Presidential Library in West Branch, Iowa. Eine Übersicht über die archivalischen Bestände findet sich auf der Webseite der Library: www.hoover.nara.gov. Eine umfangreiche Sammlung von Dokumenten aus Hoovers öffentlichem Leben wird aufbewahrt in der *Hoover Institution on War, Revolution and Peace* in Stanford, Kalifornien. Von den drei republikanischen Präsidenten der Zwischenkriegszeit hat Hoover inzwischen die größte Beachtung seitens der Historiker gefunden. Als Bibliographie ist heranzuziehen: *Herbert Hoover, A Bibliography, hrsg. v. Patrick G. O'Brien (1993, Bibliographies of the Presidents of the United States, Nr. 30)*. Seit 2013 liegt eine monumentale sechsbändige Hoover-Biographie, *The Life of Herbert Hoover* vor. Die ersten drei Bände, *The Engineer (1874–1914) (1983)*, *The Humanitarian (1914–1917) (1988)* und *Master of Emergencies (1917–1918) (1996)* wurden von dem eminenten Hoover-Historiker *George H. Nash* verfasst. Die letzten drei Bände übernahmen andere namhafte Forscher im Bereich der amerikanischen Politikgeschichte:

Kendrick A. Clements, Bd. 4, Imperfect Visionary (1918–1928) (2010); Glenn Jeansonne, Bd. 5, Fighting Quaker (1928–1933) (2012) und *Gary Dean Best, Bd. 6, Keeper of the Torch (1933–1964) (2013)*. Von *Glenn Jeansonne* stammt auch die neueste wissenschaftliche Biographie Hoovers, *Herbert Hoover: A Life (2016)*. Unter den Hoover-Biographien behaupten weiterhin ihren Platz als kenntnis- und einflussreiche Gesamtdarstellungen die lesenswerte Synthese von *Joan Hoff Wilson, Herbert Hoover: Forgotten Progressive (1975)*, und die ebenfalls positive Würdigung von *David Burner, Herbert Hoover: A Public Life (1979)*. Eine wichtige Darstellung der Präsidentschaft stammt von *Martin C. Fausold, The Presidency of Herbert C. Hoover (1975)*. Eine Bewertung der Rolle Hoovers als Präsident und seines Verhältnisses zur Öffentlichkeit bietet *Bruce Kuklick, The Good Ruler: From Herbert Hoover to Richard Nixon (1988)*. Das sich wandelnde Urteil der Historiker über Hoover resümiert *Herbert Hoover and the Historians, hrsg. v. Mark M. Dodge (1989)*, mit Beiträgen von *Ellis W. Hawley, Patrick G. O'Brien, Philip T. Rosen* und *Alexander DeConde*. Seine Bedeutung als Handelsminister 1921–1929 untersucht der Sammelband *Herbert Hoover as Secretary of Commerce, hrsg. v. Ellis W. Hawley (1981)*. Hoovers Wirtschaftspolitik angesichts der Großen Depression untersucht *William Barber, From New Era to New Deal: Herbert Hoover, the Economists, and American Economic Policy, 1921–1933 (1985)*. Die politischen Aktivitäten Hoovers nach dem Ausscheiden aus dem Präsidentenamt hat zum Gegenstand: *Gary Dean Best, Herbert Hoover: The Postpresidential Years, 1933–1964, 2 Bde. (1983)*. Einen Überblick über den neuesten Forschungsstand bietet *Katherine A. S. Sibley (Hrsg.), A Companion to Warren G. Harding, Calvin Coolidge, and Herbert Hoover (2014)*.

Franklin D. Roosevelt
(D. Junker)

Roosevelts umfangreicher Nachlass wird in der ältesten Präsidentenbibliothek der USA, der Franklin D. Roosevelt Presidential Library in Hyde Park, New York, aufbewahrt. Bestände der Library lassen sich bequem über das Internet recherchieren: www.fdrlibrary.org. Die geschichtswissenschaftliche Literatur über Roosevelt als Person, seine Präsidentschaft, den *New Deal* und den Zweiten Weltkrieg ist fast unübersehbar geworden. Annotierte Bibliographien: *Kenneth Elton Hendrickson, The Life and Presidency of Franklin Delano Roosevelt (2005); William D. Pederson (Hrsg.), A Companion to Franklin D. Roosevelt (2011)*. Die wichtigsten Selbstzeugnisse Roosevelts finden sich in *Samuel I. Rosenman (Hrsg.), The Public Papers and Addresses of Franklin D. Roosevelt, 13 Bde. (1938–1950); Edgar B. Nixon (Hrsg.), Franklin D. Roosevelt and Foreign Affairs, 1933–1937, 3 Bde. (1969)*. Fortgesetzt von *Donald B. Schewe (Hrsg.), January 1937 – August 1939, (bislang Bd. 1–10 und 17); Warren F. Kimball (Hrsg.), Churchill & Roosevelt: The Complete Correspondence, 3 Bde. (1984); Elliott Roosevelt (Hrsg.), F. D. R.: His Personal Letters, 1928–1945, 2 Bde. (1950); Russell D. Buhite/David W. Levy, FDR's Fireside Chats (1992)*. Für die Außenpolitik unentbehrlich sind die regelmäßigen Bände und Sonderbände, etwa über die Kriegskonferenzen, des Außenministeriums: *U. S. Department of State, Papers Relating to the Foreign Relations of the United States (FRUS) (1933–1945)*. Daneben wird Roosevelt in zahllosen Tagebüchern, Memoiren und Korrespondenzen von Verwandten, Mitarbeitern und Politikern widergespiegelt. Wichtige Biographien Roosevelts sind: *Frank Freidel, Franklin D. Roosevelt, 4 Bde. (1952–1973); ders., Franklin D. Roosevelt: A Rendezvous with Des-

tiny (1990); James MacGregor Burns, Roosevelt, 2 Bde. (1956–1970); Alan Brinkley, Franklin D. Roosevelt (2010); Alan M. Winkler, Franklin D. Roosevelt and the Making of Modern America (2006); Jean Edward Smith, FDR (2007); H. W. Brands, Traitor to His Class: The Privileged Life and Radical Presidency of Franklin D. Roosevelt (2008); Alonzo L. Hamby, Man of Destiny: FDR and the Making of the American Century (2005); Robert Dallek, Franklin D. Roosevelt: A Political Life (2017). Über seine Frau: *Blanche Wiesen Cook, Eleanor Roosevelt, 3 Bde. (1992–2016).* Zum Verhältnis zu seiner Geliebten: *Joseph E. Persico, Franklin and Lucy: Mrs. Rutherford and the Other Remarkable Women in Roosevelt's Life (2008).* Zum Roosevelt-Clan: *Geoffrey Ward, The Roosevelts: An Intimate History (2014).* Deutschsprachige Werke: *Detlef Junker, Franklin D. Roosevelt: Macht und Vision: Präsident in Krisenzeiten (²1989); Ronald D. Gerste, Roosevelt und Hitler: Todfeindschaft und totaler Krieg (2011).* Vgl. auch *Cornelis A. van Minnen/John F. Sears (Hrsg.), FDR and His Contemporaries (1992).* Wichtige Aspekte behandeln: *Thomas H. Greer, What Roosevelt Thought: The Social and Political Ideas of Franklin D. Roosevelt (1958); Willard Range, Franklin D. Roosevelt's World Order (1959); Detlef Junker, Der unteilbare Weltmarkt. Das ökonomische Interesse in der Außenpolitik der USA 1933–1941 (1975); Philip Abbott, The Exemplary Presidency: Franklin D. Roosevelt and the American Political Tradition (1990); Betty H. Winfield, FDR and the News Media (1990); Paul Götsch/Gerd Hurm, Die Rhetorik amerikanischer Präsidenten seit F. D. Roosevelt (1993).* Sehr nützlich ist auch die Aufsatzsammlung: *William E. Leuchtenberg (Hrsg.), Franklin D. Roosevelt: A Profile (1967).* Zur Präsidentschaft Roosevelts vgl. den Klassiker *Arthur M. Schlesinger Jr., The Age of Roosevelt, 3 Bde. (1957–1960, Neudruck: 2003); David M. Kennedy, Freedom from Fear: The American People in Depression and War, 1929–1945 (1999); Richard E. Neustadt, Presidential Power: The Politics of Leadership from FDR to Carter (1980); Malcolm Shaw (Hrsg.), Roosevelt to Reagan: The Development of the Modern Presidency (1987); Herbert D. Rosenbaum/Elizabeth Barthelme (Hrsg.), Franklin D. Roosevelt: The Man, The Myth, The Era, 1882–1945 (1987).* Zu Roosevelt und dem New Deal vgl. *William E. Leuchtenberg, Franklin D. Roosevelt and the New Deal, 1932–1940 (1963); Robert S. McElvaine, The Great Depression: America 1929–41 (1984); George T. McJimsey, The Presidency of Franklin Delano Roosevelt (2000); Anthony J. Badger, The New Deal: The Depression Years 1933–1940 (1989); Thomas Fleming, The New Dealer's War: Franklin D. Roosevelt and the War within World War II (2001); Alan Lawson, A Commonwealth of Hope: The New Deal Response to Crisis (2006); Robert Shogan, Backlash: The Killing of the New Deal (2006).* Komparatistisch: *Wolfang Schivelbusch, Entfernte Verwandtschaft: Faschismus, Nationalsozialismus, New Deal, 1933–1939 (2005).* Zu den ersten hundert Tagen: *Anthony J. Badger, FDR: The First Hundred Days (2008).* Zur konservativ-neoliberalen Kritik an FDR und dem New Deal: *Burton W. Folsom, New Deal or Raw Deal: How FDR's Economic Legacy Has Damaged America (2008).* Zum Kongress: *Thomas P. Wolff/William D. Pederson/Byron W. Daynes, Franklin D. Roosevelt and Congress: The New Deal and Its Aftermath (2001).* Zu Roosevelts Außenpolitik vgl. den historiographischen Überblick von *Justus D. Doenecke/Mark Stoler, Debating Franklin D. Roosevelt's Foreign Policies, 1933–1945 (2005)* und den Sammelband von *David B. Woolner/Warren F. Kimball/David Reynolds (Hrsg.), FDR's World: War, Peace and Legacies (2008); Robert Dallek, Franklin D. Roosevelt and American Foreign Policy, 1932–1945 (1979); Wayne S. Cole, Roosevelt and the Isolationists, 1932–1945 (1983); John L. Snell, Illusion and Necessity: The Diplomacy of Global War, 1939–1945 (1963); John L. Gaddis, The United States and the Origins of the Cold War, 1941–1947 (1972); Richard Polenberg, War and Society: The United States 1941–1945 (1972);*

Steven Casey, Cautious Crusade: Franklin D. Roosevelt, American Public Opinion, and the War against Nazi Germany (2001); Detlef Junker, Kampf um die Weltmacht: Die USA und das Dritte Reich 1933–1945 (1988); Warren F. Kimball, The Juggler: Franklin Roosevelt as Wartime Statesman (1991); ders., Forged in War: Roosevelt, Churchill, and the Second World War (1997); Frederick W. Marks, Wind over Sand: The Diplomacy of Franklin D. Roosevelt (1988).

Das Verhältnis von Roosevelt zu Churchill beleuchtet *Jon Meacham, Franklin and Winston: An Intimate Portrait of an Epic Friendship (2003)*. Zur Politik Churchills gegenüber Roosevelt siehe *David Reynolds, From World War to Cold War: Churchill, Roosevelt, and the International History of the 1940s (2006)*. Roosevelts Verhältnis zur Sowjetunion ist grundlegend dargestellt in *Mary E. Glantz, FDR and the Soviet Union: The President's Battles over Foreign Policy (2005); Susan Butler (Hrsg.), My Dear Mr. Stalin: The Complete Correspondence between Franklin D. Roosevelt and Joseph V. Stalin (2005)*.

Zur Umwelt- bzw. Conservation-Politik Roosevelts siehe vor allem: *Henry L. Henderson* und *David B. Woolner (Hrsg.), FDR and the Environment (2005)*. Besonders kontrovers das Verhältnis Roosevelts zum Holocaust: *David S. Wyman, The Abandonment of the Jews: America and the Holocaust 1941–1945 (1984); Robert N. Rosen, Saving the Jews: Franklin D. Roosevelt and the Holocaust (2006); Richard Breitman/Allan G. Lichtman, FDR and the Jews (2013)*.

Harry S. Truman
(H. J. Rupieper)

Die Erforschung der Amtszeit und Persönlichkeit von Truman ist noch keineswegs abgeschlossen. Die Harry S. Truman Library in Independence, Missouri, bewahrt eine große Anzahl von Dokumenten aus Trumans privatem und öffentlichem Leben auf. Eine Übersicht über die Bestände bietet die Webseite: www.trumanlibrary.org. Als Einstieg in die Truman-Forschung sind unverzichtbar die Übersichten von *Richard S. Kirkendall, The Truman Period as a Research Field (1967)* und *ders., The Truman Period as a Research Field: A Reappraisal (1972). Richard S. Kirkendall (Hrsg.), The Harry S. Truman Encyclopedia (1989)*, enthält zu nahezu allen Stichwörtern im Zusammenhang mit Trumans Leben und seiner Präsidentschaft von Fachleuten verfasste Beiträge, die jeweils noch durch die Angabe der wichtigsten Literatur ergänzt werden. Trumans zweibändige Memoiren: *Years of Decision (1955)* und *Years of Trial and Hope (1956)* geben einen guten Überblick seiner Präsidentschaft, die durch *Robert H. Ferrell (Hrsg.), Off the Record: The Private Papers of Harry S. Truman (1980; Neuauflage 1997)*, eine Auswahl von Tagebucheintragungen, Memoranda und Briefen aus den Jahren 1945 bis 1947, ergänzt werden. Die Tochter Trumans, *Margaret Truman*, veröffentlichte neben Kindheitserinnerungen in Independence und Washington eine wichtige Biographie: *Harry S. Truman (1973)*.

In seiner auf breitem Quellenstudium basierenden Analyse *Beyond the New Deal: Harry S. Truman and American Liberalism (1973)* bietet *Alonzo L. Hamby* eine umfassende Darstellung der amerikanischen Gesellschaft zur Zeit der Truman-Administration. Die zweibändige Studie von *Robert J. Donovan, Conflict and Crisis: The Presidency of Harry S. Truman (1977; Neuauflage 1996)* und *ders., Tumultuous Years: The Presidency of Harry Truman 1949–1953 (1982)* ist die maßgebliche Biographie. Diese umfassende Darstellung über Truman reicht vom Tod Roosevelts über die wider Erwarten gewonnene

Wahl im Jahre 1948 bis zu Trumans letzten Amtshandlungen und dem Tag der Amtseinführung Eisenhowers. Detailliert wird – gespickt mit vielen Zitaten aus Briefen, Tagebüchern, Zeitungsartikeln, Memoranden etc. – die bewegte Amtszeit des Präsidenten nachgezeichnet. Den Wahlkampf 1948 und dessen Hintergrund schildert *Steven R. Goldzwig, Truman's Whistle-Stop Campaign (2008)*. *Robert H. Ferrell, Harry S. Truman and the Modern American Presidency (1983)*, beschreibt Trumans steinigen Weg an die Spitze, schildert ihn als Pragmatiker, der klar analysieren konnte und entschlossen Entscheidungen fällte, der lieber handelte als redete. Vom gleichen Autor erschien auch eine umfassende Biographie *Harry S. Truman: A Life (1994)*. Interessant auch *Donald R. McCoy, The Presidency of Harry S. Truman (1984)*, und *Harold Foote Gosnell, Truman's Crises: A Political Biography of Harry S. Truman (1980)*; *Merle Miller, Plain Speaking: An Oral Biography of Harry S. Truman (²1985)*; *Richard L. Miller, Truman: The Rise to Power (1986)*; *David G. McCullough, Truman (1992)* und *Alonzo L. Hamby, Man of the People: A Life of Harry S. Truman (1995)*. *William F. Levantrosser (Hrsg.), Harry S. Truman: The Man from Independence (1986)* ist ein wichtiges, breit angelegtes Sammelwerk. *Michael J. Lacey (Hrsg.), The Truman Presidency (1989)* enthält 13 Aufsätze zur Person Trumans, vornehmlich zu seiner Innen- und seiner Außenpolitik. In *Ferrell, Levantrosser* und *Lacey* finden sich wichtige weiterführende bibliographische Essays bzw. Forschungsüberblicke zur Truman-Forschung. 2008 erschien mit *Harry S. Truman* von *Robert Dallek* in der American Presidents Series eine knappe Biographie, die sich gut als Einsteig ins Thema eignet. Wichtig für die Einschätzung der Sowjetunion ist *Herbert Druks, Truman and the Russians (1981)*; *Frank Kofsky, Harry S. Truman and the War Scare 1948: A Successful Campaign to Deceive the Nation (1993)*; *Robert James Maddox, From War to Cold War: The Education of Harry S. Truman (1988)*; zu Truman als Oberbefehlshaber *Richard F. Hayes, Truman as Commander in Chief (1973)*; zum Kalten Krieg *Robert L. Messer, The End of an Alliance: James F. Byrnes, Roosevelt and Truman, and the Origins of the Cold War (1982)*; *Michael J. Hogan, A Cross of Iron: Harry S. Truman and the Origins of the National Security State, 1945–1954 (1998)*; zur Atombombenproblematik hervorragend *Gregg Herken, The Winning Weapon: The Atomic Bomb in the Cold War. 1945–1950 (1988)*; *Michael O'Neal, President Truman and the Atomic Bomb: Opposing Views (1990)* und *Wilson D. Miscamble, The Most Controversial Decision: Truman, the Atomic Bombs, and the Defeat of Japan (2011)*; zur Chinapolitik *William Stueck, The Road to Confrontation: American Policy Toward China and Korea, 1947–1950 (1981)*; *June M. Grasso, Truman's Two-China Policy (1987)*; zu Korea *Bruce Cumings, The Origins of the Korean War, 2 Bde. (1981, 1992)*. Kritisch zur Bürgerrechtsbewegung *William C. Bermann, The Politics of Civil Rights in the Truman Administration (1970)*. Die Bedeutung Trumans für die Bürgerrechtsbewegung betonen dagegen *Donald McCoy/Richard Ruetten, Quest and Response: Minority Rights and the Truman Administration (1973)* sowie *Robert Shogan, Harry Truman and the Struggle for Racial Justice (2013)*; die Beziehungen zum Kongress werden dargestellt in *Susan M. Hartmann, Truman and the 80th Congress (1971)*; sehr kritisch zum Loyalitätsprogramm *Richard Freeland, The Truman Doctrine and the Origins of McCarthyism: Foreign Policy, Domestic Politics, and Internal Security, 1946–1948 (1972)*; zu den Wahlen und zur Industriepolitik *Maeva Marcus, Truman and the Steel Seizure Case: The Limits of Presidential Power (1994)*; zu Trumans Verhältnis zu den Medien *Franklin D. Mitchell, Harry S. Truman and the News Media: Contentious Relations, Belated Respect (1998)*. Mit Trumans Verhältnis zu seiner Partei beschäftigt sich *Sean J. Savage, Truman and the Democratic Party (1997)*. Eine Sammlung von Harry S. Trumans autobiographischen Schriften aus den Jahren 1934 bis 1972 wurde von *Robert H. Ferrell* neu herausgegeben, *Harry S. Truman, The Autobiography of Harry S. Truman (2002)*. Erinnerungen aus der Feder von Trumans politischen Freunden versammelt der Sammelband von *Neal Steve (Hrsg.), HST: Memories of the Truman Years (2003)*. Im Jahr 2005 hat Truman State University Press eine Monographienserie zur Neubewertung von Präsident Truman etabliert. Mittlerweile liegen 12 Bände dieser Reihe vor, darunter *Robert P. Watson et al., The National Security Legacy of Harry S. Truman (2005)* und *Raymond H. Geselbracht, The Civil Rights Legacy of Harry S. Truman (2008)*. Unter den Arbeiten zu internationalen Aspekten sind besonders hervorzuheben: *Robert H. Ferrell, Harry S. Truman and the Cold War Revisionists (2006); Wilson D. Miscamble, From Roosevelt to Truman: Potsdam, Hiroshima, and the Cold War (2007); Elizabeth Edwards Spalding, The First Cold Warrior: Harry Truman, Containment, and the Remaking of Liberal Internationalism (2006)*. Einen guten Überblick über vorhandene Literatur und den Wandel der historischen Bewertung von Trumans Amtszeit bietet *Daniel S. Margolies (Hrsg.), A Companion to Harry S. Truman (2012)*.

Dwight D. Eisenhower
(H. J. Rupieper)

Die nachgelassenen Papiere Eisenhowers werden in der Dwight D. Eisenhower Library in Abilene, Kansas, aufbewahrt. Als wichtige Dokumentensammlungen bzw. als autobiographische Publikationen sind zu nennen: *The Papers of Dwight D. Eisenhower, Bde. 1–5*, herausgegeben von *Alfred D. Chandler, Jr.* und *Bde. 6–9*, herausgegeben von *Louis Galambos et al. (1970/1978); Dwight D. Eisenhower, Crusade in Europe (1948), Mandate for Change* und *Waging Peace* (beide *1964*). *Robert L. Branyan* und *H. Larsen Lawrence, The Eisenhower Administration, 1953–1961. A Documentary History (2 Bde. 1971)* bieten eine Fülle von Informationen zu Eisenhowers Leben und Wirken als Präsident, zur Innen- und Außenpolitik, zu seinem Verhältnis zu den Parteien, zum Kongress und zu seiner «politischen Philosophie». Interessant als Beiträge der Familie sowie zur Beziehung zu Mamie Eisenhower *John S. Eisenhower, Strictly Personal (1974), Milton S. Eisenhower, The President is Calling (1974), Letters to Mamie*, herausgegeben von *John S. Eisenhower (1978)*, und zuletzt auch *David Eisenhower, Going Home to Glory: A Memoir of Life with Dwight D. Eisenhower (2012)*. Wichtig als Porträt *Robert H. Ferrell (Hrsg.), The Eisenhower Diary (1981)*. Die wichtigsten Biographien auf der Basis von umfangreichen Archivstudien sind *Stephen E. Ambrose, Eisenhower, Soldier, General of the Army, President Elect (1983); ders., The President (1984); Kenneth S. Davis, Soldier of Democracy, A Biography of Dwight Eisenhower (1945)* (immer noch wichtig für die Frühzeit); *R. Alton Lee, Dwight D. Eisenhower: Soldier and Statesman (1981)*; kritisch ist *Peter Lyon, Eisenhower: Portrait of the Hero (1974)*. Von den neueren Biographien, die sich meistens auf die Zeit der Präsidentschaft konzentrieren, sind zu nennen: *Chester Pach* und *Elmo Richardson, The Presidency of Dwight D. Eisenhower (1991); Jim Newton, Eisenhower: The White House Years (2011)* und *Jean Edward Smith, Eisenhower in War and Peace (2013)*. Die beste Studie über die Zeit als Oberbefehlshaber während des Zweiten Weltkrieges ist *Stephen E. Ambrose, The Supreme Commander: The War Years of General Dwight D. Eisenhower (1970; ³2012)*. Zu Eisenhowers Zeit in Deutschland *Lucius Clay, Decision in Germany (1950)*. *Günther Bischof* und *Stephen E. Ambrose (Hrsg.), Eisenhower and the German POWs. Facts against Falsehood (1992)* reagiert auf die 1989 erhobenen Vorwürfe, deutsche Kriegsgefangene seien durch die amerikanischen Besatzungstruppen unter General Eisenhower misshandelt worden. Wichtig für das Verständnis sicherheitspolitischer Überlegungen sind Martin Beglinger, *«Containment» im Wandel: Die amerikanische Außen- und Sicherheitspolitik im Übergang von Truman zu Eisenhower (1988)*; Douglas Kinnard, *President Eisenhower and Strategy Management (1977)*; E. Bruce Geelhoed, *Charles E. Wilson and Controversy at the Pentagon, 1953 to 1957 (1979)*. Von den neueren Studien widmen sich diesem Thema Robert R. Bowie und Richard H. Immerman, *Waging Peace: How Eisenhower Shaped an Enduring Cold War Strategy (1998)* und Ira Chernus, *Apocalypse Management: Eisenhower and the Discourse of National Insecurity (2008)*. Jeff Broadwater, *Eisenhower and the Anti-Communist Crusade (1992)* und David A. Nichols, *Ike and McCarthy: Dwight Eisenhower's Secret Campaign against Joseph McCarthy (2017)* analysieren die Haltung Eisenhowers zu Joseph McCarthy. Robert F. Burk, *Dwight D. Eisenhower, Hero and Politician (1986)* bietet – obwohl immer wieder die Ambiguität Eisenhowers und die Kontroverse um seine Taten betont werden – doch eher eine positive Würdigung. Die Biographie enthält eine weiterführende Bibliographie. Piers Brendon, *Ike: His Life and Times (1986)* schildert Eisenhower als vielschichtige Persönlichkeit. Charles C. Alexander, *Holding the Line: The Eisenhower Era 1952–1961 (1975)*, widersprach als Erster der Auffassung, Eisenhowers Präsidentschaft sei langweilig und ereignislos, eine «unwichtige Übergangsphase» gewesen. Eisenhower sei zwar kein charismatischer Führer gewesen, dennoch habe er seine Zeit dominiert. Von hervorragender Bedeutung für eine Neubewertung Eisenhowers als aktiver, alle Stränge der Innen- und Außenpolitik kontrollierender Präsident ist Fred I. Greenstein, *The Hidden-Hand President: Eisenhower as Leader (1982)*. Wichtig für die Wahlen 1952 und 1956 sind Sherman Adams, *Firsthand Report: The Story of the Eisenhower Administration (1961)*; Emmet John Hughes, *The Ordeal of Power: A Political Memoir of the Eisenhower Years (1963)*; Heinz Eulau, *Class and Party in the Eisenhower Years: Class Roles and Perspectives in the 1952 and 1956 Elections (1962)*. Zu den gesetzgeberischen Aktivitäten Gary W. Reichard, *The Reaffirmation of Republicanism (1975)*. Wichtige Arbeiten zur Außenpolitik sind Robert A. Divine, *Eisenhower and the Cold War (1981)*; sehr kritisch ist Blanche Wiesen Cook, *The Declassified Eisenhower: A Divided Legacy of Peace and Political Warfare (1981)*; zu Korea: Allan Reed Millett, *Understanding Is Better Than Remembering, the Korean War, 1945–1954 (1997)*; zu den Beziehungen zwischen Eisenhower und Dulles unverzichtbar Townsend Hoopes, *The Devil and John Foster Dulles (1973)*; zu Eisenhowers Beziehung mit seinem Vizepräsidenten Richard Nixon Irvin F. Gellman, *The President and the Apprentice: Eisenhower and Nixon, 1952–1961 (2015)*; zur Suez-Krise Donald Neff, *Warriors at Suez: Eisenhower Takes America into the Middle East (1981)* und David A. Nichols, *Eisenhower 1956: The President's Year of Crisis: Suez and the Brink of War (2011)*; zum Sputnik und zur U-2-Affäre Robert A. Divine, *The Sputnik Challenge (1993)*; Michael R. Beschloss, *Mayday: Eisenhower, Khrushchev and the U-2 Affair (1986)*; zum Beginn des Vietnam-Konfliktes und zu Eisenhowers Politik in Südostasien David L. Anderson, *Trapped by Success: The Eisenhower Administration and Vietnam, 1953–1961 (1991)* und William J. Rust, *Eisenhower and Cambodia: Diplomacy, Covert Action, and the Origins of the Second Indochina War (2016)*; zu Israel Isaac Alteras, *Eisenhower and Israel: US-Israeli Relations, 1953–1960 (1993)*; zentral für das Verständnis des Atomteststopps Robert A. Divine, *Blowing on the Wind: The Nuclear Test Ban Debate (1978)*; Richard G. Hewlett/Jack M. Holl, *Atoms for Peace and War 1953–1961: Eisenhower and the Atomic Energy Commission (1989)* und Benjamin P. Greene, *Eisenhower, Science Advice, and the Nuclear Test-Ban*

Debate, 1945–1963 (2007); wichtig für die Außenhandelspolitik Burton I. Kaufman, Trade and Aid: Eisenhower's Foreign Economic Policy (1982) sowie William M. McClenahan und William H. Becker, Eisenhower and the Cold War Economy (2011). Eisenhowers Beziehungen zum «Big Business» werden untersucht in David A. Frier, Conflict of Interest in the Eisenhower Administration (1969); Theodore P. Kovaleff, Business and Government during the Eisenhower Administration: A Study of the Antitrust Division of the Justice Department (1975); zur Gewerkschaftspolitik Alan K. McAdams, Power and Politics in Labor Legislation (1964); zentral für die Entwicklung der Sozialpolitik James L. Lundquist, Politics and Policy: The Eisenhower, Kennedy and Johnson Years (1968); zur Entwicklung der Bürgerrechte Robert F. Burk, The Eisenhower Administration and Black Civil Rights (1984); zu Eisenhowers Beziehungen zu den neuen Medien David Haven Blake, Liking Ike: Eisenhower, Advertising, and the Rise of Celebrity Politics (2016); über sein Verhältnis zu seiner Partei berichtet Steven Wagner, Eisenhower Republicanism: Pursuing the Middle Way (2006). Wichtige Aufsatzsammlungen enthalten Joann P. Krieg (Hrsg.), Dwight D. Eisenhower: Soldier, President, Statesman (1987) und Kenneth W. Thompson (Hrsg.), The Eisenhower Presidency: Eleven Intimate Perspectives of Dwight D. Eisenhower (1984). Eine neuere, von Peter G. Boyle herausgegebene Quellensammlung enthält die The Eden-Eisenhower Correspondence, 1955–1957 (2005). Eine neuere Monographie versucht dem Mythos, Eisenhower habe dem Civil Rights Movement feindlich gegenübergestanden, entgegenzutreten: David Allen Nichols, A Matter of Justice: Eisenhower and the Beginning of the Civil Rights Revolution (2007). Einen umfassenden Überblick bietet Chester Pach (Hrsg.), A Companion to Dwight Eisenhower (2017).

John F. Kennedy
(J. Heideking)

Zum Leben und Werk John F. Kennedys gibt es bereits mehrere große Biographien, eine Fülle von Spezialliteratur und zahlreiche anregende Forschungskontroversen. Das liegt z. T. an der Anziehungskraft, die der «Kennedy-Mythos» auch auf Historiker ausübt, mehr aber wohl noch an der Offenheit der Kennedy Library in Boston, Massachusetts, die den Nachlass des Präsidenten so früh und so weitgehend wie möglich für die Forschung verfügbar gemacht hat. Eine Übersicht über die Archivbestände bietet die Webseite der Bibliothek: www.jfklibrary.org. Als veröffentlichte Quellen liegen bereits vor die Public Papers of the President in drei Bänden (1962–64), die Kennedy Presidential Press Conferences (1978) und mehrere einschlägige Bände der Foreign Relations of the United States; außerdem sind mit «Let the Word Go Forth»: The Speeches, Statements, and Writings of John F. Kennedy (1988) Kennedys Reden und Schriften erschienen. Zeitzeugen und enge Mitarbeiter Kennedys prägten das positive Bild von einem mutigen, weitblickenden, verantwortungsbewussten und lernfähigen Präsidenten, das bis Anfang der 1980er Jahre vorherrschend war: Arthur J. Schlesinger, Jr., A Thousand Days: John F. Kennedy in the White House (1965; dt. Die Tausend Tage Kennedys, 3. Aufl. 1967); Theodore C. Sorensen, Kennedy (1965; dt. 1966). Diese hagiographische Tendenz lud aber auch schon früh zur «Entmythologisierung» ein, wie sie u. a. betrieben wurde von Henry Fairlie, The Kennedy Promise: The Politics of Expectation (1973) und Bruce Miroff, Pragmatic Illusions: The Presidential Politics of John F. Kennedy (1976). Eine erste ausgewogene Gesamtdarstellung gaben die beiden Bände von Herbert S. Parmet, Jack: The Struggle of John F. Kennedy (1980) und *JFK: The Presidency of John F. Kennedy (1983)*. Danach gelangte die Beschäftigung mit den Leistungen und Fehlschlägen Kennedys vorübergehend in ruhiges Fahrwasser. Eine positive Bewertung der Regierungszeit Kennedys stammt aus der Feder von *Irving Bernstein, Promises Kept: John F. Kennedy's New Frontier (1991)*. Um sachliche, kritisch-differenzierte Urteile bemühten sich u. a. *Michael R. Beschloss, The Crisis Years: Kennedy and Khrushchev, 1960–1963 (1991; dt. Powergame: Kennedy und Chruschtschow: Die Krisenjahre 1960–1963, 1991)* und *James L. Giglio, The Presidency of John F. Kennedy (1991)*. Giglio lieferte dabei eine Synthese der Forschung der beiden voraufgegangenen Jahrzehnte. Einen wesentlich schärferen Ton brachten dann wieder zwei gleichnamige, aber nicht miteinander verwandte Autoren in die Debatte: *Thomas C. Reeves, A Question of Character: A Life of John F. Kennedy (1991)* und *Richard Reeves, President Kennedy: Profile of Power (1993)*. Kennedy erscheint hier als maßlos ehrgeiziger, charakterlich fragwürdiger und hauptsächlich am innenpolitischen Machterhalt interessierter Politiker. In der Auseinandersetzung um diese Bücher zeigt sich, dass die Bewertung Kennedys umso negativer ausfällt, je stärker man die Persönlichkeitsstruktur und das Privatleben des Präsidenten mit einbezieht. Extrem kritisch ist: *Nigel Hamilton, JFK: Reckless Youth (1992)*; ausgewogener ist demgegenüber die neuere Biographie von *Pierre Salinger, John F. Kennedy: Commander in Chief: A Profile in Leadership (2000)*. Dem Kennedy-Mythos – und auch generell der US-amerikanischen Kultur der Nachkriegszeit – widmet sich *John Hellmann, The Kennedy Obsession: The American Myth of JFK (1997)*. Kennedy als erster Katholik im Präsidentenamt wurde zum Thema zahlreicher Studien, unter denen beispielsweise *Thomas J. Carty, A Catholic in the White House? Religion, Politics, and John F. Kennedy's Presidential Campaign (2004)* und *Shaun A. Casey, The Making of a Catholic President: Kennedy vs. Nixon 1960 (2009)* zu nennen sind. Einen guten Überblick über die Forschungen zur Außenpolitik der Kennedy-Administration geben *Burton I. Kaufman, John F. Kennedy as World Leader: A Perspective on the Literature*, in: *Diplomatic History 17 (1993)*, S. 447–469, und *Thomas G. Paterson (Hrsg.), Kennedy's Quest for Victory: American Foreign Policy, 1961–1963 (1989)*. Anfang der 1990er Jahre wurden auch die Erinnerungen von Kennedys Außenminister veröffentlicht: *Dean Rusk, As I Saw It: A Secretary of State's Memoirs (1991)*. Mit Brennpunkten des Krisengeschehens beschäftigen sich u. a. *Trumbull Higgins, The Perfect Failure: Kennedy, Eisenhower, and the CIA at the Bay of Pigs (1987)*; *James A. Nathan (Hrsg.), The Cuban Missile Crisis Revisited (1992)*; *John M. Newman, JFK and Vietnam: Deception, Intrigue, and the Struggle for Power (1992)*. Auch der prominente Militärhistoriker *Lawrence Freedman* meldete sich zu Wort mit der Studie *Kennedy's Wars: Berlin, Cuba, Laos, and Vietnam (2000)*, in der er die Konflikte der Kennedy-Ära aus einer politikwissenschaftlichen Perspektive behandelt. Wichtige Einzeluntersuchungen zu Themen, die speziell Deutschland betreffen, sind *Honoré M. Catudal, Kennedy and the Berlin Wall Crisis: A Case Study in U. S. Decision Making (1980)*; *Norman Gelb, The Berlin Wall: Kennedy, Khrushchev and a Showdown in the Heart of Europe (1986)*; *Adrian W. Scherz, Die Deutschlandpolitik Kennedys und Johnsons: Unterschiedliche Ansätze innerhalb der amerikanischen Regierung (1992)*; *Reiner Pommerin* und *Johannes Steinhoff, Strategiewechsel: Bundesrepublik und Nuklearstrategie in der Ära Kennedy-Adenauer (1992)*; zu Europa vgl. *Douglas Brinkley* und *Richard T. Griffiths (Hrsg.), John F. Kennedy and Europe (1999)*. Die Verschwörungsliteratur ist inzwischen zu einer eigenen, Tatsachen und Fiktion mischenden «Wachstumsbranche» denaturiert. Wer sich in dieses Labyrinth begeben will, sollte es nicht ohne vorherige Lektüre des *Warren Report (1964)* und des Berichts des *House Select Committee on Assassinations (1979)* tun. Beachtenswert ist eine psychologische Studie, die sich mit der öffentlichen Reaktion auf das Attentat beschäftigt: *Barbie Zelizer, Covering the Body: The Kennedy Assassination, the Media, and the Shaping of Collective Memory (1993)*. In deutscher Sprache erschien die knappe und ausgewogene Arbeit von *Georg Schild, John F. Kennedy: Mensch und Mythos (1997)*. Eine Flut von Biographien erschien im Jahr 2003, vierzig Jahre nach der Ermordung des Präsidenten, zu John F. Kennedy. Zum internationalen Bestseller wurde die Biographie von *Robert Dallek, An Unfinished Life: John F. Kennedy, 1917–1963 (2003; deutsch 2006)*, für die der Autor erstmals Zugang zu den «medical records» Kennedys erhielt. Zur Ausstellung des Deutschen Historischen Museums Berlin 2003 erschien ein reich bebilderter Katalog, herausgegeben von *Andreas Etges, John F. Kennedy. Katalog zur Ausstellung (2003)*. Eine in methodischer Hinsicht neuartige, kulturhistorisch ausgerichtete Studie zum Berlinbesuch von John F. Kennedy publizierte *Andreas Daum, Kennedy in Berlin. Politik, Kultur und Emotionen im Kalten Krieg (2003)*. Zur Ermordung Kennedys erschien neuerdings eine von *Philip Zelikow* herausgegebene Quellensammlung: *Lyndon B. Johnson, The Kennedy Assassination, and the Transfer of Power: November 1963 – January 1964. The Presidential Recordings (2004)*. Eine unorthodoxe Sammlung mit Primärquellen hat *Guido van Rijn* publiziert. Sie widmet sich dem Bild Kennedys in der afroamerikanischen Musik: *Kennedy's Blues: African-American Blues and Gospel Songs on JFK (2007)*.

Ein von *Manfred Berg* und *Andreas Etges* herausgegebener Sammelband, der aus einer Konferenz des German Historical Institute Washington und des John F. Kennedy Instituts in Berlin hervorgegangen ist, zeichnet neue Forschungsperspektiven auf: *John F. Kennedy and the ‹Thousand Days›: New Perspectives on the Foreign and Domestic Policies of the Kennedy Administration (2007)*. In deutscher Sprache erschienen eine aus dem Englischen übersetzte Biographie sowie ein Porträt der Kennedyfamilie: *Robert Dallek, John F. Kennedy: Ein unvollendetes Leben (2006)* und *Richard Avedon* und *Shannon Thomas Perich, Die Kennedys: Porträt einer Familie (2007)*. Das populäre wie auch wissenschaftliche Interesse am 35. Präsidenten der USA lässt auch einhundert Jahre nach seiner Geburt nicht nach. In den letzten Jahren sind zahlreiche Werke erschienen, die Kennedys Biographie, Präsidentschaft sowie auch seine «legacy» thematisieren. Von den wichtigsten sind zu nennen: *W. J. Rorabaugh, Kennedy and the Promise of the Sixties (2002); Robert Dallek, John F. Kennedy (2011); Alan Brinkley, John F. Kennedy (2012); Larry J. Sabato, The Kennedy Half-Century: The Presidency, Assassination, and Lasting Legacy of John F. Kennedy (2013)* und *Michael J. Hogan, The Afterlife of John Fitzgerald Kennedy: A Biography (2017)*. Einen umfassenden Blick auf Kennedys Leben und die breiteren Zusammenhänge der Politik seiner Administration und seiner Zeit bieten darüber hinaus zwei unlängst erschienene Sammelbände: *Andrew Hoberek (Hrsg.), The Cambridge Companion to John F. Kennedy (2015)* und *Marc Selverstone (Hrsg.), A Companion to John F. Kennedy (2014)*.

Lyndon B. Johnson
(M. Frey)

In der Lyndon B. Johnson Presidential Library in Austin, Texas, werden nicht nur mehrere Millionen Dokumente aus Johnsons privatem und öffentlichem Leben aufbewahrt, sondern auch die Nachlässe zahlreicher Mitarbeiter. Eine Übersicht über die Bestände findet sich auf der Homepage der Library: www.lbjlibrary.org. Die öffentlichen Reden und Pressekonferenzen Johnsons liegen in gedruckter Form vor: *Public Papers of the Presidents: Lyndon B. Johnson, (10 Bde. 1965–1970)* bzw. *The Johnson Press Conferences*, eingeleitet von Doris Kearns Goodman *(2 Bde. 1978)*. Johnsons Memoiren, *The Vantage Point: Perspectives of the Presidency 1963–1969 (1971,* dt.: *Meine Jahre im Weißen Haus, 1972)* enthalten eine Fülle an interessanten Details, sind jedoch apologetisch und allzu tendenziös. An Erinnerungen ehemaliger Mitarbeiter Johnsons sind hervorzuheben *Eric F. Goldman, The Tragedy of Lyndon Johnson (1969)* sowie *Harry McPherson, A Political Education (1972)*. Eine aufschlussreiche psychohistorische Biographie stammt von *Doris Kearns, Lyndon Johnson and the American Dream (1976)*. Während *Ronnie Dugger, The Politician: The Life and Times of Lyndon Johnson (1982)* und *Robert A. Caro* in seiner monumentalen Biographie *The Years of Lyndon Johnson (4 Bde., 1982–2012)* Johnson äußerst kritisch bewerten, bemüht sich *Robert Dallek, Lone Star Rising: Lyndon Johnson and His Times, 1908–1960 (1991)* und ders., *Flawed Giant: Lyndon Johnson and His Times (1961–1973) (1998)* um eine ausgewogene, zuweilen allerdings beschönigende biographische Darstellung. Die aus umfangreichem Quellenmaterial gearbeitete Studie spiegelt den neuesten Stand der Forschung wider. Eine knappe, aber solide Studie legte *Paul K. Conkin, Big Daddy from the Pedernales (1986)* vor. Ausgangspunkt jeder Beschäftigung mit Johnsons Präsidentschaft sind die drei von *Robert A. Divine* herausgegebenen Sammelbände *The Johnson Years (3 Bde. 1981/93)*, in denen Historiker erstmals Material aus den umfangreichen Beständen der Johnson Library einem breiten Publikum präsentierten. Nach wie vor bietet *Erich Angermann, Die Vereinigten Staaten von Amerika seit 1917 (8. Aufl. 1987)*, S. 375–426, eine vorzügliche deutschsprachige Einführung der innen- und außenpolitischen Geschichte der Johnson-Jahre. Siehe dazu auch *Jürgen Heideking, Geschichte der USA (6. Aufl. 2008)*. Eine Synthese der jüngeren Forschung aus liberaler Sicht bietet *John Morton Blum, Years of Discord: American Politics and Society, 1961–1974 (1991)*. *David Zarefsky, President Johnson's War on Poverty (1986)*, behandelt ausführlich die gesellschaftliche Entwicklung in den Johnson-Jahren. Einen allgemeinen Überblick über die Außenpolitik vermitteln *Warren I. Cohen* und *Nancy B. Tucker, Lyndon Johnson Confronts the World (1993)*. Die Flut von Quelleneditionen und Studien zum Vietnamkrieg ist mittlerweile nicht mehr zu überschauen. Stellvertretend für eine Reihe hervorragender Überblicksdarstellungen sei hier auf *Marc Frey, Geschichte des Vietnamkriegs (10. Aufl. 2016)*, auf *George C. Herring, America's Longest War: The United States and Vietnam, 1945–1975 (5. Aufl. 2014)* und auf *Marilyn B. Young, The Vietnam Wars 1945–1990 (1991)* verwiesen. Eine unübertroffene Studie der Antikriegsbewegung im weitesten Sinne bietet *Charles DeBenedetti, An American Ordeal: The Antiwar Movement of the Vietnam Era (1990)*. Eine solide neuere Biographie zu Lyndon B. Johnson stammt von *Robert Dallek, Lyndon B. Johnson: Portrait of a President (2003)*. Eine Sammlung von Erinnerungen wurde zusammengestellt von *Thomas W. Cowger* und *Sherwin Markman, Lyndon Johnson Remembered: An Intimate Portrait of a President (2003)*. Zum Verhältnis von Johnson zu Europa siehe die hervorragende Studie von *Thomas Alan Schwartz, Lyndon Johnson and Europe: In the Shadow of Vietnam (2003)*, zu Vietnam *Walter LaFeber, The Deadly Bet: LBJ, Vietnam, and the 1968 Election (2005)*. 2007 erschien, herausgegeben von *Ernest R. May*, eine Sammlung mit Tonbandaufzeichnungen Johnsons zum Thema Great Society: *Lyndon B. Johnson, Toward the Great Society: February 1, 1964 – May 31, 1964. The Presidential Recordings (2007)*. Von Johnsons Redenschreiber *Horace W. Busby* erschien: *The Thirty-First of March: An Intimate Portrait of Lyndon Johnson's Final Days in Office (2005)*. Persönliche Erinnerungen enthält auch die Monographie eines Freundes der Johnson-Familie: *John L. Bullion* war Sohn von Johnsons Anwalt. Von ihm stammt *In the Boat with LBJ (2001)* sowie *Lyndon B. Johnson and the Transformation of American Politics (2008)*. Johnsons Einfluss auf die Parteipolitik behandelt *Hanes Walton, Jr. et al., Remaking the Democratic Party: Lyndon B. Johnson as a Native-Son Presidential Candidate (2016)*; in einen breiteren globalpolitischen Kontext stellt seine Präsidentschaft der Sammelband von *Francis J. Gavin* und *Mark Atwood Lawrence (Hrsg.), Beyond the Cold War: Lyndon Johnson and the New Global Challenges of the 1960s (2014)*. Einen Überblick über den Forschungsstand bietet *Mitchell B. Lerner (Hrsg.), A Companion to Lyndon B. Johnson (2012)*.

Richard M. Nixon
(M. Berg)

Nixons Präsidentschaft gilt wegen der umfassenden Untersuchungen durch den Kongress und den Sonderermittler als die am besten dokumentierte Administration der US-Geschichte. Nach seinem Rücktritt beschlagnahmte der Kongress alle Dokumente und Materialien aus seiner Präsidentschaft, die unter Obhut des Nationalarchivs in College Park, Maryland, archiviert und für die Forschung aufbereitet wurden. 1980 gründeten Freunde und Anhänger des Expräsidenten in dessen Geburtsort Yorba Linda die private Richard Nixon Library and Birthplace Foundation, die 2004 nach einer Vereinbarung mit dem Kongress in die Richard Nixon Presidential Library and Museum umgewandelt wurde, wo alle Dokumente und Materialien zu Nixons Leben und Präsidentschaft zusammengeführt werden sollen. Seit 2007 ist diese Präsidentenbibliothek öffentlich zugänglich und bietet auf ihrer Website https://www.nixonlibrary.gov/index.php eine Vielzahl von schriftlichen Quellen, Fotografien, Filmmaterialien, Interviews sowie ausgewählte Mitschnitte und Transkripte der Oval Office-Tonbänder. Die öffentlichen Dokumente des Präsidenten erscheinen in der Serie *The Public Papers of the Presidents (6 Bde. 1971–1978)*. Richard Nixon hat insgesamt zehn Bücher publiziert. Das erste, *Six Crises (1962)*, ist besonders aufschlussreich für sein Politikverständnis der frühen Jahre. Die 1978 erschienenen Memoiren *RN: The Memoirs of Richard Nixon* müssen sehr kritisch gelesen werden, besonders im Hinblick auf *Watergate*. Sein letztes Buch, *Beyond Peace (1994)*, erschien posthum und dokumentiert die Kontinuität seiner außenpolitischen Prämissen wie der inneren Feindbilder. Eine wichtige Quelle für die Außenpolitik sind die Memoiren *Henry Kissingers, The White House Years (1979*, dt.: *Memoiren 1968–1973, 1979)* und *Years of Upheaval (1979*, dt.: *Memoiren 1973–1974, 1982)*. Beinahe alle irgendwie in die *Watergate*-Affäre verwickelten Personen haben ihre Version der Ereignisse publiziert. Die wichtigste Veröffentlichung waren die nach Nixons und seinem eigenen Tod herausgegebenen Tagebücher *Harry R. Haldemans, The Haldeman Diaries: Inside the Nixon White House (1994)*, die nicht nur Nixons Obsessionen, sondern auch noch einmal seine strafrechtliche Verantwortung für die Vertuschung von *Watergate* belegen. Da Richard Nixon fast ein halbes Jahrhundert eine bedeutende öffentliche Figur war, ist die biographische Literatur beträchtlich. Das Standardwerk ist die dreibändige Biographie von *Stephen E. Ambrose, Nixon: The Education of a Politician, 1913–1962 (1987); Nixon: The Triumph of a Politician, 1962–1972 (1989); Nixon: Ruin and Recovery, 1973–1990 (1991)*. Die Literatur zu den einzelnen Politikfeldern von Nixons und Fords Administration wächst beständig. Der von *Melvin Small* herausgegebene *Companion to Richard Nixon (2011)* bietet einen hervorragenden Überblick über die Nixon-Historiographie. *Joan Hoff, Nixon Reconsidered (1994)* versuchte zwanzig Jahre nach Nixons Rücktritt eine Bilanz der Nixon-Präsidentschaft, in der *Watergate* nicht im Mittelpunkt steht. Kritisch zu Nixons Wirtschafts- und Finanzpolitik *Allen J. Matusow, Nixon's Economy: Booms, Busts, Dollars, and Votes (1998)*. Die erste umfassende Studie zu *Watergate* stammt von *Stanley I. Kutler, The Wars of Watergate: The Last Crisis of Richard Nixon (1990)*; später erschien vom selben Autor *Abuse of Power: The New Nixon Tapes (1998)*; die längerfristigen Konsequenzen von *Watergate* für die US-Präsidentschaft thematisieren die Beiträge im Sammelband von *Michael A. Genovese (Hrsg.), Watergate Remembered: The Legacy for American Politics (2012)*. Für die Außenpolitik sind grundlegend: *Robert S. Litwak, Detente and the Nixon Doctrine: American Foreign Policy and the Pursuit of Stability, 1969–1976 (1984); Robert D. Schulzinger, Henry Kissinger: Doctor of Diplomacy (1989); Jeffrey P. Kimball, Nixon's Vietnam War (1998)* und *Richard C. Thornton, Nixon-Kissinger Years: Reshaping America's Foreign Policy (2001)*. Eine nützliche Auswahl wichtiger Schriften und Reden Nixons bietet jetzt *Rick Perlstein, Richard Nixon: Speeches, Writings, Documents (2008)*. Perlstein hat mit *Nixonland: The Rise of a President and the Fracturing of America (2008)* zudem eine neue Interpretation vorgelegt, die den Aufstieg und die Präsidentschaft Nixons in den Kontext der Kulturkriege der 1960er und 70er Jahre stellt.

Gerald R. Ford
(M. Berg)

Die Gerald R. Ford Presidential Library befindet sich in Ann Arbor, Michigan; daneben gibt es ein staatliches Gerald R. Ford Museum in Grand Rapids, Michigan. Beide Einrichtungen unterhalten eine gemeinsame Website https://fordlibrarymuseum.gov/, auf der zahlreiche Dokumente und Medien digital verfügbar sind. Fords öffentliche Äußerungen als Präsident sind zusammengestellt in den *Public Papers of the Presidents: Gerald Ford (6 Bde. 1975–1978)*. Fords Erinnerungen *A Time to Heal: The Autobiography of Gerald Ford (1979)* sind analytisch schwächer und sachlich unergiebiger als Nixons Schriften. Gerald R. Ford ist zwar der Namenspatron des derzeit modernsten US-Flugzeugträgers, doch gibt es bislang keine wissenschaftliche Biographie des 38. US-Präsidenten. Über den neuesten Forschungsstand zu Ford und seine Präsidentschaft informiert *Scott Kaufman (Hrsg.), A Companion to Gerald R. Ford and Jimmy Carter (2016)*. Ältere Standardwerke sind *Bernard J. Firestone, Alexej Ugrinsky (Hrsg.), Gerald R. Ford and the Politics of Post-Watergate America (2 Bde. 1993), John Robert Greene, The Presidency of Gerald R. Ford (1995)* und *Yanek Mieczkowski, Gerald Ford and the Challenges of the 1970s (2005, 2. Auflage)*.

Jimmy Carter
(G. Schweigler)

Die Jimmy Carter Library in Atlanta, Georgia, bewahrt Millionen von Dokumenten des Präsidenten Carter, seiner Mitarbeiter und seiner Familie auf. Der Zugang ist allerdings nur beschränkt möglich. Nähere Informationen finden sich auf der Webseite: www.jimmycarterlibrary.gov. Als wichtigste Quellensammlung für die Präsidentschaft Carters können die von der amerikanischen Regierung herausgegebenen *Public Papers of the Pre-*

sidents of the United States (1977–1981) herangezogen werden. Vergleichsweise gut dokumentiert ist Carters Aufstieg in das Amt des Präsidenten – das einzig Sensationelle an seiner Präsidentschaft. Zum Verständnis seiner Herkunft und Ziele nach wie vor wichtig ist Carters für den Wahlkampf verfasste Autobiographie *Why Not the Best? (1975)*. Unter den Biographien Carters ist zu empfehlen *Betty Glad, Jimmy Carter: In Search of the Great White House (1980)*. Der lange Weg ins Weiße Haus ist am besten nachgezeichnet von *James Wooten, Dasher: The Roots and the Rising of Jimmy Carter (1978)*, und *Jules Whitcover, Marathon: The Pursuit of the Presidency, 1972–1976 (1977)*. Für zusammenfassende Darstellungen der Präsidentschaft Carters siehe zunächst die Memoiren von *Jimmy Carter, Keeping Faith: Memoirs of a President (1982)*. Den besten Gesamtüberblick bietet *Burton I. Kaufman, The Presidency of James Earl Carter, Jr. (1993, 2. Aufl. 2006)*, das auch eine ausführlich kommentierte Bibliographie enthält. Sehr brauchbar sind ferner *Erwin C. Hargrove, Jimmy Carter as President: Leadership and the Politics of the Public Good (1988)*, und *Charles O. Jones, The Trusteeship Presidency: Jimmy Carter and the United States Congress (1988)*. *Gebhard Schweigler, Von Kissinger zu Carter: Entspannung im Widerstreit von Innen- und Außenpolitik 1969–1981 (1982)*, bietet eine ausführliche Analyse der drastisch veränderten innenpolitischen Bedingungen und ist zudem eine der wenigen Veröffentlichungen zu Carter in deutscher Sprache. Eine gute Sammlung von Aufsätzen englischer Autoren befasst sich mit einzelnen Aspekten der Präsidentschaft Carters: *M. Glenn Abernathy, Dilys Hill, Phil Williams (Hrsg.), The Carter Years: The President and Policy Making (1984)*. Zur Außenpolitik der Carter-Administration stellen die Memoiren der Hauptbeteiligten die wichtigsten Quellen dar: *Cyrus Vance, Hard Choices: Critical Years in America's Foreign Policy (1983)*, und – insgesamt am informativsten – *Zbigniew Brzezinski, Power and Principle: Memoirs of the National Security Adviser, 1977–1981 (1983)*. Wichtig sind auch die Analysen von Mitarbeitern des National Security Council: *William B. Quandt, Camp David: Peacemaking and Politics (1986)*; *Gary Sick, All Fall Down: America's Tragic Encounter With Iran (1985)*; und *Robert Pastor, Condemned to Repetition: The United States and Nicaragua (1987)*. Eine der besten neueren Darstellungen zur Außenpolitik stammt von *Robert A. Strong, Working in the World: Jimmy Carter and the Making of American Foreign Policy (2001)*. Eine – insgesamt eher negativ ausfallende – Einschätzung von Carters Verteidigungs- und Außenpolitik präsentieren auch *Richard Thornton, The Carter Years: Toward a New Global Order (1991)*, *Brian J. Auten, Carter's Conversion: The Hardening of American Defense Policy (2008)* und *Scott Kaufman, Plans Unraveled: The Foreign Policy of the Carter Administration (2008)*. Auch zu spezifischen außenpolitischen Bereichen der Carter-Administration gibt es bereits Literatur: Zu Carters Politik in Afrika siehe *Nancy Mitchell, Jimmy Carter in Africa: Race and the Cold War (2016)*, die Rolle Carters im Nahostkonflikt analysiert *Daniel Strieff, Jimmy Carter and the Middle East: The Politics of Presidential Diplomacy (2015)*. Eine umfassende Darstellung der Rolle verschiedener Akteure innerhalb Carters Kabinett bei den außenpolitischen Entscheidungsprozessen bietet *Betty Glad, An Outsider in the White House: Jimmy Carter, His Advisors, and the Making of American Foreign Policy (2009)*. Über den Aufstieg von Menschenrechten als einer außenpolitischen Kategorie informiert *Mary E. Stuckey, Jimmy Carter, Human Rights, and the National Agenda (2008)*. Zum Panamakanal siehe *George D. Moffett III, The Limits of Victory: The Ratification of the Panama Canal Treaties (1985)*; zum Raumfahrtprogramm der Regierung Carter erschien *Mark Damohn, Back Down to Earth: The Development of Space Policy for NASA during the Jimmy Carter Administration (2001)*. Wichtig sind die Memoiren des für die Sozialpolitik zuständigen Ministers *Joseph A. Califano, Jr., Governing America: An Insider's Report from the White House and the Cabinet (1981).* Einen zusammenfassenden Überblick bieten *Herbert D. Rosenbaum* und *Alexej Ugrinski, The Presidency and Domestic Policies of Jimmy Carter (1994).* Den innenpolitischen Geschehnissen in Carters Amtszeit widmen sich darüber hinaus *J. Brooks Flippen, Jimmy Carter: The Politics of Family, and the Rise of the Religious Right (2011)* und *Kevin Mattson, «What the Heck Are You Up to, Mr. President?» Jimmy Carter, America's «Malaise,» and the Speech that Should Have Changed the Country (2009).* 1995 ist Jimmy Carter auch als Lyriker an die Öffentlichkeit getreten. *Always a Reckoning and Other Poems (1995),* ein Sammelband, in dem seine seit den 1980er Jahren entstandenen Gedichte zusammengestellt wurden, ist Ausdruck von Carters «Anschreiben» gegen den Druck des hohen Amtes. Weiterhin erschienen kritische Auseinandersetzungen mit den «amerikanischen Werten»: *Jimmy Carter, Sharing Good Times (2004)* und mit dem Konservatismus und dem religiösen Fundamentalismus: *Jimmy Carter, Our Endangered Values: America's Moral Crisis (2005).* 2010 ist Carters *White House Diary* erschienen, 2015 dann seine Memoiren, *A Full Life: Reflections at Ninety.* Zum deutsch-amerikanischen Verhältnis in der Ära Carter: *Klaus Wiegrefe, Das Zerwürfnis: Helmut Schmidt, Jimmy Carter und die Krise der deutsch-amerikanischen Beziehungen (2005).* Seit Mitte der 1990er Jahre ist eine Reihe von Gesamtdarstellungen über die Präsidentschaft Jimmy Carters erschienen, unter anderem *John Dumbrell, The Carter Presidency: A Re-Evaluation (1995); Gary M. Fink* und *Hugh Davis Graham (Hrsg.), The Carter Presidency: Policy Choices in the Post-New Deal Era (1998)* und *Scott Kaufman (Hrsg.), A Companion to Gerald Ford and Jimmy Carter (2016).* Carters politisches Engagement nach seiner Amtszeit behandelt ausführlich *Douglas Brinkley, The Unfinished Presidency: Jimmy Carter's Journey beyond the White House (1998).* Zwei Biographien aus den letzten Jahren, die über Carters Amtszeit hinausgehen, stammen von *Julian E. Zelizer, Jimmy Carter (2010)* und *T. Michael Ruddy, Jimmy Carter: Politician with Principles (2011).*

Ronald W. Reagan
(P. Lösche)

Die Ronald Reagan Library befindet sich in Simi Valley, Kalifornien. Ihre Bibliotheks- und Archivbestände können über die Webseite der Bibliothek eingesehen werden: reaganlibrary.gov. Die politikwissenschaftliche und zeithistorische Literatur über die Reagan-Präsidentschaft hat zwei Schwerpunkte, die kontrovers diskutiert werden: (1) Es geht um die Revitalisierung des Präsidentenamtes durch Reagan und die Frage, inwieweit und mit welchen Mitteln ein Präsident das politische System der Vereinigten Staaten angesichts innen- und außenpolitischer Komplexität und Unübersichtlichkeit überhaupt zu beeinflussen vermag. (2) Gefragt wird, ob in den acht Jahren der Reagan-Regierung eine konservative Revolution stattgefunden hat, die in ihrer Bedeutung der liberalen Revolution im *New Deal* unter F. D. Roosevelt vergleichbar wäre. Diese Kontroversen werden in folgenden Sammelbänden aufgenommen: *Larry Berman (Hrsg.), Looking Back on the Reagan Presidency (1990); Dilys M. Hill et al. (Hrsg.), The Reagan Presidency: An Incomplete Revolution? (1990); John L. Palmer (Hrsg.), Perspectives on the Reagan Years (1991); Charles O. Jones (Hrsg.), The Reagan Legacy: Promise and Performance (1988); Joseph Hogan (Hrsg.), The Reagan Years: The Record in Presidential Leadership (1990),* in dem überwiegend britische Autoren zu Wort kommen, und auch in *W. Elliot Brownlee* und *Hugh Da-*

vis Graham (Hrsg.), The Reagan Presidency: Pragmatic Conservatism and Its Legacies (2003). Gegen die These von der Reagan-Revolution argumentiert temperamentvoll und einseitig überspitzt *Larry M. Schwab, The Illusion of a Conservative Reagan Revolution (1991)*. Eine mittlere Position nimmt in dieser Kontroverse ein: *John Karaagac, Between Promise and Policy: Ronald Reagan and Conservative Reformism (2000)*, der Reagan als Reformer und äußerst erfolgreichen Politiker interpretiert. Eine knappe Zusammenfassung der Argumente bietet *Gil Troy, The Reagan Revolution: A Very Short Introduction (2009)*. Obwohl Reagans Verständnis von Konservatismus keineswegs neu gewesen sei, wäre es Reagan gelungen, über die traditionell konservative Wählerschaft hinaus die breite Wählerschaft für sich und sein Programm zu gewinnen. Aus der britischen Perspektive eines parlamentarischen Regierungssystems und für ein größeres Publikum geschrieben ist die Monographie von *David Mervin, Ronald Reagan and the American Presidency (1990)*. Der Beziehung zwischen Reagan und der britischen Premierministerin Margaret Thatcher widmet sich *Richard Aldous, Reagan and Thatcher: The Difficult Relationship (2012)*; Reagans Außen- und Sicherheitspolitik untersucht der Sammelband von *Bradley Lynn Coleman* und *Kyle Longley (Hrsg.), Reagan and the World: Leadership and National Security, 1981–1989 (2017)*. Zwei deutsche Sammelbände liegen vor, in denen eine Bilanz der ersten Amtsperiode bzw. der Präsidentschaft Reagans gezogen wird: *Peter Lösche (Hrsg.), Die Reagan-Administration: Eine Bilanz der ersten Amtsperiode*, in: *American Studies/Amerikastudien 29/4 (1984), S. 351–470; Hartmut Wasser (Hrsg.), Die Ära Reagan: Eine erste Bilanz (1988)*. Eine politische Biographie Reagans bis zu seiner Präsidentschaftskandidatur 1976 enthält *Peggy White, Ronald Reagan and Neoconservatism: Preface to Presidency*, in: *Peggy White* und *Günther R. Degen, Neue politische Entwicklungen in den Vereinigten Staaten (1980)*. Das Herzstück der Reagan'schen Reformpolitik, nämlich die Steuer-, Finanz- und Haushaltspolitik, untersucht – in vergleichender Perspektive – *Patrick Horst, Haushaltspolitik und Regierungspraxis in den USA und der Bundesrepublik Deutschland zu Zeiten der konservativen Regierungen Reagan/Bush (1981–92) und Kohl (1982–93) (1995)*. Den Ost-West-Konflikt in den Reaganjahren untersucht *Ernst-Otto Czempiel, Machtprobe: Die USA und die Sowjetunion in den achtziger Jahren (1989)*. Analysen der Reagan-Wahlkämpfe 1980 und 1984 bietet *Peter Lösche, Die amerikanischen Präsidentenwahlen 1980: Eine Analyse aus deutscher Sicht*, in: *ZParl 12 (1981), S. 573–588* und *ders., Konservative Wende in den Vereinigten Staaten? Die amerikanischen Präsidentenwahlen 1984*, in: *ZParl 16 (1985), S. 230–245*. Über Wahlkämpfe hinausgehend wird Reagans Umgang mit den Medien, insbesondere seine effiziente Instrumentalisierung des Fernsehens, untersucht von *Heiko Ripper, Der große Kommunikator. Die Medienstrategie Ronald Reagans im Kontext der US-Präsidenten (1998)*, wobei insbesondere das Spannungsfeld zwischen dem Weißen Haus und der Presse herausgearbeitet wird. Unter der Frage nach Koalitionsbildungen im Kongress werden u.a. einzelne Politikfelder behandelt von *Kurt L. Shell, Ronald Reagan: Eine Leistungsbilanz*, in: *ZParl 20 (1989), S. 251–262*. Eine umfängliche, leicht lesbare und informative Biographie des Präsidenten stammt von einem Journalisten: *Lou Cannon, President Reagan: The Role of a Lifetime (1991)*. In ganzer Breite informiert über die Reagan-Präsidentschaft *Eric Schmertz* und *Alexej Ugrinsky (Hrsg.), Ronald Reagan's America, 2 Bde. (1997)*, ein Sammelband, der aus einer Expertenkonferenz hervorgegangen ist und 36 Beiträge umfasst sowie jeweils Kommentare, Fragen und Antworten. Einen umfassenden Überblick über Reagans Leben und diverse Aspekte seiner Präsidentschaft sowie deren Rezeption bieten die Sammelbände von *John Ehrman* und *Michael W. Flamm (Hrsg.), Debating the Reagan Presidency (2009)*, von *Andrew L. Johns (Hrsg.), A Compa-*

nion to Ronald Reagan (2015) und von *Jeffrey L. Chidester* und *Paul Kengor (Hrsg.), Reagan's Legacy in a World Transformed (2015).* Unter den zahlreichen Publikationen der letzten Jahre finden sich mehr hagiographische als kritische Studien zur Präsidentschaft Ronald Reagans. Primärquellen (Briefe und Oral Histories) präsentieren *Kiron K. Skinner/Anneliese Anderson/George P. Shultz, Reagan: A Life in Letters (2003)* sowie *Deborah Hart Strober/Gerald S. Strober (Hrsg.), The Reagan Presidency: An Oral History of the Era (2003).* Eine wichtige Quelle zu Reagan sind die von *Douglas Brinkley* herausgegebenen *The Reagan Diaries (2007).* Eine Einschätzung verschiedener Politikaspekte versuchen die Aufsätze in einem von *Paul Kengor* und *Peter Schweizer* herausgegebenen Sammelband: *The Reagan Presidency: Assessing the Man and His Legacy (2005).* Dass die Reagan-Präsidentschaft die politischen und gesellschaftlichen Entwicklungen der 1980er Jahre und darüber hinaus maßgeblich bestimmte, ist der Konsensus von mehreren Studien, die eine «Reagan-Ära» identifizieren: *John Ehrman, The Eighties: America in the Age of Reagan (2005); Sean Wilentz, The Age of Reagan: A History, 1974–2008 (2008); Steven F. Hayward, The Age of Reagan: The Conservative Counterrevolution, 1980–1989 (2009)* und zuletzt auch *Doug Rossinow, The Reagan Era: A History of the 1980s (2015).* Neuere Biographien stammen von *Gil Troy, Morning in America: How Ronald Reagan Invented the 1980s (2005),* von *Jacob Weisberg, Ronald Reagan (2016)* und von *Michael Schaller, Ronald Reagan (2011);* derselbe Autor hat auch eine Ideengeschichte der 1980er Jahre in den USA vorgelegt: *Right Turn: American Life in the Reagan-Bush Era, 1980–1992 (2007).*

George H. W. Bush
(P. Lösche)

Die George Bush Presidential Library and Museum befinden sich in College Station, Texas. Einen Überblick über die Bestände bietet die Webseite der Library: bush41library. tamu.edu. Über die Präsidentschaft Bushs liegen aus zeitlichen, aber auch aus inhaltlichen Gründen – Bush als relativ blasser Übergangspräsident – nur wenige analytische Beiträge vor. Gelungen, aber leider nur die Jahre bis 1990 umfassend, ist *Colin Campbell* und *Bert A. Rockman (Hrsg.), The Bush Presidency: First Appraisals (1991).* Sehr gelungen und mit analytischen Ansätzen ist *Andreas Falke, Eine trügerische Normalität? Amerikanische Innen- und Wirtschaftspolitik unter Präsident Bush,* in: *Aus Politik und Zeitgeschichte* B 45/89 (1989), S. 25–38. Im Rahmen der American Presidency Series, die spezialisierte Monographien zu verbinden trachtet, ist erschienen, *John R. Greene, The Presidency of George Bush (2000).* Sowohl die allgemeine Entwicklung des Präsidentenamtes wie die politischen Besonderheiten unter George Bush stehen im Fokus der Darstellung, die 2015 unter dem Titel *The Presidency of George H. W. Bush* eine zweite, erweiterte Auflage erlebte. Die Zahl der Memoiren, die von ehemaligen Mitarbeitern verfasst werden, und die der Berichte und Darstellungen, die auf Berichten von Zeitzeugen basieren, wächst allmählich. Recht kritisch, mit Einblicken in die Konzeptlosigkeit dieser Präsidentschaft verfährt *John Podhoretz, Hell of a Ride: Backstage at the White House Follies, 1989–1993 (1993).* Weitgehend auf Interviews mit Mitarbeitern des Weißen Hauses basiert *David Mervin, George Bush and the Guardianship Presidency (1996).* In *Kenneth Thompson (Hrsg.), The Bush Presidency: Ten Intimate Perspectives of George Bush,* 2 Bde. *(1997)* sind Berichte und Vorträge von Kabinettsmitgliedern, politischen Beratern, Mitarbeitern des Weißen Hauses und Redenschreibern zusammengefasst. Mit *Chase Untermeyer, Zenith:*

In the White House with George H. W. Bush (2016) und *John H. Sununu, The Quiet Man: The Indispensable Presidency of George H. W. Bush (2015)* haben sich unlängst auch der Direktor der Personalabteilung beziehungsweise der Stabschef des Weißen Hauses unter Bush zu Wort gemeldet. Auf Interviews mit ehemaligen Mitgliedern der Bush-Administration basiert auch der Sammelband von *Michael Nelson* und *Barbara A. Perry (Hrsg.), 41: Inside the Presidency of George H. W. Bush (2014)*. Zu den wichtigen Quellen zählt das von *Jeffrey A. Engel* herausgegebene China Diary von Präsident Bush: *The China Diary of George H. W. Bush: The Making of a Global President (2008)*. Von Bush selbst stammen die auf Außenpolitik fokussierten Memoiren *A World Transformed (1998)*, die er zusammen mit seinem Sicherheitsberater Brent Scowcroft verfasst hat. 2009 sind seine gesammelten Reden, *Speaking of Freedom: The Collected Speeches* erschienen, 2014 dann mit *All the Best, George Bush: My Life in Letters and Other Writings* eine Sammlung seiner Briefe. Von Bushs jüngster Tochter stammt eine persönliche Betrachtung: *Doro Bush Koch, My Father, My President: A Personal Account of the Life of George H. W. Bush (2006)*.

Dass die politische Rhetorik einen wichtigen Beitrag zum Verständnis der Präsidentschaft des 41. US-Präsidenten liefert, argumentieren 10 Autorinnen und Autoren in einem von *Martin J. Medhurst* herausgegebenen Sammelband: *The Rhetorical Presidency of George H. W. Bush (2006)*; Bushs Beziehung mit den Medien und seine Kommunikation mit der amerikanischen Öffentlichkeit ist das Thema von *Mark J. Rozell, The Press and the Bush Presidency (1996)* und *Lori Cox Han, A Presidency Upstaged: The Public Leadership of George H. W. Bush (2011)*. Zur Außenpolitik siehe *Christopher Maynard, Out of the Shadow: George H. W. Bush and the End of the Cold War (2008)*. Weiterhin generell: *Robert H. Swansbrough, Test by Fire: The War Presidency of George W. Bush (2008)*. Von der Reihe von populärwissenschaftlichen Büchern, die in den letzten Jahren über den älteren Bush erschienen sind, sei wenigstens *Jon Meacham, Destiny and Power: The American Odyssey of George Herbert Walker Bush (2015)* erwähnt. Eine empfehlenswerte knappe Einführung stammt von *Timothy J. Naftali, George H. W. Bush (2007)*.

Bill Clinton
(D. Felken)

Die William J. Clinton Presidential Library and Museum in Little Rock, Arkansas, wurde im Jahr 2004 eingerichtet. Einen Überblick über die dort zugänglichen Materialien bietet die Webseite: www.clintonlibrary.gov. Die wissenschaftliche Erforschung der Amtszeit Bill Clintons ist bislang naturgemäß noch wenig fortgeschritten. Ein interessantes Porträt der Epoche bietet *Haynes Johnson, America in the Clinton Years (2001)*. Vgl. ferner zu Clintons Leben und Politik *David Maraniss, First in His Class: A Biography of Bill Clinton (1996)* sowie *Charles F. Allen* und *Jonathan Portis, The Comeback Kid: The Life and Career of Bill Clinton (1992)*; zum Wahlkampf *Jack W. Germond* und *Jules Witcover, Mad as Hell: Revolt at the Ballot Box (1992)* sowie, mit interessanten Beobachtungen zur Persönlichkeit des Kandidaten, *Jonathan Raban, Die Bill-Clinton-Kampagne*, in: Lettre International, Heft 19, Winter 1992, S. 12–19; zum demokratischen Wahlkampfprogramm siehe *Bill Clinton/Al Gore, Putting People First (1992)* sowie *Bill Clinton, Between Hope and History: Meeting America's Challenges for the 21st Century (1996)*; zur Innenpolitik *Martin Thunert, Die Innenpolitik der USA unter Präsident Clinton zwischen Reform und Gegenreform*, in: Aus Politik und Zeitgeschichte B 17/95, 21. April 1995, S. 3–12, ders., *Regie-*

ren als permanente Kampagne: Stil, Strategien und Inhalte der amerikanischen Innenpolitik unter Präsident Clinton, in: *Aus Politik und Zeitgeschichte B 43/96, 18. Oktober 1996, S. 14–24;* zum Ringen um die Haushaltspolitik und zum Regierungsstil Clintons Bob Woodward, *The Agenda: Inside the Clinton White House (1994);* zur Sozial- und Gesundheitspolitik *Sönke Schreyer, Die Sozial- und Gesundheitspolitik der Clinton-Administration*, in: *Aus Politik und Zeitgeschichte B 44/2000, S. 15–22;* zur Außenpolitik *Ernst-Otto Czempiel, Clintons Weltpolitik: Eine Bilanz des ersten Amtsjahres*, in: *Aus Politik und Zeitgeschichte B 9/94, S. 3–12;* Charles M. Weston, *Die US-Außenpolitik zwischen Kontinuität und Neubestimmung*, in: *Aus Politik und Zeitgeschichte B 17/95, 21. April 1995, S. 13–21, Ernst-Otto Czempiel, Rückkehr in die Hegemonie: Zur Weltpolitik der USA unter Präsident Clinton*, in: *Aus Politik und Zeitgeschichte B 43/96, 18. Oktober 1996, S. 25–33*, sowie *John Stremlau, Clinton's Dollar Diplomacy*, in: *Foreign Policy 97 (Winter 1994/95), S. 18–35.* Eine erste ökonomische Bilanz zieht *Stephan Bierling, Die amerikanische Wirtschaft unter Bill Clinton*, in: *Aus Politik und Zeitgeschichte B 43/96, 18. Oktober 1996, S. 35–43;* sowie *Martin Thunert, Wirtschaftsentwicklung und Wirtschaftspolitik in den USA unter der Clinton-Administration*, in: *Aus Politik und Zeitgeschichte B44/2000, S. 23–30.* Die Wirtschaftspolitik Clintons analysiert auch *Patrick J. Maney, Bill Clinton: New Gilded Age President (2016).* Über die Auswirkungen der Clinton-Präsidentschaft auf die Situation schwarzer Amerikaner informiert *Daryl A. Carter, Brother Bill: President Clinton and the Politics of Race and Class (2016).* Zum Impeachment-Verfahren hervorragend *Peter Baker, The Breach: Inside the Impeachment and Trial of William Jefferson Clinton (2000).* Vgl. insgesamt auch die Beiträge in *Colin Campbell/Bert Rockman (Hrsg.), The Clinton Presidency: First Appraisals (1996)* sowie dies. (Hrsg.), *The Clinton Legacy (2000)* und *Paul S. Herrnson/Dilys Hill (Hrsg.), The Clinton Presidency: The First Term (1999).* Clintons Erinnerungen erschienen als *Bill Clinton, My Life (2004),* deutsch *Mein Leben (2005).* Eine Dokumentation zur Außenpolitik Clintons bieten *Philip Auerswald, Christian Duttweiler, John Garofano (Hrsg.), Clinton's Foreign Policy: A Documentary Record (2003).* Zu außenpolitischen Aspekten, insbesondere zu Friedenssicherungsmaßnahmen siehe *Leonie G. Murray, Clinton, Peacekeeping and Humanitarian Interventionism: Rise and Fall of a Policy (2007).* Clintons Gegenspieler, den einflussreichen republikanischen Kongressabgeordneten Newt Gingrich, nimmt eine neuere Monographie in den Blick: *Steven M. Gillon, The Pact: Bill Clinton, Newt Gingrich, and the Rivalry that Defined a Generation (2008).* Zu Clintons politischem Stil siehe *Donald Thomas Phillips, The Clinton Charisma (2007).* Einschlägige Doppelbiographien zu Bill und Hillary Clinton sind *Sally Bedell Smith, For Love of Politics (2007)* sowie *William H. Chafe, Bill and Hillary: The Politics of the Personal (2013).* Auf Zeitzeugengesprächen basieren die folgenden Darstellungen von Clintons Leben und Präsidentschaft: *Michael Takiff, A Complicated Man: The Life of Bill Clinton as Told by Those Who Know Him (2010), Russell L. Riley, Inside the Clinton White House: An Oral History (2016)* sowie *Michael Nelson, Barbara A. Perry* und *Russell L. Riley (Hrsg.), 42: Inside the Presidency of Bill Clinton (2016).* Neuerdings ist eine Clinton-Biographie in der Reihe The American Presidents Series erschienen: *Michael Tomasky, Bill Clinton (2017).*

George W. Bush
(B. Schäfer)

Zu Beginn der Amtszeit dieses Präsidenten lag von einem texanischen Journalisten bereits eine informative Darstellung aus der Zeit vor der Präsidentschaftskandidatur vor: *Bill Minutaglio, First Son: George W. Bush and the Bush Family Dynasty (1999)*. Kritischer ein weiteres journalistisches Porträt aus Texas: *Molly Ivins/Lou Dubose, Shrub: The Short but Happy Political Life of George W. Bush (2000)*. Dagegen ist eine Selbstdarstellung des Präsidenten ein wenig ergiebiges Genre, wie *George W. Bush, A Charge to Keep: My Journey to the White House (2001)* belegt. Sie wurde im Wesentlichen von seiner Wahlkampf-Kommunikationsdirektorin und Beraterin Karen Hughes verfasst.

Zahlreiche Literatur erschien zum Wahlkampf und Nachwahl-Drama 2000 in Florida. Ein Buch mit sprechendem Titel: *Dane Milbank, Smashmouth: Two Years in the Gutter with Al Gore and George W. Bush (2001)*. Ein sympathischeres Porträt des Wahlkämpfers Bush: *Frank Bruni, Ambling into History: The Unlikely Odyssey of George W. Bush (2002)*. Kritisch dagegen: *James Hatfield, Fortunate Son: George W. Bush and the Making of an American President (2002)*. Polemisch, doch informativ als Porträt von Bushs Chefstratege: *James Moore/Wayne Slater, Bush's Brain: How Karl Rove Made George W. Bush Presidential (2003)*. Lange ist die Publikationsliste zu den Florida-Vorgängen, doch mit den Ereignissen des 11. September 2001 erreichte sie ein jähes Ende. Um Objektivität sind bemüht: *E. J. Dionne/William Kristol (Hrsg.), Bush v. Gore: The Court Cases and the Commentary (2001); The New York Times, 36 Days: The Complete Chronicle of the 2000 Presidential Election Crisis (2001); The Washington Post, Deadlock: The Inside Story of America's Closest Election (2001); Martin Merzer, The Miami Herald Report: Democracy Held Hostage (2001)*.

Infolge der polarisierenden Politik des Präsidenten erschienen im Vorfeld der Wahl von 2004 zumeist kritische Veröffentlichungen: *David Corn, The Lies of George W. Bush: Mastering the Politics of Deception (2003); Eric Alterman/Mark Green, The Book on Bush: How George W. (Mis)Leads America (2004); John W. Dean, Worse than Watergate: The Secret Presidency of George W. Bush (2004); Molly Ivins/Lou Dubose, Bushwhacked: Life in George W. Bush's America (2004); Robert Kennedy, Crimes against Nature: How George W. Bush and his Corporate Pals are Plundering the Country and Hijacking Our Democracy (2004)*. Dagegen positiv: *Donald F. Kettl, Team Bush: Leadership Lessons from the Bush White House (2003); Ronald Kessler, A Matter of Character: Inside the White House of George W. Bush (2004); John Podhoretz, Bush Country: How Dubya Became a Great President While Driving Liberals Insane (2004); Stanley A. Renshon, In His Father's Shadow: The Transformation of George W. Bush (2004)*.

Auch eine Anzahl vorwiegend kritischer Bücher zur Bush-Familie wurde publiziert: *Craig Unger, House of Bush, House of Saud: The Secret Relationship Between the World's Two Most Powerful Dynasties (2004); Kitty Kelley, The Family: The Real Story of the Bush Dynasty (2004); Kevin Phillips, American Dynasty: Aristocracy, Fortune, and the Politics of Deceit in the House of Bush (2004)*. Dagegen positiv: *Peter und Rochelle Schweizer, The Bushes: Portrait of a Dynasty (2004)*.

Die bisher besten Einblicke in Denkweisen und Entscheidungsprozesse der Bush-Administration wurden mit Zustimmung des Weißen Hauses dem Journalisten Bob Woodward durch Interviews und Aktenzugänge ermöglicht: *Bob Woodward, Bush at War (2003); ders., Plan of Attack (2004)*. Bedauerlicherweise durfte er keine Belege für Quellen und Zitate vornehmen. Die Folgebände *State of Denial (2006)* und *The War Within (2008)* spiegeln den Verfall der Autorität des Präsidenten und seine Inflexibilität.

Einige Akteure aus dem Umfeld der Bush-Administration veröffentlichten kritische Erinnerungen: Ron Suskind, *The Price of Loyalty: George W. Bush, the White House, and the Education of Paul O'Neill (2004)*; Richard A. Clarke, *Against All Enemies: Inside America's War on Terror (2004)*; Joseph Wilson, *The Politics of Truth: Inside the Lies that Led to War and Betrayed My Wife's CIA Identity: A Diplomat's Memoir (2004)*. Aufsehen erregten die Memoiren eines ehemaligen Pressesprechers: Scott McClellan, *What Happened: Inside the Bush White House and Washington's Culture of Deception (2008)*. Positiv dagegen von loyalen Mitarbeitern: David Frum, *The Right Man: The Surprise Presidency of George W. Bush (2003)*; Karen Hughes, *Ten Minutes From Normal (2004)*.

Eine spezielle Kategorie sind Publikationen, die sich mit dem Glauben von G. W. Bush beschäftigen. Positive Interpretationen liefern: Stephen Mansfield, *The Faith of George W. Bush (2003)*; David Aikman, *A Man of Faith: The Spiritual Journey of George W. Bush (2004)*; Thomas Freiling, *George W. Bush on God and Country (2004)*; Paul Kengor, *God and George W. Bush: A Spiritual Life (2004)*. Dagegen sind kritisch: Amy Black/Douglas Koopman/David Ryden, *Of Little Faith: The Politics of George W. Bush's Faith-Based Initiatives (2004)*; Esther Kaplan, *With God on Their Side: How Christian Fundamentalists Trampled Science, Policy, and Democracy in George W. Bush's White House (2004)*; Peter Singer, *The President of Good and Evil: The Ethics of George W. Bush (2004)*.

Anregend mit innenpolitischer Schwerpunktsetzung: Paul Abramson/John Aldrich/David Rhode (Hrsg.), *Change and Continuity in the 2000 and 2002 Elections (2003)*; Colin Campbell/Bert Rockmann, *The George W. Bush Presidency: Appraisals and Prospects (2003)*; Fred Greenstein, *The George W. Bush Presidency: An Early Assessment (2003)*; Gary Gregg/Mark Rozell (Hrsg.), *Considering the Bush Presidency (2003)*; Richard Conley, *Transforming the American Polity: The Presidency of George W. Bush and the War on Terrorism (2004)*; Steven Schier, *High Risk and Big Ambition: The Presidency of George W. Bush (2004)*; James Risen, *State of War: The Secret History of the CIA and the Bush Administration (2006)*; Jane Mayer, *The Dark Side: The Inside Story of How the War on Terror Turned into a War on American Ideals (2008)*; Charlie Savage, *Takeover: The Return of the Imperial Presidency and the Subversion of American Democracy (2008)*. Ein gut recherchiertes Buch zum überproportionalen Einfluss des Vizepräsidenten: Barton Gellman, *Angler: The Cheney Vice Presidency (2008)*. Auch Bushs im Jahr 2000 unterlegener Rivale nahm Stellung: Al Gore, *The Assault on Reason (2007)*.

Zur Außenpolitik Bushs sind lesenswert: Ivo Daalder und James Lindsay, *America Unbound: The Bush Revolution in Foreign Policy (2003)*; M. Kent Bolton, *U. S. Foreign Policy and International Politics (2004)*; Alexander Moens, *The Foreign Policy of George W. Bush: Values, Strategy and Loyalty (2004)*. Deutlich kritischere Bücher erschienen während der zweiten Amtszeit: Frank Rich, *The Greatest Story Ever Sold: The Decline and Fall of Truth from 9/11 to Katrina (2006)*; Michael Isikoff/David Corn, *Hubris: The Inside Story of Spin, Scandal and the Selling of the Iraq War (2006)*; Thomas Ricks, *Fiasco: The American Military Adventure in Iraq (2006)*; Rajiv Chandrasekaran, *Imperial Life in the Emerald City: Inside Iraq's Green Zone (2006)*; Peter Galbraith, *The End of Iraq: How American Incompetence Created a War without End (2007)*; Dexter Filkins, *The Forever War (2008)*. Nach dem Ende der Präsidentschaft Bush/Cheney sind die üblichen Memoiren, einige Biographien und diverse Analysen erschienen. Relevante Memoiren sind: George W. Bush, *Decision Points (2010)*; Dick Cheney, *In My Time: A Personal and Political Memoir (2011)*; Donald Rums-

feld, Known and Unknown (2011); Condoleezza Rice, No Higher Honor: A Memoir of My Years in Washington (2011); Henry Paulsson, On the Brink: Inside the Race to Stop the Collapse of the Global Financial System (2013); Robert Gates, Duty: Memoirs of a Secretary at War (2014). An kritischen Biographien sind zu nennen: *Jean Edward Smith, Bush (2017); Bradley Graham, By His Own Rules: The Ambitions, Successes, and Ultimate Failures of Donald Rumsfeld (2009).* Folgende kritischen Analysen sind hervorzuheben: *James Risen, Pay Any Price: Greed, Power, and Endless War (2014); Peter Baker, Days of Fire: Bush and Cheney in the White House (2013); Joseph Russomanno, Tortured Logic: A Verbatim Critique of the George W. Bush Presidency (2011); Shirley Anne Warshaw, The Co-Presidency of Bush and Cheney (2009); Bob Woodward, The War Within: A Secret White House History 2006–2008 (2009); Mark Rozell/Gleaves Whitney, Testing the Limits: George W. Bush and the Imperial Presidency (2009).* Eine positive Bilanz zog *Marc Thiessen, A Charge Kept: The Record of the Bush Presidency (2009).* Das Ende einer Ära beschwört *Mark Updegrove, The Last Republicans: Inside the Extraordinary Relationship between George H. W. Bush and George W. Bush (2017).*

Barack Obama
(B. Waldschmidt-Nelson)

Als Einstieg für eine Beschäftigung mit dem Menschen und Politiker Barack Obama sind in erster Linie seine beiden Autobiographien *Dreams from My Father: A Story of Race and Inheritance (1995)* und *The Audacity of Hope: Thoughts on Reclaiming the American Dream (2006)* zu empfehlen, die seit 2008 auch in deutschen Übersetzungen vorliegen *(Ein amerikanischer Traum: Die Geschichte meiner Familie* und *Hoffnung wagen: Gedanken zur Rückbesinnung auf den American Dream).* Außerdem sind inzwischen zahlreiche Biographien über den 44. Präsidenten der USA publiziert worden. Zu den wichtigsten zählen *David Mendell, Obama: From Promise to Power (2007); Pete Souza, The Rise of Barack Obama (2008)* und *Garen Thomas, Yes We Can: A Biography of Barack Obama (2008)* sowie die generationsübergreifende Obama-Familienbiographie von *David Maraniss, Barack Obama: The Story (2012).* Besonders intensiv recherchierte und sehr detaillierte Analysen der Hintergründe von Obamas politischem Aufstieg bis zu seinem Einzug ins Weiße Haus bieten *David Remnick, The Bridge: The Life and Rise of Barack Obama (2010, Neuauflage 2011, dt. Übersetzung Barack Obama: Leben und Aufstieg 2010)* und *David Garrow, Rising Star: The Making of Barack Obama (2017).* Auch von deutschen Autoren gibt es mittlerweile eine ganze Reihe lesenswerter Obama-Biographien, so zum Beispiel *Christoph von Marschall, Barack Obama: Der schwarze Kennedy (2007, Neuauflage 2009), Markus Günther, Amerikas neue Hoffnung: Barack Obama (2007, Neuauflage 2008)* und *Eugen Freund, Präsident Obama: Der lange Weg ins Weiße Haus (2008).*

Neben diesen Gesamtbiographien gibt es zahlreiche Bücher über einzelne Aspekte von Obamas Leben und politischer Karriere. Analysen der erfolgreichen Wahlkampfstrategie und der besonderen rhetorischen Fähigkeiten Obamas finden sich zum Beispiel bei *Scout Tufankjian, Yes We Can: Barack Obama's History-Making Presidential Campaign (2008), Kerstin Plehwe* und *Maik Bohne, Von der Botschaft zur Bewegung: Die 10 Erfolgsstrategien des Barack Obama (2008)* und *Jürgen Weibler (Hrsg.), Barack Obama und die Macht der Worte (2010).* Zur Strategie des Obama-Teams für die Wiederwahl bietet der vom *Obama Victory Fund* herausgegebene Band *2012 Election: Democratic Strategy (2012)* interessante Einblicke.

Mit den religiösen Überzeugungen des Kandidaten Obama befassen sich *Stephen Mansfield, The Faith of Barack Obama (2008)* und *R. Ward Holder, The Irony of Barack Obama: Barack Obama, Reinhold Niebuhr, and the Problem of Christian Statecraft (2012)*. Wirtschaftspolitische Aspekte sind das Hauptaugenmerk des von *Lawrence Jacobs* und *Desmond King* 2012 herausgegebenen Sammelbands *Obama at the Crossroads: Politics, Markets, and the Battle for America's Future*. *Nicholas Yanes* und *Derrais Carter* widmen ihren ebenfalls 2012 erschienenen Band *The Iconic Obama, 2007–2009: Essays on Media Representations of the Candidate and New President* der Medienpräsenz Obamas. Dessen Erziehungspolitik wird von *Stella Batagiannis, Barry Kanpol* und *Anna Wilson* in ihrem 2012 herausgegebenen Band *The Hope for Audacity: From Cynicism to Hope in Educational Leadership and Policy* untersucht.

Inwieweit sich die Obama-Präsidentschaft in politische Traditionen der USA einbinden lässt bzw. diesen neue Impulse verliehen hat, diskutieren z. B. folgende Werke: *John K. White, Barack Obama's America: How New Conceptions of Race, Family, and Religion Ended the Reagan Era (2009), James T. Kloppenberg, Reading Obama: Dreams, Hope, and the American Political Tradition (2010), Jakob Schissler, Obamas Amerika: Die neoliberale Revolution in den USA (2012), Christoph Haas* und *Wolf Jäger (Hrsg.), What a President Can: Barack Obama und Reformpolitik im Systemkorsett der USA (2012), Chuck Todd, The Stranger: Barack Obama in the White House (2014)* und *Larry J. Walker, Erik Brooks* und *Ramon B. Goings, How the Obama Presidency Changed the Political Landscape (2017)*.

Die zentrale Rolle des Faktors «race» für die Obama-Präsidentschaft sowie die Frage, wie sich die Wahl des ersten afroamerikanischen Präsidenten letztendlich auf die politische, soziale und wirtschaftliche Situation schwarzer Amerikaner/innen ausgewirkt hat, ist Hauptthema der folgenden Werke: *Thomas J. Sugrue, Not Even Past: Barack Obama and the Burden of Race (2010), Fredrick Harris, The Price of the Ticket: Barack Obama and Rise and Decline of Black Politics (2012), Cornell Belcher, A Black Man in the White House: Barack Obama and the Triggering of America's Racial-Aversion Crisis (2016), Julianne Malveaux* und *Donna Brazilie, Are We Better Off? Race, Obama and Public Policy (2016), Melanye T. Price, The Race Whisperer: Barack Obama and the Political Uses of Race (2016), Pierre W. Orelus, Race, Power, and the Obama Legacy (2016), Michael Tesler, Post-Racial or Most-Racial? Race and Politics in the Obama Era (2016)* und *Michael Eric Dyson, The Black Presidency: Barack Obama and the Politics of Race in America (2017)*.

Zwei besonders empfehlenswerte Studien zur Innenpolitik Obamas sind der von *Michael Dreyer, Markus Lang, Werner Kremp u. a.* herausgegebene Band *Always on the Defensive? Progressive Bewegungen und Progressive Politik in den USA in der Ära Obama (2015)* sowie *John D. Graham, Obama on the Home Front: Domestic Policy Triumphs and Setbacks (2016)*. Mit verschiedenen Aspekten der US-Außenpolitik unter Obama befassen sich u. a. *Bob Woodward, Obama's Wars (2010, dt. Übersetzung Obamas Kriege: Zerreißprobe einer Präsidentschaft, 2011), Zaki Laidi, Limited Achievements: Obama's Foreign Policy (2012), Michael Cox, Timothy Lynch* und *Nicolas Bouchet (Hrsg.), US Foreign Policy and Democracy Promotion (2013), David Fitzgerald* und *David Ryan, Obama, US Foreign Policy and the Dilemmas of Intervention (2014), Ryan C. Hendrickson, Obama at War: Congress and the Imperial Presidency (2015), Jack McDonald, Ethics, Law and Justifying Targeted Killings: The Obama Administration at War (2017), Trita Parsi, Losing an Enemy: Obama, Iran, and the Triumph of Diplomacy (2017)* sowie *Michelle Bentley* und *Jack Hol-*

land (Hrsg.), The Obama Doctrine: A Legacy of Continuity in US Foreign Policy? (2017). Von deutschen Autoren sind zum Thema Außenpolitik vor allem zwei Bände hervorzuheben: *Steffen Hagemann, Wolfgang Tönnesmann* und *Jürgen Wilzewski (Hrsg.), Weltmacht vor neuen Herausforderungen: Die Außenpolitik in der Ära Obama (2014)* und *Peter Rudolf, Das ‹neue› Amerika: Außenpolitik unter Barack Obama (2015)*. Beachtenswert sind auch einige Publikationen, die sich aus transnationaler oder spezifisch deutscher Perspektive mit dem Phänomen der Obama-Präsidentschaft auseinandersetzen. Hierzu zählen z. B. *Philipp Schläger, Der entzauberte Präsident: Barack Obama und seine Politik (2010), Rudolf von Waldenfels, Der schwarze Messias: Barack Obama und die gefährliche Sehnsucht nach politischer Erlösung (2010), Christoph von Marschall, Was ist mit den Amis los? Warum sie an Barack Obama hassen, was wir lieben (2012)* sowie der von *Alfred Hornung* 2016 veröffentlichte interdisziplinäre Sammelband *Obama and Transnational American Studies (2016)*.

Inzwischen gibt es auch zahlreiche Werke, die eine Bilanz der achtjährigen Obama-Präsidentschaft ziehen. Eine weitgehend ausgewogene Evaluierung von Obamas innen- und außenpolitischen Strategien, Entscheidungsprozessen, den Ursachen von Erfolgen und Misserfolgen seiner Regierung sowie dem «Erbe» seiner Administration findet sich z. B. in *Edward Ashbee* und *John Dumbrell (Hrsg.), The Obama Presidency and the Politics of Change (2016), Robin Fehrenbach* und *Eveline Y. Metzen (Hrsg.), Was von Barack Obama bleibt: Das politische Vermächtnis des 44. Präsidenten der Vereinigten Staaten (2016), Winand Gellner* und *Patrick Horst (Hrsg.), Die USA am Ende der Präsidentschaft Barack Obamas: Eine erste Bilanz (2016)* sowie *Thomas Jäger, Heinz Gärtner* und *Jürgen Wilzewski (Hrsg.), Eine transformative Präsidentschaft: Die USA in der Ära Barack Obamas (2017)*. Zu den vorwiegend kritischen bis negativen Einschätzungen der Obama-Präsidentschaft zählen *Morton Keller, Obama's Time: A History (2015), Robert Gordon Kaufman, Dangerous Doctrine: How Obama's Grand Strategy Weakened America (2016), Bill Press, Buyer's Remorse: How Obama Let Progressives Down (2016)* und *Stephen E. Bronner (Hrsg.), The Bitter Taste of Hope: Ideals, Ideologies, and Interests in the Age of Obama (2017)*. Primär positive, zum Teil sogar enthusiastische Bewertungen der Amtszeit und des Vermächtnisses des 44. Präsidenten bieten hingegen *Derek Chollet, The Long Game: How Obama Defied Washington and Redefined America's Role in the World (2016), Jonathan Chait, Audacity: How Barack Obama Defied His Critics and Created a Legacy That Will Prevail (2017)* und *Michael D'Antonio, A Consequential President: The Legacy of Barack Obama (2017)*. Auch der großformatige, kommentierte Bildband von *Peter Baker, Obama: The Call of History (2017)*, gehört eher zu den positiven Darstellungen der Obama-Ära.

Kurz hingewiesen sei auch darauf, dass es seit 2008 eine zunehmend reiche Auswahl an Kinder- und Jugendliteratur über den 44. Präsidenten gibt, beispielsweise *Shana Corey, Barack Obama: Out of Many, One (2009), Nikki Grimes, Barack Obama: Son of Promise, Child of Hope (2012), Joanne Mattern* und *Jodie Shepherd, Barack Obama (2013)* sowie *David Right, Barack Obama (2017)*. Darüber hinaus ist der Präsident selbst ebenfalls als Kinderbuchautor tätig geworden: In seinem 2010 erschienenen, inzwischen vielfach neu aufgelegten und übersetzten Kinderbuch *Of Thee I Sing: A Letter to My Daughters* erzählt Obama die Geschichte von 13 weißen, schwarzen, hispanischen und asiatischen Amerikaner/innen, deren Leben seiner Ansicht nach als Vorbild und Inspiration für Kinder dienen können. Zur Primärquellenlage ist festzuhalten, dass 2010 mit der Publikation der öffentlichen Dokumente der Obama-Administration durch das *United States*

Government Printing Office begonnen wurde: *Public Papers of the Presidents of the United States, Barack Obama, 2009–2017 (2010-).* Fast alle Reden von Barack Obama aus der Zeit von 2008 bis 2017 sind heute im Volltext online verfügbar. Darüber hinaus gibt es eine reiche Auswahl gedruckter Sammlungen seiner Ansprachen, z. B. *Maureen Harrison* und *Steve Gilbert (Hrsg.), Barack Obama: Speeches 2002–2006 (2007), David Olive (Hrsg.), An American Story: The Speeches of Barack Obama: A Primer (2008), Lisa Rogak (Hrsg.), Barack Obama in His Own Words (2009), Terry Golway* und *Richard Beeman (Hrsg.), American Political Speeches (2012), Birgit Schmitz (Hrsg.), Barack Obama: Worte müssen etwas bedeuten – Seine großen Reden (2017)* sowie *Peter Jennings (Hsrg.), The Wit and Wisdom of Barack Obama: Barack Obama Quotes (2017).* Hingewiesen sei hier auch auf einige Werke, die sich mit den rhetorischen Qualitäten und historischen Bezügen der wichtigsten Obama-Reden beschäftigen, so z. B. *Garry Wills (Hrsg.), A More Perfect Union: Two Speeches on Race that Changed America's Mind (2008), Stefan Gössler, Barack Obama – seine Sprache, seine Stärke, sein Charisma: Rhetorik einer Erfolgsgeschichte (2009), Jerry M. Wilson, The Power of Speech: Obama and the Art of Communicating (2010), Mark S. Ferrara, Barack Obama and the Rhetoric of Hope (2013)* und *Robert E. Terrill, Reconsidering Obama: Reflections on Rhetoric (2017).*

Donald J. Trump
(M. Thunert)

Als Einstieg in die Beschäftigung mit dem Menschen, Immobilienunternehmer, Geschäftsmann und Unterhaltungsstar Donald Trump und dessen Weltsicht in seiner ‹vorpolitischen› Phase eignen sich die wenigen existierenden Biographien zu Trump sowie Teile von dessen eigenem Schrifttum, das zumindest unter Mithilfe anderer Autoren entstand.

Im Frühsommer 2016 erschien in Deutschland – zunächst als Vorabdruck im Spiegel – *Michael D'Antonio, Die Wahrheit über Donald Trump (2016),* das nur wenige Monate zuvor in den USA im Original erschienen war. Michael D'Antonio wollte zunächst an einer klassischen Biographie des Milliardärs unter dessen Mitwirkung arbeiten, was ihm eine Zeit lang gelang, doch dann entzogen sein Gesprächspartner Trump und dessen Familie ihm das Vertrauen und spielten nicht mehr mit. Ob bei D'Antonios Buch wirklich ein Sittenbild des 45. Präsidenten und seines Landes entstand, wie ein Teil der deutschen Besprechungen lobend vermerkte, kann man anzweifeln. Das Problem ist dabei nicht primär, dass D'Antonio Trump als einen größenwahnsinnigen Narzissten, als einen Hetzer und Lügner darstellt. Vielmehr vermag der Autor nicht das im Titel angekündigte Enthüllungsversprechen einzulösen, da es hinter Trump nichts Verborgenes zu geben scheint. Was du siehst, ist was du bekommst, wie die Amerikaner zu sagen pflegen. In der englischen Originalausgabe räumte D'Antonio dann auch ein: «Anyone who tried to grasp the ‹real› Trump was likely to fail.» (S. 335). Tatsächlich verhilft uns das Buch dazu, eine gewisse Vorstellung von mehreren Aspekten der Persönlichkeit Trumps zu erhalten, aber es kann uns nicht zeigen, dass es hinter der Fassade Trumps tatsächlich noch einen anderen, wirklichen Donald Trump gibt. Diesen @realDonaldTrump gibt es nur auf Twitter, und er spricht aus seinen Handlungen.

Diese Handlungen untersuchen zwei Bücher aus der Feder von Investigativjournalisten. *Michael Kranish* und *Marc Fisher, Trump Revealed: The Definitive Biography of the*

45th President (2016), bietet eine gründliche und umfangreiche Untersuchung des öffentlichen wie privaten Lebens Donald Trumps, die von seinem Aufwachsen im New Yorker Stadtteil Queens und seinen formativen Jahren an der New York Military Academy über seine turbulenten Karrieren in den Branchen Immobilien und Unterhaltung bis zu seinem erstaunlichen Aufstieg als Politiker und Präsidentschaftskandidat der Republikanischen Partei und seinem Wahlsieg am 8. November 2016 reicht. Das Buch basiert auf der investigativen Berichterstattung von mehr als zwei Dutzend Reportern der *Washington Post*, deren Eigentümer Jeff Bezos, der Amazon-Gründer, mit Trump in einer intimen Feindschaft verbunden ist.

Pulitzerpreisträger *David Cay Johnstons Die Akte Trump (2016, Original: The Making of Donald Trump, 2016)* ist das Werk eines investigativen Journalisten, der weniger darauf aus ist, Trumps Persönlichkeit oder seinen Charakter zu analysieren, sondern sich auf Trumps Handlungen konzentriert, um den Menschen Trump auf diese Weise zu erschließen. Wenig Alarmismus, keine Karikaturen, kein Anschwellen moralischer Empörung. Eine gründliche, primär die Fakten berücksichtigende Recherche zum Aufstieg von Donald Trump.

Trumps Weltsicht entstand nicht über Nacht, und sie wurde auch nicht speziell für den Wahlkampf 2016 aufbereitet, lautet die Hauptthese der Historiker *Brendan Simms* und *Charlie Laderman*. In ihrem Buch *Wir hätten gewarnt sein können. Donald Trumps Sicht auf die Welt (2017, Original: Donald Trump: The Making of a World View, 2017)* argumentieren sie überzeugend, dass Trump seit seinen ersten öffentlichen Äußerungen in den Achtzigerjahren seine Linie eines nationalen Populismus beharrlich verfolgt. Kandidat Donald J. Trump fasste die heutigen Bestandteile seines konservativen Anti-Globalismus bereits 2015 in seiner Wahlkampfschrift *Great Again. How to Fix Our Crippled America* (deutsch: *Great Again. Wie ich Amerika retten werde, 2016)* zusammen.

Vor dem Beginn seiner Politikerkarriere war Trump Alleinautor oder Ko-Autor einer Reihe von Wirtschafts- und Selbsthilfebüchern. Das wichtigste davon ist *Donald Trump* mit *Tony Schwartz, The Art of the Deal (1987)*, das sich 1,1 Millionen Mal verkaufte.

Während des Wahlkampfs, der von der Bekanntgabe der Kandidatur im Juni 2015 bis zur Wahl am 8. November 2016 dauerte, erschienen als Wahlkampfunterstützung u. a. *Ann Coulter, In Trump We Trust: E Pluribus Awesome! (2016), Jeffrey Lord, What America Needs: The Case for Trump (2016)*. Aus einer gegnerischen Perspektive argumentierte *Kevin D. Williamson, The Case Against Trump (2015)*. *Andrew Shaffer, The Day of the Donald (2016)* ist eine Satire, die im Sommer 2016 das damals unwahrscheinliche Szenario entwickelt, wonach Trump die Wahl 2016 gewann. Vor der Präsidentschaftswahl 2016 verfasst, aber wichtige Themen des Wahlkampfs 2016 aufgreifend, sind *Walter Niederberger, Trumpland – Donald Trump und die USA: Porträt einer gespaltenen Nation (2016), Josef Braml, Trumps Amerika – auf Kosten der Freiheit: Der Ausverkauf der amerikanischen Demokratie und die Folgen für Europa (2016), Tobias Endler* und *Martin Thunert, Entzauberung. Skizzen und Ansichten zu den USA in der Ära Obama (2016)* oder *Bernhard Klee, Trumps Amerika: Eine Analyse der US-Wahl im Jahre 2016 und ihrer Auswirkungen auf Europa (2016)*.

Das Schrifttum zum Wahlkampf 2016 ist im Anwachsen begriffen und daher noch sehr unvollständig. Aus der Unterstützersicht Trumps resümieren den Wahlkampf 2016 *Joel B. Pollak* mit *Larry Schweikart, How Trump Won: The Inside Story of a Revolution (2017), Roger Stone, The Making of the President 2016: How Donald Trump Orchestrated a Revolution (2017)* und *Corey R. Lewandowski* und *David N. Bossie, Let Trump Be Trump:*

The Inside Story of His Rise to the Presidency (2017). Es überwiegen Trump-kritische Sichtweisen der Kampagne wie *Matt Taibbi, Insane Clown President: Dispatches from the 2016 Circus (2017), Hillary Rodham Clinton, What Happened (2017)* und insbesondere *Katy Tur, Unbelievable: My Front-Row Seat to the Craziest Campaign in American History (2017)*. Das umgangssprachlich verfasste Buch ist eine Mischung aus dem Tagebuch einer Wahlkampfreporterin und einer differenzierten Analyse der Trump-Kampagne. Das große Wahlkampfanalysebuch dieser folgenreichen Präsidentschaftswahl steht noch aus. 75% des eben genannten Buches der im Electoral College unterlegenen Kandidatin Hillary Clinton hat leider nichts mit dem zu tun, «was passiert ist», sondern enthält bekannte Erzählungen aus ihrer politischen Karriere und ihrem Leben. Hillary Clinton räumt Kampagnenfehler ein, aber diese ernsthaft aufzuarbeiten ist ihre Sache nicht.

Kürzere Analysen der Wahl und des Wahlresultats in Aufsatzform bieten *Bernhard Kornelius, «Die US-Präsidentschaftswahl vom 8. November 2016: Trumps Triumph»*, in: *Zeitschrift für Parlamentsfragen, Heft 2 (2017), S. 287–310* und *Martin Thunert, «Präzedenzlos und unvorhersehbar? Hillary Clintons Wahlniederlage und der unwahrscheinliche Triumph Donald Trumps am 8. November 2016»*, in: *Gesellschaft. Wirtschaft. Politik (GWP), Heft 1 (2017), S. 83–94.*

Zu Trumps Politik als Präsident, seinen politischen Anliegen und ersten Bilanzen existiert erwartungsgemäß noch wenig Literatur. Einen Versuch, Trumps Politik aus der Sicht eines ihn seit langem unterstützenden Ex-Politikers zu erklären, unternimmt der ehemalige Spitzenpolitiker der Republikaner *Newt Gingrich* in *Understanding Trump (2017)*. Das Buch enthält eine mehr oder weniger gründliche Analyse, wie Präsident Trump tickt, denkt und Entscheidungen trifft, und versucht daraus so etwas wie eine anwendungsorientierte Philosophie des Präsidenten und seiner politischen Agenda zu gewinnen. Um die Konturen des sehr inkohärenten und eher punktuell als systematisch existierenden ‹Trumpismus› zu erkennen, ist *Joshua Green, Devil's Bargain: Steve Bannon, Donald Trump, and the Storming of the Presidency (2017)* unerlässlich. Das Buch ist für Trump-Fans wie für Trump-Gegner gleichermaßen bedeutsam.

Als vorläufig wichtigste Quelle dienen ferner einige der Originalzeugnisse von Donald J. Trump, dem 45. Präsidenten der USA:

Rede zur Amtseinführung am 20.1.2017 in Washington https://www.whitehouse.gov/inaugural-address; Rede zur Gemeinsamen Sitzung des Kongresses am 28.2.2017 https://www.whitehouse.gov/featured-videos/video/2017/03/01/joint-session-congress; Rede in Warschau am 6.7.2017 https://www.whitehouse.gov/the-press-office/2017/07/06/remarks-president-trump-people-poland-july-6-2017; Rede zur Vollversammlung der Vereinten Nationen am 19.9.2017 in New York https://www.whitehouse.gov/the-press-office/2017/09/19/remarks-president-trump-72nd-session-united-nations-general-assembly.

Die bisher wichtigste Quelle zum weltpolitischen Ansatz der Trump-Administration findet sich in einem gemeinsamen Aufsatz des Nationalen Sicherheitsberaters *H. R. McMaster* und des Nationalen Wirtschaftsberaters *Gary Cohn, «America First Doesn't Mean America Alone»*, in: *Wall Street Journal, 30. Mai 2017*, https://www.wsj.com/articles/america-first-doesnt-mean-america-alone-1496187426.

In Aufsatzlänge haben sich einige deutsche Sozialwissenschaftler an eine erste Bilanz der Trump-Administration nach 100–200 Tagen gewagt: *Florian Böller* und *Markus B. Sievert, «100 Tage Donald J. Trump. Eine frühe Bewertung einer (außer)gewöhnlichen Präsidentschaft»*, in: *Zeitschrift für Parlamentsfragen, Heft 2 (2017), S. 329–349, David Sira-*

kov: «Die Anti-Expertise Präsidentschaft», in: *David Sirakov, Sarah Wagner* und *Florian Böller, 200 Tage Trump-Administration, Atlantische Themen 2 (2017)*, und *Martin Thunert, «Beispiellos: Die ersten sechs Monate der Amerika-zuerst-Präsidentschaft Donald J. Trumps»*, in: *Gesellschaft. Wirtschaft. Politik (GWP), Heft 3 (2017), S. 327–338*.

Welt-US-Korrespondent *Ansgar Graw* unternimmt in *Trump verrückt die Welt (2017)* ebenfalls den Versuch einer ersten Bestandsaufnahme der Regierungspolitik und ihrer Wirkung auf die Welt. *Walter Russell Mead* zeigt in *«The Jackson Revolt: American Populism and the Liberal Order»*, in: *Foreign Affairs (20 January 2017)* die Quellen der nationalistischen Außen- und Sicherheitspolitik Trumps auf. Schließlich sei auf das Buch eines die US-Politik seit längerer Zeit kritisch begleitenden Autorentrios hingewiesen, das bisher nur in den USA erschienen ist: *E. J. Dionne Jr.* und *Thomas E. Mann* von der Think Tank Brookings Institution und *Norman J. Ornstein* vom American Enterprise Institute verkörpern den Typus des ‹gelehrten Journalisten› oder des ‹journalistisch schreibenden Wissenschaftlers› und repräsentieren zusammen so etwas wie die Sichtweise der linken Mitte der US-Gesellschaft sowie des gemäßigten Konservatismus. In ihrem Buch *One Nation After Trump: A Guide for the Perplexed, the Disillusioned, the Desperate, and the Not-Yet Deported (2017)* geben sie im ersten Teil einen Überblick über den «Trumpismus» und referieren alle Faktoren, die zum Ergebnis der Präsidentschaftswahl 2016 geführt haben. Der zweite Teil ist mit «Der Weg vorwärts» betitelt und enthält begründete, zum Teil fachspezifische und beredte Vorschläge sowohl für diejenigen, die nicht für den gegenwärtigen Präsidenten gestimmt haben, als auch für diejenigen, die es aus Protest taten, wie man mit der Entwicklung einer positiven politischen Tagesordnung vorankommen könnte, um der gegenwärtig in den USA vorherrschenden Atmosphäre, die von Wahrheitsverdrehungen, Autoritarismus, einem kruden Populismus der undifferenzierten Polarisierung und latenter wie offener Feindseligkeit gegen Fremde, ‹Andere› und Andersdenkende geprägt ist, etwas Konstruktives entgegenzusetzen. Das als ‹Enthüllungsbuch› vermarktete Buch von *Michael Wolff, Fire and Fury. Inside the Trump White House (2018; deutsch: Feuer und Zorn: Im Weißen Haus von Donald Trump, 2018)* ist auf Grund von unklaren und umstrittenen Recherchemethoden mit Vorsicht zu genießen.

PRÄSIDENTSCHAFTSWAHLEN

Jahr	Anz. der Staaten	Kandidaten	Parteien	Wählerstimmen	in %	Wahlmännerstimmen	Wahlbeteiligung[c] in %
1789	11	George Washington	keine			69	
		John Adams				34	
		andere				35	
1792	14	George Washington	keine			132	
		John Adams				77	
		George Clinton				50	
		andere				5	
1796	16	John Adams	Federalist			71	
		Thomas Jefferson	Democratic-Republican			68	
		Thomas Pinckney	Federalist			59	
		Aaron Burr	Democratic-Republican			30	
		andere				48	
1800	16	Thomas Jefferson	Democratic-Republican			73[a]	
		Aaron Burr	Democratic-Republican			73	
		John Adams	Federalist			65	
		Charles C. Pinckney	Federalist			64	
		John Jay	Federalist			1	
1804	17	Thomas Jefferson	Democratic-Republican			162	
		Charles C. Pinckney	Federalist			14	
1808	17	James Madison	Democratic-Republican			122	
		Charles C. Pinckney	Federalist			47	
		George Clinton	Democratic-Republican			6	
1812	18	James Madison	Democratic-Republican			128	
		DeWitt Clinton	Federalist			89	
1816	19	James Monroe	Democratic-Republican			183	
		Rufus King	Federalist			34	

Jahr	Anz. der Staaten	Kandidaten	Parteien	Wählerstimmen	in %	Wahlmännerstimmen	Wahlbeteiligung[c] in %
1864	36	Abraham Lincoln	Republican	2 202 938	55,0	212	73,8
		George B. McClellan	Democratic	1 803 787	45,0		
1868	37	Ulysses S. Grant	Republican	3 013 421	52,7	214	78,1
		Horatio Seymour	Democratic	2 706 829	47,3	80	
1872	37	Ulysses S. Grant	Republican	3 596 745	55,6	286	71,3
		Horace Greeley	Democratic	2 843 446	43,9	[b]	
1876	38	Rutherford B. Hayes	Republican	4 036 572	48,0	185	81,8
		Samuel J. Tilden	Democratic	4 284 020	51,0	184	
1880	38	James A. Garfield	Republican	4 453 295	48,5	214	79,4
		Winfield S. Hancock	Democratic	4 414 082	48,1	155	
		James B. Weaver	Greenback-Labor	308 578	3,4		
1884	38	Grover Cleveland	Democratic	4 879 507	48,5	219	77,5
		James G. Blaine	Republican	4 850 293	48,3	182	
		Benjamin F. Butler	Greenback-Labor	175 370	1,8		
		John P. St. John	Prohibition	150 369	1,5		
1888	38	Benjamin Harrison	Republican	5 447 129	47,9	233	79,3
		Grover Cleveland	Democratic	5 537 857	48,6	168	
		Clinton B. Fisk	Prohibition	249 506	2.2		
		Anson J. Streeter	Union Labor	146 935	1,3		
1892	44	Grover Cleveland	Democratic	5 555 426	46,1	277	74,7
		Benjamin Harrison	Republican	5 182 690	43,0	145	
		James B. Weaver	People's	1 029 846	8,5	22	
		John Bidwell	Prohibition	264 133	2,2		
1896	45	William McKinley	Republican	7 102 246	51,1	271	79,3
		William J. Bryan	Democratic	6 492 559	47,7	176	
1900	45	William McKinley	Republican	7 218 491	51,7	292	73,2
		William J. Bryan	Democratic; Populist	6 356 734	45,5	155	
		John C. Wooley	Prohibition	208 914	1,5		
1904	45	Theodore Roosevelt	Republican	7 628 461	57,4	336	65,2
		Alton B. Parker	Democratic	5 084 223	37,6	140	
		Eugene V. Debs	Socialist	402 283	3,0		
		Silas C. Swallow	Prohibition	258 536	1,9		
1908	46	William H. Taft	Republican	7 675 320	51,6	321	65,4
		William J. Bryan	Democratic	6 412 294	43,1	162	
		Eugene V. Debs	Socialist	420 793	2,8		
		Eugene W. Chafin	Prohibition	253 840	1,7		
1912	48	Woodrow Wilson	Democratic	6 296 547	41,9	435	58,8
		Theodore Roosevelt	Progressive	4 118 571	27,4	88	
		William H. Taft	Republican	3 486 720	23,2	8	
		Eugene V. Debs	Socialist	900 672	6,0		
		Eugene W. Chafin	Prohibition	206 275	1,4		

Jahr	Anz. der Staaten	Kandidaten	Parteien	Wählerstimmen	in %	Wahlmännerstimmen	Wahlbeteiligung[c] in %
1820	24	James Monroe	Democratic-Republican			231	
		John Quincy Adams	Independent Republican			1	
1824	24	John Quincy Adams	Democratic-Republican	108 740	30,5	84[a]	26,9
		Andrew Jackson	Democratic-Republican	153 544	43,1	99	
		Henry Clay	Democratic-Republican	47 136	13,2		
		William H. Crawford	Democratic-Republican	46 618	13,1		
1828	24	Andrew Jackson	Democratic	647 286	56,0	178	57,6
		John Quincy Adams	National Republican	508 064	44,0	83	
1832	24	Andrew Jackson	Democratic	688 242	54,5	219	55,4
		Henry Clay	National Republican	473 462	37,5	49	
		William Wirt	Anti-Masonic		8,0	7	
		John Floyd	Democratic	101 051		11	
1836	26	Martin Van Buren	Democratic	765 483	50,9	170	57,8
		William H. Harrison	Whig			73	
		Hugh L. White	Whig			26	
		Daniel Webster	Whig	739 795	49,1	14	
		W. P. Mangum	Whig			11	
1840	26	William H. Harrison	Whig	1 274 624	53,1	234	80,2
		Martin Van Buren	Democratic	1 127 781	46,9	60	
1844	26	James K. Polk	Democratic	1 338 464	49,6	170	78,9
		Henry Clay	Whig	1 300 097	48,1	105	
		James G. Birney	Liberty	62 300	2,3		
1848	30	Zachary Taylor	Whig	1 360 967	47,4	163	72,7
		Lewis Cass	Democratic	1 222 342	42,5	127	
		Martin Van Buren	Free Soil	291 263	10.1		
1852	31	Franklin Pierce	Democratic	1 601 117	50,9	254	69,6
		Winfield Scott	Whig	1 385 453	44,1	42	
		John P. Hale	Free Soil	155 825	5,0		
1856	31	James Buchanan	Democratic	1 832 955	45,3	174	78,9
		John C. Frémont	Republican	1 339 932	33,1	114	
		Millard Fillmore	American	871 731	21,6	8	
1860	33	Abraham Lincoln	Republican	1 865 593	39,8	180	81,2
		Stephen A. Douglas	Democratic	1 382 713	29,5	12	
		John C. Breckinridge	Democratic	848 356	18,1	72	
		John Bell	Constitutional Union	592 906	12,6	39	

Jahr	Anz. der Staaten	Kandidaten	Parteien	Wählerstimmen	in %	Wahlmännerstimmen	Wahlbeteiligung[c] in %
1916	48	Woodrow Wilson	Democratic	9 127 695	49,4	277	61,6
		Charles E. Hughes	Republican	8 522 507	46,2	254	
		A. L. Benson	Socialist	585 113	3,2		
		J. Frank Hanly	Prohibition	220 506	1,2		
1920	48	Warren G. Harding	Republican	16 143 407	60,4	404	49,2
		James M. Cox	Democratic	9 130 328	34,2	127	
		Eugene V. Debs	Socialist	919 799	3,4		
		P. P. Christensen	Farmer-Labor	265 411	1,0		
1924	48	Calvin Coolidge	Republican	15 718 211	54,0	382	48,9
		John W. Davis	Democratic	8 385 283	28,8	136	
		Robert M. LaFollette	Progressive	4 831 289	16,6	13	
1928	48	Herbert C. Hoover	Republican	21 391 993	58,2	444	56,9
		Alfred E. Smith	Democratic	15 016 169	40,9	87	
1932	48	Franklin D. Roosevelt	Democratic	22 809 638	57,4	472	56,9
		Herbert C. Hoover	Republican	15 758 901	39,7	59	
		Norman Thomas	Socialist	881 951	2,2		
1936	48	Franklin D. Roosevelt	Democratic	27 752 869	60,8	523	61,0
		Alfred M. Landon	Republican	16 674 665	36,5	8	
		William Lemke	Union	882 479	1,9		
1940	48	Franklin D. Roosevelt	Democratic	27 307 819	54,8	449	62,5
		Wendell L. Willkie	Republican	22 321 018	44,8	82	
1944	48	Franklin D. Roosevelt	Democratic	25 606 585	53,5	432	55,9
		Thomas E. Dewey	Republican	22 014 745	46,0	99	
1948	48	Harry S. Truman	Democratic	24 179 345	49,6	303	53,0
		Thomas E. Dewey	Republican	21 991 291	45,1	189	
		J. Strom Thurmond	States' Rights	1 176 125	2,4	39	
		Henry A. Wallace	Progressive	1 157 326	2,4		
1952	48	Dwight D. Eisenhower	Republican	33 936 234	55,1	442	63,3
		Adlai E. Stevenson	Democratic	27 314 992	44,4	89	
1956	48	Dwight D. Eisenhower	Republican	35 590 472	57,6	457	60,6
		Adlai E. Stevenson	Democratic	26 022 752	42,1	73	
1960	50	John F. Kennedy	Democratic	34 226 731	49,7	303	62,8
		Richard M. Nixon	Republican	34 108 157	49,5	219	
1964	50	Lyndon B. Johnson	Democratic	43 129 566	61,1	486	61,9
		Barry M. Goldwater	Republican	27 178 188	38,5	52	
1968	50	Richard M. Nixon	Republican	31 785 480	43,4	301	60,9
		Hubert H. Humphrey	Democratic	31 275 166	42,7	191	
		George C. Wallace	American Independent	9 906 473	13,5	46	

Präsidentschaftswahlen

Jahr	Anz. der Staaten	Kandidaten	Parteien	Wählerstimmen	in %	Wahlmännerstimmen	Wahlbeteiligung[c] in %
1972	50	Richard M. Nixon	Republican	47 169 911	60,7	520	55,2
		George S. McGovern	Democratic	29 170 383	37,5	17	
		John G. Schmitz	American Independent	1 099 482	1,4		
1976	50	Jimmy Carter	Democratic	40 830 763	50,1	297	53,5
		Gerald R. Ford	Republican	39 147 793	48,0	240	
1980	50	Ronald Reagan	Republican	43 899 248	50,8	489	52,6
		Jimmy Carter	Democratic	35 481 432	41,0	49	
		John B. Anderson	Independent	5 719 437	6,6	0	
		Ed Clark	Libertarian	920 859	1,1	0	
1984	50	Ronald Reagan	Republican	54 455 075	58,8	525	53,1
		Walter Mondale	Democratic	37 577 185	40,6	13	
1988	50	George Bush	Republican	48 901 046	53,4	426	50,1
		Michael Dukakis	Democratic	41 809 030	45,6	111[d]	
1992	50	William J. Clinton	Democratic	43 727 625	43	370	55,2
		George Bush	Republican	38 165 180	38	168	
		Ross Perot	Independent	19 236 411	19	0	
1996	50	William J. Clinton	Democratic	45 389 735	49	379	49,0
		Robert Dole	Republican	37 731 302	41	159	
		Ross Perot	Reform Party	7 837 703	8	0	
2000	50	George W. Bush	Republican	50 156 455	47,9	271	51,0
		Albert Gore, Jr.	Democratic	50 997 335	48,4	266	
		Ralph Nader	Green	2 882 897	2,7	0	
2004	50	George W. Bush	Republican	62 040 610	51	286	60,0
		John F. Kerry	Democratic	59 028 444	48	251	
		Ralph Nader		465 650	1	0	
2008	50	Barack H. Obama II	Democratic	69 456 897	53	365	63,0
		John S. McCain III	Republican	59 934 814	46	173	
2012	50	Barack H. Obama II	Democratic	65 446 032	50,9	332	57,5
		Mitt Romney	Republican	60 589 084	47,1	206	
		Gary Johnson	Libertarian	1 273 168	1	0	
2016	50	Donald J. Trump	Republican	62 984 825	46,1	304	54,7
		Hillary Clinton	Democratic	65 853 516	48,2	227	
		Gary Johnson	Libertarian	4 489 221	3,3		
		Jill Stein	Green	1 457 216	1		

Kandidaten mit weniger als ein Prozent der Wählerstimmen wurden nicht berücksichtigt. Daher beträgt die Summe der Wählerstimmen nicht immer 100 Prozent.
Vor dem Inkrafttreten des 12. Amendments von 1804 votierte das Wahlmännerkollegium für zwei Präsidentschaftskandidaten; der Unterlegene wurde Vizepräsident.
Bis 1824 wurden die Wahlmänner im Allgemeinen von den Staatenparlamenten gewählt, danach zumeist direkt vom Volk in den Staaten.
[a] Gewählt durch Stichwahl im Repräsentantenhaus.

[b] Greeley starb kurz nach der Wahl; die Wahlmänner, die ihn unterstützt hatten, teilten ihre Stimmen danach auf andere Kandidaten auf.
[c] Prozent der abgegebenen Stimmen der wahlberechtigten Bevölkerung
[d] Eine Elektorin aus West-Virginia gab ihre Stimme für Lloyd Bentsen ab, den Vizepräsidentschaftskandidaten der Demokraten.

Quellen: *Mary Beth Norton, David Katzman u. a., A People and a Nation. A History of the United States, 3. Auflage, Boston 1990;* National Archives (www.archives.gov/federal-register/electoral-college); Zahlen für die Wahlbeteiligung: Committee for the Study of the American Electorate.

PARTEIENSTÄRKE IM KONGRESS

Zeit	Repräsentantenhaus			Senat			Partei des Präsidenten
	Mehrheit	Minderheit	andere	Mehrheit	Minderheit	andere	
1789–91	Ad 38	Op 26		Ad 17	Op 9		F Washington
1791–93	F 37	DR 33		F 16	DR 13		F Washington
1793–95	DR 57	F 48		F 17	DR 13		F Washington
1795–97	F 54	DR 52		F 19	DR 13		F Washington
1797–99	F 58	DR 48		F 20	DR 12		F J. Adams
1799–1801	F 64	DR 42		F 19	DR 13		F J. Adams
1801–03	DR 69	F 36		DR 18	F 13		DR Jefferson
1803–05	DR 102	F 39		DR 25	F 9		DR Jefferson
1805–07	DR 116	F 25		DR 27	F 7		DR Jefferson
1807–09	DR 118	F 24		DR 28	F 6		DR Jefferson
1809–11	DR 94	F 48		DR 28	F 6		DR Madison
1811–13	DR 108	F 36		DR 30	F 6		DR Madison
1813–15	DR 112	F 68		DR 27	F 9		DR Madison
1815–17	DR 117	F 65		DR 25	F 11		DR Madison
1817–19	DR 141	F 42		DR 34	F 10		DR Monroe
1819–21	DR 156	F 27		DR 35	F 7		DR Monroe
1821–23	DR 158	F 25		DR 44	F 4		DR Monroe
1823–25	DR 187	F 26		DR 44	F 4		DR Monroe
1825–27	Ad 105	J 97		Ad 26	J 20		C J. Q. Adams
1827–29	J 119	Ad 94		J 28	Ad 20		C J. Q. Adams
1829–31	D 139	NR 74		D 26	NR 22		D Jackson
1831–33	D 141	NR 58	14	D 25	NR 21	2	D Jackson
1833–35	D 147	AM 53	60	D 20	NR 20	8	D Jackson
1835–37	D 145	W 98		D 27	W 25		D Jackson
1837–39	D 108	W 107	24	D 30	W 18	4	D Van Buren
1839–41	D 124	W 118		D 28	W 22		D Van Buren
1841–43	W 133	D 102	6	W 28	D 22	2	W W. Harrison W Tyler
1843–45	D 142	W 79	1	W 28	D 25	1	W Tyler
1845–47	D 143	W 77	6	D 31	W 25		D Polk
1847–49	W 115	D 108	4	D 36	W 21	1	D Polk
1849–51	D 112	W 109	9	D 35	W 25	2	W Taylor W Fillmore

Parteienstärke im Kongress

Zeit	Repräsentantenhaus			Senat			Partei des
	Mehrheit	Minderheit	andere	Mehrheit	Minderheit	andere	Präsidenten
1851–53	D 140	W 88	5	D 35	W 24	3	W Fillmore
1853–55	D 159	W 71	4	D 38	W 22	2	D Pierce
1855–57	R 108	D 83	43	D 40	R 15	5	D Pierce
1857–59	D 118	R 92	26	D 36	R 20	8	D Buchanan
1859–61	R 114	D 92	31	D 36	R 26	4	D Buchanan
1861–63	R 105	D 43	30	R 31	D 10	8	R Lincoln
1863–65	R 102	D 75	9	R 36	D 9	5	R Lincoln
1865–67	U 149	D 42		U 42	D 10		R Lincoln R Johnson
1867–69	R 143	D 49		R 42	D 11		R Johnson
1869–71	R 149	D 63		R 56	D 11		R Grant
1871–73	R 134	D 104	5	R 52	D 17	5	R Grant
1873–75	R 194	D 92	14	R 49	D 19	5	R Grant
1875–77	D 169	R 109	14	R 45	D 29	2	R Grant
1877–79	D 153	R 140		R 39	D 36	1	R Hayes
1879–81	D 149	R 130	14	D 42	R 33	1	R Hayes
1881–83	D 147	R 135	11	R 37	D 37	1	R Garfield R Arthur
1883–85	D 197	R 118	10	R 38	D 36	2	R Arthur
1885–87	D 183	R 140	2	R 43	D 43		D Cleveland
1887–89	D 169	R 152	4	R 39	D 37		D Cleveland
1889–91	R 166	D 159		R 39	D 37		R B. Harrison
1891–93	D 235	R 88	9	R 47	D 39	2	R B. Harrison
1893–95	D 218	R 127	11	D 44	R 38	3	D Cleveland
1895–97	R 244	D 105	7	R 43	D 39	6	D Cleveland
1897–99	R 204	D 113	40	R 47	D 34	7	R McKinley
1899–1901	R 185	D 163	9	R 53	D 26	8	R McKinley
1901–03	R 197	D 151	9	R 55	D 31	4	R McKinley R T. Roosevelt
1903–05	R 208	D 178		R 57	D 33		R T. Roosevelt
1905–07	R 250	D 136		R 57	D 33		R T. Roosevelt
1907–09	R 222	D 164		R 61	D 31		R T. Roosevelt
1909–11	R 219	D 172		R 61	D 32		R Taft
1911–13	D 228	R 161	1	R 51	D 41		R Taft
1913–15	D 291	R 127	17	D 51	R 44	1	D Wilson
1915–17	D 230	R 196	9	D 56	R 40		D Wilson
1917–19	D 216	R 210	6	D 53	R 42		D Wilson
1919–21	R 240	D 190	3	R 49	D 47		D Wilson
1921–23	R 301	D 131	1	R 59	D 37		R Harding
1923–25	R 225	D 205	5	R 51	D 43	2	R Coolidge
1925–27	R 247	D 183	4	R 56	D 39	1	R Coolidge
1927–29	R 237	D 195	3	R 49	D 46	1	R Coolidge

Zeit	Repräsentantenhaus			Senat			Partei des Präsidenten
	Mehrheit	Minderheit	andere	Mehrheit	Minderheit	andere	
1929–31	R 267	D 167	1	R 56	D 39	1	R Hoover
1931–33	D 220	R 214	1	R 48	D 47	1	R Hoover
1933–35	D 310	R 117	5	D 60	R 35	1	D F. Roosevelt
1935–37	D 319	R 103	10	D 69	R 25	2	D F. Roosevelt
1937–39	D 331	R 89	13	D 76	R 16	4	D F. Roosevelt
1939–41	D 261	R 164	4	D 69	R 23	4	D F. Roosevelt
1941–43	D 268	R 162	5	D 66	R 28	2	D F. Roosevelt
1943–45	D 218	R 208	4	D 58	R 37	1	D F. Roosevelt
1945–47	D 242	R 190	2	D 56	R 38	1	D Truman
1947–49	R 245	D 188	1	R 51	D 45		D Truman
1949–51	D 263	R 171	1	D 54	R 42		D Truman
1951–53	D 234	R 199	1	D 49	R 47		D Truman
1953–55	R 221	D 211	1	R 48	D 47	1	R Eisenhower
1955–57	D 232	R 203		D 48	R 47	1	R Eisenhower
1957–59	D 233	R 200		D 49	R 47		R Eisenhower
1959–61	D 284	R 153		D 65	R 35		R Eisenhower
1961–63	D 263	R 174		D 65	R 35		D Kennedy
1963–65	D 258	R 117		D 67	R 33		D Kennedy / D Johnson
1965–67	D 295	R 140		D 68	R 32		D Johnson
1967–69	D 246	R 187		D 64	R 36		D Johnson
1969–71	D 245	R 189		D 57	R 43		R Nixon
1971–73	D 254	R 180		D 54	R 44	2	R Nixon
1973–75	D 239	R 192	1	D 56	R 42	2	R Nixon
1975–77	D 291	R 144		D 60	R 37	3	R Ford
1977–79	D 292	R 143		D 61	R 38	1	D Carter
1979–81	D 276	R 157		D 58	R 41	1	D Carter
1981–83	D 243	R 192		R 53	D 46	1	R Reagan
1983–85	D 267	R 168		R 55	D 45		R Reagan
1985–87	D 253	R 182		R 53	D 47		R Reagan
1987–89	D 258	R 177		D 55	R 45		R Reagan
1989–91	D 259	R 174		D 54	R 46		R Bush
1991–93	D 266	R 164	1	D 57	R 43		R Bush
1993–95	D 256	R 178	1	D 56	R 44		D Clinton
1995–97	R 230	D 204	1	R 53	D 47		D Clinton
1997–99	R 225	D 209	1	R 55	D 45		D Clinton
1999–01	R 222	D 211	2	R 55	D 45		D Clinton
2001–03	R 221	D 212	2	D 50	R 49	1	R Bush
2003–05	R 229	D 205	1	R 51	D 48	1	R Bush
2005	R 233	D 201	1	R 55	D 44	1	R Bush
2005–07	R 232	D 202	1	D 44	R 55	1	R Bush
2007–09	D 233	R 202		D 49	R 49	2	R Bush

Zeit	Repräsentantenhaus			Senat			Partei des Präsidenten
	Mehrheit	Minderheit	andere	Mehrheit	Minderheit	andere	
2009–11	D 257	R 178		D 57	R 41	2	D Obama
2011–13	R 243	D 192		D 51	R 47	2	D Obama
2013–15	R 234	D 201		D 53	R 45	2	D Obama
2015–17	R 247	D 188		R 54	D 44	2	D Obama
2017–	R 241	D 194		R 52	D 46	2	R Trump

Ad = Administration; AM = Anti-Masonic; C = Coalition; DR = Democratic-Republican; F = Federalist; J = Jacksonian; NR = National Republican; R = Republican; U = Unionist; W = Whig.

Die Angaben beziehen sich auf die erste Sitzung jedes Kongresses außer des 93. (1973–75), für den die zweite Sitzungsperiode angegeben ist.

Zitiert nach: *Mary Beth Norton, David Katzman u. a., A People and a Nation. A History of the United States, 3. Auflage, Boston 1990* sowie Federal Election Commission (http://www.fec.gov/pubrec/electionresults.shtml), United States Senate (www.senate.gov), United States House of Representatives (history.house.gov) und Center for the Study of the American Electorate (http://www.american.edu/spa/cdem/csae.cfm).

DIE AMTSZEITEN DER PRÄSIDENTEN DER USA

1. George Washington — 1789–1797
2. John Adams — 1797–1801
3. Thomas Jefferson — 1801–1809
4. James Madison — 1809–1817
5. James Monroe — 1817–1825
6. John Quincy Adams — 1825–1829
7. Andrew Jackson — 1829–1837
8. Martin Van Buren — 1837–1841
9. William H. Harrison — 1841–4.4.1841 (gestorben)
10. John Tyler — 4.4.1841–1845
11. James K. Polk — 1845–1849
12. Zachary Taylor — 1849–9.7.1850 (gestorben)
13. Millard Fillmore — 1850–1853
14. Franklin Pierce — 1853–1857
15. James Buchanan — 1857–1861
16. Abraham Lincoln — 1861–14.4.1865 (ermordet)
17. Andrew Johnson — 15.4.1865–1869
18. Ulysses S. Grant — 1869–1877
19. Rutherford B. Hayes — 1877–1881
20. James A. Garfield — 1881–19.9.1881 (ermordet)
21. Chester A. Arthur — 20.9.1881–1885
22. Grover Cleveland — 1885–1889
23. Benjamin Harrison — 1889–1893
24. Grover Cleveland — 1893–1897
25. William McKinley — 1897–14.9.1901 (ermordet)
26. Theodore Roosevelt — 14.9.1901–1909
27. William H. Taft — 1909–1913
28. Woodrow Wilson — 1913–1921
29. Warren G. Harding — 1921–2.8.1923 (gestorben)
30. Calvin Coolidge — 3.8.1923–1929
31. Herbert C. Hoover — 1929–1933
32. Franklin D. Roosevelt — 1933–12.4.1945 (gestorben)
33. Harry S. Truman — 12.4.1945–1953
34. Dwight D. Eisenhower — 1953–1961
35. John F. Kennedy — 1961–22.11.1963 (ermordet)
36. Lyndon B. Johnson — 22.11.1963–1969
37. Richard M. Nixon — 1969–8.8.1974 (Rücktritt)

38. Gerald R. Ford   9.8.1974–1977
39. Jimmy Carter   1977–1981
40. Ronald Reagan   1981–1989
41. George H. W. Bush   1989–1993
42. Bill Clinton   1993–2001
43. George W. Bush   2001–2009
44. Barack H. Obama   2009–2017
45. Donald J. Trump   2017–

VERZEICHNIS DER AUTORINNEN UND AUTOREN

Adams, Willi Paul, 1940–2004, war Professor der Geschichte Nordamerikas am John-F.-Kennedy-Institut für Nordamerikastudien der FU-Berlin. Schwerpunkte: amerikanische Nationalgeschichte, Revolution, politische Ideen, Verfassung und ethnische Gruppen.

Berg, Manfred, geb. 1959, seit 2005 Curt-Engelhorn-Professor für Amerikanische Geschichte an der Universität Heidelberg. Schwerpunkte: deutsch-amerikanische Beziehungen, Zeitgeschichte, amerikanische Politik und Verfassungsgeschichte, Rassenbeziehungen in den USA.

Bungert, Heike, geb. 1967, seit 2008 Professorin für Nordamerikanische Geschichte an der Westfälischen Wilhelms-Universität Münster. Schwerpunkte: amerikanische Geschichte des 19. und 20. Jh., deutsch-amerikanische Beziehungen, Geschichte der Native Americans, Migrationsgeschichte, Religionsgeschichte, Universitätsgeschichte, Kulturgeschichte.

Dippel, Horst, geb. 1942, war Professor für Geschichte Nordamerikas und Großbritanniens an der Universität Kassel. Schwerpunkte: amerikanische Verfassungsentwicklung bis zum Bürgerkrieg, Verfassungseditionen, moderne englische und amerikanische Geschichte, europäisches Revolutionszeitalter.

Felken, Detlef, geb. 1957, Historiker, Cheflektor des Verlags C.H.Beck in München.

Fiebig-von Hase, Ragnhild, geb. 1937, war Wissenschaftliche Mitarbeiterin und Dozentin an der Anglo-Amerikanischen Abteilung des Historischen Seminars der Universität zu Köln. Schwerpunkte: transatlantische Beziehungen im 19. und 20. Jh., amerikanische Interventionspolitik in Lateinamerika, Geschichte des Deutschen Kaiserreichs und der USA 1890–1917.

Frey, Marc, geb. 1963, seit 2013 Professor für Zeitgeschichte und internationale Beziehungen an der Universität der Bundeswehr München. Schwerpunkte: amerikanische Außenpolitik, internationale Beziehungen im 20. Jh.

Heideking, Jürgen, 1947–2000, war Professor für Neuere Geschichte und Direktor der Anglo-Amerikanischen Abteilung des Historischen Seminars der Universität zu Köln. Schwerpunkte: amerikanische Verfassungsgeschichte, die USA in den internationalen Beziehungen des 20. Jh.

Junker, Detlef, geb. 1939, seit 2003 Gründungsdirektor des Heidelberg Center for American Studies an der Universität Heidelberg. Schwerpunkte: Geschichte der USA, Deutschlands und der internationalen Beziehungen im 20. Jh., Geschichtstheorie.

Lammersdorf, Raimund, 1960–2017, war Direktor des Amerikahauses München. Schwerpunkte: Geschichte der USA, internationale Beziehungen, Geistesgeschichte.

Lösche, Peter, 1939–2016, war Professor für Politikwissenschaft an der Georg-August-Universität Göttingen. Schwerpunkte: deutsche und amerikanische Arbeiterbewegung sowie Geschichte des Anarchismus, Gesellschaft und Politik der USA, Parteien und Politische Verbände in Deutschland und im internationalen Vergleich.

Mauch, Christof, geb. 1960, seit 2007 Professor für Amerikanische Kulturgeschichte und Transatlantische Beziehungen sowie Direktor des Rachel Carson Center for Environment and Society an der Ludwig-Maximilians-Universität München. Schwerpunkte: Geschichte und Politik der USA im 19. und 20. Jh., deutsch-amerikanische Beziehungen, vergleichende Geschichte, internationale Umweltgeschichte.

Nagler, Jörg, geb. 1950, Professor für Nordamerikanische Geschichte an der Universität Jena. Schwerpunkte: Sozial- und Politikgeschichte der USA im 19. und 20. Jh., Krieg und Gesellschaft in den USA, Immigrationsgeschichte, deutsch-amerikanischer Kulturtransfer und afroamerikanische Geschichte.

Nünning, Vera, geb. 1961, Professorin für Englische Philologie an der Ruprecht-Karls-Universität Heidelberg. Schwerpunkte: britische und amerikanische Kulturgeschichte des 18. und 19. Jh., britische Literatur vom 16. bis zum 20. Jh., Kultur- und Erzähltheorien.

Rupieper, Hermann-Joseph, 1942–2004, war Professor für Zeitgeschichte an der Martin-Luther-Universität Halle-Wittenberg. Schwerpunkte: Zeitgeschichte, amerikanische Geschichte, Sozialgeschichte.

Schäfer, Bernd, geb. 1962, ist Professorial Lecturer an der George Washington University in Washington, D.C. Schwerpunkte: Internationale Geschichte, Zeitgeschichte, US-Außenpolitik.

Schäfer, Peter, 1931–2016, war Professor für Neuere Geschichte mit Schwerpunkt Geschichte Nordamerikas an der Friedrich-Schiller-Universität Jena. Schwerpunkte: amerikanische Politik, Zeit- und Alltagsgeschichte, deutsch-amerikanische Beziehungen, Migration.

Schwabe, Klaus, geb. 1932, em. Professor für Neuere Geschichte an der RWTH Aachen. Schwerpunkte: amerikanische Geschichte seit 1914, Geschichte der europäischen Integration, deutsche Historiographiegeschichte im 20. Jh.

Schweigler, Gebhard, geb. 1943, war Professor of International Relations and National Security am National War College in Washington, D.C. Schwerpunkte: amerikanische Politik, insbesondere das Verhältnis von Innen- und Außenpolitik.

Šimková, Pavla, geb. 1986, ist Doktorandin am Amerika-Institut der Ludwig-Maximilians-Universität München.

Skorsetz, Ulrike, geb. 1960, Historikerin, Leiterin der Ethik-Kommission der Friedrich-Schiller-Universität Jena. Schwerpunkte: Geschichte der USA, Immigrationsgeschichte, Geschichte des 19. und 20. Jh.

Thunert, Martin, geb. 1959, ist seit 2007 Dozent und Politikwissenschaftler am Heidelberg Center for American Studies (HCA) der Ruprecht-Karls-Universität Heidelberg. Schwerpunkte: US-Politik, Denkfabriken in Nordamerika, USA und Kanada in den internationalen Beziehungen.

Waldschmidt-Nelson, Britta, geb. 1965, seit Oktober 2016 Professorin für die Geschichte des europäisch-transatlantischen Kulturraums an der Universität Augsburg. Schwerpunkte: African American Studies, Race & Gender, Religionsgeschichte, Soziale Reformbewegungen, Transatlantische Beziehungen, kultureller Transfer.

Wellenreuther, Hermann, geb. 1941, em. Professor für Mittlere und Neuere Geschichte an der Georg-August-Universität Göttingen. Schwerpunkte: amerikanische, englische und deutsche Geschichte der frühen Neuzeit.

PERSONENREGISTER

Acheson, Dean G. 350, 374
Adams, Abigail 74, 79 f., 115
Adams, Charles Francis 164, 179
Adams, John 15, 24, 29, 50, 52, 62, 67, 71,
  73–80, 86 f., 92, 94, 106, 115, 124, 128, 179
Adams, John Quincy 28, 80, 107, 109 f., 113,
  115–125, 129 f., 134, 140, 164, 169, 276, 454
Adams, Louisa Catherine 116
Adams, Samuel 75
Adenauer, Konrad 378, 382
Agnew, Spiro 410
Aguinaldo, Emilio 267
Albright, Madeleine 452
Aldrich, Nelson 290 f.
Aldrin, Edwin Eugene 400
Anton, Michael 503
Arafat, Jasser 452
Aristide, Jean-Bertrand 420, 449
Armstrong, Neil A. 400
Armstrong, John 101, 107
Arthur, Chester A. 234 f., 237–244, 246
Arthur, Ellen Lewis 240
Ashcroft, John 460
Assad, al-, Baschar 489, 492, 506
Astor, John Jacob 119
Attlee, Clement 347, 350, 359
Awlaki, al-, Anwar 55

Babcock, Orville E. 223
Baker, Howard 429
Baker, James 428, 437, 439
Ballinger, Richard A.
Bancroft, George 157
Bannon, Stephen K. 501, 503, 508
Barak, Ehud 452
Bates, Edward 194
Bayard, James A. 117
Begin, Menachem 418
Bell, John 185
Bernstein, Carl 405
Biddle, Nicholas 132
Blaine, James G. 234 f., 243, 246, 252–254

Blanco, Richard 484
Bloomer, Elizabeth Ann 409
Bolingbroke, Henry Saint-John, Viscount 27, 59
Booth, John Wilkes 203
Bork, Robert 429
Brady, Nicolas 437
Breckinridge, John C. 185, 194
Breschnew, Leonid 402, 420
Briand, Aristide 319
Brown, Edmund 399
Brown, John 184, 193
Brown, Michael 487
Bryan, William Jennings 260, 263 f., 268, 289,
  298, 301
Brzezinski, Zbigniew 419
Buchanan, James 156 f., 162, 176 f., 179–186,
  193–195, 197
Buchanan, Patrick 458
Bundy, McGeorge 374, 392
Burke, Edmund 116, 118
Burns, Anthony 176
Burr, Aaron 76, 79, 86 f., 92
Bush, Barbara (Ehefrau von
  George H. Bush) 437 f., 455
Bush, Barbara (Tochter von George W. Bush)
  455
Bush, George Herbert Walker 22, 41 f.,
  436–441, 443 f., 446, 455, 458
Bush, George Walker 16, 22, 42–44, 50, 308,
  454–469, 476, 479, 484, 486, 490, 494,
  499, 507
Bush, Jeb 459, 501
Bush, Jenna 455
Bush, Laura 455
Butler, Benjamin F. 197
Butterfield, Alexander 405

Calhoun, John C. 108, 110, 112, 121, 123 f., 129,
  132, 134 f., 141, 143, 151 f., 166
Cameron, Simon 201
Cannon, Joseph 290
Carnegie, Andrew 238

Carranza, Venustiano 300
Carter, Jimmy (James Earl) 40, 52, 412–421, 424f., 428, 431, 434, 440f.
Carter, Rosalynn 414
Casey, William 432
Cass, Lewis 144, 156, 164f., 167
Castlereagh, Robert Stewart, Viscount 100, 117
Castro, Cipriano 280
Castro, Fidel 379, 491
Chandler, William E. 243
Chandler, Zachary 221
Chase, Salmon P. 193f., 200, 202, 206
Cheney, Dick 43, 439, 458, 461, 464, 467f.
Chomeini, Ruhollah 419
Chomsky, Noam 478
Christopher, Warren 448
Chruschtschow, Nikita 366, 378f., 399
Churchill, Sir Winston 341f., 347, 350, 359
Clarendon, George William Frederick Villiers, Lord 177
Clark Jr., James Reuben 320
Clark, William 90
Clay, Henry 110, 113, 117, 120–122, 128–130, 132–135, 138, 146f., 149–153, 157, 166f., 169f., 191
Clay, Lucius D. 361
Clayton, John M. 165
Cleveland, Grover 14, 24, 50f., 243–250, 253–260, 263f.
Clinton, Bill (William Jefferson) 14, 16, 22, 41f., 48, 50, 407, 420, 441–453, 456, 460, 486, 502, 507
Clinton, George 98
Clinton, Hillary Rodham 45, 48, 51, 442, 444f., 476, 484, 501f., 504
Cohn, Gary 503
Comey, James 502, 504
Conkling, Roscoe 229, 235, 240
Conway, Kellyanne 501, 503
Coolidge, Calvin 35, 51, 310f., 316–321, 323
Coolidge, Grace Anna 317
Cornwallis, Charles, Marquess of 60
Cox, Archibald 405f.
Cox, James M. 312
Crawford, William H. 107f., 110, 121–123, 129
Cruz, Ted 501
Czolgosz, Leon 269

Daugherty, Harry M. 313f., 318
Davis, Jefferson 175, 195, 209
Davis, John W. 318

Dean, Howard 53, 466
Dean, John 405
Deaver, Michael 428
Debs, Eugene V. 52, 313
DeVos, Betsy 503
Dewey, George 266, 274f.
Dewey, Thomas E. 353
Díaz, Adolfo 293
Diem, Ngo Dienh 381, 392
Dillon, C. Douglas 374
Dole, Robert 411f., 450
Douglas, Helen G. 398
Douglas, Stephen A. 167, 181–185, 192–194, 197
Dukakis, Michael 437
Dulles, Allen W. 374, 378
Dulles, John Foster 361, 364
Duncan, Arne 481
Dunham, Ann 471
Dunham, Madelyn 472
Dunham, Stanley 472

Eaton, John 131f.
Eaton, Peggy 131f.
Edward VII., englischer König 285
Edwards, John 466
Ehrlichman, John 404f.
Eisenhower, Dwight D. 37f., 51, 327, 355, 357–369, 372, 374f., 378, 383, 388, 392, 398f., 422, 491, 502
Eisenhower, Mary Geneva (Mamie) 358
Ellsberg, Daniel 404
Erhard, Ludwig 391
Evarts, William H. 229
Everett, Edward 171

Fairbanks, Charles Warren 277
Fall, Albert B. 313f.
Falwell, Jerry 424
Faubus, Orvel E. 367
Ferraro, Geraldine 51
Fillmore, Abigail 169, 172
Fillmore, Millard 165, 168–172, 181
Fish, Hamilton 220, 222f.
Flynn, Michael 503f.
Ford, Gerald R. 21, 40, 406–413, 415f., 427, 458
Foxx, Anthony 486
Franklin, Benjamin 75, 85
Franz Joseph, Kaiser von Österreich 271
Frémont, John Charles 159, 172, 181
Friedersdorf, Max 429

Personenregister

Fries, John 79
Fulbright, J. William 393

Gadsden, James 178
Gallatin, Albert 88, 91, 100–102, 112, 117 f.
Gardoqui, Diego de 105
Garfield, James A. 16, 52, 224, 231, 233–236, 241
Garfield, Lucretia 235
Garland, Merrick 44
Gates, Robert 478
Gaulle, Charles de 382
Genêt, Edmond Charles 68, 117
Gerry, Elbridge 98
Giap, Vo Nguyen 393
Gingrich, Newt 450
Gladstone, William 297
Goldwater, Barry 390, 399, 426
Gompers, Samuel 317
Gorbatschow, Michail 432
Gore, Al 43, 444, 457–459
Gorsuch, Neil 505
Grant, Julia 218
Grant, Ulysses S. 32 f., 50, 201, 203, 215, 217–225, 227, 231, 234, 240, 242
Greeley, Horace 198, 221
Guiteau, Charles J. 235

Haldeman, Harry R. 404–406, 416
Haley, Nikki 503
Halleck, Henry Wager 201
Hamer, Thomas L. 217
Hamilton, Alexander 18, 24 f., 28, 60 f., 63, 65–71, 77–79, 85, 87 f., 92, 97–99, 132
Hamlin, Hannibal 193
Hanna, Marcus A. 263, 275–277
Harding, Florence 312 f.
Harding, Warren G. 35, 50 f., 310–315, 317 f., 323
Harrison, Benjamin 145 f., 248–255, 288
Harrison, Caroline 252
Harrison, William H. 51, 141, 143, 145–150, 152, 170, 250
Hay, John 33, 235, 267–270, 281
Hayes, Lucy 226, 228, 231
Hayes, Rutherford B. 226–232, 234, 236, 241 f., 262
Heller, Walter 376
Hicks, Hope 503
Hiss, Alger 398
Hitler, Adolf 16, 329, 338–343, 347, 359, 363
Holbrooke, Richard C. 447
Holder, Eric 486

Ho Chi Minh 392
Hoover, Herbert C. 16, 35, 310–314, 318, 320, 322–327, 331 f., 440
Hoover, J. Edgar 404
Hoover, Lou 48, 323
Hopkins, Harry 336
House, Edward 34, 301, 304
Huckabee Sanders, Sarah 503
Huerta, Victoriano 299 f.
Hughes, Charles E. 301, 312, 319
Hull, Cordell 340
Hume, David 97
Humphrey, Hubert H. 372, 394, 400
Hunt, E. Howard 404 f.
Hunt, William 235
Hussein, Saddam 449, 464–467

Jackson, Andrew 24, 28 f., 32, 50, 102, 109, 120–124, 126–142, 146 f., 149 f., 155 f., 163, 166, 191, 202, 204, 208 f., 211, 479, 496
Jackson, Rachel 127, 130, 138
James, Thomas 235
Jay, John 25, 63, 68–70, 77 f., 97, 105
Jefferson, Martha Wayles 83
Jefferson, Thomas 17, 22, 24, 28 f., 49 f., 52 f., 63, 65, 67 f., 71 f., 76 f., 79–94, 96, 98 f., 102, 105–109, 112, 116, 127, 133, 136, 149, 211, 340
Jeffords, James 460 f.
Jelzin, Boris 448
Johnson, Andrew 31, 42, 203, 206–216, 219, 224, 227, 231
Johnson, Claudia Alta (Lady Bird) 48, 386, 394
Johnson, Eliza 208
Johnson, Lyndon B. 17, 39, 51, 356, 366, 372, 376, 382, 385–395, 399 f., 429
Johnson, Richard M. 141

Kagan, Elena 483
Kaine, Tim 501
Kasich, John 501
Kellogg, Frank 319
Kelly, John 503, 508
Kennan, George F. 349, 351
Kennedy, Edward 417, 420
Kennedy, Jacqueline Lee Bouvier (Jackie) 371, 384
Kennedy, John F. 17, 24, 39, 50, 52 f., 345, 355, 369–386, 388–392, 399, 442, 471, 491
Kennedy, Robert 383, 393 f., 400
Kerry, John F. 466 f., 502
Key, David McKendree 229

Keynes, John Maynard 305
Kim Jong-un 493
King, Coretta 373
King, Martin Luther 373, 377, 386, 394, 471, 476, 485, 487
King, Rufus 107
Kinney, Henry L. 178
Kirkpatrick, Jeanne 428
Kissinger, Henry A. 400–402, 407, 411, 418
Kleindienst, Richard G. 405
Knox, Henry 63
Knox, Philander C. 277, 291–293
Kushner, Jared 501, 503

Laden, Osama bin 462 f., 490
Lafayette, Marie Joseph de Motier, Marquis de 60, 66, 85
LaFollette, Robert M. 290, 318
Lansing, Robert 301
Lee, Henry 72
Lee, Robert E. 201, 203
Lewinsky, Monica 42, 444, 451
Lewis, Meriwether 90
Liddy, G. Gordon 404 f.
Lincoln, Abraham 17, 30 f., 34, 37, 49–52, 81, 161, 172, 179, 185, 187–210, 214, 218 f., 227, 235, 296, 370, 376, 382, 394, 471, 476
Lincoln, Mary 190
Livingston, Robert R. 89, 106
Locke, John 22, 84
Lodge, Henry Cabot 273, 294, 307
Lodge Jr., Henry Cabot 361
Logan, John A. 197
Lovejoy, Elijah 191
Lowden, Frank O. 312
Ludwig XVI., französischer König 67
Lugar, Richard 476
Lynch, Loretta 486

MacArthur, Douglas 39, 348, 359
Macmillan, Harold 379
Madison, Dolley 99, 103
Madison, James 18, 24–26, 28 f., 61, 63 f., 66–68, 70, 72, 84–86, 88–91, 95–103, 105–107, 109, 112
Mahan, Alfred Thayer 265, 340
Mangum, Willie P. 141
Mao Tse-tung 352, 355, 361
Maples, Marla 498
Marcy, William L. 157
Marshall, George C. 350, 359 f.

Marshall, John 80, 91 f., 137
Martin, Trayvon 486
Mason, John 176 f.
Mattis, Jim 503, 506
McCain, John 457 f., 476
McCarthy, Eugene F. 393
McCarthy, Joseph 354, 361, 367, 371, 387
McClellan, George Brinton 196, 202
McConnell, Mitch 479
McCord, James 405
McGovern, George 405, 415
McKinley, Ida 262
McKinley, William 32 f., 52, 252, 260–270, 274–277, 289
McLarty, Thomas 449
McLean, John 123
McMaster, H. R. 503, 506
McNamara, Robert 374, 381, 392
Medwedew, Dmitri 492
Meese, Edward 428
Mellon, Andrew 312
Mercer, Lucy 330
Merkel, Angela 491
Miller, Stephen 503
Mnuchin, Steven 503
Mondale, Walter 416, 425
Monroe, Elizabeth 105, 113
Monroe, James 90, 100, 103–114, 116, 118–121, 128
Montesquieu, Charles de Secondat, Baron de La Brède et de 18, 74
Morgan, Edwin D. 240
Morgan, John Pierpont 238, 257, 263
Morrow, Dwight W. 320
Mossadegh, Mohammad 364
Mueller, Robert 504
Muhlenberg, Frederick A. 70
Mussolini, Benito 340, 347

Nader, Ralph 458
Napoleon Bonaparte 79, 89 f., 100, 102
Nasser, Gamal Abd el 365, 380
Netanjahu, Benjamin 489
Nixon, Richard M. 16, 21 f., 38–40, 42, 47, 52 f., 70, 344, 372 f., 396–411, 413, 415 f.
Nixon, Thelma Catherine (Pat) 397
Noriega, Manuel 439
North, Oliver 433

Obama, Barack Hussein 15 f., 24, 42, 44 f., 50–54, 309, 445 f., 470–495, 499 f., 502, 504 f., 507

Obama, Barack Hussein Sr. 471
Obama, Malia 474
Obama, Michelle 49, 474, 487
Obama, Natasha 474
O'Sullivan, John L. 155
Olney, Richard 258
Omar, Mullah Mohammed 463
Onassis, Aristoteles 384
Onís de Gonzalez, Luis 109, 120
Oswald, Lee Harvey 382

Pachlevi, Reza, Shah von Persien 364
Paine, Thomas 27, 108, 116
Palin, Sarah 51
Panetta, Leon 449
Parker, Alton Brooks 277
Pence, Mike 45, 501
Pendergast, Tom 346
Perot, Ross 52, 443, 450, 458, 499
Perry, Matthew C. 171
Perry, Rick 503
Pershing, John Joseph 345
Pickering, Timothy 106
Pierce, Franklin 171–179, 181
Pierce, Jane Means Appleton 174
Pinckney, Thomas 70
Pinkney, William 106
Platt, Thomas 235
Polk, James K. 50, 138, 143, 152, 154–162, 178, 181
Polk, Sarah 155
Pompeo, Mike 503
Powell, Colin 439, 461, 465
Priebus, Reince 503
Pruitt, Scott 503
Putin, Wladimir 15, 492 f.

Randolph, Edmund 18, 63, 69, 106
Randolph, John 101
Rawlins, John A. 223
Reagan, Nancy 426, 428
Reagan, Ronald 22, 40–42, 51, 53, 146, 400, 411, 420, 422–438, 441, 443 f., 456 f., 500
Reed, Thomas B. 254
Regan, Donald 428
Rehnquist, William 451
Reston, James 375
Richards, Ann 456
Robertson, Pat 424
Robertson, William H. 235

Rockefeller, John D. 238, 263
Rockefeller, Nelson 400, 411
Romney, Mitt 479
Roosevelt, Alice 273 f.
Roosevelt, Edith 48, 273
Roosevelt, Eleanor 48, 330 f.
Roosevelt, Franklin Delano 16 f., 23 f., 35–38, 47, 50 f., 53, 308, 326, 328–343, 345–347, 353, 359, 376, 385, 389, 394, 422, 429, 435, 479
Roosevelt, Theodore 17, 33 f., 37, 48–52, 184, 235, 251, 262, 267 f., 270–287, 289–294, 298 f., 330–332, 340, 376
Root, Elihu 270, 281, 284
Ross, Wilbur 503
Rostow, Walt W. 374, 380 f.
Rove, Karl C. 456, 461
Royall, Kenneth 348
Rubio, Marco 501
Rumsfeld, Donald 466, 468
Rush, Bobby 475
Rush, Richard 123
Rusk, Dean 374, 392
Russell, Jonathan 117

Sadat, Anwar as- 418
Salinger, Pierre 374
Salisbury, Robert Arthur Talbot Gascoyne-Cecil, Marquess of 259
Scalia, Antonin 44
Schlesinger Jr., Arthur M. 16, 39, 49 f., 374
Schukow, Grigori 360
Schurz, Carl 221, 229
Scott, Winfield 142, 171, 174, 234
Scowcroft, Brent 439
Seattle, Duwamish-Häuptling 175
Sessions, Jeff 503
Seward, William H. 165, 193 f., 215
Seymour, Horatio 220
Shays, Daniel 61
Sheridan, Philip 201
Sherman, James 289
Sherman, John 229, 234
Sherman, William T. 201–203, 211
Shriver, Sargent 383
Shulz, George 433
Sirica, John 405
Smith, Alfred E. 323
Smith, Robert 100, 106
Smith, William Henry 227
Snowden, Edward 491 f.
Soetoro, Lolo 471

Soetoro, Maya 471
Solis, Hilda 485
Sorensen, Theodore C. 373 f.
Sotomayor, Sonia 483, 485
Soulé, Pierre 177
Spicer, Sean 503
Stalin, Josef W. 341, 347 f., 350
Stanton, Edwin M. 197, 201, 214
Starr, Kenneth 451
Stevenson, Adlai 355, 362, 366, 372, 374
Stimson, Henry L. 324, 326
Stockman, David 428
Stone, Oliver 383
Stowe, Harriet Beecher 170
Sumner, Charles 179, 223

Taft, Helen 289 f.
Taft, Robert 361, 398
Taft, William H. 34, 285 f., 288–295, 299, 318, 439 f.
Talbott, Strobe 448
Talleyrand, Charles-Maurice de 78
Taney, Roger B. 137, 199 f.
Taylor, Margaret Mackall 164
Taylor, Maxwell 374, 381
Taylor, Zachary 51, 144, 159, 163–170, 172, 191, 416
Tilden, Samuel 228
Tillerson, Rex 503
Tocqueville, Alexis de 30, 131
Toussaint L'Ouverture 90
Truman, Elizabeth Wallace 345
Truman, Harry S. 17, 37–39, 43, 51, 327, 344–356, 359–361, 364, 371, 374, 387, 435
Trumbull, Lyman 211
Trump, Barron 47, 498
Trump, Eric 498
Trump, Donald John 17, 22, 42, 45–48, 51–55, 309, 487, 493–509
Trump, Donald Jr. 498
Trump, Ivana 498
Trump, Ivanka 48, 498, 503
Trump, Melania 46, 498
Trump, Tiffany 498
Tschiang Kai-schek 320, 352
Twain, Mark 31, 224, 231
Tyler, John 146, 148–153, 169 f.
Tyler, Julia 149
Tyler, Letitia 149

Vallandigham, Clement L. 200
Van Buren, Hannah 140
Van Buren, Martin 15, 129, 132, 135, 138–144, 146, 151, 156, 164 f.
Vance, Cyrus 419
Vanderbilt, William 224

Wade, Benjamin 214
Walker, Robert J. 156 f.
Walker, William 178
Wallace, George C. 52, 400
Wallace, Henry C. 312
Wallace, Henry A. 346, 353
Warren, Earl 367, 382, 390
Washington, Booker T. 279
Washington, George 15, 17 f., 21 f., 24–26, 28 f., 47–52, 56–74, 76–78, 81, 85, 93, 106 f., 113, 117, 121, 148, 163, 203, 357
Washington, Martha 58 f., 64, 72
Watson, Thomas 360
Wayne, Anthony 67
Webster, Daniel 141, 151, 167, 170–172, 191
Weed, Thurlow 240
Weeks, John W. 318
Weinberger, Caspar 433
West, Andrew F. 298
Westmoreland, William 393
Wheaton, Henry 95
Wheeler, Burt 346
White, Hugh Lawson 141, 149
Wilhelm II., deutscher Kaiser 285
Williams, Harry 231
Wilmot, David 161
Wilson, Edith 34 f., 307
Wilson, Ellen 48, 297, 300
Wilson, Henry 222
Wilson, Woodrow 32, 34, 37, 48, 50, 63, 235, 260, 285 f., 289, 293–309, 311–313, 323, 332, 340, 345, 376
Windom, William 235
Wood, Leonard 312
Woodward, Bob 405
Wright, Jeremiah 474, 477

Xi Jinping 15, 493

Young, Brigham 184
Yuan Shih-kai 293